PATRUM APOSTOLICORUM OPERA.

TEXTUM

EX

EDITIONIBUS PRAESTANTISSIMIS REPETITUM
RECOGNOVIT ANNOTATIONIBUSQUE ILLUSTRAVIT,
PROLEGOMENA ET INDICEM

ADDIDIT

CAROLUS JOSEPHUS HEFELE,

S. S. THEOL. DOCT. EJUSDEMQUE IN ACAD. TUBING. P. P. O.

EDITIO ALTERA,
CURIS SECUNDIS AUCTA ET EMENDATA.

WIPF & STOCK · Eugene, Oregon

Post scripturas sanctas doctorum hominum tractatus lege.
Hieron. Ep. X.

Δευτέραι φροντίδες σοφωτέραι.
Prov. graecum.

Wipf and Stock Publishers
199 W 8th Ave, Suite 3
Eugene, OR 97401

Patrum Apostolicorum Opera
By Hefele, Charles Joseph
ISBN 13: 978-1-60608-189-1
Publication date 3/21/2011
Previously published by Tubigae, 1842

PRAEFATIO.

In altera hac Patrum apostolicorum editione adornanda id potissimum egi, ut monitis virorum doctorum pro viribus obtemperans nil negligerem, quod juvenibus, litteras sacras colentibus, utilitatem, studiisque patristicis incrementum quoddam afferre posset.

Prae cunctis textui emendando novam curam impendens, Jacobsoni, qui codices manuscriptos denuo inspexerat, et aliorum doctorum notas criticas in usum meum converti; lectiones variantes, quotquot ullius ponderis videbantur, adjeci; aperte corruptas codicum lectiones, sanato textu, in notas detrusi; orationis membra iis, quae regulae logicae postulant, signis multo accuratius distinxi, et, ne typographici errores textum foedarent, quantum potui, evigilavi.

Novas deinde notas exegeticas, historicas, dogmaticas etc., tum meas, tum aliorum, magno numero addidi, et cuncta, quae novissimo tempore a viris clarissimis, Rothe, Thönissen, Jacobson, Arndt aliisque multis in hanc rem disputata erant, lectorum oculis proposui.

Quae in editione priori deerant Acta martyrii S. Ignatii et epistola ecclesiae Smyrnensis de martyrio S. Polycarpi, jamnunc **Patrum** apostolicorum operibus adjungere placuit, lectorum, ut opinor, assensu.

Duplicem praeterea editionem, majorem et minorem, adornare decrevimus, quarum prior subjecta versione latina, additoque indice locorum sacrae Scripturae, alteram praecellit. Versionem autem latinam in Ignatii epistola ad Romanos a Ruinarto, in Actis martyrii S. Ignatii a Clerico et Ruinarto, in epistola ad Diognetum ab Henrico Stephano, in cunctis reliquis epistolis a Cotelerio mutuati sumus, milliesque eam emendavimus.

Prolegomena et indicem rerum personarumque valde auximus, novissimas doctorum disquisitiones annotavimus, de vita singulorum Patrum verba fecimus, nec non uberius de quaestionibus criticis disputavimus.

Denique typis majoribus et elegantioribus, chartaque meliori et candidiori novam hanc editionem ornatam esse, primo aspectu videbis. Vale.

Scribebam mense Junio A. MDCCCXLII.

PRAEFATIO EDITIONIS PRIORIS.

Ex quo provincia historiae ecclesiasticae in studiorum universitate Tubingensi tractandae ac docendae mihi tradita est, selecta patrum ecclesiae opera interpretari, et egregia quaedam christianae antiquitatis monumenta publicis praelectionibus illustrare consuevi. Id agens valde dolebam, quod nulla patrum apostolicorum collectio mihi praesto esset, quam unicuique auditorum in manus tradere possem. Quem enim latebit, egregias, quas habemus, patrum apostolicorum collectiones et editiones tum ob caritatem, tum ob raritatem usui publico et majori auditorum conventui parum esse aptas? Qua re motus ad novam horum patrum editionem adornandam et animum et manus admovi, quae praelectionibus praesertim academicis, cum aliorum tum meis, inservire posset.

Eam vobis trado, Collegae summe venerandi, quibus si quid grati fecerim, valde laetabor. Nolite vero oblivisci, codicum mss. usu destitutum me id tantum egisse, ut textum, e praestantissimis editionibus repetitum, passim recognoscerem, conjecturas nonnullas viris doctis proponerem, brevesque notas subjicerem, quantum sine magno chartarum dispendio fieri poterat. Singulis capitibus, excepto Hermae Pastore, argumenta propemodum nova praemittenda curavi; loca S. Scripturae, quae patres apostolici in usus suos converterunt, aut convertisse videntur, priores editores imitatus notavi, et Prolegomena addidi, in quibus de singulis patrum apostolicorum operibus, eorum fatis et editionibus principibus et praestantissimis, de authentia, integritate aliisque rebus notatu dignis verba feci. Denique locorum Sacrae Scripturae et rerum personarumque memorabilium indices adjeci, Bibliothecae Gallandianae indicibus adjutus. Quodsi quam utilitatem hi nostri labores adtulerint, eorum me non poenitere putes. Vale.

Scribebam Tubingae Idibus Febr. A. MDCCCXXXIX.

PROLEGOMENA.

I. DE EPISTOLA BARNABAE.

1. Inter S. Pauli socios et coadjutores *Joses Barnabas* eminet, in Cypro natus, genere Judaeus et Levita, qui christiani amoris fervore motus agrum suum vendidit, pretiumque ante pedes Apostolorum posuit. Act. 4, 37. Numero LXX discipulorum Christi eum fuisse adscriptum, veteres non absone tradunt [1]), eorumque narrationem ad veritatem accedere recentiores non incaute credunt. Cognomen *Barnabae*, teste s. Scriptura ab Apostolis Nostro impositum, idem esse quod בַּר נְבוּאָה seu: *filium orationis inspiratae*, ex versione S. Lucae Act. 4, 36: υἱὸς παρακλήσεως satis adparet [2]). *Josen Barnabam a Josepho Barsaba* (Act. 1, 23.) non esse distinguendum, et utrumque nomen eamdem denotare personam, nostris temporibus *Ullmannus* [3]) et alii probare studebant, aliorum assensu destituti, beneque reclamantibus viris doctissimis De Wette [4]), Olshausen [5] et Winer [6]). Plura de vita et laboribus Barnabae apostolicis nobis tradunt libri sacri:

a) Act. 9, 26. 27.: Paulum conversum primus Barnabas circa A. 40. Apostolis, adhuc illum timentibus, adduxit.

b) Act. 11, 22. Paulo post Barnabas ab Apostolis Antiochiam missus est, ut hanc ecclesiam regeret;

c) Act. 11, 25. Apostolici hujus muneris socium **Paulum** sibi addidit.

d) Act. 11, 30. Barnabas et Paulus circa A. 44. pecunias Antiochiae collatas Hierosolymam pertulerunt.

---

1) *Clem. Alex.* Strom. l. II. c. 20. p. 489 ed. Pott. *Euseb.* H. E. I, 12. *Epiphan.* haer. 20, 4.
2) De hac re disputavi in libro meo: *Das Sendschreiben des Apostels Barnabas aufs Neue untersucht, übersetzt und erklärt* etc. Tub. 1840. p. 6—8.
3) Studien u. Kritiken 1828. p. 377 sqq.
4) Kurze Erklärung d. Apostelgesch. p. 12. ad I, 23.
5) Bibl. Commentar. T. II. p. 574.
6) Bibl. Realwörterbuch s. v. *Joseph Barsabas.* Cfr. librum meum: *Das Sendschreiben* etc. p. 9—11.

e) Act. 13 et 14. Ambo annis 45 et 46 p. Ch. nomen Domini praedicantes Cyprum et Asiam minorem peragrarunt.
f) Act. 15, 2 sq. et Gal. 2, 1. 9. Barnabas et Paulus reversi, ab Antiochenis ob seditionem propter Judaistas obortam Hierosolymam missi, concilio Apostolorum interfuerunt. A. 50—52.
g) Act. 15, 37 sq. Aliquo tempore praeterlapso Barnabas et Paulus secundum iter apostolicum ingredi statuebant, sed dissensione Marci causa oborta Barnabas a Paulo discessit, assumtoque Marco Cyprum navigavit. De fatis ejus subsequentibus liber actuum Apostolorum prorsus silet. Sed
h) I Cor. 9, 5. 6. edocemur, Barnabam non minus ac Paulum *labore manuum victum quaesivisse* (juxta Vulgatam et nonnullos Patres: *feminam non secum duxisse*).
i) Gal. 2, 13. Petri simulationem ob metum Judaistarum Barnabas Antiochiae imitatus est A. 52 seu A. 55.
k) Barnabam anno 57 iterum S. Pauli fuisse comitem et ab eo in societate Titi ad Corinthios esse missum, Gallandius [1]) ex II Cor. 8, 18 sqq. evincere conatus est. Sed erravit vir doctissimus [2]).
l) Anno 62 Marcus, Barnabae consobrinus et itineris comes, iterum in societate Pauli versabatur (Cfr. Coloss. 4, 10.); quo fit, ut Barnabam illo anno jam mortuum fuisse putemus. Idem concludi potest ex I Petr. 5, 15. et II Tim. 3, 11.; nec minus Alexander, monachus Cyprius (Sec. VI vel IX.), Barnabae laudator, tempus martyrii ejus annis 53—57 assignat [3]).

Haec sunt, quae de vita et fatis Barnabae comperta habemus. Multas alias easque fabulosas narrationes in libello meo supra citato congestas reperies p. 11—15 et p. 31—47.

II. Barnabae nostro epistola tribuitur, graeco sermone conscripta, de cujus authentia adhuc sub judice lis est. Defenderunt eam *Ludovicus Elias Dupin* [4]), *Nicolaus Nourrius* [5]), *Gallandius* [6]), et nostris temporibus *Henke* [7]), *Rördam* [8]) et *Franke* [9]); authentiam

---

1) Bibl. vet. P. P. T. I. Proleg. p. XXXIV.
2) Cfr. *Olshausen*, Commentar. T. III. p. 783. et libellum meum supra citatum p. 27 et 28.
3) Cfr. libellum meum p. 231 sqq. et 159.
4) Biblioth. des auteurs etc. T. I.
5) In apparatu ad Bibl. max. P. P. T. I. Diss. 3.
6) Bibl. vet. P. P. T. I. Proleg. p. XXIX sqq.
7) De Epistolae, quae Barnabae tribuitur, authentia. Jen. 1827.
8) Comment. de authentia Ep. Barnabae. Hafniae 1828.
9) In Guerike et Rudelbach Zeitschrift für luth. Theol. 1840. fasc. 2.

epistolae impugnaverunt *Hugo Menardus* [1], *Tentzelius* [2], *Natalis Alexander* [3], *Remi Ceillier* [4], *Ittigius* [5], *Moshemius* [6], *Lumperus* [7], *Hugius* [8], *Ullmannus* [9], *Neander* [10], *Mynster* [11] et *Winer* [12]. Ipse ego in tertio libri mei capite p. 147—195, pluribus verbis hanc sententiam tueri conatus sum; paucis nunc disputabo.

a) Antiquissimus authentiae testis est *Clemens Alexandrinus*, qui septies epistolam Barnabae laudat, quaterque eam *Apostolo* Barnabae tribuit.

Strom. II, 6. p. 445: Εἰκότως ὂν ὁ Ἀπόστολος Βαρνάβας· Ἀφ' ὖ, φησὶν, ἔλαβον μέρος κ. τ. λ. Epist. Cap. 1.
Strom. II, 7. p. 447: Καὶ Βαρνάβας ὁ Ἀπόστολος· Οὐαὶ οἱ συνετοὶ παρ' ἑαυτοῖς. Cap. 4.
Strom. II, 20. p. 489: Οὗ μοι δεῖ πλειόνων λόγων, παραθεμένῳ μάρτυν τὸν ἀποστολικὸν Βαρνάβαν, ὁ δὲ τῶν ἑβδομήκοντα ἦν καὶ συνεργὸς τῦ Παύλυ, κατὰ λέξιν ὧδέ πως λέγοντα· Πρὸ τῦ ἡμᾶς πιστεῦσαι τῷ Θεῷ κ. τ. λ. Cap. 16.
Strom. V, 10. p. 683: Ἀλλὰ καὶ Βαρνάβας, ὁ καὶ αὐτὸς συγκηρύξας τῷ Ἀποστόλῳ, κατὰ τὴν διακονίαν τῶν ἐθνῶν, τὸν λόγον· Ἀπλύστερον, φησὶν, ὑμῖν γράφω κ. τ. λ. Cap. 6.
Strom. II, 15. p. 464: Ἀλλὰ καὶ Δαβὶδ, καὶ πρὸ Δαβὶδ ὁ Μωϋσῆς, τῶν τριῶν δογμάτων τὴν γνῶσιν ἐμφαίνυσιν διὰ τύτων... Ταῦτα μὲν ὁ Βαρνάβας. Cap. 10.
Strom. II, 18. p. 472: Ἀμέλει μυστικῶς ὁ Βαρνάβας· Ὁ δὲ Θεὸς ὁ τῦ παντὸς κόσμυ κυριεύων, φησὶ, δώῃ κ. τ. λ. Cap. ult.
Strom. V, 8. p. 677: Ἔμπαλιν δὲ ἐπιτρέπει, διχηλῦν καὶ μαρυκώμενον ἐσθίειν· μηνύων, φησὶν ὁ Βαρνάβας, κολλᾶσθαι δεῖν μετὰ τῶν φοβυμένων τὸν Κύριον κ. τ. λ. Cap. 10.

b) Praeceptorem suum secutus est *Origenes*:

---

1) In Epistolae nostrae editione.
2) Apud *Fabric.* Bibl. eccles. p. 42. §. X.
3) Hist. eccles. Sec. I. c. 12. art. 8.
4) Histoire generale des auteurs etc. T. I. p. 498 sqq.
5) In selectis capitibus historiae eccl. Sec. I. T. I. p. 20.
6) Commentar. de rebus Christ. ante Const. M. p. 161.
7) Historia theol. critica. T. I. p. 150.
8) Zeitschrift für das Erzbisthum Freiburg. Fasc. 2. p. 132. Fasc. 3. p. 208 sqq.
9) Studien u. Kritiken T. I. p. 381.
10) Kirchengesch. T. I. 3. p. 733.
11) Studien und Kritiken II, 323.
12) Bibl. Realwörterbuch s. v. *Barnabas.*

Lib. I. contr. Cels. n. 63. T. 1. p. 378 ed. B. B.: Γέγραπται δὴ ἐν τῇ Βαρνάβα καθολικῇ ἐπιστολῇ· ὅτι ἐξελέξατο τὸς ἰδίος ἀποστόλος Ἰησῦς, ὄντας ὑπὲρ πᾶσαν ἀνομίαν ἀνομωτέρος. Cap. 5. De Princ. III, c. 2. n. 4. T. I. p. 140: *Eadem quoque Barnabas in epistola sua declarat, quum duas vias esse dicit, unam lucis, alteram tenebrarum, quibus et praeesse certos quosque angelos dicit: viae quidem lucis angelos Dei, tenebrarum autem viae angelos Satanae.* Cap. 18.
Sacris quoque Scripturis Origenes epistolam nostram adnumerasse videtur Lib. I. Comment. in Ep. ad Rom. I, 24. T. IV. p. 473: *Sunt praeterea, sicut in multis Scripturae locis invenimus, etiam utriusque partis, vel utriusque viae fautores quidam et adjutores angeli.*

Sed neminem latet, cum Clementem, tum Origenem saepius libros apocryphos et nothos pro genuinis habuisse, ideoque testimonio illorum pro epistolae nostrae authentia non plenam vim esse tribuendam. Bene Hugius addit, Clementem non cum eadem reverentia, quam scriptis vere apostolicis tribuit, de epistola nostra disputare.

c) *Eusebium* et *Hieronymum* authentiam epistolae nostrae negavisse, multi male credunt.

Legimus quidem in illius historia ecclesiastica III, 25: ἐν τοῖς νόθοις κατατετάχθω καὶ τῶν Παύλο πράξεων ἡ γραφή, ὅ τε λεγόμενος Ποιμὴν, καὶ ἡ ἀποκάλυψις Πέτρο, καὶ πρὸς τέτοις ἡ φερομένη Βαρνάβα ἐπιστολή.

Sed Eusebius, epistolam nostram τοῖς νόθοις accensens, improprie hanc vocem usurpavit, et revera non de libris *adulterinis*, sed de ἀντιλεγομένοις, sive *dubiis* libris, et a nonnullis *repudiatis* verba fecit, ut ipse paulo post testatur dicens: ταῦτα μὲν πάντα (i. e. ... Acta Pauli, Pastor etc. et Epistola Barnabae) τῶν ἀντιλεγομένων ἂν εἴη.

Non minus Eusebius in sexto historiae suae libro c. 14. epistolam nostram τοῖς ἀντιλεγομένοις adscribit, docens: Clementem Alexandrinum in libris Hypotyposeon omnes libros sacrae Scripturae enarrasse, ne ἀντιλεγομένοις quidem libris praetermissis, μηδὲ τὰς ἀντιλεγομένας παρελθών· τὴν Ἰόδα, λέγω, καὶ τὰς λοιπὰς καθολικὰς ἐπιστολάς, τήν τε Βαρνάβα καὶ τὴν Πέτρο λεγομένην ἀποκάλυψιν. *Auctoritatem* igitur epistolae, non ejus *authentiam*, Eusebius in dubium vocavit.

Paene eadem dicenda sunt de Hieronymo, scribente: *Barnabas Cyprius, qui et Joseph Levites, cum Paulo gentium Apostolus ordinatus, unam ad aedificationem ecclesiae pertinentem epistolam composuit, quae inter apocryphas scripturas legitur* [1]). Quem in locum scite Pearsonius ?): „Barnabae epistolam fuisse tradit (Hieronymus), non ipsi suppositam, aut spuriam; *ad aedificationem ecclesiae* pertinuisse asserit, non itaque haereticam putavit; *lectam* tamen *inter apocryphas scripturas* docet, nec ab ecclesia repudiatam innuit." Apocryphi autem libri tum ii vocantur, qui authentici quidem, sed ab auctoritate canonica remoti, et in sacrarum scripturarum canone non repositi sunt; tum ii, qui non sunt eorum, quorum titulis praenotantur ($\psi\varepsilon\nu\delta\varepsilon\pi i\gamma\rho\alpha\varphi\alpha$). Hieronymum priori sensu Barnabae epistolam apocrypham appellasse patet, quum eam Barnabae quidem adscribat, et nihilominus inter apocryphas scripturas eam lectam esse contendat.

Testimonia igitur scriptorum antiquorum authentiae epistolae favere nemo negabit. Nihilominus non levibus moti argumentis eam apostolico viro abjudicandam censemus.

1. Si epistola nostra ab antiquis pro authentica fuisset reputata, certe inter libros canonicos ea legeretur; sicut Augustinus de Apocryphis Andreae et Joannis dicit: *si illorum essent, recepta essent ab ecclesia* [3]).

2. Epistolam nostram *post* eversionem Hierosolymae exaratam esse, ex cap. 16 facile conjicitur. Sed supra lit. l. vidimus, Barnabam sine dubio tunc temporis non amplius in vivis degisse.

3. Capite 5 Apostoli $\dot{v}\pi\grave{\varepsilon}\rho$ $\pi\tilde{\alpha}\sigma\alpha\nu$ $\dot{\alpha}\mu\alpha\rho\tau\acute{\iota}\alpha\nu$ $\dot{\alpha}\nu o\mu\acute{\omega}\tau\varepsilon\rho o\iota$ vocantur. Talia Barnabam, Apostolorum socium, dixisse vix putem. Ista autem hyperbola multo magis secundi seculi rhetorem prodit.

4. Quae capite 10 incredibilia de lepore, hyaena etc. proferuntur, magis nugatorem allegorizantem, quam Apostolum redolent.

5. Barnabas, qui provincias Asiae minoris peragraverat, multosque annos Antiochiae in Syria vixerat, bene compertum habere debuit, falsum id esse, quod capite 9 affirmatur, omnes idolorum sacerdotes Syrosque omnes esse circumcisos.

6. Innumerae allegoriae nugatoriae, praesertim c. 5 — 11., ab illo non possunt esse conscriptae, qui propter eloquentiae ardorem ab Apostolis בַּר נְבוּאָה est appellatus.

7. Quoad sacros Judaeorum ritus falsa quaedam in epistola nostra c. 7. et 8. leguntur, quae *Levitam* Barnabam, qui diutius Hierosolymis vixerat, auctorem habere non possunt.

---

1) Catal. script. eccles. c. 6.
2) Vindic. Ignat. P. I. c. 4. p. 289.
Cfr. Galland. l. c. p. XXX.
3) Contr. adversarium Legis et Prophetarum I, 20.

8. Epistola nostra injuste de Judaismo disputat, circumcisionem carnis superstitiosam esse pronuntiat (c. 9.), sabbatum vituperat (c. 15.), leges Mosis a Judaeis non ad litteram intelligendas fuisse contendit (c. 10), et oeconomiam veteris Testamenti non Evangelio demum, sed jam illo die, quo Moses tabulas legis de manibus projecit, abolitam esse, Judaeosque tunc testamentum in perpetuum perdidisse docet (c. 4. et 14). Cuncta haec non a Barnaba exspectes, qui, ut fideles e gentibus et e Judaeis componeret, Antiochiam est missus; sed secundum seculum talia sapiunt, similemque contra Judaismum fervorem in epistola ad Diognetum reperies.

III. Revera primis seculi secundi temporibus 107 — 120 epistolam nostram exaratam esse putem.

1. Post eversionem templi Hierosolymitani eam scriptam esse, ex capite 16 satis liquet. Sic enim ibi: Διὰ γὰρ τὸ πολεμεῖν αὐτὸς καθῃρέθη (ὁ ναὸς) ὑπὸ τῶν ἐχθρῶν· νῦν κ. τ. λ. Qui aliter, quam nos, distinguunt, et τὸ νῦν nomini ἐχθρῶν jungunt, statim post annum 70 p. Ch. n. has litteras datas esse contendunt [1]).

2. Primis seculi secundi temporibus, Judaistae, ecclesiam in periculum vocantes, eodem ferventi modo impugnabantur a S. Ignatio Antiocheno et ab auctore epistolae ad Diognetum.

3. Non ante seculum secundum Christiani sabbatum celebrare desierunt; quod jam evenisse, epistola nostra docet c. 15.

4. Auctor epistolae nostrae contra eosdem haereticos, Judaistas et Docetas, verba facit, quos S. Ignatius vituperat. Ut hic, ita et Noster *incarnationem* Christi contra Docetas (c. 5 et 6.) praedicare conatus est.

5. Theologumena multa epistolae nostrae, praesertim quoad typologiam, simillima sunt doctrinae S. Justini et Tertulliani, i. e. scriptorum seculi secundi.

6. In omnibus codicibus antiquis epistola Barnabae *postposita* est epistolae Polycarpi, fortasse, quia junior, certe non multo antiquior putabatur.

7. Non ita multo post annum 120 epistolam nostram conscriptam esse,

α) ex capite 16 patet, ubi de eversione Hierosolymae ita disseritur, ut palam sit, Aeliam Capitolinam nondum ab Hadriano fuisse exstructam.

β) Post annum 137, secundo bello Judaico finito, nullum amplius Judaistarum periculum adesse poterat. Denique

---

1) Galland. l. c. p. XXXIII.

γ) Celsus jam circa annum 150 — 160 ex epistolae nostrae cap. 5. (ὑπὲρ πᾶσαν ἁμαρτίαν ἀνομώτεροι) convicia contra Apostolos hausisse videtur [1]).

IV. Quibusnam lectoribus epistola fuerit destinata, nullibi, deficiente pleniore salutationis formula, claris verbis expressum est. Origenes epistolam nostram *catholicam* nominat; sed ex capite primo et fine noni patet, ad *certos* quosdam fideles, *arctiori* vinculo auctori junctos, litteras has fuisse datas. Argumentum primae partis epistolae et totius demonstrationis methodus certiores nos faciunt, auctorem ad *fideles e Judaeis*, sine dubio Hellenistas, instante periculo Judaistarum verba fecisse. Danielem Schenkel Basileensem, certiora de lectoribus proferentem, temere id egisse, alibi demonstravimus [2]).

V. Idem vir doctus, Daniel Schenkel [3]), ut litem de authentia epistolae componeret, probare conatus est, epistolam Barnabae genuinam quidem esse, sed non integram, omnesque ejus partes, viris doctis displicentes, a Therapeuta quodam, Christianorum sacra secuto, originem traxisse, qui mystica sua sapientia viri apostolici litteras augere sit ausus. Nos contra alibi integritatem epistolae defendere studuimus [4]). Paucis nunc rem absolvam:

1. *Secunda* seu paraenetica pars epistolae, c. 18 — 21, quae jam ante Schenkelium a pluribus in dubium vocabatur, quippe quae in veteri versione latina non exstet,

α) jam ab antiquissimis illis scriptoribus, qui primi epistolae mentionem faciebant, Clemente et Origene, lecta est, et laudata et citata.

β) Eadem in omnibus, quos habemus, graecis codicibus exstat.

γ) Non minus in stichometriis veterum pars haec secunda numerabatur.

δ) Sancti Pauli quoque epistolae parti didacticae alteram partem paraeneticam adjungunt.

ε) In parte secunda de duabus viis disseritur, quarum jam in parte prima cap. 4 et 6 mentio fuerat facta.

ζ) Styli diversitatem ex diversa utriusque partis indole ortam esse facile perspicimus.

2. *Prima* quoque epistolae pars integra et ab interpolationibus libera est reputanda.

---

1) Origen. c. Cels. n. 63. T. I. p. 378.
2) In libello: *Das Sendschreiben d. A. Barnabas* etc. p. 132 sq.
3) In *Ullmanni* etc.: Studien und Krit. 1837. 652 — 686.
4) Tubing. theolog. Quartalschrift. 1839. I. p. 60 sqq. et in libello meo supra citato p. 196 sqq.

α) Singula enim capita unius argumenti sunt partes, eumque habent finem, ut demonstretur, Judaismum esse abolitum, novaeque eum oeconomiae salutis cessisse, quam typis praemonstrare jam ab initio Judaismi munus erat.

β) Falsum est, quod Schenkelius contendit, caput sextum non cum septimo, sed demum cum tertio decimo, orationis nexu esse conjunctum. Ea enim capita, quae Schenkelius delenda putat, c. 7 — 12 incl., nil aliud, nisi continuationem antecedentis demonstrationis, novam oeconomiam a Judaismo typis fuisse praemonstrandam, continent.

γ) Duo alia quoque capita, 15 et 16, quae Schenkelio displicent, minime sunt rejicienda, quippe quae ad demonstrationem necesse pertineant. Quodsi enim abolitio Judaismi fuerat demonstranda, etiam de abrogatione *sabbati* (c. 15) et *templi* (c. 16) verba facienda erant.

δ) Capita, Schenkelio displicentia, non aliter de veteri Testamento disputant, ac ea, quae pro genuinis sunt reputata. Ubique idem fervor contra Judaismum nobis occurrit.

ε) Perperam Schenkelius affirmat, de novo quoque Testamento contraria doceri in diversis capitibus.

ζ) Jam Clemens Alexandrinus, qui primus epistolae nostrae meminit, capita ista displicentia legit et laudavit, et ne minimum quidem interpolationis testimonium ullibi exstat.

VI. De *doctrina* Barnabae cfr. libellum meum: *Das Sendschreiben d. A. Barnabas* etc. p. 242 — 262. De eadem re disputarunt *Franke*, in *Rudelbach* et *Guerike*: Zeitschrift für luth. Theol. etc. 1840. Fasc. II. et *van Gilse*, *Heyns* et *Junius* in tribus commentationibus de theologia patrum apostolicorum morali, ab Academia Lugduno - Batava 1833 praemio ornatis.

VII. Post Nicephorum patriarcham Constantinopolitanum († 828) et auctorem antiquae cujusdam Stichometriae, a Cotelerio publicatae, usque ad seculum XVII. nemo epistolae nostrae notitiam habuisse videtur.

Primus iterum eam, epistolae Polycarpi conjunctam, Jacobus Sirmondus S. J. in codice Turriano detegebat. Paulo post in aliis tribus codicibus, Bibliothecae Vaticanae, Cardinalis Columnae et Andreae Schotti S. J., eadem epistola reperiebatur. Hugo autem Menardus, e Congregatione S. Mauri, antiquam epistolae versionem latinam in codice Corbeiensi (ante Sec. IX.) invenerat. Apographon codicis Schottiani et veteris illius versionis latinae Claudius Salmasius Isaaco Vossio, Vossius Usserio tradidit. Quo facto Jacobus Usserius

Armachanus, Hiberniae Primas, a. 1643 Oxonii epistolam Barnabae prelo subjecit. Sed ingens incendium, quod non exiguam partem urbis Oxoniensis vastavit, omnia quoque exemplaria absumsit.

Quo autem ferme tempore Usserius suam praeparabat editionem, de ipsa epistola Parisiis evulganda cogitabat Hugo Menardus, monachus Benedictinus. Ipso mortuo 1644, Lucas Dacherius, ejusdem Congregationis, Menardi editionem 1645 in lucem emisit, textui Turriano versione Corbeiensi adjecta.

Emendatiorem Barnabae epistolam 1646 Amstelodami edidit Isaacus Vossius, pluribus aliis codicibus usus, Florentino, Vaticano et Romano Theatinorum. Plures deinde secutae sunt editiones, praesertim Cotelerii, Russelii et Gallandii, quam posteriorem nos praecipue ducem habuimus, non pedissequi instar eam secuti.

VIII. Notandum denique, in *omnibus* graecis codicibus deesse capita 1 — 4 inclus. et dimidium quinti.

II. DE DUABUS EPISTOLIS CLEMENTIS ROMANI.

I. Clementem Romanum eundem esse cum eo, quem S. Paulus in Ep. ad Philipp. 4, 3. laudibus effert [1]), jam Origenes [2]), Eusebius [3]), Epiphanius [4]), Hieronymus [5]) et alii veterum affirmarunt. Quodsi res ita se habet, facile apparet, Clementem S. Pauli, Philippis in Macedonia secundo itinere apostolico A. 53 — 55 (cfr. Act. 16.) Evangelium praedicantis, socium ac coadjutorem optime meritum fuisse.

Chrysostomus in Commentario ad I Timoth. suspicatur, Clementem, pariter ac Lucam et Timotheum, perpetuum itineris comitem Divi Pauli fuisse.

Mihi autem Clemens *civis urbis Philippensium* fuisse videtur, qui a Paulo, Philippis morante, conversus, ipse praeconem Evangelii in opere apostolico optime adjuvit, Paulo autem abeunte, domi remansit, inter suos Christi causam agens.

---

1) Ναὶ ἐρωτῶ καὶ σέ, σύζυγε γνήσιε· συλλαμβάνε αὐταῖς, αἵτινες ἐν τῷ εὐαγγελίῳ συνήθλησάν μοι, μετὰ καὶ Κλήμεντος καὶ τῶν λοιπῶν συνεργῶν μου, ὧν τὰ ὀνόματα ἐν βίβλῳ ζωῆς.
2) In Joann. 1, 29. Opp. T. IV. p. 153. ed. B. B.
3) H. E. III, 15.
4) Haeres. 27. n. 6.
5) Catal. script. eccl. c. 15. Opinionem hanc impugnant *Gieseler*, Lehrb. d. Kirchengesch. I, 121., *Guerike*, Handb. d. K. G. I, 167 et alii, ad quorum augendam dubitationem magnum *Jacobsonus* accedere putat pondus ex eo, quod Irenaeus, qui omni laude Clementem nostrum cumulat, de tali ac tanto testimonio (Philipp. 4, 3.) ne verbum quidem habeat.

Pluribus conjectura nostra probari potest.

a) Quum Paulus Philippos properaret, neminem nisi Silam, Timotheum et Lucam comitem habuisse videtur. Cfr. Act. 16.
b) Nullibi sacra Scriptura Clementis meminit, Apostolum Paulum in itineribus comitantis.
c) Ex Philipp. 4, 3. clare apparet, tempore primae Pauli captivitatis Romanae Clementem Philippis degisse.
d) Philipp. 4, 3. Clementis non aliter fit mentio, ac eorum, qui cives Philippenses absque dubio fuerunt.

Quando, ubi et quonam genere ortus fuerit Clemens noster, nescimus. Liber pontificalis, Catalogi Romanorum pontificum, S. Eucherius Lugdunensis et Breviarium Romanum ex Recognitionibus et Homiliis pseudoclementinis fabulosam illam receperunt narrationem, quae Clementi genus Romae senatorium, patremque Faustinum ex stirpe Caesarum vindicat. Talia refutatione non indigent.

Tillemontius (*Mémoires* II. p. 149.) ex prima Clementis epistola, cap. 4. ($πατὴρ ἡμῶν \ Ἰακώβ$) collegit, virum nostrum apostolicum ex stirpe *Judaica* esse editum. Ipsi primum accessit Coutantius in celeberrima sua editione Epistolarum Romanorum pontificum T. I. p. 11.; postea vero (l. c. p. 41.) vir doctissimus suam mutavit sententiam. Tillemontii sententiam amplexus est Herm. Venema, ut exinde argumentum deduceret contra epistolam posteriorem, cujus scriptor origine Gentilem aperte se prodit.

Tillemontius addere poterat, Clementem non solum cap. 4., sed et c. 31. ($ὁ \ πατὴρ \ ἡμῶν \ Ἀβραάμ$) patriarcham Judaeorum *patrem nostrum* appellare.

Praeterea Clemens c. 55. de amore erga patriam disputans, exemplis *gentium* prolatis, ad exempla eorum procedit, quos, ut dicit, *inter nos* cognovimus. Quibus quum *judaicas* mulieres, Judith et Esther, adscribere videatur, ipse in ortus judaici suspicionem incurrit.

Sed non valde gravia haec sunt argumenta. Notum enim est, et alios patres, quos e gentibus ortos esse nemo nescit, justas veteris Testamenti personas suis adscribere majoribus. E. g. Theophilus lib. III. ad Autol. n. 24. scribit: $Ἀβραὰμ \ ὁ \ πατριάρχης \ ἡμῶν$, n. 27: $Ἀβραὰμ \ τȣ \ προπάτορος \ ἡμῶν$, et n. 94: $Δαβὶδ \ ὁ \ πρόγονος \ ἡμῶν$.

Quod autem memorata capitis 55 exempla attinet, monendum praeterea, Clementem fortasse primum e gentibus, tum e Christianis, denique e Judaeis exempla amoris patriae protulisse.

Clementem, apostolorum discipulum, a Clemente Alexandrino *Apostoli* nomine insignitum [1], *Romanae ecclesiae fuisse episcopum*, unanimes tradunt veteres; sed quotus ordine Romanam insederit cathedram, vetus et adhuc sub judice lis est.

1. Clementem immediatum Petri successorem fuisse, plerique Latinorum priscis jam temporibus, teste Hieronymo [2]), affirmarunt. Eum a Petro ipso fuisse ordinatum, Tertullianus addit [3]). Hieronymus ipse, quamvis in Catalogo Clementem Lino et Anacleto postposuerit, postea sententiam mutasse, ceterisque Latinis accessisse videtur, scribens: *Et Clemens, vir apostolicus, qui post Petrum Romanam ecclesiam rexit, scribit ad Corinthios* [4]).

2. Clementem nostrum *Lino* demum successisse censent Augustinus [5]), Optatus Milevitanus [6]), Constitutiones Apostolorum [7]) et Catalogus Romanorum pontificum, a Bollandistis in Propylaeo mensis Maji evulgatus.

3. Denique non *Linum* solum, sed et *Cletum* seu *Anacletum* ante Clementem nostrum Romanae ecclesiae gubernacula tenuisse, Irenaeus [8]) contendit: Θεμελιώσαντες ὖν καὶ οἰκοδομήσαντες οἱ μακάριοι Ἀπόστολοι τὴν ἐκκλησίαν, Λίνῳ τὴν τῆς ἐπισκοπῆς λειτεργίαν ἐνεχείρισαν. Τότε τῷ Λίνῳ Παῦλος ἐν ταῖς πρὸς Τιμόθεον ἐπιστολαῖς μέμνηται· διαδέχεται δὲ αὐτὸν Ἀνέγκλητος· μετὰ τοῦτον δὲ τρίτῳ τόπῳ ἀπὸ τῶν Ἀποστόλων τὴν ἐπισκοπὴν κληροῦται Κλήμης, ὁ καὶ ἑωρακὼς τοὺς μακαρίους Ἀποστόλους, καὶ συμβεβληκὼς αὐτοῖς, καὶ ἔτι ἐναυλον τὸ κήρυγμα τῶν Ἀποστόλων, καὶ τὴν παράδοσιν πρὸ ὀφθαλμῶν ἔχων κ. τ. λ.

Cum Irenaeo stat *Eusebius* (H. E. III, 13. 15. 34.) docens, *Linum* ab anno 68 usque ad a. 80., *Anencletum* 80 — 92, Clementem 92 — 101 p. Ch. n. sedem Romanam tenuisse.

---

1) Strom. IV, c. 17. p. 609 ed. Pott.
2) Catal. script. eccl. c. 15.: *Clemens . . . quartus post Petrum Romae episcopus; siquidem secundus Linus fuit, tertius Anacletus, tametsi plerique Latinorum secundum post Petrum Apostolum putent fuisse Clementem.*
3) De praescript. haer. c. 32: *Romanorum* (ecclesia) *Clementem a Petro ordinatum edit.*
4) In Isai. c. 52.
5) Ep. 53. ad Generos.: *Petro successit Linus, Lino Clemens, Clementi Anacletus.*
6) Lib. II.: *Cathedra una est; sedit prior Petrus, cui successit Linus, Lino Clemens, Clementi Anacletus.*
7) Lib. VII, c. 46: Τῆς δὲ Ῥωμαίων ἐκκλησίας Λίνος μὲν ὁ Κλαυδίας πρῶτος ὑπὸ Παύλυ, Κλήμης δὲ μετὰ τὸν Λίνυ θάνατον ὑπ᾽ ἐμῦ Πέτρου δεύτερος κεχειροτόνηται.
8) Adv. haer. I. III. c. 3. apud *Euseb.* H. E. V, 6.

Eandem sententiam *Hieronymus* in Catalogo scriptorum ecclesiasticorum c. 15. tuebatur, ut supra vidimus [1]).

4. Varias has sententias ita componebant viri docti et priscorum et recentiorum temporum, ut conjicerent, *Linum* et *Cletum* viventibus adhuc Apostolis Paulo et Petro Romanorum fidelium fuisse antistites, *Clementem* autem, illis fortasse defunctis, seu sub Nerone martyrio coronatis [2]), a Petro, ad mortem properante, Romanae ecclesiae *Episcopum* esse ordinatum.

Hanc sententiam tuiti sunt

α) Rufinus (Praef. in S. Clementis Recognit.): *Cujus rei hanc accepimus esse rationem, quod Linus et Cletus fuerunt quidem ante Clementem Episcopi in urbe Roma, sed superstite Petro, videlicet, ut illi Episcopatus curam gererent, ipse vero Apostolatus impleret officium. Sicut invenitur etiam apud Caesaream fecisse; ubi cum ipse esset praesens, Zachaeum tamen a se ordinatum habebat Episcopum. Et hoc modo utrumque verum videbitur: ut et illi ante Clementem numerentur Episcopi, et Clemens tamen post obitum Petri docendi susceperit sedem.*

β) Chronicon Damasi: *Nisi tempora pontificatus Lini atque Cleti sub spatio praesulatus B. Petri comprehenderis, non sibi consone respondebunt anni pontificum Romanorum annis imperatorum.*

γ) Beda Venerabilis, Rabanus, Haymo et alii. Cfr. Coteler. ed. P. P. apost. T. I. p. 492 et p. 387.

Conjecturae huic Eusebius obstat, docens, Clementem anno demum 92 sedem episcopalem ascendisse, 24 annis a morte S. Petri praeterlapsis, quorum 12 Lino, et pariter 12 Anencleto assignantur. Sed vix credam, Eusebium id, documentis fultum, scripsisse. Fortasse per traditionem ipsi innotuerat, Linum et Anencletum 12 annos Romanam rexisse ecclesiam. Quum autem ipsum lateret, illos conjunctos, *unacum, vivente adhuc Petro*, gubernacula tenuisse; fieri poterat, ut, Catalogum Irenaei respiciens, summa fiducia suam nobis proponeret computationem.

5. Nec de Epiphanii conjectura taceamus, qui I Clem. c. 54 male interpretatus, Clementem, a Petro ordinatum, pacis causa cessisse Lino autumat; Lino autem successisse Cletum, Cleto Clementem resumto pontificatu, arbitratur [3]). Nos hanc quaestionem iterum ad-

---

1) Cfr. pag. anteced. Not. 2.
2) Indiculus Rom., pontif. supra memoratus, *Linum* Capitone et Rufo Coss. (i. e. A. 67. p. Ch.) e vivis decessisse annotat.
3) Haeres. XXVII. n. 6.

tingemus, de tempore, quo I Clementis epistola scripta fuerit, disputantes.

Jam de *morte* Clementis verba faciamus. Eusebius contendit, Clementem *novem* annos munere episcopali functum, tertio Trajani anno (101 p. Ch.) mortem obiisse. Ad ea autem, quae supra diximus, et infra dicemus, attendentes, *novem* quidem regiminis annos Clementi tribuimus (A. 68 — 77.) cum Caveo, Dodwello, Fleurio et aliis; eum autem jam sub Vespasiano defunctum esse putamus. Qui vero Eusebio fidem habere velit, cum ipso credat oportet, brevi tempore, A. 101 — 153, non minus quam septem seu octo pontifices sedem Romanam ascendisse, quamvis una tantum persecutio hoc temporis spatium perturbasset.

Eusebius et Hieronymus (l. l. c. c.) mortem Clementis nulla de martyrio mentione instituta commemorant. Irenaeus quoque (III, 3.), Pontifices usque ad Eleutherium recensens, eorum quemquam martyrium passum praeter Telesphorum haud significat. A Rufino vero et Zosimo Clemens noster martyr appellatur [1]).

Ex Actis martyrii, sine dubio supposititiis, Lumperus historiam martyrii S. Clementis his verbis refert: „Clementem, a Mamertino, urbis praefecto, fidei causa accusatum, Trajanus in Chersonesum ultra Pontum Euxinum relegavit. Invenit vero ibi ultra duo millia Christianorum, jam diu ad caedendi marmoris opus damnatorum. Inter maxima autem horum fidelium incommoda illud erat, quod sexto milliario aquam humeris suis deportare deberent. Pontifex autem eorum miseratione tactus, cum agni cujusdam ductu, ubi fons esset, cognovisset, eam, ut effoderent, Christianis ostendit. Quibus nequicquam laborantibus S. Clemens ipse eum locum levi ictu percussit, et fons illico exsiliit. Ad miraculi hujus famam tota provincia accurrente, cunctisque ad fidem traductis et baptizatis, intra anni spatium septuaginta ecclesiae constructae, idola omnia confracta, templa circumjacentis regionis diruta, omnesque luci usque ad trecenta milliaria in circuitu concisi fuere. Trajanus vero, ut tantum rei christianae progressum sisteret, Clementem anchora ad collum ligata in mare demergi mandavit. At mari usque ad locum, quo pontificis corpus jacebat, recedente, illud tumulo saxeo in templo quodam marmoreo conditum Christiani invenerunt [2]).“

II. Clementis temporibus quum gravissima dissensio Corinthi exorta esset inter fratres [3]), ecclesia Romana luculentissimam epi-

---

1) *Lumper*, historia theologico-critica, T. I. p. 16.
2) Historia theol. crit. T. I. p. 52 sq.
3) Seditio mota fuerat contra presbyteros (c. 47), qui injuste muneribus suis dejiciebantur

stolam Corinthiis scripsit, qua eos ad pacem concordiamque revocaret, et fidem illorum, et quam recens ab Apostolis susceperant traditionem renovarent. Ita Irenaeus [1]). Hanc epistolam nomine ecclesiae Romanae Clementem nostrum scripsisse refert Eusebius [2]); multique alii veterum hujus epistolae meminerunt. Sed ante Sec. XVII. omnes medii et inferioris aevi theologi hanc patris apostolici epistolam deperditam lugebant.

Anno autem 1632 Cyrillus Lucaris, Patriarcha Constantinopolitanus, Anglorum regi Carolo I. antiquissimum V. et N. T. codicem dono misit; et ecce, ad calcem praestantissimi hujus codicis *Alexandrini* epistola illa Clementis, dudum desiderata, inveniebatur [3]) cum fragmento alterius libri, quem catalogus codici praefixus his litteris signat:

.... εντος ἐ..... λη B. [4]) i. e. Κλήμεντος ἐπιστολή B.

Utramque hanc Clementis epistolam ex vetustissimo illo codice primus omnium Oxonii 1633 edidit Patricius Junius, regis Anglorum bibliothecarius; voces deperditas et litteras vetustate exesas, spatiis et interstitiis accurate, ut putabat, dimensis, supplevit et minio notavit. Sed ipsius editio, et omnes, ad Junianam exactae, vitiis laborant non paucis. Quo factum est, ut Henricus Wottonus, e Coll. S. Johann. Evang. A. M. codicem mstum de novo accurate inspiceret, et textum Junianum octogies emendaret et suppleret. Sic prodiit 1718 Cantabrigiae editio Wottoniana, in qua, quae aberant a msto exemplari, minutioribus typis impressa invenis. Hanc editionem Gallandius sibi sequendam summo jure censuit, qui insuper notis et conjecturis aliorum virorum eruditorum, Millii, Birrii, Freyii etc., in elaboranda sua editione est usus. Denique A. 1839 Oxonii e typographeo academico prodiit editio elegantissima Guilielmi Jacobsoni, qui codicem

---

(c. 44). Schenkelius (in Ullmanni Stud. et Krit. 1841. Fasc. I. p. 53 sqq.) autumat, factionem illam, quae Christi esse gloriabatur, revixisse, et sicut auctoritatem Apostolorum, ita et auctoritatem presbyterorum, qui ab Apostolis fuerant instituti, sprevisse ac rejecisse. Sed Clemens ipse recentiorem Corinthiorum seditionem ab illa priori bene distinguit c. 47.

1) Adv. haer. III, 3. Apud *Euseb.* Hist. eccl. V, 6.
2) H. E. III, 16. et 38.
3) Codex Mstus epigraphen praestat: Κλήμεντος πρὸς Κορινθίους ἐπιστολή. Cfr. *Jacobson*, Patres apost. T. I. p. 203.
4) Cfr. *Jacobson* l. c. p. XI. Incriptionis in fronte epistolae ipsius ne litteram quidem integram praebet Cod. Mstus. *Jacobson.* l. c. p. 214.

Alexandrinum iterum evolvit, textum passim emendavit, conjecturas doctas proposuit, et annotationibus aliorum suas adjecit [1]).

Nos cum Gallandio et Jacobsono ea, quae apud Wottonum, msto codici plane adhaerentem, vitioso vel obsoleto more scripta inveniebantur, mutavimus, voces et litteras, quae in codice desunt, uncis inclusimus, et Jacobsonum aliosque viros doctos duces habuimus, e nostris quoque, praesertim in annotationibus, nonnulla proferentes.

III. Clementem Romanum ad Corinthios scripsisse, nemo negabit. Fuere tamen, qui epistolam nostram non *genuinam* putarent nec illam censerent, quam antiqui Patres laudarunt et allegarunt. Praesertim Jo. Tolandus [1]), Christ. Aug. Salig [2]) et Gisbertus Voëtius, Theol. professor in Academia Ultrajectina [3]) authentiam epistolae nostrae negarunt, illi imperiose nulla afferentes argumenta, hic halucinationem potius, quam demonstrationem proferens. Quam male praeconcepta opinione ductus id egerit, audi. *Admiramur*, inquit, *singularem divinam providentiam, quae curavit, ut ab Apostolorum discipulis, virisque apostolicis, et Apostolorum seculo proximis, aut nihil scriberetur, aut nihil conservaretur et ad posteros manaret, aut saltem nihil ab initio ecclesiae usque in hunc diem superesset, de quo non dubitaretur, aut quod per tineas blattasque, aut alium quemvis Dei exercitum mutilatum non esset: ut soli Scripturae tanto evidentius sua constaret auctoritas, illique soli esset propria incorruptibilitas et aeternitas.*

Nos eandem, quam Clemens scripserit, habere epistolam, exinde satis probatur, quia ea, quae veteres ecclesiae patres ex dicta epistola allegarunt, in nostra reperiuntur.

a) Jam *S. Polycarpus*, ut Gallandius monuit, eandem Clementinam epistolam manu versavit, et nonnulla ex ea paene verbotenus in suam ad Philippenses epistolam transtulit.

---

1) S. Clementis Romani, S. Ignatii et S. Polycarpi patrum apostolicorum, quae supersunt. Accedunt S. Ignatii et S. Polycarpi Martyria. Ad fidem codicum recensuit, adnotationibus variorum et suis illustravit, indicibus instruxit *Gulielmus Jacobson*, A. M., aulae B. Mariae Magdalenae Vice-principalis, collegii Exoniensis nuper socius. II Tomi.

1) In Catalogo librorum Christo et Apostolis adscriptorum c. 18. T. I. Opp. p. 392.

2) De diptychis Veterum c. 3. §. 4. p. 39. Cfr. *Mosheim.* instit. majores p. 213.

3) Select. Disput. P. I. p. 103. Cfr. *Grabe*, Spicileg. T. I. p. 260.

Ep. I Clem.

C. 1. Γυναιξίν τε... παρηγγέλλετε, στεργύσας καθηκόντως τὺς ἄνδρας ἑαυτῶν...πάνυ σωφρονύσας.

C. 5. Πέτρος... ὕτω μαρτυρήσας ἐπορεύθη εἰς τὸν ὀφειλόμενον τόπον τῆς δόξης.

C. 7. Διὸ ἀπολείπωμεν τὰς κενὰς καὶ ματαίας φροντίδας, καὶ ἔλθωμεν ἐπὶ τὸν εὐκλεῆ καὶ σεμνὸν τῆς ἁγίας κλήσεως ἡμῶν κανόνα.

C. 9. Διὸ ὑπακύσωμεν τῇ μεγαλοπρεπεῖ καὶ ἐνδόξῳ βυλήσει αὐτῦ (Θεῦ) ... ἀπολιπόντες τὴν ματαιοπονίαν, τήν τε ἔριν κ.τ.λ.

C. 13. Μεμνημένοι τῶν λόγων τῦ κυρίυ Ἰησῦ, ὃς ἐλάλησεν διδάσκων· ... ᾧ μέτρῳ μετρεῖτε, ἐν αὐτῷ μετρηθήσεται ὑμῖν.

C. 21. Ἴδωμεν, πῶς ἐγγύς ἐστιν (ὁ κύριος), καὶ ὅτι ὐδὲν λέληθεν αὐτὸν τῶν ἐννοιῶν ἡμῶν, ὐδὲ τῶν διαλογισμῶν, ὧν ποιύμεθα. Ἐρευνητὴς γάρ ἐστιν ἐννοιῶν καὶ ἐνθυμήσεων.

Ibid. Τὺς νέυς παιδεύσωμεν τὴν παιδείαν τῦ φόβυ τῦ Θεῦ, τὰς γυναῖκας ἡμῶν ἐπὶ τὸ ἀγαθὸν διορθωσώμεθα. Τὸ ἀξιαγάπητον τῆς ἁγνείας ἦθος ἐνδειξάσθωσαν· ... τὴν ἀγάπην αὐτῶν μὴ κατὰ προσκλίσεις, ἀλλὰ πᾶσιν τοῖς φοβυμένοις τὸν Θεὸν ὁσίως, ἴσην παρεχέτωσαν.

Epist. Polyc.

C. 4. Διδάξωμεν...τὰς γυναῖκας ὑμῶν...στεργύσας τὺς ἑαυτῶν ἄνδρας ἐν πάσῃ ἀληθείᾳ καὶ ... ἐν πάσῃ ἐγκρατείᾳ.

C. 9. Πέτρος καὶ Παῦλος ... εἰς τὸν ὀφειλόμενον αὐτοῖς τόπον εἰσὶ παρὰ τῷ κυρίῳ.

C. 7. Διὸ ἀπολιπόντες τὴν ματαιότητα τῶν πολλῶν ... ἐπὶ τὸν ἐξ ἀρχῆς ἡμῖν παραδοθέντα λόγον ἐπιστρέψωμεν.

C. 2. Διὸ ἀναζωσάμενοι τὰς ὀσφύας, δυλεύσατε τῷ Θεῷ ἐν φόβῳ καὶ ἀληθείᾳ, ἀπολιπόντες τὴν κενὴν ματαιολογίαν, καὶ τὴν τῶν πολλῶν πλάνην.

C. 2. Μνημονεύσαντες δὲ ὧν εἶπεν ὁ κύριος διδάσκων· ... ἐν ᾧ μέτρῳ μετρεῖτε, ἀντιμετρηθήσεται ὑμῖν.

C. 4. Γινώσκ....ὅτι (ὁ Θεὸς) πάντα ἡμῶν σκοπεῖται, καὶ λέληθεν αὐτὸν ὐδὲν, ὔτε λογισμῶν, ὔτε ἐννοιῶν, ὔτε τι τῶν κρυπτῶν τῆς καρδίας.

Ibid. Διδάξωμεν...τὰς γυναῖκας ὑμῶν (πορεύεσθαι) ἐν τῇ δοθείσῃ αὐταῖς πίστει καὶ ἀγάπῃ καὶ ἁγνείᾳ...καὶ ἀγαπώσας πάντας ἐξ ἴσυ ἐν πάσῃ ἐγκρατείᾳ· καὶ τὰ τέκνα παιδεύειν τὴν παιδείαν τῦ φόβυ τῦ Θεῦ.

b) Quae *Irenaeus* de epistola Romanae ecclesiae ad Corinthios refert, optime respondent indoli nostrae epistolae. En verba ejus: Ἐπὶ τότε ὂν τῶ Κλήμεντος στάσεως ἐκ ὀλίγης τοῖς ἐν Κορίνϑῳ γενομένης ἀδελφοῖς, ἐπέστειλεν ἡ ἐν Ῥώμῃ ἐκκλησία ἱκανωτάτην γραφὴν τοῖς Κορινϑίοις, εἰς εἰρήνην συμβιβάζεσα αὐτὰς, καὶ ἀνανεῶσα τὴν πίστιν αὐτῶν, καὶ ἣν νεωστὶ ἀπὸ τῶν Ἀποστόλων παράδοσιν εἰλήφει.

c) *Clemens Alexandrinus* multos epistolae Clementinae locos laudat, qui adhuc in epistola nostra reperiuntur.

Strom. I. c. 7. p. 339: Αὐτίκα ὁ Κλήμης ἐν τῇ πρὸς Κορινϑίας ἐπιστολῇ κατὰ λέξιν φησὶ, τὰς διαφορὰς ἐκτιϑέμενος τῶν κατὰ τὴν ἐκκλησίαν δοκίμων· Ἤτω τις πιστὸς, ἤτω δυνατός τις γνῶσιν ἐξειπεῖν, ἤτω σοφὸς ἐν διακρίσει λόγων, ἤτω γοργὸς ἐν ἔργοις. Eadem verba, ex I Clem. c. 48. desumta, repetit Alexandrinus Strom. VI. c. 8. p. 773.

Strom. IV. c. 17. p. 609. 610: Ναὶ μὴν ἐν τῇ πρὸς Κορινϑίας ἐπιστολῇ ὁ Ἀπόστολος Κλήμης, καὶ αὐτὸς ἡμῖν τύπον τινὰ τῶ γνωστικῶ ὑπογράφων, λέγει· Τίς γὰρ παρεπιδημήσας πρὸς ὑμᾶς κ. τ. λ. Hic Alexandrinus epistolae nostrae capita 1. 9. 10. 11. 12. 17. 18. 21. 22. 36. 38. 40. 41. 48. 49. 50. 51. 53. excerpsit.

Strom. V. c. 12. p. 693: Ἀλλὰ κἂν τῇ πρὸς Κορινϑίας Ῥωμαίων ἐπιστολῇ· Ὠκεανὸς ἀπέραντος ἀνϑρώποις γέγραπται, καὶ οἱ μετ' αὐτὸν κόσμοι. Cfr. I Clem. c. 20.

Strom. VI. c. 8. p. 773: Τοσέτῳ γὰρ μᾶλλον ταπεινοφρονεῖν ὀφείλει, ὅσῳ δοκεῖ μᾶλλον μείζων εἶναι, ὁ Κλήμης ἐν τῇ πρὸς Κορινϑίας φησί. Cfr. I Clem. c. 48.

Strom. I. c. 7. p. 339: Ἐὰν δὲ τὴν βασιλικήν τε καὶ αὐϑεντικὴν εἴσοδον ζητῇς, ἀκόσῃ· Αὕτη ἡ πύλη τῶ Κυρίε, δίκαιοι εἰσελεύσονται ἐν αὐτῇ. Πολλῶν τοίνυν ἀνεῳγμένων πυλῶν ἐν δικαιοσύνῃ, αὕτη ἣν ἐν Χριστῷ. Cfr. I Clem. c. 48.

d) *Origenes* de principiis II. c. 3. n. 6. T. I. p. 82. ed. B. B.: Meminit sane *Clemens Apostolorum discipulus etiam eorum, quos* ἀντίχϑονας *Graeci nominarunt, atque alias partes orbis terrae, ad quas neque nostrorum quisquam accedere potest, neque ex illis, qui ibi sunt, quisquam transire ad nos; quos et ipsos mundos appellavit, quum ait:* „Oceanus intransmeabilis est hominibus, et hi, qui trans

*ipsum sunt mundi, qui his eisdem dominatoris Dei
dispositionibus gubernantur."* Cfr. I Clem. c. 20.
Orig. in Ezech. c. 8. T. III. p. 422: Φησὶ δὲ ὁ Κλήμης·
Ὠκεανὸς ἀπέραντος ἀνθρώποις, καὶ οἱ μετ' αὐτὸν
κόσμοι τοσαύταις διαταγαῖς τῦ δεσπότυ διοικῦνται.
Cfr. I Clem. c. 20.

Idem in Joann. I, 29. T. IV. p. 153: Μεμαρτύρηται δὲ καὶ
παρὰ τοῖς ἔθνεσιν, ὅτι πολλοί τινες λοιμικῶν ἐνσκηψάντων νοση-
μάτων ἑαυτὸς σφάγια ὑπὲρ τῦ κοινῦ παραδεδώκασι· καὶ παραδέχεται
ταῦθ᾽ ὕτως γεγονέναι ὀκ ἀλόγως πιστεύσας ταῖς ἱστορίαις ὁ πιστὸς
Κλήμης, ὑπὸ Παύλυ μαρτυρύμενος, λέγοντος· μετὰ Κλήμεντος κ. τ. λ. Cfr. I Clem. c. 55.

e) *Eusebium* eandem, quae nunc exstat, Clementis epistolam ante
oculos habuisse, verba ejus satis demonstrant.

Hist. eccl. III, 16: Τύτυ δὴ ὖν τῦ Κλήμεντος ὁμολογυμένη
μία ἐπιστολὴ φέρεται, μεγάλη τε καὶ θαυμασία, ἣν ὡς ἀπὸ τῆς
Ῥωμαίων ἐκκλησίας τῇ Κορινθίων διετυπώσατο, στάσεως τηνι-
κάδε κατὰ τὴν Κόρινθον γενομένης.

Ibid. III, 38: Τῦ Κλήμεντος ἐν τῇ ἀνωμολογημένῃ παρὰ
πᾶσιν, ἣν ἐκ προσώπυ τῆς Ῥωμαίων ἐκκλησίας τῇ Κορινθίων
διετυπώσατο. Ἐν ᾗ τῆς πρὸς Ἑβραίυς πολλὰ νοήματα παραθεὶς,
ἤδη δὲ καὶ αὐτολεξεὶ ῥητοῖς ἐξ᾽ αὐτῆς χρησάμενος κ. τ. λ.

Epistolam nostram saepe iisdem verbis uti, quae in Epistola ad
Hebraeos inveniuntur, nemo nescit [1]).

f) *Cyrillus Hierosolymitanus* Catech. 18. c. 8. fabulam de Phoenice
(I Clem. 25.), ut ipse testatur, ex epistola Clementis profert.

g) *Epiphanius* haer. 27. n. 6: Λέγει γὰρ (Clemens) ἐν μιᾷ τῶν
ἐπιστολῶν αὐτῦ· Ἀναχωρῶ, ἄπειμι, ἐνσταθήτω ὁ
λαὸς τῦ Θεῦ. Cfr. I Clem. c. 54.

h) *Hieronymus* Catal. script. eccl. c. 15: *Scripsit* (Clemens)
ex persona Romanae ecclesiae ad ecclesiam Corinthiorum

---

1) Multi autumarunt, aut Clementem ipsum epistolam ad Hebraeos scripsisse, aut certe eam in sua scribenda ante oculos habuisse. Longe aliter conjicit Dr. Mack (Tubing. theol. Quartalschrift 1838. Fasc. III. p. 385 sqq.), id agens, ut nobis ostendat, epistolam Clementis epistola ad Hebraeos fuisse priorem, et hanc ad Clementis epistolam bene apud Corinthios introducendam confectam, et una cum Clementis epistola datam esse ad Corinthios. Mackium impugnavit W. F. Rinck in Ullmanni Stud. et Krit. 1839. Fasc. IV. p. 1002 sq.

valde utilem epistolam, quae et in nonnullis locis publice legitur, quae mihi videtur characteri epistolae, quae sub Pauli nomine ad Hebraeos fertur, convenire. Sed et multis de eadem epistola, non solum sensibus, sed juxta verborum quoque ordinem abutitur.

Idem Lib. XIV. Comment. in Isai. 52, 13: *Clemens, vir apostolicus, qui post Petrum rexit ecclesiam, scribit ad Corinthios: Sceptrum Dei, Dominus Jesus Christus, non venit in jactantia superbiae, quum possit omnia, sed in humilitate.* Cfr. I Clem. c. 16.

Idem Lib. I. Comment. in Ep. ad Ephes. 2, 2: *Clemens in epistola sua scribit: Oceanus et mundi, qui trans ipsum sunt.* Cfr. I Clem. c. 20.

Idem ibid. Lib. II. ad c. 4, 1: *Cujus rei et Clemens ad Corinthios testis est: Vinculum charitatis Dei quis poterit enarrare?* Cfr. I Clem. c. 49.

Testimonia posteriorum taceamus.

IV. Nonnulli veterum locos epistolae Clementinae laudant, qui in nostris exemplaribus non leguntur. E. g. *Basilius*, Lib. de spiritu sancto c. 29. n. 72. T. III. p. 61. ed. B. B. scribit: Ἀλλὰ καὶ ὁ Κλήμης ἀρχαϊκώτερον (f. ἀρχαϊκώτερος) ζῇ, φησὶν, ὁ Θεὸς, καὶ ὁ κύριος Ἰησοῦς Χριστὸς, καὶ τὸ πνεῦμα τὸ ἅγιον[1]).

Sed futiles sunt illorum rationes, qui hanc ob causam authentiam epistolae nostrae impugnarunt; fortasse enim omnes hi loci, quorum parvus est numerus, olim post caput 57 legebantur, ubi folium integrum excidit. Certe ῥῆσις illa Basilii, ut Freyius monuit, peropportune illi loco convenit, et accommodari potest in Epistola ad finem decurrente.

V. Jam de *integritate* dicendum est.

a) Eodem anno 1633, quo primum epistola nostra typis vulgabatur, *Hieron. Bignonius*, Ictus Parisinus, integritatem ejus in dubium vocavit, plures clausulas et voces epistolae genuinae additas esse putans. Praesertim viro doctissimo displicebat

α) narratio de Phoenice c. 25.,

β) frequentia Epithetorum,

γ) vox λαϊκός c. 40. et

δ) locus capitis 47: ubi ecclesia Corinthiorum ἀρχαία vocatur.

---

1) Reliquos locos reperies in Galland. Bibl. T. I. p. 44 sq.

Ipsi respondit *Hugo Grotius* [1]), inter alia monens, Clementem sine dubio aeque ac auctorem epistolae ad Hebraeos graecum sermonem ex eruditis auctoribus hausisse, ideoque liberiori dictione, non, ut ἑβραΐζουσιν, in minutias concisa, sed largius fluenti, usum esse.

Quod narrationem de Phoenice attinet, alii quoque veterum, e. g. Tacitus (Annal. VI, 28.) et Plinius (H. N. VII, 49. XIII, 9. XXIX, 9.) eidem fabulae fidem habebant.

Ecclesiam Corinthiorum jam a Clemente, respectu aliarum ecclesiarum, ἀρχαίαν appellari potuisse, nemo negabit.

Denique de voce λαϊκός quae dicenda sunt, in notis ad c. 40. reperies.

b) Supra jam diximus, Clementem Alexandrinum multa epistolae nostrae capita (1. 9—12. 17. 18. 21. 22. 36. 38. 40. 41. 48. 49. 50. 51. 53.), tecto Romani Clementis nomine, excerpsisse, et abbreviata libro quarto Stromatum intexuisse [2]). *Eduardus* vero *Bernardus* et *Clericus* in utraque Amstelodamensi Coteleriana editione Patrum apostolicorum suspicabantur, omnes hos locos Alexandrinum ipsum habere auctorem, e cujus libro interpolatam esse nostram epistolam contendunt.

Illis accessit *Laurentius Mosheim* V. C. [3]). *Ipsi enim in epistola nostra multa proferri videntur, quorum nulla est cum consilio, Corinthios ad concordiam vocandi, cognatio. Priora*, inquit, *decem capita quaedam habent vestigia manus fallacis, sed non ita multa: persequitur auctor constanter consilium suum. At capite XI et XII ad fidem et hospitalitatem commendandam accedit, in quo nulla plane apparet cohaerentia cum praecedentibus. Quocirca parum abest, quin haec capita existimem intrusa esse. Redit ad institutum Clemens capite XIII, et in eo pergit ad c. XXII. Hoc vere capite repente, nulla ipsum ratione invitante, ad argumentum longe aliud properat, ad resurrectionem corporum mortuorum, de qua ad caput usque XXVIII disserit. Capite XXVIII instituti sui recordari videtur iterum; atque hujus capitis initium bene concinit fini capitis XXI, difficillime vero cum exitu capitis XXVII jungi potest. Quapropter quae de cadaverum in vitam reditu praecipiuntur sex capitibus, subjecta videntur esse Clementi... Neque melius existimo de capitibus XL — XLV et de capite LV, quibus ea legas, quae nulli potuerunt in mentem venire nisi homini, rei, quam agit, prorsus immemori.*

---

1) Apud *Coteler.* Patr. apost. T. I. p. 133.
2) Cfr. Not. 2 ad c. 9.
3) Instit. hist. chr. majores. p. 214 sq.

Quod Bernardi et Clerici attinet argumentationem, bene *Wottonus* [1] ita disserit: *Irriti tamen sunt hujus conatus. Qui enim hoc modo ex Clemente Alexandrino arguit, aut eum non probe novit, aut mala fide agit. Eadem enim ratione actum erit de authentia et fide eorum omnium, qui a Clemente Alexandrino usquam citantur, scriptorum. Nemo enim Patrum majore licentia usus est in citandis authoribus, sive sacris, sive ethnicis; cum ei in more sit, non integra authorum verba semper recitare, sed pro arbitrio suo nunc contrahere, nunc de suo inserere, alia omittere, alia variis modis mutare.*

Moshemio denique ita respondeamus:

α) Capp. XI et XII epistolae nostrae cum antecedentibus bene cohaerent, quippe quae eandem cum his materiam tractent, *invidiae* Corinthiorum exempla *hospitalitatis*, pietatis et fidei opponant, simulque poenas *dissensionis* (c. XI) ostendant,

β) Nec capita XXIII — XXVIII a consilio Clementis remota sunt. Resurrectionis enim Clemens aut ideo meminit, quia, teste I Cor. 15, 12., nonnulli Corinthiorum resurrectionem mortuorum negabant; aut ideo, ut ea, quae Noster c. 21 et 22 de poenis improborum dixerat, probarentur.

γ) Capita XL — XLV aperte id agunt, ut Corinthios, contra clerum rebellantes, ad concordiam et subjectionem revocarent. Optime igitur consilio Clementis respondent, simulque arctissime cum capitibus 37 et 38 cohaerent.

δ) Caput denique LV nil nisi exempla ejus charitatis profert, de qua capite antecedenti verba fiebant.

ε) Porro nonnulla capita, Moshemio displicentia, jam a Veteribus laudantur et citantur, e. g. c. LIV ab Origene in Joann. I, 29.; c. XXV a Cyrillo Hieros. Catech. 18, 8.

ζ) Omnia capita in dubium vocata in antiquissimo illo codice Alexandrino reperiuntur.

η) Quum epistola Clementis publice in ecclesiis praelegeretur, vix fieri poterat, ut ab homine improbo foedaretur.

θ) Styli ac orationis diversitas nullibi in epistola nostra est reperienda.

VI. Recentiorum temporum viri docti et *authentiam* et *integritatem* primae Clementis epistolae ad unum omnes agnoscunt, et nulla jam gravior dubitatio hac de re movetur. Quem enim lateat primaeva simplicitas, qua ornatur, evangelica sapientia, qua excellit,

---

[1] In Notis ad I Clem. c. 9.

apostolica praedicatio, quam sonat haec Clementis epistola? Nonne viro apostolico ea se praebet dignissimam? Omnia sane ei authentiae indicia adsunt. Audi Wottonum [1]: *In illa*, inquit, *non violatur temporis ratio, nihil contra* (antiquam) *ecclesiae disciplinam instituitur; nihil contra doctrinam christianam praecipitur; stylus ac dicendi methodus proxime accedunt ad Novum Testamentum, neque aliquid, quod non est maxime viro apostolico dignum, in ea reperitur.* Et alio loco [2]: *Illa vis et ἐνέργεια divina ubique in eo* (Clemente) *refulget, quae suo fulgore percellit animum legentis; adeo, ut paene dicam, Spiritum Dei, non hominem in eo loquentem sentias.*

Hugo Grotius [3]) non simulatae vetustatis indicia in Epistola nostra reperiri contendit: *De Christo semper loquitur, non ut posterior*es πλατωνικώτερον, *sed simpliciter plane, et ut Paulus Apostolus solet. Alia quoque dogmata, postea subtilius explicata, tractat* ἀφελέστερον, *et vocibus* κλήσεως, κλητῶν, ἐκλεκτῶν, *sensu plane Paulino utitur.*

VII. Magna fuit apud Veteres epistolae nostrae auctoritas, quam Irenaeus ἱκανωτάτην γραφήν [4]), Eusebius μεγάλην τε καὶ θαυμασίαν [5]) appellat. Publice eam, praesertim diebus dominicis, in nonnullis ecclesiis fuisse praelectam, Dionysius Corinthius [6]), Eusebius [7]), Hieronymus [8]) et Photius [9]) testantur.

Minoris eam Photius ipse aestimabat, quod Clemens mundos trans Oceanum existere supponeret (c. 20), Phoenicis avis exemplo tanquam verissimo uteretur (c. 25), quodque pontificem praesidemque Dominum nostrum Jesum Christum appellans (c. 36.), illas Deo convenientes ac sublimiores de eo voces non protulisset.

VIII. Jam de tempore, quo prima Clementis epistola scripta fuerit, disputemus.

Scriptam eam esse brevi post persecutionem aliquam, constat ex ipsa epistola, c. I. Esse vel Neronis vel Domitiani persecutionem nemo dubitat. Grabius, Pagius, Orsius, Gallandius, Wottonus aliique, *Neronis* persecutione desinente, proxime post Apostolorum Petri et Pauli martyrium, circa A. 68 scriptam eam esse contendunt. Cote-

---

1) Praef. p. CCVI.
2) In Dedicat.
3) In Epist. ad Bignonium, apud Coteler., Ed. Patr. apost. T. I. p. 134.
4) Adv. haer. III, 3.
5) H. E. III, 16.
6) Apud Euseb. H. E. IV, 33.
7) H. E. III, 16.
8) Catal. script. eccl. c. 15.
9) Biblioth. Cod. 113.

lerius autem, Tillemontius et Lumperus, *Domitiani* persecutione desinente, circa A. 96 vel 97 eam exaratam arbitrantur.

Tota haec quaestio facillime posset dissolvi, si tempus Clementini episcopatus plane constaret. Ex supra dictis autem intelleximus, ecclesiasticum Clementis regimen aut annis 68—77, aut 92—101 esse tribuendum.

Quum vero res ita se habeat, epistolam ipsam inspiciamus, temporis indicia investigaturi.

a) Clemens martyrii Apostolorum Petri et Pauli capite 5 mentionem faciens ait: ἔλθωμεν ἐπὶ τὸς ἔγγιστα γενομένος ἀθλητάς. Inde apparet, epistolam nostram non multo post obitum Apostolorum, i. e. non multo post persecutionem Neronis exaratam esse.

b) Capite 6 persecutio nuper praeterlapsa (c. 1.) adeo cruenta, et multitudo martyrum tanta describitur, ut Neronis, non Domitiani tempora indicentur. *Ingentem* enim *multitudinem* sub Nerone cruciatam fuisse, Tacitus (eadem sane phrasi, qua utitur S. Pater, πολὺ πλῆθος) nobis refert [1]); de Domitiano autem Tertullianus ita loquitur: *Tentaverat et Domitianus, portio Neronis de crudelitate, sed qua et homo, facile coeptum repressit, restitutis etiam, quos relegaverat* [2]).

c) Capp. 5 et 6. nullus tot illustrium martyrum, qui sub Domitiano passi sunt, nominatur: non Flavius Clemens, non Ancilius Glabrio, non Flavia Domitilla, non Joannes Evangelista; quorum aliquem, ut Cardinalis Orsi [3]) monet, saltem memorasset S. Pater, si post Domitianeam persecutionem scripsisset.

d) Ante Domitiani tempora, et paulo post Neronis persecutionem epistolam nostram scriptam esse, suadet cultus Judaici mentio, in templo Hierosolymitano tunc adhuc stante vigentis. Capp. 40 et 41. Ad enervandum hoc argumentum Lardnerus et alii exemplum Josephi Flavii proferebant, qui A. 93 p. Ch. n. de sacrificiis non aliter disputavit, ac si templum adhuc exstitisset [4]).

Sed res utraque, Josephi et Clementis, longe dissimilis est. Josephus, sacros populi sui ritus describens, per figuram, historicis non inusitatam, praesenti, quod dicimus, historico utitur. Clemens autem, ut Corinthios ad ordinem servandum adduceret, lectoribus

---

1) Annal. XV. c. 41—44.
2) Apolog. c. 5.
3) Istor. eccl. T. I. p. 412. Apud
Galland. Bibl. T. I. Proleg. p. XIX.
4) Antiquit. III. c. 10.

ordinem Judaici cultus ante oculos ponit. Quodsi autem templum jam fuisset destructum, tota S. Patris argumentatio fuisset infirma, ipsaque adversarios invitasset, ut dicerent: en, eversione templi Hierosolymitani Deus ipse testatus est, talem ordinem sibi non esse exoptatum.

Ex his colligimus, epistolam nostram desinente Neronis persecutione et ante excidium Hierosolymae (A. 68 — 70) esse scriptam, S. Clementem autem immediate S. Petro successisse.

Quae a Cotelerio aliisque objiciuntur, nullius sunt ponderis. Inde enim, quod Clemens c. 47. referat, primam Corinthiorum dissensionem ἐν ἀρχῇ τῦ εὐαγγελίυ excitatam esse, concludi non potest, longius temporis spatium ab illa prima dissensione esse praeterlapsum. Namque S. quoque Paulus, novem circiter annis post fundatam ecclesiam Philippensem, in epistola ad Philippenses IV, 15. de ἀρχῇ τῦ εὐαγγελίυ loquitur, minime innuens, ecclesiam Philippensem ante multos jam annos esse fundatam.

Nec id nos movet, quod S. Clemens c. 42. ecclesiam Corinthiorum ἀρχαίαν appellaverit. Ἀρχαία enim ecclesia, ut bene animadvertit Dodwellus, optimo jure ea nuncupatur, quae ἐν ἀρχῇ τῦ εὐαγγελίυ, i. e. primis praedicati Evangelii temporibus, est fundata [1]).

IX. De doctrina S. Clementis *Lumperus* [2]), *Heynsius*, *Junius* ac *Van Gilse* [3]) et *Möhlerus* [4]) disputarunt.

X. *Secundae Clementis epistolae* a nemine antiquissimorum patrum fit mentio. Nam duas Clementis epistolas jam *secundo* post Christum seculo fidelibus notas fuisse, nullo modo e verbis Dionysii, Corinthiorum episcopi, conjici potest [5]). Quum enim egregiam illam, de qua supra disputavimus, Clementis epistolam προτέραν appellaverit, id non respectu secundae cujusdam Clementinae epistolae, sed epistolae Soteris, Romani pontificis, pariter apud Corinthios publice praelectae, dixisse manifestum est.

Seculo autem *tertio* secundam Clementis Epistolam in usu et auctoritate fuisse, ex Apostolorum canone 85 demonstrare conatus est

---

1) Cfr. *Grabii* Spicil. T. I. p. 256.
2) Historia theol. crit. T. I. p. 56—92.
3) In Commentationibus de Patrum apostolicorum theologia morali. Cfr. supra p. XIV.
4) Patrolog. T. I. p. 61 sqq.
5) Dionys. Cor. apud Euseb. H. E. IV, 23: Ἐν αὐτῇ δὲ ταύτῃ (epistola Dionysii ad Soterem) καὶ τῆς Κλήμεντος πρὸς Κορινθίυς μέμνηται (Dionysius) ἐπιστολῆς, δηλῶν ἀνέκαθεν, ἐξ ἀρχαίυ ἔθυς ἐπὶ τῆς ἐκκλησίας τὴν ἀνάγνωσιν αὐτῆς ποιεῖσθαι. Λέγει γῦν· Τὴν σήμερον ὂν κυριακὴν ἁγίαν ἡμέραν διηγάγομεν, ἐν ᾗ ἀνεγνώκαμεν ὑμῶν (Soteris) τὴν ἐπιστολήν· ἢν ἕξομεν ἀεί ποτε ἀναγινώσκοντες νυθετεῖσθαι, ὡς καὶ τὴν προτέραν ἡμῖν διὰ Κλήμεντος γραφεῖσαν.

Gallandius [1]. Sed erravit vir doctissimus. Nam postremus iste canon non ante finem seculi quinti confectus est, ut egregie docuit Dr. Sebastianus de Drey V. C. [2].

Primus, qui secundae Clementis epistolae meminit, Eusebius est, monens, et alteram Clementis epistolam proferri; sed eam non perinde ac priorem notam esse, quoniam nec veteres ea usi fuerint [3]. Deinde inest haec epistola celeberrimo illi Alexandrino codici, in Museo britannico Londinensi asservato. Seculo igitur IV et V Clemens hujus epistolae auctor a multis putabatur. Quo jure, nescimus. Pariter nos latet, quibus nixi argumentis Hieronymus [4]) et Photius [5]) hanc epistolam a veteribus reprobatam contenderint; nam Eusebius talia non profert, antiquiores autem prorsus de ea silent. Non errare te putem, si Hieronymum et Photium Eusebii verba minus recte interpretatos esse contenderes. Ergo veterum testimonia authentiam hujus epistolae non aperte negare, antiquissimorum autem patrum silentium suspectam eam reddere, clare perspicimus [6]).

Quae quum ita sint, epistolam ipsam, seu potius fragmentum, quod adhuc superest in codice Alexandrino, adeamus oportet, investigantes, num interna ei insint indicia, quibus Clemens noster ejus auctor probari possit. Audiamus Wottonum [7]). *Quoad stylum*, inquit, *et dicendi methodum* (Epistola II.) *est adeo dissimilis a priore*

---

1) Bibl. Veter. P. P. T. I. Proleg. p. XV.
2) Neue Untersuchungen über die Constitutionen und Canones der Apostel. Tübingen 1832. p. 370. 377. 445.
3) Hist. eccl. III, 38: Ἰστέον δὲ, ὡς καὶ δευτέρα τις εἶναι λέγεται τῦ Κλήμεντος ἐπιστολή· ὃ μὴν ἔθ᾽ ὁμοίως τῇ προτέρᾳ καὶ ταύτην γνώριμον ἐπιστάμεθα· ὅτι μηδὲ τὰς ἀρχαίας αὐτῇ κεχρημένας ἴσμεν.
4) Catal. script. eccl. c. 15: *Fertur et secunda ejus nomine epistola, quae a veteribus reprobatur.*
5) Bibl. Cod. 113: Ἡ δὲ λεγομένη δευτέρα πρὸς τὰς αὐτὰς (Corinthios) ὡς νόθος ἀποδοκιμάζεται. Praeterea Photius notat, epistolam hanc secundam dicta quaedam peregrina velut e sacra

Scriptura inducere, interpretationes locorum quorumdam alieniores proferre, nec continentem orationis seriem ac consequentiam servare.

6) Nonnulli Epiphanium quoque epistolae nostrae testimonium praebere contendunt, quippe qui (Haer. 27, 6. et 30, 15.) de pluribus Clementis epistolis verba faciat. Sed
   a) Epiphanius epistolas quoque illas *ad virgines* Clementinas putasse videtur, quarum respectu de pluribus Clementis epistolis loqui debebat.
   b) Secundae nostrae Clementis epistolae expressis verbis nullibi Epiphanius testimonium praebet.
7) Praef. p. CCVI.

ac *indubitata*, ut merito dubitari possit, an sit vere *Clementis*. Eadem jam Joannes Morinus monuerat, dicens ¹): *illius stylus ut prioris non est simplex, sed argutulus; non sponte fluens, sed pro auctoris captu studiose elaboratus*; non ἀπεριόδικος et nonnumquam ἀνανταπόδοτος, *sed verborum ambitum, antitheses earumque redditionem ambitiose affectat.* Morino assentitur criticorum princeps Richardus Simon ²), quem plerique secuti sunt. Eandem partem novissimis temporibus Wocherus tenuit in versione sua prioris epistolae Clementis ³). Quicumque secundam istam epistolam attente legerint, negare non poterunt, magnam inter ipsam et priorem styli diversitatem intercedere.

Praeter silentium antiquissimorum patrum ac styli diversitatem id etiam suspicionem suppositionis nobis injicit, quod dimidia pars capitis 23 primae epistolae in secundam quoque est recepta c. 11.

Bene addit Grabius ⁴), haud epistolae formam habere istam, quae secunda Clementis ad Corinthios dicitur, ipsaque inscriptione cum voto juncta in frontispicio carere, qualis tamen in omnibus Apostolorum ac virorum apostolicorum litteris ad particulares ecclesias datis, inque ipsa prima Clementis, plane exstat. Homiliae potius quam epistolae similem recte judicavit Vendelinus, qui tamen minus recte ipsi Clementi eam adscripsit, et post eum Dodwellus Dissert. I. in Irenaeum §. 29. ⁵). Clementi nostro hanc epistolam vindicare studuerunt Cotelerius ⁶), Coutantius ⁷), Gallandius ⁸) et Lumperus ⁹). Sed vix in partes suas te trahent viri doctissimi, cum ipsorum argumenta sint levia, ipsique magis objectionibus aliorum bellum indixerint, quam suam opinionem probaverint. Illud absque omni dubio facilius erat; nam neminem fugiet, Hermannum Venemam ¹⁰) aliosque nonnumquam leviores contra authentiam hujus epistolae objectiones esse ausos. Sed nemini defensorum hujus epistolae firma argumenta pro Clemente auctore proferre contigit.

Placet nobis Grabii sententia, a Möhlero quoque recepta ¹¹), istam vulgo dictam epistolam secundam Clementis fuisse unam ex homiliis

---

1) Exercit. Biblic. l. I. c. 4. 5. 9. Exercit. 9.
2) Bibl. Chois. T. I. c. 38. p. 282.
3) Die Briefe der apostolischen Väter Clemens und Polycarpus, neu übersetzt und mit Einleitungen und Commentarien versehen von M. J. *Wocher*. Tübing. 1830. p. 203. 208.
4) Spicileg. T. I. p. 268.
5) *Grabe*, Spicil. l. c.
6) In edit. P. P. Apost. T. I. p. 182.
7) Epist. Rom. Pontif. T. I. p. 34.
8) Biblioth. T. I. Proleg. p. XIV.
9) Hist. theol. crit. T. I. p. 22.
10) Cfr. *Galland*. Bibl. l. c. p. XVII. et *Lumper*. l. c. p. 27.
11) Patrol. T. I. p. 65 sq.

eidem (false) adscriptis, quales plures una fuisse patet ex Anastasii Antiocheni Quaest. 96.

Wocherus, nullo certo fundamento nixus, Dionysio, Corinthi episcopo, hanc epistolam tribuendam esse putat [1]. Grabius autem opus hoc spurium medio seculo III, post Origenis tempora, Clementi suppositum fuisse suspicatur [2].

III. DE SEPTEM EPISTOLIS IGNATII ANTIOCHENI.

I. De patria, genere ortuque beati Ignatii Theophori [3]) nihil certi apud Veteres invenitur. Judice Tillemontio celeberrimus hic Antiochiae episcopus Syrus potius, quam Graecus origine fuit. Ex verbis autem Gregorii Abulpharagii (Sec. XIII.) [4]) conjecerunt viri docti, Ignatium oriundum fuisse *Norae* in Sardinia, seu *Norae* in Cappadocia vel Phrygia [5]). Metaphrastes et Menaea graeca apud Bollandum [6]) ipsum parvulum illum fuissse volunt, quem Servator noster ultimo praedicationis suae anno Apostolis de primatu litigantibus ad imitationem proposuit, dum ajebat [7]): *quicumque humiliaverit se sicut parvulus iste, hic est major in regno coelorum* [8]).

Ignatium S. Joannis Apostoli auditorem et S. Polycarpi condiscipulum fuisse, acta Martyrii ejus c. 3. et nonnulli Veterum tradunt [9]). S. Gregorius M. eum etiam divi Petri discipulum vocat [10]).

Constitutiones Apost. (VII, 46.) contendunt, Ignatium a divo Paulo episcopum Antiochiae esse ordinatum. Plerique tamen a Petro regimen ecclesiae illi traditum fuisse putarunt [11]). Petrus Halloixius honore hoc a Joanne Evangelista eum donatum censet [12]). In regenda Antiochena ecclesia Ignatium Evodio, ab Apostolis constituto, suc-

---

1) l. c. p. 204.
2) Spicil. T. I. p. 269.
3) Ita Ignatius a semetipso in epistolis et ab aliis appellatus est. Θεοφόρος = *homo, qui Deum in pectore gestat;* Θεόφορος = *homo a Deo gestatus.*
4) Dynastiarum historia, Dynast. VII. p. 119. interprete Pocockio: *Ignatium Nuraniensem, episcopum Antiochenum, qui ad leones conjectus, ab iis discerptus est.* Cfr. *Grabe.*
5) *Grabe,* Spicil. T. II. p. 1 et 2.

et *Jacobson,* P. P. apost. T. I. p. XVI.
6) Acta S. S. T. I. Febr. ad diem 1.
7) Matth. 18, 4.
8) Vide *Lumper.* Hist. theol. crit. T. I. p. 245 sq.
9) E. g. Eusebius in Chron, a divo Hieronymo latine vulgato ad A. 11 Trajani.
10) Ep. 37. ad Anastasium Antioch. Apud *Lumperum* l. c. p. 246.
11) Chrysost. hom. in S. Ignat. Mart. c. 4. p. 597. T. II.
12) In vita Ignatii, apud *Lumperum* l. c. p. 247.

cessisse, secundumque illius urbis episcopum fuisse, tradit Eusebius [1]);
Constitutiones Apostolorum autem (VII, 46.) innuunt, Evodium ac
Ignatium eodem tempore ecclesiae Antiochenae praefuisse, illum a
Petro, hunc a Paulo constitutum. Theodoretus denique tertiam propugnat opinionem, Ignatium immediate S. Petro successisse [2]). Baronius (Ann. 45, 14. et 71, 11.) atque Natalis Alexander (Sec. I.
Diss. 14. Prop. 1.) conjiciunt, Evodium ac Ignatium eodem tempore,
alterum Judaeis, alterum Ethnicis ad verae religionis cultum conversis, praefuisse; quibus ad concordiam tandem adductis, Ignatium
Evodio cessisse, iterumque post obitum illius sedisse.

De Ignatii cura pastorali verba faciunt acta martyrii c. 1. Eadem
porro narrant, Ignatium, a Trajano, contra Armeniam et Parthos
proficiscente, Antiochiaeque morante, ad bestias damnatum, Romam
esse abductum.

Post longam et periculosam navigationem, ad decem milites,
quos leopardos vocat [3]), alligatus, sanctus Martyr Smyrnam pervenit, ubi ex colloquio, cum S. Polycarpo et adjacentium ecclesiarum
legatis habito, ingentem voluptatem percepit, et quatuor epistolas ad
Ephesios, Magnesios, Trallianos et Romanos conscripsit.

Smyrna Troadem venit, ubi Ignatius paucorum dierum moram
epistolis ad Philadelphenses, Smyrnaeos et Polycarpum exarandis
dicavit. Inde Neapolim, ut verbis Lumperi utar, adductus, Philippos
pertransiens Macedoniam totam peragravit. Epidamni vero in Epiro
navem brevi solituram offendens, Hadriaticum mare enavigavit, atque
in Tyrrhenum ascendit. Puteolos ubi pervenit, e navi descendere
cupiebat, ut ad S. Pauli exemplum Romam Puteolis contenderet. At
vento vehementi in altum repulsus urbem illam praeterire coactus est.
Denique ad Portum Romanum perveniens a fidelibus, Roma obviam
euntibus, salutatus, a custodibus autem festinantibus Romam in amphitheatrum ductus, et duobus leonibus objectus est, qui illico ipsum
devorarunt, solis durioribus relictis ossibus, quae collecta Antiochiam
pretiosi instar thesauri deportata sunt.

Ignatium nono anno imperatoris Trajani, seu A. 107 p. Ch. n.,
ad bestias damnatum, ineunte autem decimo Trajani anno, 20 Dec.
107. martyrio coronatum esse, acta passionis ejus tradunt c. 2 et 7.

Aliam sententiam Pearsonius excogitavit et propugnavit in dissertatione posthuma *de anno, quo S. Ignatius a Trajano Antiochiae*

---

1) H. E. III, 22.   3) Ad Rom. c. 5.
2) Dialog. I. p. 49. T. IV.

ad bestias erat condemnatus [1]). Ipsi accesserunt *Antonius Pagius* [2]), *Grabius* [3]), *Benedictini* e congregatione S. Mauri [4]) et multi alii. Auctoritate Joannis Malalae nixi viri hi docti asserunt: Trajanum, in Parthos proficiscentem, sub finem anni 115, tempore illius terrae motus, qui imperatorem paene oppressit, Antiochiae hiemasse, ineunteque anno 116 Ignatium nostrum in judicium vocasse; beatum autem hunc praesulem eodem anno 116 desinente martyrio esse coronatum.

Negari non potest, quod maximi rerum chronologicarum magistri, Henricus Norisius, Antonius Pagius et Gulielmus Lloydius [5]) probarunt, bellum Trajani Parthicum anno Christi 112 coepisse. Si itaque Trajanus semel tantum contra Armeniam Parthosque arma tulisset, et semel tantum Antiochiae esset moratus, utique et Ignatius post annum 112 martyrium subiisset.

Sed duplicem Armenicam Parthicamque expeditionem a Trajano susceptam Tillemontius [6]) jure conjecisse videtur, cujus sententiam Eduardus Corsinius [7]), vir politioribus litteris praestans, ex numis etiam confirmavit. Testibus enim Dione et Zonara, *Optimi* nomen tunc primum Trajano concessum fuit, cum is Armeniam expulso Parthamasiride ceterisque regulis omnino sublatis occupasset. Ideoque, cum in numis pluribus Romae percussis *Optimi* nomen Trajano tributum occurrat, in quibus ipse Consul V vocatur, dubitari certe vix poterit, quin Trajanus Armeniam subegerit ante annum 112 (U. C. 865), quo *sextum* Consulatum Romae suscepit. Denique, ut alia Corsinii argumenta silentio praeteream, eximius alter Trajani numus habetur, in quo Caesar ipse *APICT. CEB. ΓERM. ΔAK. ΠAPΘ.* i. e. *Optimus, Augustus, Germanicus, Dacicus, Parthicus* appellatur, simulque *decimus* imperii ipsius annus expressus conspicitur. Ergo anno U. C. 861 (107 p. Ch.), in quem *decimus* imperii annus incurrit, Trajanus jam *Optimi* atque *Parthici* nomen acceperat. Duplex igitur Trajani in Orientem profectio agnosci debet [8]),

---

1) Hanc dissertationem *Smithius* et *Jacobsonus* (II, p. 504 sqq.) in suas editiones conjecerunt.
2) Crit. ad ann. 107. n. 3 — 6.
3) Spicil. II, 22.
4) L'art de verifier les dates p. 239. ap. *Lumper.* l. c. p. 250.
5) *Grabe*, Spicil. T. II. p. 22.
6) Hist. des Emper. T. II. Not. 17. sur Trajan. Idem, Mémoires pour servir etc. T. II. p. 95. et Not. 10. p. 277.
7) *Galland.* Biblioth. T. I. Proleg. p. LXI sq.
8) Unam tantum Trajani expeditionem Parthicam agnoscit *Francke* in libro: *Zur Geschichte Trajans* etc. 1837. p. 161.

nihilque gravius [1]) obstat, quo minus anno 107 Ignatium e vivis decessisse putemus.

II. Quindecim sub nomine S. Ignatii circumferuntur epistolae, e quibus tres latine tantum ad nos pervenerunt, et Graecismum minime redolentes, non ab Interprete, sed Auctore latino profectae videntur: ad B. Virginem una, ad S. Joannem duae. Caeterae autem graece supersunt.

Ex quindecim his epistolis octo unanimi doctorum consensu spuriae habentur: 1) una ad B. Virginem, 2) et 3) duae ad S. Joannem, 4) una ad Mariam Cassabolitem, 5) una ad Tarsenses, 6) una ad Antiochenos, 7) una ad Heronem, diaconum Antiochenum, 8) una ad Philippenses?).

Reliquarum septem, quae datae sunt 1) ad Ephesios, 2) ad Magnesios, 3) ad Trallianos, 4) ad Romanos, 5) ad Philadelphenses, 6) ad Smyrnaeos et 7) ad Polycarpum, duplex exstat graecum exemplar, alterum brevius, alterum longius. Recensionem breviorem longiori esse praehabendam, paene ad unum omnes viri critici affirmarunt. *Schmidtius* [3]) autem et *Netzius* [4]), neutri recensioni laudem sinceritatis praebentes, utramque ex immutatione genuini cujusdam exemplaris ortam putabant [5]). Novissimis vero temporibus D. Carolus *Meier*, theologiae professor Giessensis nuper demortuus, longiori recensione palmam tribuens, eam non plane quidem integram et genuinam, breviori tamen longe praeferendam esse contendit [6]). Sed tantum aberat, ut virorum doctorum applausu id faceret, ut neminem, quem sciam, in suam traheret sententiam, plures vero, re iterum in litem vocata, brevioris recensionis rem agerent. Laudemus hic V. D.

---

1) Apud Malalam enim, teste Gallandio (l. c.), sive ejus inscitia, sive librariorum oscitantia in notationem temporum cum imperii Trajani, tum Ignatiani martyrii, menda nonnulla irrepsisse noscuntur. Teste Malala Traianus *septima* Januarii, feria *quinta* Antiochiam ingressus est. Sed *septimam* Januarii cum *feria quinta*, A. 107 (non A. 115) concurrisse ostendit Usserius (Not. 6. in Martyr. S. Ign.).

2) Cfr. virorum doctorum de hisce epistolis judicia apud Russelium et Jacobsonum (T. I. p. XXII sqq.)

3) *Versuch über die gedoppelte Recension der Briefe des Ignatius* in: *Hencke*, Magazin für Relig.-philosophie. T. III. p. 91 sqq. Opinioni huic Schmidtius postea nuntium misit (Kirch. Gesch. T. I. p. 209 sq.)

4) In: *Ullmann*, Studien u. Krit. 1835. p. 881 sqq.

5) Hanc opinionem secutus est V. C. Carolus Hase, Kirchengesch. p. 88. ed. III.

6) In: Ullmanni Stud. et Krit. 1836 p. 340 sqq.

Richardum Rothe [1], nunc Heidelbergensem, *Arndtium* [2]) Ratzeburgensem et *Baurium* Tubingensem [3]).

Meierus tribus potissimum argumentis sententiam suam firmare conatus est.

a) In breviori, inquit, recensione Nicaena de Deitate Christi doctrina tenetur, ergo Postnicaenis temporibus exarata putetur; longior vero recensio minus decisum de hac re dicendi genus, apostolicis temporibus congruum, prae se fert et servat. — Verum acrior utriusque recensionis inspectio docet, longiorem quoque octiesdecies Christum *Deum* nominare, eam magis definite de *persona* Spiritus sancti loqui, pleniorique formula Trinitatis esse usam [4]); quo fit, ut merito posterioribus sit temporibus tribuenda.

b) Secundum argumentum Meierus ex styli charactere depromit, monens, breviorem recensionem epitomes deformis et obscurae ferre naturam, cui longior textu meliori lumen praebere debeat. Sed contra plures longioris recensionis loci a breviore demum illustrantur. Illam justo esse loquaciorem, dictionisque gravitate carere, facile videas. Nec minus additamenta inertia et citationes superfluae te fugient, quibus interpolator genuinum textum augere est ausus. Breviorem vero recensionem nemo epitomen putabit, qui succinctum et concisum sermonem, gravibus sententiis refertum, grammaticis quidem regulis minus obnoxium, sed ardore scriptoris ferventem a frigida duraque epitome possit discernere. Quod denique obscuritatis opprobrium attinet, id de corruptis tantum locis dictum putes, quibus saepissime medela potest afferri [5]).

c) Testem quoque antiquum suae opinionis adducit Meierus, Chronicon dico Paschale (ad a. D. 32. p. 416. Vol. I. ed. Bonn.), in quo longioris recensionis locus (ad Trall. c. 10.) laudatur. Sed antiquiores nobis testes praesto sunt, Eusebius [6]) et Athanasius [7]), quibus breviorem recensionem ad manus fuisse inde facile colliges, quod verba ab ipsis citata in breviori tantum, non aeque in longiori inveniuntur recensione [8]).

---

1) Die Anfänge der christl. Kirche. Wittenberg. 1837. p. 739.
2) In: Ullmanni, Stud. et Krit. 1839. p. 136.
3) Tübing. Zeitschr. für Theol. 1838. Fasc. III. p. 148.
4) Cfr. *Arndt*, in: *Ullmanni* Stud. etc. 1839. p. 161—164; et *Rothe*, Anfänge etc. p. 744—751.
5) *Arndt* l. c. p. 149 — 161; et *Rothe*, l. c. p. 756 sqq.
6) Hist. eccl. III, 36.
7) De synodo Arim. et Seleuc. p. 922. A. T. I. ed. Paris. 1627.
8) *Rothe*, l. c. p. 742. 743.

Breviorem ergo recensionem merito longiori, interpolatae, praeferendam putamus.

III. Breviores has septem epistolas primus in lucem protulit Amstelodami 1646 Isaacus Vossius [1]) ex uno superstite bibliothecae Mediceae codice ms. (Sec. XI.), veteremque latinam versionem addidit, quam graeco exemplari propemodum in omnibus respondentem Oxonii 1644 vulgarat Jacobus Usserius. Verum quum in eo codice Florentino deesset epistola ad Romanos, illam ex interpolatarum editione desumtam, duce vetere interprete, suae integritati restituere adortus est. Anno autem 1689 Epistolam ad Romanos, veteri latinae versioni ad amussim aequiparatam, e Cod. 1451. Bibliothecae regiae Parisiensis membranaceo [2]), Parisiis publici juris fecit Theodericus Ruinartus in *Actis Martyrum sinceris*; quam deinceps Grabius et Clericus prodire jusserunt. Anno 1709 Oxonii prodiit praestantissima Thomae Smithii editio, quam secuti sunt Ludovicus Frey, Richardus Russel, Andreas Gallandius et Gulielmus Jacobsonus; quos et nos duces habuimus.

IV. Inter eos, qui pro epistolis hisce vindicias evulgarunt, Pearsonium [3]) eminere nemo nescit. Opus ejus oppugnare sunt aggressi Matthaeus Larroquanus, Samuel Basnagius, Casimirus Oudinus, Joannes Dallaeus et alii, quibus frequens Episcoporum mentio in his epistolis praeter alia minime placebat. Sed iis responderunt, authentiam epistolarum nostrarum defendentes, Nicolaus Nourrius [4]), Remi Ceillier [5]), Thomas Maria Mamachius [6]) et Lumperus [7]). Nostris temporibus praesertim D. Baurius, Tubingensis, authentiam epistolarum Ignatii in dubium vocavit, mediisque seculi II. temporibus eas Romae a falsario quodam in favorem episcopatus ideae confectas esse contendit [8]), contradicentibus potissimum Doctore Rothe [9]) et Ano-

---

1) Epistolae septem longiores nec non octo epistolae spuriae ex Versione veteri, nondum edito exemplari graeco, jam anno 1498 a Fabro Stapulensi typis sunt impressae. Easdem epistolas (8 spurias et 7 interpolatas) primus Valentinus Pacaeus graece publicavit A. 1557 ex Augustanae Bibliothecae exemplari.
2) Codex hic, olim Colbertinus 460, acta martyrii S. Ignatii continet, quibus capite IV epistola Ignatii ad Romanos interposita est.
3) In secundo tomo editionis P. P. apost. Coteler.
4) Apparat. ad Bibl. max. P. P. T. I. p. 78 sqq.
5) Hist. general. T. I. p. 626.
6) Origines et antiq. Christ. T. IV. p. 377 sqq.
7) Hist. theol. crit. T. I. p. 266—286.
8) Die sogenannten Pastoralbriefe des A. Paulus, aufs neue kritisch untersucht, von D. Baur. p. 87. Abgenöthigte Erklärung. Tüb. Zeitschr. für Theol. 1836. Fasc. 3. p. 199 et 1838. Fasc. 3. p. 149 sqq.
9) Anf. d. christl. Kirche p. 715 sqq.

nymo quodam ¹), in quorum sententiam me in multis ire lubenter profiteor.

V. Quae nos, epistolarum Ignatii rem agere, moveant, audi:

1) Minime D. Baurius nobis persuasit, *Romanum Ignatii iter*, quod scribendi has epistolas occasionem praebuisse perhibetur, esse commentitium.

a) Trajanum enim Antiochiae hiemasse dubitari non potest.

b) Eum Christianos, illos praesertim, qui delati et accusati erant, ad mortem damnasse, nemo jure negabit. Jam Plinio enim proconsuli imperator mandaverat: „*si deferantur et arguantur, puniendi sunt.*"

c) Plebs, panem et *circenses* p... 'ans, meliori nullo modo placari poterat, quam Christianorum ... *tias* damnatione.

d) Imperatorem damnatos ...ristianos Romam misisse, ut Romanae plebi grati aliquid faceret, nullo modo veritati repugnat.

e) Quod Ignatius Smyrnae et Troade fratres convenisse ibique epistolas scripsisse perhibetur, id minime contradicit crudelitati custodum, de qua ipse in Ep. ad Rom. c. 5. queritur. Apud Romanos enim captivis, ad milites alligatis, permissum erat, amicos suscipere et libere colloqui cum illis. Paulus e. g. in vinculis Christum praedicavit. Cfr. Act. 28, 16. 30. 31.

f) Ignatius, Smyrna Romanis scribens, non absurda, ut Baurio videtur, peregit. Duae enim viae Smyrna Romam ducebant, altera maritima, altera terrestris, ut bene docuit V. C. Tafel ²). Terrestri via Ignatius, fortasse quia militibus negotia erant in Troade et Macedonia, ducebatur (cfr. Acta martyr. c. 5.); epistola autem, sine dubio via maritima, navi quadam *cursoria*, in urbem missa, ante Ignatium ipsum Romae advenire poterat. Nec dubitari potest, quin terrestri quoque via epistola illa, alii cuidam tradita, citius Romam venire potuerit, quam Ignatius ipse, senio confectus.

g) Nec absurde Ignatius a Romanis precatus est, ut ab omni conatu, ipsum liberandi, abstinerent. Mos enim erat Christianorum, tantum, quantum poterant, niti, ut fratres propter fidem captos et damnatos liberarent, quod discimus ex Const. Apost. IV. §. 9. V. §§. 1. 2., ex Luciani Peregrino §. 12, et ex Eusebii H. E. VI, 40. ³). Notum porro est, jam tempore Pauli Apostoli ἐν Καίσαρος οἰκίᾳ fuisse fideles; tempore autem Domitiani Domitillam et Clementem, ex familia

---

1) In Ephemeridibus: *Herold des Glaubens*, Herbipol. 1839. N. 40 — 45.

2) Dissert. de Via Egnat. 1837 et 1841.

3) Cotel. ad c. 1, Ep. Ignat. ad Rom.

Caesaris, christianorum sacra secutos esse, refert Suetonius. Romanorum denique magistratuum sacram auri famem nemo nescit. Facile itaque aut pecunia, aut dolo, aut alia quadam ratione, fideles aliquid in favorem Ignatii moliri poterant.

h) Ignatium in *Occidentem* profectum esse, ex verbis S. Polycarpi patet. Capite enim XIII Ep. ad Philippenses legimus: „*Et de ipso Ignatio, et de his, qui cum eo sunt, quod certius agnoveritis, significate.*" Quodsi autem Ignatius Antiochiae remansisset, nec in Occidentem venisset, nullo modo Polycarpus Smyrnensis verba illa ad Philippenses scripsisset, quod facile ex situ locorum demonstratur.

Roma ⊙ ... ⊙ Philippi. ... ⊙ Smyrna. ... ⊙ Antiochia.

Nemo sane Smyrnaeorum Philippenses adibit, ut certior fiat de iis, quae Antiochiae gerantur; bene autem quae Romae eveniant, a Philippensibus edoceri poterit.

i) Ignatium ad *bestias* damnatum esse, S. *Irenaeus* [1]) testatur. Ὡς εἶπέ τις τῶν ἡμετέρων διὰ τὴν πρὸς Θεὸν μαρτυρίαν κατακριθεὶς πρὸς θηρία· „ὅτι σῖτός εἰμι Θεῶ, καὶ δι' ὀδόντων θηρίων ἀλήθομαι, ἵνα καθαρὸς ἄρτος εὑρεθῶ." Ex Epist. Ign. ad Rom. c. 4. Irenaeus autem, Polycarpi discipulus, nullo modo hac in re errare poterat.

k) Ignatium *Romae* cum *bestiis* pugnasse, clare docet *Origenes* [2]). Καλῶς ἐν μιᾷ τῶν μάρτυρός τινος ἐπιστολῶν γέγραπται· τὸν 'Ιγνάτιον λέγω, τὸν μετὰ τὸν μακάριον Πέτρον τῆς 'Αντιοχείας δεύτερον ἐπίσκοπον, τὸν ἐν τῷ διωγμῷ ἐν 'Ρώμῃ θηρίοις μαχησάμενον· „καὶ ἔλαθε τὸν ἄρχοντα τοῦ αἰῶνος ἡ παρθενία Μαρίας." Ex Ep. Ign. ad Ephes. c. 19.

l) Itineris Romani *Eusebius* [3]) quoque testis est: Λόγος δ' ἔχει, τοῦτον (Ignatium) ἀπὸ Συρίας ἐπὶ τὴν 'Ρωμαίων πόλιν ἀναπεμφθέντα, θηρίων γενέσθαι βορὰν, τῆς εἰς Χριστὸν μαρτυρίας ἕνεκεν.

m) Magni denique ponderis S. *Chrysostomi* [4]) est effatum, *Antiochenam* de Ignatio *Antiocheno* traditionem testificans: Ἐν μέσῳ τῷ θεάτρῳ, τῆς πόλεως ἄνω καθεζομένης ἁπάσης, τὸν τοῦ μαρτυρίου τρόπον ὑπέμεινε, θηρίων ἐπ' αὐτὸν ἀφεθέντων·... Ἀκούσας γὰρ, ὅτι οὗτος αὐτὸν τῆς τιμωρίας ὁ τρόπος μένει, „Ἐγὼ τῶν θηρίων ἐκείνων ὀναίμην" ἔλεγε. Ex Ep. Ign. ad Rom. c. V.

Recentiorum testimonia taceamus, de Romano Ignatii itinere minime dubitantes.

---

1) Adv. haer. V, 28. Apud Euseb. H. E. III, 36.
2) Homil. VI. in Luc.
3) Hist. eccl. III, 36.
4) Homil. in S. Ignat. n. 5. Opp. T. II. p. 599. ed. B. B.

2) Non minus testimoniis Veterum probari potest, Ignatium plures exarasse *epistolas*.

a) De *epistolis* Ignatii primus Polycarpus [1]) verba facit: Τὰς ἐπιστολὰς Ἰγνατίε, τὰς πεμφθείσας ἡμῖν ὑπ᾽ αὐτῦ, καὶ ἄλλας, ὅσας εἴχομεν παρ᾽ ἡμῖν, ἐπέμψαμεν ὑμῖν, καθὼς ἐνετείλασθε· ... ἐξ ὧν μεγάλα ὠφεληθῆναι δυνήσεσθε. Περιέχεσι γὰρ πίστιν καὶ ὑπομονὴν καὶ πᾶσαν οἰκοδομὴν, τὴν εἰς τὸν κύριον ἡμῶν ἀνήκεσαν. Qui igitur epistolas Ignatii in dubium vocare velint, Polycarpi quoque epistolae, praeeunte Dallaeo, bellum indicant oportet, quod Baurium latuit. Sed quis est, qui putet, falsarium quemdam eo temeritatis esse progressum, ut vivente adhuc sancto Polycarpo [2]) non solum amico ejus Ignatio, sed et ipsi Polycarpo falsas supponeret epistolas? Quis credat,

b) Irenaeum quoque, Polycarpi discipulum, duplicem hunc dolum non perspexisse? Irenaeus autem epistolis et Ignatii et Polycarpi testimonium praebet.

α) Quod testimonium de epistola Ignatii ad Romanos attinet, vide supra lit. i. p. XL.

β) De epistola autem Polycarpi ad Philippenses ita disserit B. Irenaeus: Ἔστι δὲ καὶ ἐπιστολὴ Πολυκάρπε πρὸς Φιλιππησίες γεγραμμένη κ. τ. λ. [3]).

c) Paulo post Irenaeum *Origenes* [4]) de epistolis Ignatii verba fecit.

α) *Memini aliquem sanctorum dixisse, Ignatium nomine, de Christo:* ,,*Meus autem amor crucifixus est.*" Ex Ep. Ign. ad Rom. c. 7.

β) Secundum Origenis testimonium vide supra lit. k. pag. XL.

d) Addamus hisce testibus *Eusebium* [5]), qui non solum de Romano Ignatii itinere, sed et de septem ejus epistolis nominatim agit, singulas paucis describens, ex epistolis vero ad Rom. c. V. et ad Smyrn. c. III. plura depromens: Ὅ τε παρὰ πλείστοις εἰσέτι νῦν διαβόητος Ἰγνάτιος, τῆς κατ᾽ Ἀντιόχειαν Πέτρε διαδοχῆς, δεύτερος τὴν ἐπισκοπὴν κεκληρωμένος. Λόγος δ᾽ ἔχει, τῦτον ἀπὸ Συρίας ἐπὶ τὴν Ῥωμαίων πόλιν ἀναπεμφθέντα, θηρίων γενέσθαι βορὰν, τῆς εἰς Χριστὸν μαρτυρίας ἕνεκεν. .... Οὕτω δῆτα ἐν Σμύρνῃ γενόμενος, ἔνθα ὁ Πολύκαρπος ἦν, μίαν μὲν ἐπιστολὴν τῇ κατὰ τὴν Ἔφεσον ἐκκλησίᾳ γράφει, ποιμένος αὐτῆς μνημο-

---

1) Polyc. Ep. ad Philipp. c. 13.
2) Mediis enim Sec. ii. temporibus, ergo vivente adhuc S. Polycarpo, epistolas nostras confectas esse Baurius contendit. Cfr.
supra p. XXXVIII.
3) Adv. haer. III, 3. Apud Euseb. H. E. IV, 14.
4) Prolog. in Cant. Canticor.
5) H. E. III, 36.

νεύων Όνησίμω· ἑτέραν δὲ τῇ ἐν Μαγνησίᾳ τῇ πρὸς Μαιάνδρῳ, ἔνθα πάλιν ἐπισκόπω Δάμα μνήμην πεποίηται· καὶ τῇ ἐν Τράλλεσι δὲ ἄλλην, ἧς ἄρχοντα τότε ὄντα Πολύβιον ἱστορεῖ. Πρὸς ταύταις καὶ τῇ Ῥωμαίων ἐκκλησίᾳ γράφει· ᾗ καὶ παράκλησιν προτείνει, ὡς μὴ παραιτησάμενοι τῶ μαρτυρίῳ, τῆς ποθουμένης αὐτὸν ἀποστερήσαιεν ἐλπίδος. Heic Eusebius (ex recensione breviori) integrum caput 5 Ep. Ign. ad Rom. inserit; quo facto ita pergit: Ἤδη δ᾽ ἐπέκεινα τῆς Σμύρνης γενόμενος, ἀπὸ Τρωάδος τοῖς τε ἐν Φιλαδελφείᾳ αὖθις διὰ γραφῆς ὁμιλεῖ, καὶ τῇ Σμυρναίων ἐκκλησίᾳ, ἰδίως τε τῷ ταύτης προηγουμένῳ Πολυκάρπῳ· ὃν οἷα δὴ ἀποστολικὸν ἄνδρα εὖ μάλα γνωρίζων, τὴν κατ᾽ Ἀντιόχειαν αὐτῷ ποίμνην, ὡς ἂν γνήσιος καὶ ἀγαθὸς ποιμὴν παρατίθεται, τὴν περὶ αὐτῆς φροντίδα διὰ σπουδῆς ἔχειν αὐτὸν ἀξιῶν. His dictis Eusebius priorem partem capitis 3 Ep. ad Smyrn. (Ἐγὼ ... ἐπίστευσαν) ad verbum ex breviori recensione profert.

e) *Athanasius* [1]) quoque Ignatianis epistolis testimonium perhibet: Ἰγνάτιος ὦν, ὁ μετὰ τοὺς Ἀποστόλους ἐν Ἀντιοχείᾳ κατασταθεὶς ἐπίσκοπος, καὶ μάρτυς τοῦ Χριστοῦ γενόμενος, γράφων περὶ τοῦ Κυρίου, εἴρηκεν· „εἷς ἰατρός ἐστι, σαρκικὸς καὶ πνευματικός, γενητὸς καὶ ἀγένητος, ἐν ἀνθρώπῳ Θεός, ἐν θανάτῳ ζωὴ ἀληθινή, καὶ ἐκ Μαρίας καὶ ἐκ Θεοῦ." Ex Ep. Ign. ad Ephes. c. 7.

f) Denique *Hieronymum* [2]), qui non nisi verba Eusebii repetiisse videtur, audiamus: *Ignatius, Antiochenae ecclesiae tertius post Petrum Apostolum episcopus, commovente persecutionem Trajano, damnatus ad bestias, Romam vinctus mittitur. Quumque navigans Smyrnam venisset, ubi Polycarpus, auditor Joannis, episcopus erat, scripsit unam epistolam ad Ephesios, alteram ad Magnesianos, tertiam ad Trallenses, quartam ad Romanos; et inde egrediens scripsit ad Philadelpheos et ad Smyrnaeos, et proprie ad Polycarpum, commendans illi Antiochensem ecclesiam; in qua et de Evangelio, quod nuper a me translatum est, super persona Christi ponit testimonium, dicens* (ad Smyrn. c. 3.): „*Ego vero et post resurrectionem in carne eum vidi, et credo, quia sit. Et quando venit ad Petrum, et ad eos, qui cum Petro erant, dixit eis: „„Ecce, palpate me, et videte, quia non sum daemonium incorporale.""" Et statim tetigerunt eum et crediderunt." Dignum autem videtur, quia tanti viri fecimus mentionem, et de epistola ejus, quam ad Romanos* (cap. V.) *scribit, pauca ponere: „De*

---

1) De syn. Arim. et Seleuc. n. 47. 2) Catal. script. eccl. c. 16.

Syria usque" etc. etc. *Quumque jam damnatus esset ad bestias, ardore patiendi, quum rugientes audiret leones, ait: ,,frumentum Christi sum, dentibus bestiarum molar, ut panis mundus inveniar.*" (Ex Ep. ad Rom. c. IV.) *Passus est anno undecimo Trajani.*

Posteriorum Patrum testimonia, inter ea decem testimonia Theodoreti, apud Gallandium et Cotelerium congesta invenies.

3) Baurius contendit, Ignatium omnimodo in his litteris, tum justo fervidiori desiderio martyrii, tum absona humilitatis et modestiae cum jactatione et superbia conjunctione se talem praebere, ut apostolici viri vestigia nullibi detegas, fictam vero personam facile reperias.

Verum

a) Singularis animi calor et commotio, inaffectata et nativa se praebendi ratio, omnimoda sinceritas et simplicitas, scriptorem ex intimo corde verba sua proferentem, non falsarium produnt [1]). Inprimis nemo falsarius praeclarum illud cap. IV ad Trallianos scripsisset, ubi Ignatius aperte testatur, quantopere ipsi, ad coronam martyrii properanti, superbia quaedam sit periculosa. In fervidiori enim martyrii desiderio falsarius gloriam herois sui posuisset.

b) Revera minime nobis mirum videtur, si Ignatius, coronam martyrii exspectans, eadem via, qua Paulus, Romam ductus, a fratribus longe lateque salutatus laudibusque ornatus, fervidoque erga Christum amore flagrans, vehementi quodam martyrio desiderio ardebat [2]).

c) Absonam humilitatem Baurius in iis locis detexisse putat, ubi Ignatius se ipsum *minimum* et *indignum* praedicat, et cum Diaconis tantum, non cum Episcopis se comparat; e. g. ad Smyrn. c. 11 et 12; ad Rom. c. 4 et 9; ad Ephes. c. 8 et 18; ad Trall. c. 13. ad Philad c. 4; ad Magn. c. 2. Sed eandem humilitatem divo quoque Paulo propriam fuisse ex I Cor. 15, 8 — 10., Ephes. 3, 8. et I Tim. 1, 12 — 13. perspicies.

d) Jactatio et superbia, apostolico viro indecora, in cognomine Θεοφόρος inveniri non potest. Temporibus enim apostolicis plures fidelium talibus honorificis nominibus ipsi sunt usi, ut *B. Petrus, Barnabas,* Barsabas *Justus* et alii. Praeterea S. Ignatius non immodestior est beato Paulo (II Cor. 10, 1. 11, 5. 11, 21 — 23. Gal. 2, 11. 17.), quem nec censor acerrimus ob eam rem *fictam* personam nominare velit.

---

1) Cfr. *Rothe*, Auf. etc. p. 718 sqq   2) Cfr. *Rothe* l. c. p. 722.

4) Falsarius in Pseudoignatio suo excolendo et commendando vix neglexisset, de necessitate Ignatii cum Joanne Apostolo verba facere, sed nullibi in epistolis nostris talia reperies [1]).

5) Qui in favorem explanandae episcopatus ideae has epistolas confectas et confictas esse putant, epistolam Ignatii ad Romanos non p consilium vocant, in qua nulla episcopatus fit mentio [2]). Falsarius itique, Romae sua fingens, de Romano quoque episcopatu verba fecisset. Notandum vero, auctorem epistolarum non id inprimis egisse, ut hierarchiam ecclesiasticam et obedientiam etc. erga episcopos commendaret. Multo enim magis curae ei fuit, ut fideles a veneno Judaizantium et Docetarum dehortaretur. Ad evitandam deinde hanc contagionem unitas ecclesiastica et arctissima cum episcopo conjunctio postulatur [3].

6) Epistolarum auctor cum in Judaismum, tum in Gnosticismum tela acuit; ideo primis seculi secundi temporibus adscribendus videtur [4]).

7) Negari denique non potest, nonnullis epistolas nostras non ex criticis, sed ex dogmaticis tantum causis displicuisse. Quicumque enim aut divinam episcopatus institutionem, aut divinitatem Christi, aut realem Domini in eucharistia praesentiam negant, auctoritatem epistolarum Ignatii minuere conentur oportet.

VI. Male etiam de *integritate* epistolarum Ignatii dubia mota sunt [5]). Praesertim omnia de episcopatu et de deitate Christi effata interpolatori a quibusdam tribuuntur. Sed

a) nullum externum interpolationis adest indicium.
b) Loci a veteribus laudati pari modo in breviori nostra recensione leguntur. Cfr. supra p. XLI sq.
c) Arctior materiae et orationis nexus omni interpolationis suspicioni nuntium mittunt; effata enim illa displicentia sine totius sermonis pariter ac sensus devastatione evelli non possunt.
d) Praeterea eandem styli rationem cum in repudiatis, tum in approbatis epistolarum partibus invenies.
e) Quod c. 8. Ep. ad Magn. Σιγῆς facta sit mentio, interpolationis non praebet indicium, ut in notis a. h. l. demonstravimus.
f) Polemicis tantum causis ducti nonnulli viri docti integritatem epistolarum nostrarum in dubium vocarunt [6]).

---

1) Cfr. *Rothe*, l. c. p. 718. Not. 5.
2) Cfr. *Möhler*, Athanas. T. I. p. 18.
3) Cfr. infra primam nostram notam ad epistolas Ignatii.
4) Cfr. *Möhler*, Athanas. T. I. p. 19; ejusdem Patrolog. T. I. p. 125.
5) E. g. a *Neandro*, Kirchengesch. T. I. p. 738.
6) *Möhler*, Patrol. T. I. p. 125 sqq.

g) Qui episcopatus causa epistolas nostras interpolatas esse putant, nullo modo rationem reddere possunt, cur epistola ad Romanos sola ab interpolatore non fuerit foedata, quum sex reliquis impias ejus manus non perpercisse credant. Ut brevi dicam, interpolationis suspicio ne minimum quidem mereri applausum videtur, planeque persuasum mihi est, talem judicii mediocritatem non auream esse. Epistolae Ignatii sint, ut sunt, aut non sint.

VII. Epistolarum auctor graeci sermonis non apprime gnarus, et ardentis potius animi impetus, quam grammaticae regulas secutus, periodorum structuram non semel violavit, orationis nexum sententiis interjectis saepius interrupit, et sublimes profundasque cogitationes suas sufficientibus verbis exprimere nequivit; ita ut facile non Graeciae, sed Asiae filium detegas [1]).

VIII. De tempore, quo hae epistolae exaratae fuerint, duae feruntur celebriores sententiae, quarum altera anno 107, altera anno 116 favet. Nos, qui supra p. XXXIV sqq. martyrium Ignatii anno 107 assignavimus, eodem anno et epistolas conscriptas esse censeamus oportet.

IX. De doctrina Ignatii disputarunt *Lumperus* [2]), *Junius*, *Heynsius* ac van *Gilse* [3]), *Möhlerus* [4]) et alii.

IV. DE ACTIS MARTYRII S. IGNATII.

I. Acta Martyrii S. Ignatii A. 1647 e msto codice Caiensi edidit Usserius Armachanus, optime de B. Martyre ejusque epistolis meritus. Versioni huic veteri vir doctissimus alteram adjunxit [5]), ex antiquissimo Cottonianae Bibliothecae codice descriptam, in qua multae absurdae et fabulosae narrationes contra fidem historiarum ex novitiis Actis interpolatis desumtae continentur [6]).

Anno autem 1689 ex msto codice Parisino, olim Colbertino, nunc regio (vid. supra p. XXXVIII. N. 2.) Acta nostra *graece* una cum nova versione latina Parisiis evulgavit Theodericus Ruinartus, presbyter e Congr. S. Mauri, in *Appendice ad Acta primorum Martyrum sincera atque selecta*. Graecum autem hoc exemplar cum antiqua versione codicis Caiensis maxime convenire, cuivis ex leviuscula collatione facile constat [7]).

---

1) Cfr. *Möhler*, Patrol. T. I. p. 122.
2) Hist. theol. crit. T. I. p. 305 – 327.
3) Commentationes de patrum apostolicorum theologia morali. a) p. 38 – 71. b) p. 39 – 58. c) p. 54 – 71.
4) Patrolog. T. I. p. 131 – 152.
5) Utramque hanc versionem apud Gallandium reperies.
6) *Grabe*, Spicileg. T. II. p. 3 et 4. *Smith*, praef. in acta martyr. S. Ign. apud Jacobsonum T. II. p. 498 sqq.
7) *Grabe* et *Smith* l. l. c. c.

Post Ruinartum praecipue Grabius, Ittigius, Smithius et Jacobsonus Acta nostra, mendis, quae passim irrepsere, sublatis, ediderunt.

II. Acta haec, ut cum Smithio loquar, „a familiaribus S. Ignatii, qui Antiochia Romam usque illum sunt comitati, atque illius ultimo et maxime glorioso agoni interfuere, descripta esse, multa in ipsis Actis id testatissimum reddunt. In his enim sic loquuntur, qui ea litteris tradidere: Ἡμεῖς μὲν ἄκοντες ἀπηγόμεθα, στένοντες ἐπὶ τῷ ἀφ᾽ ἡμῶν μέλλοντι χωρισμῷ τοῦ δικαίου γίνεσθαι [1]). Et nonnullis interjectis sub finem: Τούτων αὐτόπται γενόμενοι [2]). Haec, inquam, aliaque [3]) extra omne dubium ponunt, a S. Ignatii comitibus Acta hujusmodi fuisse perscripta; et quidem non longe post ipsius consummationem, et proximo, ut verisimillimum videtur, anno; dum res gestae cum totius itineris ratione in recenti fidelius inhaeserint memoria."

„Illos autem fuisse Philonem et Agathopodem, quorum meminit sanctissimus Martyr in epistolis ad Smyrnaeos et ad Philadelphenses, hunc Antiochiae, illum vero Tarsensis ecclesiae diaconum, vix a quoquam dubitari aut potest aut debet." Hactenus Smithius. Gallandius [4]) addit, Philoni et Agathopodi adjungendum saltem esse nominatim et Crocum, qui sanctum Martyrem Romam usque assectatus fuisse perhibetur [5]).

III. *Authentica* et genuina censentur Acta nostra ab Usserio, Dodwello, Ruinarto, Grabio, Tillemontio, Pearsonio, Smithio, Cotelerio, Mamachio, Gallandio, Lumpero [6]), Möhlero [7]) et aliis. Dallaeus vero, ut ipsius S. Martyris scripta, ita et Acta ejusdem pro supposititiis habuit; sed sicut illorum, ita horum quoque defensionem suscepit doctissimus Pearsonius P. II. Vindic. Epist. S. Ign. c. 12. [8]). Praeter Dallaeum Oudinus quoque, Heumannus et alii Actorum veritatem impugnare agressi sunt; sed funditus eorum sententiam evertit vir eruditissimus Mamachius [9]), ex ordine praedicatorum.

Revera nullius ponderis sunt Dallaei et sociorum argumenta.

a) Exceptiones, quae adversus Romanum Ignatii iter itinerisque rationem sunt prolatae, esse futiles, jam ex iis, quae supra p. XXXIX sq. ad iter hoc defendendum protulimus, adparet. Maxime aut. a doctis-

---

1) Martyr. Ign. c. 5.
2) Ibid. c. 7.
3) E. g. συναντῶμεν τοῖς ἀδελφοῖς c. 6.
4) Bibl. Veterum Patrum T. I. Proleg. p. LX.
5) Ep. Ign. ad Rom. c. 10.
6) Hist. theol. crit. T. II. p. 428. 433.
7) Patrol. T. I. p. 408 sq.
8) Apud Cotel. T. II. 398.
9) Origines et Antiquit. christ. T. IV. p. 401. 404.

simae Tafelii de via Egnatia dissertationes novam rei nostrae lucem attulerunt; quas qui perlegerit, tantum abest, ut viam, qua S. Martyr ductus esse narratur, monstrosam putare possit, ut clare perspiciat, non nisi vulgari Romanorum via Ignatium esse usum [1]).

b) Actorum auctorem diu post Ignatii tempora vixisse, Dallaeus e sermonibus conjecit, quos cum Trajano a Martyre habitos Acta nostra praeter omnem veri ac decori speciem finxisse putat vir ille criticus. Ei jam Pearsonius [2]) respondit, *sermones* istos certe neque *veri*, neque *decori* rationes turbare contendens. Una tantum vox κακοδαίμων (c. 2.), a Trajano usurpata, objectioni illi occasionem praebuisse videtur, quam nemo dixerit imperatori minime convenire, qui eam recte intellexerit. Qui enim novit, quid sit κακοδαίμων, et quomodo Christianos in judicio compellare soliti sint ethnici, facile sentiet, et verum hoc et decorum esse. Est autem κακοδαίμων, ut ex multis exemplis Pearsonius docuit, nil aliud, quam *infelix* homo [3]).

Praeterea monendum, sermones Ignatii et Trajani, a scriptore Actorum *non ad verbum* relata, auctoremque nostrum eadem licentia usum esse, quam omnino historici in enarrandis aliorum sermonibus sibi vindicabant. Quodsi e. g. capite 2 Trajanus deos gentilium *daemones* appellat, certe scriptorem christianum verbis christianis mentem Trajani exposuisse facile perspicies.

c) Authentiae argumentum inde quoque nobis petendum videtur, quod Acta haec pressa simplicique oratione sint conscripta, atque

d) mire illis respondeant, quae ab Eusebio et S. Joanne Chrysostomo de martyrio Ignatii docemur [4]).

e) Nihil denique ibi legitur, cum Trajani historia pugnans [5]).

Testimonia vero Veterum pro Actis nostris e sex primis aerae christianae seculis inveniri non possunt [6]).

IV. Postremam Actorum Ignatii partem spuriam, et ab interpolatore quodam assutam arbitrati sunt Usserius, Grabius et alii; causis, ut mihi videtur, non sufficientibus.

a) Postremam Actorum partem in altera latina versione codicis Cottoniani deesse, minime negamus, sed hunc codicem nullius auctoritatis esse, ex iis, quae supra N. I. diximus, satis apparet; luceque est clarius, interpretem istum, Ignatii adventu in urbe narrato,

---

1) Vide infra Not. 4. c. 5. Martyrii S. Ign.
2) Vindiciae Ign. P. II. c. 12. apud Coteler. T. II. p. 308.
3) Pearson. l. c.
4) *Lumper*, Hist. theol. crit. T. I. p. 433.
5) *Lumper*, l. c.
6) *Pearson*, l. c. p. 390.

a genuino Actorum exemplari ad fabulas interpolatoris sese convertisse. Exstat autem posterior illa Actorum pars, a Grabio in dubium vocata, in versione codicis Caiensis, et in graeco exemplari Parisiensi.

b) Si Grabium audias, aperte sibi invicem repugnare videntur ista verba c. 7., quae in versione nostra ita sonant: *Horum nos ipsi spectatores facti, quum in lacrimis totam noctem exegissemus, et genibus flexis multaque oratione Dominum, ut nos infirmos de iis, quae facta fuerant, certos faceret, essemus precati* etc. Si enim haec facta, Grabius inquit, ipsimet spectatores oculis usurpaverant, quid opus erat, ulteriorem de iis certitudinem a Deo postulare? — Sed Grabius graecum textum male interpretatus haec objecit; αὐτόπται enim illi non de morte Ignatii, sed de eo certiores fieri volebant, num martyrium ejus Deo esset acceptum, ut jam Clericus monuit [1]).

c) Falsum esse contendit Grabius, quod c. 7. Ignatius mortuus fuisse dicatur *consulibus apud Romanos iterum Sura et Senecione*, i. e. anno 107. Grabius enim, ut supra p. XXXV. vidimus, unam tantum Trajani expeditionem Parthicam admittens, mortem S. Martyris anno 116 adscripsit. Nos contra tutius putavimus, alteri accedere sententiae, quae Ignatium anno 107 e vivis decessisse censet.

d) Objectio Usserii, detecto exemplari graeco diluta, jam a Grabio est omissa. Usserius in codice Caiensi legebat (c. 4.): *per praecedentes litteras gratias agens, appositas ad ipsas* etc. Hinc vir doctissimus conclusit, postremam Actorum partem ab illo scriptore seculi quinti esse confectam, qui graeca Acta in Latinum sermonem transtulit, exemplarique suo syllogen epistolarum Ignatii praeposuit; quam *praecedentem* epistolarum syllogen verbis illis: *praecedentes litteras* indicari Usserius suspicatus est. Sed graeca: ... διὰ τῶν ἡγουμένων, γραμμάτων εὐχαρίστων ἐκπεμφθέντων κ. τ. λ. ita reddantur oportet: *utque ecclesiis, quae ipsi per rectores* (ἡγουμένων) *suos occurrerant, mercedem redderet, gratias agens litteris* (γραμμάτων) *ad eas missis* (Cod. Caiensis male: *appositas ad ipsas*).

Quum res ita se habeat, objectioni Usserii nullam vim inesse facile perspicies, neque de *integritate* Actorum dubitabis, licet fortasse paucissima quaedam, aut vitio librariorum corrupta, aut manibus posteriorum addita sint.

V. Acta Martyrii S. Ignatii *interpolata* e seculo circiter sexto, graece habet Metaphrastes ad 20 Dec., et exinde latine Surius et Bollandus, Calendis Febr.; graece et latine in Editione P. P. apostolicorum Cotelerius.

---

1) Vide notam 2 ad c. 7. Martyr. Ignat.

V. DE EPISTOLA S. POLYCARPI.

I. De patria, genere, loco ac tempore nativitatis S. Polycarpi nihil compertum habemus. Quae autem de apostolici hujus viri vita ad nos pervenerunt, ea Gallandius bene congessit [1]). ,,Ab Apostolis eum edoctum, et cum multis, qui Dominum viderant, familiariter versatum esse testatur Irenaeus [2]), ejus discipulus, his verbis: Καὶ Πολύκαρπος ὑπὸ Ἀποστόλων μαθητευθεὶς καὶ συναναστραφεὶς πολλοῖς τοῖς τὸν Χριστὸν ἑωρακόσιν. Deinceps Smyrnaeorum episcopum ab ipsis familiaribus ac ministris Domini constitutum, post Irenaeum l. c. tradit Eusebius [3]), sic scribens: Τῶν Ἀποστόλων ὁμιλητὴς Πολύκαρπος, τῆς κατὰ Σμύρναν ἐκκλησίας πρὸς τῶν αὐτοπτῶν καὶ ὑπηρετῶν τῦ Κυρίυ, τὴν ἐπισκοπὴν ἐγκεχειρισμένος. Ejus tamen ecclesiae episcopatum ab Joanne Apostolo ipsum accepisse, prodit Tertullianus [4]): *Edant ergo, inquit, origines ecclesiarum suarum; evolvant ordinem episcoporum suorum, ita per successiones ab initio decurrentem, ut primus ille episcopus aliquem ex Apostolis vel apostolicis viris, qui tamen cum Apostolis perseveraverint, habuerit auctorem et antecessorem .... sicut Smyrnaeorum ecclesia Polycarpum ab Joanne collocatum refert.* Neque aliter sane Hieronymus [5]): *Polycarpus, Joannis Apostoli discipulus, et ab eo Smyrnae episcopus ordinatus.*''

Num praeclarum illud testimonium, quod in Apocalypsi Joannis (2, 8 — 11.) *Angelo Smyrnae ecclesiae* tribuitur, ad Polycarpum nostrum sit referendum, jure dubitamus, quum nec annus nativitatis S. Polycarpi, nec tempus, quo Apocalypsis conscripta est, nobis plane innotuerit.

,,Ejus autem animi et corporis dotes, pietatem, doctrinam, morum gravitatem coram spectatus, graphice depingit Irenaeus [7]) his verbis Florinum allocutus: *Vidi te, quum adhuc puer essem, in inferiore Asia apud Polycarpum, splendide agentem in palatio, et magnopere laborantem, ut te illi approbares. Etenim ea, quae tunc temporis gesta sunt, melius memoria teneo, quam illa, quae nuper acciderunt; ... adeo ut et locum ipsum possim dicere, in quo beatus Polycarpus sedens disserebat; processus quoque ejus et ingressus, vitae totius formam et corporis speciem; sermones denique, quos ad*

---

1) Bibl. vet. P. P. T. I. Proleg. p. LXIII sq.
2) Adv. haer. III, 3. Apud Euseb. H. E. IV, 14.
3) H. E. III, 36.
4) De praescript. c. 32.
5) Catal. script. eccl. c. 17.
6) Apocal. S. Joann. 2, 8 — 11.
7) Ep. ad Florin. apud Euseb. H. E. V, 20.

populum habebat, et familiarem consuetudinem, quae illi cum Joanne, ut narrabat, et cum reliquis, qui Dominum ipsum vidissent, intercesserat; et qualiter dicta illorum commemorabat; et quaecumque de Domino ab iisdem audierat. De miraculis quoque illius ac de doctrina, prout ab iis, qui Verbum vitae ipsi conspexerant, Polycarpus acceperat, eodem prorsus modo referebat, in omnibus cum Scriptura sacra consentiens. Hactenus Irenaeus, qui et alibi summatim in eandem sententiam haec tradit [1]): *Sed et Polycarpus ... quem nos quoque adhuc adolescentes vidimus (vixit enim diutissime, et in ultima senectute, summa cum gloria illustre perpessus martyrium, excessit e vita), ea semper docuit, quae ab Apostolis didicerat, et quae etiamnum tradit Ecclesia, et quae sola sunt vera.*"

„His autem enarratis, paucisque interjectis, illud quoque refert S. Pater, memoratu dignum. *Ipse enim Polycarpus,* inquit, *quum ei aliquando Marcion occurrisset dixissetque, ἐπιγίνωσκε ἡμᾶς: respondit, ἐπιγινώσκω τὸν πρωτότοκον τοῦ σατανᾶ.*"

Haec Romae fiebant. Antonino enim imperante et Aniceto ecclesiam gubernante S. Polycarpus Romam est profectus, ut diversas de celebrando paschate opiniones componeret. Sed neuter alteri, ut a more suo discederet, persuadere potuit. In pace igitur, vinculo charitatis minime rupto, Polycarpus a S. Aniceto discessit, postquam non paucos, desertis Valentini et Marcionis erroribus, ad ecclesiam reduxerat.

Mortem S. Polycarpi acta martyrii ejus nobis tradunt. Quo autem anno praesul optimus e vita discesserit, inter doctos et rerum chronologicarum magistros disputatur. Polycarpum anno 147 passum esse vult *Pearsonius,* quem sequuntur Dodwellus, Caveus, Lardnerus et Gallandius [2]). Juxta Baraterium Polycarpi martyrium referri debet ad annum 161; juxta Norisium et Tillemontium ad annum 166; juxta Scaligerum, Valesium, Gieselerum et Neandrum ad annum 167; Baronius denique, Usserius, Nourrius et alii anno 169 Polycarpum martyrio coronatum fuisse statuunt. Petitum si audias, Polycarpi passio ad annum 175 pertinet; Basnagius in annum 178 mortem ejus confert [3]).

II. „Neque solum verbo et exemplo gregem suum instituit pastor optimus, verum etiam scriptis erudivit sacra doctrina refertis, atque viro apostolico plane dignis. De his haec habet in epistola modo laudata Irenaeus [4]): Καὶ ἐκ τῶν ἐπιστολῶν δὲ αὐτοῦ, ὧν ἐπέστειλεν

---

1) Adv. haer. III, 3. apud Euseb. H. E. IV, 14.
2) Bibl. vet. P. P. T. I. Proleg. p. XC sq.
3) Vide *Jacobson.* l. c. T. I. p. LIV.
4) Ep. ad Florin. ad Euseb. H. E. V, 20.

ἤτοι ταῖς γειτνιώσαις ἐκκλησίαις, ἐπιστηρίζων αὐτάς, ἢ τῶν ἀδελφῶν τισὶ, νυθετῶν αὐτὸς καὶ προτρεπόμενος, δύναται φανερωθῆναι. Ex variis tamen Polycarpianis epistolis ad nos una pervenit, quae est ad Philippenses; *luculentissima* scilicet, judice ipso Irenaeo [1]), *ex qua, quicumque salutis suae curam gerunt, poterunt, si volent, et formam fidei illius, et praedicationem veritatis cognoscere;* adeo, ut haud mirari subeat, si apud primaevos Christianos tanto in pretio et honore fuerit habita, ut in sacris eorum coetibus legi consueverit; quemadmodum ad usque Hieronymi [2]) aetatem factitatum fuisse novimus."

III. De epistolae nostrae *authentia*, a Centuriatoribus Magdeburgensibus, Dallaeo et aliis [3]) in dubium vocata, optime disputavit vir doctissimus Nicolaus le Nourry [4]), cujus verba referens, lectoribus grati aliquid facere puto: „Nemo est, inquit, qui hac in epistola omnes scriptoris apostolici notas et characteres facile non animadvertat. Ubique enim verba, stylus, ingenium, aliaque omnia illam a viro vere apostolico, immo et ab ipsomet Polycarpo scriptam esse aperte produnt."

„Neque vero ipsa tantum epistola, sed testes etiam locupletissimi, omnique exceptione majores, illud idem firmissime adseverant. Horum agmen ducit *Irenaeus*, Lugdunensis episcopus, et Polycarpi nostri discipulus, qui in agnoscendis vel designandis magistri sui epistolis falli non poterat. Is enim de hac Polycarpi epistola haec memoriae tradidit [5]): Ἔστι δὲ καὶ ἐπιστολὴ Πολυκάρπυ πρὸς Φιλιππησίους γεγραμμένη, ἱκανωτάτη, ἐξ ἧς καὶ τὸν χαρακτῆρα τῆς πίστεως αὐτῦ, καὶ τὸ κήρυγμα τῆς ἀληθείας, οἱ βυλόμενοι, καὶ φροντίζοντες τῆς ἑαυτῶν σωτηρίας, δύνανται μαθεῖν ... Irenaei sententiae subscripsit *Eusebius*. Ac ne quis, de qua Polycarpi epistola loquatur, ullam umquam litem movere posset, ille plures ex eadem epistola locos, qui in ea etiam nunc reperiuntur, fideliter transscripsit.

---

1) Apud Euseb. H. E. IV, 14.
2) Catal. script. eccl. c. 17.
3) Dallaeum maxime secuti sunt Semlerus, (ad Baumgarten., *Untersuchung theol.Streit.* II,36 sq.) et *Rösler*, Bibliothek d. K.Väter I, 93 sq.
4) Appar. ad Bibl. max. P. P. T. I. Praeter Nourrium cfr. *Moshem.* Comment. de reb. Christ. p. 162.

Tillemont, Mémoires II, 327.
Ittig, diss. de haeresiarchis apostolicae aetatis p. 186. et in Appendice ad diss. de Haeresiarchis p. 75 sq. *Lücke*, Commentar über d. Briefe des Evang. Johannes. p. 3. 4. *Möhler*, Patrolog. T. I. p. 155 — 163.
5) Adv. haer. III, 3. Apud Euseb. H. E. IV, 14.

Sic autem ille [1]: *Καὶ ὁ Πολύκαρπος δὲ τέτων αὐτῶν* (epistolarum S. Ignatii) *μέμνηται ἐν τῇ φερομένῃ αὐτᾶ πρὸς Φιλιππησίας ἐπιστολῇ, φάσκων αὐτοῖς ῥήμασι κ. τ. λ.* (Sequuntur verba Polycarpi ex cap. 9. et 13.) Et in alio libro Eusebius [2]: *Ὁ μέν τοι Πολύκαρπος ἐν τῇ δηλωθείσῃ πρὸς Φιλιππησίας αὐτᾶ γραφῇ, φερομένῃ εἰς δεῦρο, κέχρηταί τισι μαρτυρίαις ἀπὸ τῆς Πέτρε προτέρας ἐπιστολῆς.* (E. g. c. 1. 2. 5. 7. 8. 10.) Eusebio accedit *Hieronymus*, qui eidem epistolae suum quoque dedit testimonium [3]: *Polycarpus, Joannis Apostoli discipulus, et ab eo Smyrnae episcopus ordinatus, totius Asiae princeps fuit* etc. *Scripsit ad Philippenses valde utilem epistolam, quae usque hodie in Asiae conventu legitur.* Ex quibus Hieronymi verbis discimus, non solum ab illo hanc epistolam Polycarpo adscribi, sed eam insuper, summa cura in ecclesiis adservatam, ibi maximo fuisse in pretio."

„His autem tribus locupletissimis testibus innumerabiles alios, si quid opus esset, adjungere possemus, Photium, Maximum, Theodoretum caeterosque omnes, qui de hac Polycarpi epistola aliquid deinceps scriptis mandaverunt. Sed cum illorum, quos jam citavimus, diligentia et fide nulla major desiderari queat, inutili aliorum nominatim appellandorum opera lubenter supersedemus."

„Constat itaque, hanc epistolam non alium, quam Polycarpum habuisse auctorem. Mirandus ergo Dallaeus, qui omnes ingenii sui vires eo intendit, ut aliquam hujusce epistolae, quam falsis opinionibus suis non favere sentiebat, dubitationem, vel saltem suspicionem quocumque tandem modo injiciat. Nullo enim alio ad id probandum nititur firmamento, quam Stichometria, quae in calce Chronographiae Nicephori Constantinopolitani adjecta est [4]." Hoc autem fragmentum a Nicephoro nequaquam scriptum fuisse, eique perperam a Dallaeo adscribi, invictis rationum momentis docuerunt Nourrius et Pearsonius [5].

Praeterea Nourrius adjicit, „opinionem Dallaei suis ipsis sodalibus, ejusdemque sectae viris a vero ita alienam videri, ut Moynius [6]) de ea sic aperte pronuntiet: *Numquam potui pedibus nec animo ire*

---

1) H. E. III, 36.
2) H. E. IV, 14.
3) Catal. script. eccl. c. 17.
4) Quisquis auctor sit Stichometriae, ille non pronuntiat, Epistolas S. Ignatii et Polycarpi esse suppositias. Nuda enim hic Ignatii et Polycarpi nomina ponuntur, neque vel de epistolis vel de suppositione quidquam affirmatur. E contextu potius patet, duos hos Patres a canone solum s. Scripturae arceri.
5) Vind. Ign. P. I. c. 4. apud Coteler. T. II. p. 271 sqq.
6) Proleg. ad Varia Sacra.

in sententiam celeberrimi Dallaei, qui hanc Polycarpi epistolam tam celebrem, ac ubique terrarum ita praedicatam, suspectam reddere conatus est ... Neque enim video, quomodo opus tantum, omnibus ita notum, vel minimum de se possit excitare suspicionem. Nullum quippe exstat opus, cujus certiora animadvertantur veritatis argumenta, quam epistola ad Philippenses; ac si de illa dubitare liceret, nullum esset antiquitatis monumentum, cujus fides etiam incerta ac dubia non labasceret."

IV. Jam de *integritate* dicendum. Dallaeus, cum totam epistolam rejicere se posse non speraret, ultimam certe ejus partem Polycarpo suppositam contendit, assentiente Moynio. Sed

a) Jam Eusebius (H. E. III, 36.) posteriorem hanc epistolae partem citat, atque ex ea (c. 13.), ut ex praecedentibus, quaedam Polycarpi verba transscripsit [1]).

b) Eusebius, ut bene Pearsonius docet [2]), nec falli, nec fallere potuit; erat enim tota epistola omnibus exposita; erat in ecclesiis Asiaticis tunc temporis, cum scriberet Eusebius, publice lecta; novit eam Hieronymus, cujus versioni, nisi aliis occupatus, incubuisset, et tamen Eusebiana nunquam recusavit. De illa igitur particula, quam exscripsit Eusebius, dubitari non potest, nisi etiam de tota epistola simul absque ulla ratione dubitemus.

Quae Dallaeus ex epistola ipsa contra integritatem profert, nullius momenti esse, facile perspicies.

a) Decentissimam epistolae clausulam c. 12 inveniri, reliqua igitur postea adjecta esse contendit vir criticus. Sed clausulis ejusmodi *ante* finem totius epistolae S. Paulus quoque et Clemens Romanus usi sunt; cfr. ad Rom. 15, 33. ad Ephes. 3, 21.; I Clem. ad Cor. c. 20. 38. 45. 50. 58.

b) Impostor, si Dallaeum audias, ita loquitur, ut Ignatium, quo tempore haec scripta sunt, adhuc superesse significet. *De ipso*, inquit c. 13., *Ignatio, et de his, qui cum eo sunt, quod certius agnoveritis, significate.* Prioris autem partis auctor (c. 9.) apertissime affirmat, Ignatium jam fuisse mortuum. Futile hoc argumentum. Si enim verba illa c. 13, mendacii accusata, graeca adhuc exstarent (καὶ περὶ Ἰγνατίυ καὶ περὶ τῶν μετ' αὐτὸ), nemo certe contenderet, Ignatium *adhuc vivum* illis significari aut innui.

V. Epistolam S. Polycarpi paulo post martyrium S. Ignatii exaratam esse, ex epistola ipsa erudimur, c. 13. Cfr. supra p. XXXIV sq., quae de tempore mortis S. Ignatii disputavimus.

---

1) Cfr. supra p. LII. et Nourrium. 2) Vind. Ign. P. c. V. p. 285.

VI. Haec epistola manca habetur in omnibus graecis codicibus mstis. Ubi autem codices deficiunt, ibi continenter subnectitur epistola Barnabae, sed capite truncato. Cfr. supra p. XIV. Nr. VII.

Totam vero Polycarpi epistolam vetus nobis servavit versio, quam primus 1498 Parisiis, ab ipso inventam, evulgavit Jacobus Faber Stapulensis.

Graece et latine primus epistolam in lucem protulit Duaci 1633 Petrus Halloixius, ex apographo Francisci Turriani, a viro doctissimo Jacobo Sirmondo S. J. ad illum transmisso [1]). Post annos 14 Jacobus Usserius aliud nactus exemplar, quod ex Andreae Schotti apographo Claudius Salmasius manu sua descriptum cum Isaaco Vossio communicaverat, illud contulit cum edito Halloixiano, atque hanc Polycarpianam epistolam cum vetere interprete Londini evulgavit 1647; quam deinde nova interpretatione adornatam exhibuit Cotelerius. Anno 1709 prodiit Thomae Smithii editio praestans, eamque secutus est Gallandius. Novam denique editionem 1838 adornavit Gulielmus Jacobsonus, codicibus Vaticano, Parisino et Mediceo-Laurentiano usus.

VII. De Polycarpi *doctrina* disputaverunt *Lumperus* [2]), *Heynsius Junius* ac *van Gilse* [3]), *Möhlerus* [4]) et alii.

VI. DE MARTYRIO S. POLYCARPI.

I. „Inter praeclariora ecclesiasticae antiquitatis monumenta merito recensetur Epistola Ecclesiae Smyrnensis de martyrio S. Polycarpi, adeo, ut illam paene integram Eusebius historiae suae *necessario inserendam* existimaverit [5]). Quin immo illustris ejus interpres Valesius eo processit, ut affirmarit [6]), Polycarpi ejusque sociorum martyrium litteris traditum esse omnium primum, Actaque Martyrum nulla exstare antiquiora; nec dubitarit proinde, quin illa Smyrnensium epistola primo loco posita fuerit ab Eusebio, in libro, quem inscriptit ἀρχαίων μαρτυρίων συναγωγή. Molliter tamen excipiendus vir doctissimus; nondum quippe detecta, quo tempore ille sic sentiebat, Acta martyrii S. Ignatii sincera." Ita Gallandius [7]).

II. Insignis haec de martyrio S. Polycarpi epistola rectissime, ut Smithius docet [8]), „dici potest ἐγκύκλιος sive *encyclica*, ut ex

---

1) Cfr. supra p. XIV. Nr. VII.
2) Hist. theol. crit. T. I. p. 351—356.
3) Commentationes de theologia patrum apost. morali p. 60 — 69; p. 74 — 84; p. 75 — 78.
4) Patrolog. T. I. p. 159 — 162.
5) H. E. IV, 15.
6) Ibid. Not. 1.
7) Bibl. vet. P. P. l. c. p. LXXXIX.
8) Schol. in Ep. Smyrn. Eccl. p. 113.

inscriptione patet; utpote ad varias ecclesias, tam in Asia minori vicinas, quam alibi in aliis provinciis, κατὰ πάντα τόπον transmissa; quae de iis solis, quae κατὰ Πόντον, juxta Pontum sitae erant, male interpretatur Eusebius [1]), pro πάσαις ταῖς κατὰ πάντα τόπον, quum ad omnes ecclesias, ubi christianae religionis professio vigebat, per orientem praecipue sparsas, debeat propagari et extendi ab ipsis *Philadelphensibus* [2]), quantum in ipsis erat, τοῖς ἐπέκεινα ἀδελφοῖς communicanda [3]); eadem verborum serie in omnibus retenta, soloque particularis ecclesiae, ad quam dirigitur, nomine mutato."

III. Hanc epistolam non continuo post Polycarpi martyrium [4]), sed aliquanto post tempore a Smyrnaeis scriptam fuisse contendit Valesius [5]), dicens: „quum Philomelienses de Polycarpi martyrio fama tantum ac rumore tenus audiissent, litteras dederunt ad Smyrnaeoram ecclesiam, rogantes, ut cuncta, quae in beatissimi viri passione gesta fuerant, sigillatim perscripta ad ipsos mitterentur. Quod quidem libentissime praestiterunt Smyrnaei, scripta ad ipsos epistola, quam in manibus habemus. Id autem subindicant his verbis (c. 20.): ὑμεῖς μὲν ὃν ἠξιώσατε διὰ πλειόνων δηλωθῆναι ὑμῖν τὰ γενόμενα."

IV. Epistolam de martyrio Polycarpi, nomine ecclesiae Smyrnensis ab Evaresto conscriptam, Marcus quidam, seu Martianus [6]), ad Philomelienses pertulit [7]). Exemplum autem hujus epistolae habuit *Irenaeus*, quod *Gajus* ejus discipulus descripsit, et post eum *Socrates* quidam Corinthius, atque alius, *Pionius* nomine [8]).

V. Epistolae Smyrnensis ecclesiae optimum Eusebius praebuit testimonium, qui potiorem ejus partem historiae suae inseruit, hisce verbis [9]): Ἐν τούτῳ δὲ (tempore) ὁ Πολύκαρπος, μεγίστων τὴν Ἀσίαν ἀναθορυβησάντων διωγμῶν, μαρτυρίῳ τελειοῦται. Ἀναγκαιότατον δὲ αὐτοῦ τὸ τέλος, ἐγγράφως ἔτι φερόμενον, ἡγοῦμαι δεῖν μνήμῃ τῆς ἱστορίας τῆσδε καταθέσθαι. Ἔστι δὲ ἡ γραφὴ

---

1) H. E. IV, 15.
2) Non *Philadelphensibus*, sed fidelibus *Philomelii* epistolam nostram inscriptam fuisse statuit Jacobsonus, quem nos secuti sumus. Cfr. quae infra ad inscriptionem hujus epistolae annotavimus.
3) Ep. Eccl. Smyrn. c. 20.
4) Vide supra p. L.
5) Not. 1 ad Euseb. H. E. IV, 15.
6) Ita exhibet vetus interpres.
7) Vide Epist. c. 20.
8) Vide c. 22. Acta Polycarpi spuria, Pionio huic auctori falso tributa, *Petrus Halloixius* in vitis Patrum oriental. T. I. et post eum *Bollandus* edidit in Actis S. S. ad diem 26 Januar.
9) H. E. IV, 15.

ἐκ προσώπε ἧς αὐτὸς ἐκκλησίας ἡγεῖτο, ταῖς κατὰ Πόντον παροικίαις τὰ κατ' αὐτὸν ἀποσημαίνεσα διὰ τέτων κ. τ. λ. Sequuntur verba epistolae nostrae.

Ibidem, postquam Eusebius multa protulit ex ea epistola, concludit his verbis: Τὰ μὲν δὴ κατὰ τὸν θαυμάσιον καὶ ἀποστολικὸν Πολύκαρπον, τοιέτε κατηξίωτο τέλες, τῶν κατὰ τὴν Σμυρναίων ἐκκλησίαν ἀδελφῶν τὴν ἱστορίαν, ἐν ᾗ δεδηλώκαμεν αὐτῶν ἐπιστολῇ, κατατεθειμένων.

De martyrio S. Polycarpi *Irenaeus* [1]) quoque verba fecit: Ἐπὶ πολὺ γὰρ παρέμεινε (Polycarpus)· καὶ πάνυ γηραλέος, ἐνδόξως καὶ ἐπιφανέστατα μαρτυρήσας, ἐξῆλθε τῦ βίε.

Similiter Hieronymus [2]): *Postea vero, regnante M. Antonino et L. Aurelio Commodo, quarta post Neronem persecutione, Smyrnae, sedente Proconsule, et universo populo in amphitheatro adversus eum personante, igni traditus est.*

VI. Totam ecclesiae Smyrnensis epistolam nemo, quem sciam in dubium vocavit; ipsique critici severissimi laudem ei tribuerunt [3]). Iis, quae supra (Nr. I.) ex Valesio protulimus, ea addamus, quae illustrissimus Scaligerus in Animadversionibus suis Eusebianis (p. 121.) effatus est. *Haec sunt,* inquit, *vetustissima illa ecclesiae martyria, quorum lectione piorum animus ita afficitur, ut numquam satur inde redeat; quod quidem ita esse, unusquisque pro captu suo et conscientiae modo sentire potest. Certe ego nihil unquam in historia ecclesiastica vidi, a cujus lectione commotior recedam, ut non amplius meus esse videar.*

Nostris temporibus praesertim *Moehlerus* epistolae hujus rem egit [4]).

Nonnullas lacinias, praesertim fabulam de columba c. 16, epistolae nostrae a posterioribus additas esse, contenderunt Heumannus [5]) et alii; non plane, ut videtur, injuste.

Equidem ultimam capitis 22 particulam, quae de Pionio loquitur, spuriam censeo et ab illo confectam, qui supposititia ista S. Polycarpi acta, quorum supra, p. LV. Not. 8., mentionem fecimus, quaeque Pionio false adscribuntur, genuinae Smyrnaeorum epistolae mala fraude adjunxit. Verbis enim καθὼς δηλώσω ἐν τῷ καθεξῆς Pseudo-Pionius indicat, *sequentibus* (i. e. Actis spuriis adjectis) se

---

1) Adv. Haer. III, 3. Apud Euseb. H. E. IV, 14.

2) Catal. script. eccl. c. 17.

3) Vide *Tillemont*, Mémoires etc.

T. II. et *Fabric.* Bibl. gr. ed. Harles. T. VII. p. 51.

4) Patrolog. T. I. p. 410. Cfr. *Neander*, K.G. T. I. p. 739.

5) Vide Not. 2 ad c. 16.

declaraturum esse, quae Polycarpus per revelationem ipsi manifestaverit.

VII. Epistolam ecclesiae Smyrnensis primus graece et latine (sed graece non integram) edidit *Petrus Halloixius* in vitis Patrum oriental. T. I. [1]). Integram autem eam anno 1647 Londini ex Menologio graeco mss. Barocc. evulgavit Usserius, Parisiis Cotelerius. Eandem deinde Actis Martyrum sinceris *Ruinartus* intexuit, et *Smithius* editioni Epp. Ignatii et Polycarpi addidit 1709. Smithium secutus est *Gallandius*. Novissimam et elegantissimam editionem 1838 Oxonii evulgavit *Jacobsonus*, tribus codicibus, Barocciano, Parisino et Caesareo - Vindobonensi usus.

VIII. De *doctrina* hujus epistolae cfr. *Lumper.*, hist. theol. crit. T. II. p. 453 — 459.

IX. Addamus denique, quae Thomas Smithius, testis αὐτόπτης, de Smyrnensi amphitheatro, quo S. Polycarpus martyr gloriosus obiit, deque ejus sepulchro enarrat his verbis [2]): „Ad latera, inquit, alterius portae arcis, quae ad Orientem est, adhuc visuntur duae aquilae, Romanorum insignia, largiusculae et belle quidem delineatae. Hinc inter descendendum, amplum amphitheatrum ad Notapeliotem, quo S. Polycarpus martyrio coronatus est, intravimus, gradibus saxeis a Turcis ad ornandas aedes illinc sublatis. In cujus lateribus duae cavernae, quibus claudebantur leones, sibi invicem opponuntur. Sepulcrum S. Polycarpi, quod in latere montis adversus Euroaustrum adhuc conservatur, Graeci die festo, ipsius memoriae consecrato, pro more, qui apud ipsos obtinet, solemniter invisunt. Situm est in quadam aedicula, ecclesiae forte sacello, alii, per quam illuc transeundum est, contigua. In hoc monumento instaurando, si ab impressionibus aeriis, si a Turcis, si a Christianis occidentalibus, qui fragmenta marmoris quasi tot reliquias exinde tollunt, laedatur temereturque; laudabilis illorum collocatur opera, olla fictili quoque illic apposita, in quam quisque fere prae veneratione, qua erga τὸν Μεγαλομάρτυρα pro Christo invicta animi praesentia mori sustinentem fertur, illic ductus pauculos aspros conjicit, ut in omne aevum perennet." Haec Smithius.

---

1) Duae exstant versiones antiquae, quarum altera *metaphrasis* potius quam *versio* est.

2) Notit. sept. Asiae eccles. p. 164. edit. Oxon. 1672.

VII. DE EPISTOLA AD DIOGNETUM.

1. Praestantissimam epistolam ad Diognetum gentilem primus graece in lucem extulit, latine vertit notisque illustravit Henricus Stephanus A. 1592 [1]). Ea eruditorum multorum consensu [2]) Justino martyri auctori est tributa; unde factum, ut in editiones operum Justini sit recepta [3]). Non defuere tamen alii, neque pauci, qui ejus auctorem Justino multo antiquiorem esse existimarent. Hos inter primas tenet Tillemontius [4]), quem deinde secuti sunt Nourrius [5]), Gallandius [6]) et Lumperus [7]). Nostris temporibus praesertim viri doctissimi Georgius Böhl [8]), Carolus Semisch [9]) et Joannes Car. Theod. Otto [10]) de hac re disputaverunt; hic Justini causam agens et aliorum objectiones impugnans, illi epistolam Justino abjudicantes. „Jam vero," inquit Böhlius, „quo minus Justino hanc epistolam tribuamus, obstat primum illud, quod haec epistola sermonis indole haud parum discrepat ab iis libris, quos Justini esse extra controversiam positum est [11]). Quis est enim, quem fugiat, simplicem et perspicuam hujus epistolae dictionem, expeditam simul et integram verborum constructionem, ac singulorum enuntiatorum connexionem multum differre tum a verborum usu, quem in Justini scriptis conspicimus, artificiosiore, tum ab ipsius inculto dicendi genere, cum et impedita intricataque utatur verborum constructione, phrasibus mediis haud raro nimium quantum cumulatis, et prioribus singulorum enuntiatorum verbis consequentia addere saepe negligat [12]).

---

1) Gall. Bibl. l. c. p. LXVIII.
2) E. g. Cavei, Tentzelii, Fabricii; nostris temporibus Kestneri et Baumgarten - Crusii.
3) Böhl, opuscula patrum selecta. P. I. p. 109.
4) Mémoir. p. servir etc. T. II. p. 366. 493.
5) Appar. T. I. p. 445.
6) Bibl. l. c.
7) Hist. theol. crit. T. I. p. 183.
8) Böhl, l. c.
9) Justin d. Märtyrer. Breslau 1840. T. I. p. 172 sqq.
10) De Justini martyris scriptis et doctrina. Jenae 1841. p. 53 sqq.
11) Stylus epistolae nostrae, judice Grabio (Spicil. T. II. p. 165.), nimium quantum a reliquis Justini operibus est diversus, et argutiis abundat, quae raro apud Justinum reperiuntur; judice Gallandio (l. c. p. LXIX.) stylus multo est floridior eo et elegantior, quo S. Martyr in suis, quotquot circumferuntur, sinceris operibus usus comperitur.
12) V. D. Semisch de hac styli discrepantia ita disserit (l. c. p. 177.): „Statt dass die Schreibart Justins den Mischcharakter trägt, welchen die griechische Sprache seit der Epoche Alexanders d. G. in immer fortschreitender Allgemeinheit angenommen hatte, nähert sich der Stil des Briefes der Reinheit der klassischen Diction; statt dass Justin in der Regel nachlässig und incorrect schreibt, ist in dem Briefe auf

Quae quidem sermonis discrepantia neque ex variis variorum librorum generibus et argumentis, neque ex temporum, quibus singuli libri ab eodem auctore conscripti sint, majoribus intervallis commode explicari potest, sed diversum a Justino hujus epistolae auctorem fuisse manifesto indicio est. Huc accedit, quod cum Justinum animadvertamus non solum accurata legis Mosaicae et prophetarum cognitione instructum esse, sed etiam sacrorum V. T. librorum divinitatem quam maxime venerari, ex iisque ad defendendam religionem christianam argumenta saepissime petere; contra hujus epistolae auctorem videmus libros V. T. parum curare, cum neque ullum ex iis locum alleget, nec verbo quidem divinam iis auctoritatem vindicet [1]), quanquam Judaeorum superstitiones increpanti non solum opportuna occasio oblata sit, sed paene imposita necessitas, de divina religionis Judaicae origine, deque consilio quo Deus legem dedit populo Israëlitico disserendi, ne ea, quae divino instituto nituntur, una cum erroribus et superstitionibus, quae postea irrepserunt, rejicere videretur."

Praeterea, ut V. C. *Semisch* (l. c. p. 179) monet, epistolae nostrae auctor aliter ac Justinus de idololatria disputat. Justinus enim paganorum deos spiritus putat realiter existentes (*daemones*) ac in statuis imaginibusque suis nonnumquam habitantes, ut hominum excipiant oblata [2]); Noster vero, tales spiritus non agnoscens, nil nisi ligna, lapides et metalla a gentilibus honorari contendit [3]).

Nec Justini doctrinae de *Λόγῳ σπερματικῷ* ea consentanea sunt, quae Noster c. 8 de statu mundi ante Christum disserit [4]).

---

den Ausdruck grosse Sorgfalt verwendet; statt dass sich Justin für gewöhnlich in der Sphäre der gemeinen Umgangs- und Volkssprache hält, bewegt sich der Verfasser des Briefes in hohem Schwunge, und gibt seiner Darstellung durch passend gewählte Gegensätze einen nachhaltigen Reiz (e. g. c. 5.); statt dass Justin meist den Gegenstand, welchen er behandelt, durch ungehörige Einschiebsel zerreisst und überhaupt ohne logische Ordnung bespricht, verfolgt der Verfasser des Briefes sein Object in logischer sach- gemässer Entwickelung. Dazu kommt, dass die Lieblingsausdrücke Justins in dem Briefe durchaus fehlen und dagegen viele Wörter und Redensarten gebraucht sind, welche Justin nicht hat." Argumentum hoc, ex styli diversitate depromtum, enervare non potuit vir doctissimus *Otto*, l. c. p. 54 sq.

1) Cfr. *Semisch* l. c. p. 180.
2) Justini Apol. I, 5. p. 46 (p. 55. D. E). I, 9. p. 48. (p. 57 C). I, 12. p. 50 (p. 59. D). Apol. II, 5. p. 92. p. 44. B).
3) Ep. ad Diogn. c. 2.
4) Cfr. *Semisch* l. c. p. 181. 182.

Alias denique diversitates dogmaticas V.C. *Semisch* enumeravit [1]). Addamus his aliorum quoque doctorum argumenta, quae congessit Gallandius [2]).

1) Primum quidem satis aperte prodit auctor (c. 11.), Apostolorum se exstitisse auditorem: Ἀποστόλων γενόμενος μαθητής; quod sane non nisi admodum improprie de Justino quis dixerit [3]).

2) Deinde christianam religionem recens exortam saepius inculcat noster Anonymus. Alloquens enim Diognetum sub initium epistolae (c. 1.): *Video te*, inquit, *acerrimo studio teneri discendi, quis sit divinus Christianorum cultus, . . . et cur* NOVUM *hoc genus aut institutum in consuetudinem venire* NUNC COEPERIT, ET NON PRIUS . . . τί δή ποτε καινὸν τῦτο γένος ἢ ἐπιτήδευμα εἰσῆλθεν εἰς τὸν βίον νῦν, καὶ ὒ πρότερον. Et mox in eamdem sententiam (c. 2.): *Postquam factus fueris, velut ab initio, novus homo, utpote* SERMONIS NOVI, *sicut et ipse confessus es, auditor futurus . . .* λόγυ καινῦ ἀκροατής ἐσόμενος. Nonnullis interjectis, clarius adhuc idem confirmat his verbis (c. 9.): *Quum superiori tempore Deus nos convicisset, non posse vitam consequi naturam nostram,* NUNC *autem Servatorem ostendisset . . .* νῦν τὸν σωτῆρα δείξας [4]).

3) Nemo denique in memorandis Justini operibus epistolae hujus mentionem fecit [5]).

II. Ante annum 70 p. Chr. epistolam exaratam esse, ex c. 3. et 4. conjecit Gallandius, quippe qui auctor ita de ritu Judaeorum sit locutus, quasi templum Hierosolymitanum nondum fuisset dirutum. Sed vix dubito, quin eadem verba et post eversionem sacrae urbis a Christiano quodam, leges mosaicas impugnante, proferri potuissent [6]). Longe aliter se res habuit in Epistola I Corinthiis inscripta c. 41. [7]).

Apostolicis temporibus auctorem nostrum vicinum fuisse, cum Böhlio non dubito. „Etenim egregia," inquit Böhlius, „hic conspicitur doctrinae puritas et in exponendis praecipuis evangelii articulis simplicitas, disciplinae Apostolorum, imprimis S. Pauli, valde consentanea. Nec

1) l. c. 182—185.
2) Bibl. vet. Patrum T. I. Proleg. p. LXVIII.
3) Cfr. *Böhl* l. c. p. 111. *Semisch* l. c. p. 174. *Otto* l. c. p. 55.
4) Cfr. *Semisch* p. 175. *Otto* p. 76.
5) Alia argumenta, quae nobis levia videntur, vide apud *Galland*. l. c. Cfr. quoque *Böhl*. l. c. p. 110. 111.; *Semisch* l. c. p. 174—176.
6) Cfr. *Semisch* l. c. p. 175.
7) Cfr. supra p. XXIX. lit. d.

tamen insignis ille cum Apostolorum disciplina et sermone consensus videtur ex artificiosa sermonis scripturae sacrae imitatione natus esse, sed ex ipso animo auctoris doctrinae apostolicae innutrito eaque penitus perfuso fluxisse."

Baraterio Clemens Romanus, Gallandio Apollos epistolae nostrae auctor fuisse videtur [1]); sed utraque conjectura firmis argumentis est destituta. Rectius Trajani temporibus epistolam nostram exaratam putat Möhlerus, quuum ea, quae de persecutionibus c. 7. leguntur, vix prius scripta esse possint, et acrior illa Judaeorum et Christianorum disjunctio ac Judaismi impugnatio secundum seculum redoleat [2]). Certiora de tempore statuere recusat Semisch, l. c. p. 186.

III. Quis fuerit Diognetus ille, plane incompertum habemus; nam Diogneti nomen haud inusitatum erat apud Graecos. Diogneto magistro M. Aurelius Antoninus utebatur; sed nostrum hoc esse antiquiorem temporibusque Apostolorum vicinum putemus [3]).

IV. Extremam epistolae partem, a capite XI spuriam putant Böhl [4]) et Semisch [5]), quia
 a) argumentum epistolae jam capite 10 ad finem sit perductum; et
 b) sequentia a capite 11 cum antecedentibus, non interno nexu cohaereant;
 c) quia, quae c. 12. in laudem τῆς γνώσεως proferuntur, iis contradicant, quae c. 8 de πίστει scripta sunt;
 d) quia posterior illa pars non unum lectorem, ut Diognetum, sed plures respiciat;
 e) quia denique posterioris partis auctor jussu divino sua conscripsisse profiteatur c. 11, cum prior pars non nisi quaestionibus, ab amico propositis, respondere velit.

In priori quidem Patrum apostolicorum editione Böhlium temere de integritate epistolae nostrae dubitasse contendimus, consentiente V. C. Ottone [6]); nunc autem, re subtilius et acrius perpensa, parum abest, quin et nos posteriorem istam partem spuriam censeamus.

1) *Galland.* Bibl. l. c. p. LXX.
2) Tübinger theol. Quartalschrift 1825. p. 447; et Patrolog. T. I. p. 165 sq. Cfr. quae supra p. XII. 2 et 7.β de epistola Barnabae annotavimus.
3) Epistolam nostram ab Aurelio imperatore ipso fuisse exoptatam, temere suspicatus est *Kestnerus* (Agape, p. 394 sq.). Cfr.

Semisch, l. c. p. 172. Veri similimum censet *Otto* (l. c. p. 54.), Diognetum nostrum, init. epistolae nobili κρατίστῳ cognomine nuncupatum, eundem esse, quo praeceptore usus est M. Aurelius.
4) *Böhl*, l. c. p. 115 sq.
5) *Semisch*, l. c. p. 174.
6) L. c. p. 58.

V. De *doctrina* epistolae nostrae cfr. *Lumperum* [1]) et *Möhlerum* [2]).

VIII. DE PASTORE HERMAE.

I. Auctor Pastoris saepius se ipsum Hermam appellat. Quis vero Hermas hic fuerit, et quo tempore vixerit, a viris doctis disputatur.

Irenaeus et Clemens Alexandrinus, qui primi librum Pastoris laudaverunt, de patria, genere et aetate Hermae prorsus silent. Origenes autem, epistolam ad Romanos 16, 14 explanans [3]), Hermam a S. Paulo salutatum cum auctore Pastoris unam eandemque esse personam *conjicere* ausus est, nullis, ut videtur, argumentis nixus.

Post Origenem Eusebius refert, Hermam illum apostolicum a nonnullis auctorem Pastoris nostri *putari* [4]). Statim vero addit Eusebius, librum hunc ab aliis in dubium esse revocatum, et inter receptae auctoritatis libros poni non posse [5]).

Conjecturam Origenis a multis receptam iterum profert Hieronymus in Catalogo (c. 10), ita scribens: *Hermam (cujus Apostolus Paulus ad Romanos scribens meminit: ,,salutate Asyncritum, Phlegontem, Hermam, Patrobam, Hermen et qui cum eis fratres sunt")* asserunt auctorem esse libri, qui appellatur Pastor; et apud quasdam Graeciae ecclesias jam publice legitur. Revera utilis liber, multique de eo scriptorum veterum usurpavere testimonia; sed apud Latinos paene ignotus est. Quam parvi Hieronymus ipse alibi librum nostrum fecerit, infra videbimus.

Posterioribus temporibus multi alii in verba Origenis, Eusebii et Hieronymi juraverunt, et Hermae apostolico librum Pastoris tribuerunt.

---

1) Hist. theol. crit. T. I. p. 193 sqq.
2) Patrolog. T. I. p. 170 sqq.
3) Lib. X. Explanat. in Ep. ad Rom. 16, 14.: ,,*Puto tamen, quod Hermas iste sit scriptor libelli illius, qui Pastor appellatur, quae scriptura valde mihi utilis videtur, et ut puto divinitus inspirata.*" Alio vero loco (Homil. 25 in Luc. c. 12, 58) Origenes ipse de libro Pastoris ita disserit: ,,*si tamen cui placet, hujusmodi scripturam recipere...*"
4) H. E. III, 3: Ἐπεὶ ὁ αὐτὸς Ἀπόστολος ἐν ταῖς ἐπὶ τέλει προςρήσεσι τῆς πρὸς Ῥωμαίας μνήμην πεποίηται μετὰ τῶν ἄλλων καὶ Ἑρμᾶ, οὗ φασὶν ὑπάρχειν τὸ τοῦ ποιμένος βιβλίον.
5) L. c.: ἰστέον, ὡς καὶ τοῦτο πρὸς μέν τινων ἀντιλέλεκται, δι' ὃς οὐκ ἂν ἐν ὁμολογουμένοις τεθείη.

Aliam sententiam primus auctor Fragmenti Muratoriani evulgavit, ita disserens: „Pastorem vero nuperrime temporibus nostris in urbe Roma Herma conscripsit, sedente cathedra urbis Romae ecclesiae Pio episcopo, fratre ejus. Et ideo legi eum quidem oportet, sed publicare vero in Ecclesia populo, neque inter prophetas completum numero, neque inter Apostolos in finem temporum potest [1]."

Testimonium hoc, a Gajo Presbytero Romano, ut putatur, editum, eo majoris est momenti, quo accuratius presbyter hic Romanus, Pii tempora attingens, et pari modo ac Pastor Montanistas impugnans, de re ipsa instructus esse poterat, et quo clarius perspicimus, eum nimiae libri Pastoris aestimationi, falsaeque de auctore opinioni obsistere voluisse.

Hermam, Pii I. fratrem (medio seculo II.), ab angelico pastore edoctum, librum nostrum conscripsisse, etiam Pseudotertullianus tradit:

„Jamque loco nono cathedram suscepit Hyginus,
Post hunc deinde Pius, Hermas cui germine frater,
Angelicus Pastor, cui [2]) tradita verba locutus."

Pii fratrem presbyterum fuisse et propter librum Pastoris ab ipso exaratum, ipsum Pastorem esse cognominatum, ex secunda epistola Pii I ad Justum, episcopum Viennensem, conjici potest [3].

Quae cum ita sint, Fragmento Muratoriano majorem fidem praebeamus oportet, quam merae Origenis aliorumque conjecturae.

His accedit, quod Tertullianus Montanista non solum ipse acerrime librum Pastoris impugnet, sed etiam ab orthodoxa ecclesia eum rejectum esse contendat: „*Secunda te poenitentia excipiet; eris iterum de moecho Christianus. Haec tu mihi, benignissime Dei interpres! Sed crederem tibi, si scriptura Pastoris, quae sola moechos amat, divino instrumento meruisset incidi; si non ab omni concilio ecclesiarum, etiam vestrarum, inter apocrypha et falsa judicaretur; adultera et ipsa, et inde patrona sociorum* [4]." Et alio loco: „*Et utique receptior apud ecclesias Epistola Barnabae* (i. e. epistola ad Hebraeos) *illo apocrypho Pastore moechorum* [5]."

---

1) *Galland.* Bibl. vet. P. P. Tom. II. p. 208.
2) Ita legendum censuit *Mosheim* pro *quia*.
3) *Presbyter Pastor titulum condidit, et digne in Domino obiit.* Apud Galland. T. I. p. 672. Epistolas Pii ad Justum episc., quamvis non *plane* sunt indubitatae, ceteris tamen epistolis Pio adscriptis longe esse praeferendas, inter doctos constat.
4) Tertull. de pudicit. c. 10.
5) L. c. c. 20.

Non majori reverentia *Hieronymus* quoque de libro Pastoris locutus est. „*Ex quo*, inquit, *liber ille apocryphus stultitiae condemnandus est, in quo scriptum est, quemdam angelum, nomine Tyri, praeesse reptilibus* ¹)". Hieronymum Pastorem Hermae Vis. IV, 2. respexisse vix dubium est.

Interna quoque indicia Hermae apostolico librum nostrum abjudicandum suadent, ut recte *Gratzius* contendit ²). „Consilium nempe," inquit, „quo totum hoc opus est conscriptum, Hermae convenire omnino vix potest. Pervoluto nempe hoc libro, haud difficile perspiciet unusquisque, auctorem inter alia eo maxime retulisse sua consilia, ut in controversia, primum seculo secundo orta ³), statuat, ipsis gravioribus peccatoribus, et moechis et apostatis, restare poenitentiam, quamvis unicam. Mirum sane videtur, quod tam parum ad hoc consilium, quod clare prodit auctor, attendebatur, qua observatione duce, aetas scriptoris determinanda, nulla laborasset difficultate. Ex ipsa porro ratione et institutione hujus libri in promptu esse nobis videtur, auctorem Pastoris Montanum ⁴) ejusque asseclas petere cogitasse. Montano enim, unacum sociabus suis Priscilla et Maximilla, divinis revelationibus gloriantibus, quibus, quae in disciplina christiana maxime desideranda venirent, instituebantur, auctor noster alias revelationes divinitus datas opponere meditatus est."

Quum denique auctor Pastoris de morte Apostolorum (Sim. IX, 16. Not. 6.) et de more, cum subintroductis vivendi (Sim. IX, 11. Not. 1.) verba faciat, non Hermam apostolicum, sed fratrem Pii I. librum nostrum exarasse putemus.

Priori, ut vidimus, parti sententiae nostrae Gratzius adstipulatur, sed quoad partem posteriorem a nobis recedens, non fratrem Pii I, sed anonymum quemdam scriptorem seculo secundo librum hunc composuisse suspicatur, dicens: „*si nempe auctor addictus fuisset ecclesiae latinae, Romanoque pontifici cognationis vinculo conjunctus, certe liber ipsius notior exstitisset Latinis, quam Graecis* ⁵)." Gratzius hic verba Hieronymi respicit: „*apud quasdam*

---

1) Hieron. lib. I. in Habacuc, ad c. 1, 14.
2) Disquisitio in Pastorem Hermae. Partic. I. Bonnae 1820. p. 8. et 9.
3) Conf. *Joh. Morinus* de disciplina poenitent. *Jacob. Sirmond.* hist. poen. publicae. *Orsius* de criminum capitalium per tria priora secula absolutione. 1730. 4.
4) Haeresis Montanistarum tempore Pii I, mediis seculi secundi temporibus, utque nonnulli malunt, jam A. 140 initium cepit.
5) Gratz, l. c. p. 8.

Graeciae ecclesias (liber Pastoris) *jam publice legitur*; . . . *sed apud Latinos paene ignotus est* [1]."

Ex his vero verbis id tantum conjicere debebat vir doctissimus, *Hieronymi temporibus* librum nostrum apud Latinos paene ignoratum fuisse. Duobus autem seculis ante Hieronymum Pastoris librum apud Latinos pervulgatum fuisse, ex verbis Tertulliani supra laudatis apparet. Facile autem fieri poterat, ut liber hic posterioribus seculis, i. e. quarto et quinto, a Graecis, qui verum auctorem incompertum habuerunt viroque apostolico librum tribuerunt, majoris aestimaretur ideoque saepius legeretur, quam a Latinis, quorum multi eodem errore capti non fuerunt.

Non est igitur, quod fratrem Pii I librum nostrum conscripsisse dubitemus [2]).

Minime vero, quae ab aliis sententiae nostrae objiciuntur, taceamus.

a) Frater Pii I, aiunt, sermone latino, non graeco, librum conscripsisset, quippe qui, teste libro pontificali Damasi, natione Italus esset. Sed Italos quoque istis temporibus graeco idiomate saepissime usos esse, plane constat.

b) Auctorem Vis. II. c. 4. se coaevum Clementis Romani significare affirmant. Bene quidem; sed Hermam juniorem poëma hoc apocalyptico-didacticum [3]), fraude quadam pia, ut Montani errores eo gravius impugnarentur, seniori Hermae apostolico supposuisse contendimus [4]).

c) Maxime Irenaeus [5]) apostolico Hermae testimonium praebere videtur ita scribens: *Bene ergo pronuntiavit Scriptura, quae dicit: „primo omnium crede, quoniam unus est Deus“* etc. ex Mand. I. Nisi enim Irenaeus, aiunt, patrem apostolicum Pastoris auctorem putasset, librum titulo *Scripturae* non insigniisset. Clementem quoque Alexandrinum ita librum Pastoris laudasse monent, ut eum apostolico Hermae tribuisse videatur. Non est, quod id negemus; sed utrique Patri verum libri scriptorem ignotum fuisse contendimus. Pii enim frater non aperte, ut credimus, se auctorem libri professus est.

---

1) Catalog. script. eccl. c. 10.
2) Librum Pastoris mediis seculi secundi temporibus Lückius quoque assignat, *Einleitung in die Offenb. Johannis* p. 142.
3) Hermam librum IV Esdrae imitatum esse contendit Jachmannus p. 65. Cfr. Not. 6. ad Vis. I, 3.
4) Simili modo conjugatum et ad inopiam redactum etc. se fingit. Cfr. Vis. I, 3. Not. 2. Vis. II, 4. Not. 8. Vis. III, 6. Not. 4.
5) Adv. Haer. IV, 20. n. 2. ed. Massuet.

d) Sed frater Pii non *Hermas*, sed *Hermes* vocabatur. In hujus testimonium librum pontificalem Damasi et spuriam quandam epistolam Pii I adducunt, ubi frater Romani illius pontificis *Hermes* appellatur. Liber vero iste pontificalis, ab Anastasio bibliothecario (Sec. IX), ut putatur, conscriptus, nec non epistola illa spuria longe minoris sunt ponderis, quam Fragmentum Muratorianum, quod fratrem Pii *Hermam* nominat [1]).

e) Denique librum illum Pastoris, quem frater Pii conscripsit, de paschate, die dominica celebrando, verba fecisse contendunt; in nostro autem Pastoris libro hujus rei mentionem non fieri monent. Sed non nisi spuria illa Pii epistola, spuriusque liber Damasi pontificalis, in Pastore talia legi contendunt [2]); prorsus de ea re silentibus antiquis Patribus; quo fit, ut posterioribus temporibus mandatum de Paschate, die dominica celebrando, ab interpolatore quodam additum fuisse putemus [3]).

II. Hermae Pastor in tres libros hodie divisus est, quorum primus IV visiones continet, secundus XII mandata, tertius autem X similitudines complectitur. Haec tamen divisio posterioribus editoribus adscribenda est; siquidem illam neque MSS. exemplaria, neque vetusti scriptores agnoscunt; quin et a codicibus, qui superant, abesse capitum lemmata, Cotelerius aliique observarunt [4]).

III. Totum Hermae opus Pastoris nomine inscribitur, quod angelus poenitentiae, habitu pastorali indutus, Hermam alloquens et informans libro II. et III. inducitur. Aliam sententiam Jachmannus [5]) tueri videtur, docens, denominationem illam fortasse ab indole operis ethica derivandam esse, simili modo, quo et tres Pauli epistolae pastorales nuncupatae fuerint.

IV. Hermae Pastorem *graece* primo fuisse scriptum, nemo nescit; dolendum tamen, quod textus jam dudum temporum injuria sic interci-

---

1) Cfr. quoque Pseudotertullianum.
2) „*Sub hujus episcopatu frater ipsius Hermes librum scripsit, in quo mandatum continetur, quod ei praecepit angelus Domini, qui venit ad eum in habitu Pastoris, ut sanctum Pascha die dominico celebraretur.*" Liber pontif. in vita Pii I. n. 2. p. 29. ed. Rom. 1724.
3) De auctore libri Pastoris cfr. quae disputavimus in Tubing.

theol. Quartalschrift, 1839. p. 169 sqq. Hermae apostolici rem agunt praesertim *Nourrius*, *Gallandius*, *Lumperus*, *Möhlerus* (Patrol. I. p. 97 sqq.) et *Jachmannus*, der Hirte des Hermas. Königsberg 1835. *Semlerus* Pastorem Hermae in Aegypto conscriptum esse, male putavit. Cfr. Not. 7. ad Vis. II, 3.
4) Cfr. *Galland.* Bibl. T. I. p. XXVII.
5) L. c. p. 28.

derit, ut nonnulla tantum loca supersint, vetustiorum patrum graecorum operibus intexta. Quibus quidem laciniis, in primis vero fragmentis iis, quae satis multa occurrunt in *Doctrina ad Antiochum ducem*, inter Athanasii supposititia a Montfauconio evulgata, jactura hujusmodi utcumque sarciri potest [1]).

V. Integra Pastoris exstat interpretatio latina, cujus auctor penitus incompertus est. Haec versio antiquissima facile putanda, utpote quae Tertulliani aetate fuisse videtur ecclesiae Africanae notissima [2]).

VI. De auctoritate Pastoris in ecclesia, et de theologia Hermae adeas Jachmannum [3]), Lumperum [4]), Heynsium, Junium et van Gilse [5]), Möhlerum [6]), Lückium [7]) et alios, collatis iis, quae loco superius notato [8]) monenda putavimus.

VII. Primus Hermae tractatum Parisiis A. 1513 edi curavit Jacobus Faber Stapulensis. Optimas editiones Fabricius [9]) et Gallandius in lucem publicam emiserunt, quos et nos duces selegimus, Pastorem collectioni nostrae adjungere non dubitantes, quamvis et ipsi neminem apostolicorum virorum auctorem ejus putamus.

1) *Galland.* l. c.
2) Ibid.
3) l. c. p. 68 sqq.
4) Hist. theol. crit. T. I. p. 116—145.
5) Commentationes de Patrum apost. doctrina morali p. 88 sqq. p. 99 sqq. p. 85 sqq.
6) Patrolog. T. I. p. 100—106.
7) Einleit. in die Offenb. Johannis p. 141 sqq.
8) Tubing. theolog. Quartalschrift. 1839. p. 174—176 et 179—184.
9) In cod. apocrypho N. T. P. III.

Addenda et Corrigenda.

Pag. 25. Lin. 16. pro: 91 lege: 19.
— 29. Cap. 2. Lin. 13. lege: ἀμνησίκακοι.
— 45. — 27. — 11. pro: „Εἰ lege: Εἰ „.
— 113. — 4. — 6. pro: εὐχαριστῶν lege: εὐχαρίστων.
— 114. — 5. — 7. lege: διά.
— 126. In Argumento Cap. 6. pro: *Ignatius* lege: *Polycarpus*.
— 127. In Argum. Cap. 7. et 8. pro: *Ignatius* lege: *Polycarpus*.
— ibid. Not. 6. lege: Ita Jac. e Codd. Vindob. et Paris.
— 248. In Indice ad vocem *Angeli* adde: Angeli Dei et Angeli Satanae p. 24. Officia et dignitates angelorum 88. Et si angeli non credant in sanguinem Christi, et ipsi judicabuntur 104. Angeli, primo constituti 157. Angeli sancti, quos primo Deus creavit 203. Non angelum, aut principem, aut aliquem eorum, qui terrena gubernant, quibusve commissa est cura rerum in coelis administrandarum, sed filium suum Deus misit 140. 141.
— 261. ad vocem *Magistratus* adde: Edocti sumus, principibus et potestatibus a Deo ordinatis, prout decet, honorem nobis non nocentem deferre 129.

PATRUM
APOSTOLICORUM OPERA.

S. BARNABAE
EPISTOLA CATHOLICA.

I. Salutatio Barnabae ad Fratres.

* Avete filii et filiae, in nomine Domini nostri Iesu Christi, qui nos dilexit, in pace. Magnarum et honestarum Dei [1] aequitatum abundantiam sciens esse in vobis, supra modum exhilaror beatis et praeclaris spiritibus vestris, quod [2] sic naturalem gratiam accepistis. Propter quod plurimum gratulor mihi, [3] sperans liberari, quia vere video in vobis infusum spiritum ab [4] honesto fonte Dei [5], cum persuasum mihi sit hoc, et [6] plenus sciam, quia, dum ad vos adloquor, multa mihi bona successerunt in via aequitatis Domini. Ideo, [7] fratres, et ego cogito diligere vos super animam meam; quia magnitudo fidei et dilectio habitat in [8] illo, et spes vitae [9] illius. Cogitans ergo hoc — [10] quasi curae mihi fuerit, ut vobiscum partiar ex [11] eo quod accepi — futurum mihi, talibus [12] spiritibus servienti, hoc in mercede, [13] adproperavi pauca vobis mittere, ut fidem ve-

---

* Initium hujus epistolae antiquae versioni latinae codicis Corbeiensis (ante sec. IX.) debemus, cum desint in textu graeco quatuor prima capita cum quinti dimidio.

1 I. e. *virtutum a Deo datarum* = $\delta\iota\varkappa\alpha\iota\omega\mu\acute{\alpha}\tau\omega\nu$ Rom. 5, 18. Ms. *aequitate.* ‖ 2 I. e. οὕτως ἔμφυτον, *altius radicatam.* MEN. Cfr. c. IX. et Jac. 1, 21. ‖ 3 Cfr. Rom. 7, 24. ‖ 4 I. e. egregio. MEN. ‖ 5 Male alii *punctum* ponunt. Sensus est: gratulor mihi et lubens moriar, (e vinculis liberatum iri spero. ROTHE.), quia video vobis infusum spiritum Dei, persuasus, evangelicam meam apud vos praedicationem Dei gratia plurimos fructus tulisse. ‖ 6 F. plenius. MEN. OXON. Cfr. πληροφορηθείς Rom. 4, 21. ‖ 7 Ms. FRS. i. e. *fratres.* VOSS. Alii: *fors.* 8 = In hac re, in hac dilectione. f. = in Domino. ROTHE. ‖ 9 I. e. aeternae. ‖ 10 F. ὡς σπουδασάμενος, *cum mihi curae esse soleat.* Sensus: Reputans — ut sum consuetus vobiscum partiri — bene me fore meriturum, si vobis spiritualiter serviam etc. ‖ 11 Clem. Alex. Strom. II. c. 6. p. 445. ed. Pott. h. l. laudat: Εἰκότως οὖν ὁ Ἀπόστολος Βαρνάβας, Ἀφ᾽ οὗ, φησὶν, ἔλαβον μέρους, ἐσπούδασα κατὰ μικρὸν ὑμῖν πέμψαι· ἵνα μετὰ τῆς πίστεως ὑμῶν τελείαν ἔχητε καὶ τὴν γνῶσιν. ‖ 12 Ms. *spiritus servientes.* ‖ 13 Ms. *adpropiavi.*

stram consummatam habeatis et scientiam. Tres sunt [14] ergo [15] constitutiones Domini: vitae spes, initium et consummatio. [16] Propalavit enim Dominus per Prophetas, [17] quae praeterierunt, et futurorum dedit nobis initia scire. [18] Sicut ergo locutus est, honestius et altius accedere [19] ad aram illius. Ego autem non tanquam doctor, sed unus ex vobis, demonstrabo pauca, [20] per quae in plurimis laetiores sitis.

II. *Sacrificia judaica abolita sunt.*

Cum sint ergo dies nequissimi, et [1] contrarius habeat hujus saeculi potestatem; debemus adtendentes inquirere [2] aequitates Domini. [3] Fidei ergo nostrae adjutor est timor et sustinentia; quae autem nobiscum pugnant, patientia est et continentia; [4] haec cum apud Dominum permanent casta, [5] conlaetantur illis sapientia et intellectus. Adaperuit enim nobis per omnes Prophetas, quia non utitur nostris hostiis, neque victimis, neque oblationibus, haec dicens: [6] *Quo mihi multitudinem sacrificiorum vestrorum? dicit Dominus. Plenus sum holocaustomatibus arietum, et pinguaminibus agnorum; et sanguinem hircorum et taurorum nolo; nec si veniatis* [7] *videri mihi. Quis enim exquisivit haec de manibus vestris?*

14 Ergo = οὖν = *nempe.* Sensus est: Talis in fide et scientia *progressus* Deo placet, qui ipse *tres gradus* in obtinenda salute ordinavit. ‖ 15 διαταγαὶ, ordinationes. ‖ 16 Sensus: Talem *gradationem* Deus jam per Prophetas indicavit. Hi enim a) praedicabant *spem* vitae, *prophetantes* quae b) nunc *evenerunt* (*initium* vitae), et quae c) *futura* sunt (*consummationem* vitae).‖ 17 Ms. *qui.* ‖ 18 Sensus: Ideo, divinae voluntati obtemperantes, purius et altius ascendere debemus ad divinam veritatem. Qua in re epistola mea utinam vos adjuvet. ‖ 19 In praeceptis passim ante infinitivum δεῖ subauditur. CLER. ‖ 20 Cfr. I. Joan. 1, 4.

1 I. e. Satanas. cfr. I. Petr. 5, 8.‖

2 Δικαιώματα, praecepta, vel ut infra: consilia benignitatis. cfr. c. X. XVI et XXI. ‖ 3 H. l. laudat Clem. Alex. l. c.: Τῆς μὲν οὖν πίστεως ἡμῶν εἰσὶν οἱ συλλήπτορες φόβος καὶ ὑπομονή· τὰ δὲ συμμαχοῦντα ἡμῖν, μακροθυμία καὶ ἐγκράτεια. Τούτων οὖν, τὰ πρὸς τὸν Κύριον, μενόντων ἁγνῶς, συνευφραίνονται αὐτοῖς σοφία, σύνεσις, ἐπιστήμη, γνῶσις. ‖ 4 I. e. his ergo in iis, quae ad Dominum pertinent, caste manentibus etc. *casta* i. e. integra. MEN. ‖ 5 Sensus est: *ceteris fidei nostrae contra Satanam adjutoribus sapientia —* ἡ ἐπιστήμη τῶν δικαιωμάτων τοῦ κυρίου *— sese conjungat oportet.* Quaenam sint δικαιώματα illa, in sequentibus exponitur. ‖ 6 Isai. 1, 11—14. ‖ 7 Male Ms. *videre*, juxta LXX. l. *videri mihi*,

Calcare aulam meam non adjicietis. Si adtuleritis mihi similaginem, vanum; ⁸ *supplicamentum execratio mihi est.* ⁹ *Neomenias vestras et diem magnum non sustineo ; jejunium et ferias et dies festos, vestros odit anima mea.* Haec ergo vacua fecit, ut nova lex Domini nostri Iesu Christi, quae sine ¹⁰ jugo necessitatis est, ¹¹ humanam habeat oblationem. Dicit Dominus iterum ad illos: ¹² *Numquid ego praecepi parentibus vestris, cum exierunt de terra Aegypti, ut offerrent mihi hostias et victimas?* Sed hoc praecepi illis dicens: ¹³ *unusquisque vestrum adversus proximum non habeat malitiam, et juramentum mendum non* ¹⁴ *amet.* Intelligere ergo debemus, cum non simus sine intellectu, consilium benignitatis patris nostri; quia nobis dicit, volens nos similiter errantes quaerere, quemadmodum ad illum accedamus. Nobis enim dicit: ¹⁵ *Sacrificium Deo cor contribulatum, et humiliatum Deus non despicit.* Certius ergo inquirere debemus, fratres, de nostra salute, ut ne quando ¹⁶ habeat introitum in nobis, et ¹⁷ avertat nos a vita nostra.

III. *Jejunia Judaeorum non sunt vera, nec Deo accepta.*

Dicit ergo iterum de his ad illos: ¹ *Ut quid mihi jejunatis, ut hodie audiatur vox vestra in clamore? Non tale jejunium elegi, dicit Dominus, ut quis humiliet animam suam sine causa. Neque si curvaveris quasi circulum collum tuum, et saccum te circumdederis, et cinerem straveris; nec sic celebrabis jejunium acceptum.* Ad nos autem sic dicit: ² *Cum jejunaveritis, solve omnem nodum injustitiae,* ³ *et omnem consignationem iniquam dele; resolve suffocationes* ⁴ *impotentium commerciorum, dimitte quassatos in remissionem, et omnem* ⁵ *cautionem malignam dissipa. Frange esurienti panem tuum, et egenos sine tecto induc in domum tuam. Cum videris nudum, vesti, et domesticos seminis tui non despicies. Tunc erumpet* ⁶ *temporaneum lumen tuum,*

i. e. videri a me, MEN. ‖ 8 θυμίαμα LXX. ‖ 9 Cfr. Justin. Apol. I. n. 37. ‖ 10 Cfr. Galat. 5, 1. ‖ 11 I. e. ut in novo foedere homo se ipsum Deo offerat. ‖ 12 Ierem. 7, 22. 23. ‖ 13 Zachar. 8, 17. ‖ 14 Ms. *habet*, male. ‖ 15 Ps. 50, 19. ‖ 16 Suppl. *contrarius* vel *satan*. MEN. ‖ 17 Ita ROTHE. Ms. *evertat*. cfr. Ignat. ad Eph. c. 17.: μὴ αἰχμαλωτίσῃ ὑμᾶς ἐκ τοῦ προκειμένου ζῆν.

1 Isai. 58, 4. 5. ‖ 2 Isai. 58, 6 — 10. ‖ 3 *et omn. — dele.* Relegari debent ista ad marginem; sunt enim alia versio verborum πᾶσαν συγγραφὴν ἄδικον διάσπα, quae infra sic redduntur: *et omnem cautionem* etc. COT. ‖ 4 I. e. violentorum. MEN. ‖ 5 συγγραφὴν LXX. ‖ 6 πρωϊμον LXX. i. e. *matutinum.* MEN. Sensus: Tunc splendebis aurorae

et *⁷ vestimenta tua cito oriuntur; et praeibit ante te justitia, et claritas Dei circumdabit te.* Tunc *exclamas, et Deus exaudiet te; cum adhuc loqueris, dicet: ecce adsum, si abstuleris a te nodum, et ⁸ suadelam malorum, et verbum murmurationis, et dederis esurienti panem ex animo.* In hoc ergo, fratres, providens est et misericors Deus, quia in simplicitate crediturus esset populus, quem comparavit dilecto suo, atque ante ostendit omnibus nobis, ut non incurramus, tanquam proselyti, ad illorum legem.

IV. *Antichristus ante portas, ergo fugiamus errores Judaizantium et opera malae viae.*

Oportet ergo de ¹ his talibus multum scrutantes scribere, quae ² nos possint sanare. Fugiamus ab omni opere iniquitatis, et odio habeamus ³ errorem hujus temporis, ut futuro diligamur. Non demus animae nostrae spatium, ut possit habere potestatem discurrendi cum nequissimis et peccatoribus, ne quando similemus illis. ⁴ Consummata enim tentatio, sicut scriptum est, sicut Daniel dicit, adpropinquavit. Propter hoc enim Dominus ⁵ intercidit tempora et dies, ut acceleret dilectus illius ad hereditatem suam. Dicit sic propheta: ⁶ *Regna in terris decem regnabunt, et resurget retro pusillus, qui deponet tres in unum.* De regnis similiter ⁷. De hoc ipso ⁸ dicit iterum Daniel: ⁹ *Et vidi quartam bestiam, nequam et fortem, et saeviorem caeteris bestiis marinis, et apparuerunt illi decem cornua; et ascendit aliud cornu breve in medio illorum, et dejecit cornua tria de majoribus cornibus.* ¹⁰ Intelligere ergo debemus. Adhuc et rogo vos tanquam unus ex vobis, omnes amans super animam meam, ut attendatis vobis, et non similetis eis, qui peccata sua congerunt, et dicunt: quia testamentum illorum et nostrum est ¹¹. Nostrum autem ¹², quia illi in perpetuum perdiderunt illud,

---

instar, et brevi magnificis vestibus ornaberis, i. e. felix eris. || 7 ἰάματα LXX. i. e. *sanitates,* pro quo quidam legerunt ἱμάτια. MEN. || 8 χειροτονίαν LXX.
1 Ms. *histantibus.* || 2 Ms. *non.* || 3 Error hujus temporis est: *judaizare.* || 4 Antichristus jam ante portas; Deus enim tempora abbreviavit, ut regnum Christi citius adveniret. cfr. Dan. 9, 24. 27. || 5 I. e. ab-
breviavit, Ms. *interdicit.* || 6 Dan. 7, 24. || 7 Evertentur cum depositis regibus. cfr. MEN. ad h. l. || 8 Sc. pusillo = Antichristo. || 9 Dan. 7, 7. 8. || 10 I. e. prudentes simus, ne pereamus in tentatione. || 11 I. e. lex judaica et nos obligat, ut Judaistae, Ebionitae etc. docuerunt. || 12 I. e. nostrum solum, non Judaeorum simul, est foedus divinum.

BARNABAE EPISTOLA. IV. 5

quod Moyses accepit. Dicit enim Scriptura: [13] *Et fuit Moyses in monte jejunans XL diebus et XL noctibus; et accepit testamentum a Domino, tabulas lapideas scriptas manu Dei.* Sed conversi in idola perdiderunt illud. Dicit enim Dominus Moysi: [14] *Moyses, descende celerius, quia praeteriit legem populus tuus, quem eduxisti de terra Aegypti.* Et projecit Moyses tabulas lapideas de manibus suis, et confractum est testamentum eorum, ut dilectio Jesu consignetur in praecordiis vestris [15] in spem fidei illius. Propter quod adtendamus novissimis diebus. Nihil enim proderit nobis omne tempus vitae nostrae et fidei, si non [16] odio iniquum et futuras tentationes habeamus, sicut dicit filius Dei: [17] *Resistamus omni iniquitati, et odio habeamus eam.* Ergo considerate opera [18] malae viae. Non separatim debetis [19] seducere vos tanquam justificati; sed in unum convenientes inquirite, quod communiter dilectis conveniat et prosit. Dicit enim Scriptura: [20] *Vae illis, qui sibi solis intelligunt, et apud se docti videntur!* Simus spiritales, simus [21] templum consummatum Deo; in quantum est in nobis, [22] meditemur timorem Dei, et custodiamus mandata illius. [23] Dominus non accepta persona judicat mundum; unusquisque secundum quae facit, accipiet. Si fuerit bonus, bonitas eum antecedit; si nequam, merces nequitiae eum sequitur. Adtendite, ne quando [24] quiescentes jam vocati addormiamus in peccatis nostris, et Nequam accipiens potestatem [25] nostram [26] suscitet [nos] et excludat a regno Domini. Adhuc et illud intelligite, cum [27] videritis tanta signa et monstra in populo Iudaeorum, et sic illos dereliquit Dominus.

---

13 Exod. 31, 18. 34, 28. || 14 Exod. 32, 7. Deut. 9, 12. || 15 I. e. et ut spem vestram in fide εἰς Χριστὸν ponatis. || 16 Ms. *modo.* || 17 Hanc Christi sententiam in toto Evang. non reperies; ergo aut ex traditione haustam, aut ex aliis locis compositam eam putes, e. g. ex Jac. 4, 7. vel II Tim. 2, 19: ἀποστήτω ἀπὸ ἀδικίας et Ps. 119, 163: ἀδικίαν ἐμίσησα. || 18 Cfr. c. V. et XX. || 19 Se seducere = se separare. MEN. cfr. Hebr. 10, 25. || 20 Isai. 5, 21. H. l. laudat Clem. Alex. Strom. II. c. 7. p. 447: Καὶ Βαρνάβας ὁ ἀπόστολος, Οὐαὶ οἱ συνετοὶ παρ' ἑαυτοῖς, καὶ ἐνώπιον αὑτῶν ἐπιστήμονες, προτάξας ἐπήγαγεν· πνευματικοὶ γενώμεθα, ναὸς τέλειος τῷ Θεῷ· ἐφ' ὅσον ἐστὶν ἐφ' ἡμῖν, μελετῶμεν τὸν φόβον τοῦ Θεοῦ, καὶ φυλάσσειν ἀγωνιζώμεθα τὰς ἐντολὰς αὐτοῦ, ἵνα ἐν τοῖς δικαιώμασιν αὐτοῦ εὐφρανθῶμεν. || 21 Cfr. I Cor. 3, 16. 17. || 22 Cfr. Isai. 33, 18. || 23 Cfr. I Petr. 1, 17. Gal. 2, 6. I Cor. 3, 8. || 24 Cfr. Matth. 25, 5 seqq. || 25 I. e. nostri. MEN. || 26 In Ms. deest *nos.* Alii: *suscitetur.* || 27 Est verb. perfect. MEN. cfr. c. XVI.

minus. Adtendamus ergo, ne forte, sicut scriptum est, [28] *multi vocati, pauci electi*, inveniamur.

V. *Novum foedus, passione Christi fundatum, est nobis ad salutem, Judaeis ad interitum.*

Propter hoc Dominus sustinuit tradere corpus suum in exterminium, ut remissione peccatorum sanctificemur, quod est sparsione sanguinis illius. Scriptum est enim de illo, quaedam ad populum Judaeorum, quaedam ad nos. Dicit autem sic: [1] *Vulneratus est propter iniquitates nostras, et vexatus est propter peccata nostra; sanguine illius sanati sumus. Tanquam ovis ad victimam adductus est; et sicut agnus coram tondente se, sic non aperuit os suum.* [2] Supergratulari ergo debemus Domino, quia et praeterita nobis ostendit, et sapientes fecit, et de futuris non sumus sine intellectu. Dicit autem: [3] *Non injuste tenduntur retia avibus.* Hoc dicit, quia juste periet homo habens viam veritatis, scientiam, et se a via tenebrosa non continet adhuc. Et ad hoc Dominus sustinuit pati pro anima nostra, cum sit orbis terrarum Dominus, cui dixit [4] die ante constitutionem saeculi: [5] *Faciamus hominem ad imaginem et similitudinem nostram.* Quomodo ergo sustinuit, cum ab hominibus hoc pateretur, discite. Prophetae, ab ipso habentes donum, in illum prophetaverunt; [6] ille autem — ut vacuam faceret mortem, et de mortuis resurrectionem ostenderet, quia in carne oportebat eum adparere — sustinuit, ut promissum parentibus redderet, et ipse sibi [7] τὸν λαὸν τὸν [8] καινὸν ἑτοιμάζων ἐπιδείξῃ ἐπὶ τῆς γῆς ὤν, ὅτι τὴν ἀνάστασιν αὐτὸς ποιήσας κρινεῖ. [9] Πέρας γέ τοι διδάσκων τὸν Ἰσραὴλ, καὶ τηλικαῦτα τέρατα καὶ σημεῖα ποιῶν,

---

28 Matth. 20, 16. 22, 14. Verba „*sicut scriptum est*" ab interprete latino addita putat CREDNER Beitr. I, 28.

1 Isai. 53, 5. 7. ‖ 2 Haec ad *nos* locutus est Dominus, nobis revelans mortem expiatoriam Christi et alia, quae sunt futura; ergo gratias agamus ei. Sequentia vero *Judaeis* sunt dicta. ‖ 3 Proverb. 1, 17. haec ad *Judaeos* dicta sunt. ‖

4 Scil. *pater.* MEN. ‖ 5 Genes. 1, 26. ‖ 6 Constr.: Ille autem — quia in carne oportebat eum adparere, ut vacuam faceret mortem et de mortuis resurrectionem ostenderet — sustinuit (i. e. pati potuit et passus est), ut promissum parentibus redderet, et populum novum etc. ‖ 7 Heic incipit textus graecus superstes. ‖ 8 Ms. κενὸν. male. ‖ 9 Πέρας = porro, ut saepe apud Barn.

ἐκήρυξε, καὶ [10] ὑπερηγάπησεν αὐτόν. Ὅτε δὲ τοὺς ἰδίους Ἀποστόλους, μέλλοντας κηρύσσειν τὸ εὐαγγέλιον αὐτοῦ, ἐξελέξατο, [11] ὄντας ὑπὲρ πᾶσαν ἁμαρτίαν ἀνομωτέρους — ἵνα δείξῃ, [12] ὅτι οὐκ ἦλθε „καλέσαι δικαίους, ἀλλὰ ἁμαρτωλοὺς εἰς μετάνοιαν" — τότε ἐφανέρωσεν ἑαυτὸν υἱὸν Θεοῦ εἶναι. [13] Εἰ γὰρ μὴ ἦλθεν ἐν σαρκὶ, πῶς ἂν ἐσώθημεν ἄνθρωποι, βλέποντες αὐτὸν; ὅτι τὸν μέλλοντα [14] μὴ εἶναι ἥλιον, ἔργον χειρῶν αὐτοῦ ὑπάρχοντα, βλέποντες οὐκ ἰσχύουσιν εἰς ἀκτῖνας αὐτοῦ ἀντοφθαλμῆσαι. [15] Οὐκοῦν ὁ υἱὸς τοῦ Θεοῦ ἐς τοῦτο ἦλθεν ἐν σαρκὶ, ἵνα τὸ τέλειον τῶν ἁμαρτιῶν κεφαλαιώσῃ τοῖς διώξασιν ἐν θανάτῳ τοὺς προφήτας αὐτοῦ. Οὐκοῦν εἰς τοῦτο ὑπέμεινε. Λέγει γὰρ ὁ Θεός· [16] τὴν πληγὴν τῆς σαρκὸς αὐτοῦ, ὅτι ἐξ αὐτῶν, [καὶ [17]]· [18] „ὅταν πατάξω τὸν ποιμένα, τότε σκορπισθήσεται τὰ πρόβατα τῆς ποίμνης." Αὐτὸς ἠθέλησεν οὕτω παθεῖν· ἔδει γὰρ, ἵνα ἐπὶ ξύλου πάθῃ. Λέγει γὰρ ὁ προφητεύων ἐπ' αὐτῷ· [19] „φεῖσαί μου τῆς ψυχῆς ἀπὸ ῥομφαίας, [20] καθήλωσόν μου τὰς σάρκας, [21] ὅτι πονηρευομένων συναγωγαὶ ἐπανέστησάν μοι." Καὶ πάλιν λέγει· [22] „ἰδοὺ τέθεικά με τὸν νῶτον εἰς μάστιγας, καὶ τὰς σιαγόνας εἰς ῥαπίσματα, τὸ δὲ πρόσωπόν μου ἔθηκα ὡς [23] στερεὰν πέτραν."

VI. Christi passio et novum foedus jam a Prophetis annuntiantur.

Ὅτε οὖν ἐποίησεν ἐντολὴν, [1] τί λέγει; [2] „Τίς ὁ κρινόμενός μοι; [3] Ἀντιστήτω μοι. Ἢ τίς ὁ δικαζόμενός μοι; Ἐγγισάτω

---

10 Sc. τὸν Ἰσραήλ. Vetus interpres legebat: Καὶ οὕπερ ἠγάπησαν αὐτὸν, nec dilexerunt illum. || 11 H. l. laudat Orig. c. Cels. I. n. 63. T. I. p. 378. ed. B. B. Vide: Hefele, das Sendschreiben des A. Barn. p. 160. || 12 Matth. 9, 13. || 13 Conjunge haec cum verbis anteced.: quia in carne oportebat etc. Eandem sententiam reperies in orac. Sibyll. Prooem. v. 10—15. || 14 I. e. qui aliquando desinere debet. Men. || 15 Profert aliam causam adventus Christi, ut consummarentur peccata Judaeorum addita Christi morte. Men. cfr. Matth. 23, 31 sqq. || 16 Isai. 53, 8. Zachar. 13, 6.

Ms. πηγήν. Vet. interpr.: plaga corporis illius omnes sanati sumus. || 17 Ita restituo ex veteri versione lat., quae habet: Et alius propheta. Sensus est: Annuntiavit Deus per prophetas, Judaeos Christum esse interfecturos, et hanc necem ipsis interitum fore. || 18 Zachar. 13, 7. Matth. 26, 31. Marc. 14, 27. || 19 Psalm. 21, 21. || 20 Ps. 118, 120. || 21 Ps. 21, 17. || 22 Isai. 50, 6. 7. cfr. Justin. Apol. I. n. 38. || 23 Faciem non avertens.

1 Sc. patris jussio de incarnatione et toto humanae incarnationis negotio. || 2 Isai. 50, 8. 9.

τῷ παιδὶ κυρίου. Οὐαὶ ὑμῖν· ὅτι πάντες ὑμεῖς παλαιωθήσεσθε ὡς ἱμάτιον, καὶ σὴς καταφάγεται ὑμᾶς." Καὶ πάλιν λέγει ὁ προφήτης· ³ "ἐπεὶ ὡς λίθος ἰσχυρὸς ἐτέθη εἰς συντριβήν· ⁴ ἰδοὺ ἐμβάλλω εἰς τὰ θεμέλια Σιὼν λίθον πολυτελῆ, ἐκλεκτὸν, ἀκρογωνιαῖον, ἔντιμον." Εἶτα τί λέγει; "Καὶ ὃς ἐλπίσει ἐπ᾽ αὐτὸν, ζήσεται εἰς τὸν αἰῶνα." Ἐπὶ λίθου οὖν ἡμῶν ἡ ἐλπίς; Μὴ γένοιτο· ἀλλ᾽ ἐπεὶ ἐν ἰσχύει ἔθηκε τὴν ⁵ σάρκα αὐτοῦ ὁ κύριος. Λέγει γάρ· ⁶ "καὶ ἔθηκέ με ὡς στερεὰν πέτραν." Λέγει δὲ πάλιν ὁ προφήτης· ⁷ "λίθον, ὃν ἀπεδοκίμασαν οἱ οἰκοδομοῦντες, οὗτος ἐγενήθη εἰς κεφαλὴν γωνίας." Καὶ πάλιν λέγει· ⁸ "αὕτη ἐστὶν ἡ ἡμέρα ἡ μεγάλη καὶ θαυμαστή, ἣν ἐποίησεν ὁ κύριος." ⁹ Ἁπλούστερον ὑμῖν γράφω, ἵνα συνιῆτε· ἐγὼ ¹⁰ περίψημα τῆς ἀγάπης ὑμῶν. Τί οὖν λέγει πάλιν ὁ προφήτης; ¹¹ "Περιέσχε με συναγωγὴ πονηρευομένων, ¹² ἐκύκλωσάν με ὡσεὶ μέλισσαι κηρίον," καὶ ¹³ "ἐπὶ τὸν ἱματισμόν με ἔβαλον κλῆρον." Ἐν σαρκὶ οὖν αὐτοῦ μέλλοντος φανεροῦσθαι καὶ πάσχειν, προεφανεροῦτο τὸ πάθος. Λέγει γὰρ ὁ προφήτης ἐπὶ τὸν Ἰσραήλ· ¹⁴ "οὐαὶ τῇ ψυχῇ αὐτῶν, ὅτι βεβούλευνται βουλὴν πονηρὰν καθ᾽ ἑαυτῶν, εἰπόντες· "δήσωμεν τὸν δίκαιον, ὅτι δύσχρηστος ἡμῖν ἐστί." ¹⁵ Λέγει δὲ καὶ Μωσῆς αὐτοῖς· ¹⁶ "ἰδοὺ τάδε λέγει κύριος ὁ Θεός· εἰσέλθετε εἰς τὴν γῆν τὴν ἀγαθὴν, ἣν ὤμοσε κύριος τῷ Ἀβραὰμ καὶ Ἰσαὰκ καὶ Ἰακώβ, ¹⁷ καὶ κατακληρονομήσατε αὐτὴν, γῆν ῥέουσαν γάλα καὶ μέλι." Τί λέγει ἡ ¹⁸ γνῶσις, μάθετε· ἐλπίσατε ¹⁹ [φησὶν,] ἐπὶ τὸν ἐν σαρκὶ μέλλοντα φανεροῦσθαι ὑμῖν Ἰησοῦν. ²⁰ "Ἄνθρωπος [γὰρ] γῆ ἐστι πάσχουσα· ἀπὸ προσώπου γὰρ τῆς

---

3 Isai. 8,14. juxta textum hebraicum, non juxta LXX. - Veterem interpretem imitati vocem *ἐπεὶ* in versione nostra negleximus. || 4 Isai. 28,16. cfr. Rom. 9, 33, 1 Petr. 2, 6. || 5 σάρξ Christi propter ἰσχὺν a Propheta λίθος vocatur. || 6 Isai. 50, 7. ἔθηκα Oxon. et LXX. || 7 Ps. 117, 22. || 8 Ps. 117, 24. loquitur de ea die, qua lapis reprobatus factus est in caput anguli. || 9 Ἁπλούστ. — συνιῆτε. Haec laudat Clem. Alex. Strom. V. c. 10. p. 683. || 10 I. e. omnia pro vobis et facere et pati paratus. Cfr. I. Cor. 4, 13. et Ign. ad Eph. c. 18. || 11 Ps. 21, 17. || 12

Ps. 117,12. || 13 Ps. 21,19. Cfr. Justin. Apol. I. n. 38. || 14 Isai. 3, 9. Sap. 2, 12. Cfr. Justin. Dial. c. Tryph. n. 17. || 15 Haec et sequentia usque ad τὸν κύριον αὐτοῦ habet Clem. Alex. Strom. V. 10. p. 683. || 16 Exod. 33, 1. || 17 Levit. 20, 24. || 18 I. e. profundior Veteris Test. et antiquae oeconomiae divinae cognitio — homini christiano reclusa. Cfr. Neander K. G. I, 415. || 19 Φησὶν, γὰρ, εἰς, uncis inclusa, restituo (monente DAVISIO) ex Clem. Alexandrino, cum et vetus interpres ita legerit. || 20 Homo quia e terra est creatus, ideo Christus

γῆς ἡ πλάσις τοῦ Ἀδάμ ἐγένετο. ²⁵ Τί οὖν λέγει·,,[εἰς] τὴν γῆν τὴν ἀγαθήν, τὴν ῥέουσαν γάλα καὶ μέλι"; Εὐλογητὸς ὁ κύριος ἡμῶν, ὁ σοφίαν καὶ νοῦν θέμενος ἐν ἡμῖν τῶν κρυφίων αὐτοῦ. Λέγει γὰρ ὁ προφήτης· ,,παραβολὴν κυρίου τίς νοήσει;| εἰ μὴ σοφὸς καὶ ἐπιστήμων καὶ ἀγαπῶν τὸν κύριον αὐτοῦ;" Ἐπεὶ οὖν ²³ ἀνακαινίσας ἡμᾶς ἐν τῇ ἀφέσει τῶν ἁμαρτιῶν, ἐποίησεν ἡμᾶς ἄλλον τύπον, ὡς ²⁴ παιδίων, ἔχειν τὴν ψυχήν, ὡς ἂν καὶ ²⁵ [πνεύματι] ἀναπλασσόμενος αὐτὸς ἡμᾶς. Λέγει γὰρ ἡ γραφὴ περὶ ἡμῶν, ὡς λέγει τῷ υἱῷ· ,,²⁶ ,,ποιήσωμεν κατ᾽ εἰκόνα καὶ καθ᾽ ὁμοίωσιν ἡμῶν τὸν ἄνθρωπον, καὶ ἀρχέτωσαν τῶν θηρίων τῆς γῆς, καὶ τῶν πετεινῶν τοῦ οὐρανοῦ, καὶ τῶν ἰχθύων τῆς θαλάσσης." Καὶ εἶπε κύριος ἰδὼν τὸ καλὸν πλάσμα, ἄνθρωπον· ²⁷ ,,αὐξάνεσθε, καὶ πληθύνεσθε, καὶ πληρώσατε τὴν γῆν." Ταῦτα πρὸς τὸν υἱόν ²⁸. Πάλιν σοι ἐνδείξω, πῶς πρὸς ἡμᾶς δευτέραν πλάσιν ἐπ᾽ ἐσχάτων ἐποίησε. Λέγει κύριος· ²⁹ ,,ἰδοὺ ποιήσω τὰ ἔσχατα ὡς τὰ πρῶτα." ³⁰ Εἰς τοῦτο οὖν ἐκήρυξεν ὁ προφήτης· ,,εἰσέλθετε εἰς γῆν ῥέουσαν γάλα καὶ μέλι, καὶ κατακυριεύσατε αὐτῆς." Ἰδοὺ οὖν ἡμεῖς ἀναπεπλάσμεθα, καθὼς πάλιν ἐν ἑτέρῳ προφήτῃ λέγει· ³¹ ,,ἰδού, λέγει κύριος, ἐξελῶ τούτων, τουτέστιν ὧν προέβλεπε τὸ πνεῦμα κυρίου, τὰς λιθίνας καρδίας, καὶ βαλῶ σαρκίνας αὐτοῖς·" ὅτι ἔμελλεν ἐν σαρκὶ φανεροῦσθαι, καὶ ἐν ἡμῖν κατοικεῖν. Ναὸς γὰρ ἅγιος, ἀδελφοί μου, τῷ κυρίῳ τὸ κατοικητήριον ἡμῶν τῆς καρδίας. Λέγει γὰρ πάλιν ³² κύριος· ³³ ,,καὶ ἐν

secundum humanam suam naturam terrae potest comparari. || 21 Heic incipit secunda loci biblici Exod. 33, 1. interpretatio allegorica seu gnostica. Terra illa 1) primum humanam Christi naturam denotabat, nunc 2) Christianos, salvatore renatos = pueros Dei innuit. || 22 Haec verba in libris sacris frustra quaerentur. Similia occurrunt Isai. 40, 13. Prov. 1, 6. Ροττ. || 23 Particip. pro indicat. ut c. 19. et saepius apud Patres. || 24 Ms. παιδίον, male. Παιδίου Davis. || 25 Ms. ἀναπλασσομένους, male. Πνεύματι restituit Fellus ex interpr. lat. || 26 Gen. 1, 26. || 27 Gen. 1, 28. || 28 Sc. jam initio creationis de no-

bis dixit. || 29 Non est in S. Script., sed f. respexit Barn. ad Ezech. 36, 11. vel Matth. 20, 16. || 30 I. 33, 1. interpretatio allegorica seu e, respectu secundae hujus creationis (regenerationis christianae) praedicavit propheta: intrate etc., i. e. renascimini. || 31 Ezech. 11, 19. 36, 26. || 32 Vocem κύριος, quam et vetus non legit interpres, aut male additam putes, aut non ad Deum, sed ad Prophetam (David) referas. — Notes deinde, quod hisce verbis tertia loci illius biblici explicatio allegorica seu gnostica incipiat, quae terram illam de ecclesia christiana interpretatur. Cfr. Not. 21. || 33 Ps.

τίνι ὀφθήσομαι τῷ κυρίῳ Θεῷ μου, καὶ δοξασθήσομαι;" Λέγει·
³⁴ „ἐξομολογήσομαί σοι ἐν ἐκκλησίᾳ ἐν μέσῳ ἀδελφῶν μου, καὶ
ψαλῶ ἀναμέσον ἐκκλησίας ἁγίων." Οὐκοῦν ἡμεῖς ἐσμεν, οὓς εἰσή-
γαγεν εἰς τὴν γῆν τὴν ἀγαθήν. Τί οὖν τὸ γάλα καὶ μέλι; Ὅτι
πρῶτον τὸ παιδίον μέλιτι, εἶτα γάλακτι ζωοποιεῖται· ³⁵ οὕτω καὶ
ἡμεῖς τῇ πίστει τῆς ἐπαγγελίας καὶ τῷ λόγῳ ζωοποιούμενοι ζήσο-
μεν κατακυριεύοντες τῆς γῆς. Προείρηκε δὲ ἐπάνω, ὅτι αὐξα-
νέσθωσαν, καὶ ἀρχέτωσαν τῶν ἰχθύων. ³⁶ Τίς οὖν ὁ δυνάμενος
νῦν ἄρχειν θηρίων, ἢ ἰχθύων, ἢ πετεινῶν τοῦ οὐρανοῦ; Αἰσθάνεσθαι γὰρ ὀφείλομεν, ὅτι τὸ ἄρχειν ἐξουσίας ἐστὶν, ἵνα τις ἐπι-
τάξας κυριεύσῃ. ³⁷ Εἰ οὖν οὐ γίνεται τοῦτο νῦν, ἄρα ἡμῖν εἴρηκε.
Πότε; Ὅταν καὶ αὐτοὶ τελειωθῶμεν κληρονόμοι τῆς διαθήκης κυρίου γενέσθαι.

VII. *Jejunium et caper — typus Christi.*

¹ Οὐκοῦν νοεῖτε, τέκνα εὐφροσύνης, ὅτι πάντα ὁ καλὸς κύριος
προεφανέρωσεν ἡμῖν, ἵνα γνῶμεν, ᾧ κατὰ πάντα εὐχαριστοῦντες
ὀφείλομεν αἰνεῖν. Εἰ οὖν ὁ υἱὸς τοῦ Θεοῦ, ὢν κύριος, καὶ μέλλων
κρίνειν ζῶντας καὶ νεκροὺς, ἔπαθεν, ἵνα ἡ πληγὴ αὐτοῦ ζωοποιή-
σῃ ἡμᾶς· πιστεύσωμεν, ὅτι ὁ υἱὸς τοῦ Θεοῦ οὐκ ἠδύνατο παθεῖν,
εἰ μὴ δι' ἡμᾶς. Ἀλλὰ καὶ σταυρωθεὶς ἐποτίζετο ὄξει καὶ χολῇ.
Ἀκούσατε, πῶς περὶ τούτου ² πεφανέρωκαν οἱ ἱερεῖς τοῦ ² λαοῦ.
Γεγραμμένης ἐντολῆς αὐτοῦ, ³ ὃς ἂν μὴ νηστεύσῃ τὴν νηστείαν,
θανάτῳ ἐξολοθρευθήσεται, ἐνετείλατο κύριος, ἐπεὶ καὶ αὐτὸς ὑπὲρ
τῶν ἡμετέρων ἁμαρτιῶν ἤμελλε ⁴ σκεῦος τοῦ πνεύματος προσφέρειν
θυσίαν· ἵνα καὶ ὁ τύπος ὁ γενόμενος ἐπὶ Ἰσαὰκ, τοῦ προσενεχθέν-
τος ἐπὶ τὸ θυσιαστήριον, τελεσθῇ. Τί οὖν λέγει ἐν τῷ προφήτῃ;
⁵ „Καὶ φαγέτωσαν ἐκ τοῦ τράγου, τοῦ προσφερομένου τῇ νηστείᾳ
ὑπὲρ πασῶν τῶν ἁμαρτιῶν." Προσέχετε ἀκριβῶς· „καὶ φαγέτωσαν
οἱ ἱερεῖς μόνοι πάντες τὸ ἔντερον ἄπλυτον μετὰ ὄξους." Πρὸς τί;

41, 3. || 34 Ps. 21, 23. || 35 Lac
et mel — πίστις καὶ κήρυγμα, qui-
bus ecclesia nos nutrit. || 36. Ms.
τί, male. || 37 Sensus: in prae-
senti quidem imperium illud in vo-
lucres etc. non tenemus, sed pro-
missam hanc dominationem aliquando recuperabimus.
1 — ἂν pro — ασι, ut saepius
in N. T. WINER, Gramm. p. 72.

ed. IV. || 2 Ναοῦ. MEN. || 3 Le-
vit. 23, 29. || 4 I. e. corpus suum.
MEN. Sensus est: mandato de
jejunio Dominus typum passionis
suae praebere voluit. || 5 Non est in
sacra Scriptura; sed inter Christianos Sec. II. traditiones quaedam falsae de ritibus judaici festi expiatio-
num divulgatae fuisse videntur, quas
hic Barnabas, alias Justinus (Dial.

Ἐπειδὴ ἐμὲ, ⁶ εἶπεν, ὑπὲρ ἁμαρτιῶν μέλλοντα τοῦ λαοῦ τοῦ καινοῦ προσφέρειν τὴν σάρκα μου, μέλλετε ποτίζειν χολὴν μετὰ ὄξους· φάγετε ὑμεῖς μόνοι, τοῦ λαοῦ νηστεύοντος καὶ κοπτομένου ἐπὶ σάκκῳ καὶ σποδῷ. Ἵνα δείξῃ, ὅτι δεῖ αὐτὸν παθεῖν ὑπὲρ αὐτῶν. Πῶς οὖν ἐνετείλατο; προσέχετε. ⁷ „Λάβετε δύο τράγους καλοὺς καὶ ὁμοίους, καὶ προσενέγκατε· καὶ λαβέτω ὁ ἱερεὺς τὸν ἕνα εἰς ὁλοκαύτωμα." Τὸν δὲ ἕνα τί ποιήσουσιν; ⁸ „Ἐπικατάρατος, φησὶν, ὁ εἷς." Προσέχετε, πῶς ὁ τύπος τοῦ Ἰησοῦ φανεροῦται. ⁹ „Καὶ ¹⁰ ἐμπτύσατε πάντες, καὶ κατακεντήσατε, καὶ περίθετε τὸ ἔριον τὸ κόκκινον περὶ τὴν κεφαλὴν αὐτοῦ· καὶ οὕτως εἰς ἔρημον βληθήτω." Καὶ ὅταν γένηται οὕτως, ἄγει ὁ βαστάζων τὸν τράγον εἰς τὴν ἔρημον, καὶ ἀφαιρεῖ τὸ ἔριον, καὶ ἐπιτίθησιν ἐπὶ φρύγανον τὸ λεγόμενον ¹¹ ῥαχίη, οὗ καὶ τοὺς ¹² βλαστοὺς εἰώθαμεν τρώγειν ἐν τῇ χώρᾳ εὑρίσκοντες· ¹³ ταύτης μόνης τῆς ῥάχου οἱ καρποὶ γλυκεῖς εἰσί. Τί οὖν καὶ τοῦτο; Προσέχετε· τὸν μὲν ἕνα ἐπὶ τὸ θυσιαστήριον, τὸν δὲ ἕνα ἐπικατάρατον, καὶ ¹⁴ ὅτι τὸν ἐπικατάρατον ἐστεφανωμένον; ¹⁵ Ἐπεὶ δὲ ὄψονται αὐτὸν τότε ¹⁶ τῇ ἡμέρᾳ, τὸν ποδήρη ἔχοντα τὸν κόκκινον περὶ τὴν σάρκα, καὶ ἐροῦσιν· οὐχ οὗτός ἐστιν, ὅν ποτε ἡμεῖς ἐσταυρώσαμεν ἐξουθενήσαντες, καὶ κατακεντήσαντες, καὶ ἐμπαίξαντες; Ἀληθῶς οὗτος ἦν, ὁ τότε λέγων, ἑαυτὸν υἱὸν Θεοῦ εἶναι. ¹⁷ Πῶς γὰρ ὅμοιος; Εἰς τοῦτο ὁμοίους τοὺς τράγους καλοὺς καὶ ἴσους· ἵν᾽, ὅταν ἴδωσιν αὐτὸν τότε ἐρχόμενον, ἐκπλαγήσονται ἐπὶ τῇ ὁμοιότητι τοῦ τράγου. Οὐκοῦν ¹⁸ ἴδε τὸν τύπον τοῦ μέλλοντος πάσχειν Ἰησοῦ. Τί δὲ, ὅτι τὸ ἔριον εἰς μέσον τῶν ἀκανθῶν τιθέασι; Τύπος ἐστὶ τοῦ Ἰησοῦ τῇ ἐκκλησίᾳ κείμενος, ¹⁹ ἵνα, ὃς ἐὰν θέλῃ τὸ ἔριον ἆραι τὸ κόκκινον, δεῖ αὐτὸν πολλὰ παθεῖν, διὰ

c. Tryph. n. 40.) et Tertull. (adv. Jud. c. 14. adv. Marc. III, 7.) secuti sunt. || 6 Sc. Dominus. Ms. εἶδον, male. || 7 Levit. 16, 7 sqq. cfr. BAEHR, Symb. II, 679. || 8 = לַעֲזָאזֵל cfr. BAEHR. l. c. p. 668. || 9 Talia nec s. Scriptura, necTalmud narrat; sed reperies ea et apud Justinum ac Tertull. ll. cc. || 10 Sic Voss. Alii ἐκπτύσατε. || 11 Ita Voss. Ms. ῥαχιήλ, male. || 12 Germina. ita Voss. βάτους; MEN. Male. Davisius cum interprete lat. καρπούς. || 13 ita Voss. Ms. male: οὕτως μόνης τῆς ῥαχοῦς κ. τ. λ. || 14 ὅτι = cur? Viger. p. 551.b. || 15 Davis. legit: ἐπειδὴ ὄψονται αὐτὸν, ταύτῃ κ. τ. λ. || 16 Christum in die judicii. MEN. || 17 ita DAVIS. ὡς οὖν ὅμοιος, κατὰ τοῦτο ὁμοίους κ. τ. λ. Cor. Ms. male: πῶς γὰρ ὁμοίως, καὶ τοῦτον κ. τ. λ. || 18 l. ἴδετε FELL. De hoc typo cfr. Justin. Dial. c. Tryph. n. 111. || 19 ἵνα c. indic. praes. ut bis in N. T. I Cor. 4, 6. Gal. 4, 17. WINER, Gramm. p. 266. ||

τὸ εἶναι φοβερὰν τὴν ἄκανθαν, καὶ θλιβέντα [20] κυριεῦσαι. Οὕτω, φησὶν, [21] οἱ θέλοντές με ἰδεῖν, καὶ ἄψασθαί μου τῆς βασιλείας, ὀφείλουσι θλιβέντες καὶ παθόντες λαβεῖν με.

VIII. *Vacca rubra — typus Christi.*

Τίνα δὲ δοκεῖτε τύπον εἶναι, ὅτι ἐντέλλεται τῷ Ἰσραὴλ [1] προσφέρειν δάμαλιν τοὺς ἄνδρας, [2] ἐν οἷς ἁμαρτίαι τέλειαι, καὶ σφάξαντας κατακαίειν· καὶ αἴρειν τότε τὴν σποδὸν παιδία, καὶ βάλλειν εἰς ἄγγη, καὶ περιτιθέναι [3] τὸ ἔριον τὸ κόκκινον, καὶ τὸν ὕσσωπον· καὶ οὕτω ῥαντίζειν τὰ παιδία καθ' ἕνα τὸν λαόν· ἵνα ἁγνίζωνται, [4] ἀπὸ τῶν ἁμαρτιῶν; Νοεῖτε, πῶς [5] ἁπλότητι λέγει ὑμῖν. Ὁ μόσχος οὗτός ἐστιν ὁ Ἰησοῦς· οἱ προσφέροντες ἄνδρες ἁμαρτωλοί, οἱ προσενέγκαντες αὐτὸν ἐπὶ σφαγήν. [6] Εἶτα οὐκέτι ἄνδρες [7] [ἁμαρτωλοί], οὐκέτι ἁμαρτωλῶν ἡ δόξα. Οἱ δὲ ῥαντίζοντες παῖδες, εὐαγγελιζόμενοι ἡμῖν τὴν ἄφεσιν τῶν ἁμαρτιῶν, καὶ τὸν ἁγνισμὸν τῆς καρδίας· οἷς ἔδωκε τοῦ εὐαγγελίου τὴν ἐξουσίαν — οὖσι δεκαδύο εἰς μαρτύριον τῶν φυλῶν, ὅτι δεκαδύο αἱ φυλαὶ τοῦ Ἰσραὴλ — εἰς τὸ κηρύσσειν. Διὰ τί δὲ τρεῖς παῖδες οἱ ῥαντίζοντες; Εἰς μαρτύριον Ἀβραάμ, καὶ Ἰσαάκ, καὶ Ἰακώβ, ὅτι οὗτοι μεγάλοι τῷ Θεῷ. [8] Ὅτι δὲ τὸ ἔριον ἐπὶ τὸ ξύλον; Ὅτι ἡ βασιλεία τοῦ Ἰησοῦ ἐπὶ τῷ ξύλῳ· διότι οἱ ἐλπίζοντες εἰς αὐτὸν ζήσονται εἰς τὸν αἰῶνα. Διὰ τί δὲ ἅμα τὸ ἔριον καὶ τὸν ὕσσωπον; Ὅτι ἐν τῇ βασιλείᾳ αὐτοῦ ἡμέραι ἔσονται πονηραὶ καὶ ῥυπαραί, ἐν αἷς ἡμεῖς σωθησόμεθα· [9] ὅτι καὶ ἀλγῶν τὴν σάρκα τοῦ ῥύπου διὰ τοῦ ὑσσώπου ἰᾶται. Καὶ διὰ τοῦτο οὕτω γενόμενα ἡμῖν μέν ἐστι φανερά, ἐκείνοις δὲ σκοτεινά· ὅτι οὐκ ἤκουσαν φωνῆς τοῦ κυρίου.

IX. *De circumcisione auris et cordis, et de circumcisione typica Abrahami.*

[1] Λέγει γὰρ πάλιν περὶ τῶν ὠτίων, πῶς περιέτεμεν ἡμῶν, καὶ τὴν καρδίαν. Λέγει ὁ κύριος ἐν τῷ προφήτῃ· [2] „εἰς ἀκοὴν

---

20 Ita DAVIS. Ms. κυριῶσαι, male. ‖ 21 Sc. Christus. Non profertur hic certus aliquis evangelii locus. MEN. cfr. Matth. 16, 24.
1 Num. 19, 2 sqq. ‖ 2 Haec et multa reliqua non sunt in s. Scriptura. ‖ 3 Add. τῷ ξύλῳ. MEN. cfr. interpr.: *baculo*. ‖ 4 Ita DAV. Ms. ὑπό. ‖ 5 L. ὁμοιότητι MEN. cfr. interpr.: *in similitudine*. ‖ 6 εἶτα — δόξα, a metaphraste non agnita, delenda sunt. DAVIS. ‖ 7 hoc addit MEN. ‖ 8 ὅτι = cur? Viger. p. 551. b. cfr. c. 7. Not. 14. ‖ 9 Ita COT. Ms.: διὰ τοῦ ῥύπου τοῦ ὑσσώπου ἰᾶται.
1 Cfr. de circumcisione Ep. ad Diogn. c. 4. ‖ 2 Ps. 17, 45.

ωτίου ὑπήκουσάν μου." Καὶ πάλιν λέγει· [3] "ἀκοῇ ἀκούσονται οἱ πόῤῥωθεν, ἃ ἐποίησα, γνώσονται." Καὶ [4] "περιτμηθήσεσθε," λέγει κύριος, "τὰς καρδίας ὑμῶν." Καὶ πάλιν λέγει· [5] "ἄκουε Ἰσραὴλ, ὅτι τάδε λέγει ὁ κύριος ὁ Θεός σου." Καὶ πάλιν τὸ πνεῦμα κυρίου προφητεύει· [6] "τίς ἐστι ὁ θέλων ζῆσαι εἰς τὸν αἰῶνα; Ἀκοῇ ἀκουσάτω τῆς φωνῆς τοῦ παιδός μου." Καὶ πάλιν λέγει· [7] "ἄκουε οὐρανὲ, καὶ ἐνωτίζου ἡ γῆ, ὅτι [8] ὁ Θεὸς ἐλάλησε." Ταῦτα [9] εἰς μαρτύριον. Καὶ πάλιν λέγει· [10] "ἀκούσατε λόγον κυρίου ἄρχοντες τοῦ λαοῦ τούτου." Καὶ πάλιν λέγει· [11] "ἀκούετε, τέκνα, τῆς φωνῆς βοώσης ἐν τῇ ἐρήμῳ." Οὐκοῦν περιέτεμεν ἡμῶν τὰς ἀκοὰς, ἵνα ἀκούσαντες λόγον πιστεύωμεν· ἡ γὰρ περιτομὴ, ἐφ᾿ ᾗ πεποίθασι, κατήργηται. Περιτομὴν γὰρ εἴρηκεν, οὐ σαρκὸς γενηθῆναι· ἀλλὰ παρέβησαν, ὅτι ἄγγελος πονηρὸς ἐσόφισεν αὐτούς. Λέγει πρὸς αὐτούς· [12] "τάδε λέγει κύριος ὁ Θεὸς ὑμῶν" — ὦδε εὑρίσκω [13] [νέαν] ἐντολὴν — "μὴ σπείρητε ἐπ᾿ ἀκάνθαις, περιτμήθητε δὲ τῷ κυρίῳ ὑμῶν." Καὶ τί λέγει; [14] "περιτμήθητε τὸ σκληρὸν τῆς καρδίας ὑμῶν, καὶ τὸν τράχηλον ὑμῶν οὐ μὴ σκληρύνετε." Καὶ πάλιν· [15] "ἰδοὺ λέγει ὁ κύριος· πάντα τὰ ἔθνη ἀπερίτμητα, ἀκρόβυστα, ὁ δὲ λαὸς οὗτος ἀπερίτμητος καρδίᾳ." Ἀλλὰ ἐρεῖς· καὶ μὴν περιτέμνεται ὁ λαὸς εἰς σφραγῖδα. Ἀλλὰ καὶ πᾶς Σύρος, καὶ Ἄραψ, καὶ πάντες οἱ ἱερεῖς τῶν εἰδώλων. Ἆρα οὖν κἀκεῖνοι ἐκ τῶν διαθηκῶν αὐτῶ εἰσίν; Ἀλλὰ καὶ Αἰγύπτιοι ἐν περιτομῇ εἰσι. Μάθετε οὖν, τέκνα, περὶ πάντων πλουσίως, ὅτι Ἀβραὰμ, ὁ πρῶτος περιτομὴν δοὺς, ἐν πνεύματι προβλέψας εἰς τὸν [16] Ἰησοῦν, περιέτεμε λαβὼν τριῶν γραμμάτων δόγματα. Λέγει γάρ· [17] "καὶ περιέτεμεν Ἀβραὰμ ἐκ τοῦ οἴκου αὐτοῦ ἄνδρας δέκα καὶ ὀκτὼ καὶ τριακοσίους." Τίς οὖν ἡ δοθεῖσα [18] τούτῳ γνῶσις; Μάθετε τοὺς δεκαοκτὼ πρώτους, εἶτα τοὺς τριακοσίους. Τὸ δὲ δέκα καὶ ὀκτὼ, Ι δέκα, Η ὀκτώ. Ἔχεις Ἰησοῦν. Ὅτι δὲ σταυρὸς ἐν τῷ Τ ἔμελλεν ἔχειν τὴν χάριν, λέγει καὶ τοὺς τριακοσίους. Δηλοῖ οὖν τὸν μὲν Ἰησοῦν ἐν τοῖς δυσὶ γράμμασι, καὶ ἐν ἑνὶ τὸν σταυρόν. Οἶδεν ὁ τὴν ἔμφυτον δωρεὰν τῆς

---

3 Isai. 33, 13. Adhortatio audiendi involvit admonitionem ad circumcisionem aurium. || 4 Jer. 4, 4. || 5 Jer. 7, 2. || 6 Ps. 33, 13. || 7 Isai. 1, 2. || 8 Al. κύριος. || 9 Sc. circumcisionis Deo acceptae. || 10 Isai. 1, 10. || 11 Isai. 40, 3. || 12 Ierem. 4, 3. || 13 Add. νέαν. MEN. Interpr. novam. || 14 Ier. 7, 26. || 15 Ierem. 9, 25. 26. || 16 Ita DAVIS. Vet. interp.: Iesum. Ms. υἱόν, male. || 17 Non est in s. Scriptura; sed cfr. Gen. 17, 26. 27., coll. Gen. 14, 14. || 18 Al. αὐτῷ.

διδαχῆς αὐτοῦ θέμενος ἐν ἡμῖν. Οὐδεὶς γνησιώτερον ἔμαθεν ἀπ᾽ ἐμοῦ λόγον· ἀλλὰ οἶδα, ὅτι ἄξιοί ἐστε ὑμεῖς.

X. Mandata de cibis, male a Judaeis intellecta, Christianis sunt aperta.

¹ "Ὅτι δὲ Μωσῆς εἴρηκεν· ² „ἃ φάγεσθε χοῖρον, οὐδὲ ἀετὸν, ἐδὲ ὀξύπτερον, ἐδὲ κόρακα, οὐδὲ πάντα ἰχθῦν, ὃς οὐκ ἔχει λεπίδα ἐν αὐτῷ·" Τρία ἔλαβεν ἐν τῇ συνέσει δόγματα. Πέρας γέ τοι λέγει αὐτοῖς ἐν τῷ Δευτερονομίῳ· ³ „καὶ διαθήσομαι πρὸς τὸν λαὸν τῦτον τὰ δικαιώματά μυ." Ἄρα ἐκ ἔστιν ἐντολὴ Θεῦ τὸ μὴ τρώγειν; Μωσῆς δὲ ἐν πνεύματι ἐλάλησε. Τὸ[ν] ἒν χοῖρον πρὸς τῦτο εἴρηκεν· ἒ μὴ κολληθήσῃ, φησίν, ἀνθρώποις τοιύτοις, οἵτινες ὅμοιοί εἰσι χοίροις. Ὅταν γὰρ σπαταλῶσιν, ἐπιλανθάνονται τῦ κυρίυ ἑαυτῶν· ὅταν δὲ ὑστερηθῶσιν, ἐπιγινώσκυσι τὸν κύριον. Καὶ ὁ χοῖρος, ὅταν τρώγῃ, οὐκ οἶδε τὸν κύριον· ὅταν δὲ πεινάζῃ, κραυγάζει, καὶ λαβὼν πάλιν σιωπᾷ. „Οὐδὲ μὴ φάγῃς, φησὶ, τὸν ἀετὸν, ἐδὲ τὸν ὀξύπτερον, ἐδὲ τὸν ἰκτῖνα, οὐδὲ τὸν κόρακα." Οὐ μὴ, φησὶ, κολληθήσῃ ⁴ ἀνθρώποις τοιύτοις, οἵτινες οὐκ οἴδασι διὰ κόπυ καὶ ἱδρῶτος πορίζειν ἑαυτοῖς τὴν τροφὴν, ἀλλὰ ἁρπάζυσι τὰ ἀλλότρια ἐν ἀνομίᾳ αὐτῶν· καὶ ⁵ ἐπιτηρῦσιν, ὡς ἐν ἀκεραιοσύνῃ περιπατῦντες. ⁶ Καὶ καθήμενα ἀργὰ ταῦτα ἐκζητεῖ, πῶς ἀλλοτρίας σάρκας καταφάγῃ, ὄντα λοιμὰ τῇ πονηρίᾳ αὐτῶν. „Καὶ ἒ μὴ φάγῃς, φησὶ, σμύραιναν, ἐδὲ πολύποδα, ἐδὲ σηπίαν." Οὐ μὴ, φησὶν, ὁμοιωθήσῃ κολλώμενος ἀνθρώποις τοιύτοις, οἵτινες εἰς τέλος εἰσὶν ἀσεβεῖς, καὶ κεκριμένοι τῷ θανάτῳ· ὡς καὶ ταῦτα τὰ ἰχθύδια μόνα ἐπικατάρατα ἐν τῷ βυθῷ νήχεται, μὴ κολυμβῶντα, ὡς τὰ λοιπὰ, ἀλλὰ ἐν τῇ γῇ κάτω τῦ βυθῦ κατοικεῖ. Ἀλλὰ καὶ τὸν δασύποδα ἒ φάγῃ, φησίν. Πρὸς τί; Οὐ μὴ γένη παιδοφθόρος, ἐδὲ ὁμοιωθήσῃ τοῖς τοιύτοις· ὅτι ὁ λαγωὸς κατ᾽ ἐνιαυτὸν πλεονεκτεῖ τὴν ἀφόδευσιν. ⁷ "Ὅσα γὰρ ἔτη ζῇ, τοσαύτας ἔχει τρύπας. „Ἀλλὰ οὐδὲ τὴν ὕαιναν φάγῃ." Οὐ μὴ, φησὶ, γένῃ μοιχὸς, οὐδὲ φθορεὺς, ἐδὲ ὁμοιωθήσῃ τοῖς τοιύτοις. Πρὸς τί; ⁸ Τῦτο γὰρ τὸ ζῶον παρ᾽ ἐνιαυτὸν

---

1. "Ὅτι = cur, ut c. 7. et 8. ‖ 2 Levit. 11. Deut. 14. Haec recitat e Barn. Clem. Alex. Strom. II. c. 15. p. 464. et l. V, c. 8. p. 677. ‖ 3 Deut. 4, 1. ‖ 4 Adde ex Clem. Alex. et vet. interprete: ἐδὲ ὁμοιωθήσῃ. ‖ 5 Davisius conjicit: ἐπιτηρῦσι τὺς ἐν ἀκεραιοσύνῃ περιπατῦντας, i. e. insidiantur iis, qui in simplicitate ambulant. ‖ 6 Vet. interpr. add.: Sic aves istae solae sibi non acquirentes escam. ‖ 7 Cfr. Clem. Alex. Paedag. II. c. 10. p. 220. 221. et 223. ‖ 8 Cfr. Clem. Alex. l. c.

ἀλλάσσει τὴν φύσιν, καί ποτε μὲν ἄρρεν, ποτὲ δὲ θῆλυ γίγνεται. Ἀλλὰ καὶ τὴν γαλῆν ἐμίσησε καλῶς. Οὐ μὴ γάρ, φησὶν, ὁμοιωθήσῃ τοῖς τοιούτοις, ᾖ οἵβς ἀκούομεν ἀνομίαν ποιῶντας τῷ στόματι, διὰ ἀκαθαρσίαν· ὐδὲ κολληθήσῃ ταῖς ἀκαθάρτοις, ταῖς τὴν ἀνομίαν ποιέσαις τῷ στόματι. Τὸ γὰρ ζῶον τῦτο τῷ στόματι κύει. Περὶ τῶν βρωμάτων μὲν ἄν Μωσῆς τρία δόγματα ἐν πνεύματι ἐλάλησεν· οἱ δὲ κατ' ἐπιθυμίαν τῆς σαρκὸς ὡς περὶ βρωμάτων προσεδέξαντο. [10] Λαμβάνει δὲ τρίων δογμάτων γνῶσιν Δαβὶδ, καὶ λέγει ὁμοίως· [11] „μακάριος ἀνὴρ, ὃς οὐκ ἐπορεύθη ἐν βελῇ ἀσεβῶν", καθὼς οἱ ἰχθύες πορεύονται ἐν σκότει εἰς τὰ βάθη· „καὶ ἐν ὁδῷ ἁμαρτωλῶν ἐκ ἔστη", καθὼς οἱ δοκῶντες φοβεῖσθαι τὸν κύριον, ἁμαρτάνεσιν ὡς ὁ χοῖρος· „καὶ ἐπὶ καθέδρᾳ λοιμῶν οὐκ ἐκάθισε", καθὼς τὰ πετεινὰ τὰ καθήμενα εἰς ἁρπαγήν. [12] Ἔχετε τελείαν περὶ τῆς βρώσεως γνῶσιν. [13] Ἀλλὰ εἶπε Μωσῆς· [14] „φάγεσθε πᾶν διχηλῦν καὶ μηρυκώμενον." Τί λέγει; [15] Τὴν τροφὴν λαμβάνων οἶδε τὸν τρέφοντα αὐτὸν, καὶ ἐπ' αὐτῷ ἀναπαυόμενος εὐφραίνεσθαι δοκεῖ. Καλῶς εἶπε βλέπων τὴν ἐντολήν. Τί ὖν λέγει; Κολλᾶσθαι μετὰ τῶν φοβεμένων τὸν κύριον, μετὰ τῶν μελετώντων, ὃ ἔλαβον, [16] διάσταλμα ῥήματος ἐν τῇ καρδίᾳ, μετὰ τῶν λαλύντων τὰ δικαιώματα κυρίε καὶ τηρύντων, μετὰ τῶν εἰδότων, ὅτι ἡ μελέτη ἔργον ἐστὶ εὐφροσύνης, καὶ μηρυκωμένων τὸν λόγον κυρίε.[17] Τί δὲ τὸ διχηλῦν; Ὅτι ὁ δίκαιος ἐν τέτῳ τῷ κόσμῳ περιπατεῖ, καὶ τὸν ἅγιον αἰῶνα ἐκδέχεται. Βλέπετε, πῶς ἐνομοθέτησε Μωσῆς καλῶς. Ἀλλὰ πόθεν [18] ἐκείνοις ταῦτα νοῆσαι, ἢ συνιέναι; Ἡμεῖς ὖν δικαίως νοήσαντες τὰς ἐντολὰς, λαλῦμεν, ὡς ἠθέλησε κύριος. Διὰ τῦτο περιέτεμε τὰς ἀκοὰς ἡμῶν καὶ τὰς καρδίας, ἵνα συνίωμεν ταῦτα.

XI. Baptismum et crucem Deus jam in V. T. praemonstravit.

Ζητήσωμεν δὲ, εἰ ἐμέλησε τῷ κυρίῳ προφανερῶσαι περὶ τῦ ὕδατος καὶ τῦ σταυρῦ. Περὶ μὲν τῦ ὕδατος γέγραπται ἐπὶ τὸν Ἰσραὴλ, πῶς τὸ βάπτισμα, τὸ [1] φέρον εἰς ἄφεσιν ἁμαρτιῶν, ὖ

9 Fellatores et fella trices, COT. ‖ 10 Cfr. Clem. Alex. Strom. II, c. 15. p. 464. ‖ 11 Ps. 1, 1. ‖ 12 Ita MEN. Ms.: ἔχετε τελείως καὶ περὶ τῆς γνώσεως. ‖ 13 H. l. Clem. Alex. Strom. V, c. 8. p. 677. et Paedag. III, c. 11. p. 298. ‖ 14 Lev. 11, 3. ‖ 15 Similia apud Iren. V, 8. ‖ 16

Διάσταλμα nec apud scriptores classicos, nec in V. et N. T., nec apud Du Cange. reperitur. Derivandum est a διαστέλλομαι, imperare, praecipere. ‖ 17 Clem. Alex. Paedag. l. c. 18 I. e, Judaeis.
1 Εἰσφέρον ἄφεσιν, MEN.

μὴ προσδέξωνται, ἀλλ' ἑαυτοῖς ²οἰκοδομήσωσι. Λέγει οὖν ὁ προ-
φήτης· ³ „ἔκστηθι οὐρανὲ, καὶ ἐπὶ τύτῳ φριξάτω ἡ γῆ, ὅτι δύο
μεγάλα καὶ πονηρὰ ἐποίησεν ὁ λαὸς ὖτος· ἐμὲ ἐγκατέλιπον ||
πηγὴν ζῶσαν, καὶ ἑαυτοῖς ὤρυξαν λάκκυς συντετριμμένυς. ⁴
Μὴ πέτρα ἔρημός ἐστι τὸ ὄρος τὸ ἅγιόν με ⁵ Σιών; Ἔσεσθε γὰρ ὡς πετεινῦ νεοσσοὶ, ⁶ ἀνιπτάμενοι νεοσσιᾶς ἀφῃ-
ρημένης." Καὶ πάλιν λέγει ὁ προφήτης· ⁷ „ἐγὼ πορεύσομαι
ἔμπροσθέν σε, καὶ ὄρη ὁμαλιῶ, καὶ θύρας χαλκᾶς συντρίψω,
καὶ μοχλὺς σιδηρῦς συνθλάσω, καὶ δώσω σοι θησαυρὺς σκοτει-
νὺς, ἀποκρύφες, ἀοράτες, ἵνα ⁸ γνῶσιν, ὅτι κύριος ὁ Θεός."
Καὶ· ⁹ „κατοικήσει ἐν ὑψηλῷ σπηλαίῳ πέτρας ἰσχυρᾶς." Εἶτα
τί λέγει ἐν τῷ υἱῷ; ¹⁰ „Τὸ ὕδωρ αὐτοῦ πιστόν· βασιλέα μετὰ
δόξης ὄψεσθε, καὶ ἡ ψυχὴ ὑμῶν μελετήσει φόβον κυρίου." Καὶ
πάλιν ἐν ἄλλῳ προφήτῃ λέγει· ¹¹ „ἔσται ὁ ταῦτα ποιῶν, ὡς τὸ
ξύλον τὸ πεφυτευμένον παρὰ τὰς διεξόδους τῶν ὑδάτων, ὃ τὸν
καρπὸν αὐτοῦ δώσει ἐν καιρῷ αὐτοῦ· καὶ τὸ φύλλον αὐτοῦ οὐκ
ἀποῤῥυήσεται, καὶ πάντα, ὅσα ἂν ποιῇ, κατευοδωθήσεται. Οὐχ
ὕτως οἱ ἀσεβεῖς, ὀχ ὕτως, ἀλλ' ὡσεὶ ¹² χνῦς, ὃν ἐκρίπτει ὁ
ἄνεμος ἀπὸ προσώπυ τῆς γῆς. Διὰ τῦτο οὐκ ἀναστήσονται ἀσεβεῖς ἐν κρίσει, ἐδὲ ἁμαρτωλοὶ ἐν βυλῇ δικαίων· ὅτι γινώσκει
κύριος ὁδὸν δικαίων, καὶ ὁδὸς ἀσεβῶν ἀπολεῖται." Αἰσθάνεσθε,
πῶς τὸ ὕδωρ καὶ τὸν σταυρὸν ἐπὶ τὸ αὐτὸ ὥρισε. Τῦτο γὰρ
λέγει· μακάριοι, οἳ, ἐπὶ τὸν σταυρὸν ἐλπίσαντες, κατέβησαν εἰς
τὸ ὕδωρ, ὅτι τὸν μὲν μισθόν, ¹³ λέγει, ἐν καιρῷ αὐτῦ· τότε,

---

2 Non necessum esse puto, ut cum Vossio et Cot. reponamus οἰκονομή-σωσι; nam τῷ οἰκοδομεῖν *instituendi* vel *faciendi* vis inesse potest, ducta ab aedificiis metaphora. DAV. Intelligit Barn. crebra et superstitiosa Judaeorum baptismata. MEN. || 3 Jerem. 2, 12. 13. || 4 Isai. 16, 1. 2. , 5 Ita 1. cum LXX. Cot. Fell. Ms. Σινᾶ, male. || 6 Al. ἀνιστάμενοι, *instabiles, depulsi*. Sensus: me relinquentes eritis destituti, sicut pulli nido ablato. || 7 Isai. 45, 2. 3. Sensus: Per prophetam Christus de se nuntiat: „Ego — fons vivus (ut supra) — beabo vos. || 8 Γνώσῃ, scias, LXX. ||

9 Isai. 33, 16. Sensus: Christus est aqua perennis, in cacumine montis fontem habens. || 10 Isai. 33, 16—18. Sensus: In perpetuum gratia Christi vobis adfluit; aliquando vero videbitis eum in majestate, et replebimini reverentia. || 11 Ps. 1, 3 — 6. Hisce verbis Barnabas larga bona indicat, quae ex baptismo et cruce nobis affluant. || 12 Χνοῦς, quod Noster cum LXX legit, = 1) *lanugo*, 2) *tenuis palea*, *gluma*. Schleusn. L. Χοῦς, *terra erruta, pulvis*. Voss. || 13 L. ἕξει, DAV.

φησὶν, ἀποδώσω. Νῦν δέ λέγει· "τὰ φύλλα ἐκ [14] ἀποῤῥυηθήσεται." Τῦτο λέγει· ὅτι πᾶν ῥῆμα, ὃ ἐὰν ἐξέλθῃ ἐξ ὑμῶν διὰ τῦ στόματος, ἐν πίστει καὶ ἀγάπῃ, ἔσται εἰς ἐπιστροφὴν καὶ ἐλπίδα πολλοῖς. Πάλιν ἕτερος προφήτης λέγει· [15] "καὶ ἦν ἡ γῆ τῦ Ἰακὼβ ἐπαινεμένη παρὰ πᾶσαν τὴν γῆν." [16] Τῦτο λέγει τὸ [17] σκεῦος τῦ πνεύματος αὐτῦ, ὃ δοξάζει. Εἶτα τί λέγει; [18] "Καὶ ἦν ποταμὸς ἕλκων ἐκ δεξιῶν, καὶ ἀνέβαινεν ἐξ αὐτῦ δένδρα ὡραῖα· καὶ ὃς ἐὰν φάγῃ ἐξ αὐτῶν, ζήσεται εἰς τὸν αἰῶνα." Τῦτο λέγει, ὅτι ἡμεῖς μὲν καταβαίνομεν εἰς τὸ ὕδωρ γέμοντες ἁμαρτιῶν καὶ ῥύπε, καὶ ἀναβαίνομεν καρποφοροῦντες ἐν τῇ καρδίᾳ τὸν φόβον, καὶ τὴν ἐλπίδα εἰς τὸν Ἰησῦν ἔχοντες ἐν τῷ πνεύματι. "Καὶ ὃς ἐὰν φάγῃ ἀπὸ τέτων, ζήσεται εἰς τὸν αἰῶνα." Τῦτο λέγει, ὃς ἄν, φησὶν, ἀκύσῃ τέτων [19] καλεμένων, καὶ πιστεύσῃ, ζήσεται εἰς τὸν αἰῶνα.

XII. Crux Christi saepe in V. T. annuntiata. Josue typus Christi.

Ὁμοίως πάλιν περὶ τοῦ σταυροῦ ὁρίζει ἐν ἄλλῳ προφήτῃ λέγοντι· [1] "καὶ πότε ταῦτα συντελεσθήσεται; [2] Καὶ λέγει κύριος· ὅταν ξύλον κλιθῇ καὶ ἀναστῇ, [3] καὶ ὅταν ἐκ ξύλου αἷμα στάξῃ." Ἔχεις πάλιν ἐπὶ σταυροῦ, καὶ τοῦ σταυροῦσθαι μέλλοντος. Λέγει δὲ πάλιν ἐν τῷ Μωσῇ, πολεμουμένου τοῦ Ἰσραὴλ ὑπὸ τῶν [4] ἀλλοφύλων. Καὶ ἵνα ὑπομνήσῃ αὐτοὺς πολεμουμένους, ὅτι διὰ τὰς ἁμαρτίας αὐτῶν παρεδόθησαν εἰς θάνατον, λέγει εἰς τὴν καρδίαν Μωσῇ τὸ πνεῦμα, ἵνα ποιήσῃ τύπον σταυροῦ, καὶ τοῦ μέλλοντος πάσχειν· ὅτι, ἐὰν μὴ ἐλπίσωσιν ἐπ' αὐτῷ, εἰς τὸν αἰῶνα [5] πολεμη-

14 Al. ἀποῤῥυήσεται, ut paulo superius. || 15 Sophon. 3, 19. || 16 Clem. Alex. Strom. III, 12. p. 550: καὶ ἦν ἡ γῆ τῦ Ἰακὼβ ἐπαινεμένη π. π. τ. γ., φησὶν ὁ προφήτης, τὸ σκεῦος πνεύματος αὐτὸς δοξάζων = ipse laudans corpus humanum. Barnabas dixit: *Haec verba significant corpus Christi,quod propheta laudibus effert.* Alias τὴν γῆν Ἰακὼβ de novo populo Dei seu de coetu Christianorum interpretatus sum. Cfr. libellum meum: *Das Sendschreiben d. A. Barnabas.* Tübing. 1840. p. 95. || 17 J. e. corpus Christi ut supra c. 7.

Olim τὸ σκεῦος de propheta interpretatus sum, l. c. || 18 Ezech. 47, 12. || 19 Al. λαλεμένων.

1 Ex libro apocrypho. Cfr. Ittig, hist. eccl. p. 131 sq. || 2 In uno Cod. rom. heic multa interpolata leguntur de filiis Sem etc., argumento epistolae nostrae prorsus aliena. || 3 Ex IV. Esdrae 5, 5. || 4 J. e.| *Amalec.* Exod. 17, 18 sqq. Cfr. Justin. Dial. c. Tryph. n. 111. p. 204. Tert. adv. Jud. c. 10. adv. Marc. III, 18. ubi iidem typi reperiuntur. || 5 *In perpetuum vincentur*, ita ut nunquam victorum jugum excutere

2

θήσονται. Τίθησιν οὖν Μωσῆς ἓν ἐφ' ἓν ὅπλον ἐν μέσῳ τῆς [6] πήγης, καὶ σταθεὶς ὑψηλότερος πάντων, ἐξέτεινε τὰς χεῖρας [7], καὶ οὕτως πάλιν ἐνίκα ὁ Ἰσραήλ. Εἶτα, ὁπόταν πάλιν καθεῖλε, πάλιν ἐθανατοῦντο. Πρὸς τί; Ἵνα γνῶσιν, ὅτι οὐ δύνανται σωθῆναι, ἐὰν μὴ [8] ἐπ' αὐτῷ ἐλπίσωσι. Καὶ ἐν ἑτέρῳ προφήτῃ λέγει· [9] „ὅλην τὴν ἡμέραν ἐξεπέτασα τὰς χεῖράς μου πρὸς λαὸν ἀπειθοῦντα, καὶ ἀντιλέγοντα ὁδῷ δικαίᾳ μου." Καὶ πάλιν Μωσῆς ποιεῖ τύπον τοῦ Ἰησοῦ, ὅτι δεῖ αὐτὸν παθεῖν, καὶ αὐτὸν [10] ζωοποιῆσαι, ὃν δόξωσιν ἀπολωλεκέναι ἐν [11] σημείῳ, πίπτοντος τοῦ Ἰσραήλ. [12] Ἐποίησε γὰρ πάντα ὄφιν δάκνειν αὐτούς, καὶ ἀπέθνησκον, ἐπειδὴ ἡ παράβασις διὰ τοῦ ὄφεως ἐν Εὔᾳ γέγονεν· ἵνα ἐλέγξῃ αὐτούς, ὅτι διὰ τὴν παράβασιν αὐτῶν ἐν θλίψει θανάτου παραδοθήσονται. Πέρας γέ τοι αὐτὸς Μωσῆς ἐντειλάμενος· [13] „οὐκ ἔσται ὑμῖν οὔτε γλυπτὸν, οὔτε χωνευτὸν εἰς Θεὸν ὑμῖν," ποιεῖ, ἵνα τύπον τοῦ Ἰησοῦ δείξῃ. Ποιεῖ οὖν Μωσῆς χαλκοῦν ὄφιν, καὶ τίθησιν [14] ἐν δοκῷ, καὶ κηρύγματι καλεῖ τὸν λαόν. Ἐλθόντες οὖν ἐπὶ τὸ αὐτὸ, ἐδέοντο Μωσέως, ἵνα ὑπὲρ αὐτῶν ἀνενέγκῃ δεόμενος περὶ τῆς ἰάσεως αὐτῶν. Εἶπε δὲ πρὸς αὐτοὺς Μωσῆς· [15] „ὅταν, φησὶ, δηχθῇ τις ὑμῶν, ἐλθέτω ἐπὶ τὸν ὄφιν τὸν ἐπὶ τοῦ ξύλου ἐπικείμενον, καὶ ἐλπισάτω πιστεύσας, ὅτι νεκρὸς ὢν δύναται ζωοποιῆσαι· καὶ παραχρῆμα σωθήσεται." Καὶ οὕτως ἐποίουν. Ἔχεις καὶ ἐν τούτῳ τὴν δόξαν τοῦ Ἰησοῦ, ὅτι [16] ἐν αὐτῷ πάντα, καὶ εἰς αὐτόν. Τί λέγει πάλιν Μωσῆς τῷ Ἰησοῦ, τῷ τοῦ Ναυῆ υἱῷ, ἐπιθεὶς αὐτῷ [17] τοῦτο ὄνομα ὄντι προφήτῃ, ἵνα μόνον ἀκούσῃ πᾶς λαὸς, ὅτι πάντα ὁ πατὴρ φανεροῖ περὶ τοῦ υἱοῦ [[18] αὐτοῦ] Ἰησοῦ υἱῷ Ναυῆ. Καὶ ἐπιθεὶς τοῦτο ὄνομα, ὁπότε ἔπεμψε κατάσκοπον τῆς γῆς [[19] εἶπε]· [20] „λάβε βιβλίον εἰς

possint; nam haec est interdum vis verbi πολεμῦμαι. CLER. ‖ 6 Πήγη = πάγη, *locus excelsus* apud Hesych. Voss. Ms. πηγμῆς, male l. πήγματος, *tabulatum*, MEN. ‖ 7 Stabat igitur in forma crucis. ‖ 8 Ἐπὶ σταυρῷDAVIS.Interpr.: *in cruce Christi.* ‖ 9 Isai. 65, 2. Sensus: *In cruce pependi ob populum improbum.* Eodem modo verba prophetae interpretatur Justinus Apol. I., n. 35. Dial. c. Tryph. n. 97. ‖ 10 Ita DAV. Ms.male: ζωοποιήσωσι. ‖ 11 I. e. *cruce,* ut apud Justin. Dial. c. Tryph. n. 72. n. 94. ‖ 12 Num. 21,6 sqq. Joann. 3, 14. ‖ 13 Deut. 27, 15. ‖ 14 Ita GALL., *in cruce* vet. Interp. Ms. ἐνδόξως, *gloriose*. ‖ 15 Num. 21, 9 sqq. ‖ 16 Coloss. 1, 16: *ἐν αὐτῷ ἐκτίσθη τὰ πάντα... καὶ εἰς αὐτὸν ἔκτισται*. Cfr. Hebr. 1, 2. ‖ 17 *Josue* antea *Ause* vocabatur, et appellatus est Josue (= Jesus), ut typus esset Christi. Cfr. Num. 13,17. Justin. Dial. c. Tryph. n. 113. ‖ 18 Ita ex vet. interp. lat. restituit FELL. ‖

τὰς χεῖράς σου, καὶ γράψον, ἃ λέγει κύριος· ὅτι ἐκ ῥιζῶν ἐκκόψει πάντα τὸν οἶκον τοῦ Ἀμαλὴκ ὁ υἱὸς τοῦ Θεοῦ ἐπ᾽ ἐσχάτων τῶν ἡμερῶν." [21] Ἴδε, πάλιν Ἰησοῦς οὐχ ὁ υἱὸς ἀνθρώπου, ἀλλ᾽ ὁ υἱὸς τοῦ Θεοῦ, [22] τύπῳ καὶ ἐν σαρκὶ φανερωθείς. Ἐπεὶ οὖν μέλλουσι λέγειν [23], ὅτι ὁ Χριστὸς υἱός ἐστι Δαβὶδ, φοβούμενος καὶ συνιὼν τὴν πλάνην τῶν ἁμαρτωλῶν λέγει· [24] „εἶπεν ὁ κύριος τῷ κυρίῳ μου· κάθου ἐκ δεξιῶν μου, ἕως ἂν θῶ τοὺς ἐχθρούς σου ὑποπόδιον τῶν ποδῶν σου." Καὶ πάλιν λέγει οὕτως Ἠσαΐας· [25] „εἶπε κύριος τῷ Χριστῷ μου [26] κυρίῳ, οὗ ἐκράτησα τῆς δεξιᾶς αὐτοῦ, ἐπακοῦσαι ἔμπροσθεν αὐτοῦ ἔθνη, καὶ ἰσχὺν βασιλέων διαρρήξω." Ἴδε, πῶς λέγει Δαβὶδ αὐτὸν κύριον καὶ υἱὸν Θεοῦ.

XIII. *Christianos, non Judaeos, foederis divini esse haeredes, jam in V. T. annuntiatum est.*

Ἀλλ᾽ ἴδωμεν, εἰ οὗτος ὁ λαὸς κληρονόμος, ἢ ὁ πρῶτος, καὶ εἰ ἡ διαθήκη εἰς ἡμᾶς, ἢ εἰς ἐκείνους. Ἀκούσατε νῦν περὶ τοῦ λαοῦ, τί λέγει ἡ γραφή. [1] Ἐδεῖτο δὲ Ἰσαὰκ περὶ Ῥεβέκκας τῆς γυναικὸς αὐτοῦ, ὅτι στεῖρα ἦν· καὶ συνέλαβεν. Εἶτα καὶ ἐξῆλθε Ῥεβέκκα πυθέσθαι παρὰ κυρίου, καὶ εἶπε κύριος πρὸς αὐτήν. [2] „δύο ἔθνη ἐν τῇ γαστρί σου, καὶ δύο λαοὶ ἐν τῇ κοιλίᾳ σου, καὶ λαὸς λαῶ ὑπερέξει, καὶ ὁ μείζων δουλεύσει τῷ ἐλάσσονι." Αἰσθάνεσθαι ὀφείλετε, τίς ὁ Ἰσαὰκ, τίς ἡ Ῥεβέκκα, καὶ ἐπὶ τίνων δέδειχεν, ὅτι μείζων ὁ λαὸς ὁ οὗτος, ἢ ἐκεῖνος. Καὶ ἐν ἄλλῃ προφητείᾳ λέγει φανερώτερον ὁ Ἰακὼβ πρὸς τὸν Ἰωσὴφ τὸν υἱὸν αὐτοῦ, λέγων· [3] „ἰδοὺ, οὐκ ἐστέρησέ με κύριος τοῦ προσώπου σου· προσάγαγέ μοι τοὺς υἱούς σου, ἵνα εὐλογήσω αὐτούς." Καὶ προσήγαγεν [4] [τὸν Μανασσῆ καὶ] Ἐφραῒμ, τὸν Μανασσῆ θέλων [5] ἵνα εὐλογηθῇ, ὅτι πρεσβύτερος ἦν· ὁ γὰρ Ἰωσὴφ προσήγαγεν εἰς τὴν δεξιὰν χεῖρα τοῦ πατρὸς Ἰακώβ. Εἶδε δὲ Ἰακὼβ τύπον, πνεύματι, τοῦ λαοῦ τοῦ μεταξύ. Καὶ τί λέγει; Καὶ ἐποίησεν Ἰακὼβ ἐναλλὰξ τὰς χεῖρας αὐτῶ, καὶ ἔθηκεν [6] [τὴν δεξιὰν] ἐπὶ τὴν

---

19 Ita ex vet. interp. lat. restituit Cot. ‖ 20 Exod. 17, 14. ‖ 21 Ita Fell. et Gall. ex vet. interp.: *ecce.* Ms. οἱ δέ, male. ‖ 22 Cfr. I Tim. 3, 16. ‖ 23 Sc. *Judaistae* seu *Ebionitae.* ‖ 24 Ps. 109, 1. Matth. 22, 43—45. ‖ 25 Isai. 45, 1. ‖ 26 Κύρῳ, Cyro LXX.

1 Gen. 25, 21. Cfr. Rom. 9, 10—12. ‖ 2 Gen. 25, 23. ‖ 3 Gen. 48, 11. 9. ‖ 4 Verba uncis inclusa ex interprete lat. restuit Men. ‖ 5 εὐλογηθῆναι Dav. *benedici*, Vet. Interp. ‖ 6 Ita ex vet. interp. restituendum. ‖

2 *

κεφαλὴν Ἐφραΐμ τοῦ δευτέρου καὶ νεωτέρου, καὶ ηὐλόγησεν αὐτόν. Καὶ εἶπε Ἰωσὴφ πρὸς Ἰακώβ· ⁷ „μετάθες σου τὴν δεξιὰν ἐπὶ τὴν κεφαλὴν Μανασσῆ, ὅτι πρωτότοκός μου ἐστὶν υἱός." Καὶ εἶπεν Ἰακὼβ πρὸς Ἰωσήφ· ⁸ „οἶδα, τέκνον, οἶδα· ἀλλ᾿ ὁ μείζων δουλεύσει τῷ ἐλάσσονι, καὶ οὗτος δὲ εὐλογηθήσεται." Βλέπετε, ἐπὶ τίνων τέθεικε, τὸν λαὸν εἶναι τοῦτον πρῶτον, καὶ τῆς διαθήκης κληρονόμον. Εἰ οὖν ἔτι καὶ διὰ τοῦ Ἀβραὰμ ἐμνήσθη, ἀπείχομεν τὸ τέλειον τῆς γνώσεως ἡμῶν. Τί οὖν λέγει τῷ Ἀβραάμ; ⁹ „Ὅτι ἐπίστευσας, ἐτέθη εἰς δικαιοσύνην· ἰδοὺ τέθεικά σε πατέρα ἐθνῶν τῶν πιστευόντων διὰ ἀκροβυστίας τῷ κυρίῳ."

XIV. *Testamentum, quod Moses accepit et contrivit, Dominus nobis dedit.*

Ναὶ ἀλλὰ τὴν διαθήκην, ἣν ὤμοσε τοῖς πατράσι, δοῦναι τῷ λαῷ, εἰ δέδωκε, ¹ ζητῶμεν. Δέδωκεν· αὐτοὶ δὲ οὐκ ἐγένοντο ἄξιοι λαβεῖν διὰ τὰς ἁμαρτίας αὐτῶν. Λέγει γὰρ ὁ προφήτης· ² „καὶ ἦν Μωσῆς νηστεύων ἐν ὄρει Σινᾶ, τοῦ λαβεῖν τὴν διαθήκην κυρίου πρὸς τὸν λαόν, ἡμέρας τεσσαράκοντα καὶ νύκτας τεσσαράκοντα." ³ Καὶ ἔλαβε παρὰ κυρίου τὰς δύο πλάκας γεγραμμένας τῷ δακτύλῳ τῆς χειρὸς κυρίου ἐν πνεύματι· καὶ λαβὼν Μωσῆς κατέφερε πρὸς τὸν λαὸν δοῦναι. Καὶ εἶπε κύριος πρὸς Μωσῆν· ⁴ „Μωσῆ, Μωσῆ, κατάβηθι τὸ τάχος, ὅτι ἠνόμησεν ὁ λαός σου, οὓς ἐξήγαγες ἐκ γῆς Αἰγύπτου." Καὶ συνῆκε Μωσῆς, ὅτι ἐποίησαν πάλιν χωνεύματα, καὶ ἔῤῥιψεν ἐκ τῶν χειρῶν τὰς πλάκας, καὶ συνετρίβησαν αἱ πλάκες τῆς διαθήκης κυρίου. Μωσῆς μὲν γὰρ ἔλαβεν, αὐτοὶ δὲ οὐκ ἐγένοντο ἄξιοι. Πῶς ἡμεῖς ἐλάβομεν, μάθετε. Μωσῆς ⁵ θεράπων ὢν ἔλαβεν, αὐτὸς δὲ ὁ κύριος ἡμῖν ἔδωκεν, [⁶ εἶναι] εἰς λαὸν κληρονομίας, δι᾿ ἡμᾶς ὑπομείνας. Ἐφανερώθη δὲ, ἵνα κἀκεῖνοι τελειωθῶσι τοῖς ἁμαρτήμασι, καὶ ἡμεῖς ⁷ δι᾿ αὐτῦ κληρονομοῦντες διαθήκην κυρίε Ἰησοῦ λάβωμεν, ⁸ ὃς εἰς τοῦτο ἡτοιμάσθη, ἵνα αὐτὸς φανεὶς, τὰς ἤδη δεδαπανημένας ἡμῶν ⁹ καρδίας τῷ θανάτῳ, καὶ παραδεδομένας τῇ τῆς πλάνης ἀνομίᾳ,

---

7 Gen. 48, 18. ‖ 8 Gen. 48, 19. ‖ 9 Gen. 15, 6. 17, 5. Rom. 4, 3.
1 Ita ex vet. interp. restit. DAV. Ms. ζητοῦμεν. ‖ 2 Exod. 24, 18. cfr. supra c. IV. ‖ 3 Exod. 31, 18. ‖ 4 Exod. 32, 7. Deut. 9, 12. ‖ 5 Cfr. Hebr. 3, 5. ‖ 6 Ita DAV. ‖ 7 Ms. διὰ τῦ κληρονομῦντος, male. MEN.: δι᾿ αὐτοῦ κληρονο- μίαν διαθήκης. ‖ 8 Heic in Ms. et Editionibus male transposita leguntur, quae infra uncis () inclus. et a nobis, duce veteri interprete, loco suo restituta sunt. Cfr. libellum meum: *Das Sendschreib. d. A. Barnabas*, p. 106. ‖ 9 Ms. κακίας, male. VET.

λυτρωσάμενος ἐκ τοῦ σκότους, διάθηται ἐν ἡμῖν διαθήκην λόγῳ. Γέγραπται γὰρ, πῶς αὐτῷ ὁ πατὴρ ἐντέλλεται, λυτρωσάμενος ἡμᾶς ἐκ τοῦ σκότους, ἑτοιμάσαι ἑαυτῷ λαὸν ἅγιον. Λέγει οὖν ὁ προφήτης· 10 „ἐγὼ κύριος, ὁ Θεός σου, ἐκάλεσά σε ἐν δικαιοσύνῃ, καὶ κρατήσω τῆς χειρός σου, καὶ ἐνισχύσω σε, καὶ ἔδωκά σε εἰς διαθήκην γένους, εἰς φῶς ἐθνῶν, ἀνοῖξαι ὀφθαλμοὺς τυφλῶν, καὶ ἐξαγαγεῖν ἐκ δεσμῶν πεπεδημένους, ἐξ οἴκου φυλακῆς καθημένους ἐν σκότει." Γινώσκετε οὖν, πόθεν ἐλυτρώθημεν. 11 (Καὶ πάλιν ὁ προφήτης λέγει· 12 „ἰδοὺ, τέθεικά σε εἰς φῶς ἐθνῶν, τοῦ εἶναί σε εἰς σωτηρίαν ἕως ἐσχάτου τῆς γῆς, λέγει κύριος ὁ λυτρωσάμενός σε Θεός.") Καὶ πάλιν ὁ προφήτης λέγει· 13 „πνεῦμα κυρίου ἐπ᾽ ἐμὲ, οὗ ἕνεκεν ἔχρισέ με, εὐαγγελίσασθαι ταπεινοῖς χάριν· ἀπέσταλκέ με, ἰάσασθαι τοὺς συντετριμμένους τὴν καρδίαν, κηρύξαι αἰχμαλώτοις ἄφεσιν, καὶ τυφλοῖς ἀνάβλεψιν, καὶ καλέσαι ἐνιαυτὸν 14 κυρίου δεκτὸν, καὶ ἡμέραν ἀναποδόσεως, παρακαλέσαι πάντας τοὺς πενθοῦντας."

XV. *Sabbatum Judaeorum non est verum, Deo acceptum, sabbatum.*

Ἔτι καὶ περὶ τοῦ σαββάτου γέγραπται ἐν τοῖς δέκα λόγοις, ἐν οἷς ἐλάλησεν ἐν τῷ ὄρει Σινᾶ πρὸς Μωσῆν κατὰ πρόσωπον· 1 „καὶ ἁγιάσατε τὸ σάββατον κυρίου χερσὶ καθαραῖς καὶ καρδίᾳ καθαρᾷ." Καὶ ἐν ἑτέρῳ λέγει· 2 „ἐὰν φυλάξωσιν οἱ υἱοί μου τὰ σάββατα, τότε ἐπιθήσω τὸ ἔλεός μου ἐπ᾽ αὐτούς." Τὸ σάββατον λέγει ἐν ἀρχῇ τῆς κτίσεως· 3 „καὶ ἐποίησεν ὁ Θεὸς ἐν ἓξ ἡμέραις τὰ ἔργα τῶν χειρῶν αὐτοῦ, καὶ συνετέλεσεν ἐν τῇ ἡμέρᾳ τῇ ἑβδόμῃ, καὶ κατέπαυσεν ἐν αὐτῇ, καὶ ἡγίασεν αὐτήν." Προσέχετε, τέκνα, τί λέγει τὸ „συνετέλεσεν ἐν ἓξ ἡμέραις." Τοῦτο λέγει ὅτι 4 συντελεῖ ὁ Θεὸς κύριος ἐν ἑξακισχιλίοις ἔτεσι τὰ πάντα· 5 ἡ γὰρ ἡμέρα παρ᾽ αὐτῷ χίλια ἔτη. Αὐτὸς δὲ μαρτυρεῖ, λέγων· 6 „ἰδοὺ, σήμερον ἡμέρα ἔσται ὡς χίλια ἔτη." Οὐκοῦν, τέκνα, ἐν ἓξ ἡμέραις, ἐν τοῖς ἑξακισχιλίοις ἔτεσι, συντελεσθήσεται τὰ πάντα. „Καὶ κατέπαυσε τῇ ἡμέρᾳ τῇ ἑβδόμῃ." Τοῦτο λέγει·

INTERP.: *praecordia.* || 10 Isai. 42, 6. 7. Haec per prophetam Deus Pater ad Filium loquitur. || 11 Cfr. supra, Not. 8. || 12 Isai. 49, 6. Iterum haec Pater ad Filium loquitur || 13 Isai. 61, 1. 2. Haec Filius loquitur per prophetam. || 14 Al. κυρίῳ.
1 Exod. 20, 8. Deut. 5, 12. l. 2

Jerem. 17, 24. 25. || 3 Gen. 2, 2. secundum Hebr. non juxta LXX., qui habent: ἕτη. || 4 DAVISIUS postulat συντελέσει, male; nam συντελεῖ est futurum attic. BUTTM. Gramm. §. 86. n. 11. 12. || 5 Cfr. II. Petr. 3, 8. || 6 Ps. 89, 4.

ὅταν ἐλθὼν ὁ υἱὸς αὐτοῦ καὶ καταργήσει τὸν καιρὸν [7] ἀνόμου, καὶ κρινεῖ τοὺς ἀσεβεῖς, καὶ ἀλλάξει τὸν ἥλιον, καὶ τὴν σελήνην, καὶ τοὺς ἀστέρας, [8] τότε καλῶς καταπαύσεται ἐν τῇ ἡμέρᾳ τῇ ἑβδόμῃ. Πέρας γέ τοι λέγει· „ἁγιάσεις αὐτὴν ἐν χερσὶ καθαραῖς, καὶ καρδίᾳ καθαρᾷ." [9] Εἰ οὖν, ἣν Θεὸς ἡμέραν ἡγίακε, νῦν τις δύναται ἁγιάσαι, εἰ μὴ καθαρὸς ὢν τῇ καρδίᾳ ἐν πᾶσι, πεπλανήμεθα. [10] Ἴδ᾽ οὖν· ἄρα τότε καλῶς καταπαυόμενος ἁγιάζει [11] αὐτὴν, ὅτε δυνησόμεθα αὐτοὶ δίκαια, ἀπολαβόντες τὴν ἐπαγγελίαν, οὐκέτι οὔσης ἀνομίας, γεγονότων δὲ καινῶν πάντων ὑπὸ κυρίου [12]. Τότε δυνησόμεθα αὐτὴν ἁγιάσαι, αὐτοὶ ἁγιασθέντες πρῶτον. Πέρας γέ τοι λέγει αὐτοῖς· [13] „τὰς νεομηνίας ὑμῶν, καὶ τὰ σάββατα ὑμῶν οὐκ ἀνέχομαι." Ὁρᾶτε, πῶς λέγει· οὐ τὰ νῦν σάββατα ἐμοὶ δεκτά, ἀλλ᾽ ἃ πεποίηκα, ἐν ᾧ καταπαύσας τὰ πάντα, ἀρχὴν ἡμέρας [14] ὀγδόης ποιήσω, ὅ ἐστι, ἄλλου κόσμου ἀρχήν. [15] Διὸ καὶ ἄγομεν τὴν ἡμέραν τὴν ὀγδόην εἰς εὐφροσύνην, ἐν ᾗ καὶ ὁ Ἰησοῦς ἀνέστη ἐκ νεκρῶν, καὶ φανερωθεὶς [16] ἀνέβη εἰς τοὺς οὐρανούς.

XVI. *Non templum Judaeorum, sed spirituale templum Christianorum Deo placuit.*

Ἔτι καὶ περὶ τοῦ ναοῦ ἐρῶ ὑμῖν· πῶς πλανώμενοι οἱ ταλαίπωροι ἐπὶ [1] τὸν δόμον ἤλπισαν, καὶ οὐκ ἐπὶ τὸν Θεὸν αὐτὸν, τὸν ποιήσαντα αὐτοὺς, ἀλλ᾽ ὡς ὄντα οἶκον Θεοῦ. Σχεδὸν γὰρ, ὡς τὰ ἔθνη, ἀφιέρωσαν αὐτὸν ἐν τῷ ναῷ. Ἀλλὰ πῶς λέγει κύριος, καταργῶν αὐτὸν, μάθετε· [2] „τίς ἐμέτρησε τὸν οὐρανὸν σπιθαμῇ, καὶ τίς τὴν γῆν δρακί; Οὐκ ἐγώ;" [3] „Λέγει κύριος· ὁ οὐρανός μοι

---

7 Ita Fell. duce vet. interpr. Ms. αὐτῦ, male. || 8 I. e. Verum sabbatum a secundo demum oritur Christi adventu. De Chiliasmo Barnabae vide libellum meum: *Sendschreiben d. A. Barn.* p.109 sqq. || 9 I. e. Si Judaeorum sabbata vera essent, nos a Deo decepti essemus, qui postulat manus mundas et cor purum. || 10 Ita Dav. Ms. εἰ δ᾽ ἐδ᾽ ἄρα. Aliter hunc locum explicui in: *Sendschreiben d. A. Barn.* p. 110. || 11 Sc. τις. || 12 Heic *punctum* ponendum puto. Aliter distinguunt Dav. et Cler. || 13 Isai. 1, 13. || 14 Illa sex millia annorum desinunt die ultima (i. e. septima) ultimae hebdomadae. Ergo novum aevum, Dei regnum, sequenti octava die incipit. || 15 Barnabas testatur hic celebrationem diei dominicae apud antiquos. || 16 Cfr. libellum meum: *Sendschreiben d. A. Barn.* p. 112. 113.

1 Ita Cot. οἶκον men. et Fell. ἐδὸν, limen Mazoch. aedem Vet. interp. Ms. τὴν ὁδὸν, male. || 2 Isai. 40, 12. || 3 Isai. 66, 1.

θρόνος, ἡ δὲ γῆ ὑποπόδιον τῶν ποδῶν μ8· ποῖον οἶκον [4] οἰκοδομήσετέ μοι, ἢ τίς τόπος τῆς καταπαύσεώς μ8;" Γνῶτε, ὅτι ματαία ἡ ἐλπὶς [5] αὐτῶν. Πέρας γ8ν πάλιν λέγει· [6] „ἰδ8, οἱ καθελόντες τὸν ναὸν τ8τον, αὐτοὶ αὐτὸν οἰκοδομήσουσι." [7] Γίνεται. Διὰ γὰρ τὸ πολεμεῖν αὐτ8ς καθῃρέθη ὑπὸ τῶν ἐχθρῶν· νῦν καὶ αὐτοὶ οἱ τῶν ἐχθρῶν ὑπηρέται ἀνοικοδομήσουσιν αὐτόν. Πάλιν ὡς ἤμελλεν ἡ πόλις καὶ ὁ ναὸς καὶ ὁ λαὸς Ἰσραὴλ παραδίδοσθαι, ἐφανερώθη. Λέγει γὰρ ἡ γραφή· [8] „καὶ ἔσται ἐπ' ἐσχάτων ἡμερῶν, παραδώσει κύριος τὰ πρόβατα τῆς νομῆς, καὶ τὴν μάνδραν καὶ τὸν πύργον αὐτῶν εἰς καταφθοράν." Καὶ ἐγένετο καθ' ἃ ἐλάλησε κύριος. Ζητήσωμεν 8ν, [9] εἰ ἔστι ναὸς Θε8. Ἔστιν· ὅπου αὐτὸς λέγει ποιεῖν καὶ καταρτίζειν. Γέγραπται γάρ· [10] „καὶ ἔσται, τῆς ἑβδομάδος συντελουμένης οἰκοδομηθήσεται ναὸς Θε8 [1] ἔνδοξος ἐπὶ τῷ ὀνόματι κυρίου." Εὑρίσκω 8ν, ὅτι ἔστι ναός. Πῶς οὖν οἰκοδομηθήσεται ἐν ὀνόματι κυρίου; μάθετε. [12] Πρὸ τ8 ἡμᾶς πιστεῦσαι τῷ Θεῷ, ἦν ἡμῶν τὸ κατοικητήριον τῆς καρδίας φθαρτὸν καὶ ἀσθενὲς, ὡς ἀληθῶς οἰκοδομητὸς ναὸς διὰ χειρός· ὅτι ἦν πλήρης μὲν εἰδωλολατρείας, [13] [καὶ] ἦν οἶκος δαιμονίων, διὰ τὸ ποιεῖν, ὅσα ἦν ἐναντία τῷ Θεῷ. Οἰκοδομηθήσεται δὲ ἐπὶ τῷ ὀνόματι κυρίου, προσέχετε, ἵνα ὁ ναὸς κυρίου [14] ἐνδόξως οἰκοδομηθῇ. Πῶς; μάθετε. Λαβόντες τὴν ἄφεσιν τῶν ἁμαρτιῶν, καὶ ἐλπίσαντες ἐπὶ τῷ ὀνόματι τ8 κυρί8, ἐγενόμεθα καινοὶ, πάλιν ἐξ ἀρχῆς κτιζόμενοι. Διὸ ἐν τῷ κατοικητηρίῳ ἡμῶν ἀληθῶς ὁ Θεὸς κατοικεῖ ἐν ἡμῖν. Πῶς; Ὁ λόγος αὐτ8 τῆς πίστεως, ἡ κλῆσις αὐτ8 τῆς ἐπαγγελίας, ἡ σοφία τῶν δικαιωμάτων, αἱ ἐντολαὶ τῆς διδαχῆς, αὐτὸς ἐν ἡμῖν προφητεύων, αὐτὸς ἐν ἡμῖν κατοικῶν· τοῖς τῷ θανάτῳ δεδουλωμένοις ἀνοίγων ἡμῖν θύρας τ8 να8, ὅ ἐστι στόμα [15], μετάνοιαν διδ8ς ἡμῖν, εἰσήγαγε εἰς τὸν ἄφθαρτον [16] ναόν. Ὁ καὶ ποθῶν σωθῆναι, βλέπει οὐκ εἰς τὸν ἄνθρωπον [17], ἀλλ' εἰς τὸν ἐν αὐτῷ ἐνοικ8ντα, καὶ λαλ8ντα [18] ἐν αὐτῷ, ἐκπλησ-

---

4 Ita LXX. et vet. interpr. Ms. οἰκοδομήσατε. ‖ 5 I. e. Judaeorum. ‖ 6 Isai. 49, 17. ‖ 7 Spiritualiter, ut mox videbitur. MEN. ‖ 8 Haec, prout hic habentur, non sunt in tota Scriptura. MEN. cfr. Jer. 25. Isai. 5. ‖ 9 Jam destructo templo Hierosol. quaerit, an alterum templum successurum sit. MEN. ‖ 10 Dan. 9, 24. 25. 27. Aggae. 2, 10. ‖ 11 Vet. interpr. l. ἐνδόξως, praeclare. ‖ 12 Clem. Alex. Strom. II. c. 20. p. 490. ‖ 13 Ita ex Clem. Alex. et vet. interp. restituo. In Ms. post εἰδωλολατρείας abundant : οἶκος εἰδωλολατρεία. ‖ 14 Ita Clem. et vet. interp. Ms. ἔνδοξος. ‖ 15 Ad annuntiandam. ‖ gloriam Dei. ‖ 16 I. e. nos ipsos effecit tale templum. ‖ 17 Qui est praeco Evangelii. ‖ 18 Ita DAV. VET. IN-

σόμενος ἐπὶ τῷ μηδέποτε, μήτε τοῦ λέγοντος τὰ ῥήματα ἀκηκοέναι ἐκ τᾶ στόματος, μήτε [19] αὐτόν ποτε ἐπιτεθυμηκέναι ἀκΰειν. Τουτέστι πνευματικὸς ναὸς οἰκοδομΰμενος τῷ κυρίῳ.

XVII. Epilogus partis primae.

Ἐφ' ὅσον ἦν ἐν δυνατῷ καὶ ἁπλότητι δηλῶσαι [1] ὑμῖν, ἐλπίζει με ἡ ψυχὴ, τῇ ἐπιθυμίᾳ μΰ μὴ παραλελοιπέναι μέ τι τῶν ἀνηκόντων ὑμῖν εἰς σωτηρίαν, [2] ἐνεστώτων. Ἐὰν γὰρ περὶ τῶν μελλόντων γράφω ὑμῖν, οὐ μὴ νοήσητε, διὰ τὸ ἐν παραβολαῖς κεῖσθαι. Ταῦτα μὲν οὕτως [3].

XVIII. PARS II. EPISTOLAE. De duabus viis.

Μεταβῶμεν δὲ καὶ ἐπὶ ἑτέραν γνῶσιν καὶ διδαχήν. Ὁδοὶ δύο εἰσὶ διδαχῆς καὶ [1] ἐξουσίας, [2] ἥ τε τΰ φωτός, ἥ τε τΰ σκότους. Διαφορὰ δὲ πολλὴ τῶν δύο ὁδῶν. Ἐφ' ἧς μὲν γάρ εἰσι τεταγμένοι φωταγωγοὶ ἄγγελοι τΰ Θεΰ, ἐφ' ἧς δὲ [3] ἄγγελοι τΰ σατανᾶ. Καὶ ὁ μέν ἐστι κύριος ἀπ' αἰώνων εἰς τὰς αἰῶνας, ὁ δὲ ἄρχων καιρΰ τῆς ἀνομίας.

XIX. De via lucis.

Ἡ οὖν ὁδὸς τΰ φωτός ἐστιν αὕτη. Ἐάν τις [1] θέλων ὁδεύειν ἐπὶ τὸν ὡρισμένον τόπον, σπεύσει τοῖς ἔργοις αὐτοῦ. Ἔστιν οὖν ἡ δοθεῖσα ἡμῖν γνῶσις τΰ περιπατεῖν ἐν αὐτῇ, τοιαύτη. Ἀγαπήσεις τόν σε ποιήσαντα, δοξάσεις τόν σε λυτρωσάμενον ἐκ θανάτου. Ἔσῃ ἁπλΰς τῇ καρδίᾳ, καὶ πλΰσιος τῷ πνεύματι. Οὐ κολληθήσῃ μετὰ τῶν πορευομένων ἐν ὁδῷ θανάτου. [2] Μισήσεις ποιεῖν, ὃ οὐκ ἀρεστὸν τῷ Θεῷ, μισήσεις πᾶσαν ὑπόκρισιν. Οὐ μὴ ἐγκαταλίπῃς ἐντολὰς κυρίου. [3] Οὐχ ὑψώσεις σεαυτόν, ἔσῃ δὲ ταπεινόφρων. Οὐκ ἀρεῖς ἐπὶ σεαυτὸν δόξαν. Οὐ λήψῃ βουλὴν

TERP. in illo Ms. ἐπ' αὐτῷ. || 19 Ms. αὐτός. Scribendum αὐτὸν, quod ipsa syntaxis postulat. DAV.
1 Ita DAV., codicibus nisus. Alii ἡμῖν. || 2 I. e. de quibus nunc disceptatur, e. g. num novum foedus veteri sit praeferendum, num adhuc valeant praecepta judaica etc. || 3 Hucusque versio latina codicis Corbeiensis.

1 De duplici doctrina, bona et mala, et de potestatibus bonis et malis (angelis et daemonibus) loquitur. ||
2 H. l. l. Origen. de princ. l. III, c. 2. n. 4. et l. I. Explan. in Ep. ad Rom. I. 24. || 3 Cfr. II. Cor. 12, 7.
1 Participium loco verbi finiti, ut supra c. VI. not. 23. p. 10. || 2 Eadem in Const. Apost. VII, 14. || 3 Const. Apost. VII, 8.

πονηρὰν κατὰ τοῦ πλησίον σϑ. Οὐ δώσεις τῇ ψυχῇ ϑράσος. ⁴ Οὐ πορνεύσεις, οὐ μοιχεύσεις, οὐ παιδοφϑορεύσεις. ⁵ Οὐ μή σοι ὁ λόγος τῦ Θεῦ ἐξέλϑῃ ἐν ἀκαϑαρσίᾳ τινῶν. ⁶ Οὐ λήψῃ πρόσωπον ἐλέγξας τινὰ ἐπὶ ⁷ παραπτώματι. Ἔσῃ πραΰς, ἔσῃ ἡσύχιος. ⁸ Ἔσῃ τρέμων τοὺς λόγϑς, οὓς ἤκουσας. Οὐ μὴ μνησικακήσῃς τῷ ἀδελφῷ σϑ. ⁹ Οὐ μὴ διψυχήσῃς, πότερον ¹⁰ ἔσται, ἢ οὔ. Οὐ μὴ λάβῃς ἐπὶ ματαίῳ ¹¹ ὄνομα κυρίου. Ἀγαπήσεις τὸν πλησίον σϑ ὑπὲρ τὴν ψυχήν σϑ. ¹² Οὐ φονεύσεις τέκνον ἐν φϑορᾷ, ϑδὲ πάλιν γεννηϑὲν ἀνελεῖς. ¹³ Οὐ μὴ ἄρῃς τὴν χεῖρά σϑ ἀπὸ τϑ υἱϑ σϑ, ἢ ἀπὸ τῆς ϑυγατρός σϑ, ἀλλ᾽ ἀπὸ νεότητος διδάξεις φόβον κυρίϑ. Οὐ μὴ γένῃ ἐπιϑυμῶν τὰ τϑ πλησίον σϑ, ¹⁴ ϑδὲ μὴ γένῃ πλεονέκτης. Οὐδὲ κολληϑήσῃ ἐκ ψυχῆς σϑ μετὰ ὑψηλῶν, ἀλλὰ μετὰ δικαίων καὶ ταπεινῶν ἀναγραφήσῃ. ¹⁵ Τὰ συμβαίνοντά σοι ¹⁶ ἐνεργήματα, ὡς ἀγαϑὰ, πρόσδεξαι. ¹⁷ Οὐκ ἔσῃ δίγνωμος, οὐδὲ δίγλωσσος· παγὶς γὰρ ϑανάτου ἐστὶν ἡ διγλωσσία. Ὑποταγήσῃ κυρίῳ, ¹⁸ κυρίοις ὡς τύπῳ Θεῦ, ἐν αἰσχύνῃ καὶ φόβῳ. ⁹¹ Οὐ μὴ ἐπιτάξῃς παιδίσκῃ ἢ δούλῳ σου ἐν πικρίᾳ, τοῖς ἐπὶ τὸν αὐτὸν ἐλπίζουσι, μή ποτε οὐ φοβηϑήσῃ τὸν ἐπ᾽ ἀμφοτέροις Θεόν· ὅτι ἦλϑεν οὐκ ²⁰ ἐπὶ πρόσωπον καλέσαι, ἀλλ᾽ ²¹ ἐφ᾽ οὓς τὸ πνεῦμα ἡτοίμασε. ²² Κοινωνήσεις ἐν πᾶσι τῷ πλησίον σϑ, ἐκ ἐρεῖς ἴδια· εἰ γὰρ ἐν τοῖς ἀφϑάρτοις κοινωνοί ἐστε, πόσῳ μᾶλλον ἐν τοῖς φϑαρτοῖς; Οὐκ ἔσῃ πρόγλωσσος· παγὶς γὰρ στόμα ϑανάτου. Ὅσον δύνασαι, ²³ περὶ τὴν ψυχήν σου ἁγνεύσεις. ²⁴ Μὴ γίνου πρὸς μὲν τὸ λαβεῖν ἐκτείνων τὰς χεῖρας, πρὸς δὲ τὸ δοῦναι συσπῶν. Ἀγαπήσεις, ὡς κόρην ὀφϑαλμοῦ σου, πάντα τὸν λαλοῦντά σοι λόγον τοῦ κυρίου. ²⁵ Μνησϑήσῃ αὐτὸν ἡμέρας κρίσεως, νυκτὸς καὶ ἡμέρας. Ἐκζητήσεις καϑ᾽ ἑκάστην ἡμέραν τὰ πρόσωπα τῶν ἁγίων, καὶ ²⁶ διὰ λόγου σκοπῶν καὶ πορευόμενος εἰς τὸ παρακαλέσαι, καὶ μελε-

---

4 Const. Ap. VII,2. ‖ 5 I. e. Evangelium praedicans, nulla parte morum sis impurus. ‖ 6 Const. Apost. VII, 10. ‖ 7 Ita restituo ex Const. Apost. Ms. παραπτώματα. ‖ 8 Isai. 66, 2. Cfr. Phil. 2,12. ‖ 9 Const. Apost. VII,11. Cfr. Epist. I Clem. ad Cor. c. 11 et 23. et Jac. 1, 8. ‖ 10 Sc. quod Deus promisit. ‖ 11 Post ματαίῳ in Ms. abundat εἰς. ‖ 12 Const. Ap. VII,3. ‖ 13 Ibid. VII, 12. ‖ 14 Ibid. VII, 4. ‖ 15 Ibid. VII, 8. ‖ 16]Operatio laboriosa, molestiae. ‖ 17 Const. Apost. II, 6. VII, 4. ‖ 18 Cfr. Ephes. 6, 5. ‖ 19 Const. Apost. VII, 13. ‖ 20 Cfr. Ephes. 6, 9. ‖ 21 Cfr. Rom. 8, 29. 30. ‖ 22 Cfr. Act. 4, 32. Const. Apost. VII, 12. ‖ 23 Ita Dav. Ms. ὑπέρ. ‖ 24 Cfr. Eccli. 4, 31. (v. 36 Vulg.) Const. Apost. VII, 11. ‖ 25 Const. Apost. VII, 9. ‖ 26 F. καὶ διαλόγους [sc. αὐτῶν] σκοπῶν, sermones eorum perscrutans.‖

των εις το σώσαι ψυχήν τω λόγω. ²⁷ Και δια των χειρών σου εργάση εις λύτρωσιν των αμαρτιών σου. ²⁸ Ου διστάσεις δούναι, ουδέ διδούς γογγύσεις. ²⁹ „Παντί αιτούντί σε δίδου·" γνώση δε, τις ο του μισθού καλός ανταποδότης. ³⁰ Φυλάξεις, α παρέλαβες, μήτε προστιθείς, μήτε αφαιρών. Εις τέλος μισήσεις τον πονηρόν. ³¹ Κρινείς δικαίως. ³² Ου ποιήσεις σχίσμα, ειρηνεύσεις δε μαχομένους συνάγων. ³³ Εξομολογήση επί αμαρτίαις σου. ³⁴ Ουχ ήξεις εν προσευχή σου εν συνειδήσει πονηρά. Αύτη εστίν η οδός του φωτός.

XX. De via tenebrarum.

¹ Η δε του μέλανος οδός εστι σκολιά, και κατάρας μεστή. Έστι γαρ οδός του θανάτου αιωνίου μετά τιμωρίας, εν η εστι τα απολούντα την ψυχην αυτών· ειδωλολατρεία, θρασύτης, ύψος δυνάμεως, υπόκρισις, διπλοκαρδία, μοιχεία, φόνος, αρπαγή, υπερηφανία, παράβασις, δόλος, κακία, αυθάδεια, φαρμακεία, μαγεία, πλεονεξία, αφοβία Θεού. ² Διώκται των αγαθών, μισούντες αλήθειαν, αγαπώντες ³ [ψεύδος], ου γινώσκοντες μισθόν δικαιοσύνης, ου κολλώμενοι αγαθώ, ου κρίσει δικαία χήρα και ορφανώ προσέχοντες, αγρυπνούντες ουκ εις φόβον Θεού, αλλ' επί το πονηρόν, ων μακράν και πόρρω πραΰτης και υπομονή, αγαπώντες μάταια, διώκοντες ανταπόδομα, ουκ ελεούντες πτωχόν, ου προνούντες επί τω καταπονουμένω, ευχερείς εν καταλαλιά, ου γινώσκοντες τον ποιήσαντα αυτούς, φονείς τέκνων, φθορείς πλάσματος Θεού, αποστρεφόμενοι τον ενδεόμενον, καταπονούντες τον θλιβόμενον, πλουσίων παράκλητοι, πενήτων άνομοι κριταί, πανταμάρτητοι.

XXI. Conclusio admonitoria.

Καλόν ούν εστί, μαθόντα τα δικαιώματα κυρίου, όσα προγέγραπται, εν τούτοις περιπατείν. Ο γαρ ταύτα ποιών εν τη βασιλεία του Θεού δοξασθήσεται· ο ¹ εκείνα εκλεγόμενος, μετά των

27 Cfr. I. Cor. 4, 12. Const. Apost. VII, 12. Aut labor manuum commendatur, aut distributio facultatum in eleemosyna. Cor. ‖ 28 Const. Ap. l. c. ‖ 29 Matth. 5, 42. Luc. 6, 30. ‖ 30 Const. Apost. VII, 14. ‖ 31 Ibid. VII, 10. ‖ 32 Ibid. Ms. σχῆμα — μαχομένοις. ‖ 33 Const. Apost. VII, 14. ‖

34 Ibid. VII, 17.
1 Const. Apost. VII, 18. ‖ 2 Subaudi ex antecedentibus εν ῇ εισι. ‖ 3 Id addo ex Const. Ap. l. c.
1 Εκείνα = quae divinae voluntati sunt contraria, de quibus c. XX fuerat sermo.

BARNABAE EPISTOLA. XXI.

ἔργων αὐτοῦ συναπολεῖται. Διὰ τοῦτο ἀνάστασις, διὰ τοῦτο ἀνταπόδοσις. Ἐρωτῶ τοὺς ὑπερέχοντας, εἴ τινά μου γνώμης ἀγαθῆς λαμβάνετε συμβουλίαν· ἔχετε, εἰς οὓς εὐεργάσασθε, μεθ᾽ ἑαυτῶν· μὴ ἐγκαταλίπητε. Ἐγγὺς γὰρ ἡμέρα, ἐν ᾗ συναπολεῖται πάντα τῷ πονηρῷ. Ἐγγὺς ὁ κύριος καὶ ὁ μισθὸς αὐτοῦ. Ἔτι καὶ ἔτι ἐρωτῶ ὑμᾶς· ἑαυτῶν γίνεσθε νομοθέται ἀγαθοί, ἑαυτῶν μένετε σύμβουλοι πιστοί, ἄρατε ἐξ ὑμῶν πᾶσαν ὑπόκρισιν. ² Ὁ δὲ Θεὸς, ὁ παντὸς τοῦ κόσμου κυριεύων, δῴη ὑμῖν σοφίαν, ἐπιστήμην, σύνεσιν, γνῶσιν τῶν δικαιωμάτων αὐτοῦ, ἐν ὑπομονῇ. Γίνεσθε δὲ θεοδίδακτοι, ἐκζητοῦντες, τί ζητεῖ κύριος ἀφ᾽ ὑμῶν, καὶ ποιεῖτε, ἵνα σωθῆτε ἐν ἡμέρᾳ κρίσεως. Εἰ δέ τίς ἐστιν ἀγαθοῦ μνεία, μνημονεύετέ μου, μελετῶντες ταῦτα, ἵνα καὶ ἡ ἐπιθυμία καὶ ἡ ἀγρυπνία εἴς τι ἀγαθὸν χωρήσῃ. Ἐρωτῶ ὑμᾶς, χάριν αἰτούμενος. Ὡς ἔτι τὸ καλὸν ³ σκεῦός ἐστι μεθ᾽ ὑμῶν, μὴ ἐκλείπητε μηδενὶ αὐτῶν, ἀλλὰ συνεχῶς ἐκζητεῖτε ταῦτα, καὶ ἀναπληροῦτε πᾶσαν ἐντολήν· ἔστι γὰρ ταῦτα ἄξια. Διὸ μᾶλλον ἐσπούδασα γράψαι, ἀφ᾽ ὧν ἠδυνήθην, εἰς τὸ εὐφρᾶναι ὑμᾶς. Σώζεσθε, ἀγάπης τέκνα καὶ εἰρήνης. Ὁ κύριος τῆς δόξης καὶ πάσης χάριτος μετὰ τοῦ πνεύματος ὑμῶν. Ἀμήν.

2 Haec recitat Clem. Al. Strom. II. 18. p. 472. ‖ 3 l. e. corpus, ut saepius.

ΚΛΗΜΕΝΤΟΣ ΠΡΟΣ ΚΟΡΙΝΘΙΟΥΣ

ΕΠΙΣΤΟΛΗ Α.

I. *Salutatio. Laus Corinthiorum ante ortum schisma.*

[Ἡ ἐκκλη]σία τοῦ Θεοῦ, ἡ [1] παροικοῦσα [Ρώμην], τῇ ἐκκλησίᾳ τᾶ Θεᾶ, τῇ πα[ροικε]άσῃ Κόρινθον, κλητοῖς, ἡγι[ασμέν]οις ἐν θελήματι Θεᾶ, διὰ τοῦ [κυριε ἡμ]ῶν Ἰησοῦ Χριστοῦ. [Χάρις ὑ]μῖν καὶ εἰρήνη ἀπὸ παντο[κράτο]ρος Θεοῦ διὰ Ἰησοῦ Χριστοῦ πληθυνθείη. [Διὰ τὰς] αἰφνιδίους καὶ ἐπαλλήλους [γενομ]ένας ἡμῖν συμφορὰς καὶ [περ]ιπτώσεις, ἀδελφοί, βράδιον [2] [νομ]ίζομεν ἐπιστροφὴν πεποιη[κέν]αι περὶ τῶν ἐπιζητεμένων [πα]ῤ ὑμῖν πραγμάτων, ἀγαπητοί, τῆς τε ἀλλοτρίας καὶ [3] ξένης τοῖς ἐκλεκτοῖς τοῦ Θεοῦ, μιαρᾶς καὶ ἀνοσίε στάσεως, ἣν ὀλίγα πρόσωπα προπετῆ καὶ αὐθάδη ὑπάρχοντα εἰς τοσᾶτον ἀπονοίας ἐξέκαυσαν, ὥστε τὸ [4] σεμνὸν καὶ περιβόητον καὶ πᾶσιν ἀνθρώποις ἀξιαγάπητον ὄνομα ὑμῶν μεγάλως βλασφημηθῆναι. [5] Τίς γὰρ, παρεπιδημήσας πρὸς ὑμᾶς, τὴν πανάρετον καὶ βεβαίαν ὑμῶν πίστιν ἐκ ἐδοκίμασεν; τήν τε σώφρονα καὶ ἐπιεικῆ ἐν Χριστῷ εὐσέβειαν οὐκ ἐθαύμασεν; καὶ τὸ μεγαλοπρεπὲς τῆς φιλοξενίας ὑμῶν ἦθος οὐκ ἐκήρυξεν; καὶ τὴν τελείαν καὶ ἀσφαλῆ γνῶσιν οὐκ ἐμακάρισεν; Ἀπροσωπολήπτως γὰρ πάντα ἐποιεῖτε, καὶ τοῖς [6] νομίμοις τᾶ Θεᾶ ἐπορεύεσθε, ὑποτασσόμενοι τοῖς [7] ἡγεμένοις ὑμῶν, καὶ τιμὴν τὴν καθήκουσαν ἀπονέμοντες τοῖς παῤ ὑμῖν πρεσβυτέροις. [8] Νέοις τε μέτρια καὶ σεμνὰ νοεῖν ἐπετρέπετε· γυναιξίν τε ἐν ἀμώμῳ καὶ σεμνῇ καὶ ἁγνῇ συνειδήσει πάντα ἐπιτελεῖν παρηγγέλλετε, στερ-

---

[1] Cfr. Ep. ad Diogn. c. 5. med. ‖ 2 Δυσοίζομεν Jun. Γνωρίζομεν Wetst. et Schoenem. ‖ 3 Ms. ξένοις, quod placet Millio: *advenis in terra*. ‖ 4 Sic quoque infra c. 47. Jacobs. ‖ 5 Haec laudat Clem. Alex. Strom. IV. c. 17. p. 610. 6 Ita legendum testibus c. 3 et 40 et Clem. Alex. l. c. Ms. νόμοις, male; nuspiam enim νόμος effertur pluraliter pro legibus vel praeceptis Dei, sed tantum singulariter. Wott. ‖ 7 Quum *ecclesiasticae discordiae* Corinthiis essent ortae, hic et infra ad vocem πρεσβυτέροις de magistratibus *ecclesiasticis* cogitandum est. Alia monet Rothe, Anf. d. chr. Kirche p. 403. ‖ 8 Cfr. Polycarp. ad Phil. c. 4.

γϋσας καθηκόντως τὰς ἄνδρας ἑαυτῶν· ἕν τε τῷ ⁹ κανόνι τῆς ὑποταγῆς ὑπαρχούσας, τὰ κατὰ τὸν οἶκον σεμνῶς οἰκϋργεῖν ἐδιδάσκετε, πάνυ σωφρονϋσας.

II. Continuatio laudis prioris Corinthiorum.

Πάντες τε ἐταπεινοφρονεῖτε, μηδὲν ἀλαζονευόμενοι, ¹ ὑποτασσόμενοι μᾶλλον ἢ ὑποτάσσοντες, ² ἥδιον διδόντες ἢ λαμβάνοντες. Τοῖς ³ ἐφοδίοις τϋ Θεϋ ἀρκϋμενοι, καὶ προσέχοντες ⁴ τὸς λόγϋς αὐτϋ ἐπιμελῶς, ⁵ ἐστερνισμένοι ἦτε τοῖς σπλάγχνοις, καὶ τὰ παθήματα αὐτϋ ἦν πρὸ ⁶ ὀφθαλμῶν ὑμῶν. Οὕτως εἰρήνη βαθεῖα καὶ λιπαρὰ ἐδέδοτο πᾶσιν, καὶ ἀκόρεστος πόθος εἰς ἀγαθοποιΐαν, καὶ πλήρης πνεύματος ἁγίϋ ἔκχυσις ἐπὶ πάντας ἐγίνετο· μεστοί τε ὁσίας βϋλῆς, ἐν ἀγαθῇ προθυμίᾳ μετ' εὐσεβϋς πεποιθήσεως ἐξετείνατε τὰς χεῖρας ὑμῶν πρὸς τὸν παντοκράτορα Θεὸν, ⁷ ἱκετεύοντες αὐτὸν ἱλέως γενέσθαι, εἴ τι ἄκοντες ἡμάρτετε. Ἀγὼν ἦν ὑμῖν ἡμέρας τε καὶ νυκτὸς ὑπὲρ πάσης τῆς ⁸ ἀδελφότητος, εἰς τὸ σώζεσθαι μετ' ἐλέϋς καὶ ⁹ συνειδήσεως τὸν ἀριθμὸν τῶν ἐκλεκτῶν αὐτϋ. Εἰλικρινεῖς καὶ ἀκέραιοι ἦτε, καὶ ¹⁰ ἀμνησίκακοι εἰς ἀλλήλϋς. Πᾶσα στάσις καὶ πᾶν σχίσμα βδελυκτὸν ὑμῖν· ἐπὶ τοῖς παραπτώμασι ¹¹ τῶν πλησίον ἐπενθεῖτε· τὰ ὑστερήματα αὐτῶν ἴδια ἐκρίνετε. Ἀμεταμέλητοι ἦτε ἐπὶ πάσῃ ἀγαθοποιΐᾳ, ¹² „ἕτοιμοι εἰς πᾶν ἔργον ἀγαθόν." Τῇ παναρέτῳ καὶ σεβασμίῳ πολιτείᾳ κεκοσμημένοι, πάντα ἐν τῷ φόβῳ αὐτϋ ἐπετελεῖτε· τὰ προστάγματα καὶ τὰ δικαιώματα τϋ κυρίϋ ¹³ ἐπὶ τὰ πλάτη τῆς καρδίας ὑμῶν ἐγέγραπτο.

9 Cfr. infra c. 7: τῆς κλήσεως κανόνα, et c. 41: τῆς λειτϋργίας κανόνα. Cfr. Gal. 6, 16.
1 I Pet. 5, 5. Ephes. 5, 21. ||
2 Act. 20, 35. || 3 I. e. commeatus et apparatus, quibus opus est in militia nostra christiana. WOTT. || 4 Apud LXX saepe conjungitur verbum προσέχειν cum Accus. CLER. || 5 Στερνίζομαι = ἐνστερνίζομαι, complector HESYCH. in pectus admitto, ut frequentius apud scriptores christianos. Ἐστηρισμένοι ROTHE. || 6 Cfr. Gal. 3, 1. ||
7 Cfr. infra c. 51. || 8 Cfr. I Pet. 2, 17:
τὴν ἀδελφότητα. || 9 F. συναισθήσεως, commiseratione, Mitgefühl; seu: συναιτήσεως, communi oratione ROTHE. Συνδέσεως, concordia JUN. Συνευδοκήσεως, harmonia animi DAV. Lectio Msti placet Gallandio vertenti: unanimi consensu, ut infra c. 34. ||
10 Ms. ἀναμνησίκακοι, *male. Παναμνησίκακοι, omnis inter vos offensae immemores. BIRR. GALL. || 11 Ita ROTHE. Ms. τοῖς. Boisius conjicit τοῖς τῶν. || 12 Tit. 3, 1. || 13 Prov. 7, 3.

III. IV.

III. Tristis Corinthiacae ecclesiae status post seditionem ex invidia et aemulatione obortam.

Πᾶσα δόξα καὶ [1] πλατυσμὸς ἐδόθη ὑμῖν, καὶ ἐπετελέσθη τὸ γεγραμμένον·" [2] ἔφαγεν καὶ ἔπιεν, καὶ ἐπλατύνθη καὶ ἐπαχύνθη, καὶ [3] ἀπελάκτισεν ὁ ἠγαπημένος." Ἐκ τότε ζῆλος καὶ φθόνος καὶ ἔρις καὶ στάσις, διωγμὸς καὶ ἀκαταστασία, πόλεμος καὶ αἰχμαλωσία. Οὕτως ἐπηγέρθησαν [4] οἱ ἄτιμοι ἐπὶ τὸς ἐντίμος, οἱ ἄδοξοι ἐπὶ τὸς ἐνδόξος, οἱ ἄφρονες ἐπὶ τὸς φρονίμος, οἱ νέοι ἐπὶ τὸς πρεσβυτέρος. Διὰ τῦτο πόρρω ἄπεστιν ἡ δικαιοσύνη καὶ εἰρήνη, ἐν τῷ ἀπολείπειν ἕκαστον τὸν φόβον τῦ Θεῦ, καὶ ἐν τῇ πίστει αὐτῦ ἀμβλυωπῆσαι, μηδὲ ἐν τοῖς νομίμοις τῶν προσταγμάτων αὐτῦ πορεύεσθαι, μηδὲ πολιτεύεσθαι κατὰ τὸ καθῆκον τῷ [5] Χριστῷ, ἀλλὰ ἕκαστον βαδίζειν κατὰ τὰς ἐπιθυμίας αὐτῦ τὰς πονηρὰς, ζῆλον ἄδικον καὶ ἀσεβῆ [6] ἀνειληφότας, [7] δι' ὃ καὶ θάνατος εἰσῆλθεν εἰς τὸν κόσμον.

IV. Multa mala ex hoc fonte jam antiquis temporibus profluxerunt.

Γέγραπται γὰρ ὅτως· [1] „καὶ ἐγένετο μεθ' ἡμέρας, ἤνεγκεν Κάϊν ἀπὸ τῶν καρπῶν τῆς γῆς θυσίαν τῷ Θεῷ, καὶ Ἄβελ ἤνεγκεν καὶ αὐτὸς ἀπὸ τῶν πρωτοτόκων τῶν προβάτων, καὶ ἀπὸ τῶν στεάτων αὐτῶν. Καὶ [2] ἐπεῖδεν ὁ Θεὸς ἐπὶ Ἄβελ καὶ ἐπὶ τοῖς δώροις αὐτῦ· ἐπὶ δὲ Κάϊν καὶ ἐπὶ ταῖς θυσίαις αὐτῦ ὐ προσέσχεν. Καὶ ἐλυπήθη Κάϊν λίαν, καὶ συνέπεσεν τῷ προσώπῳ αὐτῦ. Καὶ εἶπεν ὁ Θεὸς πρὸς Κάϊν· ἵνα τί περίλυπος ἐγένυ; καὶ ἵνα τί συνέπεσεν τὸ πρόσωπόν σε; [3] Οὐκ ἐὰν ὀρθῶς προσενέγκῃς, ὀρθῶς δὲ μὴ διέλῃς, ἥμαρτες; Ἡσύχασον· [4] πρός σε ἡ ἀποστροφὴ αὐτῦ, καὶ σὺ ἄρξεις αὐτῦ. Καὶ εἶπεν Κάϊν πρὸς Ἄβελ τὸν ἀδελφὸν αὐτῦ· διέλθωμεν εἰς τὸ πεδίον. Καὶ ἐγένετο ἐν τῷ εἶναι αὐτὸς ἐν τῷ πεδίῳ, ἀνέστη Κάϊν ἐπὶ Ἄβελ τὸν ἀδελφὸν αὐτοῦ, καὶ ἀπέκτεινεν αὐτόν." Ὁρᾶτε, ἀδελφοὶ, ζῆλος

---

1 Πλατυσμός apud Patres frequentius denotat *laetos animi affectus*. Dilatatio apud latinos Patres eandem significationem obtinet. WOTT. || 2 Deut. 32, 15. || 3 Ms. ἀπεγαλάκτισεν, male. || 4 Isai. 3, 5. || 5 JUNIUS mavult χριστιανῷ. DAV.: τῷ ἐν χριστῷ. Sed metonymice loquitur B Clemens. JACOBSON. || 6 Plural. ob nomen πληθυντικὸν „ἕκαστος." || 7 Sap. 2,24.

1 Gen. 4, 3 — 8. || 2 Ms. ἔπιδεν.

3 Sensus, ut jam Irenaeus IV, 34. docet, is est: *secundum quod videtur, recte et legitime obtulisti munera tua; quoad autem animam tuam, non recte — pectore diviso, absque simplicitate cordis*. ROTHE vero contendit, versionem LXX hoc loco plane esse insulsam et sine sensu. || 4 I. e. *a me non recipitur donum tuum*.

καὶ φθόνος ἀδελφοκτονίαν ¹ κατειργάσατο. ⁶ Διὰ ζῆλος ὁ πατὴρ ἡμῶν Ἰακὼβ ἀπέδρα ἀπὸ προσώπε Ἠσαῦ τᾶ ἀδελφᾶ αὐτᾶ. ⁷ Ζῆλος ἐποίησεν Ἰωσὴφ μέχρι θανάτε διωχθῆναι, καὶ μέχρι δελείας εἰσελθεῖν. ⁸ Ζῆλος φυγεῖν ἠνάγκασε Μωϋσῆν ἀπὸ προσώπε Φαραὰ βασιλέως Αἰγύπτε, ἐν τῷ ἀκᾶσαι αὐτὸν ἀπὸ τᾶ ὁμοφύλε· „τίς σε κατέστησεν κριτὴν ἢ δικαστὴν ἐφ᾽ ἡμῶν; μὴ ἀνελεῖν με σὺ θέλεις, ὃν τρόπον ἀνεῖλες ἐχθὲς τὸν Αἰγύπτιον;" ⁹ Διὰ ζῆλον Ἀαρὼν καὶ Μαριὰμ ἔξω τῆς παρεμβολῆς ηὐλίσθησαν. ¹⁰ Ζῆλος Δαθὰν καὶ Ἀβειρὼν ζῶντας κατήγαγεν εἰς ᾄδε, διὰ τὸ στασιάσαι αὐτὲς πρὸς τὸν θεράποντα τᾶ Θεᾶ Μωϋσῆν. ¹¹ Διὰ ζῆλος Δαβὶδ φθόνον ἔσχεν ἐ μόνον ὑπὸ τῶν ἀλλοφύλων, ἀλλὰ καὶ ὑπὸ Σαὲλ βασιλέως Ἰσραὴλ ἐδιώχθη.

V. Non minora novissimis temporibus inde orta sunt mala. Petri et Pauli martyrium.

Ἀλλ᾽ ἵνα τῶν ἀρχαίων ὑποδειγμάτων παυσώμεθα, ἔλθωμεν ἐπὶ τὲς ἔγγιστα γενομένες ἀθλητάς. Λάβωμεν τῆς γενεᾶς ἡμῶν τὰ γενναῖα ὑποδείγματα. Διὰ ζῆλον καὶ φθόνον [¹ οἱ μέγι]στοι καὶ δικαιότατοι στύλ[οι ἐδιώ]χθησαν καὶ ἕως θανάτο[υ ² ἠλθον]. Λάβωμεν πρὸ ὀφθαλμῶν [ἡμῶν] τὲς ³ ἀγαθὲς Ἀποστόλου[ς. Ὁ Πέτρ]ος διὰ ζῆλον ἄδικον ἐχ [ἕνα, ε]δὲ δύο, ἀλλὰ πλείονας ὑπ[ή-[νεγκεν] πόνες, καὶ ἕτω μαρτυρ[ήσας] ἐπορεύθη ⁴ εἰς τὸν ὀφειλ[όμενον] τόπον τῆς δόξης. Διὰ ζῆλον [καὶ ὁ] Παῦλος ὑπομονῆς ⁵ βραβεῖον ὑ[πέσχ]εν, ⁶ ἑπτάκις δεσμὰ φορέσας, ⁷ φ[υγα]δευθείς, ⁸ λιθασθείς. Κῆρυξ γ[ενό]μενος ἔν τε τῇ ἀνατολῇ καὶ ἐν [τῇ] δύσει, τὸ γενναῖον τῆς πίστεως αὐτᾶ κλέος ἔλαβεν, δικαιοσύνην διδάξας ὅλον τὸν κόσμον, κα[ὶ ἐπὶ] τὸ ⁹ τέρμα τῆς δύσεως ἐλθών,

---

5 Ita Ms. teste Jacobsono, non κατειργάσαντο, quod post WOTT. dedit GALL. ‖ 6 Gen. 27, 41 sqq. Ms. in casibus obliquis plerumque exhibet ζῆλος neutraliter. WOTT. ‖ 7 Gen. 37. ‖ 8 Exod. 2, 14 ‖ 9 Num. 12, 14. 15. ‖ 10 Num. 16, 33. ‖ 11 I Reg. 18, 8 sqq. Φθόνον ἔχειν = invideri, phrasis bene graeca. CLER. 1 Ita Jacobson. Junius supplevit [ἐκκλησίας πι]στοὶ, cujus conjecturam secuti sunt editores omnes. Cfr.

Gal. 2, 9. ‖ 2 Ita JACOBS., monente WOTT. Reliqui δεινᾶ. ‖ 3 F. θείες WETSTEN. Alii ἁγίες, πρώτες, κορυφαίες, male. ‖ 4 Haec a Clemente mutuatur Polyc. Ep. c. 9. ‖ 5 Male vertit GALL.: patientiae certamen sustinuit. Βραβεῖον est praemium, quod victori datur pugili. ‖ 6 Hac de re silet S. Scriptura. ‖ 7 Act. 13, 50. 14, 6. II Cor. 11, 22 sq. ‖ 8 Act. 14, 5. 19. ‖ 9 Italiam, in specie

καὶ μαρτυρήσας ἐπὶ τῶν [10] ἡγουμένων. Οὕτως ἀπηλλάγη τοῦ κόσμου, καὶ εἰς τὸν ἅγιον τόπον ἐπορεύθη, ὑπομονῆς γενόμενος μέγιστος ὑπογραμμός.

VI. Continuatio. Plures alii martyres.

Τούτοις τοῖς ἀνδράσιν ὁσίως πολιτευσαμένοις συνηθροίσθη πολὺ πλῆθος ἐκλεκτῶν, οἵτινες [1] πολλὰς αἰκίας καὶ βασάνους διὰ ζῆλον παθόντες, ὑπόδειγμα κάλλιστον ἐγένοντο ἐν ἡμῖν. Διὰ ζῆλος διωχθεῖσαι γυναῖκες, [2] Δαναΐδες καὶ Δίρκαι, αἰκίσματα δεινὰ καὶ ἀνόσια παθοῦσαι, ἐπὶ τὸν τῆς πίστεως βέβαιον δρόμον κατήντη[σαν], καὶ ἔλαβον γέρας γενναῖον αἱ ἀσθενεῖς τῷ σώματι. Ζῆλος ἀπηλλοτρίωσεν γαμετὰς ἀνδρῶν, καὶ ἠλλοίωσεν τὸ ῥηθὲν ὑπὸ τοῦ

Romam, his verbis notatam putant omnes, qui duplicem Pauli captivitatem Romae negant, e. g. BAUR, (Tübing. Zeitschr. 1831. IV. p. 150. Pastoralbriefe d. A. Paulus, 1835. p. 63 sqq.) et SCHENKEL (Stud. u. Krit. 1841. I. p. 75.), quibus τὸ τέρμα τῆς δύσεως = τὸ τέρμα ἑαυτοῦ, ὅ ἐν τῇ δύσει. His accedunt MATTHIES (Erklg.d.Pastoralbriefe 1840. p. 186), cui τέρμα τ. δ. = meta, centrum Occidentis, ergo *Roma*, et SCHRADER (d. Apost. Paulus. I. p. 234), cui τέρμα τ. δ. est finis Occidentis *versus Orientem*, ergo Italia. Econtra de *Hispania* (Rom. 15, 24.) h. l. exponunt PEARSONUS, NEANDER (K. G. I. p. 79. et Gesch. d. Pflanzung I. p. 265.), GUERIKE (Beiträge p. 122), HUG (Einl. II. p. 322), et OLSHAUSEN (Stud. u. Krit. 1838. IV. p. 953 — 957). Hispaniae aut alii *terrae remotiori* favent SCHOTT (Erörterung chronol. Punkte 1832. p. 123) et WOCHER (Tüb. Quartalschrft. 1830. IV. 626 sqq.). Pro *Britannia* denique, teste Jacobsono, contendunt USSERIUS (Brit. Eccl. Antiq. c. 1.) et STILLINGSFLEET (Orig. Brit. c. 1.) ||

10 Sub *Tigellino* et *Nymphidio Sabino*, ultimo Neronis anno Romae dominantibus. HUG (Einl. II, p. 323). Alii h. l. de duobus libertis et amicis Neronis, *Helio Caesariano* et *Polycleto* explicant, qui Nerone in Graecia degente A. 67. omnia gubernarunt. SCHOTT (l. c. p. 129) et NEANDER (Gesch. d. Pflanz. I, 265) h. l. ita explicant = *coram magistratibus et principibus terrae veritatem christianam professus est.*

1 Ms. πολλαῖς αἰκίαις καὶ βασάνοις. 2 *Cotel.* et *Colomesius* leg.: Δανάη τε καὶ Δίρκη, quas illustres foeminas fuisse putant, sub Nerone martyrio coronatas. Sed nullibi in martyrologiis habentur haec nomina. *Boisius* conjicit εὐσεβεῖς καὶ πισταί, *Davisius*: ἁγναί τε καὶ δίκαιαι, *Clericus* (ars crit.): ἄνευ αἰδοῦς καὶ δίκης, sine re- || verentia et jure, h. e. irreverenter habito sexu inferiore, et contra jus et fas. SUSCHKAEUS ex Act. 17, 34. et 9, 36. Δάμαρις καὶ Δορκὰς restituendum esse conjectat. RUINARTUS et JACOBSONUS ex margine in textum irrepsisse verba illa conjiciunt. ||

πατρὸς ἡμῶν Ἀδάμ· [3] „τῦτ[ο] νῦν ὀστῦν ἐκ τῶν ὀστέων μου, καὶ σάρξ ἐκ τῆς σαρκός μυ." Ζῆλος καὶ ἔρις πόλεις μεγάλας κατέστρεψεν, καὶ ἔθνη μεγάλα ἐξερρίζωσεν.

VII. Adhortatio ad poenitentiam.

Ταῦτα, ἀγαπητοὶ, ὐ μόνον ὑμᾶς νυθετῦντες ἐπιστέλλομεν, ἀλλὰ καὶ ἑαυτὺς [1] ὑπομιμνήσκον[τες]· ἐν γὰρ τῷ αὐτῷ ἐσμὲν σκάμματ[ι], καὶ ὁ αὐτὸς ἡμῖν ἀγὼν ἐπίκει[ται]. [2] Διὸ ἀπολείπωμεν τὰς κενὰς [καὶ] ματαίας φροντίδας, καὶ ἔλθω[μεν] ἐπὶ τὸν εὐκλεῆ καὶ σεμνὸν [3] τ[ῆς ἁγίας κλή]σεως ἡμῶν [4] κανόνα. [Βλέπω]μεν, τί καλὸν, καὶ τί τερπνὸν [καὶ προ]σδεκτὸν ἐνώπιον τῦ ποι[ήσαντ]ος ἡμᾶς. [Ἀτενίσ]ωμεν εἰς τὸ αἷμα τῦ Χριστῦ, [καὶ ἴδ]ωμεν, ὡς ἔστιν τίμιον τῷ Θεῷ [5 αἷμα] αὐτῦ, ὅ τι διὰ τὴν ἡμετέραν [σωτ]ηρίαν ἐκχυθὲν παντὶ τῷ κό[σμ]ῳ μετανοίας χάριν ὑπήνεγκεν. [Ἀνέλθ]ωμεν εἰς τὰς γενεὰς πάσας, [καὶ κα]ταμάθωμεν, ὅτι ἐν γενεᾷ [καὶ] γενεᾷ μετανοίας τόπον ἔδω[κ]εν ὁ δεσπότης τοῖς βυλομένοις ἐπιστραφῆναι ἐπ᾽ αὐτόν. [6] Νῶε ἐκήρυξεν μετάνοιαν, καὶ οἱ ὑπακούσαντες ἐσώθησαν. [7] Ἰωνᾶς Νινευΐταις καταστροφὴν ἐκήρυξεν, οἱ δὲ μετανοήσαντες ἐπὶ τοῖς ἁμαρτήμασιν αὐτῶν ἐξιλάσαντο τὸν Θεὸν ἱκετεύσαντες, καὶ ἔλαβον σωτηρίαν, καίπερ ἀλλότριοι τῦ Θεῦ ὄντες.

VIII. Continuatio.

Οἱ λειτυργοὶ τῆς χάριτος τῦ Θεῦ διὰ πνεύματος ἁγίυ περὶ μετανοίας ἐλάλησαν, καὶ αὐτὸς δὲ ὁ δεσπότης τῶν ἁπάντων περὶ μετανοίας ἐλάλησεν μεθ᾽ ὅρκυ· [1] „ζῶ γὰρ ἐγώ, λέγει κύριος, ὐ βέλομαι τὸν θάνατον τῦ ἁμαρτωλοῦ, ὡς τὴν μετάνοιαν'" προστιθεὶς καὶ γνώμην ἀγαθήν· [2] „μετανοήσατε, οἶκος Ἰσραήλ, ἀπὸ τῆς ἀνομίας ὑμῶν. [3] Εἶπον τοῖς υἱοῖς τῦ λαῦ μυ· [4] ἐὰν ὦσιν αἱ ἁμαρτίαι ὑμῶν ἀπὸ τῆς γῆς ἕως τῦ ὐρανοῦ, καὶ ἐὰν ὦσιν πυῤῥότεραι κόκκυ, καὶ [5] μελανώτεραι σάκκυ, καὶ [6] ἐπιστραφῆτε πρός με ἐξ ὅλης τῆς καρδίας, καὶ εἴπητε Πάτερ· ἐπακύσομαι ὑμῶν ὡς [7] λαῦ ἁγίυ."

---

3 Gen. 2, 23.
1 Ms. ὑπομνήσκοντες, male. || 2 Haec recitat Polycarpus c. 7. || 3 MILLIUS 1. τ[ελειώ]σεως = baptismi. || 4 Cfr. de Wette ad II Cor. 10, 13. || 5 Πατρὶ BLEEK. || 6 Gen. 7. II Petr. 2, 5. Cfr. infra c. 9. et Sibyll. I, 135. || 7 Jon. 3.

1 Ezech. 33, 11. || 2 Ibid. et 18, 30. 3 Ezech. 33, 12. || 4 Non est in s. Scriptura, sed cfr. Ps. 102, 11. et Isai. 1, 18. || 5 Sic Ms. Hanc formam habes saepius apud LXX. et apud Strabonem. JAC. || 6 Cfr. Jer. 3, 22. 19. || 7 Ita Clem. Alex., laudans verba haec Paed. I, 10. p. 152.

3

Καὶ ἐν ἑτέρῳ τόπῳ λέγει ὕτως· [8] „λύσασθε καὶ καθαροὶ γενέσθε, ἀφελέσθε τὰς πονηρίας ἀπὸ τῶν ψυχῶν ὑμῶν, ἀπέναντι τῶν ὀφθαλμῶν μυ· παύσασθε ἀπὸ τῶν πονηριῶν ὑμῶν, μάθετε καλὸν ποιεῖν, ἐκζητήσατε κρίσιν, ῥύσασθε ἀδικούμενον, κρίνατε ὀρφανῷ, καὶ δικαιώσατε χήρᾳ· καὶ δεῦτε καὶ [9] διελεγχθῶμεν, λέγει. Καὶ ἐὰν ὦσιν [αἱ] ἁμαρτίαι ὑμῶν ὡς φοινικῶν, [ὡς] χιόνα λευκανῶ· ἐὰν δὲ ὦσιν ὡς κόκκινον, ὡς ἔριον λευκανῶ. Καὶ ἐὰν θέλητε καὶ εἰσακύσητέ μυ, τὰ ἀγαθὰ τῆς γῆς φάγεσθε· ἐὰν δὲ μὴ θέλητε, μηδὲ εἰσακύσητέ μυ, μάχαιρα ὑμᾶς κατέδεται· τὸ γὰρ στόμα κυρίυ ἐλάλησεν ταῦτα." Πάντας οὖν τὺς ἀγαπητὺς αὐτῦ βυλόμενος μετανοίας μετασχεῖν, ἐστήριξε τῷ παντοκρατορικῷ βυλήματι αὐτῦ.

IX. *Exempla Sanctorum, qui fide et obedientia etc. gratiam Dei sunt consecuti. Enoch et Noe.*

Διὸ ὑπακύσωμεν τῇ μεγαλοπρεπεῖ καὶ ἐνδόξῳ βυλήσει αὐτῦ, καὶ ἱκέται γενόμενοι τῦ ἐλέυς καὶ τῆς χρηστότητος αὐτῦ, προσπέσωμεν καὶ ἐπιστρέψωμεν ἐπὶ τὺς οἰκτιρμὺς αὐτῦ, ἀπολιπόντες τὴν [1] ματαιοπονίαν, τήν τε ἔριν, καὶ τὸ εἰς θάνατον ἄγον ζῆλος. [2] Ἀτενίσωμεν εἰς τοὺς τελείως λειτυργήσαντας τῇ μεγαλοπρεπεῖ δόξῃ αὐτῦ. [3] Λάβωμεν Ἐνώχ, ὃς ἐν ὑπακοῇ δίκαιος εὑρεθεὶς μετετέθη, καὶ ὐχ εὑρέθη αὐτῦ θάνατος. [4] Νῶε πιστὸς εὑρεθείς, διὰ τῆς λειτυργίας αὐτῦ παλιγγενεσίαν κόσμῳ ἐκήρυξεν, καὶ διέσωσεν δι' αὐτῦ ὁ δεσπότης τὰ εἰσελθόντα ἐν ὁμονοίᾳ ζῶα εἰς τὴν κιβωτόν.

X. *Continuatio. Abraham.*

Ἀβραάμ, ὁ [1] φίλος προσαγορευθείς, πιστὸς εὑρέθη, ἐν τῷ αὐτὸν ὑπήκοον γενέσθαι τοῖς ῥήμασιν τῦ Θεῦ. Οὗτος δι' ὑπακοῆς ἐξῆλθεν ἐκ τῆς γῆς αὐτῦ, καὶ ἐκ τῆς συγγενείας αὐτῦ, καὶ ἐκ τῦ οἴκυ τῦ πατρὸς αὐτῦ, ὅπως γῆν ὀλίγην, καὶ συγγένειαν ἀσθενῆ, καὶ οἶκον μικρὸν καταλιπών, κληρονομήσῃ τὰς ἐπαγγελίας τῦ Θεῦ. Λέγει γὰρ αὐτῷ· [2] „ἄπελθε ἐκ τῆς γῆς συ, καὶ ἐκ τῆς συγγενείας συ, καὶ ἐκ τῦ οἴκυ τῦ πατρός συ εἰς τὴν γῆν, ἣν ἄν σοι δείξω· καὶ ποιήσω σε

Ms. λαῷ ἁγίῳ. ‖ 8 Isai. 1, 16—20. ‖
9 Ms. διελεχθῶμεν, male.
1 F. ματαιολογίαν, ut apud Polycarpum c. 2, qui ad locum nostrum respexit. Wott. ‖ 2 Haec et sequentia abbreviata reperies apud Clem. Alex. Strom. IV, 16. p. 610. Ed. Bernardus autem epistolam nostram hic ex Clemente Alex. interpolatam esse

summa fiducia pronuntiat. Bene respondit ei, integritatem epistolae defendens, *Wottonus*. ‖ 3 Gen. 5, 24. Hebr. 11, 5. ‖ 4 Gen. 6, 8. 7, 1. Hebr. 11, 7. II. Petr. 2, 5. Cfr. supra c. 7. Not. 6.
1 Jac. 2, 23. Hebr. 11, 8. Θεοῦ φίλος Dav. Bleek. ‖ 2 Gen. 12, 1—3. ‖

I. CLEMENTIS AD COR. X. XI. XII.

εἰς ἔθνος μέγα, καὶ εὐλογήσω σε, καὶ μεγαλυνῶ τὸ ὄνομά σε, καὶ ἔσῃ εὐλογημένος· καὶ εὐλογήσω τὰς εὐλογοῦντάς σε, καὶ καταράσομαι τὰς καταρωμένας σε, καὶ εὐλογηθήσονται ἐν σοὶ πᾶσαι αἱ φυλαὶ τῆς γῆς." Καὶ πάλιν ἐν τῷ διαχωρισθῆναι αὐτὸν ἀπὸ Λώτ, εἶπεν αὐτῷ ὁ Θεός· [3] „ἀναβλέψας τοῖς ὀφθαλμοῖς σε, ἴδε ἀπὸ τᾶ τόπε, οὗ νῦν σὺ εἶ, πρὸς βοῤῥᾶν, καὶ λίβα, καὶ ἀνατολὰς, καὶ θάλασσαν· ὅτι πᾶσαν τὴν γῆν, ἣν σὺ ὁρᾷς, σοὶ δώσω αὐτὴν καὶ τῷ σπέρματί σου, ἕως αἰῶνος. Καὶ ποιήσω τὸ σπέρμα σε ὡς τὴν ἄμμον τῆς γῆς· εἰ δύναταί τις ἐξαριθμῆσαι τὴν ἄμμον τῆς γῆς, καὶ τὸ σπέρμα σε ἐξαριθμηθήσεται." Καὶ πάλιν λέγει· [4] „ἐξήγαγεν ὁ Θεὸς τὸν Ἀβραὰμ, καὶ εἶπεν αὐτῷ· ἀνάβλεψον εἰς τὸν ὐρανὸν, καὶ ἀρίθμησον τοὺς ἀστέρας, εἰ δυνήσῃ ἐξαριθμῆσαι αὐτές· ὕτως ἔσται τὸ σπέρμα σε. [5] Ἐπίστευσεν δὲ Ἀβραὰμ τῷ Θεῷ, καὶ ἐλογίσθη αὐτῷ εἰς δικαιοσύνην." [6] Διὰ πίστιν καὶ φιλοξενίαν ἐδόθη αὐτῷ υἱὸς ἐν γήρᾳ, [7] καὶ δι᾽ ὑπακοῆς προσήνεγκεν αὐτὸν θυσίαν τῷ Θεῷ πρὸς ἓν τῶν ὀρέων, ὧν ἔδειξεν αὐτῷ.

XI. Continuatio. Lot. Poena dissensionis.

[1] Διὰ φιλοξενίαν καὶ εὐσέβειαν Λὼτ ἐσώθη ἐκ Σοδόμων, τῆς περιχώρε πάσης κριθείσης διὰ πυρὸς καὶ θείε, πρόδηλον ποιήσας ὁ δεσπότης, ὅτι τὰς ἐλπίζοντας ἐπ᾽ αὐτὸν ἐκ ἐγκαταλείπει, τὰς δὲ ἑτεροκλινεῖς ὑπάρχοντας εἰς κόλασιν καὶ αἰκισμὸν τίθησιν. Συνεξελθούσης γὰρ αὐτῷ τῆς γυναικὸς ἑτερογνώμονος ὑπαρχύσης καὶ ἐκ ἐν ὁμονοίᾳ, εἰς τῦτο σημεῖον ἐτέθη, ὥστε γενέσθαι αὐτὴν στήλην ἁλὸς ἕως [2] τῆς ἡμέρας ταύτης· εἰς τὸ γνωστὸν εἶναι πᾶσιν, ὅτι οἱ [3] δίψυχοι καὶ οἱ διστάζοντες περὶ τῆς τᾶ Θεᾶ δυνάμεως, εἰς κρίμα καὶ εἰς σημείωσιν πάσαις ταῖς γενεαῖς γίνονται.

XII. Praemia fidei et hospitalitatis. Rahab.

[1] Διὰ πίστιν καὶ φιλοξενίαν ἐσώθη Ῥαὰβ ἡ πόρνη. Ἐκπεμφθέντων γὰρ ὑπὸ Ἰησᾶ τᾶ τᾶ Ναυῆ κατασκόπων εἰς τὴν Ἱεριχὼ, ἔγνω ὁ βασιλεὺς τῆς γῆς, ὅτι ἥκασι κατασκοπεῦσαι τὴν χώραν [2] αὐτῶν, καὶ ἐξέπεμψεν ἄνδρας τὰς συλληψομένας αὐτούς,

---

3 Gen. 13, 14—16. ‖ 4 Gen. 15,
5. 6. ‖ 5 Rom. 4, 3. ‖ 6 Gen. 21, 22. ‖
7 Hebr. 11, 17.
1 Gen. 19. II Petr. 2, 6. 7. ‖
2 Multi Veterum, e. g. Joseph. Antiq.
I. 11, 4. et Iren. IV, 31 hujus statuae

tanquam adhuc manentis mentionem faciunt, errantes sine dubio FREY. ‖
3 Cfr. Jac. 1, 8.
1 Jos. 2. Hebr. 11, 31. ‖ 2 Ita
Ms. Ἀὐιᾶ COUST.

ὅπως συλληφθέντες θανατωθῶσιν. Ἡ ἂν φιλόξενος Ῥαὰβ εἰσδεξαμένη αὐτοὺς, ἔκρυψεν εἰς τὸ ὑπερῷον ὑπὸ τὴν λινοκαλάμην. Ἐπισταθέντων δὲ τῶν παρὰ τῦ βασιλέως καὶ λεγόντων· [ἄνδρες πρός σε ἠλ]θον οἱ κατάσκοποι [τῆς γῆς ἡμῶν], ἐξάγαγε αὐτὸς, ὁ γὰρ βα[σιλεὺς οὕ]τως κελεύει· ἥδε ἀπεκρίθη· εἰσῆλθον [οἱ δύο ἄν]δρες, ὃς ζητεῖτε, πρός με, [ἀλλὰ ταχέ]ως ἀπῆλθον, καὶ πορεύον[ται· ὀχ] ὑποδεικνύσσα αὐτοῖς [ἐκείνος]. Καὶ εἶπεν πρὸς τοὺς ἄνδρας· [γινώ]σκοσα γινώσκω ἐγὼ, ὅτι [κύριος ὁ Θεὸς] ὑμῶν παραδίδωσιν ὑμῖν [τὴν πό]λιν ταύτην, ὁ γὰρ φόβος καὶ [τρό]μος ὑμῶν ἐπέπεσεν τοῖς κα[τοι]κῦσιν αὐτήν. [3] Ὡς ἐὰν ἂν γέ[νηται] λαβεῖν αὐτὴν ὑμᾶς, διασώσα[τέ] με, καὶ τὸν οἶκον τῦ πατρός [μου]. Καὶ εἶπαν αὐτῇ· ἔσται ὅτως, ὡς ἐλάλησας ἡμῖν. Ὡς ἐὰν ἂν γνῷς παραγινομένος ἡμᾶς, συνάξεις πάντας τὸς σὸς ὑπὸ τὸ στέγος σα, καὶ διασωθήσονται· ὅσοι γὰρ ἐὰν εὑρεθῶσιν ἔξω τῆς οἰκίας, ἀπολοῦνται. Καὶ προσέθειτο αὐτῇ δοῦναι σημεῖον, ὅπως κρεμάσῃ ἐκ τῦ οἴκε αὐτῆς κόκκινον· πρόδηλον ποιοῦντες, ὅτι διὰ τῦ αἵματος τῦ κυρίε λύτρωσις ἔσται πᾶσιν τοῖς πιστεύσσιν καὶ ἐλπίζασιν ἐπὶ τὸν Θεόν. Ὁρᾶτε, ἀγαπητοὶ, ὁ μόνον πίστις, ἀλλὰ προφητεία ἐν τῇ γυναικὶ γέγονεν.

XIII. Adhortatio ad humilitatem.

Ταπεινοφρονήσωμ[εν] ἂν, ἀδελφοὶ, ἀποθέμενοι πᾶσ[αν] ἀλαζονείαν καὶ [1] τύφος καὶ ἀφροσύνην καὶ ὀργάς· καὶ ποιήσωμ[εν] τὸ γεγραμμένον. Λέγει γὰρ τὸ πνεῦμα τὸ ἅγιον· [2] „μὴ καυχάσθω ὁ σοφὸς ἐν τῇ σοφίᾳ αὐτῦ, μηδὲ ὁ ἰσχυρὸς ἐν τῇ ἰσχύϊ αὐτῦ, μηδὲ ὁ πλάσιος ἐν τῷ πλότῳ αὐτῦ· ἀλλ᾽ ἢ ὁ καυχώμενος ἐν κυρίῳ καυχάσθω, τῦ ἐκζητεῖν αὐτὸν, καὶ ποιεῖν κρίμα καὶ δικαιοσύν[ην]." Μάλιστα [3] μεμνημένοι τῶν λόγων τῦ κυρίε Ἰησῦ, ὃς ἐλάλησεν διδάσκω[ν] ἐπιείκειαν καὶ μακροθυμίαν. [Οὔ]τως γὰρ εἶπεν· [4] „ἐλεεῖτε, ἵνα ἐλεη[θῆ]τε· ἀφίετε, ἵνα ἀφεθῇ ὑμῖν· ὡς ποιεῖτε, οὕτω ποιηθήσεται ὑμ[ῖν]· ὡς δίδοτε, ὅτως δοθήσεται [ὑμῖν]· ὡς κρίνετε, ὅτως κριθήσεται [ὑμῖν· ὡς χρη]στεύεσθε, ὅτως χρη[στευθή]σεται ὑμῖν· ᾧ μέτρῳ με[τρεῖτε], ἐν αὐτῷ μετρηθήσεται ὑμῖν." [Ταύτῃ] τῇ ἐντολῇ καὶ τοῖς παραγγέλ[μασι] τότοις στερίξωμεν ἑαυ[τοὺς [5] πρὸς] τὸ πορεύεσθαι ὑπηκόσς [ἡμᾶ]ς τοῖς ἁγιοπρεπέσι

---

3 Ὡς ἐὰν = ὡς ἂν (WINER, Gramm. p. 285 sq.) = simulac. Herm. ad Vig. 943 sq.
1 Cfr. supra c. 4. Not. 6. || 2 Jer. 9, 23. 24. I Cor. 1, 31. II Cor.
10, 17. || 3 Participium pro Modo finito. Cfr. p. 9. n. 23. || 4 Haec verba non habentur αὐτολεξεὶ in s. Scriptura; sed cfr. Luc. 6, 36—38. Matth. 6, 12—15. 7, 2. || 5 Ita JAC. ||

λόγοις αὐ[τᾶ], ταπεινοφρονᾶντες. [Φησ]ὶν γὰρ ὁ ἅγιος λόγος·
⁶ „ἐπὶ τίνα [ἐπι]βλέψω, ἀλλ᾽ ἢ ἐπὶ τὸν πραΰν καὶ [ἡσύ]χιον καὶ
τρέμοντά με τὰ λόγια;"

XIV. *Magis Deo obediendum est, quam auctoribus seditionis.*

[Δί]καιον ἔν καὶ ὅσιον, ἄνδρες ἀδελφοί, ὑπηκόες ἡμᾶς μᾶλλον γενέσθαι τῷ Θεῷ, ἢ τοῖς ἐν ἀλαζονείᾳ καὶ ἀκαταστασίᾳ
μυσαρᾶ ζήλες ἀρχηγοῖς ἐξακολεθεῖν. Βλάβην γὰρ ἐ τὴν τυχᾶσαν, μᾶλλον δὲ κίνδυνον ὑποίσομεν μέγαν, ἐὰν ῥιψοκινδύνως ἐπιδῶμεν ἑαυτὸς τοῖς θελήμασιν τῶν ἀνθρώπων, οἵτινες ¹ ἐξακοντίζεσιν εἰς ἔριν καὶ στάσεις, εἰς τὸ ἀπαλλοτριῶσαι ἡμᾶς τᾶ καλῶς
ἔχοντος. Χρηστευσώμεθα ² αὐτοῖς κατὰ τὴν εὐσπλαγχνίαν καὶ γλυκύτητα τᾶ ποιήσαντος ἡμᾶς. Γέγραπται γάρ· ³ „χρηστοὶ ἔσονται οἰκήτορες γῆς, ἄκακοι δὲ ὑπολειφθήσονται ἐπ᾽ αὐτῆς· οἱ δὲ παρανομᾶντες ἐξολεθρευθήσονται ἀπ᾽ αὐτῆς." Καὶ πάλιν λέγει· ⁴ „εἶδον
ἀσεβῆ ὑπερυψέμενον καὶ ἐπαιρόμενον ὡς τὰς κέδρες τᾶ Λιβάνε·
καὶ παρῆλθον, καὶ ἰδοὺ, ἐκ ἦν, καὶ ἐξεζήτησα τὸν τόπον αὐτᾶ, καὶ
ἐχ εὗρον. Φύλασσε ἀκακίαν, καὶ ἴδε εὐθύτητα, ὅτι ἐστὶν ⁵ ἐγκατάλειμμα ἀνθρώπῳ εἰρηνικῷ."

XV. *Adhaerendum est iis, qui pacem colunt, non iis, qui eam colere simulant.*

Τοίνυν κολληθῶμεν τοῖς μετ᾽ εὐσεβείας εἰρηνεύεσιν, καὶ μὴ
τοῖς μεθ᾽ ὑποκρίσεως ¹ βελομένοις εἰρήνην. Λέγει γάρ πε· ² „οὗτος
ὁ λαὸς τοῖς χείλεσίν με τιμᾷ, ἡ δὲ καρδία αὐτῶν πόῤῥω ἄπεστιν
ἀπ᾽ ἐμᾶ." Καὶ πάλιν· ³ „τῷ στόματι αὐτῶν ⁴ εὐλόγουσαν, τῇ
δὲ καρδίᾳ αὐτῶν κατηρῶντο." Καὶ πάλιν λέγει· ⁵ „ἠγάπησαν
αὐτὸν τῷ [στό]ματι αὐτῶν, καὶ τῇ γλώσσῃ αὐτῶν ἐψεύσαντο αὐτόν· ἡ δὲ καρδία αὐτῶν ἐκ εὐθεῖα μετ᾽ αὐτᾶ, ἐδὲ ἐπιστώθησαν
ἐν τῇ διαθήκῃ αὐτᾶ. ⁶ Ἄλαλα γενηθήτω τὰ χείλη τὰ δόλια,
⁷ [καὶ ἐξολεθρεύσαι κύριος πάντα τὰ χείλη τὰ δόλια καὶ] γλῶσ-

---

6 Isai. 66, 2.
1 Suppl. λόγες vel ῥήματα Bois.
Sed nihil addendum; vox enim
ἐξακοντίζω saepius legitur verbum
neutrum. Wott. ‖ 2 Junius, Fellus
et Colomesius malunt ἀλλήλοις =
mites erga nos inuicem simus. Forte
l. ἑαυτοῖς, quod saepissime pro
ἀλλήλοις usurpatur Jac. Sed non
est, cur mutemus. ‖ 3 Prov. 2, 21. 22. ‖

4 Ps. 36, 35—37. Haec et sequentia
usque ad initium c. XVI. repetit Clem.
Alex. Strom. IV, 5. p. 577. ‖ 5 Seu
= *memoria,* seu = *posteri.*
1 Λαλεμένοις Dav. Βελενομένοις,
suadentibus Cler. ‖ 2 Isai. 29, 13.
Marc. 7, 6. Matth. 15, 8. ‖ 3 Ps.
61, 5. ‖ 4 Pro εὐλόγουν; cfr. Buttm.
Gramm. §. 93. V. 1. ‖ 5 Ps. 77, 36. 37.‖
6 Ps. 30, 19. ‖ 7 Ps. 11, 4 — 6.

σαν μεγαλοῤῥήμονα, τὰς εἰπόντας· τὴν γλῶσσαν ἡμῶν [8] μεγαλύνωμεν, τὰ χείλη ἡμῶν παρ' ἡμῖν ἐστι· τίς ἡμῶν κύριός ἐστιν; Ἀπὸ τῆς ταλαιπωρίας τῶν πτωχῶν, καὶ ἀπὸ τῦ στεναγμῦ τῶν πενήτων νῦν ἀναστήσομαι, λέγει κύριος, θήσομαι ἐν σωτηρίᾳ, παῤῥησιάσομαι ἐν [9] αὐτῷ."

XVI. Christus — exemplum humilitatis.

Ταπεινοφρονέντων γάρ ἐστιν ὁ Χριστὸς, ἐκ ἐπαιρομένων ἐπὶ τὸ ποίμνιον αὐτῦ. [1] Τὸ σκῆπτρον τῆς μεγαλωσύνης τῦ Θεῦ, ὁ κύριος ἡμῶν Χριστὸς Ἰησῦς, ἐκ ἦλθεν ἐν κόμπῳ ἀλαζονείας, ἐδὲ ὑπερηφανίας, [2] καίπερ δυνάμενος· ἀλλὰ ταπεινοφρονῶν, καθὼς τὸ πνεῦμα τὸ ἅγιον περὶ αὐτῦ ἐλάλησεν. Φησὶ γάρ· [3] „κύριε, τίς ἐπίστευσεν τῇ ἀκοῇ ἡμῶν; καὶ ὁ βραχίων κυρίε τίνι ἀπεκαλύφθη; Ἀνηγγείλαμεν ἐναντίον αὐτῦ· ὡς παιδίον, ὡς ῥίζα ἐν γῇ διψώσῃ, [4] ἐκ ἔστιν εἶδος αὐτῷ, ἐδὲ δόξα· καὶ εἴδομεν αὐτὸν, καὶ ἐκ εἶχεν εἶδος, ἐδὲ κάλλος, ἀλλὰ τὸ εἶδος αὐτῦ ἄτιμον, ἐκλεῖπον παρὰ τὸ εἶδος τῶν ἀνθρώπων· ἄνθρωπος ἐν πληγῇ ὢν καὶ πόνῳ, καὶ εἰδὼς φέρειν μαλακίαν, ὅτι [5] ἀπέστραπται τὸ πρόσωπον αὐτῦ, ἠτιμάσθη καὶ ἐκ ἐλογίσθη. Οὗτος τὰς ἁμαρτίας ἡμῶν φέρει, καὶ περὶ ἡμῶν ὀδυνᾶται, καὶ ἡμεῖς ἐλογισάμεθα, αὐτὸν εἶναι [6] ἐν πόνῳ καὶ ἐν πληγῇ καὶ ἐν κακώσει. Αὐτὸς δὲ ἐτραυματίσθη διὰ τὰς ἁμαρτίας ἡμῶν, καὶ μεμαλάκισται διὰ τὰς ἀνομίας ἡμῶν. [7] Παιδεία εἰρήνης ἡμῶν ἐπ' αὐτόν· τῷ μώλωπι αὐτῦ ἡμεῖς ἰάθημεν. Πάντες ὡς πρόβατα ἐπλανήθημεν, ἄνθρωπος τῇ ὁδῷ αὐτῦ ἐπλανήθη· καὶ κύριος παρέδωκεν αὐτὸν ὑπὲρ τῶν ἁμαρτιῶν ἡμῶν, καὶ αὐτὸς διὰ τὸ κεκακῶσθαι ἐκ ἀνοίγει τὸ στόμα. Ὡς πρόβατον ἐπὶ σφαγὴν ἤχθη, καὶ ὡς ἀμνὸς ἐναντίον τῦ κείραντος ἄφωνος, οὕτως ἐκ ἀνοίγει τὸ στόμα αὐτῦ. [8] Ἐν τῇ ταπεινώσει ἡ κρίσις αὐτῦ ἤρθη. Τὴν γενεὰν αὐτῦ τίς διηγήσεται; ὅτι αἴρεται ἀπὸ τῆς γῆς ἡ ζωὴ αὐτῦ. Ἀπὸ τῶν ἀνομιῶν τῦ λαῦ μυ ἥκει εἰς

Verba καὶ ἐξολ. κ. τ. λ. uncis inclusa restituit *Wottonus* ex LXX. Librarius, a priore δόλια oculos suos ad γλῶσσαν post alterum δόλια convertens, mancum reddidit hunc locum. WOTT. ǁ 8 Ex LXX. et Clem. Alex. reponit *Davisius* μεγαλυνῦμεν. ǁ 9 Sc. τῷ πτωχῷ etc. Singularis collective pro Plur.
1 Haec recitat Hieron. in Isai. 52, 13. ǁ 2 Hieron. legisse videtur:

καίπερ πάντα δυνάμενος; vertit enim: cum possit omnia. ǁ 3 Isai. c. 53. totum. ǁ 4 Ὅτι ante ἐκ omittit *Jacobsonus* ad fidem Ms. ǁ 5 Prae pudore seu ob alapas. ǁ 6 Sc. pro peccatis suis. ǁ 7 Punitionem, quae nobis debebatur, ut pace frueremur, ipse in se recepit. COLOM. ǁ 8 I. e. maxima denique miseria (in cruce) poenae et tormenta ejus consummabantur, et finem attigerunt.

θάνατον. Καὶ δώσω τὰς πονηρὰς ἀντὶ τῆς ταφῆς αὐτᾶ, καὶ τὰς πλεσίες ἀντὶ τᾶ θανάτε αὐτᾶ· ὅτι ἀνομίαν ἐκ ἐποίησεν, οὐδὲ εὑρέθη δόλος ἐν τῷ στόματι αὐτᾶ. Καὶ κύριος βέλεται καθαρίσαι αὐτὸν τῆς πληγῆς. Ἐὰν⁹ δῶτε περὶ ἁμαρτίας, ἡ ψυχὴ ὑμῶν ὄψεται σπέρμα μακρόβιον. Καὶ κύριος βέλεται ἀφελεῖν ἀπὸ τᾶ πόνε τῆς ψυχῆς αὐτᾶ, δεῖξαι αὐτῷ φῶς, καὶ ¹⁰ πλάσαι τῇ συνέσει, δικαιῶσαι δίκαιον εὖ δελεύοντα πολλοῖς· καὶ τὰς ἁμαρτίας αὐτῶν αὐτὸς ἀνοίσει. Διὰ τῦτο αὐτὸς κληρονομήσει πολλὰς, καὶ τῶν ἰσχυρῶν μεριεῖ σκῦλα, ἀνθ᾽ ὧν παρεδόθη εἰς θάνατον ἡ ψυχὴ αὐτᾶ, καὶ τοῖς ἀνόμοις ἐλογίσθη· καὶ αὐτὸς ἁμαρτίας πολλῶν ἀνήνεγκεν, καὶ διὰ τὰς ἁμαρτίας αὐτῶν παρεδόθη." Καὶ πάλιν ¹¹ αὐτός φησιν· ¹² „ἐγὼ δέ εἰμι σκώληξ, καὶ ἐκ ἄνθρωπος· ὄνειδος ἀνθρώπων, καὶ ἐξεθένημα λαᾶ. Πάντες οἱ θεωροῦντές με ἐξεμυκτήρισάν με, ἐλάλησαν ἐν χείλεσιν, ἐκίνησαν κεφαλήν· ἤλπισεν ἐπὶ κύριον, ῥυσάσθω αὐτὸν, σωσάτω αὐτὸν, ὅτι θέλει αὐτόν." Ὁρᾶτε, ἄνδρες ἀγαπητοὶ, τίς ὁ ὑπογραμμὸς ὁ δεδομένος ἡμῖν· εἰ γὰρ ὁ κύριος οὕτως ἐταπεινοφρόνησεν, τί ποιήσομεν ἡμεῖς, οἱ ὑπὸ τὸν ζυγὸν τῆς χάριτος αὐτᾶ δι᾽ αὐτᾶ ἐλθόντες;

XVII. *Sancti, praecipue Abraham, Job et Moses — exempla humilitatis.*

Μιμηταὶ γενώμεθα κἀκείνων, ¹ οἵτινες ἐν δέρμασιν αἰγείοις καὶ μηλωταῖς περιεπάτησαν, κηρύσσοντες τὴν ἔλευσιν τᾶ Χριστᾶ· λέγομεν δὲ Ἠλίαν καὶ Ἐλισσαῖον, ἔτι δὲ καὶ Ἰεζεκιὴλ, τὲς προφήτας· πρὸς τέτοις καὶ τὲς μεμαρτυρημένες. Ἐμαρτυρήθη μεγάλως Ἀβραὰμ, ² καὶ φίλος προσηγορεύθη τᾶ Θεᾶ, καὶ λέγει, ἀτενίζων εἰς τὴν δόξαν τᾶ Θεᾶ, ταπεινοφρονῶν· ³ „ἐγὼ δέ εἰμι γῆ καὶ σποδός." Ἔτι δὲ καὶ περὶ Ἰὼβ οὕτω γέγραπται· ⁴ „Ἰὼβ ἦν δίκαιος καὶ ἄμεμπτος, ἀληθινὸς, θεοσεβὴς, ἀπεχόμενος ἀπὸ παντὸς κακᾶ." Ἀλλ᾽ αὐτὸς ἑαυτᾶ κατηγ[ορῶν εἶπεν]· ⁵ „οὐδεὶς καθαρὸς ἀπὸ ῥύ[πε, ἐὰν καὶ] μιᾶς ἡμέρας ἡ ζωὴ αὐτό[ῦ]." ⁶ Μωϋσῆς πιστὸς ἐν ὅλῳ [τῷ οἴκῳ] αὐτᾶ ἐκλήθη, καὶ διὰ τῆς [ὑπηρε]σίας αὐτᾶ ἔκρινεν ὁ Θεὸς [⁷ Αἴγυπτον] διὰ τῶν μαστίγων καὶ τῶν

9 Ita Ms. teste *Jacobsono*, ita et LXX. Econtra *Wottonus* exhibet δῶται. ‖ 10 Πλῆσαι, GRABIUS de Vitiis LXX Interpretum. ‖ 11 Sc. Christus. ‖ 12 Ps. 21, 7—9. Hebr. 11, 37. 1 Hebr. 11, 37. Clem. Alex. Strom. IV, 17. p. 610 sq. ‖ 2 II Paralip. 20, 7. Cfr. supra c. X. Not. 1. ‖ 3 Gen. 18, 27. ‖ 4 Job. 1, 1. ‖ 5 Job. 14, 4. 5. ‖ 6 Num. 12, 7. Hebr. 3, 2. ‖ 7 Ita WOTT. Διὸν αὐτᾶ Ἰσραὴλ MILL. et JAC. Λῦσαι τὸν Ἰσραὴλ GALL.

[αἰκι]σμάτων αὐτῶν· ἀλλὰ κἀκεῖ[νος] δοξασθεὶς μεγάλως ὐκ ἐμ[εγα]λοῤῥημόνησεν, ἀλλ᾽ εἶπεν, ἐ[κ τῆς] βάτυ χρηματισμῦ αὐτῷ ⁸ διδο[μέ]νυ· ² „τίς εἰμι ἐγώ, ὅτι με πέμπ[εις]; Ἐγὼ δέ εἰμι ἰσχνόφωνος καὶ βρ[α]δύγλωσσος." Καὶ πάλιν λέγει· ¹⁰ „ἐγὼ δέ εἰμι ἀτμὶς ἀπὸ κύθρας."

XVIII. David — exemplum humilitatis.

Τί δὲ εἴπωμεν ἐπὶ τῷ μεμαρτυρημένῳ Δαβίδ; πρὸς ὃν εἶπεν ὁ Θεός· ¹ „εὗρον ἄνδρα κατὰ τὴν καρδίαν μυ, Δαβὶδ τὸν τῦ Ἰεσσαί, ἐν ἐλέει αἰωνίῳ ἔχρισα αὐτόν." Ἀλλὰ καὶ αὐτὸς λέγει πρὸς τὸν Θεόν· ² „ἐλέησόν με, ὁ Θεός, κατὰ τὸ μέγα ἔλεός συ, καὶ κατὰ τὸ πλῆθος τῶν οἰκτιρμῶν συ ἐξάλειψον τὸ ἀνόμημά μυ. Ἐπὶ πλεῖον πλῦνόν με ἀπὸ τῆς ἀνομίας μυ, καὶ ἀπὸ τῆς ἁμαρτίας μου καθάρισόν με· ὅτι τὴν ἀνομίαν μου ἐγὼ γινώσκω, καὶ ἡ ἁμαρτία μυ ἐνώπιόν μύ ἐστιν διαπαντός. Σοὶ μόνῳ ἥμαρτον, καὶ τὸ πονηρὸν ἐνώπιόν συ ἐποίησα· ὅπως ἂν δικαιωθῇς ἐν τοῖς λόγοις συ, καὶ νικήσῃς ἐν τῷ κρίνεσθαί σε. Ἰδὺ γὰρ ἐν ἀνομίαις συνελήφθην, καὶ ἐν ἁμαρτίαις ἐκίσσησέ με ἡ μήτηρ μυ. Ἰδὺ γὰρ, ἀλήθειαν ἠγάπησας. Τὰ ἄδηλα καὶ τὰ κρύφια τῆς σοφίας συ ἐδήλωσάς μοι. Ῥαντιεῖς με ὑσσώπῳ, καὶ καθαρισθήσομαι· πλυνεῖς με, καὶ ὑπὲρ χιόνα λευκανθήσομαι. Ἀκυτιεῖς με ἀγαλλίασιν καὶ εὐφροσύνην, ἀγαλλιάσονται ὀστᾶ τεταπεινωμένα. Ἀπόστρεψον τὸ πρόσωπόν συ ἀπὸ τῶν ἁμαρτιῶν μυ, καὶ πάσας τὰς ἀνομίας μυ ἐξάλειψ[ον]. Καρδίαν καθαρὰν κτίσον ἐν ἐμοὶ, ὁ Θεὸς, καὶ πνεῦμα ³ εὐθὲς ἐγκαίνισον ἐν τοῖς ἐγκάτοις μυ. Μὴ ἀπο[ρρί]ψῃς με ἀπὸ τῦ προσώπυ συ, [καὶ τὸ πνεῦ]μα τὸ ἅγιόν συ μὴ ἀντανέ[λῃς ἀπ᾽ ἐ]μῦ. Ἀπόδος μοι τὴν ἀγαλ[λίασιν τ]ῦ σωτηρίυ συ, καὶ πνεύματι [ἡγεμο]νικῷ στήρισόν με. Διδά[ξω ἀνό]μυς τὰς ὁδύς συ, καὶ ἀ[σεβεῖ]ς ἐπιστρέψυσιν ἐπί σε. [Ῥῦσαι] με ἐξ αἱμάτων ὁ Θεός, ὁ Θεὸς τῆς [σωτ]ηρίας μυ. [Ἀγαλλ]ιάσεται ἡ γλῶσσά μυ τὴν [δικ]αιοσύνην σου. Κύριε, τὸ στόμα μυ [ἀν]οίξεις, καὶ τὰ χείλη μυ ἀναγ[γ]ελεῖ τὴν αἴνεσίν σου. Ὅτι εἰ ἡ[θ]έλησας θυσίαν, ἔδωκα ἄν· ὁλοκαυτώματα ὐκ εὐδοκήσεις. Θυσία τῷ Θεῷ πνεῦμα συντετριμμένον· καρδίαν συντετριμμένην καὶ τεταπεινωμένην ὁ Θεὸς ὐκ ἐξυθενώσει."

8 Ita JAC. *Δεδομένυ* WOTT. ‖ 9 Exod. 50, 3 — 19. ‖ 3 Ita Ms. et LXX. 3, 11. 4, 10. ‖ 10 Fortasse ex libro apocrypho.   Neutrum εὐθὲς legitur etiam II Reg. 19, 18.
1 Ps. 88, 21. Act. 13, 22. ‖ 2 Ps.

XIX. *Haec exempla imitantes pacem quaeramus.*

Τῶν τοσούτων ὖν καὶ τοιούτων ὅτως μεμαρτυρημένων τὸ ταπεινόφρονον καὶ τὸ [1] ὑποδεὲς διὰ τῆς ὑπακοῆς, ὖ μόνον ἡμᾶς, ἀλλὰ καὶ τὰς πρὸ ἡμῶν γενεὰς, βελτίϗς ἐποίησεν, τϗς τε [2] καταδεξαμένϗς τὰ λόγια [3] αὐτῦ ἐν φόβῳ καὶ ἀληθείᾳ. [4] Πολλῶν ὖν καὶ μεγάλων καὶ ἐνδόξων [5] μετειληφότες πράξεων, ἐπαναδράμωμεν ἐπὶ τὸν ἐξ ἀρχῆς παραδεδομένον ἡμῖν τῆς εἰρήνης σκοπόν, καὶ ἀτενίσωμεν εἰς τὸν πατέρα καὶ κτιστὴν τῦ σύμπαντος κόσμϗ, καὶ ταῖς μεγαλοπρεπέσι καὶ ὑπερβαλλϗσαις αὐτῦ δωρεαῖς τῆς εἰρήνης, εὐεργεσίαις τε [6] κολληθῶμεν. Ἴδωμεν αὐτὸν κατὰ διάνοιαν, καὶ ἐμβλέψωμεν τοῖς ὄμμασι τῆς ψυχῆς εἰς τὸ μακρόθυμον αὐτῦ βέλημα· νοήσωμεν, πῶς [7] ἀόργητος ὑπάρχει πρὸς πᾶσαν τὴν κτίσιν αὐτῦ.

XX. *Pacem et concordiam a Deo amari harmonia mundi et ordo naturae demonstrat, unde multa nobis adfluunt beneficia.*

Οἱ ϗρανοὶ τῇ διοικήσει αὐτῦ σαλευόμενοι ἐν εἰρήνῃ ὑποτάσσονται αὐτῷ· ἡμέρα τε καὶ νὺξ τὸν τεταγμένον ὑπ᾽ αὐτῦ δρόμον διανύουσιν, μηδὲν ἀλλήλοις ἐμποδίζοντα. Ἥλιός τε καὶ σελήνη, ἀστέρων τε χοροὶ κατὰ τὴν διαταγὴν [α]ὐτῦ ἐν ὁμονοίᾳ δίχα πάσης [π]αρεκβάσεως ἐξελίσσουσιν [το]ὺς ἐπιτεταγμένους αὐτοῖς ὁρισμούς. Γῆ κυοφορϗσα, κατὰ τὸ θέλημα αὐτῦ τοῖς ἰδίοις καιροῖς τὴν [1] παμπλήθη ἀνθρώποις τε καὶ θηρσὶν, καὶ πᾶσιν τοῖς ϗσιν ἐπ᾽ αὐτὴν ζώοις ἀνατέλλει τροφὴν, μὴ διχοστατϗσα, μηδὲ ἀλλοιϗσά τι τῶν δεδογματισμένων ὑπ᾽ αὐτῦ. Ἀβύσσων τε ἀνεξιχνίαστα καὶ νερτέρων ἀνεκδιήγητα [2] κρίματα τοῖς αὐτοῖς συνέχεται προστάγμασιν. [3] Τὸ κύτος τῆς ἀπείρϗ θαλάσσης, κατὰ τὴν δημιϗργίαν αὐτῦ συσταθὲν εἰς τὰς συναγωγὰς, ϗ παρεκβαίνει τὰ [4] περιτεθειμένα αὐτῇ κλεῖθρα, ἀλλὰ καθὼς διέταξεν αὐτῇ, ϗτως ποιεῖ. Εἶπεν γάρ· [5] „ἕως ὧδε ἥξεις,

---

1 Ὑποδέομαι, egeo, *humiliter* rogo, ὑποδεὴς = *inferior, subditus*, Scapula. ∥ 2 L. καταδεξομένϗς in Futuro; ita et superiores et praesentes et posteros, ut par est, memorat. Dav. ∥ 3 Sc. Θεϗ. ∥ 4 Cfr. Hebr. 12, 1. ∥ 5 Participes πράξεων sumus, quia earum memoriam nobis prodit S.Scriptura. Dav. ∥ 6 Teneamus pacem aeque firmam, ac ea in rerum natura tenetur. ∥ 7 Harmoniam mundi (c.21.)

instituens, clementem se praebet Deus erga omnem creaturam.

1 Ms. παυπλήθη, ut saepius. ∥ 2 I. e. *rationes* sive *dispositiones*. Alii malunt κύματα, *undae*, f. κλίματα. Wott. Κρύμματα, *occultae voragines* (vox Graecis insolens) Birr. Κρίματα = οἰκονομίαι Suidas. ∥ 3 Gen. 1, 9. ∥ 4 Job. 38, 10. Ps. 103, 9. ∥ 5 Job. 38, 11.

καὶ τὰ κύματά σε ἐν σοὶ συντριβήσεται." ⁶ Ὠκεανὸς ἀνθρώποις
ἀπέραντος, καὶ οἱ μετ᾽ αὐτὸν κόσμοι ταῖς αὐταῖς ⁷ ταγαῖς τȣ̃
δεσπότȣ διευθύνονται. Καιροὶ ἐαρινοὶ, καὶ θερινοὶ, καὶ μετοπωρι-
νοὶ, καὶ χειμερινοὶ ἐν εἰρήνῃ μεταπαραδιδόασιν ἀλλήλοις. Ἀνέμων
σταθμοὶ κατὰ τὸν ἴδιον καιρὸν τὴν λειτȣργίαν αὐτῶν ἀπροσκόπως
ἐπιτελȣ̃σιν· ἀέναοί τε πηγαὶ πρὸς ἀπόλαυσιν καὶ ὑγίειαν δημιȣρ-
γηθεῖσαι, δίχα ἐλλείψεως παρέχονται τȣ̀ς πρὸς ζωῆς ἀνθρώποις
μαζȣ́ς· τά τε ἐλάχιστα τῶν ζώων τὰς συνελεύσεις αὐτῶν ἐν ὁμονοίᾳ
καὶ εἰρήνῃ ποιοῦνται. Ταῦτα πάντα ὁ μέγας δημιȣργὸς καὶ
δεσπότης τῶν ἁπάντων ἐν εἰρήνῃ καὶ ὁμονοίᾳ προσέταξεν εἶναι,
εὐεργετῶν τὰ πάντα, ὑπερεκπερισσῶς δὲ ἡμᾶς τȣ̀ς προσπεφευγότας
τοῖς οἰκτιρμοῖς αὐτȣ̃, διὰ τȣ̃ κυρίȣ ἡμῶν Ἰησȣ̃ Χριστȣ̃, ᾧ ἡ δόξα
καὶ ἡ μεγαλωσύνη εἰς τȣ̀ς αἰῶνας τῶν αἰώνων. Ἀμήν.

XXI. *Obtemperemus Deo, non seditionis auctoribus, ne innumera
illius beneficia nobis in condemnationem cedant. Adhortationes.*

Ὁρᾶτε, ἀγαπητοὶ, μὴ αἱ εὐεργεσίαι αὐτȣ̃ αἱ πολλαὶ γένωνται
εἰς κρίμα πᾶσιν ἡμῖν, ἐὰν μὴ ἀξίως αὐτȣ̃ πολιτευόμενοι τὰ καλὰ
καὶ εὐάρεστα ἐνώπιον αὐτȣ̃ ποιῶμεν μεθ᾽ ὁμονοίας. Λέγει γάρ
πȣ· ¹ „πνεῦμα κυρίȣ λύχνος ἐρευνῶν τὰ ταμιεῖα τῆς γαστρός."
Ἴδωμεν, πῶς ἐγγύς ἐστιν, καὶ ὅτι οὐδὲν λέληθεν αὐτὸν τῶν ἐννοιῶν
ἡμῶν, οὐδὲ τῶν διαλογισμῶν, ὧν ποιȣ́μεθα. Δίκαιον ȣ̃ν ἐστιν,
μὴ λειποτακτεῖν ἡμᾶς ἀπὸ τȣ̃ θελήματος αὐτȣ̃. Μᾶλλον ἀνθρώποις ἄφροσι καὶ ἀνοήτοις καὶ ἐπαιρομένοις καὶ ἐγκαυχωμένοις ἐν
ἀλαζονείᾳ τȣ̃ λόγȣ αὐτῶν προσκόψωμεν, ἢ τῷ Θεῷ. Τὸν κύριον
Ἰησȣ̃ν Χριστόν, ȣ̃ τὸ αἷμα ὑπὲρ ἡμῶν ἐδόθη, ἐντραπῶμεν, τȣ̀ς
² προηγȣμένȣς ἡμῶν αἰδεσθῶμεν, τȣ̀ς πρεσβυτέρȣς ἡμῶν τιμήσωμεν,
τȣ̀ς νέȣς παιδεύσωμεν τὴν παιδείαν τȣ̃ φόβȣ τȣ̃ Θεȣ̃, ³ τὰς γυναῖκας ἡμῶν ἐπὶ τὸ ἀγαθὸν διορθωσώμεθα. Τὸ ἀξιαγάπητον τῆς
ἁγνείας ἦθος ἐνδειξάσθωσαν, τὸ ἀκέραιον τῆς πραΰτητος αὐτῶν

---

6 Clem. Alex. Strom. V, 12. p. 693. ‖
7 F. ἐπιταγαῖς vel διαταγαῖς JUN.
FELL.

1 Prov. 20, 27. Haec usque ad
finem c. 22. exscripsit Clem. Alex.
Strom. IV, 17. p. 611 et 612. Econtra
Bernardus autumat, ex Alexandrino
interpolatum esse Romanum Clementem. ‖ 2 Cfr. ROTHE, *Anfänge etc.*
p. 403, et supra c. 1. Not. 7.

Uberius de hac re nuperrime disputavit THOENNISSEN (zwei hist. theol.
Abhandlungen, Trier 1841), monens:
προηγȣμένȣς significare praesentem
Episcopum Corinthiorum et succes-
sores ejus, vocem πρεσβυτέρȣς autem
de collegio *Presbyterorum*, νέȣς de
multitudine *Laicorum* intelligendam
esse. ‖ 3 Similia monet *Polycarpus*
ad Phil. c. 4.

I. CLEMENTIS AD COR. XXI. XXII. XXIII.

βέλημα ἀποδειξάτωσαν, τὸ ἐπιεικὲς τῆς γλώσσης αὐτῶν διὰ τῆς ⁴ φωνῆς φανερὸν ποιησάτωσαν, τὴν ἀγάπην αὐτῶν μὴ ⁵ κατὰ προσκλίσεις, ἀλλὰ πᾶσιν τοῖς φοβεμένοις τὸν Θεὸν ὁσίως, ἴσην παρεχέτωσαν. Τὰ τέκνα ὑμῶν τῆς ἐν Χριστῷ παιδείας μεταλαμβανέτωσαν· μαθέτωσαν, τί ταπεινοφροσύνη παρὰ Θεῷ ἰσχύει, τί ἀγάπη ἀγνὴ παρὰ τῷ Θεῷ δύναται, πῶς ὁ φόβος αὐτῶ καλὸς καὶ μέγας καὶ σώζων πάντας τὸς ἐν αὐτῷ ὁσίως ἀναστρεφομένες ἐν καθαρᾷ διανοίᾳ. ⁶ Ἐρευνητὴς γὰρ ἐστιν ἐννοιῶν καὶ ἐνθυμήσεων· ὁ ἡ πνοὴ αὐτῶ ἐν ἡμῖν ἐστιν, καὶ ὅταν θέλῃ, ⁷ ἀνελεῖ αὐτήν.

XXII. Adhortationes hae roborantur fide christiana, quae miseriam peccatorum praedicat.

Ταῦτα δὲ πάντα βεβαιοῖ ἡ ἐν Χριστῷ πίστις· καὶ γὰρ αὐτὸς διὰ τῶ πνεύματος τῶ ἁγίω ὅτως προσκαλεῖται ἡμᾶς· ¹ „δεῦτε, τέκνα, ἀκύσατέ μɛ, φόβον κυρίε διδάξω ὑμᾶς. Τίς ἐστιν ἄνθρωπος ὁ θέλων ζωὴν, ἀγαπῶν ἡμέρας ἰδεῖν ἀγαθάς; Παῦσον τὴν γλῶσσάν σɛ ἀπὸ κακῶ, καὶ χείλη ² τῶ μὴ λαλῆσαι δόλον. Ἔκκλινον ἀπὸ κακῶ, καὶ ποίησον ἀγαθόν. Ζήτησον εἰρήνην, καὶ δίωξον αὐτήν. Ὀφθαλμοὶ κυρίε ἐπὶ δικαίες, καὶ ὦτα αὐτῶ πρὸς δέησιν αὐτῶν· πρ[όσωπον δὲ] κυρίε ἐπὶ ποιοῦντας κακ[ὰ, τῶ ἐξολ]εθρεῦσαι ἐκ γῆς τὸ μνημ[όσυνον] αὐτῶν. Ἐκέκραξεν ὁ δ[ίκαιος], καὶ ὁ κύριος εἰσήκεσεν αὐτ[οῦ, καὶ ἐκ] πασῶν τῶν θλίψεων α[ὐτῶ ἐῤῥύ]σατο αὐτόν. ³ Πολλαὶ ⁴ αἱ μάστ[ιγες] τῶ ἁμαρτωλοῦ, τὲς δὲ ἐ[λπίζον]τας ἐπὶ κύριον ἔλεος κυκλώσε[ι]."

XXIII. Estote humiles. Credite, Christum esse venturum.

Ὁ οἰκτίρμων κατὰ πάντα κ[αὶ εὐερ]γετικὸς πατὴρ ἔχει σπλάγχνα ἐ[πὶ] φοβεμένες αὐτὸν, ἠπίως [τε] καὶ προσηνῶς τὰς χάριτας αὐτ[οῦ] ἀποδιδοῖ τοῖς προσερχομένοι[ς] αὐτῷ ἁπλῇ διανοίᾳ. Διὸ μὴ διψυχῶμεν, μηδὲ ¹ ἰνδαλλέσθω ἡ ψυχὴ ἡμῶν ἐπὶ ταῖς ὑπερβαλλέσαις καὶ ἐνδόξοις δωρεαῖς αὐτῶ. Πόῤῥω γενέσθω ἀφ' ἡμῶν ἡ γραφὴ αὕτη, ὅπε λέγει· ² „ταλαίπωροί εἰσιν οἱ δίψυχοι, οἱ διστά-

4 Σιγῆς Clem. Alex. || 5 Cfr. I Tim. 5, 21. || 6 Cfr. Hebr. 4, 12. || 7 Ita Day. ἀνέλει Wott.
1 Ps. 33, 11 — 18. || 2 Lege σῶ ut apud LXX. et Clem. Alex. Gall. ||
3 Ps. 31, 10. || 4 Articulum, quem habet Ms., male omisit Wottonus. Jacobs.
1 Ἰνδάλλεσθαι = φαίνεσθαι, φαν-

τάζεσθαι, germanice dünken et sich dünken = φυσιῶσθαι ut I Cor. 4, 6. ||
2 Haec verba ex apocrypha quadam scriptura sumta fuisse censet Cotelerius. Contra Wottonus conjicit, loca Jac. 1, 8. et II Petr. 3, 3. 4. (et Matth. 24, 32.) inter se collata in animo Clementis fuisse.

ζοντες τὴν ψυχὴν, οἱ λέγοντες· ταῦτα ἠκύσαμεν καὶ ἐπὶ τῶν πατέρων ἡμῶν, καὶ ἰδὲ γεγηράκαμεν, καὶ οὐδὲν ἡμῖν τότων συμβέβηκεν. Ὦ ἀνόητοι, συμβάλετε ἑαυτὸς ξύλῳ· λάβετε ἄμπελον. Πρῶτον μὲν φυλλοῤῥοεῖ, εἶτα βλαστὸς γίνεται, εἶτα φύλλον, εἶτα ἄνθος, καὶ μετὰ ταῦτα ὄμφαξ, εἶτα σταφυλὴ παρεστηκυῖα. Ὁρᾶτε, ὅτι ἐν καιρῷ ὀλίγῳ εἰς πέπειρον καταντᾷ ὁ καρπὸς τῦ ξύλυ." Ἐπ' ἀληθείας ταχὺ καὶ ἐξαίφνης τελειωθήσεται τὸ βύλημα αὐτῦ, συνεπιμαρτυρύσης καὶ τῆς γραφῆς· [3] „ὅτι ταχὺ ἥξει καὶ ὀ χρονιεῖ, καὶ ἐξαίφνης ἥξει ὁ κύριος εἰς τὸν ναὸν αὐτῦ, καὶ ὁ [4] ἅγιος, ὃν ὑμεῖς προσδοκᾶτε."

XXIV. *Futuram resurrectionem Deus continue nobis in natura ostendit.*

Κατανοήσωμεν, ἀγαπητοὶ, πῶς ὁ δεσπότης ἐπιδείκνυται διηνεκῶς ἡμῖν τὴν μέλλυσαν ἀνάστασιν ἔσεσθαι, ἧς τὴν [1] ἀπαρχὴν ἐποιήσατο τὸν κύριον Ἰησῦν Χριστὸν, ἐκ νεκ[ρῶν] ἀναστήσας. Ἴδωμεν, ἀγαπητοὶ, τὴν κατὰ και[ρὸν] γινομένην ἀνάστασιν. Ἡμέρ[α καὶ] νὺξ ἀνάστασιν ἡμῖν δηλῦσ[ιν]· [2] κοιμᾶται ἡ νὺξ, ἀνίσταται ἡ[μέρα]· ἡ ἡμέρα ἄπεισιν, νὺξ ἐπέρ[χεται. Βλέπωμ]εν τὺς καρπύς· ὁ σπόρος [κόκκου] τίνα τρόπον γίνεται; [3] Ἐξῆλ[θεν ὁ σπ]είρων καὶ ἔβαλεν εἰς τὴν γῆν, [καὶ βληθέ]ντων σπερμάτων, ἅτινα πέ[πτωκεν] εἰς τὴν γῆν ξηρὰ καὶ γυμνὰ, δι[αλύεται]. Εἶτ' ἐκ τῆς διαλύσεως ἡ μεγα[λειότ]ης τῆς προνοίας τῦ δεσπότυ [ἀνίσ]τησιν αὐτά, καὶ ἐκ τῦ ἑνὸς πλεί-[ονα α]ὔξει, καὶ ἐκφέρει καρπόν.

XXV. *Phoenix resurrectionis nostrae imago.*

[Ἴδω]μεν τὸ παράδοξον σημεῖον, τὸ [γιν]όμενον ἐν τοῖς ἀνατολικοῖς [τό]ποις, τυτέστιν τοῖς περὶ τὴν Ἀραβίαν. Ὄρνεον γάρ ἐστιν, ὃ προσονομάζεται [1] Φοῖνιξ. Τῦτο μονογενὲς ὑπάρχον ζῇ ἔτη πεντακόσια· γενόμενόν τε ἤδη πρὸς ἀπόλυσιν τῦ ἀποθανεῖν αὐτὸ, σηκὸν ἑαυτῷ ποιεῖ ἐκ λιβάνυ καὶ σμύρνης καὶ τῶν λοιπῶν ἀρωμάτων, εἰς ὃν πληρωθέντος τῦ χρόνυ εἰσέρχεται, καὶ τελευτᾷ. Σηπομένης δὲ τῆς σαρκὸς σκώληξ τις γεννᾶται, ὃς ἐκ τῆς ἰκμάδος τῦ τετελευτηκότος ζώυ ἀνατρεφόμενος πτεροφυεῖ. Εἶτα γενναῖος γενόμενος αἴρει τὸν σηκὸν ἐκεῖνον, ὅπυ τὰ ὀστᾶ τῦ προγεγονότος

---

3 Habac. 2, 3. Malach. 3, 1. Cfr.   3 Cfr. Luc. 8, 5.
Hebr. 10, 37. || 4 *Ἄγγελος* LXX.   1 Haec recitat Cyrillus Hier. Cat.
1 Cfr. I Cor. 15, 20. Col. 1, 18.|| 18, 8.; similia Tertull. de resurr.
2 Hunc locum Clementis secutus est §. 13.
Tertullianus de resurr. §. 12. ||

ἐστὶν, καὶ ταῦτα βαστάζων ² διανύει ἀπὸ τῆς Ἀραβικῆς χώρας ἕως τῆς Αἰγύπτε εἰς τὴν λεγομένην Ἡλιόπολιν. Καὶ ἡμέρας, βλεπόντων πάντων ἐπιπτάς, ἐπὶ τὸν τῦ ἡλίε βωμὸν τίθησιν αὐτά, καὶ οὕτως εἰς τοπίσω ἀφορμᾷ. Οἱ οὖν ἱερεῖς ἐπισκέπτονται τὰς ἀναγραφὰς τῶν χρόνων, καὶ εὑρίσκυσιν αὐτὸν πεντακοσιοστῦ ἔτες πεπληρωμένυ ἐληλυθέναι.

XXVI. *Resurgemus igitur, quod et S. Scriptura testatur.*

Μέγα καὶ θαυμαστὸν οὖν νομίζομεν εἶναι, εἰ ὁ δημιεργὸς τῶν ἁπάντων ἀνάστασιν ποιήσεται τῶν ὁσίως αὐτῷ δελευσάντων ἐν πεποιθήσει πίστεως ἀγαθῆς, ὅπυ καὶ δι' ὀρνέε δείκνυσιν ἡμῖν τὸ μεγαλεῖον τῆς ἐπαγγελίας αὐτῦ; Λέγει γάρ πυ· ¹ „καὶ ἐξαναστήσεις με, καὶ ἐξομολογήσομαί σοι·" [κ]αί· ² „ἐκοιμήθην καὶ ὕπνωσα, ἐξη[γ]έρθην, ὅτι σὺ μετ' ἐμοῦ εἶ." [Καὶ] πάλιν Ἰὼβ λέγει· ³ „καὶ ἀναστήσεις [τὴν] σάρκα με ταύτην, τὴν ἀναντλήσασαν ταῦτα πάντα."

XXVII. *Spe resurrectionis adhaereamus Deo, omnipotenti et omniscienti.*

Ταύτῃ ἕν τῇ ἐλπίδι προσδεδέσθωσαν αἱ ψυχαὶ ἡμῶν τῷ πιστῷ ἐν ταῖς ἐπαγγελίαις καὶ τῷ δικαίῳ ἐν τοῖς κρίμασιν. Ὁ παραγγείλας μὴ ψεύδεσθαι, πολλῷ μᾶλλον ¹ αὐτὸς ᾿ ψεύσεται· ἐδὲν γὰρ ἀδύνατον παρὰ τῷ Θεῷ, εἰ μὴ τὸ ψεύσασθαι. Ἀναζωπυρησάτω ὖν ἡ πίστις αὐτῦ ἐν ἡμῖν, καὶ νοήσωμεν, ὅτι πάντα ἐγγὺς αὐτῷ ἐστιν. Ἐν λόγῳ τῆς μεγαλωσύνης αὐτῦ συνεστήσατο τὰ πάντα, καὶ ἐν λόγῳ δύναται αὐτὰ καταστρέψαι. ² „Τίς ἐρεῖ αὐτῷ· τί ἐποίησας; ἢ τίς ἀντιστήσεται τῷ κράτει τῆς ἰσχύος αὐτῦ;" Ὅτε θέλει, καὶ ὡς θέλει, ποιήσει πάντα, ³ καὶ οὐδὲν μὴ ⁴ παρέλθῃ τῶν δεδογματισμένων ὑπ' αὐτῦ. Πάντα ἐνώπιον αὐτῦ εἰσι, καὶ ἐδὲν λέληθεν τὴν βελὴν αὐτῦ. ⁵ „Εἰ οἱ ὑρανοὶ διηγῦνται δόξαν Θεῦ, ποίησιν δὲ χειρῶν αὐτῦ ἀναγγέλλει τὸ στερέωμα. Ἡ ἡμέρα τῇ ἡμέρᾳ ἐρεύγεται ῥῆμα, καὶ νὺξ νυκτὶ ἀναγγέλλει γνῶσιν· καὶ ὐκ εἰσὶ λόγοι, ὐδὲ λαλιαί, ὧν ὐχὶ ἀκέονται αἱ φωναὶ αὐτῶν."

2 Ms. διανεύει, male.
1 Ps. 27, 7. ‖ 2 Ps. 3, 6. ‖ 3 Job.
19, 25. 26.
1 Cfr. Tit. 1, 2. Hebr. 6, 18. ‖
2 Sap. 12, 12. 11, 22. ‖ 3 Cfr. Matth.

24, 35. ‖ 4 Wottonus Fello et Colomesio assentitur, restituentibus παρέλθε, ni forte inseramus ὥστε, et legamus, ὥστε καὶ ὐδὲν μὴ παρέλθῃ. JAC. ‖
5 Ps. 18, 2. 3. 4.

XXVIII. *Deus omnia videt, ergo fugiamus peccata.*

Πάντων ἂν βλεπομένων καὶ ἀκουομένων ¹, φοβηθῶμεν αὐτόν, καὶ ἀπολείπωμεν φαύλων ἔργων μιαρὰς ἐπιθυμίας, ἵνα τῷ ἐλέει αὐτῦ σκεπασθῶμεν ἀπὸ τῶν μελλόντων κριμάτων. Πῦ γάρ τις ἡμῶν δύναται φυγεῖν ἀπὸ τῆς κραταιᾶς χειρὸς αὐτῦ; Ποῖος δὲ κόσμος δέξεταί τινα τῶν αὐτομολύντων ἀπ' αὐτῦ; Λέγει γάρ πυ τὸ ² γραφεῖον· ³ „πῦ ἀφήξω, καὶ πῦ κρυβήσομαι ἀπὸ τῦ προσώπυ συ; Ἐὰν ἀναβῶ εἰς τὸν ὁρανόν, σὺ εἶ ἐκεῖ· ἐὰν ἀπέλθω εἰς τὰ ἔσχατα τῆς γῆς, ἐκεῖ ἡ δεξιά συ· ἐὰν ⁴ καταστρώσω εἰς τὰς ἀβύσσυς, ἐκεῖ τὸ πνεῦμά σου." Ποῖ ἂν τις ἀπέλθῃ, ἢ πῦ ἀποδράσῃ ἀπὸ τῦ τὰ πάντα ἐμπεριέχοντος;

XXIX. *Et accedamus ad Deum in sanctitate cordis.*

Προσέλθωμεν ἂν αὐτῷ ἐν ὁσιότητι ψυχῆς, ¹ ἁγνὰς καὶ ἀμιάντυς χεῖρας αἴροντες πρὸς αὐτόν, ἀγαπῶντες τὸν ἐπιεικῆ καὶ εὔσπλαγχνον πατέρα ἡμῶν, ² ὃς ἐκλογῆς μέρος ἐποίησεν ἑαυτῷ. Οὕτω γὰρ γέγραπται· ³ „ὅτε διεμέριζεν ὁ ὕψιστος ἔθνη, ὡς διέσπειρεν υἱὸς Ἀδάμ, ἔστησεν ὅρια ἐθνῶν κατὰ ἀριθμὸν ἀγγέλων Θεῦ. Ἐγενήθη μερὶς κυρίυ λαὸς αὐτῦ Ἰακώβ, σχοίνισμα κληρονομίας αὐτῦ Ἰσραήλ." Καὶ ἐν ἑτέρῳ τόπῳ λέγει· ⁴ „ἰδού, κύριος λαμβάνει ἑαυτῷ ἔθνος ἐκ μέσυ ἐθνῶν, ὥσπερ λαμβάνει ἄνθρωπος τὴν ἀπαρχὴν αὐτῦ τῆς ἅλω· καὶ ἐξελεύσεται ἐκ τῦ ἔθνυς ἐκείνυ ἅγια ἁγίων."

XXX. *Faciamus, quae placent, fugiamus, quae displicent Deo, ut benedicamur.*

Ἁγίυ ἂν μερὶς ὑπάρχοντες ποιήσωμεν τὰ τῦ ἁγιασμῦ πάντα, φεύγοντες καταλαλιάς, μιαράς τε καὶ ¹ ἀνάγνυς συμπλοκάς, μέθας τε καὶ νεωτερισμὺς καὶ βδελυκτὰς ἐπιθυμίας, μυσαρὰν μοιχείαν, βδελυκτὴν ὑπερηφανίαν. ² „Θεὸς γάρ, φησιν, ὑπερηφάνοις ἀντιτάσσεται, ταπεινοῖς δὲ δίδωσι χάριν." Κολληθῶμεν ἂν ἐκείνοις, οἷς ἡ χάρις ³ ἀπὸ τῦ Θεῦ δέδοται. Ἐνδυσώμεθα τὴν ὁμόνοιαν,

---

1 Sc. ὑπ' αὐτῦ Bois. ‖ 2 Γραφεῖα
= ἁγιόγραφα. Male Vossius existimavit, vocem γραφεῖον ab Aquila fuisse confictam. Cfr. Rich. Simon, Bibl. chois. T. I. p. 273. Critiq. de la Bibl. Dupin III. p. 70. et Resp. ad Voss. p. 33. GALL. ‖ 3 Ps. 138, 7—10. ‖ 4 LXX καταβῶ. Clemens

propius accedit ad textum hebraeum.
1 Cfr. 1 Tim. 2, 8. ‖ 2 Aut lege ὃς cum Davisio, aut supple ἡμᾶς vel τὰ ἔθνη. ‖ 3 Deut. 32, 8. 9. ‖ 4 Deut. 4, 34. Num. 18, 27. II. Paral. 31, 14.

1 Ms. ἁγνὺς, male. Alii λαγνὺς, libidinosos. ‖ 2 Prov. 3, 34. Jac. 4, 6. I Petr. 5, 5. ‖ 3 I. e. humilibus. ‖

ταπεινοφρονῦντες, ἐγκρατευόμενοι, ἀπὸ παντὸς ψιθυρισμῦ καὶ καταλαλιᾶς πόῤῥω ἑαυτὺς ποιῦντες, ἔργοις δικαιύμενοι, καὶ μὴ λόγοις. Λέγει γάρ· [4] „ὁ τὰ πολλὰ λέγων καὶ ἀντακύσεται· ἢ ὁ εὔλαλος οἴεται εἶναι δίκαιος; Εὐλογημένος γεννητὸς γυναικὸς ὀλιγόβιος· μὴ πολὺς ἐν ῥήμασιν γίνε." [5] Ὁ ἔπαινος ἡμῶν ἔστω ἐν Θεῷ, καὶ μὴ ἐξ αὐτῶν· αὐτεπαινέτυς γὰρ μισεῖ ὁ Θεός. Ἡ μαρτυρία τῆς ἀγαθῆς πράξεως ἡμῶν διδόσθω ὑπ' ἄλλων, καθὼς ἐδόθη τοῖς πατράσιν ἡμῶν τοῖς δικαίοις. Θράσος καὶ αὐθάδεια καὶ τόλμα τοῖς κατηραμένοις ὑπὸ τῦ Θεῦ· ἐπιείκεια καὶ ταπεινοφροσύνη καὶ πραΰτης παρὰ τοῖς εὐλογημένοις ὑπὸ τῦ Θεῦ.

XXXI. *Videamus, qua ratione benedictionem divinam consequamur.*

Κολληθῶμεν ὖν τῇ εὐλογίᾳ αὐτῦ, καὶ ἴδωμεν, τίνες αἱ ὁδοὶ τῆς εὐλογίας. Ἀνατυλίξωμεν τὰ ἀπ' ἀρχῆς γενόμενα. [1] Τίνος χάριν ηὐλογήθη ὁ πατὴρ ἡμῶν Ἀβραάμ; Οὐχὶ δικαιοσύνην καὶ ἀλήθειαν διὰ πίστεως ποιήσας; [2] Ἰσαὰκ μετὰ πεποιθήσ[εως], [3] γινώ]σκων τὸ μέλλον, ἡδέ[ως ἐγένε]το θυσία. [4] Ἰακὼβ μετὰ ταπεινοφρ[οσύνης] ἐξεχώρησεν τῆς γῆς αὑ[τῦ [5] δι' ἀδελ]φὸν, καὶ ἐπορεύθη πρὸς [Λαβάν], καὶ ἐδούλευσεν· καὶ ἐδόθ[η αὐτῷ] τὸ δωδεκάσκηπτρον τῦ [Ἰσραήλ].

XXXII. *Non per nos ipsos et opera nostra, sed per) fidem justificamur.*

[Εἴ]τις καθ' ἓν ἕκαστον εἰλικρι[νῶς] κατανοήσῃ, ἐπιγνώσεται [τὰ με]γαλεῖα τῶν ὑπ' αὐτῦ δεδομ[ένων] δωρεῶν. Ἐξ [1] αὐτῦ γὰρ ἱερεῖς καὶ λευῖται πάντες οἱ λειτυργ[οῦν]τες τῷ θυσιαστηρίῳ τῦ Θεῦ· [2] ἐξ αὐτῦ ὁ κύριος Ἰησῦς τὸ κατὰ σάρκα· ἐξ αὐτῦ βασιλεῖς καὶ ἄρχοντες καὶ ἡγύμενοι, κατὰ τὸν Ἰύδαν· τὰ δὲ λοιπὰ σκῆπτρα αὐτῦ ὑκ ἐν μικρᾷ δόξῃ ὑπάρχυσιν, ὡς ἐπαγγειλαμένυ τῦ Θεῦ. [3] „ὅτι ἔσται τὸ σπέρμα σε ὡς οἱ ἀστέρες τῦ ὐρανῦ." Πάντες ὖν ἐδοξάσθησαν καὶ ἐμεγαλύνθησαν, ὐ δι' αὐτῶν, ἢ τῶν ἔργων αὐτῶν, ἢ τῆς δικαιοπραγίας, ἧς κατειργάσαντο, ἀλλὰ διὰ τῦ θελήματος αὐτῦ. Καὶ ἡμεῖς ὖν, διὰ θελήματος αὐτῦ ἐν Χριστῷ Ἰησῦ κληθέντες, ὐ δι'

---

4 Job. 11, 2. 3. || 5 Cfr. Rom. 2, 29. φὸν Wott.
II Cor. 10, 17. 18.   1 Sc. ex Jacob. Ms. αὐτῶν, male;
1 Cfr. Jac. 2, 21. || 2 Gen. 22. || mox enim bis repetitur ἐξ αὐτῦ. ||
3 Adde ὡς. Wocher. || 4 Gen. 28. || 2 Cfr. Rom. 9, 5. || 3 Gen. 22, 17.
5 Ita Jacobson. Αὐ[τῦ φεύγων ἀδελ]- 28, 4.

ἑαυτῶν δικαιώμεθα, ἀδὲ διὰ τῆς ἡμετέρας σοφίας, ἢ συνέσεως, ἢ εὐσεβείας, ἢ ἔργων, ὧν κατειργασάμεθα ἐν ὁσιότητι καρδίας· ἀλλὰ διὰ τῆς πίστ[ε]ως, δι᾽ ἧς πάντας [4] τὰ ἀπ᾽ αἰῶνος ὁ παντοκράτωρ Θεὸς ἐδικαίωσεν· ᾧ ἔστω ἡ δόξα εἰς τὰς αἰῶνας τῶν αἰώνων. Ἀμήν.

XXXIII. *Ne derelinquamus vero bona opera et charitatem. Operum bonorum Deus ipse nobis exemplum.*

Τί ἓν ποιήσωμεν, ἀδελφοί; Ἀργήσωμεν ἀπὸ τῆς ἀγαθοποιΐα[ς], καὶ ἐγκαταλείπωμεν τὴν ἀγάπη[ν]; Μηθαμῶς τᾶτο ἐάσαι ὁ δεσπότ[ης] ἐφ᾽ ἡμῖν γε [1] γενηθῆναι, ἀλλὰ σπεύσωμεν μετὰ ἐκτενείας καὶ προθυμίας πᾶν ἔργον ἀγαθ[ὸν] ἐπιτελεῖν. Αὐτὸς γὰρ ὁ δημιωργὸς καὶ δ[εσπό]της τῶν ἁπάντων ἐπὶ τοῖς ἔρ[γοις] αὐτᾶ ἀγαλλιᾶται. Τῷ γὰρ παμμεγεθεστάτῳ αὐτ[οῦ] κράτει ὀρανὸς ἐστήρισε[ν], καὶ τῇ ἀκαταλήπτῳ αὐτᾶ συ[νέσει διεκόσ]μησεν αὐτὸς· γῆν τε [διεχώ]ρισεν ἀπὸ τᾶ περιέχον[τος αὐ]τὴν ὕδατος, καὶ ἥδρασεν [ἐπὶ τὸ]ν ἀσφαλῆ τᾶ ἰδίᾳ βε[λήμα]τος θεμέλιον· τά τε ἐν αὐτ[ῇ] ζῶα φοιτῶντα τῇ ἑαυτᾶ [προστά]ξει ἐκέλευσεν εἶναι· θάλασ[σάν] τε κ]αὶ τὰ ἐν αὐτῇ ζῶα προδημι[ωργή]σας ἐνέκλεισεν τῇ ἑαυτᾶ [δυ]νάμει. Ἐπὶ πᾶσι τὸ ἐξοχώτατον [κα]ὶ παμμέγεθες κατὰ διάνοιαν, [ἄν]θρωπον, ταῖς ἱεραῖς καὶ ἀμώμοις χερσὶν ἔπλασεν τῆς ἑαυτᾶ εἰκόνος χαρακτῆρα. Οὕτως γάρ φησιν ὁ Θεός· [2] „ποιήσωμεν ἄνθρωπον κατ᾽ εἰκόνα καὶ καθ᾽ ὁμοίωσιν ἡμετέραν· καὶ ἐποίησεν ὁ Θεὸς τὸν ἄνθρωπον, ἄρσεν καὶ θῆλυ ἐποίησεν αὐτὰς." Ταῦτα ἂν πάντα τελειώσας ἐπῄνεσεν αὐτὰ καὶ ηὐλόγησεν καὶ εἶπεν· [3] „αὐξάνεσθε καὶ πληθύνεσθε." Ἴδωμεν, ὅτι [4] τε ἐν ἔργοις ἀγαθοῖς πάντες ἐκοσμήθησαν οἱ δίκαιοι· καὶ αὐτὸς ἂν ὁ κύριος, ἔργοις ἑαυτὸν κοσμήσας, ἐχάρη. Ἔχοντες ἂν τᾶτον τὸν [5] ὑπογραμμὸν, ἀόκνως προσέλθωμεν τῷ θελήματι αὐτᾶ, [6] ἐξ ὅλης ἰσχύος ἡμῶν ἐργασώμεθα ἔργον δικαιοσύνης.

XXXIV. *Bonis operibus magna apud Deum merces. Concordia juncti precemur eam a Domino.*

Ὁ ἀγαθὸς ἐργάτης μετὰ παρρησίας λαμβάνει τὸν ἄρτον τᾶ ἔργυ αὐτᾶ, ὁ νωθρὸς καὶ παρειμένος ἐκ ἀντοφθαλμεῖ τῷ ἐργο-

---

4 Ita Ms., non τὺς, ut habent editi ante Wottonum.
1. Ita JUN. et JAC. Caeteri γεγενηθῆναι. || 2 Gen. 1, 26. 27. || 3 Gen. 1, 28. || 4 Ita BIRR. et GALL. Ms. τό.

Non est, cur ἴδωμεν in εἴδωμεν seu εἴδομεν cum Birrio mutemus. ||
5 Vide supra c. 5. || 6 Boisius et Wottonus voluut, ut legatur καὶ ante ἐξ.

παρέκτη αὐτȣ. Δέον ȣν ἐστιν, προθύμως ἡμᾶς εἶναι εἰς ἀγαθοποιΐαν· ἐξ ¹ αὐτȣ γάρ ἐστιν τὰ πάντα. Προλέγει γὰρ ἡμῖν· ² „ἰδȣ ὁ κύριος, καὶ ὁ μισθὸς αὐτȣ πρὸ προσώπȣ αὐτȣ, ἀποδοῦναι ἑκάστῳ κατὰ τὸ ἔργον αὐτȣ." Προτρέπεται ȣν ἡμᾶς ἐξ ὅλης τῆς καρδίας ³ ἐπ᾽ αὐτῷ, μὴ ἀργὸς, μήτε παρειμένȣς εἶναι ἐπὶ πᾶν ἔργον ἀγαθόν. Τὸ καύχημα ἡμῶν καὶ ἡ παῤῥησία ἔστω ἐν αὐτῷ· ὑποτασσώμεθα τῷ θελήματι αὐτȣ· κατανοήσωμεν τὸ πᾶν πλῆθος τῶν ἀγγέλων αὐτȣ, πῶς τῷ θελήματι αὐτȣ λειτȣργȣσιν παρεστῶτες. Λέγει γὰρ ἡ γραφή· ⁴ „μύριαι μυριάδες παρειστήκεισαν αὐτῷ, καὶ χίλιαι χιλιάδες ἐλειτȣργȣν αὐτῷ, ⁵ καὶ ἐκέκραγον· ἅγιος, ἅγιος, ἅγιος κύριος σαβαὼθ, πλήρης πᾶσα ἡ κτίσις τῆς δόξης αὐτȣ." Καὶ ἡμεῖς ȣν ἐν ὁμονοίᾳ ἐπὶ τὸ αὐτὸ συναχθέντες, ⁶ τῇ συνειδήσει, ὡς ἐξ ἑνὸς στόματος βοήσωμεν πρὸς αὐτὸν ἐκτενῶς, εἰς τὸ μετόχȣς ἡμᾶς γενέσθαι τῶν μεγάλων καὶ ἐνδόξων ἐπαγγελιῶν αὐτȣ. Λέγει γάρ· ⁷ „ὀφθαλμὸς ȣκ εἶδεν, καὶ ȣς ȣκ ἤκȣσεν, καὶ ἐπὶ καρδίαν ἀνθρώπȣ ȣκ ἀνέβη, ὅσα ἡτοίμασεν τοῖς ὑπομένȣσιν αὐτόν."

XXXV. *Immensa est haec merces. Quomodo assequemur illam?*

Ὡς μακάρια καὶ θαυμαστὰ τὰ δῶρα τȣ Θεȣ, ἀγαπητοί! Ζωὴ ἐν ἀθανασίᾳ, λαμπρότης ἐν δικαιοσύνῃ, ἀλήθεια ἐν παῤῥησίᾳ, πίστις ἐν πεποιθήσει, ἐγκράτεια ἐν ἁγιασμῷ· καὶ ταῦτα ὑπέπιπτεν πάντα ὑπὸ τὴν διάνοιαν ἡμῶν. Τίνα ȣν ἄρα ἐστὶν τὰ ἑτοιμαζόμενα τοῖς ὑπομένȣσιν; Ὁ δημιȣργὸς καὶ πατὴρ τῶν αἰώνων, ὁ πανάγιος, αὐτὸς γινώσκει τὴν ποσότητα καὶ τὴν καλλονὴν αὐτῶν. Ἡμεῖς ȣν ἀγωνισώμεθα εὑρεθῆναι ἐν τῷ ἀριθμῷ τῶν ὑπομενόντων αὐτόν, ὅπως μεταλάβωμεν τῶν ἐπηγγελμένων δωρεῶν. Πῶς δὲ ἔσται τȣτο, ἀγαπητοί; Ἐὰν ἐστηριγμένη ᾖ ἡ διάνοια ἡμῶν ¹ [διὰ] πίστεως πρὸς τὸν Θεόν, ἐὰν ἐκζητῶμεν τὰ εὐάρεστα καὶ εὐπρόσδεκτα αὐτῷ, ἐὰν ἐπιτελέσωμεν τὰ ἀνήκοντα τῇ ἀμώμῳ βȣλήσει αὐτȣ, καὶ ἀκολȣθήσωμεν τῇ ὁδῷ τῆς ἀληθείας, ἀποῤῥίψαντες ἀφ᾽ ἑαυτῶν πᾶσαν ² ἀδικίαν καὶ ἀνομίαν, πλεονεξίαν, ἔρεις, κακοηθείας τε καὶ δόλȣς, ψιθυρισμȣς τε καὶ καταλαλιὰς, θεοστυ-

---

1 Sc. Θεȣ seu ἐργοπαρέκτȣ Bois. ‖ 2 Isai. 40, 10, 62, 11. Apocal. 22, 12. ‖ 3 Davisio placet ἐπὶ τὸ μὴ κ. τ. λ. ‖ 4 Dan. 7, 10. ‖ 5 Isai. 6, 3. ‖ 6 Cfr. supra c. 2. Not. 9. ‖ 7 In V. T. (Isai. 64, 3. 4.) haec non iis- dem apicibus invenies; sed paene ad verbum reperiuntur apud S. Paulum I Cor. 2, 9. 1 Aut legamus πίστει, aut inseramus διά. Wott. ‖ 2 Cfr. Rom. 1, 29 — 32.

γίαν, ὑπερηφανίαν τε καὶ ἀλαζονείαν, ³ κενοδοξίαν τε καὶ ⁴ ἀφιλο-
ξενίαν. Ταῦτα γὰρ οἱ πράσσοντες στυγητοὶ τῷ Θεῷ ὑπάρχουσιν·
⁵ ὃ μόνον δὲ οἱ πράσσοντες αὐτὰ, ἀλλὰ καὶ οἱ συνευδοκοῦντες
αὐτοῖς. Λέγει γὰρ ἡ γραφή· ⁶ „τῷ δὲ ἁμαρτωλῷ εἶπεν ὁ Θεός·
ἵνα τί σὺ διηγῇ τὰ δικαιώματά μου, καὶ ἀναλαμβάνεις τὴν διαθήκην
μου ἐπὶ στόματός σου; Σὺ δὲ ἐμίσησας παιδείαν, καὶ ⁷ ἐξέβαλες τοὺς
λόγους μου εἰς τὰ ὀπίσω. Εἰ ἐθεώρεις κλέπτην, συνέτρεχες ⁸ αὐτῷ,
καὶ μετὰ μοίχων τὴν μερίδα σου ἐτίθεις. Τὸ στόμα σου ἐπλεόνασε
κακίαν, καὶ ἡ γλῶσσά σου περιέπλεκεν δολιότητα. Κ[αθ]ήμενος
κατὰ τοῦ ἀδελφοῦ σου κατελάλεις, καὶ κατὰ τοῦ υἱοῦ τῆς μητρός σου
ἐτίθεις σκάνδαλον. Τα[ῦ]τα ἐποίησας καὶ ἐσίγησα· ὑπέλαβες,
ἄνομε, ὅτι ἔσομαί σοι ὅμοιος. Ἐλέγξω σε, καὶ παραστήσω σε κατὰ
πρόσωπόν σου. Σύνετε δὴ ταῦτα, οἱ ἐπιλανθανόμενοι τοῦ Θεοῦ,
μήποτε ἁρπάσῃ ⁹ ὡς λέων, καὶ μὴ ᾖ ὁ ῥυόμενος. Θυσία αἰνέσεως
δοξάσει με, καὶ ἐκεῖ ὁδὸς, ¹⁰ ἣν δείξω αὐτῷ τὸ σωτήριον τοῦ Θεοῦ."

XXXVI. Omnis beatitudo nobis per Christum tribuitur.

Αὕτη ἡ ὁδὸς, ἀγαπητοὶ, ἐν ᾗ εὕρομεν τὸ σωτήριον ἡμῶν,
Ἰησοῦν Χριστὸν, τὸν ¹ ἀρχιερέα τῶν προσφορῶν ἡμῶν, τὸν προ-
στάτην καὶ βοηθὸν τῆς ἀσθενείας ἡμῶν. Διὰ τούτου ² ἀτενίζομεν
εἰς τὰ ὕψη τῶν οὐρανῶν, διὰ τούτου ἐνοπτριζόμεθα τὴν ἄμωμον
καὶ ὑπερτάτην ὄψιν αὐτοῦ, διὰ τούτου ἠνεῴχθησαν ἡμῶν ³ οἱ ὀφθαλμοὶ τῆς καρδίας, ⁴ διὰ τούτου ἡ ἀσύνετος καὶ ἐσκοτωμένη
διάνοια ἡμῶν ἀναθάλλει εἰς τὸ θαυμαστὸν αὐτοῦ φῶς, διὰ τούτου
ἠθέλησεν ὁ δεσπότης τῆς ἀθανάτου γνώσεως ἡμᾶς γεύσασθαι,
⁵ ὃς ὢν ἀπαύγασμα τῆς μεγαλωσύνης αὐτοῦ, τοσούτῳ μείζων ἐστὶν
ἀγγέλων, ὅσῳ διαφορώτερον ὄνομα κεκληρονόμηκεν. Γέγραπται
γὰρ οὕτως· ⁶ „ὁ ποιῶν τοὺς ἀγγέλους αὐτοῦ πνεύματα, καὶ τοὺς
λειτουργοὺς αὐτοῦ πυρὸς φλόγα." Ἐπὶ δὲ ⁷ τῷ υἱῷ αὐτοῦ οὕτως

3 Conjicit Birrius,S.Patrem scripsisse καινοδοξίαν, et *novarum opinionum studium* notare voluisse. GALL. ||
4 Ita WOTT. Ms. φιλοξενίαν, male. Φιλοτιμίαν JUN. et FELL. Φιλοδοξίαν BIRR. Φιλοκενίαν COT. et alii. ||
5 Ex hoc loco constare potest, Clementem legisse Epistolam ad Rom. 1, 32. WOTT. || 6 Ps. 49, 16—23. ||
7 Ms. ἐξάβαλλες. Wottonus et alii: ἐξέβαλλες. || 8 Pronomen hoc exstat in Ms., uti Millius jam dudum testatus

est. JAC. || 9 Haec verba ὡς λέων non agnoscunt LXX Intt. JAC. || 10 Aut ἥν = καθ' ἥν, aut legendum cum LXX ᾗ.
1 Hebr. 4, 15. 8, 1 — 3. || 2 Ita JUN. WOTT. et alii. Ms. ἀτενίσωμεν. ||
3 Cfr. Ephes. 1, 18. || 4 Cfr. Rom. 1, 21. et I Petr. 2, 9. Verba haec Clementis nostri usque ad γεύσασ-θαι laudat Clem. Alex. Strom. IV, 17. p. 613. || 5 Hebr. 1, 3. 4. || 6 Ps. 103, 4. Hebr. 1, 7. || 7 Lege τοῦ υἱοῦ BOIS.

εἶπεν ὁ δεσπότης· [8] „υἱός μου εἶ σύ, ἐγὼ σήμερον γεγέννηκά σε. αἴτησαι παρ᾽ ἐμοῦ, καὶ δώσω σοι ἔθνη τὴν κληρονομίαν σε, κ[αὶ τὴν κατά]σχεσίν σε τὰ πέρατα τ[ῆς γῆς]." Καὶ πάλιν λέγει πρὸς αὐ[τόν· [9] „κάθε] ἐκ δεξιῶν μου, ἕως ἂν [θῶ τοὺς] ἐχθρούς σε ὑποπόδιο[ν τῶν π]οδῶν σε." Τίνες οὖν οἱ [ἐχθροί [10]]; Οἱ φαῦλοι καὶ ἀντιτασσ[όμενοι] τῷ θελήματι [11] τ[οῦ Θεοῦ].

XXXVII. *Christus dux noster, nos milites ejus; quilibet suum ordinem et stationem suam observet, ut membra corporis.*

[1] Στρατευσώμεθα οὖν, ἄνδ[ρες ἀδελ]φοί, μετὰ πάσης ἐκτενεί[ας ἐν τοῖς] ἀμώμοις προστάγμασιν [αὐτοῦ]. Κατανοήσωμεν τοὺς στρατ[ευο]μένους τοῖς ἡγουμένοις ἡ[μῶν], πῶς εὐτάκτως, πῶς [2] ἐνείκτω[ς], πῶς ὑποτεταγμένως ἐπιτελ[οῦ]σιν τὰ διατασσόμενα. Οὐ πάντ[ες] εἰσὶν ἔπαρχοι, οὐδὲ χιλίαρχοι, οὐδὲ ἑκατόνταρχοι, οὐδὲ πεντηκόνταρχοι, οὐδὲ τὸ καθεξῆς· ἀλλ᾽ [3] ἕκαστος ἐν τῷ ἰδίῳ τάγματι τὰ ἐπιτασσόμενα ὑπὸ τοῦ βασιλέως καὶ τῶν ἡγουμένων ἐπιτελεῖ. Οἱ μεγάλοι δίχα τῶν μικρῶν οὐ δύνανται εἶναι, οὔτε οἱ μικροὶ δίχα τῶν μεγάλων· σύγκρασίς τίς ἐστιν ἐν πᾶσιν, καὶ ἐν τούτοις χρῆσις. Λάβωμεν τὸ σῶμα ἡμῶν. Ἡ κεφαλὴ δίχα τῶν ποδῶν οὐδέν ἐστιν, οὕτως οὐδὲ οἱ πόδες δίχα τῆς κεφαλῆς· τὰ δὲ ἐλάχιστα μέλη τοῦ σώματος ἡμῶν ἀναγκαῖα καὶ εὔχρηστά εἰσιν ὅλῳ τῷ σώματι. [4] Ἀλλὰ πάντα συμπνεῖ, καὶ ὑπο[τα]γῇ μιᾷ χρῆται εἰς τὸ σώζεσθαι ὅλον τὸ σῶμα.

XXXVIII. *Subjiciant se membra ecclesiae, et nemo se extollat; nam omnia bona divinitus accepimus.*

Σωζέσθω οὖν ἡμῶν ὅλ[ον] τὸ σῶμα ἐν Χριστῷ Ἰησοῦ, καὶ [1] ὑποτασσέσθ[ω] ἕκαστος τῷ πλησίον αὐτοῦ, καθὼ[ς] καὶ ἐτέθη ἐν τῷ χαρίσματι αὐτοῦ. Ὁ ἰσχυρὸς μὴ [2] ἀτημελείτω τὸν ἀσθενῆ, ὁ δὲ ἀσθενὴς ἐντρεπέτω τὸν ἰσχυρόν· ὁ πλούσιος ἐπιχορηγείτω τῷ πτωχῷ, ὁ δὲ πτωχὸς εὐχαριστείτω τῷ Θεῷ, ὅτι ἔδωκεν

---

8 Ps. 2, 7. 8. Hebr. 1, 5. ‖
9 Ps. 109, 1. Hebr. 1, 13. ‖ 10 Junius dederat οἱ ἐχθροὶ αὐτῦ, Wottonus reposuit ἐχθροὶ κυρίε. Hiatus autem non est plurium quam sex literarum. JAC. ‖ 11 Ita WOTT. et JAC. In Ms. post τῷ θελήματι iterum exstat ΤΩ-ΘΕΛΗΜΑ. I. Θεῦ adhuc in codice cernere potuit Wottonus.

1 Cfr. II Tim. 2, 3. 4. ‖ 2 Ita Jacobson. Alii εὐεκτικῶς, *strenue*. ‖ 3 Cfr. infra c. 41 et I Cor. 15, 23. ‖ 4 Davisius pro ἀλλά legendum censet ἅμα; sed nihil mutandum, modo ἀλλά vertas *quin immo*. GALL. JAC.
1 Cfr. Ephes. 5, 21. I Petr. 5, 5. ‖
2 Ita WOTT. Ms. τμμελείτω. Μίτε ἀμελείτω MILL. GALL.

αὐτῷ, δι' οὗ ἀναπληρωθῇ αὐτοῦ τὸ ὑστέρημα. ³ Ὁ σοφὸς ἐνδεικνύσθ[ω] τὴν σοφίαν αὐτοῦ μὴ ἐν λόγοις ⁴, ἀλλ' ἐν ἔργοις ἀγαθοῖς· ⁵ ὁ ταπεινοφρονῶν μὴ ἑαυτῷ μαρτυρείτ[ω], ἀλλ' ἐάτω ὑφ' ἑτέρ8 ἑαυτὸν μ[αρ]τυρεῖσθαι. ⁶ Ὁ ἁγνὸς ἐν τῇ σαρκὶ ... ⁷ καὶ μὴ ἀλαζονευέσθω, γινώσ[κων, ὅτι ἕτ]ερός ἐστιν ὁ ἐπιχορηγῶν [αὐτῷ] τὴν ἐγκράτειαν. Ἀναλογι[σώμε]θα οὖν, ἀδελφοὶ, ἐκ ποίας [ὕλης] ἐγενήθημεν, ποῖοι καὶ τί[νες εἰ]σήλθομεν εἰς τὸν κόσμον, ⁸ [ὡς ἐκ τ]οῦ τάφ8 καὶ σκότ8ς. [Ὁ ποιή]σας ἡμᾶς καὶ δημι8ργήσας [εἰσή]γαγεν εἰς τὸν κόσμον αὐτοῦ, [προε]τοιμάσας τὰς εὐεργεσίας [αὐτ]οῦ, πρὶν ἡμᾶς γεννηθῆναι. [Ταῦ]τα οὖν πάντα ἐξ αὐτοῦ ἔχοντες ⁹ [ὀ]φείλομεν κατὰ πάντα εὐχαριστεῖν [αὐ]τῷ· ᾧ ἡ δόξα εἰς τοὺς αἰῶνας τῶν αἰώνων. Ἀμήν.

XXXIX. Non est, quo extollamur.

Ἄφρονες καὶ ἀσύνετοι καὶ μωροὶ καὶ ἀπαίδευτοι χλευάζ8σιν ἡμᾶς καὶ μυκτηρίζ8σιν, ἑαυτοὺς β8λόμενοι ἐπαίρεσθαι ταῖς διανοίαις αὐτῶν. Τί γὰρ δύναται θνητός; ἢ τίς ἰσχὺς γηγενοῦς; Γέγραπται γάρ· ¹ „οὐκ ἦν μορφὴ πρὸ ὀφθαλμῶν μ8, ἀλλ' ἢ αὔραν καὶ φωνὴν ἤκ8ον· τί γάρ; μὴ καθαρὸς ἔσται βροτὸς ἔναντι κυρί8; ἢ ἀπὸ τῶν ἔργων αὐτοῦ ἄμεμπτος ἀνήρ, εἰ κατὰ παίδων αὐτοῦ οὐ πιστεύει, κατὰ δὲ ἀγγέλων αὐτοῦ σκολιόν τι ἐπενόησεν; ² Οὐρανὸς δὲ οὐ καθαρὸς ἐνώπιον αὐτοῦ, ³ ἔα δέ, οἱ κατοικοῦντες οἰκίας πηλίνας, ἐξ ὧν καὶ αὐτοὶ ἐκ τοῦ αὐτοῦ πηλοῦ ἐσμεν. Ἔπαισεν αὐτοὺς σητὸς τρόπον, καὶ ἀπὸ πρωΐθεν ἕως ἑσπέρας οὐκ ἔτι εἰσίν· παρὰ τὸ μὴ δύνασθαι αὐτοὺς ἑαυτοῖς βοηθῆσαι ἀπώλοντο. Ἐνεφύσησεν αὐτοῖς, καὶ ἐτελεύτησαν, παρὰ τὸ μὴ ἔχειν αὐτοὺς σοφίαν. ⁴ Ἐπικάλεσαι δέ, εἴ τίς σοι ὑπακούσεται, ἢ εἴ τινα ἁγίων ἀγγέλων ⁵ ὄψῃ· καὶ γὰρ ἄφρονα ἀναιρεῖ ὀργή, πεπλανημένον δὲ θανατοῖ ζῆλος. Ἐγὼ δὲ ἑώρακα ἄφρονας ῥίζας βαλόντας, ἀλλ' εὐθέως ἐβρώθη αὐτῶν ἡ δίαιτα. Πόρρω γένοιντο οἱ υἱοὶ αὐτῶν ἀπὸ σωτηρίας· κολαβρισθείησαν ἐπὶ θύραις ἡσσόνων, καὶ οὐκ ἔσται ὁ ἐξαιρούμενος· ἃ γὰρ ἐκείνοις ἡτοίμασται, δίκαιοι ἔδονται, αὐτοὶ δὲ ἐκ κακῶν οὐκ ἐξαίρετοι ἔσονται."

3 Citantur haec a Clem. Alex. Strom. IV, 17. p. 613. || 4 Addit Clem. Alex. μόνον. || 5 Cfr. Prov. 27, 2. || 6 Cfr. Ignat. ad Polyc. c. 5. Tert. de virgg. vel. c. 13. || 7 Membrana lacera spatium forsitan trium aut quatuor literarum post σαρκὶ linquit. Jac. || 8 Cfr. Ps. 138, 15. || 9 Cfr. I Thess. 5, 18.

1 Job. 4, 16—18. || 2 Job. 15, 15. 3 Job. 4, 19—21. || 4 Job. 5, 1—5. || 5 Ita Ms. Rectius ὄψει.

XL. *Servemus ordinem in ecclesia a Deo institutum.*

¹ Προδήλων οὖν ἡμῖν ὄντων τούτων, καὶ ἐγκεκυφότες εἰς ² τὰ βάθη τῆς θείας γνώσεως, ³ πάντα τάξει ποιεῖν ὀφείλομεν, ὅσα ὁ δεσπότης ἐπιτελεῖν ἐ[κέλ]ευ[σε]ν κατὰ καιροὺς τεταγμένως. Τάς τε προσφορὰς καὶ λειτουργίας ἐπιτελεῖσθαι, καὶ οὐκ εἰκῆ ἢ ἀτάκτως ἐκέλευσεν γίνεσθαι, ἀλλ' ὡρισμένοις καιροῖς καὶ ὥραις. Ποῦ τε καὶ διὰ τίνων ἐπιτελεῖσθαι θέλει, αὐτὸς ὥρισεν τῇ ὑπερτάτῃ αὐτοῦ βουλήσει, ἵν' ὁσίως πάντα τὰ γινόμενα ἐν εὐδοκήσει εὐπρόσδεκτα εἴη τῷ θελήματι αὐτοῦ. Οἱ οὖν τοῖς προστεταγμένοις καιροῖς ποιοῦντες τὰς προσφορὰς αὐτῶν, εὐπρόσδεκτοί τε καὶ μακάριοι· τοῖς γὰρ νομίμοις τοῦ δεσπότου ἀκολουθοῦντες οὐ διαμαρτάνουσιν. Τῷ γὰρ ἀρχιερεῖ ἴδιαι λειτουργίαι δεδομέναι εἰσίν, καὶ τοῖς ἱερεῦσιν ἴδιος ⁴ ὁ τόπος προστέτακται, καὶ λευΐταις ἴδιαι διακονίαι ἐπίκεινται· ὁ ⁵ λαϊκὸς ἄνθρωπος τοῖς λαϊκοῖς προστάγμασιν δέδεται.

XLI. *Continuatio.*

Ἕκαστος ὑμῶν, ἀδελφοί, ἐν τῷ ἰδίῳ τάγματι εὐχαριστείτω Θεῷ, ἐν ἀγαθῇ συνειδήσει ὑπάρχων, μὴ παρεκβαίνων τὸν ὡρισμένον τῆς λειτουργίας αὐτοῦ κανόνα, ἐν σεμνότητι. Οὐ πανταχοῦ, ἀδελφοί, προσφέρονται θυσίαι ἐνδελεχισμοῦ, ἢ εὐχῶν, ἢ περὶ ἁμαρτίας καὶ πλημμελείας, ἀλλ' ἢ ἐν Ἱερουσαλὴμ μόνῃ· κἀκεῖ δὲ οὐκ ἐν παντὶ τόπῳ προσφέρεται, ἀλλ' ἔμπροσθεν τοῦ ναοῦ πρὸς τὸ θυσιαστήριον, μωμοσκοπηθὲν τὸ προσφερόμενον διὰ τοῦ ¹ ἀρχιερέως καὶ τῶν προειρημένων λειτουργῶν. Οἱ οὖν παρὰ τὸ

1 H. l. Clem. Alex. l. c. p. 613. || 2 Cfr. Rom. 11, 33. || 3 Cfr. I Cor. 14, 40. || 4 I. e. ordo sacri ministerii, ut infra c. 44. et apud Ignat. ad Polyc. c. 1. ad Smyrn. c. 6. Cfr. Polyc. ad Philipp. c. 11. Jac. Ex hoc capite et sequenti colligitur, Epistolam nostram stante adhuc templo Hierosolymitano scriptam esse. Non ignoro, quomodo per figuram quamdam grammaticam,adductis quibusdam exemplis [e. g. Joseph. Antiq. III, 10.], conentur istud eludere viri quidam docti [Lardner], qui ad Domitiani aut Trajani imperium aetatem hujus epistolae referre malunt. Verum, ni fallor, neutiquam sunt similia ab illis allata exempla huic tam simplici et historicae Clementis ῥήσει. FREY. || 5 Credibile est, vocem λαϊκὸς usitatam apud Hellenistas fuisse, ut significaretur alienus a tribu Levis, aut etiam prosapia Aaronis. Quibus verisimile fit, jam a primaevis scriptoribus Christianorum vocem λαϊκός adhibitam esse ad significandum eum, qui sacro nullo ministerio fungebatur. CLER.

1 Id erat potius sacerdotum inferioris ordinis; summo vero sacerdoti aliquali modo tribui potest hoc officium, cum sub ejus oculis peractum fuerit hoc negotium. WOTT. FREY. Forte διὰ τοῦ ἀρχιερέως κ. τ. λ.

καθῆκον τῆς βουλήσεως αὐτοῦ ποιοῦντές τι, θάνατον τὸ πρόστιμον ἔχουσιν. ² Ὁρᾶτε, ἀδελφοί, ὅσῳ πλείονος κατηξιώθημεν γνώσεως, τοσούτῳ μᾶλλον ὑποκείμεθα κινδύνῳ.

XLII. *Ordo ministrorum in ecclesia a Christo constitutus; Episcopi et Diaconi ab Apostolis ordinati.*

Οἱ ἀπόστολοι ἡμῖν ¹ εὐηγγελίσθησαν ἀπὸ τοῦ κυρίου Ἰησοῦ Χριστοῦ, Ἰησοῦς ὁ Χριστὸς ἀπὸ τοῦ Θεοῦ. Ἐξεπέμφθη ὁ Χριστὸς οὖν ἀπὸ τοῦ Θεοῦ, καὶ οἱ ἀπόστολοι ἀπὸ τοῦ Χριστοῦ· ἐγένοντο οὖν ἀμφότερα εὐτάκτως ἐκ θελήματος Θεοῦ. Παραγγελίας οὖν λαβόντες, καὶ ² πληροφορηθέντες διὰ τῆς ἀναστάσεως τοῦ κυρίου ἡμῶν Ἰησοῦ Χριστοῦ, καὶ ³ πιστωθέντες ἐν τῷ λόγῳ τοῦ Θεοῦ, ⁴ μετὰ πληροφορίας πνεύματος ἁγίου ἐξῆλθον εὐαγγελιζόμενοι, τὴν βασιλείαν τοῦ Θεοῦ μέλλειν ἔρχεσθαι. Κατὰ χώρας οὖν καὶ πόλεις κηρύσσοντες ⁵ καθίστανον τὰς ἀπαρχὰς αὐτῶν, δοκιμάσαντες τῷ πνεύματι, εἰς ⁶ ἐπισκόπους καὶ διακόνους τῶν μελλόντων πιστεύειν. Καὶ τοῦτο οὐ καινῶς, ἐκ γὰρ δὴ πολλῶν χρόνων ἐγέγραπτο περὶ ἐπισκόπων καὶ διακόνων. Οὕτως γάρ πῃ λέγει ἡ γραφή· ⁷ „καταστήσω τοὺς ἐπισκόπους αὐτῶν ἐν δικαιοσύνῃ, καὶ τοὺς διακόνους αὐτῶν ἐν πίστει."

XLIII. *Moses olim contentionem de sacerdotali dignitate ortam sedavit.*

Καὶ τί θαυμαστόν, εἰ οἱ ἐν Χριστῷ ¹ πιστευθέντες παρὰ Θεοῦ ἔργον τοιοῦτο, κατέστησαν τοὺς προειρημένους; ² ὅπου καὶ ὁ μακάριος, πιστὸς θεράπων ἐν ὅλῳ τῷ οἴκῳ, Μωϋσῆς τὰ διατεταγμένα αὐτῷ πάντα ἐσημειώσατο ἐν ταῖς ἱεραῖς βίβλοις, ᾧ καὶ ἐπηκολούθησαν οἱ λοιποὶ προφῆται, συνεπιμαρτυροῦντες τοῖς ὑπ' αὐτοῦ νενομοθετημένοις. ³ Ἐκεῖνος γάρ, ζήλου ἐμπεσόντος περὶ τῆς ἱερωσύνης, καὶ στασιαζουσῶν τῶν φυλῶν, ὁποία αὐτῶν εἴη τῷ ἐνδόξῳ ὀνόματι κεκοσμημένη, ἐκέλευσεν τοὺς δώδεκα φυλάρχους προσενεγκεῖν αὐτῷ ῥάβδους, ἐπιγεγραμμένας ἑκάστης φυλῆς κατ' ὄνομα. Καὶ λαβὼν αὐτὰς ἔδησεν, καὶ ⁴ ἐσφράγισεν τοῖς δακτυ-

conjungenda sunt cum προσφέρεται... πρὸς τὸ θυσιαστήριον. Frey. ‖ 2 Clem. Alex. l. c. p. 613.
1 Forte pro εὐηγγελίσαντο Wott.
2 Cfr. Rom. 4, 21. ‖ 3 Cfr. II Tim. 3, 14. ‖ 4 Cfr. I Thess. 1, 5. ‖ 5 In Compositis saepius usurpatur ἱστάνω, e. g. καθιστάνω. Scapula. Cfr. et

Schneideri Lex. gr. s. v. καθιστάνω. Ms. καθέστανον, male. ‖ 6 Cfr. quae annotarunt a. h. l. Cot. Coust. et Rothe (*Anfänge* p. 207). ‖ 7 Isai. 60, 17.
1 Cfr. Tit. 1, 3. ‖ 2 Num. 12, 7. Hebr. 3, 5. ‖ 3 Num. c. 17. ‖ 4 Non est in S. Scriptura.

λίοις τῶν φυλάρχων, καὶ ἀπέθετο αὐτὰς εἰς τὴν σκηνὴν τοῦ μαρτυρίε ἐπὶ τὴν τράπεζαν τοῦ Θεοῦ. Καὶ κλείσας τὴν σκηνὴν, ἐσφράγισεν τὰς κλεῖδας, ὡσαύτως καὶ τὰς ῥάβδας, καὶ εἶπεν αὐτοῖς· ἄνδρες ἀδελφοὶ, ἧς ἂν φυλῆς ἡ ῥάβδος βλαστήσῃ, ταύτην ἐκλέλεκται ὁ Θεὸς εἰς τὸ ἱερατεύειν καὶ λειτεργεῖν αὐτῷ. Πρωΐας δὲ γενομένης, συνεκάλεσεν πάντα τὸν Ἰσραὴλ, τὰς ἑξακοσίας χιλιάδας τῶν ἀνδρῶ[ν, καὶ ἐπε]δείξατο τοῖς φυλάρχοις [τὰς σφρα]γῖδας, καὶ ἤνοιξεν τὴ[ν σκηνὴν] τοῦ μαρτυρίε, καὶ προσ[ήνεγκεν] ῥάβδες. Καὶ εὑρέθη ἡ ῥ[άβδος] Ἀαρὼν οὐ μόνον βεβλα[στηκυῖα], ἀλλὰ καὶ καρπὸν ἔχεσα. Τί δοκεῖτε, ἀγαπητοί; Οὐ προ[έγνω] Μωϋσῆς τοῦτο μέλλειν [ἔσεσθαι]; Μάλιστα ᾔδει· ἀλλ' ἵνα μὴ ἀκ[αταστά]-σία γένηται ἐν τῷ Ἰσραὴλ, οὕτ[ως ἐποί]ησεν, εἰς τὸ δοξασθῆναι τ[ὸ ὄνο]μα τοῦ ἀληθινοῦ καὶ μόνε [Θεοῦ], ᾧ ἡ δόξα εἰς τοὺς αἰῶνας τῶν αἰώνων. Ἀμήν.

XLIV. *Apostolorum institutio, ne de munere sacerdotali contentio fiat. Legitime electos ac recte viventes de munere suo per nefas dejecistis.*

Καὶ οἱ ἀπόστολοι ἡμῶν ἔγνωσαν διὰ τοῦ [1] κυρίε ἡμῶν Ἰησοῦ Χριστοῦ, ὅτι ἔρις ἔσται ἐπὶ τοῦ ὀνόματος τῆς ἐπισκοπῆς. Διὰ ταύτην οὖν τὴν αἰτίαν πρόγνωσιν εἰληφότες τελείαν κατέστησαν τοὺς προειρημένες, καὶ [2] μεταξὺ [3] ἐπινομὴν δεδώκασιν, ὅπως, ἐὰν κοιμηθῶσιν, διαδέξωνται ἕτεροι δεδοκιμασμένοι ἄνδρες τὴν λειτεργίαν αὐτῶν. Τοὺς οὖν καταστάθέντας ὑπ' ἐκείνων, ἢ με-

---

1 Ms. Χριστῦ. ‖ 2· Μεταξὺ hic et infra = μετέπειτα, ut Act. 13, 42. et Barn. Epist. c. 10. Jac. ‖ 3 Ἐπινομήν, a νέμω derivatum, apud antiquos de jure pascendi in alieno et de depastione ignis [Stephani Thes.] usurpatur. Sed vox ista fortasse etiam a νόμος derivari potest, ita ut praeceptum, ordinationem significet. Hammondus et Wottonus verterunt: seriem, modum successionis, eo mixi, quod vox ἐπινέμω aliquando significet καταλέγειν, i. e. catalogo adscribere. Hesychio ἐπίνομος est = κληρονόμος, quo fultus Rothe (Anfäng. p. 374 sq.) reddit: testamentarische Verfügung, quasi Apostoli vi testamenti ordinassent, ipsis (Apostolis) defunctis (ἐὰν κοιμηθῶσιν) ipsorum (Apostolorum) munus (τὴν λειτεργίαν αὐτῶν), presbyteros et diaconos (ἐπισκοπὴ sensu latiori eligendi, ad alios probatos et eximios viros (i. e. *Episcopos* nostro sensu) transire debere. Rothe enim autumat, *brevi* tantum ante mortem suam Apostolos ordinem Episcopatus instituisse, quum antea non nisi Presbyteri (qui et Episcopi vocabantur) et Diaconi existerent. Sed viro docto accedere mihi non lubet, ut ex subjecta versione latina elucet.

ταξύ ύφ' ετέρων [4] ελλογίμων ανδρών, συνευδοκησάσης της εκκλησίας πάσης, και λειτεργήσαντας αμέμπτως τω ποιμνίω του Χριστού μετά ταπεινοφροσύνης, ήσύχως και άβαναύσως, μεμαρτυρημένους τε πολλοίς χρόνοις υπό πάντων, τούτες ου δικαίως νομίζομεν αποβαλέσθαι της λειτεργίας. Αμαρτία γάρ ου μικρά ήμιν εσται, εάν τους αμέμπτως και οσίως προσενεγκόντας τά δώρα της επισκοπής αποβάλωμεν. Μακάριοι οι προοδοιπορήσαντες πρεσβύτεροι, οίτινες έγκαρπον και τελείαν εσχον την ανάλυσιν· ου γάρ ευλαβούνται, μή τις αυτούς μεταστήση από του ιδρυμένε αυτοίς τόπε. Ορώμεν γάρ, ότι ενίες υμείς μετηγάγετε καλώς πολιτευομέν[ες] εκ της αμέμπτως αυτοίς τετιμημένης λειτεργίας.

XLV. *Improborum est, justos vexare et dejicere.*

Φιλόνεικ[οι] έστε, αδελφοί, και ζηλωταί περί [μή] ανηκόντων εις σωτηρίαν. [1] Εγ[κύπτετε] εις τάς γραφάς, τάς αληθείς [ρήσεις] [2] πνεύματος του άγιε. [3] Επίστασθε, [ότι ου]δέν άδικον, ουδέ παραπε[ποιη]μένον γέγραπται εν αυταίς. [Ου γάρ ε]υρήσετε δικαίες αποβε[βλημ]ένες από οσίων ανδρών. [Εδι]ώχθησαν δίκαιοι, αλλ' υπό ανό[μω]ν· [4] εφυλακίσθησαν, αλλ' υπό [αν]οσίων· ελιθάσθησαν υπό πα[ραν]όμων· απεκτάνθησαν [υπ]ό των μιαρών, και άδικον ζήλον [α]νειληφότων. Ταύτα πάσχοντες [ε]υκλεώς ήνεγκαν. [Τι γ]άρ είπωμεν, αδελφοί; [5] Δανιήλ υπό των φοβεμένων τον Θεόν [ε]βλήθη εις λάκκον λεόντων; [6] [Η] Ανανίας και Αζαρίας και Μισαήλ υπό των θρησκευόντων την μεγαλοπρεπή και ένδοξον θρησκείαν του υψίστου κατείρχθησαν εις κάμινον πυρός; Μηθαμώς τούτο γένοιτο. Τίνες ούν οι ταύτα δράσαντες; Οι στυγητοί και πάσης κακίας πλήρεις εις τοσούτο [7] εξήρισαν θυμού, ώστε τους εν οσία και αμώμω προθέσει δελεύοντας τω Θεώ [8] εις αικίαν περιβαλείν, μή ειδότες, ότι ο ύψιστος υπέρμαχος και υπερασπιστής εστιν των εν καθαρά συνειδήσει λατρευόντων τω [πα]ναρέτω ονόματι αυτού· ώ η δόξ[α εις] τους αιώνας των αι[ώνων. Α]μήν.

---

4 A Tito, Timotheo et aliis coadjutoribus Apostolorum, quibus munus, Episcopos, Presbyteros et Diaconos instituendi, commissum erat.

1 Ms. εν[κύπτετε]. Cfr. c. 40. || 2 Ad tertiam personam S. S. Trinitatis hoc refert KLEE, Dogmengesch. I, 210. || 3 Ms. επίστασθαι, male.

4 Ita Ms. teste Jacobsono. || 5 Dan.

6, 16. || 6 Dan. 3, 20. || 7 Male, nonnulli textum immutare voluerunt. De voce εξερίζω v. *Steph.* Thes. (edit. nov.) et *Passow*, Lex. gr. || 8 F. εις αικίαν πυρί περιβαλείν, *ut cruciandi causa igne circumdarent.* BIRR. GALL. Sed lectio Ms. omnino retinenda est. WOTT. JAC.

I. CLEMENTIS AD COR. XLV. XLVI. LXVII.

[Ο]ἱ δὲ ὑπομένοντες ἐν πεποιθήσει δόξαν καὶ τιμὴν ἐκληρονόμησαν, ἐπήρθησάν τε καὶ ² ἔπαφροι ἐγένοντο ἀπὸ τοῦ Θεοῦ ἐν τῷ μνημοσύνῳ αὐτῶν, εἰς τοὺς αἰῶνας τῶν αἰώνων. Ἀμήν.

XLVI. *Adhaereamus justis, Dissensio vestra perniciosa est.*

Τοιούτοις οὖν ὑποδείγμασι κολληθῆναι καὶ ἡμᾶς δεῖ, ἀδελφοί. Γέγραπται γάρ· ¹ „κολλᾶσθε τοῖς ἁγίοις, ὅτι οἱ κολλώμενοι αὐτοῖς ἁγιασθήσονται." Καὶ πάλιν ἐν ἑτέρῳ τόπῳ λέγει· ² „μετὰ ἀνδρὸς ἀθώε ἀθῶος ἔσῃ, καὶ μετ᾽ ἐκλεκτοῦ ἐκλεκτὸς ἔσῃ, καὶ μετὰ στρεβλοῦ διαστρέψεις." Κολληθῶμεν οὖν τοῖς ἀθώοις καὶ δικαίοις· εἰσὶν δὲ οὗτοι ἐκλεκτοὶ τοῦ Θεοῦ. ³ Ἱν[α] τί ἔρεις, καὶ θυμοὶ, καὶ διχοστασίαι, καὶ σχίσματα, πόλεμός τε ἐν ὑμῖν; ⁴ Ἢ οὐχὶ ἕνα Θεὸν ἔχομεν καὶ ἕνα Χριστόν; καὶ ἓν ⁵ πνεῦμα τῆς χάριτος τὸ ἐκχυθὲν ἐφ᾽ ἡμᾶς, καὶ μία κλῆσις ἐν Χριστῷ; ἵνα τί διέλκομεν καὶ διασπῶμεν τὰ μέλη τοῦ Χριστοῦ, καὶ στασιάζομεν πρὸς τὸ σῶμα τὸ ἴδιον, καὶ εἰς τοσαύτην ἀπόνοιαν ἐρχόμεθα, ὥστε ἐπιλαθέσθαι ἡμᾶς, ὅτι μέλη ἐσμὲν ἀλλήλων; Μνήσθητε τῶν λόγων Ἰησοῦ τοῦ κυρίε ἡμῶν. Εἶπε γάρ· ⁶ „οὐαὶ τῷ ἀνθρώπῳ ἐκείνῳ· καλὸν ἦν αὐτῷ, εἰ οὐκ ἐγεννήθη, ἢ ἕνα τῶν ἐκλεκτῶν μ8 σκανδαλίσαι· κρεῖττον ἦν αὐτῷ, περιτεθῆναι μύλον, καὶ καταποντισθῆναι εἰς τὴν θάλασσαν, ἢ ἕνα τῶν μικρῶν μ8 σκανδαλίσαι." Τὸ σχίσμα ὑμῶν πολλοὺς διέστρεψεν, πολλοὺς εἰς ἀθυμίαν ἔβαλεν, πολλοὺς εἰς δισταγμὸν, τοὺς πάντας ἡμᾶς εἰς λύπην· καὶ ἐπίμονος ὑμῶν ἐστιν ἡ στάσις.

XLVII. *Discordia vestra recens pejor est priori, quae Pauli temporibus fuit.*

Ἀναλάβετε τὴν ¹ ἐπιστολὴν τοῦ μακαρίε Παύλε τοῦ ἀποστόλε. Τί πρῶτον ὑμῖν ἐν ² ἀρχῇ τοῦ εὐαγγελίε ἔγραψεν; Ἐπ᾽ ἀληθείας πνευματικῶς ἐπέστειλεν ὑμῖν, περὶ αὐτοῦ τε καὶ Κηφᾶ

9 Ἔπαφρον est, quod spuma obductum renidet et albescit. *Davisius* conjicit. ἐπαιθέριοι, *Boisius* ἐλαφροί, *solutis vinculis*, vel ἀνέπαφοι, *intacti* sc. *ab igne*. Fortasse legendum ἐπαφρόδιτοι, *gratiosi*.
1 Non est in S. Scriptura. Cfr. Clem. Alex. Strom. V, 8. p. 677. ‖
2 Ps. 17, 26. 27. ‖ 3 Cfr. Jac. 4, 1. ‖ 4 Cfr. Ephes. 4, 4 — 6. ‖ 5 Hoc de tertia persona S. S. Trinitatis ex-

plicat KLEE, *Dogm.Gesch.* I. p. 210. Cfr. Supra c. 45. Not. 2. ‖ 6 Quod Antiquis non insolens fuit, multa testimonia in unum conjungit: nempe Matth. 26, 24. Luc. 17, 2. Matth. 18, 6. Marc. 9, 42. Cor. Citantur eadem a Clem. Alex. Strom. III, 18. p. 561.

1 I Cor. 3, 13 sqq. ‖ 2 I. e. primis evangelicae praedicationis temporibus.

τε καὶ Ἀπόλλω, διὰ τὸ καὶ τότε προσκλίσεις ὑμᾶς πεποιῆσθαι. Ἀλλ' ἡ πρόσκλισις ἐκείνη [3] ἥττονα ἁμαρτίαν ὑμῖν προσήνεγκεν· προσεκλίθητε γὰρ ἀποστόλοις μεμαρτυρημένοις, καὶ ἀνδρὶ δεδοκιμασμένῳ παρ' αὐτοῖς. Νυνὶ δὲ κατανοήσατε, τίνες ὑμᾶς διέστρεψαν, καὶ τὸ σεμνὸν τῆς περιβοήτε φιλαδελφίας ὑμῶν ἐμείωσαν. Αἰσχρὰ, ἀγαπητοὶ, καὶ λίαν αἰσχρὰ, καὶ ἀνάξια τῆς ἐν Χριστῷ ἀγωγῆς, [4] ἀκούεσθαι, τὴν βεβαιοτάτην καὶ ἀρχαίαν Κορινθίων ἐκκλησίαν δι' ἓν ἢ δύο πρόσωπα στασιάζειν πρὸς τοὺς πρεσβυτέρους. Καὶ αὕτη ἡ ἀκοὴ οὐ μόνον εἰς ἡμᾶς ἐχώρησεν, ἀλλὰ καὶ εἰς τοὺς ἑτεροκλινεῖς ὑπάρχοντας ἀφ' ἡμῶν· ὥστε καὶ [5] βλασφημίας ἐπιφέρεσθαι τῷ ὀνόματι κυρίε διὰ τὴν ὑμετέραν ἀφροσύνην, ἑαυτοῖς δὲ κίνδυνον ἐπεξεργάζεσθαι.

XLVIII. *Redeatis ad fraterni amoris studium.*

Ἐξάρωμεν οὖν τοῦτο ἐν τάχει, καὶ προσπέσωμεν τῷ δεσπότῃ, καὶ κλαύσωμεν ἱκετεύοντες αὐτὸν, ὅπως ἵλεως γενόμενος ἐπικαταλλαγῇ ἡμῖν, καὶ ἐπὶ τὴν σεμνὴν τῆς φιλαδελφίας ἡμῶν [[1] καὶ] ἁγνὴν ἀγωγὴν ἀποκαταστήσῃ ἡμᾶς. Πύλη γὰρ δικαιοσύνης ἀνεῳγυῖα εἰς ζωὴν αὕτη, καθὼς γέγραπται· [2] „ἀνοίξατέ μοι πύλας δικαιοσύνης, εἰσελθὼν ἐν αὐταῖς [3] ἐξομολογήσομαι τῷ κυρίῳ· αὕτη ἡ πύλη τοῦ κυρίε, δίκαιοι εἰσελεύσονται ἐν αὐτῇ." [4] Πολλῶν οὖν πυλῶν ἀνεῳγυιῶν, ἡ ἐν δικαιοσύνῃ αὕτη ἐστὶν [5], ἡ ἐν Χριστῷ, ἐν ᾗ μακάριοι πάντες οἱ εἰσελθόντες, καὶ κατευθύνοντες τὴν πορείαν αὐτῶν ἐν ὁσιότητι καὶ δικαιοσύνῃ, ἀταράχως πάντα ἐπιτελοῦντες. Ἤτω τις πιστός, ἤτω δυνατὸς γνῶσιν ἐξειπεῖν, ἤτω σοφὸς ἐν διακρίσει λόγων, ἤτω ἁγνὸς ἐν ἔργοις· [6] τοσούτῳ γὰρ μᾶλλον ταπεινοφρονεῖν ὀφείλει, ὅσῳ δοκεῖ μᾶλλον μείζων εἶναι, [7] καὶ ζητεῖν τὸ κοινωφελὲς πᾶσιν, καὶ μὴ τὸ ἑαυτοῦ.

---

3 Ita DAV. Ms. ἥττον. ‖ 4 Sc. δεῖ, cfr. supra p. 2. Not. 19., aut legendum cum Fello et aliis: ἀκύεται. ‖ 5 Cfr. Rom. 2, 24. I Tim. 6, 1.

1 Καὶ inserendum esse, existimat *Wottonus*, quia scilicet apud Clem. Alex. est, qui hunc locum laudat Strom. IV, 17. p. 613. ‖ 2 Ps. 117, 19. 20. Haec et sequentia citantur a Clem. Alex. Strom. I, 7. p. 338. 339. ‖ 3 Ms. ἐξομολογήσωμαι. Vocales O et Ω saepius in codice nostro permutantur. JAC. ‖ 4 Citantur haec a Clem. Alex. Strom. VI, 8. p. 772, tanquam ex S. Barnaba, lapsu memoriae, vel levi incuria aut errore; supra enim (Strom. I, 7. p. 339) Clementi, ut mihi videtur, ea tribuit. JAC. Cfr. Matth. 7, 13. 14. ‖ 5 De porta, quae est Christus, cfr. *Hermae* Pastor. III, 9, 12. ‖ 6 Cfr. Matth. 23, 11. ‖ 7 Cfr. I Cor. 10, 33. H. l. l. Clem. Alex. Strom. IV, 18. p. 613.

XLIX. Charitatis encomium.

Ὁ ἔχων ἀγάπην ἐν Χριστῷ, τηρησάτω τὰ τοῦ Χριστοῦ παραγγέλματα. [1] Τὸν δεσμὸν τῆς ἀγάπης τοῦ Θεοῦ τίς δύναται ἐξηγήσασθαι; Τὸ μεγαλεῖον τῆς καλλονῆς αὐτοῦ τίς ἀρκεῖ, ὡς ἔδει, εἰπεῖν; [2] Τὸ ὕψος, εἰς ὃ ἀνάγει ἡ ἀγάπη, ἀνεκδιήγητόν ἐστιν. Ἀγάπη κολλᾷ ἡμᾶς τῷ Θεῷ· [3] ἀγάπη καλύπτει πλῆθος ἁμαρτιῶν· ἀγάπη πάντα ἀνέχεται, πάντα μακροθυμεῖ· οὐδὲν βάναυσον ἐν ἀγάπῃ, οὐδὲν ὑπερήφανον· ἀγάπη σχίσμα οὐκ ἔχει, ἀγάπη οὐ στασιάζει, ἀγάπη πάντα ποιεῖ ἐν ὁμονοίᾳ· ἐν τῇ ἀγάπῃ ἐτελειώθησαν πάντες οἱ ἐκλεκτοὶ τοῦ Θεοῦ· δίχα ἀγάπης οὐδὲν εὐάρεστόν ἐστιν τῷ Θεῷ. Ἐν ἀγάπῃ προσελάβετο ἡμᾶς ὁ δεσπότης· διὰ τὴν ἀγάπην, ἣν ἔσχεν πρὸς ἡμᾶς, [4] τὸ αἷμα αὐτοῦ ἔδωκεν ὑπὲρ ἡμῶν Ἰησοῦς Χριστὸς ὁ κύριος ἡμῶν, ἐν θελήματι Θεοῦ, καὶ τὴν σάρκα ὑπὲρ τῆς σαρκὸς ἡμῶν, καὶ τὴν ψυχὴν ὑπὲρ τῶν ψυχῶν ἡμῶν.

L. Oremus, ut digni habeamur charitate.

Ὁρᾶτε, ἀγαπητοί, πῶς μέγα καὶ θαυμαστόν ἐστιν ἡ ἀγάπη, καὶ τῆς τελειότητος αὐτῆς οὐκ ἔστιν ἐξήγησις. Τίς ἱκανὸς ἐν αὐτῇ εὑρ[εθῆναι], εἰ μὴ οὓς ἂν καταξιώσῃ [ὁ Θεός; Εὐχώμε]θα οὖν καὶ αἰτώμεθα [1] ἀπ[ὸ τοῦ ἐλέ]ους αὐτοῦ, ἵνα ἐν ἀγάπῃ [ζῶμεν], δίχα προσκλίσεως ἀνθρ[ωπίνης], ἄμωμοι. [2] Αἱ γενεαὶ πᾶσαι [ἀπὸ Ἀδὰμ] ἕως τῆσδε ἡμέρας παρῆ[λθον], ἀλλ' οἱ ἐν ἀγάπῃ τελειωθέν[τες], κατὰ τὴν τοῦ Θεοῦ χάριν, ἔχο[σιν] χῶρον εὐσεβῶν· οἱ [4] φανερ[οῦν]ται ἐν τῇ ἐπισκοπῇ τῆς βασιλ[είας] τοῦ Χριστοῦ. Γέγραπται γάρ· [5] „εἰσέλ[θε] εἰς τὰ ταμεῖα μικρὸν [6] ὅσον ὅσο[ν], ἕως οὗ παρέλθῃ ἡ ὀργὴ καὶ θ[υμός] με, [7] καὶ μνησθήσομαι ἡμέρ[ας] ἀγαθῆς, καὶ ἀναστήσω ὑμᾶς [ἐκ] τῶν θηκῶν

---

1 Cfr. Coloss. 3, 14. ‖ 2 Habentur haec usque ad καταξιώσῃ ὁ Θεὸς cap. seq. a Clem. Alex. Strom. IV, 18. p. 613 multo compendiosius. JAC. ‖ 3 I Petr. 4, 8. I Cor. 13, 4 sqq. Jac. 5, 20. ‖ 4 Gal. 1, 4. Joh. 3, 16. I Joh. 4, 9, 10.

1 Ita JACOBS. Msto accuratius inspecto. ‖ 2 Clem. Alex. l. c. p. 614. ‖ 3 Nullam lacunam indicant GALL. SCHOENEM. et alii; sed in Msto spatium certe exstat. JAC. ‖ 4 Φανερ-

[ωθήσον]ται JUN. et GALL., Clementem Alex. secuti. Sed forma contractior, quam a LXX. Int. frequentatam saepissime usurpant Scriptores ecclesiastici, melius certe cum lacunae spatio congruit. JAC. ‖ 5 Isai. 26, 20. Sensus est: *aliquot temporis sepulchris erunt tecti, tunc resurgent.*‖ 6 Ὅσον geminatum habes etiam Hebr. 10, 37. JAC. ‖ 7 Simile nonnihil habes in libro apocrypho IV Esdr. 2, 16. JAC. Cfr. Ezech. 37, 12. 13.

ὑμῶν." Μακάριοί ἐσμεν, ἀγαπητοί, εἰ τὰ [προσ]τάγματα τοῦ
Θεοῦ ἐποιοῦμεν ἐ[ν ὁ].· ονοίᾳ ἀγάπης, εἰς τὸ ἀφεθῆ[ναι] ἡμῖν δι'
ἀγάπης τὰς ἁμαρτίας. [8] ἤ[μῶν]. Γέγραπται γάρ·[9] "μακάριοι,
ὧν[ἀφέ]θησαν αἱ ἀνομίαι, καὶ ὧν ἐπεκ[αλύ]φθησαν αἱ ἁμαρτίαι.
Μακάριος [ἀνὴρ], [10] οὗ οὐ μὴ λογίσηται κύριος ἁμαρτίαν, οὐδέ
ἔστιν ἐν τῷ στόματι αὐτοῦ δόλος." Οὗτος ὁ μακαρισμὸς ἐ[γέ]νετο
ἐπὶ τοὺς ἐκλελεγμένες ὑπὸ τοῦ Θεοῦ διὰ Ἰησοῦ Χριστοῦ τοῦ κυρίε
ἡμ[ῶν], ᾧ ἡ δόξα εἰς τοὺς αἰῶνας τῶν αἰώνων. Ἀμήν.

LI. *Dissidii participes, praesertim auctores, confiteantur peccatum ipsorum.*

Ὅσα [οὖ]ν παρέ[βη]μεν διά τινος τῶν [τοῦ] ἀντικε[ιμέ]νε [1],
ἀξιώσωμεν [συγγνώμην]· καὶ ἐκεῖνοι δὲ, οἵτινες ἀρχηγ[οὶ τῆς]
στάσεως καὶ διχοστασίας ἐγεν[ήθ]ησαν, ὀφείλεσιν τὸ κοινὸν τῆς
ἐλπίδος σκοπεῖν. Οἱ γὰρ μετὰ φόβε καὶ ἀγάπης πολιτευόμενοι
ἑαυτοὺς θέλουσιν μᾶλλον [2] αἰκίαις περιπίπτειν, ἢ τοὺς πλησίον·
μᾶλλον δὲ ἑαυτῶν κατάγνωσιν φέρεσιν, ἢ τῆς παραδεδομένης
ἡμῖν καλῶς καὶ δικαίως ὁμοφωνίας. Καλὸν γ[ὰρ] ἀνθρώπῳ ἐξομολογεῖσθαι περὶ τ[ῶν] παραπτωμάτων, ἢ σκληρῦναι τὴν καρδίαν
αὐτ[οῦ], καθὼς ἐσκληρύνθη ἡ καρδία τῶν [3] στασιαζόντων πρὸς
τὸν θεράποντα τοῦ Θεοῦ Μωϋσῆν· ὧν τὸ [κρί]μα πρόδηλον
ἐγενήθη. Κατέβησαν γὰρ εἰς ᾅδε ζῶντες, καὶ θά[νατος] κατέπιεν
α]ὐτούς. [4] Φαραὼ καὶ ἡ στρα[τιὰ αὐτ]οῦ, καὶ πάντες οἱ ἡγούμεν[οι Αἰγ]ύπτε, τά τε ἅρματα καὶ οἱ [ἀναβά]ται αὐτῶν οὐ δι'
ἄλλην τινά [αἰτία]ν ἐβυθίσθησαν εἰς θάλασσαν [ἐρυθρ]άν, καὶ
ἀπώλοντο, ἀλλὰ διὰ [τὸ σκλη]ρυνθῆναι αὐτῶν τὰς ἀσυ[νέτε]ς
καρδίας, μετὰ τὸ γενέσθαι [τὰ σημ]εῖα [καὶ] τὰ τέρατα ἐν γῇ
Αἰγύ[πτε] διὰ [τοῦ θ]εράποντος τοῦ Θεοῦ [Μ]ωϋσέως.

LII. *Talis confessio Deo placet.*

[1] Ἀπροσδεής, ἀδελφοί, [ὁ] δεσπότης ὑπάρχει τῶν ἁπάντων·
[οὐ]δὲν οὐδενὸς χρῄζει, εἰ μὴ τὸ [ἐξ]ομολογεῖσθαι αὐτῷ. Φησὶ
γὰρ [ὁ] ἐκλεκτὸς Δαβίδ·[2] "ἐξομολογήσομαι τῷ κυρίῳ, καὶ ἀρέσει
αὐτῷ ὑπὲρ μόσχον νέον, κέρατα ἐκφέροντα καὶ ὁπλάς· ἰδέτωσαν
πτωχοὶ καὶ εὐφρανθήτωσαν." Καὶ πάλιν λέγει·[3] "θῦσον τῷ
Θεῷ θυσίαν αἰ[νέ]σεως, καὶ ἀπόδος τῷ ὑψίστῳ τὰς εὐχάς σου·

---

8 Ita l. teste Jacobsono. || 9 Ps.
13, 1. 2. || 10 Melius ᾧ. Cfr. Rom.
4, 8.
1 Sc. δόλων vel ἐνέδρων. Wott. ||

2 Ms. οἰκίαις.|| 3 Num. 16.|| 4 Exod. 14.
1. Cfr. Ep. ad Diogn. c. 3. || 2 Ps.
68, 31—33. Clem. Alex. l. c. p. 614. ||
3 Ps. 49, 14. 15.

καὶ ἐπικαλέσαί με ἐν ἡμέρᾳ θλίψεώς σου, καὶ ἐξελοῦμαί σε, καὶ δοξάσεις με. ⁴ Θυσία γὰρ τῷ Θεῷ πνεῦμα συντετριμμένον."

LIII. *Mosis charitas erga populum suum.*

Ἐπίστασθε γὰρ, καὶ καλῶς ἐπίστασθ[ε τὰς] ἱερὰς γραφὰς, ἀγαπητοὶ, [καὶ ἐγκε]κύφατε εἰς τὰ λόγια τοῦ [Θεοῦ. Εἰς ἀ]νάμνησιν οὖν ταῦτα [λάβετε]. Μωϋσέως γὰρ ¹ ἀναβά[ντος εἰ]ς τὸ ὄρος, καὶ ² ποιήσαν[τος τεσσαρ]άκοντα ἡμέρας καὶ τεσ[σαράκοντ]α νύκτας ἐν νηστείᾳ [καὶ ταπειν]ώσει, εἶπεν πρὸς αὐτὸν [ὁ κύριος· ³ „Μωϋ]σῆ, Μωϋσῆ, κατάβηθι [τὸ τάχος] ἐντεῦθεν, ὅτι ἠνόμησεν [ὁ λαός σ]ου, οὓς ἐξήγαγες ἐκ γῆς [Αἰγύπτο]υ· παρέβησαν ταχὶ ἐκ [τῆς ὁδο]ῦ, ἧς ἐνετείλω αὐτοῖς, [ἐποίησα]ν ἑαυτοῖς χωνεύματα." [Καὶ εἶπε]ν κύριος πρὸς αὐτόν· ⁴ „λελάλη[κα πρός] σε ἅπαξ καὶ δὶς, λέγων· [ἑώρακα] τὸν λαὸν τοῦτον, καὶ ἰδοὺ, λαὸς [σ]κληροτράχηλος· ἔασόν [με ἐξολ]εθρεῦσαι αὐτοὺς, καὶ ἐξα[λείψω τὸ]ὄνομα αὐτῶν ὑποκά[τωθεν] τοῦ οὐρανοῦ, καὶ ποιήσω [σε εἰς ἔθ]νος μέγα καὶ θαυμαστὸν [καὶ πολ]ὺ μᾶλλον ἢ τοῦτο." [Εἶπε δὲ Μ]ωϋσῆς· ⁵ „μηδαμῶς, κύριε· [ἄφες τὴν] ἁμαρτίαν τῷ λαῷ τούτῳ, ἢ κἀμὲ ἐξάλειψον ἐκ βίβλε ζώντων." Ὦ μεγάλης ἀγάπης, ὦ τελειότητος ἀνυπερβλήτε! Παρρησιάζεται θεράπων πρὸς κύριον, αἰτεῖται ἄφεσιν τῷ πλήθει, ἢ καὶ ἑαυτὸν ἐξαλειφθῆναι μετ' αὐτῶν ἀξιοῖ.

LIV. *Qui charitate plenus est, omne damnum subit, dummodo pax ecclesiae restituatur.*

Τίς οὖν ἐν ὑμῖν γενναῖος, τίς εὔσπλαγχνος, τίς πεπληροφορημένος ἀγάπης; ¹ Εἰπάτω· „εἰ δι' ἐμὲ στάσις καὶ ἔρις καὶ σχίσματα, ἐκχωρῶ, ἄπειμι, οὗ ἐὰν βούλησθε, καὶ ποιῶ τὰ προστασσόμενα ὑπὸ τοῦ πλήθους· μόνον τὸ ποίμνιον τοῦ Χριστοῦ εἰρηνευέτω, μετὰ τῶν καθεσταμένων πρεσβυτέρων." Τοῦτο ὁ ποιήσας ἑαυτῷ μέγα κλέος ἐν κυρίῳ περιποιήσεται, καὶ πᾶς τόπος δέξεται αὐτόν. ² „Τοῦ γὰρ κυρίε ἡ γῆ καὶ τὸ πλήρωμα αὐτῆς." Ταῦτα οἱ πολιτευόμενοι τὴν ἀμεταμέλητον πολιτείαν τοῦ Θεοῦ ἐποίησαν καὶ ποιήσουσιν.

---

4 Ps. 50, 19.
1 Ita Jac. ‖ 2 I. e. διατρίψαντος.
Cfr. Jac. 4, 13. II Cor. 11, 25. ‖
3 Exod. 32, 7 sqq. Deut. 9, 12 sqq.
4 Cfr. Clem. Alex. Strom. IV, 19.

p. 617. ‖ 5 Exod. 32, 32.
1 Epiphanius (haer. 27, 6.), hunc locum laudans, contendit, Clementem nostrum ipsum sponte exilium subiisse pacis gratia. ‖ 2 Ps. 23, 1.

LV. *Hujus charitatis exempla.*

Ἵνα δὲ καὶ ὑποδείγματα ἐθνῶν ἐνέγκωμεν· πολλοὶ βασιλεῖς καὶ ἡγούμενοι, λοιμικοῦ τινος ἐνστάντος καιροῦ, χρησμοδοτηθέντες, παρέδωκαν ἑαυτοὺς εἰς θάνατον, ἵνα ῥύσωνται διὰ τοῦ ἑαυτῶν αἵματος τοὺς πολίτας. Πολλοὶ ἐξεχώρησαν ἰδίων πόλεων, ἵνα μὴ στασιάζωσιν ἐπὶ πλεῖον. Ἐπιστάμεθα πολλοὺς ἐν ἡμῖν [2] παραδεδωκότας ἑαυτοὺς εἰς δεσμά, ὅπως ἑτέρους [2] λυτρώσονται. Πολλοὶ ἑαυτοὺς παρέδωκαν εἰς δουλείαν, καὶ λαβόντες τὰς τιμὰς αὐτῶν, ἑτέρους ἐψώμισαν. Πολλαὶ γυναῖκες ἐνδυναμωθεῖσαι διὰ τῆς χάριτος τοῦ Θεοῦ, ἐπετελέσαντο πολλὰ ἀνδρεῖα. [3] Ἰουδὶθ ἡ μακαρία, ἐν συγκλεισμῷ οὔσης τῆς πόλεως, ᾐτήσατο παρὰ τῶν πρεσβυτέρων, ἐαθῆναι αὐτὴν ἐξελθεῖν εἰς τὴν παρεμβολὴν τῶν ἀλλοφύλων· παραδοῦσα οὖν ἑαυτὴν τῷ κινδύνῳ, ἐξῆλθεν δι' ἀγάπην τῆς πατρίδος καὶ τοῦ λαοῦ, τοῦ ὄντος ἐν συγκλεισμῷ· καὶ παρέδωκεν κύριος Ὀλοφέρνην ἐν χειρὶ θηλείας. [4] Οὐχ ἧττον [5] αὖ καὶ ἡ τελεία κατὰ πίστιν Ἐσθὴρ κινδύνῳ ἑαυτὴν παρέβαλεν, ἵνα τὸ δωδεκάφυλον τοῦ Ἰσραὴλ, μέλλον ἀπολέσθαι, ῥύσηται. Διὰ γὰρ τῆς νηστείας καὶ τῆς ταπεινώσεως αὐτῆς ἠξίωσεν τὸν παντεπόπτην δεσπότην, Θεὸν τῶν αἰώνων· ὃς ἰδὼν τὸ ταπεινὸν τῆς ψυχῆς αὐτῆς, ἐρρύσατο τὸν λαόν, ὧν χάριν ἐκινδύνευσεν.

LVI. *Admoneamus et corripiamus nos invicem; qui talem castigationem non renuit, Deum habet protectorem.*

Καὶ ἡμεῖς οὖν [1] ἐντύχωμεν περὶ τῶν [2] ἔν τινι παραπτώματι ὑπαρχόντων, ὅπως δοθῇ αὐτοῖς ἐπιείκεια καὶ ταπεινοφροσύνη, εἰς τὸ εἶξαι αὐτοὺς μὴ ἡμῖν, ἀλλὰ τῷ θελήματι τοῦ Θεοῦ. Οὕτως γὰρ ἔσται αὐτοῖς ἔγκαρπος καὶ τελεία ἡ πρὸς τὸν Θεὸν καὶ τοὺς ἁγίους μετ' οἰκτιρμῶν [3] μνεία. Ἀναλάβωμεν παιδείαν, ἐφ' ᾗ οὐδεὶς ὀφείλει ἀγανακτεῖν, ἀγαπητοί. Ἡ νουθέτησις, ἣν ποιούμεθα εἰς ἀλλήλους, καλή ἐστιν καὶ ὑπεράγαν ὠφέλιμος· κολλᾷ γὰρ ἡμᾶς τῷ θελήματι τοῦ Θεοῦ. Οὕτως γὰρ φησιν ὁ ἅγιος λόγος· [4] „παιδεύων ἐπαίδευσέν με ὁ κύριος, καὶ τῷ θανάτῳ οὐ παρέδωκέν με· ὃν γὰρ ἀγαπᾷ κύριος, παιδεύει, μαστιγοῖ δὲ πάντα υἱόν, ὃν παρα-

---

1 Cfr. Rom. 16, 4. Phil. 2, 30. ‖ ad orandum. ‖ 2 Cfr. Gal. 6, 1. ‖
2 Ita Ms. Ἀντρώσωνται Schoenem. ‖ 3 Μνεία, vox Paulina, Rom. 1, 9.
3 Judith. 8, 30. Clem. Alex. l. c. Eph. 1, 16. Phil. 1, 3. I Thess.
p. 617. ‖ 4 Esth. 7 et 8. ‖ 5 Ms. εἰ. 3, 6. II Tim. 1, 3. Jac. ‖ 4 Ps. 117, 48.
1 Ἐντυγχάνω, *accedo*, speciatim Prov. 3, 12. Hebr. 12, 6.

δέχεται." ⁵ „Παιδεύσει με γάρ," φησίν, „δίκαιος ἐν ἐλέει, καὶ ἐλέγξει με, ⁶ ἔλαιον δὲ ἁμαρτωλῶν μὴ λιπανάτω τὴν κεφαλήν μου." Καὶ πάλιν λέγει· ⁷ „μακάριος ἄνθρωπος, ὃν ἤλεγξεν ὁ κύριος· νουθέτημα δὲ παντοκράτορος μὴ ἀπαναίνου, αὐτὸς γὰρ ἀλγεῖν ποιεῖ, καὶ πάλιν ἀποκαθίστησιν. ἔπαισεν, καὶ αἱ χεῖρες αὐτοῦ ἰάσαντο. Ἑξάκις ἐξ ἀναγκῶν ἐξελεῖταί σε, ἐν δὲ τῷ ἑβδόμῳ ⁸ οὐχ ἅψεταί σου κακόν. Ἐν λιμῷ ῥύσεταί σε ἐκ θανάτου, ἐν πολέμῳ δὲ ἐκ χειρὸς σιδήρου λύσει σε, καὶ ἀπὸ μάστιγος γλώσσης σε κρύψει, καὶ οὐ μὴ φοβηθήσῃ, κακῶν ἐπερχομένων. Ἀδίκων καὶ ἀνόμων καταγελάσῃ, ἀπὸ δὲ θηρίων ἀγρίων οὐ μὴ φοβηθῇς· θῆρες γὰρ ἄγριοι εἰρηνεύσουσίν σοι. Εἶτα γνώσῃ, ὅτι εἰρηνεύσει σου ὁ οἶκος, ἡ δὲ δίαιτα τῆς σκηνῆς σου οὐ μὴ ἁμάρτῃ. Γνώσῃ δὲ, ὅτι πολὺ [τὸ σπέρμα σου], τὰ δὲ τέκνα σου ὥσπερ [τὸ παμβό]- τανον τοῦ ἀγροῦ· Ἐλεύσ[ῃ δὲ ἐν τά]φῳ, ὥσπερ σῖτος ὥριμο[ς, κατὰ και]ρὸν θεριζόμενος, ἢ ὥσ[περ θημω]νία ἅλωνος, καθ' [ὥραν συγκομι]σθεῖσα." Βλέπετε, ἀγαπητ[οὶ, ὅτι] ὑπερασπισμός ἐστιν τ[οῖς παιδευ]ομένοις ὑπὸ τοῦ δεσπό[του· καὶ γὰρ] ἀγαθὸς ὢν παιδε[ύει ὁ Θεὸς], εἰς τ[ὸ νουθετ]ηθῆναι ἡμᾶς διὰ τῆς ὁσίας [παι]δείας αὐτοῦ.

LVII. *Seditionis auctores presbyteris sese subjiciant, ne Deus eos perdat.*

Ὑμεῖς οὖν, οἱ τὴν καταβολὴν [τῆς] στάσεως ποιήσαντες, ὑποτ[άγη]τε τοῖς πρεσβυτέροις, καὶ πα[ιδεύ]θητε εἰς μετάνοιαν, κάμψαν[τες] τὰ γόνατα τῆς καρδίας ὑμῶν. Μάθετε ὑποτάσσεσθαι, ἀποθέμενοι τὴν ἀλαζόνα καὶ ὑπερήφανον τῆς γλώσσης ὑμῶν αὐθάδ[ειαν]· ἄμεινον γάρ ἐστιν ὑμῖν, [ἐν] τῷ ποιμνίῳ τοῦ Χριστοῦ μικροὺς καὶ ἐλλογίμους εὑρεθῆναι, ἢ καθ' ὑπεροχὴν δοκοῦντας ˣ ἐκριφῆναι ἐλπίδος αὐτοῦ. Οὕτως γὰρ λέγει ἡ πανάρετος σοφία· ² „ἰδοὺ, προήσομ[αι ὑμῖ]ν ἐμῆς πνοῆς ῥῆσιν, διδάξω [δὲ ὑμᾶς] τὸν ἐμὸν λόγον. Ἐπ[ειδὴ ἐκάλουν], καὶ οὐχ ὑπηκούσα[τε, καὶ ἐξέτει]νον λόγους, καὶ οὐ [προσείχετε], ἀλλ' ἀκύρους ἐποι[εῖτε ἐμὰς] βουλὰς, τοῖς δὲ ἐμ[οῖς ἐλέγχοις] ἠπειθήσατε· τοιγαρ[οῦν κἀγὼ] τῇ ὑμετέρᾳ ἀπωλεί[ᾳ ἐπιγελάσο]μαι· καταχαροῦμαι δὲ, [ἡνίκα ἂν]

---

5 Ps. 140, 5. || 6 I. e. rejicio gaudia a peccatoribus mihi parata. || 7 Job. 5, 17 — 26. || 8 Ms. *ΟΓΚΟΨΕΤΑΙ*.
1 Cfr. ROTHE, *Anfänge* p. 587 sq., qui hic doctrinam illam: *extra ecclesiam nulla salus*, detegit. || 2 Prov.

1, 23 — 31. Librum Proverbiorum et Clem. Alex. Strom. II, 22. p. 501 πανάρετον σοφίαν appellat, itemque Hegesippus, Irenaeus etc. apud Euseb. H. E. I, 22. COT.

ἔρχηται ὑμῖν ὄλεθρο[ς, καὶ ὡς ἂν ἀ]φίκηται ὑμῖν ἄφνω θ[όρυβος, ἡ δὲ] καταστροφὴ ὁμοία κ[αταιγίδι πα]ρῇ, ἢ ὅταν ἔρχηται ὑμ[ῖν θλίψις] καὶ πολιορκία. Ἔσται γ[ὰρ, ὅταν ἐπι]καλέσησθέ με, ἐγὼ δὲ [οὐκ εἰσα]κούσομαι ὑμῶν· ζητ[ήσεσίν] με κακοὶ, καὶ οὐχ εὑρή[σεσιν]. Ἐμίσησαν γὰρ σοφίαν, [τὸν δὲ φό]βον τοῦ κυρίε οὐ [3] προείλα[ντο, οὐδὲ] ἤθελον ἐμαῖς προσέχ[ειν βελαῖς]· ἐμυκτήριζον δὲ ἐμοὺ[ς ἐλέγχες]. Τοιγαροῦν ἔδονται τῆς [ἑαυτῶν] ὁδῦ τὰς καρπὰς, [καὶ τῆς ἑαυτῶν] ἀσεβείας πλησθήσον[ται] * *
* * * * * * * * * * * * * * * * * * * [4] ιπον.

LVIII. *Deus omnibus ipsum invocantibus bona spiritualia tribuat.*

Ὁ παντεπόπτης Θεὸς [καὶ] δεσπότης τῶν πνευμάτων | καὶ κύριος [πά]σης σαρκὸς, ὁ ἐκλεξάμενος [τὸ]ν κύριον Ἰησοῦν Χριστὸν, καὶ ἡμᾶς δι' αὐτοῦ εἰς λαὸν [1] περιούσιον, δῴη πάσῃ [ψ]υχῇ ἐπικεκλημένῃ τὸ μεγαλο[π]ρεπὲς καὶ ἅγιον ὄνομα αὐτοῦ, [π]ίστιν, φόβον, εἰρήνην, ὑπομονὴν, μακροθυμίαν, ἐγκράτειαν, ἁγνείαν καὶ σωφροσύνην, εἰς εὐαρέστησιν τῷ ὀνόματι αὐτοῦ, [2] διὰ τοῦ ἀρχιερέως καὶ προστάτε ἡμῶν Ἰησοῦ Χριστοῦ· δι' οὗ αὐτῷ δόξα καὶ μεγαλωσύνη, κράτος, τιμή, καὶ νῦν καὶ εἰς πάντας τοὺς αἰῶνας τῶν αἰώνων. Ἀμήν.

LIX. *Corinthii missos a Clemente cito remittant, rescribantque de concordia restituta. Benedictio.*

Τοὺς δὲ ἀπεσταλμένες ἀφ' ἡμῶν Κλαύδιον Ἔφηβον καὶ Οὐαλέριον Βίτωνα, σὺν [1] καὶ Φορτενάτῳ, ἐν εἰρήνῃ μετὰ χαρᾶς ἐν τάχει ἀναπέμψατε πρὸς ἡμᾶς, ὅπως θᾶττον τὴν εὐκταίαν καὶ [2] ἐπιποθήτην ἡμῖν εἰρήνην καὶ ὁμόνοιαν ἀπαγγέλλωσιν· εἰς τὸ

---

3 De hac forma aoristi II. cfr. Buttm. Gr.gr.(med.)§.101.s.v.αἱρέω. ‖ 4 Junius, cui forte Codicem conferre contigit, priusquam a bibliopego anglico praescissus fuerat et in corio compactus, diserte statuit, folium integrum hoc loco excidisse. JAC. Fortasse nonnulla, quae, ab antiquis e Clemente Romano citata, in Epistola nostra non leguntur, hujus lacunae spatium olim explerunt.

1 Cfr. Tit. 2, 14. Περιούσιος ut apud LXX = οἰκεῖος. ‖ 2 Hic, ut suspicari licet, unus est ex iis locis, qui Photio (Bibl. cod. 126.) displicuerunt. Sed cfr. Hebr. 4, 15. 2, 17. 3, 1. 10. Vide quoque supra c. 36.

1 Forsan legendum σὺν Γαΐῳ Φορτενάτῳ; nam Ephebo et Vittoni sunt data sua praenomina. DAV. *Fortunatus* idem esse videtur, qui a S. Paulo memoratur I Cor. 16, 17. ‖ 2 Ita Ms. Editi ἐπιπόθητον, quod longe melius arbitratur Boisius.

τάχιον καὶ ἡμᾶς χαρῆναι περὶ τῆς εὐσταθείας ὑμῶν. Ἡ χάρις τοῦ κυρίε ἡμῶν Ἰησοῦ Χριστοῦ μεθ᾽ ὑμῶν, καὶ μετὰ πάντων πανταχῇ τῶν κεκλημένων ὑπὸ τοῦ Θεοῦ καὶ δι᾽ αὐτοῦ· δι᾽ οὗ αὐτῷ δόξα, τιμή, κράτος καὶ μεγαλωσύνη, θρόνος αἰώνιος, ἀπὸ τῶν αἰώνων εἰς τοὺς αἰῶνας τῶν αἰώνων. Ἀμήν.

Κλήμεντος πρὸς Κορινθίες ἐπιστολή.

ΚΛΗΜΕΝΤΟΣ
ΕΠΙΣΤΟΛΗ Β. *)

I. *Magnifice de Christo, qui ad salutem nos vocavit, sentiendum est.*

Ἀδελφοί, οὕτως δεῖ ὑμᾶς φρονεῖν περὶ Ἰησῦ Χριστῦ, ὡς περὶ Θεῦ, ὡς περὶ ¹ κριτῦ ζώντων καὶ νεκρῶν· καὶ ὃ δεῖ ἡμᾶς μικρὰ φρονεῖν περὶ τῆς σωτηρίας ἡμῶν· ἐν τῷ γὰρ φρονεῖν ἡμᾶς μικρὰ περὶ αὐτῦ, μικρὰ καὶ ἐλπίζομεν λαβεῖν. ² Καὶ οἱ ἀκύοντες, ὥσπερ μικρῶν, ἁμαρτάνομεν, ἐκ εἰδότες, πόθεν ἐκλήθημεν, καὶ ὑπὸ τίνος, καὶ εἰς ὃν τόπον, καὶ ὅσα ὑπέμεινεν Ἰησῦς Χριστὸς παθεῖν ἕνεκα ἡμῶν. Τίνα ἒν ἡμεῖς αὐτῷ δώσομεν ἀντιμισθίαν, ἢ τίνα καρπὸν ἄξιον, ὃ ἡμῖν αὐτὸς ἔδωκεν; Πόσα δὲ αὐτῷ ὀφείλομεν ³ ὅσια; Τὸ φῶς γὰρ ἡμῖν ἐχαρίσατο· ὡς πατὴρ υἱὲς ἡμᾶς προσηγόρευσεν· ἀπολλυμένες ἡμᾶς ἔσωσεν. Ποῖον ἒν αἶνον αὐτῷ δώσομεν, ⁴ ἢ μισθὸν ἀντιμισθίας ὧν ἐλάβομεν; πηροὶ ὄντες τῇ διανοίᾳ, προσκυνῦντες λίθος καὶ ξύλα, καὶ χρυσὸν καὶ ἄργυρον καὶ χαλκὸν, ἔργα ἀνθρώπων· καὶ ὁ βίος ἡμῶν ὅλος ἄλλο ἐδὲν ἦν, εἰ μὴ θάνατος. Ἀμαύρωσιν ἒν περικείμενοι, καὶ τοιαύτης

---

*) Tituli hujus ne literam quidem integram praebet Cod. Mstus. JAC. 1 Cfr. Joh. 5, 22. 27. Act. 10, 42. 17, 31. II Tim. 4, 1. || 2 Hiulca videtur haec sententia; variis autem modis syntaxin perfectam reddere conati sunt viri docti. *Wottono* placet: Καὶ [ἡμεῖς] οἱ ἀκύοντες [τύτων] κ. τ. λ. *Birrio*: Καὶ οἱ [παρ]ακύοντες κ. τ. λ. Posteriorem in versione latina secuti sumus. || 3 Ὅσια = *beneficia*, ut saepius apud LXX. 4 Cfr. Ps. 115, 3.

ἀχλύος γέμοντες ἐν τῇ ὁράσει, ἀνεβλέψαμεν, ἀποθέμενοι ἐκεῖνο, ὃ περικείμεθα, νέφος τῇ αὐτῦ θελήσει. Ἠλέησεν γὰρ ἡμᾶς, καὶ σπλαγχνισθεὶς ἔσωσεν, θεασάμενος ἐν ἡμῖν πολλὴν πλάνην καὶ ἀπώλειαν, καὶ μηδεμίαν ἐλπίδα ἔχοντας σωτηρίας, εἰ μὴ τὴν παρ' αὐτῦ. ⁵ Ἐκάλεσεν γὰρ ἡμᾶς ὐκ ὄντας, καὶ ἠθέλησεν ἐκ μὴ ὄντος εἶναι ἡμᾶς.

II. *Ecclesia, prius sterilis, vocatione gentium mire foecunda.*

¹ „Εὐφράνθητι, στεῖρα, ἡ ὐ τίκτυσα· ῥῆξον καί βόησον, ἡ ὐκ ὠδίνυσα, ὅτι πολλὰ τὰ τέκνα τῆς ἐρήμυ, μᾶλλον ἢ τῆς ἐχύσης τὸν ἄνδρα." Ὁ εἶπεν· „εὐφράνθητι, στεῖρα, ἡ ὐ τίκτυσα," ἡμᾶς εἶπεν· στεῖρα γὰρ ἦν ἡ ἐκκλησία ἡμῶν πρὸ τῦ δοθῆναι αὐτῇ τέκνα. Ὁ δὲ εἶπεν· „βόησον ἡ ὐκ ὠδίνυσα," τῦτο λέγει, τὰς προσευχὰς ἡμῶν ἁπλῶς ἀναφέρειν πρὸς τὸν Θεόν, μὴ ὡς αἱ ὠδίνυσαι ² ἐκκακῶμεν. Ὁ δὲ εἶπεν· „ὅτι πολλὰ τὰ τέκνα τῆς ἐρήμυ, μᾶλλον ἢ τῆς ἐχύσης τὸν ἄνδρα"· ἐπεὶ ἔρημος ἐδόκει εἶναι ἀπὸ τῦ Θεῦ ὁ λαὸς ἡμῶν, νυνὶ δὲ πιστεύσαντες πλείονες ἐγενόμεθα τῶν δοκύντων ἔχειν Θεόν. Καὶ ἑτέρα δὲ γραφὴ λέγει· ³ „ὅτι ὐκ ἦλθον καλέσαι δικαίυς, ἀλλὰ ἁμαρτωλύς." Τοῦτο λέγει, ὅτι δεῖ τὺς ἀπολλυμένυς σώζειν. Ἐκεῖνο γάρ ἐστιν μέγα καὶ θαυμαστόν, ὐ τὰ ἑστῶτα στηρίζειν, ἀλλὰ τὰ πίπτοντα. Οὕτως καὶ ὁ Χριστὸς ἠθέλησεν ⁴ σῶσαι τὰ ἀπολλύμενα, καὶ ἔσωσεν πολλὺς, ἐλθὼν καὶ καλέσας ἡμᾶς ἤδη ἀπολλυμένυς.

III. *Confiteamur Christum, facientes mandata ejus, et ex corde eum honorantes.*

Τοσῦτον ὖν ἔλεος ποιήσαντος αὐτῦ εἰς ἡμᾶς, πρῶτον μὲν, ὅτι ἡμεῖς, οἱ ζῶντες, τοῖς νεκροῖς θεοῖς ὐ θύομεν, καὶ ὐ προσκυνῦμεν αὐτοῖς, ἀλλὰ ἔγνωμεν δι' αὐτῦ τὸν πατέρα τῆς ἀληθείας· τίς ἡ γνῶσις ἡ πρὸς αὐτόν, ἢ τὸ μὴ ἀρνεῖσθαι, δι' ὃ ἔγνωμεν αὐτόν; Λέγει δὲ καὶ αὐτός· ¹ „τὸν ὁμολογήσαντά με ἐνώπιον τῶν ἀνθρώπων, ὁμολογήσω αὐτὸν ἐνώπιον τῦ πατρός μυ." Οὗτος ὖν ἐστιν ὁ μισθὸς ἡμῶν, ἐὰν ² αὐτὸν ὁμολογήσωμεν, δι' ὃ ἐσώθη-

---

5 Cfr. Rom. 4, 17. 9, 25.
1 Isai. 54, 1. Gal. 4, 27. ‖ 2 Ita Cot. Ms. ἐγκακῶμεν, quam lectionem tuetur Wottonus ex Hesychio, qui habet ἐγκακέω = ὑψόω = vocem *tollo*, *vociferor*. Wottonus ergo vertit: *ut preces nostras simpliciter ad Deum perferamus, neque, ut parturientes, vociferemur.* ‖ 3 Matth. 9, 13. Luc. 5, 32. ‖ 4 Matth. 18, 11.
1 Matth. 10, 32. ‖ 2 Ita WOTT. Ms. ὖν, male. Nihil mutat BIRR., nam οὖν = τοίνυν. GALL.

μεν. Ἐν τίνι δὲ αὐτὸν ὁμολογῶμεν; Ἐν τῷ ποιεῖν, ἃ λέγει, καὶ μὴ παρακύειν αὐτῦ τῶν ἐντολῶν, καὶ μὴ μόνον χείλεσιν αὐτὸν τιμᾷν, ἀλλ᾽ ³ ἐξ ὅλης καρδίας καὶ ἐξ ὅλης τῆς διανοίας. Λέγει δὲ καὶ ἐν τῷ Ἡσαΐᾳ· ⁴ „ὁ λαὸς ὗτος τοῖς χείλεσίν με τιμᾷ, ἡ δὲ καρδία αὐτῶν πόῤῥω ἄπεστιν ἀπ᾽ ἐμῦ."

IV. Quis Christum vere confiteatur.

Μὴ μόνον ὂν αὐτὸν καλῶμεν κύριον· ὃ γὰρ τῦτο σώσει ἡμᾶς. Λέγει γάρ· ¹ „οὐ πᾶς ὁ λέγων μοι, κύριε, κύριε, σωθήσεται, ἀλλὰ ὁ ποιῶν τὴν δικαιοσύνην." Ὥστε ὂν, ἀδελφοὶ, ἐν τοῖς ἔργοις αὐτὸν ὁμολογῶμεν, ἐν τῷ ἀγαπᾷν ² ἑαυτὸς, ἐν τῷ μὴ μοιχᾶσθαι, μηδὲ καταλαλεῖν ἀλλήλων, μηδὲ ζηλῦν, ἀλλ᾽ ἐγκρατεῖς εἶναι, ἐλεήμονας, ἀγαθύς· καὶ συμπάσχειν ἀλλήλοις ὀφείλο[μεν], καὶ μὴ φιλαργυρεῖν. Ἐν τ[ού]τοις ἔργοις ὁμολογῶμεν [³ αὐτὸν], καὶ μὴ ἐν τοῖς ἐναντίοις· καὶ ὃ δεῖ ἡμᾶς φοβεῖσθαι το[ὺς] ἀνθρώπυς μᾶλλον, ἀλλὰ τὸν Θεόν. Δ[ιὰ] τῦτο, ταῦτα ἡμῶν πρασσόν[των], εἶπεν ὁ κύριος· ⁴ „ἐὰν ἦτε μετ᾽ ἐμο[ῦ] συνηγμένοι ἐν τῷ κόλπῳ μο[υ], καὶ μὴ ποιῆτε τὰς ἐντολάς μο[υ], ἀποβαλῶ ὑμᾶς, καὶ ἐρῶ ὑμῖν· ⁵ ὑπάγετε ἀπ᾽ ἐμῦ, ὐκ οἶδα ὑμᾶς, πόθεν ἐστὲ, ἐργάται ἀνομίας."

V. Contemnamus mundum, et contendamus ad alterius vitae felicitatem.

Ὅθεν, ἀδελφοὶ, καταλείψαντες τὴν παροικίαν τῦ κόσμυ τύτυ, ποιήσωμεν τὸ θέλημα τῦ καλέσαντος ἡμᾶς, καὶ μὴ φοβηθῶμεν ἐξελθεῖν ἐκ τῦ κόσμυ τύτυ. Λέγει γὰρ ὁ κύριος· ¹ „ἔσεσθε ὡς ἀρνία ἐν μέσῳ λύκων." ² Ἀποκριθεὶς δὲ ὁ Πέτρος αὐτῷ λέγει· ³ „ἐὰν ὂν διασπαράξωσιν οἱ λύκοι τὰ ἀρνία;" Εἶπεν ὁ Ἰησῦς τῷ Πέτρῳ· „⁴ μὴ φοβείσθωσαν τὰ ἀρνία τὺς λύκυς μετὰ τὸ ἀποθανεῖν αὐτὰ, ⁵ καὶ ὑμεῖς μὴ φοβεῖσθε τὺς ἀποκτείνοντας ὑμᾶς, καὶ μηδὲν ὑμῖν δυναμένυς ποιεῖν· ἀλλὰ φοβεῖσθε τὸν μετὰ τὸ ἀποθανεῖν ὑμᾶς ἔχοντα ἐξυσίαν ψυχῆς καὶ σώματος, τῦ βαλεῖν εἰς γέενναν πυρός." Καὶ γινώσκετε, ἀδελφοὶ, ὅτι ἡ ἐπιδημία ἐν

3 Cfr. Matth. 22, 37. || 4 Isai. 29, 13.
1 Matth. 7, 21. || 2 = ἀλλήλυς.
BIRR. Cfr. c. 12 et Ep. I. c. 14.
Male alii mutant. || 3 Ita ROTHE.
Alii [Θεόν] seu [τὸν Θεόν.] || 4 Non est in S. Scriptura. Forsitan ex Evangelio secundum Aegyptios. WOTT. ||
5 Matth. 7, 23. Luc. 13, 27.

1 Matth. 10, 16. || 2 De tali colloquio Christi cum Petro reperio nihil in S. Scriptura. Forte sumta sunt ex apocrypha aliqua historia. BOIS. || 3 Cfr. Luc. 10, 3. || 4 Non est in S. Scriptura. || 5 Matth. 10, 28. Luc. 12, 4. 5.

5 *

τῷ κόσμῳ τύτῳ τῆς σαρκὸς ταύτης μικρά ἐστιν καὶ ὀλιγοχρόνιος, ἡ δὲ ἐπαγγελία τȣ̃ Χριστȣ̃ μεγάλη καὶ θαυμαστή ἐστιν, καὶ ἀνάπαυσις τῆς μελλȣ́σης βασιλείας καὶ ζωῆς [6] αἰωνίȣ. Τί ᾆν ἐστιν ποιήσαντας ἐπιτυχεῖν αὐτῶν, εἰ μὴ τὸ ὁσίως καὶ δικαίως ἀναστρέφεσθαι, καὶ τὰ κοσμικὰ ταῦτα ὡς ἀλλότρια ἡγεῖσθαι, καὶ μὴ ἐπιθυμεῖν αὐτῶν; Ἐν γὰρ τῷ ἐπιθυμεῖν ἡμᾶς κτήσασθαι ταῦτα, ἀποπίπτομ[εν] τῆς ὁδȣ̃ τῆς δικαίας.

VI. *Seculum praesens et futurum duo inimici. Spreto illo hoc diligamus. Aliter nulla salutis spes.*

Λέγει δὲ ὁ κύριος· [1] „οὐδεὶς οἰκέτης δύναται δυσὶ κυρίοις δȣλεύε[ιν]." Ἐὰν ἡμεῖς θέλωμεν καὶ Θεῷ δ[ουλ]εύειν καὶ μαμωνᾷ, ἀσύμφο[ρ]ον ἡμῖν ἐστιν. [2] „Τί γὰρ τὸ ὄφελος, ἐάν τις τὸν ὅλον κόσμον κερδήσῃ, τὴν δὲ ψυχὴν ζημιωθῇ;" Ἔστιν δὲ ȣ̃τος ὁ αἰὼν καὶ ὁ μέλλων δύο ἐχθροί. Οὗτος λέγει μοιχείαν καὶ φθορὰν καὶ φιλαργυρίαν καὶ ἀπάτην· ἐκεῖνος δὲ τούτοις ἀποτάσσεται. Οὐ δυνάμεθα ȣ̃ν τῶν δύο φίλοι εἶναι· δεῖ δὲ ἡμᾶς τύτῳ ἀποταξαμένȣς ἐκείνῳ [3] χρῆσθαι. [4] Οἰώμεθα, ὅτι βέλτιόν ἐστιν τὰ ἐνθάδε μισῆσαι, ὅτι μικρὰ καὶ ὀλιγοχρόνια καὶ φθαρτά· ἐκεῖνα δὲ ἀγαπῆσαι, τὰ ἀγαθὰ καὶ ἄφθαρτα. Ποιȣ̃ντες γὰρ τὸ θέλημα τȣ̃ Χριστȣ̃, εὑρήσομεν ἀνάπαυσιν· εἰ δὲ μήγε, ȣ̓δὲν ἡμᾶς ῥύσεται ἐκ τῆς αἰωνίȣ κολάσεως, ἐὰν παρακȣ́σωμεν τῶν ἐντολῶν αὐτȣ̃. Λέγει δὲ καὶ ἡ γραφὴ ἐν τῷ Ἰεζεκιήλ· [5] „ὅτι ἐὰν ἀναστῇ Νῶε καὶ Ἰὼβ καὶ Δανιήλ, ȣ̓ ῥύσονται τὰ τέκνα αὐτῶν ἐν τῇ αἰχμαλωσίᾳ." Εἰ δὲ καὶ οἱ τοιȣ̃τοι δίκαιοι ȣ̓ δύνανται ταῖς αὐτῶν δικαιοσύναις ῥύσασθαι τὰ τέκνα αὐτῶν, ἡμεῖς, ἐὰν μὴ τηρήσωμεν τὸ βάπτισμα ἁγνὸν καὶ ἀμίαντον, ποίᾳ πεποιθήσει εἰσελευσόμεθα εἰς τὸ βασίλειον τȣ̃ Θεȣ̃; Ἤ τίς ἡμῶν παράκλητος ἔσται, ἐὰν μὴ εὑρεθῶμεν ἔργα ἔχοντες ὅσια καὶ δίκαια;

VII. *Certandum est nobis, ut coronemur.*

Ὥστε ȣ̓ν, ἀδελφοί μȣ, ἀγωνισώμεθα, εἰδότες, ὅτι ἐν χερσὶν ὁ [1] ἀγὼν, καὶ ὅτι εἰς τὸς φθαρτὸς ἀγῶνας [2] καταπλέȣσιν πολ-

---

6 L. αἰώνιος, ref. ad ἀνάπαυσις.
DAV.
1 Matth. 6, 24. Luc. 16, 13. ‖
2 Matth. 16, 26. ‖ 3 Ms. χρᾶσθαι. ‖
4 Ms. οἰόμεθα. ‖ 5 Ezech. 14, 14. 20.
1 Ita Fellus et alii. Ms. αἰών. ‖

2 F. καταπαλαίȣσιν, *lucta vincunt.*
WOTT. Nihil mutant Birrius et Freyius, quibus elegans videtur significatio *navigationis* ad situm Corinthi, ubi ludi Isthmici celebrabantur. GALL.

λοὶ, ἀλλ' ἃ πάντες στεφανῦνται, εἰ μὴ οἱ πολλὰ κοπιάσαντες καὶ καλῶς ἀγωνισάμενοι. Ἡμεῖς ἂν ἀγωνισώμεθα, ἵνα πάντες στεφανωθῶμεν. Ὥστε ³ θῶμεν τὴν ὁδὸν τὴν εὐθείαν, ἀγῶνα τὸν ἄφθαρτον, καὶ πολλοὶ εἰς αὐτὸν καταπλεύσωμεν καὶ ἀγωνισώμεθα, ἵνα καὶ στεφανωθῶμεν. Καὶ εἰ μὴ δυνάμεθα ἅπαντες στεφανωθῆναι, κἂν ἐγγὺς τῦ στεφάνυ γενώμεθα. Εἰδέναι ἡμᾶς δεῖ, ὅτι ὁ τὸν φθαρτὸν ἀγῶνα ἀγωνιζόμενος, ἐὰν εὑρεθῇ φθείρων, μαστιγωθεὶς αἴρεται, καὶ ἔξω βάλλεται τῦ σταδίυ. Τί δοκεῖτε; Ὁ τὸν τῆς ἀφθαρσίας ἀγῶνα φθείρας, τί παθεῖται; Τῶν γὰρ μὴ τηρησάντων, φησὶν, τὴν ⁴ σφραγῖδα· ⁵ „ὁ σκώληξ αὐτῶν ἐ τελευτήσει, καὶ τὸ πῦρ αὐτῶν ἐ σβεσθήσεται, καὶ ἔσονται εἰς ὅρασιν πάσῃ σαρκί."

VIII. *Quamdiu in hoc mundo sumus, poenitentiam agamus et carnem castam servemus.*

Ὡς ἂν ἐσμὲν ἐπὶ γῆς, μετανοήσωμεν· πηλὸς γὰρ ἐσμὲν εἰς τὴν χεῖρα τῦ τεχνίτυ. Ὃν τρόπον γὰρ ὁ κεραμεὺς, ἐὰν ποιῇ σκεῦος, καὶ ἐν ταῖς χερσὶν αὐτῦ διαστραφῇ, ἢ συντριβῇ, πάλιν αὐτὸ ἀναπλάσσει· ἐὰν δὲ προφθάσῃ εἰς τὴν κάμινον τῦ πυρὸς αὐτὸ βαλεῖν, ἐκέτι βοηθήσει αὐτῷ· ἕτως καὶ ἡμεῖς, ἕως ἐσμὲν ἐν τέτῳ τῷ κόσμῳ, ἐν τῇ σαρκὶ ἃ ἐπράξαμεν πονηρὰ, μετανοήσωμεν ἐξ ὅλης τῆς καρδίας, ἵνα σωθῶμεν ὑπὸ τῦ κυρίυ, ἕως ἔχομεν καιρὸν μετανοίας. Μετὰ γὰρ τὸ ἐξελθεῖν ἡμᾶς ἐκ τῦ κόσμυ, ἐκέτι δυνάμεθα ἐκεῖ ἐξομολογήσασθαι ἢ μετανοεῖν ἔτι. Ὥστε, ἀδελφοὶ, ποιήσαντες τὸ θέλημα τῦ πατρὸς, καὶ τὴν σάρκα ἁγνὴν τηρήσαντες, καὶ τὰς ἐντολὰς τῦ κυρίυ φυλάξαντες, ληψόμεθα ζωὴν αἰώνιον. Λέγει γὰρ ὁ κύριος ἐν τῷ εὐαγγελίῳ· ¹ „εἰ τὸ μικρὸν ἐκ ἐτηρήσατε, τὸ μέγα τίς ὑμῖν δώσει; Λέγω γὰρ ὑμῖν· ὅτι ὁ πιστὸς ἐν ἐλαχίστῳ καὶ ἐν πολλῷ πιστός ἐστιν." Ἆρα ἂν τῦτο λέγει· ² „τηρήσατε τὴν σάρκα ἁγνὴν καὶ τὴν σφραγῖδα ἄσπιλον, ἵνα τὴν αἰώνιον ζωὴν ³ ἀπολάβητε."

---

3 Wottonus vertit: *curramus,* quasi a θέω. Birrius: *ponamus,* i. e. proponamus nobis, a τίθημι. ‖ 4 I. e. baptismum. FELL. ‖ 5 Isai. 66, 24.
1 Similia apud Luc. 16, 10—12. Eundem locum recitat quoque S. Irenaeus II, 34.: *si in modico fideles non fuistis, quod magnum est, quis dabit vobis?* Ubi Grabius conjecit, haec ex Evang. secundum Aegyptios fuisse deprompta. GALL. ‖ 2 Haec non, ut Wottono visum, ex libro apocrypho citata sunt, sed a Clemente ipso scripta ad interpretationem loci antecedentis S. Scripturae. ‖ 3 Ms. ἀπολάβωμεν, male. Legendum videtur ἀπολάβητε, uti summo consensu monent Editores. JAC.

IX. *In carne judicabimur; ergo praeparemus nos in tempore.*

¹ Καὶ μὴ λεγέτω τις ὑμῶν, ὅτι αὕτη ἡ σὰρξ ȣ̓ κρίνεται, ȣ̓δὲ ἀνίσταται. Γνῶτε, ἐν τίνι ἐσώθητε, ἐν τίνι ἀνεβλέψατε, εἰ μὴ ἐν τῇ σαρκὶ ταύτῃ ὄντες. ² Δεῖ ȣ̓ν ἡμᾶς ὡς ναὸν Θεȣ̃ φυλάσσειν τὴν σάρκα. Ὃν τρόπον γὰρ ἐν τῇ σαρκὶ ἐκλήθητε, καὶ ἐν τῇ σαρκὶ ἐλεύσεσθε. ³ Ὡς Χριστὸς ὁ κύριος, ὁ σώσας ἡμᾶς, ὢν μὲν τὸ πρῶτον ⁴ πνεῦμα, ἐγένετο σὰρξ, καὶ οὕτως ἡμᾶς ἐκάλεσεν· οὕτως καὶ ἡμεῖς ἐν ταύτῃ τῇ σαρκὶ ἀποληψόμεθα τὸν μισθόν. Ἀγαπῶμεν ȣ̓ν ἀλλήλȣς, ὅπως ἔλθωμεν πάντες εἰς τὴν βασιλείαν τȣ̃ Θεȣ̃. ⁵ Ὡς ἔχομεν καιρὸν τȣ̃ ἰαθῆναι, ἐπιδῶμεν ἑαυτȣ̀ς τῷ θεραπεύοντι Θεῷ, ἀντιμισθίαν αὐτῷ διδόντες. Ποίαν; Τὸ μετανοῆσαι ἐξ εἰλικρινȣ̃ς καρδίας. Προγνώστης γάρ ἐστιν τῶν πάντων, καὶ εἰδὼς ἡμῶν τὰ ἐν καρδίᾳ. Δῶμεν ȣ̓ν αὐτῷ ⁶ αἶνον, μὴ ἀπὸ στόματος μόνον, ἀλλὰ καὶ ἀπὸ καρδίας, ἵνα ἡμᾶς προσδέξηται ὡς υἱȣ́ς. Καὶ γὰρ εἶπεν ὁ κύριος· ⁷ „ἀδελφοί μȣ ȣ̔τοί εἰσιν οἱ ποιȣ̃ντες τὸ θέλημα τȣ̃ πατρός μȣ."

X. *Vitio relicto virtutem persequamur, et bona promissa mundanis praeponamus deliciis.*

Ὥστε, ἀδελφοί μου, ποιήσωμεν τὸ θέλημα τȣ̃ πατρός, τȣ̃ καλέσαντος ἡμᾶς, ἵνα ζήσωμεν, καὶ διώξωμεν μᾶλλον τὴν ἀρετήν, τὴν δὲ κακίαν καταλείψωμεν, ὡς προοδοίπορον τῶν ¹ ἁμαρτιῶν ἡμῶν, καὶ φύγωμεν τὴν ἀσέβειαν, μὴ ἡμᾶς καταλάβῃ κακά. Ἐὰν γὰρ σπȣδάσωμεν ἀγαθοποιεῖν, διώξεται ἡμᾶς εἰρήνη. Διὰ ταύτην γὰρ τὴν αἰτίαν ȣ̓κ ἔστιν εὑρεῖν ² ἄνθρωπον, οἵτινες παράγȣσι φόβȣς ἀνθρωπίνȣς, προῃρημένοι μᾶλλον τὴν ἐνθάδε ἀπόλαυσιν, ἢ τὴν μέλλȣσαν ἐπαγγελίαν. Ἀγνοȣ̃σιν γὰρ, ἡλίκην ἔχει

1 Cfr. I Cor. 15, 12. || 2 Cfr. I Cor. 3, 16. 6, 19. || 3 Ms. εἷς, sed l. cum Millio et aliis ὡς, quia in apodosi sequitur ȣ̔τως καὶ ἡμεῖς. || 4 Πνεῦμα = τὸ θεῖον ἐν Χριστῷ, ut apud Pastorem Hermae lib. III. Sim. V, 5. Baumgarten-Crusius, Lehrb. d. Dogmengesch. II, p. 1052. || 5 Cfr. Gal. 6, 10. || 6 Ita FELL. et alii. Ms. αἰώνιον. Birrius affirmat, scripsisse Clementem αἶνον αἰώνιον. GALL. || 7 Matth. 12, 50.
1 COTEL. et alii malunt: τιμωριῶν.

At WOTT. retinet ἁμαρτιῶν. Vox enim κακία denotare potest internum mentis affectum, τὴν ἐπιθυμίαν· ἁμαρτία scelus foris peractum. Forte respexit Clemens ad Jac. 1, 15. GALL.
2 Ms. habet $\overline{ANON}$. i. e. ἄνθρωπον, forte pro $\overline{ANΘN}$, i. e. ἂν Θεόν. Ita WOTT., qui legendum esse putat: ȣ̓κ ἔστιν (αὐτοῖς) εὑρεῖν ἂν Θεόν κ. τ. λ. Forte legendum: ȣ̓κ ἔστιν εὑρεῖν [αὐτὴν sc. τὴν εἰρήνην] ἄνθρωπον [pro ἀνθρώπȣς] κ. τ. λ.

βάσανον ἡ ἐνθάδε ἀπόλαυσις, καὶ οἵαν τρυφὴν ἔχει ἡ μέλλεσα ἐπαγγελία. Καὶ εἰ μὲν αὐτοὶ μόνοι ταῦτα ἔπρασσον, ἀνεκτὸν ἦν· νῦν δὲ ἐπιμένεσιν κακοδιδασκαλᾶντες τὰς [3] ἀναιτίες ψυχὰς, ἐκ εἰδότες, ὅτι διασὴν ἕξεσιν τὴν κρίσιν, αὐτοί τε καὶ οἱ ἀκέοντες αὐτῶν.

XI. *Divinis promissis fidem habentes serviamus Deo, et erit nobis beatitudo aeterna.*

Ἡμεῖς ἂν ἐν καθαρᾷ καρδίᾳ δελεύσωμεν τῷ Θεῷ, καὶ ἐσόμεθα δίκαιοι· ἐὰν δὲ μὴ δελεύσωμεν, διὰ τᾶ μὴ πιστεύειν ἡμᾶς [τῇ] ἐπαγγελίᾳ τᾶ Θεᾶ, ταλαίπωρ[οι] ἐσόμεθα. Λέγει γὰρ καὶ ὁ προ[φη]τικὸς λόγος· [1] „ταλαίπωροί εἰσ[ιν] οἱ δίψυχοι, οἱ διστάζοντες τ[ῇ] καρδίᾳ, οἱ λέγοντες· ταῦτα πά[ντα] ἠκέσαμεν καὶ ἐπὶ τῶν πατ[έ]ρων ἡμῶν, ἡμεῖς δὲ [2] ἡμέραν ἐξ ἡμέρας προσδεχόμενοι, ἐδὲν τέτων ἑωράκαμεν [3]. Ἀνόητοι, συμβάλετε ἑαυτὲς ξύλῳ· λάβετε ἄμπελον. Πρῶτον μὲν φυλλορροεῖ, εἶτα βλαστὸς γίνεται, μετὰ ταῦτα ὄμφαξ, εἶτα σταφυλὴ παρεστηκυῖα. Οὕτως καὶ ὁ λαός με ἀκαταστασίας καὶ θλίψεις ἔσχεν· ἔπειτα ἀπολήψεται τὰ ἀγαθά." Ὥστε, ἀδελφοί με, μὴ διψυχῶμεν, ἀλλὰ ἐλπίσαντες ὑπομείνωμεν, ἵνα καὶ τὸν μισθὸν κομισώμεθα. Πιστὸς γάρ ἐστιν ὁ ἐπαγγειλάμενος τὰς ἀντιμισθίας ἀποδιδόναι ἑκάστῳ τῶν ἔργων αὐτᾶ. Ἐὰν ἂν ποιήσωμεν τὴν δικαιοσύνην ἐναντίον τᾶ Θεᾶ, εἰσήξομεν εἰς τὴν βασιλείαν αὐτᾶ, καὶ ληψόμεθα τὰς ἐπαγγελίας, [4] „ἃς [οὓς] ἐκ ἤκεσεν, ἐδὲ ὀφθαλμὸς ἴδεν, ἐδὲ ἐπὶ καρδίαν ἀνθρώπε ἀνέβη."

XII. *Exspectemus quotidie regnum Dei.*

Ἐκδεχώμεθα ἂν καθ' ὥραν τὴν βασιλείαν τᾶ Θεᾶ ἐν ἀγάπῃ καὶ δικαιοσύνῃ, ἐπειδὴ ἐκ οἴδαμεν τὴν ἡμέραν τῆς ἐπιφανείας τᾶ Θεᾶ. [1] Ἐπερωτηθεὶς γὰρ αὐτὸς ὁ κύριος ὑπό τινος, πότε ἥξει αὐτᾶ ἡ βασιλεία, εἶπεν· „ὅταν ἔσται τὰ δύο ἕν, καὶ τὸ ἔξω ὡς τὸ ἔσω, καὶ τὸ ἄρσεν μετὰ τῆς θηλείας, οὔτε ἄρσεν, οὔτε θῆλυ." Τὰ δύο δὲ ἕν ἐστιν, ὅταν λαλῶμεν [2] αὐτοῖς ἀλήθειαν, καὶ ἐν δυσὶ σώμασιν ἀνυποκρίτως εἴη μία ψυχή. Καὶ τὸ

3 Similia reperies Ign. ad Ephes. 16.
4 Eadem verba laudat B. Clemens I Cor. 23. || 2 Wottonum male hic inseruisse vocem υἱοὶ monet Jacobsonus. || 3 Post ἑωράκαμεν Wottonus male interserit: ἔτι. JAC. || 4 I Cor. 2, 9. Num Apostolus ad Isai. 64, 4.

respexerit, incertum est.
1 A Salome, in Evang. secundum Aegyptios, uti discimus e Clem. Alex. Strom. III. 9. 13. p. 539 et 553. COT. || 2 F. ἀλλήλοις JUN. ἑαυτοῖς MILL.

ἔξω ὡς τὸ ἔσω, τᵰτο λέγει· τὴν ψυχὴν λέγει τὸ ἔσω, τὸ δὲ ἔξ[ω]
τὸ σῶμα λέγει. Ὃν τρόπον ἒν σϑ τὸ σῶμα φαίνεται, οὕτως καὶ
ἡ ψυχή σϑ ³ δήλη ἔστω ἐν [τοῖς] καλοῖς ἔργοις. Καὶ τὸ ἄρσεν
μετὰ τῆς ϑηλείας, ᵰτε ἄρσεν, ᵰτε ϑῆλυ, τᵰτο ⁴ **************

3 Ms. δῆλος. ‖ 4 Reliqua desunt, l. c., cui τὸ ἄρσεν *iram*, τὸ ϑῆλυ
sed supplenda sunt ex Clem. Alex. *cupiditatem* significat.

ΤΟΥ ΑΓΙΟΥ ΙΓΝΑΤΙΟΥ
ΕΠΙΣΤΟΛΑΙ.

ΠΡΟΣ ΕΦΕΣΙΟΥΣ.

Ἰγνάτιος, ὁ καὶ Θεοφόρος, τῇ εὐλογημένῃ ἐν ¹ μεγέϑει Θεᵰ
πατρὸς [καὶ] ² πληρώματι, τῇ ³ προωρισμένῃ πρὸ αἰώνων,
εἶναι διὰ παντὸς εἰς δόξαν παράμονον, ἄτρεπτον, ⁴ ἡνωμένην
καὶ ἐκλελεγμένην ἐν πάϑει ἀληϑινῷ, ἐν ϑελήματι τᵰ πατρὸς
καὶ Ἰησᵰ Χριστᵰ, τᵰ Θεᵰ ἡμῶν, τῇ ἐκκλησίᾳ τῇ ἀξιομα
καρίστῳ, τῇ ᵰσῃ ἐν Ἐφέσῳ τῆς Ἀσίας, πλεῖστα ἐν Ἰησᵰ
Χριστῷ καὶ ἐν ἀμώμῳ χάριτι χαίρειν.

I. *Laus Ephesiorum ob legationem ipsi missam. Laus Onesimi.*

Ἀποδεξάμενος ἐν Θεῷ τὸ πολυαγάπητόν ¹ σϑ ὄνομα, ὃ
κέκτησϑε φύσει δικαίᾳ, κατὰ πίστιν καὶ ἀγάπην ἐν Ἰησᵰ Χριστῷ,
τῷ σωτῆρι ἡμῶν. Μιμηταὶ ὄντες Θεᵰ, ² ἀναζωπυρήσαντες ἐν
αἵματι ³ Θεᵰ, τὸ συγγενικὸν ἔργον τελείως ἀπηρτίσατε. Ἀκούσαν
τες γὰρ δεδεμένον ἀπὸ Συρίας ὑπὲρ τᵰ κοινᵰ ὀνόματος καὶ ἐλ
πίδος, ⁴ ἐλπίζοντα τῇ προσευχῇ ὑμῶν ἐπιτυχεῖν ἐν Ῥώμῃ ϑηρίο

*) Epistolae S. Ignatii, excepta ea ad Romanos, id agunt, ut a) *dehortentur a veneno Judaizantium et Docetarum*. Ad evitandam contagionem haereticam b) *unitatem ecclesiasticam* commendant et praescribunt, cujus gratia denique c) *arctissima cum Episcopo conjunctio* postulatur. Cfr. Rothe, *Anfänge* etc. p. 445 sqq. et 715 sqq.

1 Cfr. Ephes. 1, 19. I Cor. 2, 5. ‖

2 Cfr. Ephes. 3, 19. ‖ 3 Cfr. Ephes. 1, 4. 3, 11. ‖ 4 Cfr. Ephes. 4, 3 sqq.

1 *Nomen vestrum* = vos dilectos et gloriosos Ephesios in persona episcopi vestri Onesimi suscepi. ‖ 2 Sc. ἡμᾶς. Cfr. II Tim. 1, 6. I Clem. ad Cor. 27. ‖ 3 I. e. passione et morte Christi. ‖ 4 Periodus haec non absolvitur. Vetus interpres apodosin habet: *videre festinastis*, quod ponendum ante ἐλπίζοντα.

IGNATII EPISTOLA AD EPHESIOS. I. II. III.

μαχῆσαι, ἵνα διὰ τȣ̃ μαρτυρίȣ ἐπιτυχεῖν δυνηϑῶ μαϑητὴς εἶναι τȣ̃ ὑπὲρ ἡμῶν ἑαυτὸν ἀνενεγκόντος Θεῷ προσφορὰν καὶ ϑυσίαν. [5] Ἐπεὶ ȣ̓ν τὴν πολυπληϑίαν ὑμῶν ἐν ὀνόματι Θεȣ̃ ἀπείληφα ἐν Ὀνησίμῳ, τῷ ἐν ἀγάπῃ ἀδιηγήτῳ, ὑμῶν δὲ ἐν [6] σαρκὶ ἐπισκόπῳ· ὃν εὔχομαι κατὰ Ἰησȣ̃ν Χριστὸν ὑμᾶς ἀγαπᾶν, καὶ πάντας ὑμᾶς αὐτῷ ἐν ὁμοιότητι εἶναι. Εὐλογητὸς γὰρ ὁ χαρισάμενος ὑμῖν ἀξίοις ȣ̓σι τοιȣ̃τον ἐπίσκοπον κεκτῆσϑαι.

II. Laus reliquorum legatorum. Exhortatio ad obedientiam erga episcopum et presbyterium.

[1] Περὶ δὲ τȣ̃ συνδȣ́λȣ με Βȣ́ῤῥȣ, τȣ̃ κατὰ Θεὸν διακόνȣ ὑμῶν ἐν πᾶσιν εὐλογημένȣ, εὔχομαι παραμεῖναι αὐτὸν εἰς τιμὴν ὑμῶν καὶ τȣ̃ ἐπισκόπȣ. Καὶ Κρόκος δὲ, ὁ Θεȣ̃ ἄξιος καὶ ὑμῶν, ὃν ἐξεμπλάριον τῆς ἀφ' ὑμῶν ἀγάπης ἀπέλαβον, κατὰ πάντα με [2] ἀνέπαυσεν, ὡς καὶ αὐτὸν ὁ πατὴρ Ἰησȣ̃ Χριστȣ̃ [3] ἀναψύξαι, ἅμα Ὀνησίμῳ καὶ Βȣ́ῤῥῳ καὶ Εὔπλῳ καὶ Φρόντωνι, δι' ὧν πάντας ὑμᾶς κατὰ ἀγάπην εἶδον. [4] Ὀναίμην ὑμῶν διὰ παντὸς, ἐάνπερ ἄξιος ὦ. Πρέπον ȣ̓ν ἐστι, κατὰ πάντα τρόπον δοξάζειν Ἰησȣ̃ν Χριστὸν τὸν δοξάσαντα ὑμᾶς, ἵνα ἐν μιᾷ ὑποταγῇ ἦτε κατηρτισμένοι [[5] τῷ αὐτῷ νοῒ καὶ τῇ αὐτῇ γνώμῃ, καὶ τὸ αὐτὸ λέγητε πάντες περὶ τȣ̃ αὐτȣ̃], ἵνα [6] ὑποτασσόμενοι τῷ ἐπισκόπῳ καὶ τῷ πρεσβυτερίῳ κατὰ πάντα ἦτε ἡγιασμένοι.

III. Sine omni superbia — amore ductus — vos adhortor ad unitatem.

Οὐ διατάσσομαι ὑμῖν, ὡς ὤν τις. Εἰ γὰρ καὶ δέδεμαι [1] ἐν τῷ ὀνόματι, ȣ̓́πω ἀπήρτισμαι ἐν Ἰησȣ̃ Χριστῷ. Νῦν γὰρ ἀρχὴν ἔχω τȣ̃ μαϑητεύεσϑαι, καὶ προσλαλῶ ὑμῖν ὡς [2] συνδιδασκαλίταις με. Ἐμὲ γὰρ ἔδει ὑφ' ὑμῶν [3] ὑπαλειφϑῆναι πίστει, νȣϑεσίᾳ,

---

5 Ἐπεὶ ȣ̓ν est sine apodosi. Ms. πολυπληρίαν. || 6 I. e. episcopus visibilis, vicem gerens episcopi invisibilis, Christi. Cfr. ROTHE, Anfänge etc. p. 476.
1 Cfr. ROTHE etc. p. 491. || 2 Vox Paulina; I Cor. 16, 18 etc. JAC. || 3 Ita Ms., neque aliter legit Vet. Int., dum vertit: refrigeret. Editi: ἀναψύξει. PEARS. JAC. Cfr. II Tim. 1, 16: πολλάκις με ἀνέψυξε, et Act. 3, 19. JAC. || 4 Phrasin hanc apostolicam, a D. Pauli Ep. ad Philem., ut videtur, desumtam, saepius usurpat Ignatius. JAC. || 5 Haec inclusa, a Vet. Int. non agnita, male inserta sunt ex I Cor. 1, 10. PEARS. GALL. || 6 Ita GALL. ROTHE et alii. Ms. ἐπιτασσόμενοι.

1 Nomen absolute pro nomine Christi habes et infra c. 7. et ad Philad. c. 10. JAC. || 2 Praeter Christum vos praeceptores mei estis, ut ex sq. patet. || 3 I. e. ungi,

74 IGNATII EPISTOLA AD EPHESIOS. III. IV. V.

ὑπομονῇ, μακροθυμίᾳ. Ἀλλ᾽ ἐπεὶ ἡ ἀγάπη ἐκ ἐᾷ με σιωπᾶν περὶ ὑμῶν, [4] διὰ τῆτο προέλαβον παρακαλεῖν ὑμᾶς, ὅπως συντρέχητε τῇ γνώμῃ τῇ Θεῦ. Καὶ γὰρ Ἰησῆς Χριστὸς, τὸ [5] ἀδιάκριτον ἡμῶν ζῆν, [6] τῇ πατρὸς ἡ γνώμη, ὡς καὶ οἱ ἐπίσκοποι, οἱ [7] κατὰ τὰ πέρατα ὁρισθέντες, [8] ἐν Ἰησῦ Χριστῦ γνώμῃ εἰσίν.

IV. *Presbyterii unitatem cum episcopo imitemini.*

Ὅθεν πρέπει ὑμῖν συντρέχειν τῇ τῇ ἐπισκόπῳ γνώμῃ, ὅπερ καὶ ποιεῖτε. Τὸ γὰρ ἀξιονόμαστον ὑμῶν πρεσβυτέριον, τῇ Θεῦ ἄξιον, ὅτως συνήρμοσται τῷ ἐπισκόπῳ, [1] ὡς χορδαὶ κιθάρᾳ. Διὰ τῆτο ἐν τῇ ὁμονοίᾳ ὑμῶν καὶ συμφώνῳ ἀγάπῃ Ἰησῦς Χριστὸς ᾄδεται. Καὶ οἱ κατ᾽ ἄνδρα δὲ χορὸς γίνεσθε, ἵνα σύμφωνοι ὄντες ἐν ὁμονοίᾳ, χρῶμα Θεῦ λαβόντες ἐν ἑνότητι, ᾄδητε ἐν φωνῇ μιᾷ διὰ Ἰησῦ Χριστῦ τῷ πατρὶ, ἵνα ὑμῶν καὶ ἀκύσῃ, καὶ [2] ἐπιγινώσκων, δι᾽ ὧν εὖ πράσσετε, μέλη ὄντας τῇ υἱῦ αὐτῦ. Χρήσιμον ἕν ἐστιν, ὑμᾶς ἐν ἀμώμῳ ἑνότητι εἶναι, ἵνα καὶ Θεῦ πάντοτε μετέχητε.

V. *Laus et utilitas hujus unitatis.*

Εἰ γὰρ ἐγὼ ἐν μικρῷ χρόνῳ τοιαύτην συνήθειαν ἔσχον πρὸς τὸν ἐπίσκοπον ὑμῶν, ἐκ [1] ἀνθρωπίνην ἒσαν, ἀλλὰ πνευματικήν, πόσῳ μᾶλλον ὑμᾶς μακαρίζω, τὰς ἐγκεκραμένες [2] ὅτως, [3] ὡς ἡ ἐκκλησία Ἰησῦ Χριστῷ, καὶ ὡς ὁ Ἰησῦς Χριστὸς τῷ πατρὶ, ἵνα πάντα ἐν ἑνότητι σύμφωνα ᾖ; Μηδεὶς πλανάσθω· ἐὰν μή τις ᾖ ἐντὸς τῇ θυσιαστηρίῳ, ὑστερεῖται τῇ ἄρτῳ τῇ Θεῦ. Εἰ γὰρ ἑνὸς καὶ δευτέρῳ προσευχὴ τοσαύτην ἰσχὺν ἔχει, πόσῳ μᾶλλον ἥ τε τῇ ἐπισκόπῳ καὶ πάσης τῆς ἐκκλησίας; Ὁ ἐν μὴ ἐρχόμενος ἐπὶ τὸ αὐτὸ, ὅτος ἤδη ὑπερηφανεῖ, καὶ ἑαυτὸν διέκρινεν. Γέγραπται

excitari, instrui, ad certamen praeparari. PEARS. ‖ 4 Respexisse videtur B. Pater S. Paulum ad Philem. v. 8. 9. JAC. ‖ 5 Cfr. infra ad Trall. c. 1. et Joh. 15, 5. Coloss. 3, 4. Sensus: *plane in eo vivimus*, et *ipse in nobis.* ‖ 6 Cfr. Joh. 14, 9. Matth. 11, 27. ‖ 7 = ἐν πάσῃ τῇ οἰκυμένῃ. Cfr. Ign. ad Rom. c. 6. ROTHE, *Anf.* p. 472. Not. 160. ‖ 8 Qui in sententia episcopi est (= unitus ei), etiam unitus est Christo; et qui unitus est Christo,

etiam unitus est Patri. Cfr. ROTHE, *Anf.* p. 471 — 478.

1 Eadem similitudine utitur noster etiam in Ep. ad Philad. c. 1. USSER. ‖ 2 Vet. Interpres legebat: καὶ ἐπιγινώσκῃ, δι᾽ ὧν εὖ πράσσετε κ. τ. λ.; *et cognoscat, per quem bonum operamini etc.*

1 I. e. κατὰ σάρκα, qualem homines saeculo addicti exercent. ‖ 2 Sc. αὐτῷ ROTHE, *Anf.* p. 450. ‖ 3 Vide ROTHE, *Anf.* p. 467. ‖

IGNATII EPISTOLA AD EPHESIOS. V. VI. VII.

γάρ· [4] „ὑπερηφάνοις ὁ Θεὸς ἀντιτάσσεται." Σπουδάσωμεν ἓν, μὴ ἀντιτάσσεσθαι τῷ ἐπισκόπῳ, ἵνα ὦμεν [5] Θεῷ ὑποτασσόμενοι.

VI. *Respiciatis episcopum ut Christum ipsum. Onesimus hac in re vos laudat.*

Καὶ [1] ὅσον βλέπει τις [2] σιγῶντα ἐπίσκοπον, πλειόνως αὐτὸν φοβείσθω· [3] πάντα γὰρ, ὃν πέμπει ὁ οἰκοδεσπότης εἰς ἰδίαν οἰκονομίαν, ὅτως δεῖ ἡμᾶς αὐτὸν δέχεσθαι, ὡς αὐτὸν τὸν πέμψαντα. Τὸν ἓν ἐπίσκοπον δῆλον ὅτι ὡς αὐτὸν τὸν κύριον δεῖ [4] προσβλέπειν. Αὐτὸς μὲν ἓν Ὀνήσιμος ὑπερεπαινεῖ ὑμῶν τὴν ἐν Θεῷ εὐταξίαν, ὅτι πάντες κατὰ ἀλήθειαν ζῆτε, καὶ ὅτι ἐν ὑμῖν ὀδεμία αἵρεσις κατοικεῖ· ἀλλ' ὀδὲ ἀκύετέ τινος πλέον, [5] ἤπερ Ἰησῦ Χριστῦ λαλῦντος ἐν ἀληθείᾳ.

VII. *Cavete ab haereticis; Christus — θεάνθρωπος — unus medicus est.*

Εἰώθασι γάρ τινες δόλῳ πονηρῷ [1] τὸ ὄνομα περιφέρειν, ἄλλα τινὰ πράσσοντες ἀνάξια Θεῦ· ὓς δεῖ ὑμᾶς ὡς [2] θηρία ἐκκλίνειν. Εἰσὶν γὰρ κύνες λυσσῶντες, λαθροδῆκται· ὓς δεῖ ὑμᾶς φυλάσσεσθαι, ὄντας [3] δυσθεραπεύτϋς. Εἷς ἰατρός ἐστιν, σαρκικός τε καὶ πνευματικὸς, [4] γενητός καὶ ἀγέννητος, ἐν σαρκὶ γενόμενος Θεὸς, ἐν [5] θανάτῳ ζωὴ ἀληθινὴ, καὶ ἐκ Μαρίας καὶ ἐκ Θεῦ, πρῶτον παθητὸς καὶ τότε [6] ἀπαθὴς, [7] Ἰησῦς Χριστὸς ὁ κύριος ἡμῶν.

---

4 Prov. 3, 34. Jac. 4, 6. I Petr. 5, 5. || 5 Ms. Θεΰ.
1 Ita Ms. Editi ὅσῳ. JAC.|| 2 I. e. non punientem auctoritatis suae contemptores. ROTHE. || 3 Verba Domini apud Matth. 24, 45. Ignatius noster ad solos Episcopos refert. ROTHE, p. 475. || 4 Ms. προβλέπειν.||
5 Ms. εἴπερ, librarius enim noster η et ει permutare gaudet. JAC.
1 Cfr. supra c. 3, Nr. 1. || 2 Cfr. ad Smyrn. c. 4. || 3 Sensus: *In summo periculo atque aeternae salutis suae discrimine sunt. Sed quis eos sanet? Non homines, sed Christus; ipsi sunt relinquendi.* Cfr. ROTHE, *Anf.* p. 767. || 4 Codex Florentinus habet, et Vet. Interpres legit: γεννητὸς καὶ ἀγέννητος, *genitus et ingenitus*, male. Plures vero Codices Athanasii (de Synodis) in citatione loci hujus habent γεννητὸς et ἀγένητος, *factus et non factus*. JAC. Saepissime etiam ἀγέννητος positum reperitur pro ἀγένητος. SVICER. *Thes.* s. v. ἀγέννητος. || 5 Ms. ἀθανάτῳ. || 6 I. e. post resurrectionem. ||
7 Haec restituenda ex Theodoreto, Gelasio et Vet. Interprete. VOSS.

VIII. Ne seducamini. Vos estis magni et spirituales, ego minimus.

Μὴ ἕν τις ὑμᾶς ἐξαπατάτω, ὥσπερ ȣ̓δὲ ἐξαπατᾶσϑε, ὅλοι ὄντες Θεȣ̃. Ὅταν γὰρ μηδεμία ἔρις ἐνείριςται ἐν ὑμῖν, ἡ δυναμένη ὑμᾶς βασανίσαι, ἄρα κατὰ Θεὸν ζῆτε. [1] Περίψημα ὑμῶν, καὶ [2] ἁγνίζωμαι [3] [ὑφ'] ὑμῶν Ἐφεσίων ἐκκλησίας, τῆς διαβοήτȣ τοῖς αἰῶσιν. Οἱ σαρκικοὶ τὰ πνευματικὰ πράσσειν ȣ̓ δύνανται, ȣ̓δὲ οἱ πνευματικοὶ τὰ σαρκικά· ὥσπερ ȣ̓δὲ ἡ πίστις τὰ τῆς ἀπιστίας, ȣ̓δὲ ἡ ἀπιστία τὰ τῆς πίστεως. Ἃ δὲ καὶ κατὰ σάρκα πράσσετε, ταῦτα πνευματικά ἐστιν· ἐν Ἰησȣ̃ γὰρ Χριστῷ πάντα πράσσετε.

IX. Falsis doctoribus non praebuistis aures, vos — templa Dei.

Ἔγνων δὲ παροδεύσαντάς τινας ἐκεῖϑεν, ἔχοντας κακὴν διδαχήν· ὓς ȣ̓κ εἰάσατε σπεῖραι εἰς ὑμᾶς, βύσαντες τὰ ὦτα, εἰς τὸ μὴ παραδέξασϑαι τὰ σπειρόμενα ὑπ' αὐτῶν, ὡς ὄντες λίϑοι ναȣ̃ πατρὸς, ἡτοιμασμένοι εἰς οἰκοδομὴν Θεȣ̃ πατρὸς, ἀναφερόμενοι εἰς τὰ ὕψη διὰ τῆς μηχανῆς Ἰησȣ̃ Χριστȣ̃, [2] ὅς ἐστιν σταυρὸς, σχοινίῳ χρώμενοι τῷ πνεύματι τῷ ἁγίῳ· ἡ δὲ πίστις ὑμῶν ἀναγωγεὺς ὑμῶν, ἡ δὲ ἀγάπη ὁδὸς ἡ ἀναφέρȣσα εἰς Θεόν. Ἐστὲ ȣ̓ν καὶ σύνοδοι πάντες, ϑεοφόροι καὶ [3] ναοφόροι, χριστοφόροι, [4] ἁγιοφόροι, κατὰ πάντα κεκοσμημένοι ἐντολαῖς Ἰησȣ̃ Χριστȣ̃· οἷς καὶ ἀγαλλιῶμαι, ὅτι ἠξιώϑην, δι' ὧν γράφω, προσομιλῆσαι ὑμῖν καὶ συγχαρῆναι, ὅτι κατ' [5] ἄλλον βίον ȣ̓δὲν ἀγαπᾶτε, εἰ μὴ μόνον τὸν Θεόν.

X. Orate pro aliis, sitis mites, humiles etc.

Καὶ ὑπὲρ τῶν ἄλλων δὲ ἀνϑρώπων ἀδιαλείπτως προσεύχεσϑε. Ἔστιν γὰρ ἐν αὐτοῖς ἐλπὶς μετανοίας, ἵνα Θεȣ̃ τύχωσιν. Ἐπιτρέψατε ȣ̓ν αὐτοῖς κἂν ἐκ τῶν ἔργων ὑμῖν μαϑητευϑῆναι. Πρὸς τὰς ὀργὰς αὐτῶν ὑμεῖς πραεῖς, πρὸς τὰς μεγαλοῤῥημοσύνας αὐτῶν

---

1 Cfr. infra c. 18 et I Cor. 4, 13. ‖ 2 Ms. ἁγνίζομαι. ‖ 3 Adde ὑφ', quod incuria librarii deletum puto. Interpres enim vetus habet: *a vestra* etc. Sensus est: *vos estis magni et spirituales, ego minimus et a vobis repurgandus.*
1 I. e. a Smyrna, ubi vigebat Docetarum haeresis. JAC. ‖ 2 Ita Ms. De relativo sic posito, ut genus ejus et numerus cum sequentibus congruat, cfr. *Winer*, Gramm. p.143. Ed. III. JAC. Ibid. p. 156. Ed. IV. 3 De spirituali templo. Voss. ‖ 4 Ms. ἁγνόφοροι. ‖ 5 I. e. secundum hanc vitam christianam, quae *alia* est a naturali. SMITH.

ὑμεῖς ταπεινόφρονες, πρὸς τὰς βλασφημίας αὐτῶν ὑμεῖς τὰς προσευχὰς [1], πρὸς τὴν πλάνην αὐτῶν ὑμεῖς [2] ἑδραῖοι τῇ πίστει, πρὸς τὸ ἄγριον αὐτῶν ὑμεῖς ἥμεροι. Μὴ σπυδάζοντες ἀντιμιμήσασθαι αὐτὺς, ἀδελφοὶ αὐτῶν εὑρηθῶμεν τῇ ἐπιεικείᾳ· μιμηταὶ δὲ τῦ κυρίυ σπυδάζωμεν εἶναι, (τίς πλέον [3] ἀδικηθεὶς, τίς ἀποστερηθεὶς, τίς ἀθετηθείς;) ἵνα μὴ τῦ διαβόλυ [4] βοτάνη τις εὑρεθῇ ἐν ὑμῖν· ἀλλ' ἐν πάσῃ ἁγνείᾳ καὶ σωφροσύνῃ μένητε, ἐν Ἰησῦ Χριστῷ, σαρκικῶς καὶ πνευματικῶς.

XI. *Novissima jam sunt tempora; timeamus Dominum; orate pro me.*

Ἔσχατοι καιροὶ [1] λοιπόν. Αἰσχυνθῶμεν, φοβηθῶμεν τὴν μακροθυμίαν τῦ Θεῦ, ἵνα μὴ ἡμῖν εἰς κρίμα γένηται. Ἢ γὰρ τὴν μέλλυσαν ὀργὴν φοβηθῶμεν, ἢ τὴν ἐνεστῶσαν χάριν ἀγαπήσωμεν· [2] ἓν τῶν δύο. Μόνον ἐν Χριστῷ Ἰησῦ εὑρεθῆναι, εἰς τὸ ἀληθινὸν ζῆν. Χωρὶς τύτυ μηδὲν ὑμῖν πρεπέτω, ἐν ᾧ τὰ δεσμὰ περιφέρω, τὺς πνευματικὺς [3] μαργαρίτας, ἐν οἷς γένοιτό μοι ἀναστῆναι τῇ προσευχῇ ὑμῶν, ἧς γένοιτό μοι ἀεὶ μέτοχον εἶναι, ἵνα ἐν κλήρῳ Ἐφεσίων εὑρεθῶ τῶν χριστιανῶν, οἳ καὶ τοῖς ἀποστόλοις πάντοτε συνῄνεσαν ἐν δυνάμει Ἰησῦ Χριστῦ.

XII. *Laus Ephesiorum. Martyrium instans.*

Οἶδα, τίς εἰμι καὶ τίσιν γράφω. Ἐγὼ κατάκριτος, ὑμεῖς ἠλεημένοι· ἐγὼ ὑπὸ κίνδυνον, ὑμεῖς ἐστηριγμένοι. [1] Πάροδός ἐστε τῶν εἰς Θεὸν ἀναιρυμένων· Παύλυ [2] συμμύσται, τῦ ἡγιασμένυ, τῦ μεμαρτυρημένυ, ἀξιομακαρίστυ, ὗ γένοιτό μοι ὑπὸ τὰ

1 Deest quippiam ad absolvendam syntaxin. Interpolator habet ἀντιτάξατε, quod non inconcinnum videtur. SMITH. ‖ 2 Cfr. Coloss. 1, 23. ‖ 3 Ita minima mutatione legendum puto; nam Ms. habet: ἀδικηθεῖ, ἀποστερηθεῖ, ἀθετηθεῖ. *Marklandus* conjicit: ἠδικήθη, ἀπεστερήθη, ἠθετήθη. Haec verba parenthesi includenda esse, jam *Marklandus* vidit. ‖ 4 Haec metaphora saepius occurrit apud S. Ignatium.

1 Smithius et Jacobsonus *ante* λοιπὸν punctum seu colon ponunt. ‖ 2 In Parallelis Damascenicis Rupe-

fucaldinis exstat fragmentum, quod hunc locum sic exhibet: ἀγαπήσωμεν ἐν τῷ νῦν βίῳ, μόνον ἐν Χριστῷ Ἰησῦ εὑρεθῶμεν. GALL. Ad infinitivum εὑρεθῆναι subauditur δεῖ, ut saepe. ‖ 3 Cfr. Polyc. ad Phil. c. 1.

1 I. e. a vobis (per quorum civitatem transitus est ab Oriente Romam) roborantur ii, qui ob Deum interficiuntur, e. g. Paulus, Act. 19, 1 sq. 20, 17 sq., et nunc ego. ‖ 2 I. e. cum S. Paulo initiati estis mysteriis divini consilii et christianae veritatis. Cfr. Ephes. 1, 9. 3, 3. 4. 9.

ἴχνη εὑρεθῆναι, ὅτ᾽ ἂν Θεῦ ἐπιτύχω, ὃς ἐν ³ πάσῃ ἐπιστολῇ
μνημονεύει ὑμῶν ἐν Χριστῷ Ἰησῦ.

XIII. *Convenite saepius ad cultum Dei.*

Σπεδάζετε ἓν, ¹ πυκνότερον συνέρχεσθαι εἰς εὐχαριστίαν Θεῦ
καὶ εἰς ² δόξαν. Ὅτ᾽ ἂν γὰρ πυκνῶς ἐπὶ τὸ αὐτὸ γίνεσθε, κα-
θαιρῶνται αἱ δυνάμεις τῦ Σατανᾶ, καὶ λύεται ὁ ὄλεθρος αὐτῦ
ἐν τῇ ὁμονοίᾳ ὑμῶν τῆς πίστεως. Οὐδέν ἐστιν ἄμεινον εἰρήνης,
ἐν ᾗ πᾶς πόλεμος καταργεῖται ἐπυρανίων καὶ ἐπιγείων.

XIV. *Teneatis fidem et charitatem, et operibus vos Christianos praebeatis.*

Ὧν ἐδὲν λανθάνει ὑμᾶς, ἐὰν τελείως εἰς Ἰησῦν Χριστὸν
ἔχητε τὴν πίστιν καὶ τὴν ἀγάπην, ἥτις ἐστὶν ἀρχὴ ζωῆς καὶ τέλος.
¹ Ἀρχὴ μὲν πίστις, ² τέλος δὲ ἀγάπη. Τὰ δὲ δύο, ἐν ἑνότητι
γενόμενα, ³ Θεῦ ἐστιν· τὰ δὲ ἄλλα πάντα εἰς καλοκἀγαθίαν
ἀκόλυθά ἐστιν. Οὐδεὶς πίστιν ἐπαγγελλόμενος ἁμαρτάνει, ἐδὲ
ἀγάπην κεκτημένος μισεῖ. ⁴ Φανερὸν τὸ δένδρον ἀπὸ τῦ καρπῦ
αὐτῦ· ὕτως οἱ ἐπαγγελλόμενοι Χριστιανοὶ εἶναι, δι᾽ ὧν πράσσυσιν
ὀφθήσονται. Οὐ γὰρ νῦν ⁵ ἐπαγγελίας τὸ ἔργον, ἀλλ᾽ ἐν δυνάμει
πίστεως ἐάν τις εὑρεθῇ εἰς τέλος.

XV. *Non loquentes solum, sed et silentes Dominum profiteamur.*

Ἄμεινόν ἐστιν ¹ σιωπᾶν καὶ εἶναι, ἢ λαλῦντα μὴ εἶναι.
² Καλὸν τὸ διδάσκειν, ἐὰν ὁ λέγων ποιῇ. Εἷς ὖν διδάσκαλος,
ὃς εἶπεν, καὶ ἐγένετο· καὶ ἃ ³ σιγῶν δὲ πεποίηκεν, ἄξια τῦ πατρός
ἐστιν. Ὁ λόγον Ἰησῦ κεκτημένος, ἀληθῶς δύναται καὶ τῆς ἡσυχίας

---

3 Non in omni, sed in una
tota epistola. Crednerus (Einl. I.
p. 395) male contendit, ἐν πάσῃ
ἐπιστολῇ non debere verti: in tota
epistola (cfr. e contra Matth. 2, 3:
καὶ πᾶσα Ἱεροσόλυμα μετ᾽ αὐτῦ, et
Rom. 11, 26: πᾶς Ἰσραὴλ σωθήσεται),
et autumat, locum nostrum sanan-
dum esse e recensione majori (interpolata), quae habet ὃς πάντοτε
ἐν ταῖς δεήσεσιν αὐτῦ μνημονεύει ἡμῶν.
1 Cfr. ad Polyc. c. 4. ‖ 2 ROTHE
(p. 451 et 769) conjicit δοχὴν, quod
apud LXX. Interpretes frequenter

notat convivium.
1 Cfr. Rom. 1, 17. ‖ 2 Cfr.
I Tim. 1, 5. ‖ 3 Εἶναι cum gen.
saepe ortum significat. Vet. Interp.
legit Θεός, quod et Parall. Rupef.
habent. ‖ 4 Matth. 12, 33. ‖ 5 I. e.
nunc non omnia sola professione
fidei adimpleta sunt.

1 I. e. esse Christianum sine strepitu verborum. SMITH. ‖ 2 Cfr.
Rom. 2, 21. ‖ 3 I. e. quae Christus,
ab omni ostentatione vacuus, perfecit.

αὐτῦ ἀκύειν, ἵνα τέλειος ᾖ, ἵνα, δι' ὧν λαλεῖ πράσσῃ, καὶ δι' ὧν σιγᾷ γινώσκηται. Οὐδὲν λανθάνει τὸν κύριον, ἀλλὰ καὶ τὰ κρυπτὰ ἡμῶν ἐγγὺς αὐτῷ ἐστιν. Πάντα ἂν ποιῶμεν, ὡς αὐτῦ ἐν ἡμῖν κατοικῦντος, ἵνα ὦμεν αὐτῦ ναοὶ, καὶ αὐτὸς ᾖ ἐν ἡμῖν Θεὸς ἡμῶν· ὅπερ καὶ [4] ἔστιν καὶ φανήσεται πρὸ προσώπυ ἡμῶν· ἐξ ὧν δικαίως ἀγαπῶμεν αὐτόν.

XVI. *Qui fidem falsis doctrinis corrumpunt, in ignem aeternum ibunt.*

Μὴ πλανᾶσθε, ἀδελφοί μυ. Οἱ [1] οἰκοφθόροι βασιλείαν Θεῦ ὑ κληρονομήσυσιν. Εἰ ἂν οἱ κατὰ σάρκα ταῦτα πράσσοντες ἀπέθανον, πόσῳ μᾶλλον, ἐάν [[2] τις] πίστιν Θεῦ ἐν κακῇ διδασκαλίᾳ φθείρῃ, ὑπὲρ ἧς Ἰησῦς Χριστὸς ἐσταυρώθη; Ὁ τοιῦτος, ῥυπαρὸς γενόμενος, εἰς τὸ πῦρ τὸ ἄσβεστον χωρήσει, ὁμοίως καὶ ὁ ἀκύων αὐτῦ.

XVII. *Cavete a falsis haereticorum doctrinis.*

Διὰ τῦτο *) μύρον ἔλαβεν ἐπὶ τῆς κεφαλῆς αὐτῦ ὁ κύριος, ἵνα πνέῃ τῇ ἐκκλησίᾳ ἀφθαρσίαν. Μὴ ἀλείφεσθε δυσωδίαν τῆς διδασκαλίας τῦ ἄρχοντος τῦ αἰῶνος τύτυ· μὴ αἰχμαλωτίσῃ ὑμᾶς ἐκ τῦ προκειμένυ ζῆν. Διὰ τί δὲ ὐ πάντες φρόνιμοι γινόμεθα, λαβόντες Θεῦ γνῶσιν, ὅ ἐστιν Ἰησῦς Χριστός; Τί μωρῶς ἀπολλύμεθα, ἀγνοῦντες τὸ χάρισμα, ὃ πέπομφεν ἀληθῶς ὁ κύριος;

XVIII. *Gloria crucis. Christi nativitas et baptismus.*

[1] Περίψημα τὸ ἐμὸν πνεῦμα τῦ σταυρῦ, ὅ ἐστιν [2] σκάνδαλον τοῖς ἀπιστῦσιν, ἡμῖν δὲ σωτηρία καὶ ζωὴ αἰώνιος. [3] Πῦ σοφός; Πῦ συζητητής; Πῦ καύχησις τῶν λεγομένων συνετῶν; Ὁ γὰρ Θεὸς ἡμῶν Ἰησῦς ὁ Χριστὸς ἐκυοφορήθη ὑπὸ Μαρίας [4] κατ' οἰκονομίαν Θεῦ, ἐκ σπέρματος μὲν Δαβὶδ, πνεύματος δὲ ἁγίυ· ὃς ἐγεννήθη καὶ ἐβαπτίσθη, ἵνα τῷ πάθει τὸ ὕδωρ καθαρίσῃ.

XIX. *Tria mysteria clamoris.*

[1] Καὶ ἔλαθεν τὸν ἄρχοντα τῦ αἰῶνος τύτυ ἡ παρθενία Μαρίας καὶ ὁ τοκετὸς αὐτῆς, ὁμοίως καὶ ὁ θάνατος τῦ κυρίυ· τρία μυ-

---

4 Cfr. I Joh. 3, 2.   1, 18. ‖ 3 Cfr. I Cor. 1, 20. ‖ 4 Phrasis
1 I. e. familiarum perturbatores, Paulina. Coloss. 1, 25. I Tim. 1, 4.
moechi. Cfr. I Cor. 6, 9. 10. Ephes. PEARS.
5, 5. ‖ 2 Deest in Ms.   1 Orig. hom. VI. in Luc. T. III.
*) Cfr. Joh. 12, 7.   p. 938. ed. B. B. Hieron. in Matth.
1 Vide supra c. 8. ‖ 2 Cfr. I Cor. 1, 18.

80 IGNATII EPISTOLA AD EPHESIOS. XIX. XX. XXI.

στήρια ² κραυγῆς, ἅτινα ἐν ἡσυχίᾳ Θεῦ ἐπράχθη. Πῶς ὖν ἐφανερώθη τοῖς αἰῶσιν; Ἀστὴρ ἐν ὐρανῷ ἔλαμψεν ³ ὑπὲρ πάντας τὺς ἀστέρας, καὶ τὸ φῶς αὐτῦ ἀνεκλάλητον ἦν, καὶ ξενισμὸν παρεῖχεν ἡ καινότης αὐτῦ. Τὰ δὲ λοιπὰ πάντα ἄστρα, ἅμα ἡλίῳ καὶ σελήνη, χορὸς ἐγένετο τῷ ἀστέρι· αὐτὸς δὲ ἦν ὑπερβάλλων τὸ φῶς αὐτῦ ὑπὲρ πάντα. Ταραχή τε ἦν, πόθεν ἡ καινότης ἡ ἀνόμοιος αὐτοῖς. Ὅθεν ἐλύετο πᾶσα μαγεία, καὶ πᾶς δεσμὸς ἠφανίζετο κακίας· ἄγνοια καθῃρεῖτο, παλαιὰ βασιλεία διεφθείρετο, Θεῦ ἀνθρωπίνως φανερυμένυ εἰς καινότητα ἀϊδίυ ζωῆς. Ἀρχὴν δὲ ἐλάμβανεν ⁴ τὸ παρὰ Θεῷ ἀπηρτισμένον. Ἔνθεν τὰ πάντα ⁵ συνεκινεῖτο, διὰ τὸ μελετᾶσθαι θανάτυ κατάλυσιν.

XX. Iterum vobis scribam.

Ἐάν με καταξιώσῃ Ἰησῦς Χριστὸς ἐν τῇ προσευχῇ ὑμῶν, καὶ θέλημα ᾖ, ἐν τῷ δευτέρῳ βιβλιδίῳ, ὃ μέλλω γράφειν ὑμῖν, προσδηλώσω ὑμῖν, ἧς ἠρξάμην οἰκονομίας εἰς ¹ τὸν καινὸν ἄνθρωπον Ἰησῦν Χριστόν, ἐν τῇ αὐτῦ πίστει καὶ ἐν τῇ αὐτῦ ἀγάπῃ, ἐν πάθει αὐτῦ καὶ ἀναστάσει· ² μάλιστα ἐὰν ὁ κύριός μοι ἀποκαλύψῃ, ὅτι οἱ κατ᾿ ἄνδρα κοινῇ πάντες ἐν χάριτι ³ ἐξ ὀνόματος συνέρχεσθε ἐν μιᾷ πίστει καὶ ἐν Ἰησῦ Χριστῷ, τῷ κατὰ σάρκα ἐκ γένυς Δαβίδ, τῷ υἱῷ ἀνθρώπυ καὶ υἱῷ Θεῦ, εἰς τὸ ὑπακύειν ὑμᾶς τῷ ἐπισκόπῳ καὶ τῷ πρεσβυτερίῳ ἀπερισπάστῳ διανοίᾳ, ἕνα ἄρτον κλῶντες, ὅς ἐστιν φάρμακον ἀθανασίας, ἀντίδοτος τῦ μὴ ἀποθανεῖν, ἀλλὰ ζῆν ἐν Ἰησῦ Χριστῷ διὰ παντός.

XXI. Orate pro me et valete.

¹ Ἀντίψυχον ὑμῶν ἐγώ, καὶ ² ὃν ἐπέμψατε εἰς Θεῦ τιμὴν

2 I. e. toti mundo annuntiata (- anda), seu: propter quae vociferantur Satanas et mundus. Eleganter hic latere in adjecto antithesin Maestraeus annotat. JAC. || 3 Similia leguntur in Protoevangelio Jacobi §. 21. JAC. || 4 I. e. adventus Christi in terris. || 5 I. e. in regno Satanae. SMITH.

1 Scribam vobis, quomodo Christus spiritualiter formetur in nobis. Alia monet Smithius, putans, Ignatium in promissa secunda epistola de incarnatione Christi (= de novo homine) disputare voluisse. || 2 Scribam vobis, praesertim si Deo favente nuntius mihi contigerit, vos perseverare in unitate cum episcopo. Alii (e. g. Wocherus) post ἀποκαλύψῃ punctum ponunt, et apodosin ad ὅτι etc. initio capitis sequentis quaerunt = quia vos uniti estis, et ea re me recreatis, — ideo et ego vos recreem. || 3 I. e. omnes singuli, ut ad Polyc. c. 4. et ad Smyrn. c. 13.

1 Cfr. ad Smyrn. c. 10. ad Polyc. c. 2 et 6. Ego vicissim recreem, reficiam vos. Cfr. Wocherum. ||
2 F. ὧν vel ὕς. COT.

εἰς Σμύρναν, ὅθεν καὶ γράφω ὑμῖν, εὐχαριστῶν τῷ κυρίῳ, ἀγαπῶν Πολύκαρπον ὡς ὑμᾶς. Μνημονεύετέ μȣ, ὡς καὶ ὑμῶν Ἰησȣς Χριστός. Προσεύχεσθε ὑπὲρ τῆς ἐκκλησίας τῆς ἐν Συρίᾳ, ὅθεν δεδεμένος εἰς Ῥώμην ἀπάγομαι, ἔσχατος ὢν τῶν ἐκεῖ πιστῶν, ³ ὥσπερ ἠξιώθην εἰς τιμὴν Θεȣ εὑρεθῆναι. Ἔρρωσθε ἐν Θεῷ πατρὶ καὶ ἐν Ἰησȣ Χριστῷ, τῇ κοινῇ ἐλπίδι ἡμῶν.

3 Conjunge haec cum δεδεμένος.

ΜΑΓΝΗΣΙΕΤΣΙΝ.

Ἰγνάτιος, ὁ καὶ Θεοφόρος, τῇ εὐλογημένῃ ἐν χάριτι Θεȣ πατρός, ἐν Ἰησȣ Χριστῷ τῷ σωτῆρι ἡμῶν, ἐν ᾧ ἀσπάζομαι τὴν ἐκκλησίαν τὴν ȣσαν ἐν Μαγνησίᾳ τῇ πρὸς Μαιάνδρῳ, καὶ εὔχομαι ἐν Θεῷ πατρὶ καὶ ἐν Ἰησȣ Χριστῷ πλεῖστα χαίρειν.

I. Causa epistolae et vota pia.

Γνȣς ὑμῶν τὸ πολυεύτακτον τῆς κατὰ Θεὸν ἀγάπης, ἀγαλλιώμενος προειλόμην ¹ ἐν πίστει Ἰησȣ Χριστȣ προσλαλῆσαι ὑμῖν. Καταξιωθεὶς γὰρ ² ὀνόματος θεοπρεπεστάτȣ, ἐν οἷς περιφέρω δεσμοῖς ᾅδω τὰς ἐκκλησίας, ἐν αἷς ἕνωσιν εὔχομαι σαρκὸς καὶ πνεύματος Ἰησȣ Χριστȣ, τȣ διαπαντὸς ἡμῶν ζῆν, πίστεώς τε καὶ ἀγάπης, ἧς ȣδὲν προκέκριται, τὸ δὲ κυριώτερον Ἰησȣ καὶ πατρός· ἐν ᾧ ὑπομένοντες τὴν πᾶσαν ἐπήρειαν τȣ ἄρχοντος τȣ αἰῶνος τȣ́τȣ καὶ διαφυγόντες Θεȣ τευξόμεθα.

II. Gaudeo legatis vestris.

*) Ἐπεὶ ȣ̓͂ν ἠξιώθην ἰδεῖν ὑμᾶς διὰ Δάμα τȣ ἀξιοθέȣ ὑμῶν ἐπισκόπȣ, καὶ πρεσβυτέρων ἀξίων Βάσσȣ καὶ Ἀπολλωνίȣ, καὶ τȣ συνδȣ́λȣ μȣ διακόνȣ Σωτίωνος, ȣ̓͂ ἐγὼ ὀναίμην, ὅτι ὑποτάσσεται τῷ ἐπισκόπῳ ὡς χάριτι Θεȣ, καὶ τῷ πρεσβυτερίῳ ὡς νόμῳ Ἰησȣ Χριστȣ.

1 I. e. animo, fide christiana pleno. Woch. ‖ 2 I. e. τȣ Θεοφόρȣ, quasi dicat: ὀνόματος Θεȣ, ὅ ἐστιν εὐπρεπέστατον.

*) Apodosis hujus capitis sequitur c. VI.; quo fit, ut c. III. IV. et V. parenthesin magnam esse putes, inde ortam, quod in fine c. II. Ignatius, de subjectione diaconi Sotionis loquens, simile obsequium erga episcopum ab omnibus Magnesiis postulare properaverit.

III. Honorate juvenilem episcopum vestrum.

Καὶ ὑμῖν δὲ πρέπει μὴ [1] συγχρᾶσθαι τῇ ἡλικίᾳ τȣ ἐπισκόπȣ, ἀλλὰ [2] κατὰ δύναμιν Θεȣ̃ πατρὸς πᾶσαν ἐντροπὴν αὐτῷ ἀπονέμειν, καθὼς ἔγνων καὶ τȣ̀ς ἁγίȣς πρεσβυτέρȣς, ȣ [3] προειληφότας τὴν [4] φαινομένην νεωτερικὴν τάξιν, ἀλλ᾽ ὡς φρονίμȣς ἐν Θεῷ συγχωρȣ̃ντας αὐτῷ· οὐκ αὐτῷ δὲ, ἀλλὰ τῷ πατρὶ Ἰησȣ̃ Χριστȣ̃, τῷ πάντων ἐπισκόπῳ. Εἰς τιμὴν ȣ̃ν ἐκείνȣ τȣ̃ [5] θελήσαντος ἡμᾶς πρέπον ἐστὶν, ἐπακȣ́ειν κατὰ μηδεμίαν ὑπόκρισιν· ἐπεὶ ȣχ᾽ [6] ὅτι τὸν ἐπίσκοπον τȣ̃τον τὸν βλεπόμενον πλανᾷ τις, ἀλλὰ τὸν ἀόρατον παραλογίζεται. Τὸ δὲ τοιȣ̃το ȣ πρὸς [7] σάρκα ὁ λόγος, ἀλλὰ πρὸς Θεὸν, τὸν τὰ κρύφια εἰδότα.

IV. Male nonnulli sine episcopo agunt.

Πρέπον ȣ̃ν ἐστιν, μὴ μόνον καλεῖσθαι Χριστιανȣ̀ς, ἀλλὰ καὶ εἶναι· ὥσπερ καί τινες ἐπίσκοπον μὲν [1] καλȣ̃σιν, χωρὶς δὲ αὐτȣ̃ πάντα πράσσȣσιν. Οἱ τοιȣ̃τοι δὲ ȣκ εὐσυνείδητοί μοι εἶναι φαίνονται, διὰ τὸ μὴ [2] βεβαίως κατ᾽ ἐντολὴν συναθροίζεσθαι.

V. Talibus proposita est mors, quia characterem Christianorum — τὴν ἀγάπην — non habent, et cupiditatibus suis non moriuntur.

Ἐπεὶ ȣ̃ν τέλος τὰ πράγματα ἔχει, [1] ἐπίκειται τὰ δύο ὁμȣ̃, ὅ τε θάνατος καὶ ἡ ζωὴ, καὶ ἕκαστος εἰς τὸν ἴδιον τόπον μέλλει χωρεῖν. Ὥσπερ γάρ ἐστιν νομίσματα δύο, [2] τὸ μὲν Θεȣ̃, τὸ δὲ κόσμȣ, καὶ ἕκαστον αὐτῶν ἴδιον χαρακτῆρα ἐπικείμενον ἔχει· οἱ ἄπιστοι τȣ̃ κόσμȣ τȣ́τȣ, οἱ δὲ πιστοὶ ἐν ἀγάπῃ χαρακτῆρα Θεȣ̃

1 I. e. *couti* = etiam ad se pertrahere ἐπισκοπὴν juvenis illius episcopi. Voss. = *familiarius uti, familiär behandeln*, Cot. Rothe. F. καταχρᾶσθαι, *abuti*, Jun. ‖ 2 I. e. respectu divinae potentiae, quae illum episcopum constituit. ‖ 3 Ita Junius, Ms. προσειληφότας, quod vertunt: *respicientes*, ipsi respicientes ad Interpolatorem, qui habet ἀφορῶντας. ‖ 4 Ita Cotelerius et alii. Germanice: *sichtliche Jugendlichkeit*. Alia docet Rothe, Anf. p. 436—441, cui φαινομένη νεωτερική

τάξις = ordo episcopalis, ut male videtur, nuper demum institutus. ‖ 5 Aut = *qui id vult, decet nos* etc. ‖ 6 Cfr. Herm. ad Vig. p. 790. n. 253. ‖ 7 I. e. *hominem*.

1 Justa auctoritate constitutum fatentur, illo tamen inconsulto omnia agunt. Smith. ‖ 2 Quod non *firma* fide, neque *stabili* ordine, juxta *praeceptum* Christi et Apostolorum ad sacros coetus se conferant. Smith.

1 Gallandus et Jacobsonus addunt καί. ‖ 2 Ms. ὃ μὲν ... ὃ δέ. Jac.

πατρὸς διὰ Ἰησῦ Χριστῦ, δι᾽ ὃ ἐὰν μὴ αὐθαιρέτως ἔχωμεν τὸ ἀποθανεῖν εἰς τὸ αὐτῦ πάθος, τὸ ζῆν αὐτῦ ἐκ ἔστιν ἐν ἡμῖν.

VI. *Tenete concordiam.*

Ἐπεὶ ὖν ἐν τοῖς προγεγραμμένοις προσώποις τὸ πᾶν πλῆθος ἐθεώρησα [1] ἐν πίστει καὶ [2] ἀγάπῃ, παραινῶ, ἐν ὁμονοίᾳ Θεῦ σπυδάζετε πάντα πράσσειν, προκαθημένυ τῦ ἐπισκόπυ εἰς τόπον Θεῦ, καὶ τῶν πρεσβυτέρων εἰς τόπον συνεδρίυ τῶν ἀποστόλων, καὶ τῶν διακόνων, τῶν ἐμοὶ γλυκυτάτων, πεπιστευμένων διακονίαν Ἰησῦ Χριστῦ, ὃς πρὸ αἰώνων παρὰ πατρὶ ἦν, καὶ ἐν τέλει ἐφάνη. Πάντες ὖν, ὁμοήθειαν Θεῦ λαβόντες, ἐντρέπεσθε ἀλλήλοις, καὶ μηδεὶς κατὰ σάρκα βλεπέτω [3] τὸν πλησίον, ἀλλ᾽ ἐν Ἰησῦ Χριστῷ ἀλλήλυς διαπαντὸς ἀγαπᾶτε. Μηδὲν ἔστω ἐν ὑμῖν, ὃ δυνήσεται ὑμᾶς μερίσαι, ἀλλ᾽ ἑνώθητε τῷ ἐπισκόπῳ καὶ τοῖς προκαθημένοις, εἰς [4] τύπον καὶ διδαχὴν ἀφθαρσίας.

VII. *Agite nihil sine episcopo et presbyteris; sitis unum templum Dei.*

Ὥσπερ ὖν ὁ κύριος ἄνευ τῦ πατρὸς ὑδὲν ἐποίησεν, ἡνωμένος ὤν, ὄτε δι᾽ ἑαυτῦ, ὄτε διὰ τῶν ἀποστόλων· ὄτως μηδὲ ὑμεῖς ἄνευ τῦ ἐπισκόπυ καὶ τῶν πρεσβυτέρων μηδὲν πράσσετε. Μηδὲ πειράσητε εὔλογόν τι φαίνεσθαι ἰδίᾳ ὑμῖν. Ἀλλ᾽ ἐπὶ τὸ αὐτὸ μία προσευχὴ, μία δέησις, εἷς νῦς, μία ἐλπὶς, ἐν ἀγάπῃ, ἐν τῇ χαρᾷ τῇ ἀμώμῳ. Εἷς ἐστιν Ἰησῦς Χριστὸς, ὖ ἄμεινον ὑδέν ἐστιν. Πάντες ὖν ὡς εἰς [1 ἕνα] ναὸν συνέρχεσθε Θεῦ, ὡς ἐπὶ ἓν θυσιαστήριον, ὡς ἐπὶ ἕνα Ἰησῦν Χριστὸν, τὸν ἀφ᾽ ἑνὸς πατρὸς προελθόντα, καὶ [2] εἰς ἕνα ὄντα καὶ χωρήσαντα.

VIII. *Cavete a falsis doctrinis Judaizantium.*

Μὴ πλανᾶσθε ταῖς ἑτεροδοξίαις, μηδὲ [1] μυθεύμασιν τοῖς παλαιοῖς, ἀνωφελέσιν ὖσιν. Εἰ γὰρ μέχρι νῦν κατὰ [2] [νόμον]

---

1 I. e. fidem et charitatem totius ecclesiae Magnesianorum. || 2 Ms. ἀγάπησα, male. Vet. Interpr. *in dilectione.* || 3 Ita dedi ex Interpolatore et emendatione Toupii, consentiente Pearsono. Jac. Ms. τῷ male. || 4 I. e. unitas cum episcopo est typus vitae illius, quam sancti vivunt Deo uniti; simulque alii, unitatem vestram cum episcopo con- spicientes, ad persuasionem de vita illa adducuntur.

1 Ἕνα addendum putant Vossius, Toupius et Jacobsonus. || 2 I. q. εἰς ἕνα χωρήσαντα καὶ ὄντα σὺν αὐτῷ. 1 Cfr. I Tim. 1, 4. 4, 7. Tit. 1, 14. || 2 Aut νόμον aut Ἰυδαϊσμὸν interpretamentum esse, summo consensu contendunt Editores. Jacobsonum secutus νόμον uncis inclusi,

Ἰυδαϊσμὸν ζῶμεν, ὁμολογῶμεν χάριν μὴ εἰληφέναι. Οἱ γὰρ θειότατοι προφῆται κατὰ Χριστὸν Ἰησῦν ἔζησαν. Διὰ τῦτο καὶ ἐδιώχθησαν, ἐμπνεόμενοι ὑπὸ τῆς χάριτος αὐτῦ, εἰς τὸ πληροφορηθῆναι τὰς ἀπειθῦντας, ὅτι εἷς Θεός ἐστιν, ὁ φανερώσας ἑαυτὸν διὰ Ἰησῦ Χριστῦ τῦ υἱῦ αὐτῦ, ὅς ἐστιν αὐτῦ Λόγος ἀΐδιος, ὖκ ἀπὸ [3] σιγῆς προελθών, ὃς κατὰ πάντα εὐηρέστησεν τῷ πέμψαντι αὐτόν.

IX. *Vivamus cum Christo.*

Εἰ ὖν οἱ ἐν [1] παλαιοῖς πράγμασιν ἀναστραφέντες εἰς καινότητα ἐλπίδος ἦλθον, μηκέτι σαββατίζοντες, ἀλλὰ κατὰ κυριακὴν ζωὴν ζῶντες, ἐν ᾗ καὶ ἡ ζωὴ ἡμῶν ἀνέτειλεν δι᾽ αὐτῦ καὶ τῦ θανάτυ αὐτῦ — ὅν τινες ἀρνῦνται, δι᾽ ὖ μυστηρίυ ἐλάβομεν τὸ πιστεύειν, καὶ διὰ τῦτο ὑπομένομεν, ἵνα εὑρεθῶμεν μαθηταὶ Ἰησῦ Χριστῦ τῦ μόνυ διδασκάλυ ἡμῶν — πῶς ἡμεῖς δυνησόμεθα ζῆσαι χωρὶς αὐτῦ, ὖ καὶ οἱ προφῆται μαθηταὶ ὄντες τῷ πνεύματι ὡς διδάσκαλον αὐτὸν προσεδόκων; Καὶ διὰ τῦτο, ὃν δικαίως ἀνέμενον, παρὼν [2] ἤγειρεν αὐτὸς ἐκ νεκρῶν.

X. *Nolite judaizare.*

Μὴ ὖν [1] ἀναισθητῶμεν τῆς χρηστότητος αὐτῦ. Ἂν γὰρ ἡμᾶς μιμήσεται, καθὰ πράσσομεν, ὖκ ἔτι ἐσμέν. Διὰ τῦτο, μαθηταὶ αὐτοῦ γενόμενοι, μάθωμεν κατὰ Χριστιανισμὸν ζῆν. Ὅς γὰρ ἄλλῳ ὀνόματι καλεῖται πλέον [2] τούτυ, οὐκ ἔστιν τοῦ Θεοῦ. [3] Ὑπέρθεσθε ὖν τὴν κακὴν ζύμην, τὴν [4] παλαιωθεῖσαν καὶ ἐνοξίσασαν, καὶ μεταβάλεσθε εἰς νέαν ζύμην, ὅ ἐστιν Ἰησοῦς Χριστός. Ἁλίσθητε ἐν αὐτῷ, ἵνα μὴ διαφθαρῇ τις ἐν ὑμῖν, ἐπεὶ ἀπὸ τῆς ὀσμῆς ἐλεγχθήσεσθε. Ἄτοπόν ἐστιν, Χριστὸν Ἰησῦν

quia vetus Interpres *Judaismum* tantum exhibet, et nos infra c. 10. legimus: κατὰ Χριστιανισμὸν ζῆν. ‖ 3 Ignatiano - mastiges contendunt, fieri hic mentionem Σιγῆς Valentini Gnostici, et inde apparere, epistolam nostram non ab Ignatio esse exaratam. Respondet Vossius, respexisse Ignatium ad Gnosticos Valentino antiquiores; melius autem agunt Cotelerius (a. h. l.) et Rothe (Anf. p. 726), Ignatium dixisse monentes: Christus est Verbum Dei aeternum, quod nisi instar humani sermonis *post silentium seu e silentio* progreditur, non *junius* est silentio, sed *aeternum*.

1 I. e. in veteri Testamento. ‖ 2 Matth. 27, 52.

1 Cfr. Rom. 2, 4. ‖ 2 I. e. qui non Christianismi, sed haeresis cujusdam nomen fert. ‖ 3 Vet. Int. *deponite* = ἀπόθεσθε, quod habet Interpolator. ‖ 4 I Cor. 5, 7.‖

⁵ λαλεῖν, καὶ ἰϿδαΐζειν. ⁶ Ὁ γὰρ Χριστιανισμὸς οὐκ εἰς Ἰϙδαϊσμὸν ἐπίστευσεν, ἀλλὰ Ἰϙδαϊσμός εἰς Χριστιανισμὸν, ὡς ⁷ πᾶσα γλῶσσα πιστεύσασα εἰς Θεὸν συνήχϿη.

XI. Non castigans, sed vos praemuniens haec scribo.

Ταῦτα δὲ, ἀγαπητοί μϙ, ϙκ ἐπεὶ ἔγνων τινὰς ἐξ ὑμῶν ϙτως ἔχοντας, ἀλλ' ὡς μικρότερος ὑμῶν, θέλω προφυλάσσεσθαι ὑμᾶς, μὴ ἐμπεσεῖν εἰς τὰ ἄγκιστρα τῆς κενοδοξίας, ἀλλὰ πεπληροφορῆσθαι ἐν τῇ γεννήσει καὶ τῷ πάθει καὶ τῇ ἀναστάσει τῇ γενομένῃ ἐν καιρῷ τῆς ἡγεμονίας Ποντίϙ Πιλάτϙ· πραχθέντα ἀληθῶς καὶ βεβαίως ὑπὸ Ἰησοῦ Χριστοῦ, τῆς ἐλπίδος ἡμῶν, ἧς ἐκτραπῆναι μηδενὶ ὑμῶν γένοιτο.

XII. Vos enim meliores me estis.

Ὀναίμην ὑμῶν κατὰ πάντα, ἐάνπερ ἄξιος ὦ. Εἰ γὰρ καὶ δέδεμαι, πρὸς ἕνα τῶν λελυμένων ὑμῶν οὐκ εἰμί. Οἶδα, ὅτι οὐ φυσιοῦσθε· Ἰησοῦν γὰρ Χριστὸν ἔχετε ἐν ἑαυτοῖς. Καὶ μᾶλλον, ὅταν ἐπαινῶ ὑμᾶς, οἶδα, ὅτι ἐντρέπεσθε, ὡς γέγραπται, ὅτι *) „ὁ δίκαιος ἑαυτοῦ κατήγορος."

XIII. Confirmemini in fide et unione.

Σπϙδάζετε οὖν βεβαιωθῆναι ἐν τοῖς δόγμασιν τοῦ κυρίϙ καὶ τῶν ἀποστόλων, ἵνα πάντα, ὅσα ποιῆτε, κατευοδωθῆτε σαρκὶ καὶ πνεύματι, πίστει καὶ ἀγάπῃ, ἐν υἱῷ καὶ πατρὶ καὶ ἐν πνεύματι, ἐν ἀρχῇ καὶ ἐν τέλει, μετὰ τοῦ ἀξιοπρεπεστάτϙ ἐπισκόπϙ ὑμῶν, καὶ ἀξιοπλόκϙ πνευματικοῦ στεφάνϙ τοῦ πρϙσβυτερίϙ ὑμῶν, καὶ τῶν κατὰ Θεὸν διακόνων. Ὑποτάγητε τῷ ἐπισκόπῳ καὶ ἀλλήλοις, ὡς Ἰησοῦς Χριστὸς ¹ τῷ πατρὶ κατὰ σάρκα, καὶ οἱ ἀπόστολοι τῷ Χριστῷ καὶ τῷ πατρὶ καὶ τῷ πνεύματι· ἵνα ἕνωσις ᾖ ² σαρκική τε καὶ πνευματική.

5 Ita Ms. Editi: καλεῖν. Jac. ||
6 I. e. Christi adventu non Christiani Judaismum receperunt, sed contra Judaei ad Christianismum se converterunt. || 7 I. e. ut fideles ex omnibus gentibus congregarentur ad unum centrum, quod est Deus. Cfr. Joh. 10, 16.
*) Prov. 18, 17.

1 Subordinationem Dei Filii hic doceri contendit *Münscher*, Lehrb. d. Dogmengesch. I. p. 162. Contra *Rothe*, Anf. p. 754. monet, e verbis κατὰ σάρκα palam fieri, non τὸν Λόγον, sed humanam tantum Christi naturam ab Ignatio nostro Patri subordinari. || 2 I. e. unio externa et interna. Cfr. Ephes. 4, 4.

XIV. *Orate pro me et ecclesia Syriae.*

Εἰδὼς, *) ὅτι Θεοῦ γέμετε, συντόμως παρεκέλευσα ὑμᾶς. Μνημονεύετέ με ἐν ταῖς προσευχαῖς ὑμῶν, ἵνα Θεοῦ ἐπιτύχω, καὶ τῆς ἐν Συρίᾳ ἐκκλησίας — ὅθεν οὐκ ἄξιός εἰμι καλεῖσθαι, ἐπιδέομαι γὰρ τῆς ἡνωμένης ὑμῶν ἐν Θεῷ προσευχῆς καὶ ἀγάπης — εἰς τὸ ἀξιωθῆναι τὴν ἐν Συρίᾳ ἐκκλησίαν διὰ τῆς ἐκκλησίας ὑμῶν δροσισθῆναι.

XV. *Salutant vos Ephesii et ceterae ecclesiae.*

Ἀσπάζονται ὑμᾶς Ἐφέσιοι ἀπὸ Σμύρνης, ὅθεν καὶ γράφω ὑμῖν, παρόντες εἰς δόξαν Θεῦ, ὥσπερ καὶ ὑμεῖς, οἳ κατὰ πάντα με ἀνέπαυσαν, ἅμα Πολυκάρπῳ ἐπισκόπῳ Σμυρναίων. Καὶ αἱ λοιπαὶ δὲ ἐκκλησίαι ἐν τιμῇ Ἰησοῦ Χριστοῦ ἀσπάζονται ὑμᾶς. Ἔρρωσθε ἐν ὁμονοίᾳ Θεοῦ, κεκτημένοι *) ἀδιάκριτον πνεῦμα, ὅς ἐστιν Ἰησοῦς Χριστός.

*) Cfr. Rom. 15, 14.   *) Cfr. Ign. ad Ephes. c. 3.

ΤΡΑΛΛΙΑΝΟΙΣ.

Ἰγνάτιος, ὁ καὶ Θεοφόρος, ἠγαπημένῃ Θεῷ, πατρὶ Ἰησοῦ Χριστοῦ, ἐκκλησίᾳ ἁγίᾳ, τῇ οὔσῃ ἐν Τράλλεσιν τῆς Ἀσίας, ἐκλεκτῇ καὶ ἀξιοθέῳ, εἰρηνευούσῃ ἐν σαρκὶ καὶ αἵματι [¹ καὶ] τῷ πάθει Ἰησοῦ Χριστοῦ, τῆς ἐλπίδος ἡμῶν ἐν τῇ εἰς αὐτὸν ἀναστάσει· ἣν καὶ ἀσπάζομαι ἐν τῷ ² πληρώματι, ἐν ³ ἀποστολικῷ χαρακτῆρι, καὶ εὔχομαι πλεῖστα χαίρειν.

I. *Laus vestra per Polybium mihi innotuit.*

Ἄμωμον διάνοιαν καὶ ἀδιάκριτον ἐν ὑπομονῇ ἔγνων ὑμᾶς ἔχοντας, ¹ οὐ κατὰ χρῆσιν, ἀλλὰ κατὰ φύσιν, καθὼς ἐδήλωσέν μοι Πολύβιος, ὁ ἐπίσκοπος ὑμῶν, ὃς παρεγένετο θελήματι Θεοῦ

---

1 Insere καί. Voss. Sensus : quae internam et cum Deo pacem obtinet adventu et passione Christi. ‖ 2 F. = cujus ecclesiae omnia saluto membra. Smith. ‖ 3 Uti hic sibi (episcopo), ita infra c. 2. presbyteris quoque Ecclesiae Trallianae auctoritatem quamdam apostolicam tribuit Ignatius. Jac. Rothe, Anf.p.499. Alii, e. g. Smithius, *apostolicam salutationis formam* intelligendam esse putant.

1 Sensus: non solum in vitae commercio talem mentem ostendere studetis, sed ea internae vestrae naturae propria est.

καὶ Ἰησοῦ Χριστοῦ ἐν Σμύρνῃ, καὶ οὕτως μοι συνεχάρη δεδεμένῳ ἐν Ἰησοῦ Χριστῷ, ὥστε με τὸ πᾶν πλῆθος ὑμῶν ἐν αὐτῷ ² θεωρεῖσθαι. Ἀποδεξάμενος οὖν τὴν κατὰ Θεὸν εὔνοιαν δι' αὐτοῦ, ³ ἔδοξα εὑρεῖν ὑμᾶς, ὡς ἔγνων, μιμητὰς ὄντας Θεοῦ.

II. *Estote subjecti episcopo, presbyteris et diaconis.*

Ὅταν γὰρ τῷ ἐπισκόπῳ ὑποτάσσεσθε ὡς Ἰησοῦ Χριστῷ, φαίνεσθέ μοι οὐ κατὰ ¹ ἄνθρωπον ζῶντες, ἀλλὰ κατὰ Ἰησοῦν Χριστὸν, τὸν δι' ² ἡμᾶς ἀποθανόντα, ἵνα πιστεύσαντες εἰς τὸν θάνατον αὐτοῦ, τὸ ἀποθανεῖν ἐκφύγητε. Ἀναγκαῖον οὖν ἐστιν, ὥσπερ ποιεῖτε, ἄνευ τοῦ ἐπισκόπε μηδὲν πράσσειν ὑμᾶς, ἀλλ' ³ ὑποτάσσεσθαι καὶ τῷ πρεσβυτερίῳ, ὡς τοῖς ἀποστόλοις Ἰησοῦ Χριστῦ, τῆς ἐλπίδος ἡμῶν, ἐν ᾧ διάγοντες ⁴ εὑρεθησόμεθα. ⁵ Δεῖ δὲ καὶ τοὺς διακόνες, ὄντας ⁶ μυστήριον Ἰησοῦ Χριστοῦ, κατὰ πάντα τρόπον πᾶσιν ἀρέσκειν. Οὐ γὰρ βρωμάτων καὶ ποτῶν εἰσιν διάκονοι, ἀλλ' ἐκκλησίας Θεοῦ ὑπηρέται. Δέον οὖν αὐτοὺς φυλάσσεσθαι τὰ ἐγκλήματα ὡς πῦρ.

III. *Honorate diaconos, episcopum et presbyteros.*

Ὁμοίως πάντες ἐντρεπέσθωσαν τοὺς διακόνες ὡς ¹ ἐντολὴν Ἰησοῦ Χριστοῦ, καὶ τὸν ἐπίσκοπον ὡς Ἰησοῦν Χριστὸν, ὄντα υἱὸν τοῦ πατρὸς, τοὺς δὲ πρεσβυτέρες ὡς συνέδριον Θεοῦ, καὶ ὡς σύνδεσμον ἀποστόλων. ² Χωρὶς τούτων ἐκκλησία οὐ καλεῖται. Περὶ ὧν πέπεισμαι ὑμᾶς οὕτως ἔχειν. Τὸ γὰρ ἐξεμπλάριον τῆς ἀγάπης ἡμῶν ἔλαβον, καὶ ἔχω μεθ' ³ ἑαυτοῦ ἐν τῷ ἐπισκόπῳ

---

2 Ita Jac. Ms. θεωρῆσθε. Vossius: θεωρῆσαι. || 3 Ita Voss. et Jac. Ms. ἔδοξα εὑρών. Vetus interpres legebat ἐδόξασα εὑρών, vertens: *gloriatus sum inveniens vos*, quod placuit Cotelerio et Wochero.
1 Ms. exhibet ΑΝΟΝ, i. e. ἄνθρωπον, non ἀνθρώπινον, ut e Vossio libri plerique impressi. Jac. || 2 F. ὑμᾶς cum Vet. Int., qui habet *vos*.||
3 Ita Smith. et Jac. Ms. ὑποτάσσεσθε.||
4 Ita Ms. Forte l. εὑρεθησοίμεθα. Male editi εὑρεθησώμεθα. || 5 Dicit, non debere esse quemquam, cui non placeant omnibus modis diaconi. Voss. Wocherus autem in his

verbis adhortationem ad diaconos videt: *ipsi studeant omnibus placere, et sibi a criminibus cavere.* || 6 I. e. *similitudo, imago* Christi. Cfr. Polyc. ad Philipp. c. 5. Arndt. Alii legendum putant μυστηρίων, sc. ministri.
1 Ita ex Vet. Interpr. restituit Smithius, similiaque reperiuntur infra c. 13. et ad Smyrn. c. 8. Ms. male habet: τὲς διακόνες ὡς Ἰησῦν Χριστὸν, ὡς καὶ τὸν ἐπίσκοπον, ὄντα υἱὸν τῦ πατρὸς κ.τ.λ. || 2 Sine Episcopo etc. nulla ecclesia. Cfr. Rothe, *Anf.* p. 466. || 3 Ita Ms. Nemo nescit, ἑαυτῦ pro ἐμαυτῦ et σεαυτῦ in omnibus casibus tralatitium esse

ὑμῶν, οὗ αὐτὸ τὸ κατάστημα μεγάλη μαθητεία, ἡ δὲ πραότης αὐτοῦ δύναμις· ὃν λογίζομαι καὶ τοὺς ἀθέους ἐντρέπεσθαι, ἀγαπῶντας, ὡς οὐ φείδομαι [4] ἑαυτοῦ. [5] Πότερον δυνάμενος γράφειν ὑπὲρ τούτου εἰς τοῦτο [6] ᾠήθην, ἵνα ὢν κατάκριτος ὡς ἀπόστολος ὑμῖν διατάσσωμαι;

IV. Humilitate et mansuetudine mihi opus est.

Πολλὰ φρονῶ ἐν Θεῷ· ἀλλ᾽ ἐμαυτὸν μετρῶ, ἵνα μὴ ἐν καυχήσει ἀπόλωμαι. Νῦν γάρ με δεῖ πλέον φοβεῖσθαι, καὶ μὴ προσέχειν τοῖς φυσιοῦσίν με. Οἱ γὰρ λέγοντές μοι μαστιγοῦσίν με. Ἀγαπῶ μὲν γὰρ τὸ παθεῖν, ἀλλ᾽ οὐκ οἶδα, εἰ ἄξιός εἰμι. Τὸ γὰρ *) ζῆλος πολλοῖς μὲν οὐ φαίνεται, ἐμὲ δὲ πλέον πολεμεῖ. Χρῄζω οὖν πραότητος, ἐν ᾗ καταλύεται ὁ ἄρχων τοῦ αἰῶνος τούτου.

V. Non sublimes doctrinas vobis tradam.

Μὴ οὐ δύναμαι [[1] ὑμῖν] τὰ ἐπουράνια γράψαι; [2] Ἀλλὰ φοβοῦμαι, μὴ νηπίοις οὖσιν ὑμῖν βλάβην παραθῶ. Καὶ συγγνωμονεῖτέ μοι, μήποτε, οὐ δυνηθέντες χωρῆσαι, [3] στραγγαλωθῆτε. Καὶ γὰρ ἐγὼ, οὐ καθότι δέδεμαι, καὶ δυνάμενος [[4] νοεῖν] τὰ ἐπουράνια, καὶ τὰς [5] τοποθεσίας τὰς ἀγγελικὰς, καὶ τὰς συστάσεις τὰς ἀρχοντικὰς, ὁρατά τε καὶ ἀόρατα. [6] Παρὰ τοῦτο ἤδη καὶ μαθητής εἰμι· [7] πολλὰ γὰρ ἡμῖν λείπει, ἵνα Θεοῦ μὴ λειπώμεθα.

apud Graecos. JAC. Vossius emendavit ἐμαυτῦ. ‖ 4 I. q. ἐμαυτῦ. Cfr. supra Not. 3. Genitivum reposuit *Arndtius*. Ms. ἑαυτόν. Sensus: *pagani* quoque constantiam Christianorum, e. g. meam, laudant. ‖ 5 Ita cum *Arndtio* (Studien et Krit. 1839), Mti lectionem retinente, interpungendum et explicandum puto. Arndtius vertit: *welchen Bischof, achte ich, auch die Ungöttlichen scheuen, welche es gerne sehen, dass ich meiner nicht schone. Sollte ich, da ich hierüber schreiben konnte, es so gemeint haben, dass ich, obschon ein Verurtheilter, als ein Apostel euch vorschreibe?* ‖ 6 In versione verbi ᾠήθην non Arndtium, sed

Pearsonum secutus sum.
*) Cfr. ROTHE, *Anf.* p. 721.
1 Sic ex Vet. Int. et ex Interpolatore restituendum. COT. SMITH.‖ 2 Cfr. I Cor. 3, 1. 2. ‖ 3 Ms. στράγγαλον θῆτε. JAC. ‖ 4 Sic ex Vet. Int. et ex Interpolatore restituendum. COT. et alii. ‖ 5 I. e. *officia* et *dignitates*, ut ad Smyrn. c. 6 : τόπος μηδένα φυσιούτω. Cfr. etiam ad Polyc. c. 1. PEARS.‖ 6 Sensus: *non solum arcana illa mihi ignota sunt, sed et in aliis rebus adhuc discipulus sum*. Alii hunc locum aliter explicarunt, e. g. *propter hoc jam et discipulus sum*. COT. ‖ 7 Cfr. I Cor. 13, 9.

VI. *Abstinete a veneno haereticorum.*

Παρακαλῶ οὖν ὑμᾶς, οὐκ ἐγώ, ἀλλ᾽ ἡ ἀγάπη Ἰησοῦ Χριστοῦ, μόνη τῇ χριστιανῇ τροφῇ χρῆσθαι, ἀλλοτρίας δὲ [1] βοτάνης ἀπέχεσθαι, ἥτις ἐστὶν αἵρεσις. Οἱ [2] καὶ ἰοῖς παρεμπλέκουσιν Ἰησοῦν Χριστὸν, [3] καταξιοπιστευόμενοι· ὥσπερ θανάσιμον φάρμακον διδόντες μετὰ οἰνομέλιτος, ὅπερ ὁ ἀγνοῶν ἡδέως λαμβάνει, ἐν ἡδονῇ [4] κακῇ τὸ ἀποθανεῖν.

VII. *Custodite vos ab haereticis.*

Φυλάττεσθε οὖν [1] τοὺς τοιούτους. Τοῦτο δὲ ἔσται ὑμῖν μὴ φυσιωμένοις, καὶ οὖσιν ἀχωρίστοις Θεοῦ Ἰησοῦ Χριστοῦ, καὶ τοῦ ἐπισκόπου, καὶ τῶν διαταγμάτων τῶν ἀποστόλων. Ὁ ἐντὸς θυσιαστηρίου ὢν καθαρός ἐστιν· [2 ὁ δὲ ἐκτὸς ὢν οὐ καθαρός ἐστιν]· τοῦτ᾽ ἔστιν, ὁ χωρὶς ἐπισκόπου καὶ πρεσβυτερίου καὶ διακόνου πράσσων τι, οὗτος οὐ καθαρός ἐστιν τῇ συνειδήσει.

VIII. *Contra diaboli insidias muniamini mansuetudine, fide et charitate.*

Οὐκ ἐπεὶ ἔγνων τοιοῦτόν τι ἐν ὑμῖν, ἀλλὰ προφυλάσσω ὑμᾶς ὄντας μου ἀγαπητούς, προορῶν τὰς ἐνέδρας τοῦ διαβόλου. Ὑμεῖς οὖν [1] τὴν πραϋπάθειαν ἀναλαβόντες ἀνακτίσασθε ἑαυτοὺς ἐν πίστει, [2] ὅ ἐστιν σὰρξ τοῦ κυρίου, καὶ ἐν ἀγάπῃ, ὅ ἐστιν αἷμα Ἰησοῦ Χριστοῦ. [3] Μηδεὶς ὑμῶν κατὰ τοῦ πλησίον [4 τι] ἐχέτω. Μὴ ἀφορμὰς δίδοτε τοῖς ἔθνεσιν, ἵνα μὴ δι᾽ ὀλίγους ἄφρονας τὸ ἐν Θεῷ πλῆθος βλασφημῆται. [5] „Οὐαὶ γάρ, δι᾽ οὗ ἐπὶ ματαιότητι τὸ ὄνομά μου ἐπί τινων βλασφημεῖται."

1 Cfr. ad Philad. c. 3. || 2 Sic ex Vet. Interprete et ex Interpolatore restituit Vossius. Ms. οἱ καιροὶ παρεμπλ., male. Οἱ καὶ ῥυπαροῖς Cot. Οἱ μιαροὶ Smith. Οἱ καὶ αἱρετικοὶ Pears. Simpliciter: Καὶ παρεμπλέκουσιν Jo.Damascenus.|| 3 Ms. κατ᾽ ἀξίαν πιστευόμενοι. Sed ex Jo. Damasceno restituo καταξιοπιστευόμενοι. Est autem teste Scapula καταξιοπιστεύομαι apud Suidam = dico adversus aliquem,quaefide indigna sunt. Lectionem Msti Cotelerius interpretatur: *ratione dignitatis* (loci), *quam obtinent, fidem adepti.* Wocherus: *jure quodam iis creditur, quippe qui fabulis suis vera quaedam et egregia,christianas nempe doctrinas, admisceant.* || 4 Sic legit Vet. Int. et Jo. Damasc. Ms. κἀκεῖ.

1 Ita Interpolator, et recte. Gall. Ms. τοῖς τοιούτοις. || 2 Haec addenda sunt ex Vet. Int. et Interpolatore. Voss.

1 Ita Ms. Male Smithius: πραΰαν εὐπάθειαν. Jac. || 2 Ms. ὅς. Salvianus conjicit ἥ. Vossius, Cotelerius et alii: ὅ. Cfr. de fide et charitate Ep. ad Ephes. c. 14. ad Smyrn. c. 6.|| 3 Cfr. Matth. 5, 23. || 4 Τι add. ex Parall. Damasc. Rupef. || 5 Isai. 52, 5.

IX. *Nolite audire eos, qui sine Christo loquuntur. Historia Christi.*

¹ Κωφώθητε οὖν, ὅταν ὑμῖν χωρὶς Ἰησοῦ Χριστοῦ λαλῇ τις, ² τοῦ ἐκ γένες Δαβὶδ, τοῦ ἐκ Μαρίας, ὃς ἀληθῶς ἐγεννήθη, ἔφαγέν τε καὶ ἔπιεν, ἀληθῶς ἐδιώχθη ἐπὶ Ποντίε Πιλάτε, ἀληθῶς ἐσταυρώθη καὶ ἀπέθανεν, βλεπόντων τῶν ἐπερανίων ³ καὶ ἐπιγείων καὶ ὑποχθονίων· ὃς καὶ ἀληθῶς ἠγέρθη ἀπὸ νεκρῶν, ἐγείραντος αὐτὸν τοῦ πατρὸς αὐτοῦ, ⁴ ὡς καὶ κατὰ τὸ ⁵ ὁμοίωμα ἡμᾶς, τοὺς πιστεύοντας αὐτῷ, οὕτως ἐγερεῖ ὁ πατὴρ αὐτοῦ ἐν Χριστῷ Ἰησοῦ, ⁶ οὗ χωρὶς τὸ ἀληθινὸν ζῆν οὐκ ἔχομεν.

X. *Si Christus non vere passus est, frustra ego vincula fero.*

Εἰ δὲ, ὥσπερ τινὲς, ἄθεοι ὄντες, τετέστιν ἄπιστοι, λέγεσιν, τὸ δοκεῖν πεπονθέναι αὐτὸν, αὐτοὶ ὄντες τὸ δοκεῖν, ἐγὼ τί δέδεμαι, τί δὲ εὔχομαι θηριομαχῆσαι; Δωρεὰν οὖν ἀποθνήσκω; *) ⁷ Ἆρα οὐ καταψεύδομαι τοῦ κυρίε;

XI. *Fugite mortiferas Docetarum plantationes.*

Φεύγετε οὖν τὰς κακὰς παραφυάδας, τὰς γεννώσας καρπὸν θανατηφόρον, οὗ ἐὰν γεύσηταί τις, παρ᾽ αὐτὰ ἀποθνήσκει. Οὗτοι γὰρ οὔκ εἰσιν ¹ φυτεία πατρός. Εἰ γὰρ ἦσαν, ἐφαίνοντο ἂν κλάδοι τοῦ σταυροῦ, καὶ ἦν ἂν ὁ καρπὸς αὐτῶν ἄφθαρτος· δι᾽ οὗ ἐν τῷ πάθει αὐτοῦ προσκαλεῖται ὑμᾶς, ὄντας μέλη αὐτοῦ. Οὐ δύναται οὖν κεφαλὴ χωρὶς γεννηθῆναι ἄνευ μελῶν, τοῦ Θεοῦ ἕνωσιν ἐπαγγελλομένε, ² ὅς ἐστιν αὐτός.

XII. *Manete in unitate et charitate.*

Ἀσπάζομαι ὑμᾶς ἀπὸ Σμύρνης, ἅμα ταῖς συμπαρούσαις ¹ μοι ἐκκλησίαις τοῦ Θεοῦ, ² οἳ κατὰ πάντα με ἀνέπαυσαν σαρκί

---

1 H. l. 1. Theodoret. Dial. I. p. 51. ‖ 2 Cfr. Ep. ad Smyrn. c. 1. ‖ 3 Καὶ exstat in Mto. JAC. ‖ 4 Ita legendum esse monet *Smithius*, duce veteri Interprete. Ms. κατὰ τὸ ὁμοίωμα, ὃς καὶ ἡμᾶς τὲς πιστεύοντας κ. τ. λ. ‖ 5 Cfr. I Cor. 15, 49. ‖ 6 Cfr. Joh. 3, 36. 5, 40. 14, 6. 20, 31.

*) Sensus: *nonne ego falsa de Domino loquor, si illi, veram Christi mortem negantes, vera loquuntur? Mors mea ipsa falsae doctrinae est praedicatio.* Si vero post ἆρα colon ponas, vertendum erit: *profecto, non falsa loquor de Domino!*

1 Cfr. Matth. 15, 13. ‖ 2 Ita Ms. testimonium doctrinae de divinitate Christi exhibens. Vet. Interpres: *quod*; sed non est, quod cum Vossio mutemus ὅ, vel cum Aldrichio ἥ.

1 Ita recte habent Interpolator et Vet. Interpres. Ms. μον. ‖ 2 Melius αἵ, sed non est mutandum. Ignatius enim ad *missos* ecclesiarum illarum

τε καὶ πνεύματι. Παρακαλεῖ ὑμᾶς τὰ δεσμά μϑ, [3] ἃ ἕνεκεν Ἰησοῦ Χριστοῦ περιφέρω, αἰτούμενος Θεοῦ ἐπιτυχεῖν· διαμένετε ἐν τῇ ὁμονοίᾳ ὑμῶν καὶ τῇ μετ' ἀλλήλων προσευχῇ. Πρέπει γὰρ ὑμῖν τοῖς καϑ' ἕνα, [4] ἐξαιρέτως καὶ τοῖς πρεσβυτέροις, ἀναψύχειν τὸν ἐπίσκοπον εἰς τιμὴν πατρός, Ἰησοῦ Χριστοῦ καὶ τῶν ἀποστόλων. Εὔχομαι ὑμᾶς ἐν ἀγάπῃ ἀκοῦσαί μϑ, ἵνα μὴ εἰς [5] μαρτύριαν ὦ ἐν ὑμῖν γράψας. Καὶ περὶ ἐμοῦ δὲ προσεύχεσϑε, τῆς ἀφ' ὑμῶν ἀγάπης χρῄζοντος ἐν τῷ ἐλέει τοῦ Θεοῦ, εἰς τὸ καταξιωϑῆναί με τοῦ κλήρϑ, οὗ [6] περίκειμαι ἐπιτυχεῖν, ἵνα μὴ ἀδόκιμος εὑρεϑῶ.

XIII. *Valete, orate pro ecclesia Syriae, etc.*

Ἀσπάζεται ὑμᾶς ἡ ἀγάπη Σμυρναίων καὶ Ἐφεσίων. Μνημονεύετε ἐν ταῖς προσευχαῖς ὑμῶν τῆς ἐν Συρίᾳ ἐκκλησίας· ὅϑεν καὶ οὐκ ἄξιός εἰμι λέγεσϑαι, ὢν ἔσχατος ἐκείνων. Ἔρρωσϑε ἐν Ἰησοῦ Χριστῷ, ὑποτασσόμενοι τῷ ἐπισκόπῳ ὡς [1] τῇ ἐντολῇ, ὁμοίως καὶ τῷ πρεσβυτερίῳ. Καὶ οἱ κατ' ἄνδρα ἀλλήλϑς ἀγαπᾶτε ἐν ἀμερίστῳ καρδίᾳ. [2] Ἁγνίζηται [3] ὑμῶν τὸ ἐμὸν πνεῦμα, οὐ μόνον νῦν, ἀλλὰ καὶ ὅταν Θεοῦ ἐπιτύχω. Ἔτι γὰρ ὑπὸ κίνδυνόν εἰμι, ἀλλὰ πιστὸς ὁ πατὴρ ἐν Ἰησοῦ Χριστῷ πληρῶσαί με τὴν αἴτησιν καὶ ὑμῶν· ἐν ᾧ εὑρεϑείητε ἄμωμοι.

advertit. Vet. Int. qui. || 3 Cfr. Ephes. 6, 20. Coloss. 4, 3. || 4 Legendum videtur καὶ ἐξαιρέτως Jac. || 5 Cfr. Ep. ad Philad. c. 6. || 6 Ita Ms. Nonnulli mutarunt. Vedelius: παράκειμαι, cui propinquus sum = quam propediem consequar; Smithius: ὑπόκειμαι, cui subjaceo. Jac.

1 Cfr. ad Magn. c. 2. ad Trall. c. 3. || 2 Ita Cot. Smith. et alii. Ms. ἁγνίζετε. Voss. ἄγνισμα. Woch. ἁγνίζετε ὑμεῖς. Arndt. ἁγνίζεται = spiritus meus pro vobis se hostiam praebet. || 3 Adde ἐφ'. Cfr. Ign. ad Ephes. c. 8. Not. 3.

ΠΡΟΣ ΡΩΜΑΙΟΥΣ.

Ἰγνάτιος, ὁ καὶ Θεοφόρος, τῇ ἠλεημένῃ ἐν μεγαλειότητι πατρὸς ὑψίστε καὶ Ἰησοῦ Χριστοῦ τοῦ μόνε υἱοῦ αὐτοῦ ἐκκλησίᾳ ἠγαπημένῃ καὶ πεφωτισμένῃ ἐν θελήματι τοῦ θελήσαντος τὰ πάντα, ἅ ἐστιν κατὰ ἀγάπην Ἰησοῦ Χριστοῦ, τοῦ Θεοῦ ἡμῶν, ἥτις καὶ προκάθηται ἐν [1] τόπῳ χωρίε Ῥωμαίων, ἀξιόθεος, ἀξιοπρεπὴς, ἀξιομακάριστος, ἀξιέπαινος, ἀξιεπίτευκτος, ἀξίαγνος καὶ [2] προκαθημένη τῆς ἀγάπης, χριστώνυμος, πατρώνυμος, ἣν καὶ ἀσπάζομαι ἐν ὀνόματι Ἰησοῦ Χριστοῦ, υἱοῦ πατρός· κατὰ σάρκα καὶ πνεῦμα ἡνωμένοις πάσῃ ἐντολῇ αὐτοῦ, πεπληρωμένοις χάριτος Θεοῦ ἀδιακρίτως, καὶ [3] ἀποδιυλισμένοις ἀπὸ παντὸς ἀλλοτρίε χρώματος, πλεῖστα ἐν Ἰησοῦ Χριστῷ, τῷ Θεῷ ἡμῶν, ἀμώμως χαίρειν.

I. Spero vos vinctus videre.

[1] Ἐπευξάμενος Θεῷ ἐπέτυχον ἰδεῖν ὑμῶν τὰ ἀξιόθεα πρόσωπα, ὡς καὶ πλέον ἠτούμην λαβεῖν· δεδεμένος [[2] γὰρ] ἐν Χριστῷ Ἰησοῦ ἐλπίζω ὑμᾶς ἀσπάσασθαι, ἐάν περ θέλημα τοῦ Θεοῦ ᾖ τοῦ ἀξιωθῆναί με εἰς τέλος εἶναι. Ἡ μὲν γὰρ ἀρχὴ εὐοικονόμητός ἐστιν, ἐάν περ χάριτος ἐπιτύχω, εἰς τὸ τὸν κλῆρόν με ἀνεμποδίστως ἀπολαβεῖν. [3] Φοβοῦμαι γὰρ τὴν ὑμῶν ἀγάπην, μὴ αὐτή με ἀδικήσῃ. Ὑμῖν γὰρ εὐχερές ἐστιν, ὃ θέλετε ποιῆσαι· ἐμοὶ δὲ δύσκολόν ἐστι τοῦ Θεοῦ ἐπιτυχεῖν, ἐάνπερ ὑμεῖς [4] φείσησθέ με.

1 I. e. *in ipsa urbe Roma cum suburbiis*. PEARS. Hanc explicationem Smithius recipiens monet, non opus esse, ut illa ad *regiones suburbicarias* referatur, quod suave aliquorum insomnium est; hoc enim esset, res diversorum seculorum contra fidem historiae commiscere. JAC.‖
2 Antiquum morem Romanorum, fratres vario beneficiorum genere afficiendi, laudat Dionysius Corinth. apud Euseb. H. E. IV, 23. Cfr. ROTHE, *Anf.* p. 456. Not. 157. et ad Magn. c. 6. ‖ 3 Cfr. Ign. ad Philad. c. 3.

1 Ita SMITH. et JAC. cum utroque Interprete. Ms. ἐπεὶ εὐξάμενος, male. ‖
2 Γὰρ ex utroque Interprete restituendum est. SMITH. ‖ 3 Ignatius verebatur, ne Romani, vel precibus ad Deum et homines, vel pecunia, aut per vim eum a supplicio eximerent. COT. ‖ 4 I. e. si vos impedimento mihi estis conatu vestro, me liberandi. Interpolator et Versio antiqua, ab Usserio edita, male exhibent μὴ ante φείσησθε.

IGNATII EPISTOLA AD ROMANOS. II. III.

II. *Nolite me martyrio eripere.*

Οὐ γὰρ θέλω ὑμῖν ἀνθρωπαρεσκῆσαι, ἀλλὰ Θεῷ ἀρέσαι, ὥσπερ καὶ ἀρέσκετε. Οὐ γὰρ ἐγώ ποτε ἕξω καιρὸν τοιοῦτον Θεοῦ ἐπιτυχεῖν· οὔτε ὑμεῖς, ἐὰν σιωπήσητε, κρείττονι ἔργῳ ἔχετε ἐπιγραφῆναι. Ἐὰν γὰρ σιωπήσητε [1] ἀπ' ἐμοῦ, ἐγὼ γενήσομαι Θεοῦ· ἐὰν δὲ ἐρασθῆτε τῆς σαρκός μου, πάλιν ἔσομαι [2] τρέχων. Πλέον μοι μὴ παράσχησθε τοῦ [3] σπονδισθῆναι Θεῷ, ὡς ἔτι θυσιαστήριον ἕτοιμόν ἐστιν· ἵνα ἐν ἀγάπῃ χορὸς γενόμενοι ᾄσητε τῷ πατρὶ ἐν Χριστῷ Ἰησοῦ, ὅτι τὸν ἐπίσκοπον Συρίας ὁ Θεὸς κατηξίωσεν εὑρεθῆναι εἰς δύσιν ἀπὸ ἀνατολῆς [4] μεταπεμψάμενος. Καλὸν τὸ δῦναι ἀπὸ κόσμου πρὸς Θεόν, ἵνα εἰς αὐτὸν ἀνατείλω.

III. *Rogate potius Deum, ut ad martyrium mihi vires suppeditet.*

Οὐδέποτε [1] ἐβασκάνατε οὐδένα· ἄλλους ἐδιδάξατε. Ἐγὼ δὲ θέλω, ἵνα κἀκεῖνα βέβαια ᾖ, ἃ [2] μαθητεύοντες ἐντέλλεσθε. Μόνον μοι δύναμιν αἰτεῖσθε ἔσωθέν τε καὶ ἔξωθεν, ἵνα μὴ μόνον λέγω, ἀλλὰ καὶ θέλω, ἵνα μὴ μόνον λέγωμαι χριστιανός, ἀλλὰ καὶ εὑρεθῶ. Ἐὰν γὰρ καὶ εὑρεθῶ, καὶ λέγεσθαι δύναμαι, καὶ τότε πιστὸς εἶναι, ὅταν κόσμῳ μὴ φαίνωμαι. Οὐδὲν φαινόμενον αἰώνιον. [3] „Τὰ γὰρ βλεπόμενα πρόσκαιρα· τὰ δὲ μὴ βλεπόμενα αἰώνια." Ὁ γὰρ Θεὸς ἡμῶν Ἰησοῦς Χριστὸς ἐν πατρὶ ὢν μᾶλλον [4] φαίνεται. [5] Οὐ σιωπῆς μόνον τὸ ἔργον, ἀλλὰ μεγέθους ἐστὶν ὁ Χριστιανισμός.

---

1 I. q. περὶ ἐμοῦ. Smith. || 2 Sc. in hoc stadio vitae, cujus metam paene attigi. Cfr. I Cor. 9, 24. || 3 Cfr. II Tim. 4, 6. || 4 Aut Medium pro Passivo positum putes, aut vertas: *quod Deus episcopum Syriae inveniri dignatus est, ab Oriente in Occidentem eum accersens.*
1 Sc. gloriam moriendi pro Christo. Smith. || 2 I. e. Exemplum et adhortatio, quibus alios ad martyrium subeundum animare soliti fuistis. Smith. || 3 II Cor. 4, 18. || 4 I. e. magis glorificatur. || 5 Sensus:

Christus post ascensionen suam magis glorificatur; Christiani enim non solum in silentio vitam degunt, sed magnificis quoque factis splendent, iis Christum laudantes. — Duce veteri Interprete Smithius et Ruchatus locum ita refingunt: οὐ πεισμονῆς τὸ ἔργον, ἀλλὰ μεγέθους ἐστὶν ὁ Χριστιανός, μάλιστα ὅταν μισῆται ἀπὸ κόσμου. Vet. Int.: *Non suasionis opus, sed magnitudinis est Christianus, quando utique oditur a mundo.* Verba posteriora μάλιστα κ. τ. λ. plane desunt in Msto.

IV. *Sinite me ferarum dentibus moli, ut panis Christi inveniar.*

Ἐγὼ γράφω ταῖς ἐκκλησίαις, καὶ ἐντέλλομαι πᾶσιν, ὅτι ἐγὼ ἑκὼν ὑπὲρ Θεοῦ ἀποθνήσκω, ἐάνπερ ὑμεῖς μὴ κωλύσητε. Παρακαλῶ ὑμᾶς, μὴ εὔνοια ἄκαιρος γένησθέ μοι. Ἄφετέ με θηρίων εἶναι βοράν, δι' ὧν ἔνεστιν Θεοῦ ἐπιτυχεῖν. [1] Σῖτός εἰμι Θεοῦ, καὶ δι' ὀδόντων θηρίων ἀλήθωμαι, ἵνα καθαρὸς ἄρτος εὑρεθῶ τοῦ Χριστοῦ. Μᾶλλον κολακεύσατε τὰ θηρία, ἵνα μοι τάφος γένωνται, καὶ μηδὲν καταλίπωσι τοῦ σώματός με, ἵνα μὴ κοιμηθεὶς βαρύς τινι γένωμαι. Τότε ἔσομαι μαθητὴς ἀληθῶς τοῦ Χριστοῦ, ὅτε οὐδὲ τὸ σῶμά με ὁ κόσμος ὄψεται. Λιτανεύσατε τὸν Χριστὸν ὑπὲρ ἐμοῦ, ἵνα διὰ τῶν [2] ὀργάνων τούτων θυσία εὑρεθῶ. Οὐχ ὡς [3] Πέτρος καὶ Παῦλος διατάσσομαι ὑμῖν. Ἐκεῖνοι ἀπόστολοι, ἐγὼ κατάκριτος· ἐκεῖνοι [4] ἐλεύθεροι, ἐγὼ δὲ μέχρι νῦν δοῦλος. Ἀλλ' ἐὰν πάθω, [5] ἀπελεύθερος Ἰησοῦ, καὶ ἀναστήσομαι ἐν αὐτῷ ἐλεύθερος. Νῦν μανθάνω δεδεμένος μηδὲν ἐπιθυμεῖν κοσμικὸν ἢ μάταιον.

V. *Mori cupio.*

[1] Ἀπὸ Συρίας μέχρι Ῥώμης [2] θηριομαχῶ, διὰ γῆς καὶ θαλάσσης, νυκτὸς καὶ ἡμέρας, δεδεμένος δέκα λεοπάρδοις, ὅ ἐστι στρατιωτῶν τάγμα· οἳ καὶ [3] εὐεργετούμενοι χείρες γίνονται. Ἐν δὲ τοῖς ἀδικήμασιν αὐτῶν μᾶλλον μαθητεύομαι, [4] „ἀλλ' οὐ παρὰ τοῦτο δεδικαίωμαι." [5] Ὀναίμην τῶν θηρίων τῶν ἐμοὶ ἡτοιμασμένων, καὶ εὔχομαι ἕτοιμά μοι εὑρεθῆναι· ἃ καὶ κολακεύσω, συντόμως με καταφαγεῖν, οὐχ ὥσπερ τινῶν δειλαινόμενα οὐχ ἥψαντο. Κἂν αὐτὰ δὲ ἄκοντα μὴ θελήσῃ, ἐγὼ προσβιάσομαι. Συγγνώμην μοι ἔχετε· τί μοι συμφέρει, ἐγὼ γινώσκω. Νῦν ἄρχομαι μαθητὴς εἶναι. Μηδέν με ζηλώσῃ τῶν ὁρατῶν καὶ ἀοράτων, ἵνα Ἰησοῦ Χριστοῦ ἐπιτύχω. Πῦρ καὶ σταυρός, θηρίων τε συστάσεις, ἀνατομαί, διαιρέσεις, σκορπισμοὶ ὀστέων, συγκοπὴ μελῶν, ἀλησμοὶ

---

1 H. l. 1. Irenaeus adv. haer. V, 28. Euseb. H. E. III, 36. || 2 I. e. *dentes ferarum*. RUCHAT. || 3 Horum meminit, quippe qui ex sanctis Apostolis soli Christianis romanis interfuerint. JAC. || 4 I. e. *liberi ab infirmitate humana*. RUCHAT. || 5 Cfr. I Cor. 7, 22.

1 Citatur integrum hoc caput ab Eusebio H. E. III, 36. et Hieron.

Catal. c. 16. || 2 Cfr. I Cor. 15, 32., ubi quoque ἐθηριομάχησα *ἐν Ἐφέσῳ* de certatione cum hominibus belluinis explicandum est. JAC. || 3 Forte milites isti a Christianis dona acceperunt, ut mansuetiores erga Ignatium essent. WOCH. || 4 1 Cor. 4, 4. 5 Haec laudat Chrysost. in Ignatii Encomio. Opp. T. II. p. 599. ed. B. B.

ὅλε τοῦ σώματος, κακαὶ κολάσεις τοῦ διαβόλε ἐπ' ἐμὲ ἐρχέσθωσαν· μόνον ἵνα Ἰησοῦ Χριστοῦ ἐπιτύχω.

VI. *Morte mea veram vitam assequar.*

Οὐδέν μοι ὠφελήσει τὰ τερπνὰ τοῦ κόσμε, οὐδὲ αἱ βασιλεῖαι τοῦ αἰῶνος τούτε. [1] Μᾶλλον μοι ἀποθανεῖν εἰς Χριστὸν Ἰησοῦν, ἢ βασιλεύειν τῶν περάτων τῆς γῆς. [2] „Τί γὰρ ὠφελεῖται ἄνθρωπος, ἐὰν κερδήσῃ τὸν κόσμον ὅλον, τὴν δὲ ψυχὴν αὐτοῦ ζημιωθῇ;" Ἐκεῖνον ζητῶ, τὸν ὑπὲρ ἡμῶν ἀποθανόντα· ἐκεῖνον θέλω, τὸν δι' ἡμᾶς ἀναστάντα. Ὁ δὲ [3] τοκετός μοι ἐπίκειται. Σύγγνωτέ μοι, ἀδελφοί· μὴ ἐμποδίσητέ μοι ζῆσαι, μὴ θελήσητέ [4] με ἀποθανεῖν, τὸν τοῦ Θεοῦ θέλοντα εἶναι. Κόσμῳ μὴ [5] χαρήσησθε. Ἄφετέ με καθαρὸν φῶς λαβεῖν· ἐκεῖ παραγενόμενος, ἄνθρωπος Θεοῦ ἔσομαι. Ἐπιτρέψατέ μοι μιμητὴν εἶναι τοῦ πάθες τοῦ Θεοῦ με. Εἴ τις αὐτὸν ἐν ἑαυτῷ ἔχει, νοησάτω, ὃ θέλω, καὶ συμπαθείτω μοι, εἰδὼς τὰ συνέχοντά με.

VII. *Mori desidero, nam amor meus crucifixus est.*

[1] Ὁ ἄρχων τοῦ αἰῶνος τούτε διαρπάσαι με βέλεται, καὶ τὴν εἰς Θεόν με γνώμην διαφθεῖραι. Μηδεὶς οὖν τῶν παρόντων ὑμῶν βοηθείτω αὐτῷ· μᾶλλον ἐμοῦ [2] γίνεσθε, τετέστιν τοῦ Θεοῦ. Μὴ λαλεῖτε Ἰησοῦν Χριστόν, κόσμον δὲ ἐπιθυμεῖτε. Βασκανία ἐν ὑμῖν μὴ κατοικείτω. Μηδ' ἂν ἐγὼ παρὼν παρακαλῶ ὑμᾶς, πείσθητέ μοι· τούτοις δὲ μᾶλλον πείσθητε, οἷς γράφω ὑμῖν. Ζῶν [[3] γὰρ] γράφω ὑμῖν, ἐρῶν τοῦ ἀποθανεῖν. [4] Ὁ ἐμὸς ἔρως ἐσταύρωται, καὶ οὐκ ἔστιν ἐν ἐμοὶ πῦρ [5] φιλόϋλον· [6] ὕδωρ δὲ

1 L. καλὸν cum Vet. Int. et Interpolatore et Metaphrasta. JAC. ‖
2 Matth. 16, 26. Vet. Interpres omittit hunc Matthaei versiculum; nec dubito, quin ab antiquissimis codicibus abfuerit. SMITH. ‖ 3 Cfr. Phil. 1, 21. Saepissime τοκετός pro *lucro* sumitur. Toupio et Wochero est τοκετός = partus. JAC. ‖ 4 Με non μοι legendum esse monet SMITH.‖
5 Rectius legebat Vet. Int. διὰ κόσμε ἄ με χωρίζησθε = *per mundum non separetis me* [sc. a Deo]. Quod vero additum est in Vet. versione:

neque per materiam seducatis, in nullo exstat graeco codice. SMITH. ‖
1 Cfr. Joh. 16, 11. ‖ 2 Sc. βοηθοὶ CLER. ‖ 3 Addendum est γὰρ ex Vet. Int. aliisque codicibus. SMITH.‖ 4 H. l. l. Orig. Opp. T. III. p. 30. ed. B. B. Alii in hoc loco explicando per *amorem* intelligunt Christum; alii *concupiscentiam rerum mundanarum*. ‖ 5 Legendum suadet Smithius φιλέντι = ἐρῶντι, *in me amante non est ignis*. Ei accedit Jacobsonus. ‖ 6 Cfr. Joh. 7, 38. "Ύδωρ λαλῶν est Spiritus sanctus, mo-

ζῶν καὶ λαλοῦν ἐν ἐμοὶ, ἔσωθέν μοι λέγον· δεῦρο πρὸς τὸν πατέρα. Οὐχ ἥδομαι τροφῇ φθορᾶς, οὐδὲ ἡδοναῖς τοῦ βίȣ τούτȣ.

[7] Ἄρτον Θεοῦ θέλω, ἄρτον οὐράνιον, ἄρτον ζωῆς, ὅς ἐστιν σὰρξ Ἰησοῦ Χριστοῦ, τοῦ υἱοῦ τοῦ Θεοῦ, τοῦ γενομένȣ ἐν ὑστέρῳ ἐκ σπέρματος Δαβὶδ καὶ Ἀβραάμ· καὶ πόμα Θεοῦ θέλω, τὸ αἷμα αὐτοῦ, ὅ ἐστιν ἀγάπη ἄφθαρτος, καὶ ἀέννȣος ζωή.

VIII. *Faveatis mihi.*

Οὐκέτι θέλω κατὰ ἀνθρώπȣς ζῆν. Τοῦτο δὲ ἔσται, ἐὰν ὑμεῖς θελήσητε. Θελήσατε, ἵνα καὶ ὑμεῖς θεληθῆτε. Δι' ὀλίγων γραμμάτων αἰτοῦμαι ὑμᾶς· πιστεύσατέ μοι. Ἰησοῦς δὲ Χριστὸς ὑμῖν ταῦτα φανερώσει, ὅτι ἀληθῶς λέγω· τὸ ἀψευδὲς στόμα, ἐν ᾧ ὁ πατὴρ ἐλάλησεν ἀληθῶς. Αἰτήσασθε περὶ ἐμοῦ, ἵνα ἐπιτύχω. Οὐ κατὰ σάρκα ὑμῖν ἔγραψα, ἀλλὰ κατὰ γνώμην Θεοῦ. Ἐὰν πάθω, ἠθελήσατε· ἐὰν ἀποδοκιμασθῶ, ἐμισήσατε.

IX. *Orate pro ecclesia Syriae. Salutatio.*

Μνημονεύετε ἐν τῇ προσευχῇ ὑμῶν τῆς ἐν Συρίᾳ ἐκκλησίας, ἥτις ἀντὶ ἐμοῦ ποιμένι τῷ Θεῷ χρῆται. Μόνος αὐτὴν Ἰησοῦς Χριστὸς ἐπισκοπήσει, καὶ ἡ ὑμῶν ἀγάπη. Ἐγὼ δὲ αἰσχύνομαι ἐξ αὐτῶν λέγεσθαι· οὐδὲ γὰρ ἄξιός εἰμι, [1] ὢν ἔσχατος αὐτῶν καὶ ἔκτρωμα. Ἀλλ' ἠλέημαί τις εἶναι, ἐὰν Θεοῦ ἐπιτύχω. Ἀσπάζεται ὑμᾶς τὸ ἐμὸν πνεῦμα καὶ ἡ ἀγάπη τῶν ἐκκλησιῶν τῶν δεξαμένων με εἰς ὄνομα Ἰησοῦ Χριστοῦ, [2] οὐχ ὡς παροδεύοντα. Καὶ γὰρ αἱ μὴ [3] προσήκȣσαί μοι τῇ ὁδῷ, [4] τῇ κατὰ σάρκα, κατὰ πόλιν με [5] προῆγον.

X. *Conclusio.*

Γράφω δὲ ὑμῖν ταῦτα ἀπὸ Σμύρνης δι' Ἐφεσίων τῶν ἀξιομακαρίστων. Ἔστιν δὲ καὶ ἅμα ἐμοὶ σὺν ἄλλοις πολλοῖς [1] Κρόκος,

nitor ad martyrium. || 7. Hunc locum de Sacramento Eucharistiae explicant Grabius et Wocherus; de ipsius Dei fruitione in coelo, seu de aeterna visionis Dei beatitudine, Usserius et Halloixius. JAC. Cfr. Joh. 6, 32. 45. 51.
1 Cfr. I Cor. 15, 8. 9. || 2 I. e. *non tanquam advenam, ecclesias illas in itinere festino praetergredientem, sed tanto cum amore et zelo, ac si essem illarum episcopus.*

SMITH. || 3 I. e. *non ad viam sitae erant.* Aliter Pearsonus: *ad meam jurisdictionem non spectantes.* || 4 Voces τῇ κατὰ σάρκα Ruchatus librarii assumentum esse censet. JAC. Mihi videtur, τὴν ὁδὸν κατὰ σάρκα = *viam terrestrem*, opponi viae illi, qua Ignatius per martyrium ad Deum pervenire sperabat. || 5 Προάγειν = προπέμπειν Tit. 3, 13. PEARS.
1 Cfr. supra ad Ephes. c. 2. ||

τὸ ποθητόν μοι ὄνομα. Περὶ τῶν προελθόντων με ἀπὸ Συρίας εἰς Ῥώμην εἰς δόξαν τοῦ Θεοῦ, πιστεύω ὑμᾶς ἐπεγνωκέναι, οἷς καὶ δηλώσατε ἐγγύς με ὄντα. Πάντες γὰρ εἰσιν ἄξιοι τοῦ Θεοῦ καὶ ὑμῶν· οὓς πρέπον ὑμῖν ἐστιν κατὰ πάντα ἀναπαῦσαι. Ἔγραψα δὲ ὑμῖν ταῦτα τῇ πρὸ ἐννέα καλανδῶν Σεπτεμβρίων [² τϑτέστιν Αὐγούστϑ εἰκάδι ³ τρίτῃ]. Ἔρρωσθε εἰς τέλος, ἐν ὑπομονῇ Ἰησοῦ Χριστοῦ. Ἀμήν.

2 Glossema, quod non agnoscit Vet. Interpres. || 3 L. τετάρτῃ RUINART.

ΦΙΛΑΔΕΛΦΕΤΣΙΝ.

Ἰγνάτιος, ὁ καὶ Θεοφόρος, ἐκκλησίᾳ Θεοῦ πατρὸς καὶ κυρίϑ Ἰησοῦ Χριστοῦ, τῇ οὔσῃ ἐν Φιλαδελφίᾳ τῆς ¹ Ἀσίας, ἠλεημένῃ καὶ ἡδρασμένῃ ἐν ὁμονοίᾳ Θεοῦ, καὶ ἀγαλλιωμένῃ ἐν τῷ πάθει τοῦ κυρίϑ ἡμῶν ² ἀδιακρίτως, καὶ ἐν τῇ ἀναστάσει αὐτοῦ, πεπληροφορημένῃ ἐν παντὶ ἐλέει· ἣν ἀσπάζομαι ³ ἐν αἵματι Ἰησοῦ Χριστοῦ· ἥτις ἐστὶν χαρὰ ⁴ αἰώνιος καὶ παράμονος, μάλιστα ἐὰν ἐν ἑνὶ ὦσιν σὺν τῷ ἐπισκόπῳ καὶ τοῖς σὺν αὐτῷ πρεσβυτέροις καὶ διακόνοις, ἀποδεδειγμένοις ἐν γνώμῃ Ἰησοῦ Χριστοῦ, οὓς κατὰ τὸ ἴδιον θέλημα ἐστήριξεν ἐν βεβαιωσύνῃ, τῷ ἁγίῳ αὐτοῦ πνεύματι.

I. Laus episcopi.

¹ Ὃν ἐπίσκοπον ἔγνων, ² οὐκ ἀφ' ἑαυτοῦ, οὐδὲ δι' ἀνθρώπων κεκτῆσθαι τὴν διακονίαν, τὴν εἰς τὸ κοινὸν ἀνήκϑσαν, οὐδὲ κατὰ κενοδοξίαν, ἀλλ' ἐν ἀγάπῃ Θεοῦ πατρὸς καὶ κυρίϑ Ἰησοῦ Χριστοῦ· οὗ καταπέπληγμαι τὴν ἐπιείκειαν, ὃς ³ σιγῶν πλείονα δύναται τῶν μάταια λαλούντων. ⁴ Συνευρύθμισται γὰρ ταῖς ἐντολαῖς, ὡς χορδαῖς κιθάρα. Διὸ μακαρίζει μϑ ἡ ψυχὴ τὴν εἰς Θεὸν αὐτοῦ γνώμην, ἐπιγνοὺς ἐνάρετον καὶ τελείαν οὖσαϝ, τὸ ἀκίνητον αὐτοῦ καὶ τὸ ἀόργητον αὐτοῦ ἐν πάσῃ ἐπιεικείᾳ Θεοῦ ζῶντος.

1 Philadelphia Lydiae. || 2 I. e. quae inseparabilis adhaeret passioni Christi. Cfr. ad Ephes. c. 3. Magn. 15. Trall. 1. ad Rom. Inscr. || 3 I. e. in Christo, salvatore nostro; qui sanguinis effusione salvator noster est factus. || 4 Sc. μϑ.
1 I. e. *quem supra memoratum episcopum*. || 2 Cfr. Gal. 1, 1. ||
3 Cfr. supra ad Ephes. c. 6. et 15.
4 Cfr. supra ad Ephes. c. 4.

II. Tenete unionem cum episcopo, et fugite pravas doctrinas.

Τέκνα οὖν φωτός [1] καὶ ἀληθείας, φεύγετε τὸν μερισμὸν καὶ τὰς κακοδιδασκαλίας· ὅπου δὲ ὁ ποιμήν ἐστιν, ἐκεῖ ὡς πρόβατα ἀκολουθεῖτε. Πολλοὶ γὰρ [2] λύκοι [3] ἀξιόπιστοι ἡδονῇ κακῇ [4] αἰχμαλωτίζουσι τοὺς θεοδρόμους· ἀλλ' ἐν τῇ ἑνότητι ὑμῶν οὐχ ἕξουσιν τόπον.

III. Fugite schismaticos.

Ἀπέχεσθε τῶν [1] κακῶν βοτανῶν, ἅστινας οὐ γεωργεῖ Ἰησοῦς Χριστός, διὰ τὸ μὴ εἶναι [2] αὐτὰς φυτείαν πατρός. [3] Οὐχ ὅτι παρ' ὑμῖν μερισμὸν εὗρον, ἀλλ' [4] ἀποδιϋλισμόν. Ὅσοι γὰρ Θεοῦ εἰσιν καὶ Ἰησοῦ Χριστοῦ, οὗτοι μετὰ τοῦ ἐπισκόπου εἰσίν· καὶ ὅσοι ἂν μετανοήσαντες ἔλθωσιν [5] ἐπὶ τὴν ἑνότητα τῆς ἐκκλησίας, καὶ οὗτοι Θεοῦ ἔσονται, ἵνα ὦσιν κατὰ Ἰησοῦν Χριστὸν ζῶντες. Μὴ πλανᾶσθε, ἀδελφοί μου· εἴ τις σχίζοντι ἀκολουθεῖ, βασιλείαν Θεοῦ οὐ κληρονομεῖ· εἴ τις ἐν ἀλλοτρίᾳ γνώμῃ περιπατεῖ, οὗτος [6] τῷ πάθει οὐ συγκατατίθεται.

IV. Utamini una Eucharistia.

[1] Σπουδάζετε οὖν μιᾷ εὐχαριστίᾳ χρῆσθαι· [2] μία γὰρ σὰρξ τοῦ κυρίου ἡμῶν Ἰησοῦ Χριστοῦ, καὶ ἓν ποτήριον εἰς ἕνωσιν τοῦ αἵματος αὐτοῦ, ἓν θυσιαστήριον, ὡς εἷς ἐπίσκοπος, ἅμα τῷ πρεσβυτερίῳ καὶ διακόνοις, τοῖς συνδούλοις μου· ἵνα, ὃ ἐὰν πράσσητε, κατὰ Θεὸν πράσσητε.

V. Orate pro me, qui confugio ad Evangelium et Apostolos. Honorate etiam prophetas V. T.

Ἀδελφοί μου, λίαν ἐκκέχυμαι ἀγαπῶν ὑμᾶς, καὶ ὑπεραγαλλόμενος ἀσφαλίζομαι ὑμᾶς· οὐκ ἐγὼ δέ, ἀλλ' Ἰησοῦς Χριστός, ἐν ᾧ δεδεμένος φοβοῦμαι μᾶλλον, ὡς ἔτι ὢν [2] ἀναπάρτιστος. Ἀλλ'

---

1 Καὶ inserendum est ex Vet. Int. SMITH. || 2 Cfr. Act. 20, 29. || 3 Vox ἀξιόπιστοι non tantum accipitur de illis, qui fide digni sunt; sed etiam de iis, qui tales videntur. Voss. Cfr. ad Trall. c. 6. ad Polyc. c. 3. || 4 Cfr. II Tim. 3, 6.

1 Similem metaphoram de haereticorum doctrina habes in Ep. ad Trall. c. 6. JAC. Cfr. Matth. 15, 13. || 2 Ms. αὐτός. || 3 Cfr. ad Trall. c. 8. et Magn. c. 11. || 4 Ms. ἀποδιϋλισ-

μένον. Cfr. Ep. ad Rom. Inscr. || 5 Cfr. ROTHE, Anf. p. 465. || 6 I. e. non consentit huic veritati, Christum sanguine suo fundasse ecclesiam, quam schismate evertere conatur. SMITH.

1 Ita Vossius. Ms. σπουδάσατε. JAC. || 2 Cfr. ROTHE, Anf. p. 470. MUENSCHER, Lehrb. d. D.G. I, 496.

1 Ita Interpolator et Vet. Int. Ms. ἀνάρπαστος = abductus e provincia.

ἡ προσευχὴ ὑμῶν εἰς Θεόν με ἀπαρτίσει, ἵνα, ἐν ᾧ κλήρῳ ἠλεήθην, ἐπιτύχω, ² προσφύγων τῷ εὐαγγελίῳ ὡς σαρκὶ Ἰησοῦ, καὶ τοῖς ἀποστόλοις ὡς πρεσβυτερίῳ ἐκκλησίας. Καὶ τοὺς προφήτας δὲ ἀγαπῶμεν, διὰ τὸ καὶ αὐτοὺς εἰς τὸ εὐαγγέλιον κατηγγελκέναι, καὶ εἰς ³ αὐτὸν ἐλπίζειν, καὶ αὐτὸν ἀναμένειν· ἐν ᾧ καὶ πιστεύσαντες ἐσώθησαν, ἐν ἑνότητι Ἰησοῦ Χριστοῦ, ὄντες ἀξιαγάπητοι καὶ ἀξιοθαύμαστοι ἅγιοι, ὑπὸ Ἰησοῦ Χριστοῦ μεμαρτυρημένοι, καὶ συνηριθμημένοι ἐν τῷ εὐαγγελίῳ τῆς κοινῆς ἐλπίδος.

VI. Nec tamen Judaismum admittite.

Ἐὰν δέ τις Ἰουδαϊσμὸν ἑρμηνεύῃ ὑμῖν, μὴ ἀκούετε αὐτοῦ. Ἄμεινον γάρ ἐστιν παρὰ ἀνδρὸς περιτομὴν ἔχοντος Χριστιανισμὸν ἀκούειν, ἢ παρὰ ἀκροβύστου Ἰουδαϊσμόν. Ἐὰν δὲ ἀμφότεροι περὶ Ἰησοῦ Χριστοῦ μὴ λαλῶσιν, οὗτοι ἐμοὶ στῆλαί εἰσιν καὶ τάφοι νεκρῶν, ἐφ᾽ οἷς γέγραπται μόνον ὀνόματα ἀνθρώπων. Φεύγετε οὖν τὰς κακοτεχνίας καὶ ἐνέδρας τοῦ ἄρχοντος τοῦ αἰῶνος τούτου, μήποτε θλιβέντες τῇ γνώμῃ αὐτοῦ ἐξασθενήσητε ἐν τῇ ἀγάπῃ. Ἀλλὰ πάντες ἐπὶ τὸ αὐτὸ γίνεσθε ἐν ἀμερίστῳ καρδίᾳ. Εὐχαριστῶ δὲ τῷ Θεῷ μου, ὅτι εὐσυνείδητός εἰμι ἐν ὑμῖν, καὶ οὐκ ἔχει τις καυχήσασθαι, οὔτε λάθρα, οὔτε φανερῶς, ὅτι, ¹ ἐβάρησά τινα ἐν μικρῷ, ἢ ἐν μεγάλῳ. Καὶ πᾶσι δέ, ἐν οἷς ἐλάλησα, εὔχομαι, ἵνα μὴ εἰς ² μαρτύριον αὐτὸ κτήσωνται.

2 H. A. *Niemeyer* in *Fries* et *Schroeter* Oppositionsschrift I, 2. p. 14. hunc locum ita explicat: εὐαγγέλιον est = *summa vitae et actorum Jesu; ἀπόστολοι = narrationes Apostolorum de Christo.* Sensus: *adhaereo iis, quae Christus praedicavit et fecit, quasi adhuc ipse vivat; adhaereoque narrationibus Apostolorum, quasi ipsi adhuc ut quondam presbyterium ecclesiae constituant. Sed et Prophetas V. T. recipio, quippe qui Jesum annuntiaverint.* Cfr. quoque Rothe, *Anf.* p. 732, et Gieseler, *Versuch über d. Entstehung der schriftlichen Evangelien* p. 157., qui ante Niemeyerum monuerat, εὐαγγέλιον nostri loci non de *scripto evangelio* esse accipiendum. *Lessingius* ita scribendum esse putat: προσφυγὼν τῷ ἐπισκόπῳ ὡς σαρκὶ Ἰησοῦ Χριστοῦ, καὶ τοῖς πρεσβυτέροις ἐκκλησίας ὡς ἀποστόλοις. Opp. Ed. Lachmann. T. XI. p. 567. Alii εὐαγγέλιον de scriptis Evangeliis, ἀπόστολοι de scriptis Apostolorum, προφῆται de scriptis Prophetarum seu de V. T. accipiunt. Male *Eichhornius* de Prophetis *novi* foederis seu doctoribus christianis somniat. ‖ 3 Vet. Int. legit Χριστόν.

1 I. e. nemini jugum Judaismi imponere studui. Cfr. quoque II Cor. 12, 13. ‖ 2 Cfr. ad Trall. c. 12.

7 *

VII. *S. Spiritu impellente vos ad unitatem adhortatus sum.*

Εἰ γὰρ καὶ κατὰ σάρκα μέ τινες ἠθέλησαν πλανῆσαι, ἀλλὰ τὸ πνεῦμα οὐ πλανᾶται, ἀπὸ Θεοῦ ὄν. [1] Οἶδεν γὰρ, πόθεν ἔρχεται, καὶ ποῦ ὑπάγει, καὶ τὰ κρυπτὰ ἐλέγχει. Ἐκραύγασα μεταξὺ ὢν, ἐλάλϑν μεγάλῃ φωνῇ [2]· τῷ ἐπισκόπῳ προσέχετε καὶ τῷ πρεσβυτερίῳ καὶ διακόνοις. Οἱ δὲ [3] ὑποπτεύσαντές με, ὡς προειδότα τὸν μερισμόν τινων, λέγειν ταῦτα. Μάρτυς δέ μοι, ἐν ᾧ δέδεμαι, ὅτι ἀπὸ σαρκὸς ἀνθρωπίνης οὐκ ἔγνων. Τὸ δὲ πνεῦμα ἐκήρυσσεν [4] λέγον τάδε· χωρὶς τοῦ ἐπισκόπα μηδὲν ποιεῖτε, τὴν σάρκα ὑμῶν ὡς [5] ναὸν Θεοῦ τηρεῖτε, τὴν ἕνωσιν ἀγαπᾶτε, τοὺς μερισμοὺς φεύγετε, μιμηταὶ γίνεσθε Ἰησοῦ Χριστοῦ, ὡς καὶ αὐτὸς τοῦ πατρὸς αὐτοῦ.

VIII. *Studete unitati. Christus loco documentorum est.*

Ἐγὼ μὲν οὖν τὸ ἴδιον ἐποίϑν, ὡς ἄνθρωπος εἰς ἕνωσιν κατηρτισμένος. Οὗ δὲ μερισμός ἐστιν καὶ ὀργὴ, Θεὸς οὐ κατοικεῖ. Πᾶσιν οὖν μετανοοῦσιν ἀφίει ὁ κύριος, ἐὰν μετανοήσωσιν εἰς ἑνότητα Θεοῦ καὶ συνέδριον τοῦ ἐπισκόπϑ. Πιστεύω [1] τῇ χάριτι Ἰησοῦ Χριστοῦ, ὃς λύσει ἀφ᾽ ὑμῶν πάντα δεσμόν [2]. Παρακαλῶ δὲ ὑμᾶς, [3] μηδὲν κατ᾽ ἐριθείαν πράσσειν, ἀλλὰ κατὰ χριστομαθίαν. Ἐπεὶ ἤκϑσά τινων λεγόντων, ὅτι, ἐὰν μὴ ἐν τοῖς [4] ἀρχείοις εὕρω, ἐν τῷ εὐαγγελίῳ οὐ πιστεύω, καὶ λέγοντός μϑ αὐτοῖς, ὅτι γέγραπται, ἀπεκρίθησάν μοι, ὅτι [5] πρόκειται. Ἐμοὶ δὲ ἀρχεῖά ἐστιν Ἰησοῦς Χριστός, τὰ [6] ἄθικτα ἀρχεῖα ὁ σταυρὸς αὐτοῦ καὶ ὁ θάνατος καὶ ἡ ἀνάστασις αὐτοῦ καὶ ἡ πίστις ἡ δι᾽ αὐτοῦ· ἐν οἷς θέλω ἐν τῇ προσευχῇ ὑμῶν δικαιωθῆναι.

---

1 Cfr. Joh. 3, 8. ‖ 2 Vet. Int. addit: *voce Dei*. ‖ 3 Participium pro Modo finito. Ms. πτέσαντες. ‖ 4 Ms. λέγων. ‖ 5 Cfr. I Cor. 3, 16. 6, 19.

1 Sc. quod vos attinet. ‖ 2 Interpolator addit ἀδικίας. JAC. ‖ 3 Phil. 2, 3. ‖ 4 Lectionem Msti ἀρχαίοις i. e. *in veteri Testamento* praecipue tuentur *Credner*, Beitr. I, 15. et *Niemeyer*, Oppositionsschrift I. 2. p. 21. Iis favet Vet.

Int.: *in veteribus*. Interpolator autem exhibet ἀρχείοις = *in archivis* seu *documentis*, et Ignatius ipse eodem ipso capite bis scripsit ἀρχεῖα, quare *Vossius* et alii, nuperrime *Rothe* (Anf. p. 339) et *Arndtius* (Stud. et Krit. 1839. I. p. 182: ἀρχείοις legendum esse putant. ‖ 5 I. e. *hoc ipsum proponitur demonstrandum*. ARNDT. Bene *Ruchatus*) *c'est cela qui est en question*. ‖ 6 Ms. ἄθηκτα.

IX. *Bonum est V. T., melius Novum Foedus.*

¹ Καλοὶ καὶ οἱ ἱερεῖς, ² κρεῖσσον δὲ ὁ ἀρχιερεύς, ὁ πεπιστευμένος τὰ ἅγια τῶν ἁγίων, ὃς μόνος πεπίστευται τὰ κρυπτὰ τοῦ Θεοῦ· αὐτὸς ὢν ³ θύρα τοῦ πατρός, δι' ἧς εἰσέρχονται Ἀβραὰμ καὶ Ἰσαὰκ καὶ Ἰακὼβ, καὶ οἱ προφῆται καὶ οἱ ἀπόστολοι καὶ ἡ ἐκκλησία. ⁴ Πάντα ταῦτα εἰς ἑνότητα Θεοῦ. Ἐξαίρετον δέ τι ἔχει τὸ εὐαγγέλιον, τὴν παρουσίαν τοῦ κυρίου ἡμῶν Ἰησοῦ Χριστοῦ, τὸ πάθος αὐτοῦ καὶ τὴν ἀνάστασιν. Οἱ γὰρ ἀγαπητοὶ προφῆται κατήγγειλαν εἰς αὐτόν· τὸ δὲ εὐαγγέλιον ⁶ ἀπάρτισμά ἐστιν ἀφθαρσίας. ⁷ Πάντα ὁμοῦ καλά ἐστιν, ἐὰν ἐν ἀγάπῃ πιστεύητε.

X. *Congratulemini Antiochenis de fine persecutionis.*

*) Ἐπειδὴ κατὰ τὴν προσευχὴν ὑμῶν καὶ κατὰ σπλάγχνα, ἃ ἔχετε ἐν Χριστῷ Ἰησοῦ, ἀπηγγέλη μοι εἰρηνεύειν τὴν ἐκκλησίαν τὴν ἐν Ἀντιοχείᾳ τῆς Συρίας· πρέπον ἐστὶν ὑμῖν, ὡς ἐκκλησίᾳ Θεοῦ, χειροτονῆσαι διάκονον εἰς τὸ πρεσβεῦσαι ἐκεῖ Θεοῦ πρεσβείαν, εἰς τὸ συγχαρῆναι αὐτοῖς ἐπὶ τὸ αὐτὸ γενομένοις, καὶ δοξάσαι τὸ ὄνομα. Μακάριος ἐν Ἰησοῦ Χριστῷ, ὃς καταξιωθήσεται τῆς τοιαύτης διακονίας· καὶ ὑμεῖς δοξασθήσεσθε. Θέλουσιν δὲ ὑμῖν οὐκ ἔστιν ἀδύνατον, ὑπὲρ ὀνόματος Θεοῦ· ὡς καὶ αἱ ἔγγιστα ἐκκλησίαι ἔπεμψαν ἐπισκόπους, αἱ δὲ πρεσβυτέρους καὶ διακόνους.

XI. *Gratias vobis ago, quod comites meos benevole suscepistis. Salutant vos fratres in Troade.*

Περὶ δὲ ¹ Φίλωνος, τοῦ διακόνου ἀπὸ Κιλικίας, ἀνδρὸς μεμαρτυρημένου, ὃς καὶ νῦν ἐν λόγῳ Θεοῦ ὑπηρετεῖ μοι ἅμα ² Ῥέῳ Ἀγαθόποδι, ἀνδρὶ ἐκλεκτῷ, ὃς ἀπὸ Συρίας μοι ἀκολουθεῖ, ἀποταξά-

---

1 Οἱ ἱερεῖς = *sacerdotes judaici* = *vetus oeconomia;* ἀρχιερεύς = *Christus* = *novum foedus.* Aliter ROTHE, *Anf.* p. 731 sq., qui ἱερεῖς de Christianis ecclesiae Philadelphensis accipit, et ita explicat: *preces quidem vestrae pro me bonae sunt, multo vero meliores preces Christi.* ‖ 2 Interpolator κρείσσων. ‖ 3 Cfr. Joh. 10, 7. 9. ‖ 4 I. e. Scopus tum prophetarum, tum apostolorum etc. idem est, nempe unio humani generis cum Deo. ‖ 5 Interpolator addit σωτῆρος, quod et legit Vet.

Int. JAC. ‖ 6 I. e. Evangelio ἡ βασιλεία τοῦ Θεοῦ et vita in hoc regno aeterna instituta est. Aliter h. l. explicat Heringius: *perfecta doctrina, quae semper manebit, post quam nihil amplius revelabitur.* JAC. ‖ 7 I. e. V. et N. T.

*) Cfr. ad Smyrn. c. 11. ad Polyc. c. 7.

1 Philo, e Cilicia oriundus, cum Ignatio Troade fuit. Cfr. ad Smyrn. c. 10. ‖ 2 Cfr. ad Smyrn. ibid.

μένος τῷ βίῳ, οἳ καὶ μαρτυροῦσιν ὑμῖν, κἀγὼ τῷ Θεῷ εὐχαριστῶ ὑπὲρ ὑμῶν, ὅτι ἐδέξασθε αὐτὰς, ὡς καὶ ὑμᾶς ὁ κύριος. Οἱ δὲ ἀτιμάσαντες αὐτὰς λυτρωθείησαν ἐν τῇ χάριτι τοῦ Ἰησοῦ Χριστοῦ. Ἀσπάζεται ὑμᾶς ἡ ἀγάπη τῶν ἀδελφῶν τῶν ἐν Τρωάδι· ὅθεν καὶ γράφω ὑμῖν διὰ ³ Βύρρου, πεμφθέντος ἅμα ἐμοὶ ἀπὸ Ἐφεσίων καὶ Σμυρναίων εἰς λόγον τιμῆς. Τιμήσει αὐτὰς ὁ κύριος Ἰησοῦς Χριστὸς, εἰς ὃν ἐλπίζουσιν σαρκὶ, ψυχῇ, πίστει, ἀγάπῃ, ὁμονοίᾳ. Ἔρρωσθε ἐν Χριστῷ Ἰησοῦ, τῇ κοινῇ ἐλπίδι ἡμῶν.

3 Cfr. ad Smyrn. c. 12., ad Ephes. c. 2.

ΣΜΥΡΝΑΙΟΙΣ.

Ἰγνάτιος, ὁ καὶ Θεοφόρος, ἐκκλησίᾳ Θεοῦ πατρὸς καὶ τοῦ ἠγαπημένου Ἰησοῦ Χριστοῦ, ἠλεημένῃ ἐν παντὶ χαρίσματι, πεπληρωμένῃ ἐν πίστει καὶ ἀγάπῃ, ¹ ἀνυστερήτῳ οὔσῃ παντὸς χαρίσματος, ² θεοπρεπεστάτῃ καὶ ³ ἁγιοφόρῳ, τῇ οὔσῃ ἐν Σμύρνῃ τῆς Ἀσίας, ἐν ἀμώμῳ πνεύματι καὶ λόγῳ Θεοῦ, πλεῖστα χαίρειν.

I. *Glorifico Deum propter fidem vestram.*

¹ Δοξάζω Ἰησοῦν Χριστὸν τὸν Θεὸν, τὸν οὕτως ὑμᾶς σοφίσαντα· ἐνόησα γὰρ ὑμᾶς κατηρτισμένους ἐν ἀκινήτῳ πίστει, ὥσπερ καθηλωμένους ἐν τῷ σταυρῷ τοῦ κυρίου Ἰησοῦ Χριστοῦ, ² σαρκί τε καὶ πνεύματι, καὶ ἡδρασμένους ἐν ἀγάπῃ ἐν τῷ αἵματι Χριστοῦ, ³ πεπληροφορημένους εἰς τὸν κύριον ἡμῶν, ἀληθῶς ὄντα ἐκ γένους Δαβὶδ κατὰ σάρκα, υἱὸν Θεοῦ κατὰ ⁴ θέλημα καὶ δύναμιν Θεοῦ, γεγενημένον ἀληθῶς ἐκ παρθένου, βεβαπτισμένον ὑπὸ Ἰωάννου, ⁵ ἵνα πληρωθῇ πᾶσα δικαιοσύνη ὑπ' αὐτοῦ, ἀληθῶς ἐπὶ Ποντίου Πιλάτου καὶ Ἡρώδου τετράρχου καθηλωμένον ὑπὲρ ἡμῶν ἐν σαρκί. Ἀφ' οὗ καρποῦ ⁶ ἡμεῖς ἀπὸ τοῦ θεομακαρίστου αὐτοῦ πάθους, ⁷ ἵνα ἄρῃ σύσσημον εἰς τοὺς αἰῶνας διὰ τῆς ἀναστάσεως εἰς τοὺς ἁγίους καὶ πιστοὺς αὐτοῦ, εἴτε ἐν Ἰουδαίοις, εἴτε ἐν ἔθνεσιν, ἐν ἑνὶ σώματι τῆς ἐκκλησίας αὐτοῦ.

1 I Cor. 1, 7. || 2 Vide c. 11 et 12. || p. 49. ed. Schulze. || 4 Θεότητα
3 I. e. quae sanctis referta est, eosque   Theod. || 5 Matth. 3, 15. || 6 Sc.
quasi parere videtur. Pears.   ligni; Christus, pendens in ligno,
1 Ms. δοξάζων. Jac. || 2 I. e. ex   quasi fructus ejus intelligitur. Cfr.
integro ac sine ullo defectu. Smith.   ad Trall. c. 11. Pears. || 7 Isai.
3 H. l. l. Theodoret. Dial. I. T. IV.   5, 26. 49, 22.

II. *Christus vere in carne passus est. Contra Docetas.*

¹ Ταῦτα γὰρ πάντα ἔπαθεν δἰ ἡμᾶς, ἵνα σωθῶμεν. Καὶ ἀληθῶς ἔπαθεν, ὡς καὶ ἀληθῶς ἀνέστησεν ² ἑαυτὸν, ὀχ ὥσπερ ἄπιστοί τινες λέγουσιν, ³ τὸ δοκεῖν αὐτὸν πεπονθέναι, αὐτοὶ τὸ δοκεῖν ὄντες· καὶ καθὼς φρονοῦσιν καὶ συμβήσεται αὐτοῖς, οὖσιν ἀσωμάτοις καὶ δαιμονικοῖς.

III. *Christus et post resurrectionem in carne fuit.*

¹ Ἐγὼ γὰρ καὶ μετὰ τὴν ἀνάστασιν ἐν σαρκὶ αὐτὸν οἶδα, καὶ πιστεύω ὄντα. Καὶ ὅτε πρὸς τοὺς περὶ Πέτρον ἦλθεν, ἔφη αὐτοῖς· ² „λάβετε, ψηλαφήσατέ με, καὶ ἴδετε, ὅτι οὐκ εἰμὶ δαιμόνιον ἀσώματον." Καὶ εὐθὺς αὐτοῦ ἥψαντο, καὶ ἐπίστευσαν, κρατηθέντες τῇ σαρκὶ αὐτοῦ καὶ τῷ πνεύματι. Διὰ τοῦτο καὶ θανάτου κατεφρόνησαν, ηὑρέθησαν δὲ ὑπὲρ θάνατον. ³ Μετὰ δὲ τὴν ἀνάστασιν συνέφαγεν αὐτοῖς καὶ συνέπιεν ὡς σαρκικός, καίπερ πνευματικῶς ἡνωμένος τῷ πατρί.

IV. *Caveatis vobis ab haereticis istis. Nisi Christus vere passus esset, nec ego paterer.*

Ταῦτα δὲ παραινῶ ὑμῖν, ἀγαπητοί, εἰδὼς, ὅτι καὶ ὑμεῖς οὕτως ἔχετε. Προφυλάσσω δὲ ὑμᾶς ἀπὸ τῶν θηρίων τῶν ἀνθρωπομόρφων, οὓς οὐ μόνον δεῖ ὑμᾶς μὴ παραδέχεσθαι, ἀλλ᾽ εἰ δυνατόν ἐστι μηδὲ συναντᾶν, μόνον δὲ προσεύχεσθαι ὑπὲρ αὐτῶν, ἐάν πως μετανοήσωσιν, ὅπερ δύσκολον. Τοῦτο δὲ ἔχει ἐξουσίαν Ἰησοῦς Χριστὸς, τὸ ἀληθινὸν ἡμῶν ζῆν. ¹ Εἰ γὰρ τὸ δοκεῖν ² ταῦτα ἐπράχθη ὑπὸ τοῦ κυρίου ἡμῶν, κἀγὼ τῷ δοκεῖν δέδεμαι. Τί δὲ καὶ ³ ἑαυτὸν ἔκδοτον δέδωκα τῷ θανάτῳ, πρὸς πῦρ, πρὸς μάχαιραν, πρὸς θηρία; Ἀλλ᾽ ἐγγὺς μαχαίρας ἐγγὺς Θεοῦ, μεταξὺ θηρίων μεταξὺ Θεοῦ· μόνον ἐν τῷ ὀνόματι Ἰησοῦ Χριστοῦ. ⁴ Εἰς τὸ συμπαθεῖν αὐτῷ πάντα ὑπομένω, αὐτοῦ με ἐνδυναμοῦντος τοῦ τελείου ἀνθρώπου γενομένου.

---

1 Cfr. Joannis doctrinam de carne Christi. 1 Joh. 4, 2. 1, 4. 2, 22. ‖ 2 Cfr. infra c. 7: ὁ πατὴρ ἤγειρεν, et ad Trall. c. 9. ‖ 3 Cfr. ad Trall. c. 10.
1 Euseb. H. E. III, 36. Theodoret. Dial. II. 1. c. p. 127. ‖ 2 Ex Evangelio Nazaraeorum. HIERON. in Catal. ex traditione. PEARS. Cfr. Credner, Beiträge I, p. 407. 408. ‖ 3 Cfr. Act. 10, 41.
1 Theodoret. Dial. I. 1. c. p. 50. ‖ 2 Sc. τὸ παθεῖν. ‖ 3 I. q. ἐμαυτὸν, ut saepe. Cfr. ad Trall. c. 5. Not. 3. 4 Cfr. Rom. 8, 17.

V. Periculum erroris Docetarum.

Ὅν τινες ἀγνοῦντες ἀρνοῦνται, μᾶλλον δὲ [1] ἠρνήθησαν ὑπ' αὐτῦ, ὄντες συνήγοροι τῦ θανάτῦ μᾶλλον, ἢ τῆς ἀληθείας· ὃς ἐκ ἔπεισαν αἱ προφητεῖαι, ἐδ' ὁ νόμος Μωσέως, ἀλλ' ἐδὲ μέχρι νῦν τὸ [2] εὐαγγέλιον, ἐδὲ τὰ ἡμέτερα τῶν κατ' ἄνδρα παθήματα. Καὶ γὰρ περὶ ἡμῶν τὸ αὐτὸ φρονῦσιν. [3] Τί γάρ με ὠφελεῖ τις, εἰ ἐμὲ ἐπαινεῖ, τὸν δὲ κύριόν μῦ βλασφημεῖ, [4] μὴ ὁμολογῶν αὐτὸν σαρκοφόρον; Ὁ δὲ τῦτο μὴ λέγων, τελείως αὐτὸν ἀπήρνηται, ὢν νεκροφόρος. Τὰ δὲ ὀνόματα αὐτῶν, ὄντα ἄπιστα, ἐκ ἔδοξέ μοι ἐγγράψαι. Ἀλλὰ μηδὲ γένοιτό μοι αὐτῶν μνημονεύειν, μέχρις ἒ [5] μετανοήσωσιν εἰς τὸ πάθος, ὅ ἐστιν ἡμῶν ἀνάστασις.

VI. *Qui non credit in sanguinem Christi, judicabitur, et si angelus esset. Haereticis istis etiam virtutes desunt.*

Μηδεὶς πλανάσθω. [1] Καὶ τὰ ἐπϋράνια, καὶ ἡ δόξα τῶν ἀγγέλων, καὶ οἱ ἄρχοντες ὁρατοί τε καὶ ἀόρατοι, ἐὰν μὴ πιστεύσωσιν εἰς τὸ αἷμα Χριστῦ, κἀκείνοις κρίσις ἐστίν. [2] „Ὁ χωρῶν χωρείτω." Τόπος μηδένα φυσιέτω· τὸ γὰρ ὅλον ἐστὶ πίστις καὶ ἀγάπη, [3] ὧν ἐδὲν προκέκριται. Καταμάθετε δὲ τῦς ἑτεροδοξῦντας εἰς τὴν χάριν Ἰησῦ Χριστῦ τὴν εἰς ἡμᾶς ἐλθῦσαν, πῶς ἐναντίοι εἰσὶν τῇ γνώμῃ τῦ Θεῦ. Περὶ ἀγάπης ἒ μέλει αὐτοῖς, ἒ περὶ χήρας, ἒ περὶ ὀρφανῦ, ἒ περὶ θλιβομένῦ, ἒ περὶ δεδεμένῦ ἢ λελυμένῦ, ἒ περὶ πεινῶντος ἢ διψῶντος.

VII. *Haeretici isti abstinent ab Eucharistia, carnem Christi eam esse negantes. Recedamus ab iis.*

[1] Εὐχαριστίας καὶ προσευχῆς ἀπέχονται, διὰ τὸ μὴ ὁμολογεῖν, τὴν εὐχαριστίαν σάρκα εἶναι τῦ σωτῆρος ἡμῶν Ἰησῦ Χριστῦ, τὴν ὑπὲρ τῶν ἁμαρτιῶν ἡμῶν παθῦσαν, [2] ἣν τῇ χρηστό-

---

1 Haec epanorthesis, ut in Ep. ad Polyc. Inscr. ἐπισκόπῳ — μᾶλλον ἐπεσκοπημένῳ. PEARS. || 2 Non scriptum evangelium, sed evangelica praedicatio de vita et factis Christi. NIEMEYER, l. c. p. 8. || 3 Theodoret. Dial. I. 1. c. p. 50. || 4 Cfr. I Joh. 4, 2. 3. Christus dicitur σαρκοφόρος, Ignatius θεοφόρος, is, qui negat incarnationem Christi νεκροφόρος, i. e. qui vivens portat funus suum, i. e. qui ipse mortuus est. || 5 Sensus: donec credant, Christum vere passum et mortuum esse, in qua morte et passione salus nostra consistit.

1 Cfr. Gal. 1, 8. Ephes. 1, 21. || 2 Matth. 19, 12. || 3 Cfr. ad Magn. c. 1.

1 Theodoret. Dial. III. 1. c. p. 231. Hanc sectionem (εὐχαριστίας—ἤγειρεν) Jacobsonus capiti antecedenti addidit. || 2 Cfr. supra c. 2. et ad Trall. c. 9.

τητι ὁ πατὴρ ἤγειρεν. Οἱ ἂν ἀντιλέγοντες τῇ δωρεᾷ τῶ Θεῶ, συζητῶντες ἀποθνήσκωσιν. Συνέφερεν δὲ αὐτοῖς [3] ἀγαπᾶν, ἵνα καὶ ἀναστῶσιν. Πρέπον ἂν ἐστιν ἀπέχεσθαι τῶν τοιέτων, καὶ μήτε κατ᾽ ἰδίαν περὶ αὐτῶν λαλεῖν, μήτε κοινῇ· προσέχειν δὲ τοῖς προφήταις, ἐξαιρέτως δὲ τῷ [4] εὐαγγελίῳ, ἐν ᾧ τὸ πάθος ἡμῖν δεδήλωται, καὶ ἡ ἀνάστασις [5] τετελείωται. Τὺς δὲ μερισμὺς φεύγετε, ὡς ἀρχὴν κακῶν.

VIII. Nihil sine episcopo peragatur.

Πάντες τῷ ἐπισκόπῳ ἀκολαθεῖτε, ὡς Ἰησῦς Χριστὸς τῷ πατρί· καὶ τῷ πρεσβυτερίῳ, ὡς τοῖς ἀποστόλοις· τὺς δὲ διακόνας ἐντρέπεσθε, ὡς Θεῶ [1] ἐντολήν. [2] Μηδεὶς χωρὶς τῦ ἐπισκόπυ τι πρασσέτω τῶν ἀνηκόντων εἰς τὴν ἐκκλησίαν. Ἐκείνη βεβαία εὐχαριστία ἡγείσθω, ἡ ὑπὸ τὸν ἐπίσκοπον ὖσα, ἢ ᾧ ἂν αὐτὸς ἐπιτρέψῃ. [3] Ὅπυ ἂν φανῇ ὁ ἐπίσκοπος, ἐκεῖ τὸ πλῆθος ἔστω· ὥσπερ ὅπυ ἂν ᾖ Χριστὸς Ἰησῦς, ἐκεῖ ἡ καθολικὴ ἐκκλησία. Οὐκ ἐξόν ἐστιν χωρὶς τῦ ἐπισκόπυ ὖτε βαπτίζειν, ὖτε ἀγάπην ποιεῖν· ἀλλ᾽ ὃ ἂν ἐκεῖνος δοκιμάσῃ, τῦτο καὶ τῷ Θεῷ εὐάρεστον, ἵνα ἀσφαλὲς ᾖ καὶ βέβαιον πᾶν, ὃ πράσσεται.

IX. Honorate episcopum. Me in omnibus recreastis.

Εὔλογόν ἐστιν λοιπόν, ἀνανῆψαι, καί, ὡς ἔτι καιρὸν ἔχομεν, εἰς Θεὸν μετανοεῖν. Καλῶς ἔχει, Θεὸν καὶ ἐπίσκοπον εἰδέναι. Ὁ τιμῶν ἐπίσκοπον, ὑπὸ Θεῶ τετίμηται· ὁ λάθρα ἐπισκόπυ τι πράσσων, τῷ διαβόλῳ λατρεύει. — Πάντα ἂν ὑμῖν ἐν χάριτι περισσευέτω, ἄξιοι γάρ ἐστε. Κατὰ πάντα με ἀνεπαύσατε, καὶ ὑμᾶς Ἰησῦς Χριστός. Ἀπόντα με καὶ παρόντα ἠγαπήσατε. *) Ἀμείβοι ὑμῖν Θεός, δι᾽ ὃν πάντα ὑπομένοντες αὐτῦ τεύξεσθε.

3 I. e. *ἀγάπην celebrare*. Aliter Smithius: *cum amore amplecti hoc donum Dei*. || 4 Cfr. supra c. 5. Not. 2. || 5 Seu: *perfecta apparet*. || 1 Cfr. ad Trall. c. 13. || 2 Vide *Rothe*, Anf. p. 469. || 3 I. e. ubi episcopus est, ibi est ecclesia concreta; et ubi Christus, ibi ecclesia universalis. *Möhler*, Einheit. p. 292. Aliter *Rothe*, Anf. p. 472 sq., cui καθολικὴ = *visibilis ecclesia*, quique locum nostrum ita interpretatur:

quia cum Christo necessarie simul posita est ecclesia *visibilis*; ideo et in quovis loco, ubi episcopus apparet, etiam fideles ad *visibilem* coetum congregati esse debent; nam episcopus repraesentat Christum. — Alii denique viro docto (*Baumgarten-Crusius*, Lehrb. d. D.G. II, 1255.) est καθολικὴ potius *vera*, quam *universalis* ecclesia.
*) Ita JAC. Ceteri ἀμείβῃ.

X. Comites meos benevole suscepistis; non deerit vobis merces.

¹ Φίλωνα καὶ Ῥέον Ἀγαθόπην, οἳ ἐπηκολύθησάν μοι εἰς λόγον Θεῦ, καλῶς ἐποιήσατε ὑποδεξάμενοι ὡς διακόνος Χριστῦ Θεῦ· οἳ καὶ εὐχαριστῦσιν τῷ κυρίῳ ὑπὲρ ὑμῶν, ὅτι αὐτὸς ἀνεπαύσατε κατὰ πάντα τρόπον. ² Οὐδὲν ὑμῖν ὁ μὴ ἀπολεῖται. ³ Ἀντίψυχον ὑμῶν τὸ πνεῦμά μυ, καὶ τὰ δεσμά μυ, ἃ ὐχ ὑπερηφανήσατε, ὐδὲ ἐπῃσχύνθητε. Οὐδὲ ὑμᾶς ἐπαισχυνθήσεται ἡ τελεία ⁴ πίστις, Ἰησῦς Χριστός.

XI. Mittite legatum ad Antiochenos ob pacem restitutam.

Ἡ προσευχὴ ὑμῶν ¹ ἀπῆλθεν ἐπὶ τὴν ἐκκλησίαν τὴν ἐν Ἀντιοχείᾳ τῆς Συρίας· ὅθεν δεδεμένος θεοπρεπεστάτοις δεσμοῖς, πάντας ἀσπάζομαι, ὐκ ὢν ἄξιος ἐκεῖθεν εἶναι, ἔσχατος αὐτῶν ὤν· κατὰ θέλημα δὲ Θεῦ κατηξιώθην, ὐκ ἐκ ² συνειδότος, ἀλλ' ἐκ χάριτος Θεῦ, ἣν εὔχομαι τελείαν μοι δοθῆναι, ἵνα ἐν τῇ προςευχῇ ὑμῶν Θεῦ ἐπιτύχω. Ἵνα ὖν τέλειον ὑμῶν γένηται τὸ ἔργον καὶ ἐπὶ γῆς καὶ ἐν ὐρανῷ, πρέπει εἰς τιμὴν Θεῦ ³ χειροτονῆσαι τὴν ἐκκλησίαν ὑμῶν θεοπρεσβύτην, εἰς τὸ γενόμενον ἕως Συρίας συγχαρῆναι αὐτοῖς, ὅτι εἰρηνεύυσιν, καὶ ἀπέλαβον τὸ ἴδιον μέγεθος, καὶ ἀπεκατεστάθη αὐτοῖς τὸ ἴδιον ⁴ σωματεῖον. Ἐφάνη μοι ὖν ἄξιον πρᾶγμα, πέμψαι τινὰ τῶν ὑμετέρων μετ' ἐπιστολῆς, ἵνα συνδοξάσῃ τὴν κατὰ Θεὸν αὐτοῖς γενομένην εὐδίαν, καὶ ὅτι λιμένος ἤδη ἐτύγχανεν τῇ προσευχῇ ὑμῶν. Τέλειοι ὄντες, τέλεια καὶ φρονεῖτε. ⁵ Θέλυσιν γὰρ ὑμῖν εὐπράσσειν Θεὸς ἕτοιμος εἰς τὸ παρασχεῖν.

XII. Salutationes.

Ἀσπάζεται ὑμᾶς ἡ ἀγάπη τῶν ἀδελφῶν τῶν ἐν Τρωάδι, ὅθεν καὶ γράφω ὑμῖν διὰ ¹ Βύρρυ, ὃν ἀπεστείλατε μετ' ἐμῦ ἅμα Ἐφεσίοις, τοῖς ἀδελφοῖς ὑμῶν, ὃς κατὰ πάντα με ἀνέπαυσεν,

1 Cfr. ad Philad. c. 11. ‖ 2 I. e. Pro omnibus illis beneficiis mercedem recipietis. ‖ 3 Cfr. ad Ephes. c. 21. ad Polyc. c. 2. et 6. ‖ 4 I. e. qui perfecte fidelis est. Similiter: πιστὸς ὁ Θεὸς I Cor. 1, 9. 10, 13. I Thess. 5, 24. II Thess. 3, 3.

1 An fama solum, an literis, an effectu? Effectu, proculdubio. JAC. Cfr. ad Philad. c. 10. ad Polyc.

c. 7. ‖ 2 Non quod mihimet ipsi vel minimum sim conscius, quasi ipse meruissem. SMITH. ‖ 3 Cfr. ad Philad. c. 10. ‖ 4 Sc. ecclesiae. ‖ 5 Hunc locum male Semipelagianismi suspectum putat Baumgarten-Crusius, Lehrb. d. D.G. II, 1107.

1 Cfr. ad Ephes. 2. ad Philad. c. 11.

Καὶ ὄφελον πάντες αὐτὸν ἐμιμῦντο, ὄντα ἐξεμπλάριον Θεῦ διακονίας. Ἀμείψεται αὐτὸν ἡ χάρις κατὰ πάντα. Ἀσπάζομαι τὸν ἀξιόθεον ἐπίσκοπον, καὶ θεοπρεπέστατον πρεσβυτέριον, τὸς συνδέλες με διακόνες, καὶ τὸς κατ' ἄνδρα καὶ κοινῇ πάντας, ἐν ὀνόματι Ἰησῦ Χριστῦ, καὶ τῇ σαρκὶ αὐτῦ καὶ τῷ αἵματι, πάθει τε καὶ ἀναστάσει, σαρκικῇ τε καὶ πνευματικῇ, ² ἐν ὀνόματι, ἐν ἑνότητι Θεῦ καὶ ὑμῶν. Χάρις ὑμῖν, ἔλεος, εἰρήνη, ὑπομονὴ διὰ παντός.

XIII. Salutationes.

Ἀσπάζομαι τὸς οἴκες τῶν ἀδελφῶν με σὺν γυναιξὶ καὶ τέκνοις, καὶ τὰς παρθένες τὰς λεγομένας ¹ χήρας. Ἔρρωσθέ μοι ἐν δυνάμει πνεύματος. Ἀσπάζεται ὑμᾶς ² Φίλων, σὺν ἐμοὶ ὤν. Ἀσπάζομαι τὸν οἶκον Ταΐας, ἣν εὔχομαι ἑδρᾶσθαι πίστει καὶ ἀγάπῃ σαρκικῇ τε καὶ πνευματικῇ. Ἀσπάζομαι Ἄλκην, τὸ ποθητόν με ὄνομα, καὶ Δάφνον ³ τὸν ἀσύγκριτον, καὶ Εὔτεκνον καὶ πάντας κατ' ὄνομα. Ἔρρωσθε ἐν χάριτι Θεῦ.

2 Ἐν ὀνόματι non est in vet. versione, et plane omittendum videtur. GALL.

1 Cfr. Rothe, Anf. p. 253. ‖ 2 Cfr. supra c. 10. ‖ 3 Ita Ms. Smithius conjicit Ἀσύγκριτον, cfr. Rom. 16, 14.

ΠΡΟΣ ΠΟΛΥΚΑΡΠΟΝ.

Ἰγνάτιος, ὁ καὶ Θεοφόρος, Πολυκάρπῳ ἐπισκόπῳ ἐκκλησίας Σμυρναίων, μᾶλλον *) ἐπεσκοπημένῳ ὑπὸ Θεῦ πατρὸς καὶ κυρίε Ἰησῦ Χριστῦ, πλεῖστα χαίρειν.

I. Laus et adhortatio.

Ἀποδεχόμενός σε ¹ τὴν ἐν Θεῷ γνώμην, ἡδρασμένην ὡς ἐπὶ πέτραν ἀκίνητον, ὑπερδοξάζω, καταξιωθεὶς τῦ προσώπε σε τῦ ἀμώμε, ² ὃ ὀναίμην ἐν Θεῷ. Παρακαλῶ σε ἐν χάριτι ³, ᾗ ἐνδέδυσαι, προσθεῖναι τῷ δρόμῳ σε, καὶ πάντας παρακαλεῖν, ἵνα σώζωνται. Ἐκδίκει σε τὸν τόπον ἐν πάσῃ ἐπιμελείᾳ σαρκικῇ τε καὶ πνευματικῇ. Τῆς ἑνώσεως φρόντιζε, ἧς ἐδὲν ἄμεινον.

*) Hanc paronomasiam Vairlenius ita reddidit: Inspectori, immo qui inspectus est a Deo. JAC.
1 Cfr. Ign. ad Rom. c. 7. ‖ 2 Cfr.

Ign. ad Eph. c. 2. ad Magn. c. 2. et 12. ad Rom. 5. ‖ 3 Smithius contra auctoritatem Msti addit Θεῦ. JAC.

Πάντας βάσταζε, ὡς καὶ σὲ ὁ κύριος. Πάντων ἀνέχε ἐν ἀγάπῃ, ὥσπερ καὶ ποιεῖς. Προσευχαῖς σχόλαζε ἀδιαλείπτοις. Αἰτᾶ σύνεσιν πλείονα ἧς ἔχεις. Γρηγόρει, ἀκοίμητον [4] πνεῦμα κεκτημένος. Τοῖς κατ᾽ ἄνδρα κατὰ [5] βοήθειαν Θεᾶ λάλει. Πάντων τὰς νόσες βάσταζε, ὡς τέλειος ἀθλητής. Ὅπε πλείων κόπος, πολὺ κέρδος.

II. Continuatio adhortationum.

Καλὲς μαθητὰς ἐὰν φιλῇς, χάρις σοι ἐκ ἔστιν· μᾶλλον τὲς [1] λοιμοτέρες ἐν πραότητι ὑπότασσε. Οὐ πᾶν τραῦμα τῇ αὐτῇ ἐμπλάστρῳ θεραπεύεται. Τὲς παροξυσμὲς ἐμβροχαῖς παῦε. [2] Φρόνιμος γίνε ὡς ὄφις ἐν ἅπασιν, καὶ ἀκέραιος ὡσεὶ περιστερά. Διὰ τᾶτο σαρκικὸς εἶ καὶ πνευματικός, ἵνα τὰ φαινόμενά σε εἰς πρόσωπον κολακεύῃς· τὰ δὲ [3] ἀόρατα αἴτει, ἵνα σοι φανερωθῇ, ὅπως μηδενὸς λείπῃ, καὶ παντὸς χαρίσματος περισσεύῃς. Ὁ καιρὸς ἀπαιτεῖ σε, ὡς κυβερνῆται ἀνέμες, καὶ ὡς χειμαζόμενος λιμένα, εἰς τὸ Θεᾶ ἐπιτυχεῖν. Νῆφε ὡς Θεᾶ ἀθλητής· τὸ θέμα, ἀφθαρσία καὶ ζωὴ αἰώνιος, περὶ ἧς καὶ σὺ πέπεισαι. Κατὰ πάντα σε [4] ἀντίψυχον ἐγώ, καὶ τὰ δεσμά με, ἃ ἠγάπησας.

III. Continuatio.

Οἱ δοκοῦντες ἀξιόπιστοι εἶναι καὶ [1] ἑτεροδιδασκαλοῦντες, μή σε καταπλησσέτωσαν. Στῆθι ἑδραῖος ὡς ἄκμων τυπτόμενος. Μεγάλε ἐστὶν ἀθλητᾶ τὸ δέρεσθαι καὶ νικᾶν. Μάλιστα δὲ ἕνεκεν Θεᾶ πάντα ὑπομένειν ἡμᾶς δεῖ, ἵνα καὶ αὐτὸς ἡμᾶς ὑπομείνῃ. Πλέον σπεδαῖος γίνε ἒ εἶ. Τὲς καιρὲς καταμάνθανε. Τὸν [2] ὑπὲρ καιρὸν προσδόκα, τὸν ἄχρονον, τὸν ἀόρατον, τὸν δι᾽ ἡμᾶς ὁρατόν, τὸν ἀψηλάφητον, τὸν ἀπαθῆ, τὸν δι᾽ ἡμᾶς παθητόν, τὸν κατὰ πάντα τρόπον δι᾽ ἡμᾶς ὑπομείναντα.

IV. Continuatio.

Χῆραι μὴ ἀμελείσθωσαν. Μετὰ τὸν κύριον σὺ αὐτῶν φροντιστὴς ἔσο. Μηδὲν ἄνευ γνώμης σε γινέσθω, μηδὲ σὺ ἄνευ Θεᾶ τι πράσσε· ὅπερ ἐδὲ πράσσεις, εὐσταθής. Πυκνότερον συναγωγαὶ γινέσθωσαν. Ἐξ ὀνόματος πάντας [1] ζήτει. [2] Δέλες καὶ δέλας

4 Ὄμμα, oculus FRAG. RUPEF. ‖ quae in futuro evenient. SMITH. ‖
5 Vet. Int. et Interpolator: ὁμοήθειαν.   4 Cfr. ad Smyrn. c. 10. ad Ephes. c. 21.
1 Adjectivum λοιμός saepius legitur apud LXX. ‖ 2 Matth. 10, 16. ‖   1 Cfr. I Tim. 1, 3. 6, 3. ‖ 2 Ita divise Ms. Edii: ὑπέρκαιρον. JAC.
3 I. e. arcana vitia quorundam.
JUN.; arcana mysteria Dei, aut: 1 I. e. universos nominatim ad congressus sacros convoca. JAC. ‖

μὴ ὑπερηφάνει· ἀλλὰ μηδὲ αὐτοὶ φυσιέσθωσαν, ἀλλ' εἰς δόξαν Θεῦ πλέον δελευέτωσαν, ἵνα κρείττονος ἐλευθερίας ἀπὸ Θεῦ τύχωσιν. Μὴ ἐράτωσαν ἀπὸ τῶ κοινῶ ἐλευθερῦσθαι, ἵνα μὴ δῦλοι εὑρεθῶσιν ἐπιθυμίας.

V. *Quid conjuges, coelibes, sponsos moneat episcopus.*

[1] Τὰς κακοτεχνίας φεῦγε· μᾶλλον δὲ περὶ τύτων ὁμιλίαν [2 μὴ] ποιῦ. Ταῖς ἀδελφαῖς με προσλάλει, ἀγαπᾶν τὸν κύριον, καὶ τοῖς συμβίοις ἀρκεῖσθαι σαρκὶ καὶ πνεύματι. Ὁμοίως καὶ τοῖς ἀδελφοῖς με παράγγελλε ἐν ὀνόματι Ἰησῦ Χριστῦ, ἀγαπᾶν τὰς συμβίες [3] ὡς ὁ κύριος τὴν ἐκκλησίαν. Εἴ τις δύναται ἐν ἁγνείᾳ μένειν εἰς τιμὴν τῶ [4] κυρίε τῆς σαρκὸς, ἐν ἀκαυχησίᾳ μενέτω. Ἐὰν καυχήσηται, ἀπώλετο· καὶ ἐὰν γνωσθῇ πλέον τῶ ἐπισκόπε, ἔφθαρται. [5] Πρέπει δὲ τοῖς γαμῦσι καὶ ταῖς γαμεμέναις, μετὰ γνώμης τῦ ἐπισκόπε τὴν ἕνωσιν ποιεῖσθαι, ἵνα ὁ γάμος ᾖ κατὰ Θεὸν, καὶ μὴ κατ' ἐπιθυμίαν. [6] Πάντα εἰς τιμὴν Θεῦ γινέσθω.

VI. *Officia gregis christiani.*

[1] Τῷ ἐπισκόπῳ προσέχετε, ἵνα καὶ ὁ Θεὸς ὑμῖν. [2] Ἀντίψυχον ἐγὼ τῶν ὑποτασσομένων τῷ ἐπισκόπῳ, πρεσβυτέροις, διακόνοις· καὶ μετ' αὐτῶν μοι τὸ μέρος γένοιτο σχεῖν ἐν Θεῷ. Συγκοπιᾶτε ἀλλήλοις, συναθλεῖτε, συντρέχετε, συμπάσχετε, συγκοιμᾶσθε, συνεγείρεσθε, ὡς Θεῦ οἰκονόμοι καὶ πάρεδροι καὶ ὑπηρέται. Ἀρέσκετε ᾧ στρατεύεσθε, ἀφ' ὃ καὶ τὰ [3] ὀψώνια κομίζεσθε. Μήτις ὑμῶν δεσέρτωρ εὑρεθῇ. Τὸ βάπτισμα ὑμῶν [4] μενέτω ὡς ὅπλα, ἡ πίστις ὡς περικεφαλαία, ἡ ἀγάπη ὡς δόρυ, ἡ ὑπομονὴ ὡς πανοπλία. Τὰ δεπόσιτα ὑμῶν τὰ ἔργα ὑμῶν, ἵνα

---

2 Cfr. *Neander*, Kirchengesch. I. p. 300.
1 I. e. *malas doctrinas, haereses,* κακοδιδασκαλίας; ut ad Philad. c. 2. JAC. || 2 Particula negativa deest in Ms. et Vet. Int.; sed eam agnoscit Interpolator, eamque tuentur Vossius, Cotelerius, Smithius et alii. || 3 Ephes. 5, 25. || 4 I. e. ejus, qui corpora nostra resuscitat, et cujus membra corpora nostra sunt. Cfr. I Cor. 6, 14. 15. JAC. Alii reddunt: *ad honorem carnis dominicae.*||

5 Videatur *Neander*, l. c. p. 321. || p. 300. 6 Cfr. I Cor. 10, 31.
1 Quia epistola, ad episcopum Smyrnae destinata, ex more antiquo legenda etiam erat Smyrnensibus, ideo sanctissimus martyr intermiscet praecepta ad populum. COT. || 2 Cfr. supra c. 2. ad Smyrn. c. 10. ad Ephes. c. 21. || 3 Ignatius compluribus utitur vocabulis latinis, ex re militari desumtis, a Graecis quoque usu receptis. || 4 Haec dicit, quia desertores arma abjiciebant. PEARS.

τὰ ἄκκεπτα ὑμῶν ἄξια κομίσησθε. Μακροθυμήσατε ὃν μετ' ἀλλήλων ἐν πραότητι, ὡς ὁ Θεὸς [⁵ μεθ'] ὑμῶν. ⁶ Ὀναίμην ὑμῶν διὰ παντός.

VII. *Mittite legatum ad Antiochenos ob pacem restitutam.*

¹ Ἐπειδὴ ἡ ἐκκλησία ἡ ἐν Ἀντιοχείᾳ τῆς Συρίας εἰρηνεύει, ὡς ἐδηλώθη μοι, διὰ τὴν προσευχὴν ὑμῶν, κἀγὼ εὐθυμότερος ἐγενόμην ἐν ἀμεριμνίᾳ Θεῦ, ἐάν περ διὰ τῦ παθεῖν Θεῦ ἐπιτύχω, εἰς τὸ εὑρεθῆναί με ἐν τῇ ² ἀναστάσει ὑμῶν ³ μαθητήν. ⁴ Πρέπει, Πολύκαρπε θεομακαριστότατε, συμβύλιον ἀγαγεῖν θεοπρεπέστατον, καὶ χειροτονῆσαί τινα, ὃν ἀγαπητὸν λίαν ἔχετε καὶ ἄοκνον, ὃς δυνήσεται θεόδρομος καλεῖσθαι· τῦτον καταξιῶσαι, ἵνα πορευθεὶς εἰς Συρίαν δοξάσῃ ὑμῶν τὴν ἄοκνον ἀγάπην εἰς δόξαν Χριστῦ. Χριστιανὸς ἑαυτῦ ἐξυσίαν ὐκ ἔχει, ἀλλὰ Θεῷ σχολάζει. Τῦτο τὸ ἔργον Θεῦ ἐστιν καὶ ὑμῶν, ὅταν ⁵ αὐτῷ ἀπαρτίσητε. Πιστεύω γὰρ ⁶ τῇ χάριτι, ὅτι ἕτοιμοί ἐστε εἰς εὐποιΐαν Θεῷ ἀνήκυσαν. Εἰδὼς ὃν ὑμῶν τὸ σύντονον τῆς ἀληθείας, δι' ὀλίγων ὑμᾶς γραμμάτων παρεκάλεσα.

VIII. *Et aliae ecclesiae legatos vel epistolas Antiochiam mittant. Salutationes.*

Ἐπεὶ ¹ πάσαις ταῖς ἐκκλησίαις ὐκ ἠδυνήθην γράψαι, διὰ τὸ ἐξαίφνης πλεῖν με ἀπὸ Τρωάδος εἰς Νεάπολιν, ὡς τὸ ² θέλημα προστάσσει· γράψεις ταῖς ἔμπροσθεν ἐκκλησίαις, ὡς Θεῦ γνώμην κεκτημένος, εἰς τὸ καὶ αὐτὰς τὸ αὐτὸ ποιῆσαι, οἱ μὲν δυνάμενοι πεζὸς πέμψαι, οἱ δὲ ἐπιστολὰς διὰ τῶν ὑπό συ πεμπομένων· ἵνα ³ δοξασθῆτε αἰωνίῳ ἔργῳ, ὡς ἄξιος ὤν. Ἀσπάζομαι πάντας ἐξ ὀνόματος, καὶ τὴν τῦ Ἐπιτρόπυ σὺν ὅλῳ τῷ οἴκῳ αὐτῆς καὶ τῶν τέκνων. Ἀσπάζομαι Ἄτταλον τὸν ἀγαπητόν μυ. Ἀσπάζομαι τὸν μέλλοντα καταξιῦσθαι τῦ εἰς Συρίαν πορεύεσθαι. Ἔσται ἡ χάρις

---

5 Legendum μεθ' ὑμῶν, ut apud Interpolatorem et in Fragmentis DAMASC. RUPEF. ‖ 6 Cfr. supra c. 2. Not. 2.
1 Cfr. ad Smyrn. c. 11. ad Philad. c. 10. ‖ 2 Vet. Int. *in oratione.* Cotelerius ideo conjicit ἀναιτήσει.
3 Ita legit Vet. Int. Ms. male παθητήν. ‖ 4 Haec refert S. Polycarpus in Ep. ad Phil. c. 13. PEARS. ‖

5 Ita Ms., non αὐτὸ, uti in lib. impr. JAC. ‖ 6 Transpone verba: ὅτι τῇ χάριτι h. e. διὰ τῆς χάριτος. SMITH.
1 Interpolator addit ἄν. ‖ 2 I. e. mandatum imperatoris, seu militum, qui Ignatium ducebant, seu voluntas Dei. Θέλημα absolute ponitur Ep. ad Smyrn. c. 11. JAC. ‖ 3 F. δοξασθῆς. SMITH.

μετ' αὐτῦ διὰ παντός, καὶ τῦ πέμποντος αὐτὸν Πολυκάρπε. Ἐῥῥῶσθαι ὑμᾶς διὰ παντὸς ἐν Θεῷ ἡμῶν Ἰησῦ Χριστῷ εὔχομαι, ἐν ᾧ διαμείνητε ἐν ἑνότητι Θεῦ καὶ [4] ἐπισκοπῇ. Ἀσπάζομαι [5] Ἄλκην, τὸ ποθητόν μϐ ὄνομα. Ἔρρωσθε ἐν κυρίῳ.

4 F. ἐπισκόπϐ, ut habent Codices 5 Cfr. ad Smyrn. c. 13. Augustanus et Leicestrensis. SMITH.

ΜΑΡΤΥΡΙΟΝ ΤΟΥ ΑΓΙΟΥ ΙΕΡΟΜΑΡΤΥΡΟΣ ΙΓΝΑΤΙΟΥ ΤΟΥ ΘΕΟΦΟΡΟΥ.

I. Ignatii cura pastoralis et martyrii desiderium.

Ἄρτι διαδεξαμένϐ τὴν Ῥωμαίων ἀρχὴν Τραϊανῦ, Ἰγνάτιος, ὁ τῦ ἀποστόλϐ Ἰωάννϐ μαθητής, ἀνὴρ [2] ἦν τοῖς πᾶσιν ἀποστολικός, καὶ ἐκυβέρνα τὴν ἐκκλησίαν Ἀντιοχέων ἐπιμελῶς, τὸς πάλαι χειμῶνας μόλις παραγαγὼν τῶν πολλῶν ἐπὶ Δομετιανῦ διωγμῶν, καθάπερ κυβερνήτης ἀγαθός, τῷ οἴακι τῆς προσευχῆς καὶ τῆς νηστείας, καὶ τῇ συνεχείᾳ τῆς διδασκαλίας, τῷ τόνῳ τῷ [3] πνευματικῷ, πρὸς τὴν ζάλην τὴν ἀντικειμένην ἀντεῖχεν· δεδοικὼς, μή τινα τῶν ὀλιγοψύχων ἢ ἀκεραιοτέρων ἀποβάλῃ. Τοιγαρῦν ηὐφραίνετο μὲν ἐπὶ τῷ τῆς ἐκκλησίας ἀσαλεύτῳ, λωφήσαντος πρὸς ὀλίγον τῦ διωγμῦ· ἤσχαλλεν δὲ καθ' ἑαυτόν, ὡς μήπω τῆς ὄντως εἰς Χριστὸν ἀγάπης ἐφαψάμενος, μηδὲ τῆς τελείας τῦ μαθητῦ τάξεως. Ἐνενόει γὰρ τὴν διὰ μαρτυρίϐ γινομένην ὁμολογίαν πλεῖον αὐτὸν προσοικειῦσαν τῷ κυρίῳ. Ὅθεν ἔτεσιν ὀλίγοις ἔτι παραμένων τῇ ἐκκλησίᾳ, καὶ [4] λύχνϐ δίκην θεϊκῦ τὴν ἑκάστϐ φωτίζων διάνοιαν διὰ τῆς τῶν [5] [θείων] γραφῶν ἐξηγήσεως, ἐπετύγχανεν τῶν κατ' εὐχήν.

II. Ignatius a Trajano condemnatur.

Τραϊανῦ γὰρ μετὰ ταῦτα [1] ἐννάτῳ ἔτει τῆς αὐτῦ βασιλείας, ἐπαρθέντος ἐπὶ τῇ νίκῃ τῇ κατὰ Σκυθῶν καὶ Δακῶν καὶ ἑτέρων πολ-

1 I. e. A. 98. p. Ch. n. || 2 Lege cum Vet. Int. ἐν pro ἦν, particula καὶ, quae sequitur, deleta. SMITH. || 3 Ms. τῷ πνεύματι, male. Legendum aut τῦ πνεύματος, aut τῷ πνευματικῷ. Posterior emendatio praeferenda est; nam uterque Vet. Int. habet: spirituali. Clerico placet τῷ ἐντόνῳ πνεύματι, firmo et constanti; Smithio πόνῳ πνευματικῷ. JAC. || 4 Cfr. Joh. 5, 35. || 5 Neuter Interpres θείων agnoscit. JAC.
1 I. e. A. 107 p. Ch. Vet. Interpres habet: anno quarto. Grabius corrigit δεκάτῳ ἐννάτῳ ἔτει, i. e. A. 116.

λῶν ἐθνῶν, καὶ νομίσαντος ἔτι λείπειν αὐτῷ πρὸς πᾶσαν ὑποταγὴν τὸ τῶν χριστιανῶν θεοσεβὲς σύστημα, καὶ εἰ μὴ τὴν τῶν δαιμόνων ἕλοιτο λατρείαν μετὰ πάντων ὑπεισιέναι τῶν ἐθνῶν, διωγμὸν ὑπομένειν ἀπειλήσαντος, ² πάντας τοὺς εὐσεβῶς ζῶντας ἢ θύειν ἢ τελευτᾶν κατηνάγκαζεν. Τότε τοίνυν φοβηθεὶς ὑπὲρ τῆς Ἀντιοχέων ἐκκλησίας ὁ γενναῖος τȣ Χριστȣ στρατιώτης, ³ ἑκȣσίως ἤγετο πρὸς Τραϊανὸν, διάγοντα μὲν κατ' ἐκεῖνον τὸν καιρὸν κατὰ τὴν Ἀντιόχειαν, σπȣδάζοντα δὲ ἐπὶ Ἀρμενίαν καὶ Πάρθȣς. Ὡς δὲ κατὰ πρόσωπον ἔστη Τραϊανȣ τȣ βασιλέως· „τίς εἶ, κακόδαιμον, τὰς ἡμετέρας σπȣδάζων διατάξεις ὑπερβαίνειν, μετὰ ⁴ τὸ καὶ ἑτέρȣς ἀναπείθειν, ἵνα κακῶς ἀπολῶνται;" Ἰγνάτιος εἶπεν· „ȣδεὶς Θεοφόρον ἀποκαλεῖ κακοδαίμονα· ἀφεστήκασι γὰρ ἀπὸ τῶν δȣλων τȣ Θεȣ τὰ δαιμόνια. Εἰ δὲ, ὅτι τέτοις ἐπαχθής εἰμι, ⁵ [καὶ] κακόν με πρὸς τὰς δαίμονας ἀποκαλεῖς, συνομολογῶ. Χριστὸν γὰρ ἔχων ἐπȣράνιον βασιλέα, τὰς τȣτων καταλύω ἐπιβȣλάς." Τραϊανὸς εἶπεν· „καὶ τίς ἐστιν Θεοφόρος;" Ἰγνάτιος ἀπεκρίνατο· „ὁ Χριστὸν ἔχων ἐν στέρνοις." Τραϊανὸς εἶπεν· „ἡμεῖς ȣν σοι δοκȣμεν κατὰ νȣν μὴ ἔχειν Θεȣς, οἷς καὶ χρώμεθα συμμάχοις πρὸς τȣς πολεμίȣς;" Ἰγνάτιος εἶπεν· „τὰ δαιμόνια τῶν ἐθνῶν Θεȣς προσαγορεύεις πλανώμενος· εἷς γὰρ ἔστιν Θεὸς, ὁ ποιήσας τὸν ȣρανὸν καὶ τὴν γῆν καὶ τὴν θάλασσαν, καὶ πάντα τὰ ἐν αὐτοῖς· καὶ εἷς Χριστὸς Ἰησȣς, ὁ υἱὸς τȣ Θεȣ ὁ μονογενὴς, ȣ τῆς βασιλείας ὀναίμην." Τραϊανὸς εἶπεν· „τὸν σταυρωθέντα λέγεις ἐπὶ Ποντίȣ Πιλάτȣ;" Ἰγνάτιος εἶπεν· „τὸν ἀνασταυρώσαντα τὴν ἐμὴν ἁμαρτίαν μετὰ τȣ ταύτης εὑρετȣ, καὶ πᾶσαν καταδικάσαντα δαιμονικὴν πλάνην καὶ κακίαν ὑπὸ τοὺς πόδας τῶν αὐτὸν ἐν καρδίᾳ φορȣντων." Τραϊανὸς εἶπεν· „σὺ ȣν ἐν ἑαυτῷ φέρεις τὸν σταυρωθέντα;" Ἰγνάτιος εἶπεν· „ναί· γέγραπται γάρ· ⁶ „„ἐνοικήσω ἐν αὐτοῖς, καὶ ἐμπεριπατήσω."" Τραϊανὸς ἀπεφήνατο· „Ἰγνάτιον προσετάξαμεν, τὸν ἐν ἑαυτῷ λέγοντα περιφέρειν τὸν ἐσταυρωμένον, δέσμιον ὑπὸ στρατιωτῶν γενόμενον ἄγεσθαι παρὰ τὴν μεγάλην Ῥώμην, ⁷ βρῶμα γενησόμενον θηρίων εἰς τέρψιν τȣ δήμȣ." Ταύτης ὁ ἅγιος μάρτυς

2 ᵉΟ φόβος ante πάντας 'in Msto male additum assumentum est, quod neuter Vet. Int. in Codice suo legebat. Jac. ‖ 3 Ignatius sponte se contulit ad Trajanum, ut eum placaret expositione doctrinae christianae, aut, si minus eum placare posset, totam iram ejus ipse exciperet, ecclesiamque Antiochenam sic metu liberaret. Cler. ‖ 4 Melius τȣ. Smith. ‖ 5 Καὶ abundat. Smith. 6 Levit. 26, 12. II Cor. 6, 16. ‖ 7 Cfr. Ign. ad Rom. c. 6.

ἐπακέσας τῆς ἀποφάσεως, μετὰ χαρᾶς ἐβόησεν· "εὐχαριστῶ σοι, δέσποτα, ὅτι με τελείᾳ τῇ πρός σε ἀγάπῃ τιμῆσαι κατηξίωσας, τῷ ἀποστόλῳ σε Παύλῳ δεσμοῖς συνδήσας σιδηροῖς." Ταῦτα εἰπὼν, καὶ μετ' εὐφροσύνης περιθέμενος τὰ δεσμὰ, ἐπευξάμενος πρότερον τῇ ἐκκλησίᾳ, καὶ ταύτην παραθέμενος μετὰ δακρύων τῷ κυρίῳ, ὥσπερ κριὸς ἐπίσημος, ἀγέλης καλῆς ἡγύμενος, ὑπὸ θηριώδους στρατιωτικῆς δεινότητος συνηρπάζετο, θηρίοις αἱμοβόροις ἐπὶ τὴν Ῥώμην ἀπαχθησόμενος πρὸς βοράν.

III. *Ignatius Smyrnam navigat.*

Μετὰ πολλῆς τοίνυν προθυμίας καὶ χαρᾶς, ἐπιθυμίᾳ τῦ πάθες κατελθὼν ἀπὸ Ἀντιοχείας εἰς τὴν Σελεύκειαν, ἐκεῖθεν εἴχετο τῦ πλοός· καὶ προσχὼν μετὰ πολὺν [1] κάματον τῇ Σμυρναίων πόλει, σὺν πολλῇ χαρᾷ καταβὰς τῆς νηὸς, ἔσπευδε τὸν ἅγιον Πολύκαρπον, τὸν Σμυρναίων ἐπίσκοπον, τὸν συνακροατὴν, θεάσασθαι· ἐγεγόνεισαν γὰρ πάλαι μαθηταὶ τῦ ἁγίε ἀποστόλε Ἰωάννε· παρ' ᾧ καταχθεὶς, καὶ πνευματικῶν αὐτῷ κοινωνήσας χαρισμάτων, καὶ τοῖς δεσμοῖς ἐγκαυχώμενος, παρεκάλει [2] συναθλεῖν τῇ αὐτῦ προθέσει, μάλιστα μὲν κοινῇ πᾶσαν ἐκκλησίαν (ἐδεξιῦντο γὰρ τὸν ἅγιον διὰ τῶν ἐπισκόπων καὶ πρεσβυτέρων καὶ διακόνων αἱ τῆς Ἀσίας πόλεις καὶ ἐκκλησίαι, πάντων ἐπειγομένων πρὸς αὐτόν, εἴ πως [3] μέρος χαρίσματος λάβωσι πνευματικῦ)· ἐξαιρέτως δὲ τὸν ἅγιον Πολύκαρπον, ἵνα, διὰ τῶν θηρίων θᾶττον ἀφανὴς τῷ κόσμῳ γενόμενος, ἐμφανισθῇ τῷ προσώπῳ τῦ Χριστῦ.

IV. *Ignatius scribit ecclesiis, praesertim Romanae.*

Καὶ ταῦτα ὅτως ἔλεγεν, καὶ ὅτως διεμαρτύρατο, τοσῦτον ἐπεκτείνων τὴν πρὸς Χριστὸν ἀγάπην, ὡς ὐρανῦ [1] μέλλων ἐπιλαμβάνεσθαι διὰ τῆς καλῆς ὁμολογίας καὶ τῆς τῶν συνευχομένων ὑπὲρ τῆς ἀθλήσεως σπεδῆς, ἀποδοῦναι δὲ τὸν μισθὸν ταῖς ἐκκλησίαις ταῖς ὑπαντησάσαις αὐτῷ διὰ τῶν ἡγυμένων, γραμμάτων [2] εὐχαριστῶν ἐκπεμφθέντων πρὸς αὐτάς, πνευματικὴν μετ' εὐχῆς καὶ παραινέσεως [3] ἀποσταζόντων χάριν. Τοιγαρῦν τὺς πάντας ὁρῶν εὐνοϊκῶς διακειμένυς περὶ αὐτὸν, φοβηθεὶς, μή ποτε ἡ τῆς ἀδελφότητος στοργὴ τὴν πρὸς κύριον αὐτῦ σπεδὴν ἐκκόψῃ, καλῆς

---

1 Cfr. Ign. ad Rom. c. 5. ‖
2 I. e. precibus a Deo petere, ut Ignatium gloria martyrii donaret, eique constantiam praeberet. CLER.‖
3 Cfr. Rom. 1, 11.

1 Ita TOUP. et JAC. Ms. μέλλειν.‖
2 L. εὐχαριστικῶν GRAB., εὐχαρίτων TOUP. ‖ 3 Similem fere locutionem habes in Ep. ad Magn. c. 14. δροσισθῆναι.

ἀνεῳχθείσης αὐτῷ θύρας τᾶ μαρτυρίε, οἷα πρὸς τὴν ἐκκλησίαν ἐπιστέλλει Ῥωμαίων, ὑποτέτακται.

Legitur hic Epistola ad Romanos p. 92 sqq.

V. *Ignatius a Smyrna Romam ducitur.*

¹ Καταρτίσας τοίνυν, ὡς ἠβέλετο, τὰς ἐν Ῥώμῃ τῶν ἀδελφῶν ἄκοντας διὰ τῆς ἐπιστολῆς, ὅτως ἀναχθεὶς ἀπὸ τῆς Σμύρνης (κατεπείγετο γὰρ ὑπὸ τῶν στρατιωτῶν ὁ ² Χριστοφόρος φθάσαι τὰς ³ φιλοτιμίας ἐν τῇ μεγάλῃ Ῥώμῃ, ἵνα ἐπ' ὄψεσι τᾶ δήμε Ῥωμαίων θηρσὶν ἀγρίοις παραδοθεὶς, τᾶ στεφάνε τῆς ἀθλήσεως ἐπιτύχῃ) πρόσεσχε τῇ Τρωάδι. Εἶτα ἐκεῖθεν καταχθεὶς ἐπὶ τὴν Νεάπολιν, διὰ Φιλίππων παρώδευεν ⁴ Μακεδονίαν, ⁵ καὶ περὶ τὴν Ἤπειρον, τὴν πρὸς Ἐπίδαμνον, ἐν τοῖς παραθαλαττίοις νηὸς ἐπιτυχὼν, ἔπλει τὸ Ἀδριατικὸν πέλαγος, κἀκεῖθεν ἐπιβὰς τᾶ Τυρρηνικᾶ, καὶ παραμείβων νήσες τε καὶ πόλεις, ὑποδειχθέντων τῷ ἁγίῳ Ποτιόλων, αὐτὸς μὲν ἐξελθεῖν ἔσπευδεν, κατ' ἴχνος βαδίζειν ἐθέλων τᾶ ⁶ ἀποστόλε Παύλε. Ὡς δὲ ἐπιπεσὸν βίαιον πνεῦμα ὃ συνεχώρει, τῆς νηὸς ἐκ πρύμνης ἐπειγομένης, μακαρίσας τὴν ἐν ἐκείνῳ τῷ τόπῳ τῶν ἀδελφῶν ἀγάπην, ὅτω παρέπλει. Τοιγαρᾶν ἐν μιᾷ ἡμέρᾳ καὶ νυκτὶ τῇ αὐτῇ ὁρίοις ἀνέμοις προςχρησάμενοι, ἡμεῖς μὲν ἄκοντες ἀπηγόμεθα, στένοντες ἐπὶ τῷ ἀφ' ἡμῶν μέλλοντι χωρισμῷ τᾶ δικαίε γίνεσθαι. Τῷ δὲ κατ' εὐχὴν ἀπέβαινεν σπεύδοντι θᾶττον ἀναχωρῆσαι τᾶ κόσμε, ἵνα φθάσῃ πρὸς ὃν ἠγάπησεν κύριον. Καταπλεύσας γᾶν εἰς τὰς λιμένας Ῥωμαίων, μελλύσης λήγειν τῆς ἀκαθάρτε φιλοτιμίας, οἱ μὲν στρατιῶται ὑπὲρ τῆς βραδυτῆτος ἤσχαλλον, ὁ δὲ ἐπίσκοπος χαίρων κατεπείγεσιν ὑπήκεσεν.

VI. *Ignatius Romae a bestiis devoratur.*

Ἐκεῖθεν ἓν ἐώσθησαν ἀπὸ τᾶ καλεμένε ¹ Πόρτε (διεπεφήμιστο γὰρ ἤδη τὰ κατὰ τὸν ἅγιον μάρτυρα)· ² συναντῶμεν τοῖς

1 I. e. componere animos aliter sentientium, eosque ad id probandum, quod ipse cupiebat, adducere. CLER. || 2 Cfr. Ign. ad Eph. c. 9. || 3 I. e. ludi, magno sumtu a candidatis magistratuum exhiberi soliti. SMITH. || 4 Adde πεζῇ, ut legebat Vet. Int. SMITH. Cfr. Act. 16, 11. 12. Ignatius via Egnatia, Thessalonicam cum Dyrrachio (= Epidamno) jungenti usus est. Cfr. *Tafel*, Diss. de via Egnatia. Tubingae 1837. p. 3. 1841. p. 16 sqq. || 5 Ms. περὶ καί. || 6 Cfr. Act. 28, 13. 14.
1 Hodie *Il Porto* prope Ostiam. || 2 Ita monente Smithio Jacobsonus e Codice Paris. pro vulgata σὺν αὐτῷ μέν.

ἀδελφοῖς φόβῳ καὶ χαρᾷ πεπληρωμένοις, χαίρεσιν μὲν ἐφ᾽ οἷς ἠξιῶντο τῆς τῦ Θεοφόρε συντυχίας, φοβεμένοις δὲ, διότι περ ἐπὶ θάνατον ὁ τοιῦτος ἤγετο. Τισὶ δὲ καὶ παρήγγελλεν ἡσυχάζειν, ζέεσι καὶ λέγεσι καταπαύειν τὸν δῆμον πρὸς τὸ μὴ ἐπιζητεῖν ἀπολέσθαι τὸν δίκαιον· ὃς εὐθὺς γνὲς τῷ πνεύματι, καὶ πάντας ἀσπασάμενος, αἰτήσας τε παρ᾽ αὐτῶν τὴν ἀληθινὴν ἀγάπην, πλείονά τε τῶν ἐν τῇ [3] ἐπιστολῇ διαλεχθεὶς, καὶ πείσας μὴ φθονῆσαι τῷ σπεύδοντι πρὸς τὸν κύριον, ὕτω μετὰ γονυκλισίας πάντων τῶν ἀδελφῶν, παρακαλέσας τὸν υἱὸν τῦ Θεῦ ὑπὲρ τῶν ἐκκλησιῶν, ὑπὲρ τῆς τῦ διωγμῦ καταπαύσεως, ὑπὲρ τῆς τῶν ἀδελφῶν εἰς ἀλλήλες ἀγάπης, ἀπήχθη μετὰ σπεδῆς εἰς τὸ ἀμφιθέατρον. Εἶτα εὐθὺς ἐμβληθεὶς κατὰ τὸ [4] πάλαι πρόσταγμα τῦ Καίσαρος, μελλεσῶν καταπαύειν τῶν φιλοτιμιῶν (ἦν γὰρ ἐπιφανὴς, ὡς ἐδόκεν, ἡ λεγομένη τῇ Ῥωμαϊκῇ φωνῇ [5] τρισκαιδεκάτη, καθ᾽ ἣν σπεδαίως συνῄεσαν), ὅτως θηρσὶν ὠμοῖς παρὰ τῷ [6] ναῷ παρεβάλλετο, ὡς παρ᾽ αὐτὰ τῦ ἁγίε μάρτυρος Ἰγνατίε πληρῦσθαι τὴν [7] ἐπιθυμίαν, κατὰ τὸ γεγραμμένον· [8] „ἐπιθυμία δικαίε δεκτή."· ἵνα μηδενὶ τῶν ἀδελφῶν ἐπαχθὴς διὰ τῆς συλλογῆς τῦ λειψάνε γένηται, καθὼς φθάσας ἐν τῇ ἐπιστολῇ τὴν ἰδίαν ἐπεθύμει γενέσθαι τελείωσιν. Μόνα γὰρ τὰ τραχύτερα τῶν ἁγίων αὐτῦ λειψάνων περιελείφθη, ἅτινα εἰς τὴν Ἀντιόχειαν ἀπεκομίσθη, καὶ ἐν λίνῳ κατετέθη, θησαυρὸς ἀτίμητος, ὑπὸ τῆς ἐν τῷ μάρτυρι χάριτος τῇ ἁγίᾳ ἐκκλησίᾳ καταλειφθέντα.

VII. Ignatius mortuus adparet dormientibus.

Ἐγένετο δὲ ταῦτα τῇ πρὸ δεκατριῶν καλανδῶν Ἰαννεαρίων, τετέστιν Δεκεμβρίῳ εἰκάδι, ὑπατευόντων παρὰ Ῥωμαίοις Σύρα καὶ Σενεκίε τὸ [1] δεύτερον. Τέτων αὐτόπται γενόμενοι, μετὰ

3 Sc. in epistola sua ad Romanos. ||
4 Sic loquitur Martyrii scriptor, quia ante aliquot menses sententiam pronuntiarat Trajanus. CLER. || 5 Sc. a. Calendas Januarias, ut ex cap. 7. apparet: ἐγένετο δὲ ταῦτα τῇ πρὸ δεκατριῶν Καλανδῶν Ἰαννεαρίων. Die illo celebrabantur binis diebus Sigillaria, adjecta Saturnalibus. ||
6 Erat Amphitheatrum aut Jovi Latiari, aut Stygio, et Dianae sacrum, quamobrem mirum non est, hic

templi mentionem fieri. CLER. Vetus interpres non legit τῷ ναῷ, habet enim: ab impiis, f. legens: παρὰ τῶν ἀνοσίων sive ἀνόμων. SMITH. ||
7 Vide Ign. ad Rom. c. 4. || 8 Prov. 10, 24.
1 I. e. quum ambo conjuncti unacum secundo Consules essent. Primo illi unacum consules erant anno Christi 102, et quidem Senecio III, Sura II. Secunda vice ii juncti munere fungebantur anno Christi

8*

δακρύων κατ' οίκόν τε παννυχίσαντες, καὶ πολλὰ μετὰ γονυκλισίας
καὶ δεήσεως παρακαλέσαντες τὸν κύριον ² πληροφορῆσαι τὰς
ἀσθενεῖς ἡμᾶς ἐπὶ τοῖς προγεγονόσιν, μικρὸν ἀφυπνώσαντες,
οἱ μὲν ἐξαίφνης ἐπιστάντα καὶ περιπτυσσόμενον ἡμᾶς ἐβλέπομεν,
οἱ δὲ πάλιν ἐπευχόμενον ἡμῖν ἑωρῶμεν τὸν μακάριον Ἰγνάτιον,
ἄλλοι δὲ σταζόμενον ὑφ' ἱδρῶτος ὡς ἐκ καμάτε πολλῦ παραγενό-
μενον, καὶ παρεστῶτα τῷ κυρίῳ. Μετὰ πολλῆς τοίνυν χαρᾶς
ταῦτα ἰδόντες, καὶ συμβαλόντες τὰς ὄψεις τῶν ὀνειράτων, ὑμνή-
σαντες τὸν Θεὸν, τὸν δοτῆρα τῶν ἀγαθῶν, καὶ μακαρίσαντες τὸν
ἅγιον, ἐφανερώσαμεν ὑμῖν καὶ τὴν ἡμέραν καὶ τὸν χρόνον, ἵνα
κατὰ τὸν καιρὸν τῦ μαρτυρίῦ ³ συναγόμενοι, κοινωνῶμεν τῷ
ἀθλητῇ καὶ γενναίῳ μάρτυρι Χριστῦ, καταπατήσαντι τὸν διάβολον, καὶ τὸν τῆς φιλοχρίστε αὐτῦ ἐπιθυμίας τελειώσαντι δρόμον,
ἐν Χριστῷ Ἰησῦ τῷ κυρίῳ ἡμῶν, δι' ὗ καὶ μεθ' ὗ τῷ πατρὶ ἡ
δόξα καὶ τὸ κράτος σὺν τῷ ἁγίῳ πνεύματι εἰς αἰῶνας. Ἀμήν.

107, et quidem Senecio IV, Sura Deo esset acceptum. CLER. ‖ 3 I. e.
III. Videatur *Pagi*, Critica ad ann. ut τὰ γενέθλια sancti martyris cele-
102 et 107. ‖ 2 I. e. ut nos certio- bremus.
res faceret, num Ignatii martyrium

ΤΟΥ ΑΓΙΟΥ ΠΟΛΥΚΑΡΠΟΥ
ΕΠΙΣΚΟΠΟΥ ΣΜΥΡΝΗΣ ΚΑΙ ΙΕΡΟΜΑΡΤΥΡΟΣ
ΠΡΟΣ
ΦΙΛΙΠΠΗΣΙΟΥΣ ΕΠΙΣΤΟΛΗ.

Πολύκαρπος καὶ οἱ σὺν αὐτῷ πρεσβύτεροι τῇ ἐκκλησίᾳ τῦ Θεῦ
τῇ παροικύσῃ *) Φιλίππης· ἔλεος ὑμῖν καὶ εἰρήνη παρὰ Θεῦ
παντοκράτορος καὶ κυρίε Ἰησῦ Χριστῦ τῦ σωτῆρος ἡμῶν
πληθυνθείη.

*) Ita Jacobsonus e Cod. Vat. inscriptionem Epist. eccl. Smyrn. de
Alii Φιλίπποις. Cfr. I Clem. 1. et martyrio Polycarpi.

POLYCARPI EPISTOLA AD PHILIPPENSES. I. II.

I. *Laus ob benignitatem erga fratres vinctos et ob firmam fidem.*

Συνεχάρην ὑμῖν μεγάλως ἐν κυρίῳ ἡμῶν Ἰησῦ Χριστῷ, δεξαμένοις τὰ μιμήματα τῆς ἀληθῦς ἀγάπης, καὶ προπέμψασιν, ὡς ἐπέβαλεν ὑμῖν, τὸς ἐνειλημμένες τοῖς ἁγιοπρεπέσι δεσμοῖς, ἅτινά ἐστι διαδήματα τῶν ἀληθῶς ὑπὸ Θεῦ καὶ τῦ κυρίῦ ἡμῶν ἐκλελεγμένων· καὶ ὅτι ἡ βεβαία τῆς πίστεως ὑμῶν ῥίζα, [1] ἐξ ἀρχαίων καταγγελλομένη χρόνων, μέχρι νῦν διαμένει, καὶ καρποφορεῖ εἰς τὸν κύριον ἡμῶν Ἰησῦν Χριστόν, ὃς ὑπέμεινεν ὑπὲρ τῶν ἁμαρτιῶν ἡμῶν ἕως θανάτε καταντῆσαι, [2] „ὃν ἤγειρεν ὁ Θεὸς, λύσας τὰς ὠδῖνας τῦ ᾅδε." [3] „Εἰς ὃν ἐκ ἰδόντες πιστεύετε, πιστεύοντες δὲ ἀγαλλιᾶσθε χαρᾷ ἀνεκλαλήτῳ καὶ δεδοξασμένῃ·" εἰς ἣν πολλοὶ ἐπιθυμῦσιν εἰσελθεῖν, εἰδότες, ὅτι [4] „χάριτί ἐστε σεσωσμένοι, ἐκ ἐξ ἔργων," ἀλλὰ θελήματι Θεῦ, διὰ Ἰησῦ Χριστῦ.

II. *Adhortatio ad virtutem.*

[1] „Διὸ ἀναζωσάμενοι τὰς ὀσφύας [2] ὑμῶν" [3] „δυλεύσατε τῷ Θεῷ ἐν φόβῳ" καὶ ἀληθείᾳ, ἀπολιπόντες τὴν κενὴν ματαιολογίαν καὶ τὴν τῶν πολλῶν πλάνην, [4] „πιστεύσαντες εἰς τὸν ἐγείραντα τὸν κύριον ἡμῶν Ἰησῦν Χριστὸν ἐκ νεκρῶν, καὶ δόντα αὐτῷ δόξαν" καὶ θρόνον ἐκ δεξιῶν αὐτῦ· ᾧ ὑπετάγη τὰ πάντα ἐπυράνια καὶ ἐπίγεια· ᾧ πᾶσα πνοὴ λατρεύει· [5] ὃς ἔρχεται κριτὴς ζώντων καὶ νεκρῶν· ῦ τὸ αἷμα ἐκζητήσει ὁ Θεὸς ἀπὸ τῶν ἀπειθῶντων αὐτῷ. [6] Ὁ δὲ ἐγείρας αὐτὸν ἐκ νεκρῶν καὶ ἡμᾶς ἐγερεῖ, ἐὰν ποιῶμεν αὐτῦ τὸ θέλημα, καὶ πορευώμεθα ἐν ταῖς ἐντολαῖς αὐτῦ, καὶ ἀγαπῶμεν, ἃ ἠγάπησεν, [7] ἀπεχόμενοι πάσης ἀδικίας, πλεονεξίας, φιλαργυρίας, καταλαλιᾶς, ψευδομαρτυρίας· [8] „μὴ ἀποδιδόντες κακὸν ἀντὶ κακῦ, ἢ λοιδορίαν ἀντὶ λοιδορίας," ἢ γρόνθον ἀντὶ γρόνθυ, ἢ κατάραν ἀντὶ κατάρας· [9] μνημονεύοντες δὲ ὧν εἶπεν ὁ κύριος διδάσκων· [10] „μὴ κρίνετε, ἵνα μὴ κριθῆτε· [11] ἀφίετε, καὶ ἀφεθήσεται ὑμῖν· [12] ἐλεεῖτε, ἵνα ἐλεηθῆτε· [13] [ἐν] ᾧ μέτρῳ μετρεῖτε, ἀντιμετρηθήσεται ὑμῖν·" καὶ ὅτι [14] „μακά-

---

1 Phil. 1, 5. || 2 Act. 2, 24. || 3 I Petr. 1, 8. || 4 Ephes. 2, 8. 9. 1 I Petr. 1, 13. Ephes. 6, 14. || 2 Pronomen restituit Jacobsonus ex Codd. || 3 Ps. 2, 11. || 4 I Petr. 1, 21. Cfr. Ign. ad Smyrn. c. 7. ad Trall. c. 9. ad Smyrn. c. 2.: ὡς... ἑαυτὸν ἀνέστησεν. || 5 Cfr. Act. 17, 31. || 6 Cfr. I Cor. 6, 14. II Cor. 4, 14. Rom. 8, 11. || 7 Cfr. I Thess. 5, 22. || 8 I Petr. 3, 9. || 9 Ita JAC. ex Codd. pro vulg. μνημονεύσαντες. || 10 Matth. 7, 1. Simili fere modo varia loca ex Evangeliis in unum congessit Clem. Rom. I. c. 13. || 11 Luc. 6, 37. Matth. 6, 12. 14. || 12 Luc. 6, 36. || 13 Matth. 7, 2. Luc. 6, 38. Praepositionem ἐν, quam deletam vult Smithius, non agnoscunt Codd. Laur. Vat. JAC. || 14 Matth. 5, 3. 10.

ριοι οἱ πτωχοὶ καὶ οἱ διωκόμενοι ἕνεκεν δικαιοσύνης, ὅτι αὐτῶν ἐστιν ἡ βασιλεία τȣ̃ Θεȣ̃."

III. *Non arroganter haec scribo. Paulus praeceptor vester est.*

Ταῦτα, ἀδελφοὶ, ἐκ ἐμαυτῷ ἐπιτρέψας γράφω ὑμῖν περὶ τῆς δικαιοσύνης· ἀλλ' ἐπεὶ ὑμεῖς προεπεκαλέσασθέ με. Οὔτε γὰρ ἐγὼ, ἔτε ἄλλος ὅμοιος ἐμοὶ δύναται κατακολȣθῆσαι τῇ [1] σοφίᾳ τȣ̃ μακαρίȣ καὶ ἐνδόξȣ Παύλȣ· ὃς γενόμενος ἐν ὑμῖν, κατὰ πρόςωπον τῶν τότε ἀνθρώπων ἐδίδαξεν ἀκριβῶς καὶ βεβαίως τὸν περὶ ἀληθείας λόγον· ὃς καὶ ἀπὼν ὑμῖν ἔγραψεν [2] ἐπιστολὰς, εἰς ἃς ἐὰν ἐγκύπτητε, δυνηθήσεσθε οἰκοδομεῖσθαι εἰς τὴν δοθεῖσαν ὑμῖν πίστιν, [3] „ἥτις ἐστὶ μήτηρ πάντων [4] ἡμῶν," ἐπακολȣθȣ́σης τῆς ἐλπίδος, προαγȣ́σης τῆς ἀγάπης, τῆς εἰς Θεὸν καὶ Χριστὸν καὶ εἰς τὸν πλησίον. Ἐὰν γάρ τις τέτων ἐντὸς ᾖ [5], πεπλήρωκεν ἐντολὴν δικαιοσύνης· ὁ γὰρ ἔχων ἀγάπην, μακράν ἐστι πάσης ἁμαρτίας.

IV. *Fugiamus avaritiam; doceamus nos ipsos, uxores et viduas.*

[1] „Ἀρχὴ δὲ πάντων χαλεπῶν φιλαργυρία." Εἰδότες ȣ̃ν, ὅτι [2] „ȣ̓δὲν εἰσηνέγκαμεν εἰς τὸν κόσμον, ἀλλ' ȣ̓δὲ ἐξενεγκεῖν τι ἔχομεν," [3] ὁπλισώμεθα τοῖς ὅπλοις τῆς δικαιοσύνης, καὶ διδάξωμεν ἑαυτὲς πρῶτον, πορεύεσθαι ἐν τῇ ἐντολῇ τȣ̃ κυρίȣ· ἔπειτα καὶ τὰς γυναῖκας ὑμῶν ἐν τῇ δοθείσῃ αὐταῖς πίστει καὶ ἀγάπῃ καὶ ἁγνείᾳ, στεργȣ́σας τὲς ἑαυτῶν ἄνδρας ἐν πάσῃ ἀληθείᾳ, καὶ ἀγαπώσας πάντας ἐξ ἴσȣ ἐν πάσῃ ἐγκρατείᾳ, καὶ τὰ τέκνα [4] παιδεύειν τὴν παιδείαν τȣ̃ φόβȣ τȣ̃ Θεȣ̃· τὰς χήρας σωφρονȣ́σας περὶ τὴν τȣ̃ κυρίȣ πίστιν, ἐντυγχανȣ́σας [5] ἀδιαλείπτως περὶ πάντων, μακρὰν ȣ̓́σας πάσης διαβολῆς, καταλαλιᾶς, ψευδομαρτυρίας, φιλαργυρίας καὶ παντὸς κακȣ̃· γινωσκȣ́σας, ὅτι εἰσὶ [6] θυσιαστήριον Θεȣ̃, καὶ ὅτι πάντα [7] μωμοσκοπεῖται, καὶ λέληθεν αὐτὸν ȣ̓δὲν, ȣ̓́τε λογισμῶν, ȣ̓́τε ἐννοιῶν, ȣ̓́τε τι τῶν κρυπτῶν τῆς καρδίας.

---

1 Cfr. II Petr. 3, 15. ‖ 2 Epistolas de *una* epistola dici, monet *Cotelerius*, qui et plura exempla affert. Consentit ei *De Wette*, Einl. in d. N. T. §. 150. Not. d. ‖ 3 Gal. 4, 26. ‖ 4 Ita Jacobsonus ex tribus Codd. Alii ὑμῶν. ‖ 5 addendum πλήρης. Routh.

1 I Tim. 6, 10. ‖ 2 I Tim. 6, 7. ‖ 3 Cfr. Ephes. 6, 11. ‖ 4 Sc. διδάξωμεν ἑαυτές. ‖ 5 Cfr. I Thess. 5, 17. ‖ 6 Ita Jac. ex tribus Codd. et Vet. Interprete. Alii θυσιαστήρια. ‖ 7 Ita Jac. ex Cod. Vat. Alii ἡμῶν σκοπεῖται.

V. *Officia diaconorum, juvenum et virginum.*

Εἰδότες ἒν, ὅτι [1] „Θεὸς ὁ μυκτηρίζεται," ὀφείλομεν ἀξίως τῆς ἐντολῆς αὐτῦ καὶ δόξης περιπατεῖν. Ὁμοίως διάκονοι ἄμεμπτοι κατενώπιον αὐτῦ τῆς δικαιοσύνης, ὡς Θεῦ [2] καὶ Χριστῦ διάκονοι, καὶ ἐκ ἀνθρώπων· μὴ διάβολοι, μὴ [3] δίλογοι, ἀφιλάργυροι, ἐγκρατεῖς περὶ πάντα, εὔσπλαγχνοι, ἐπιμελεῖς, πορευόμενοι κατὰ τὴν ἀλήθειαν τῦ κυρίυ, ὃς ἐγένετο [4] διάκονος πάντων· ᾧ ἐὰν εὐαρεστήσωμεν ἐν τῷ νῦν αἰῶνι, ἀποληψόμεθα καὶ τὸν μέλλοντα, καθὼς ὑπέσχετο ἡμῖν ἐγεῖραι ἡμᾶς ἐκ νεκρῶν, καὶ ὅτι ἐὰν [5] πολιτευσώμεθα ἀξίως αὐτῦ, [6] „καὶ συμβασιλεύσομεν" αὐτῷ, εἴγε πιστεύομεν. Ὁμοίως καὶ νεώτεροι ἄμεμπτοι ἐν πᾶσι, πρὸ παντὸς προνοῦντες ἁγνείας, καὶ χαλιναγωγῦντες ἑαυτὺς ἀπὸ παντὸς κακῦ. Καλὸν γὰρ τὸ [7] ἀνακόπτεσθαι ἀπὸ τῶν ἐπιθυμιῶν [8] τῶν ἐν τῷ κόσμῳ, ὅτι πᾶσα [9] „ἐπιθυμία κατὰ τῦ πνεύματος στρατεύεται·" καὶ [10] „ὅτε πόρνοι, ὅτε μαλακοὶ, ὅτε ἀρσενοκοῖται βασιλείαν Θεῦ κληρονομήσουσιν," ὅτε οἱ ποιῦντες τὰ ἄτοπα. Διὸ δέον ἀπέχεσθαι ἀπὸ πάντων τύτων, [11] ὑποτασσομένυς τοῖς πρεσβυτέροις καὶ διακόνοις, ὡς Θεῷ καὶ Χριστῷ· τὰς παρθένυς ἐν ἀμώμῳ καὶ ἁγνῇ συνειδήσει περιπατεῖν.

VI. *Officia presbyterorum et officia communia.*

Καὶ οἱ πρεσβύτεροι δὲ εὔσπλαγχνοι, εἰς πάντας ἐλεήμονες, ἐπιστρέφοντες [1] τὰ ἀποπεπλανημένα, ἐπισκεπτόμενοι πάντας ἀσθενεῖς, μὴ ἀμελῦντες χήρας, ἢ ὀρφανῦ, ἢ πένητος· ἀλλὰ [2] „προνοῦντες ἀεὶ τῦ καλῦ ἐνώπιον Θεῦ καὶ ἀνθρώπων," ἀπεχόμενοι πάσης ὀργῆς, προσωποληψίας, κρίσεως ἀδίκυ· μακρὰν ὄντες πάσης φιλαργυρίας· μὴ ταχέως πιστεύοντες κατά τινος· μὴ ἀπότομοι ἐν κρίσει, εἰδότες, ὅτι πάντες ὀφειλέται ἐσμὲν ἁμαρτίας. [3] Εἰ ἂν δεόμεθα τῦ κυρίυ, ἵνα ἡμῖν ἀφῇ, ὀφείλομεν καὶ ἡμεῖς

---

1 Gal. 6, 7. || 2 Ita Jacobsonus cum tribus Codd. et Vet. Interprete. Alii ἐν Χριστῷ. || 3 Ita Jacobsonus e tribus Codd. Cfr. I Tim. 3, 8. || 4 Cfr. Matth. 20, 28. || 5 Cfr. Philipp. 1, 27. || 6 II Tim. 2, 12. Legendum βασιλεύσομεν cum Codd, non βασιλεύσωμεν cum Lib. impressis. JAC. 7 Ita Jacobsonus ex tribus Codd. et Vet. Interprete. Male alii ἀνακύπτεσθαι = emergere. || 8 Addidit Jacobsonus τῶν ex Cod. Vat. || 9 I Petr. 2, 11. || 10 I Cor. 6, 9. 10. || 11 Polycarpus episcopi non facit mentionem, quippe qui, verecundia impeditus, eum nollet cohortari. Vide ROTHE, *Anf.* p. 409 sq.

1 Lege τὺς ἀποπεπλανημένυς, nisi forte πρόβατα intelligatur. JUN. || 2 Rom. 12, 17. II Cor. 8, 21. || 3 Matth. 6, 12. 14.

ἀφιέναι· ἀπέναντι γὰρ τῶν τȣ̃ κυρίȣ καὶ Θεȣ̃ ἐσμὲν ὀφθαλμῶν, καὶ „⁴ πάντας δεῖ παραστῆναι τῷ βήματι τȣ̃ Χριστȣ̃, καὶ ἕκαστον ὑπὲρ ἑαυτȣ̃ λόγον δȣ̃ναι." Οὕτως ἂν δȣλεύσωμεν αὐτῷ μετὰ φόβȣ καὶ πάσης εὐλαβείας, καθὼς αὐτὸς ἐνετείλατο, καὶ οἱ εὐαγγελισάμενοι ⁵ ἡμῖν ἀπόστολοι, καὶ οἱ προφῆται, οἱ προκηρύξαντες τὴν ἔλευσιν τȣ̃ κυρίȣ ἡμῶν· ζηλωταὶ περὶ τὸ καλὸν, ἀπεχόμενοι τῶν σκανδάλων καὶ τῶν ψευδαδέλφων καὶ τῶν ἐν ὑποκρίσει ⁶ φερόντων τὸ ὄνομα τȣ̃ κυρίȣ, οἵτινες ἀποπλανῶσι κενȣ̀ς ἀνθρώπȣς.

VII. *Fugite Docetas, et perseverate in jejuniis et oratione.*

¹ „Πᾶς γὰρ, ὃς ἂν μὴ ὁμολογῇ, Ἰησοῦν Χριστὸν ἐν σαρκὶ ἐληλυθέναι, ἀντίχριστός ἐστι·" καὶ ὃς ἂν μὴ ὁμολογῇ τὸ μαρτύριον τȣ̃ σταυροῦ, ἐκ τοῦ διαβόλȣ ἐστί· καὶ ὃς ἂν μεθοδεύῃ τὰ λόγια τοῦ κυρίȣ πρὸς τὰς ἰδίας ἐπιθυμίας, καὶ λέγῃ, μήτε ἀνάστασιν μήτε κρίσιν εἶναι, οὗτος πρωτότοκός ἐστι τοῦ Σατανᾶ. Διὸ ² ἀπολείποντες τὴν ³ ματαιότητα τῶν πολλῶν καὶ τὰς ψευδοδιδασκαλίας, ἐπὶ τὸν ἐξ ἀρχῆς ἡμῖν ⁴ παραδοθέντα λόγον ἐπιστρέψωμεν, ⁵ „νήφοντες πρὸς τὰς εὐχὰς," καὶ προσκαρτεροῦντες νηστείαις, δεήσεσιν αἰτȣ́μενοι τὸν παντεπόπτην Θεὸν, ⁶ μὴ εἰσενεγκεῖν ἡμᾶς εἰς πειρασμὸν, καθὼς εἶπεν ὁ κύριος· ⁷ „τὸ μὲν πνεῦμα πρόθυμον, ἡ δὲ σὰρξ ἀσθενής."

VIII. *Perseverate in spe et in patientia.*

Ἀδιαλείπτως ȣ̓̃ν προσκαρτερῶμεν τῇ ἐλπίδι ἡμῶν καὶ τῷ ἀρραβῶνι τῆς δικαιοσύνης ἡμῶν, ὅς ἐστι Χριστὸς Ἰησοῦς, ¹ „ὃς ἀνήνεγκεν ἡμῶν τὰς ἁμαρτίας τῷ ἰδίῳ σώματι ἐπὶ τὸ ξύλον," ² „ὃς ἁμαρτίαν οὐκ ἐποίησεν, οὐδὲ εὑρέθη δόλος ἐν τῷ στόματι αὐτοῦ·" ἀλλὰ δι' ἡμᾶς, ³ ἵνα ζήσωμεν ἐν αὐτῷ, ⁴ πάντα ὑπέμεινε. Μιμηταὶ οὖν γενώμεθα τῆς ὑπομονῆς αὐτοῦ· καὶ ἐὰν ⁵ πάσχωμεν διὰ τὸ ὄνομα αὐτοῦ, ⁶ δοξάζωμεν αὐτόν. Τοῦτον γὰρ ἡμῖν τὸν ὑπογραμμὸν ἔθηκε δι' ἑαυτοῦ, καὶ ἡμεῖς ⁷ τοῦτο ἐπιστεύσαμεν.

4 Rom. 14, 10. 12. ‖ 5 Ms. ἡμᾶς. ‖
6 Cfr. Ign. ad Eph. c. 7: δόλῳ πονηρῷ τὸ ὄνομα περιφέρειν. JAC.
1 I Joh. 4, 3. ‖ 2 Ita ex tribus Codd. restituit Jacobsonus pro vulg. ἀπολιπόντες. ‖ 3 Cfr. supra c. 2. ‖
4 Cfr. Judae 3. ‖ 5 I Petr. 4, 7. ‖
6 Matth. 6, 13. Matth. 26, 41. ‖
7 Matth. 26, 41. Marc. 14, 38.

1 I Petr. 2, 24. ‖ 2 I Petr. 2, 22. ‖
3 Cfr. I Joh. 4, 9. ‖ 4 Cfr. Ign. ad Polyc. c. 3: τὸν κατὰ πάντα τρόπον δι' ἡμᾶς ὑπομείναντα. ‖ 5 Act. 5, 41. I Petr. 4, 16. ‖ 6 Ita Jacobsonus e Cod. Laur. Vulg. δοξάζομεν. ‖
7 L. τȣ́τῳ, vel, si retineatur τȣ̃το, subintellige εἶναι. SMITH.

IX. *Exerceatis patientiam exemplo Ignatii etc.*

¹ Παρακαλῶ οὖν πάντας ὑμᾶς πειθαρχεῖν τῷ ² λόγῳ τῆς δικαιοσύνης, καὶ ἀσκεῖν πᾶσαν ὑπομονὴν, ἣν ³ καὶ ἴδετε κατ᾽ ὀφθαλμοὺς, οὐ μόνον ἐν τοῖς μακαρίοις Ἰγνατίῳ καὶ ⁴ Ζωσίμῳ καὶ Ῥούφῳ, ἀλλὰ καὶ ἐν ἄλλοις τοῖς ἐξ ὑμῶν, καὶ ἐν αὐτῷ Παύλῳ καὶ τοῖς λοιποῖς ἀποστόλοις· ⁵ πεπεισμένος, ὅτι οὗτοι πάντες οὐκ ⁶ εἰς κενὸν ἔδραμον, ἀλλ᾽ ἐν πίστει καὶ δικαιοσύνῃ· καὶ ὅτι ⁷ εἰς τὸν ὀφειλόμενον αὐτοῖς τόπον εἰσὶ παρὰ τῷ κυρίῳ, ᾧ καὶ συνέπαθον. Οὐ γὰρ τὸν νῦν ἠγάπησαν αἰῶνα, ἀλλὰ τὸν ὑπὲρ ἡμῶν ἀποθανόντα, καὶ δι᾽ ἡμᾶς ὑπὸ ⁸ [τοῦ Θεοῦ ⁹ ἀναστανθέντα].

X. *Adhortatio ad virtutes.*

¹ In his ergo state, et Domini exemplar sequimini, firmi in fide et inmutabiles; ² fraternitatis amatores, diligentes invicem, in veritate sociati, mansuetudinem ³ Domini alterutri praestantes, nullum despicientes. Quum potestis benefacere, nolite differre, quia ⁴ *eleemosyna de morte liberat.* Omnes vobis invicem subjecti estote, ⁵ *conversationem vestram irreprehensibilem habentes in gentibus,* ut ex bonis operibus vestris et vos laudem accipiatis, et Dominus in vobis non blasphemetur. ⁶ Vae autem illi, per quem nomen Domini blasphematur. Sobrietatem ergo docete omnes; in qua et vos conversamini.

XI. *Contristatus sum pro Valente; cavete vobis ab avaritia.*

Nimis contristatus sum pro Valente, qui presbyter factus est aliquando apud vos; quod sic ignoret is locum, qui datus est ei.

1 Totus hic locus usque ad ἀναστάντα est ab Eusebio prolatus, H. E. III, 36. ‖ 2 I. q. *mandato.* Woch. ‖ 3 Καὶ ex tribus Codd. restituit Jacobsonus. ‖ 4 Teste martyrologio romano Philippis in Macedonia XVIII Decembris celebratur natalis S. S. Martyrum Rufi et Zosimi. ‖ 5 Conjunge haec cum παρακαλῶ. ‖ 6 Cfr. Philipp. 2; 16. Gal. 2, 2. ‖ 7 Cfr. I Clem. Rom. c. 5. ‖ 8 Haec posteriora verba, uncinis inclusa, ex Eusebii et Nicephori citatione supplevit Usserius. Codices Msti, nulla interposita distinctione post

ὑπὸ exhibent τὸν λαὸν κενὸν [i. e. καινὸν] ἑτοιμάζων κ. τ. λ., a quibus scilicet verbis incipiunt Barnabae quae graece supersunt. Jac. ‖ 9 Ita leg. pro ἀναστάντα, quod Eusebius habet. Usser.

1 Desiderantur Graeca, quae sequentibus respondeant, praeter pauca (c. XIII), quae servavit Eusebius. 2 Cfr. I Petr. 2, 17: τὴν ἀδελφότητα ἀγαπᾶτε. Jac. ‖ 3 *Domini* restituit Jacobsonus ex Cod. Laur. ‖ 4 Tob. 4, 10. 12, 9. ‖ 5 I Petr. 2, 12. ‖ 6 Cfr. Isai. 52, 5. et Ign. ad Trall. c. 8.

Moneo itaque vos, ut abstineatis ab [1] avaritia, et sitis casti et veraces. Abstinete vos ab omni malo. Qui autem in his non potest se gubernare, quomodo [2] alii pronunciat hoc? Si quis non abstinuerit se ab avaritia, ab idololatria coinquinabitur, et tamquam inter gentes judicabitur. Qui autem ignorant judicium Domini? [3] *An nescimus, quia sancti mundum judicabunt?* [4] sicut Paulus docet. [5] Ego autem nihil tale sensi in vobis, vel audivi, in quibus laboravit beatus Paulus, qui estis [[6] laudati] in principio epistolae ejus. De vobis etenim gloriatur in omnibus ecclesiis, quae Deum solae tunc cognoverant; [7] nos autem nondum noveramus. Valde ergo, fratres, contristor pro illo et pro conjuge ejus; quibus det Dominus poenitentiam veram. Sobrii ergo estote et vos in hoc; [8] *et non sicut inimicos tales existimetis*, sed sicut passibilia membra et errantia eos revocate, ut omnium vestrum corpus salvetis. Hoc enim agentes, [9] vos ipsos aedificatis.

XII. *Ignoscite ei. Deus vobis virtutes tribuat. Orate pro omnibus, etiam pro inimicis.*

Confido enim vos bene exercitatos esse in sacris literis, et nihil vos latet; [1] mihi autem non est concessum modo. Ut his scripturis dictum est, [2] *irascimini et nolite peccare*, et [3] *sol non occidat super iracundiam vestram*. Beatus, qui [4] meminerit; quod ego credo esse in vobis. Deus autem et Pater Domini nostri Jesu

---

[1] Presbyter iste pecunias pauperum avertisse videtur, cujus facinoris uxor ejus particeps fuerat. Woch. Jacobsono autem et aliis ὁ πλεονέκτης est = *adulter*, quia sua uxore non est contentus; ut docet *Suicerus* e Clem. Alex. Strom. III. p. 552; *avaritia* = πλεονεξία = *adulterium*, cujus flagitii et presbyter Valens et ejus uxor accusari videntur. ‖ 2 L. *aliis.* GALL. ‖ 3 I Cor. 6, 2. ‖ 4 Verba: *sicut Paulus docet* Credners (Einl. i. d. N. T. p. 445) suspecta sunt, quia Polycarpus nusquam nomen scriptoris ab ipso citati proferat. ‖ 5 Similia apud Ign. ad Magn. c. 11. et ad Trall. c. 8. ‖ 6 Hanc vocem addendam suadet Smithius. Laus ea reperitur Philipp. 1, 5 sq. ‖ 7 Per *nos* Polycarpum ipsum intelligit Usserius; rectius forsitan *Smyrnenses* Cotelerius, Smith., Ruchat. Cfr. Act. 16, 6. 12. cum 19, 10. JAC. ‖ 8 II Thess. 3, 15. ‖ 9 Cfr. I Cor. 12, 26.

1 Varie hunc locum explicuerunt viri docti. Mihi sensus esse videtur: *vos librorum sacrorum scientia polletis, qua ego adhuc non gaudeo. Igitur, ut in his libris dictum est, nolite ita irasci, ut peccetis.* ‖ 2 Ps. 4, 5. ‖ 3 Ephes. 4, 26. ‖ 4 Sc. hujus Scripturae sacrae mandati. Al. *crediderit.*

Christi, et ipse sempiternus pontifex, Dei filius Jesus Christus, aedificet vos in fide et veritate, et in omni mansuetudine, et sine iracundia, et in patientia et longanimitate et tolerantia et castitate; et det vobis sortem et partem inter sanctos suos, et nobis vobiscum et omnibus, qui sunt sub coelo, qui credituri sunt in Dominum nostrum Jesum Christum et in ipsius Patrem, qui [5] *resuscitavit eum a mortuis.* Pro omnibus sanctis orate. [6] Orate etiam pro regibus et potestatibus et principibus, [7] atque pro persequentibus et odientibus vos, et pro inimicis crucis; ut fructus vester manifestus sit in omnibus, ut sitis in illo perfecti.

XIII. *Epistolas vestras Antiochenis tradam. Vobis epistolas Ignatii mitto.*

[1] Ἐγράψατέ μοι καὶ ὑμεῖς καὶ [2] Ἰγνάτιος, ἵνα, ἐάν τις ἀπέρχηται εἰς [3] Συρίαν, καὶ τὰ παρ᾽ ὑμῶν ἀποκομίσῃ γράμματα· ὅπερ ποιήσω, ἐὰν λάβω καιρὸν εὔθετον, εἴτε ἐγὼ, εἴτε ὃν πέμψω πρεσβεύσοντα καὶ περὶ ὑμῶν. [4] Τὰς ἐπιστολὰς Ἰγνατίυ τὰς πεμφθείσας ἡμῖν ὑπ᾽ αὐτοῦ, καὶ ἄλλας, ὅσας εἴχομεν παρ᾽ ἡμῖν, ἐπέμψαμεν ὑμῖν, καθὼς ἐνετείλασθε· αἵτινες ὑποτεταγμέναι εἰσὶ τῇ ἐπιστολῇ ταύτῃ· ἐξ ὧν μεγάλα ὠφεληθῆναι δυνήσεσθε. Περιέχυσι γὰρ πίστιν καὶ ὑπομονὴν καὶ πᾶσαν οἰκοδομὴν, τὴν εἰς τὸν κύριον ἡμῶν ἀνήκυσαν.

[5] Et de ipso [6] Ignatio, et de his, qui cum eo sunt, quod certius agnoveritis, significate.

---

5 Gal. 1, 1. || 6 Cfr. I Tim. 2, 2. || 7 Cfr. Matth. 5, 44.
1 Habentur haec Graeca apud Eusebium H. E. III, 36. Cfr. supra c. 10. Cfr. de hoc capite ROTHE, *Anf.* p. 483. || 2 Vide Ign. ad Polyc. c. 8. || 3 I. e. *Antiochiam.* Ignatius (c. 7.) Polycarpo mandaverat, ut ipse legatum ad ecclesiam Antiochenam mitteret, ob pacem restitutam, et (c. 8.) ut huic legato simul epistolas aliarum ecclesiarum gratulatorias traderet. Praeter hoc Ignatii mandatum Philippenses quoque ipsi Polycarpum precibus adierant, ut ipsorum epistolam suo legato traderet ad Antiochenos perferendam. His votis se responsurum esse Ignatius pollicetur. || 4 Designantur duae Ignatii epistolae; una ad Polycarpum, altera ad Polycarpi seu Smyrnensem ecclesiam. COT. || 5 Haec iterum apud solum veterem Interpretem exstant. || 6 Polycarpus de morte Ignatii jam certior factus erat (vide c. 9.), sed circumstantias, dicta etc., ut videtur, ignorabat. JAC.

XIV. *Commendo vobis Crescentem. Valete.*

Haec vobis scripsi per Crescentem, quem in **1** praesentem diem commendavi vobis, et nunc commendo. Conversatus est enim nobiscum inculpabiliter; credo quia et vobiscum similiter. Sororem autem ejus habebitis commendatam, quum venerit ad vos. Incolumes estote in Domino Jesu Christo. **2** Gratia cum omnibus vobis. Amen.

1 Ita Jacobsonus. Vulg. *in prae-* hanc diem. || **2** Ita Jacobsonus. Vulg. *senti*. Fortasse Polycarpus scripsit: *in gratia cum omnibus vestris, μέχρι τȣ̃ παρόντος, semper, usque ad*

ΤΗΣ ΣΜΥΡΝΑΙΩΝ ΕΚΚΛΗΣΙΑΣ

ΠΕΡΙ

ΜΑΡΤΥΡΙΟΥ ΤΟΥ ΑΓΙΟΥ ΠΟΛΥΚΑΡΠΟΥ

ΕΠΙΣΤΟΛΗ ΕΓΚΥΚΛΙΚΟΣ *).

Ἡ ἐκκλησία τοῦ Θεοῦ, ἡ παροικοῦσα Σμύρναν, τῇ ἐκκλησίᾳ τοῦ Θεοῦ, τῇ παροικούσῃ ἐν **1** Φιλομηλίῳ, καὶ πάσαις ταῖς κατὰ πάντα τόπον τῆς ἁγίας καὶ **2** καθολικῆς ἐκκλησίας παροικίαις· ἔλεος, εἰρήνη καὶ ἀγάπη ἀπὸ Θεοῦ Πατρὸς καὶ τοῦ κυρίȣ ἡμῶν Ἰησοῦ Χριστοῦ πληθυνθείη.

I. *De martyrio Polycarpi et sociorum scribimus.*

Ἐγράψαμεν ὑμῖν, ἀδελφοί, τὰ κατὰ τοὺς μαρτυρήσαντας, καὶ τὸν μακάριον Πολύκαρπον, ὅστις ὥσπερ ἐπισφραγίσας τῇ μαρτυρίᾳ αὐτοῦ κατέπαυσε τὸν διωγμόν. Σχεδὸν γὰρ πάντα τὰ προάγοντα ἐγένετο, ἵνα ἡμῖν ὁ κύριος ἄνωθεν ἐπιδείξῃ τὸ κατὰ τὸ εὐαγγέλιον μαρτύριον. Περιέμενεν γάρ, ἵνα παραδοθῇ, ὡς καὶ ὁ κύριος, ἵνα μιμηταὶ καὶ ἡμεῖς αὐτοῦ γενώμεθα, μὴ μόνον σκοποῦντες τὸ καθ' ἑαυτούς, ἀλλὰ καὶ τὸ κατὰ τοὺς πέλας. Ἀγάπης γὰρ ἀληθοῦς καὶ βεβαίας ἐστίν, μὴ μόνον ἑαυτὸν θέλειν σώζεσθαι, ἀλλὰ καὶ πάντας τοὺς ἀδελφούς.

*) Cfr. *Neander*, K.G. I. p. 107 sqq. et Euseb. H. E. IV, 15. **1** Ita legendum cum Cod. Vindob., cum Vet. Int. et Euseb. H. E. IV, 15. Reliqui Codd. Φιλαδελφίᾳ. JAC. Philomelium est urbs Phrygiae. || **2** Cfr. Ign. ad Smyrn. c. 8.

II. *Martyrum mira constantia.*

Μακάρια μὲν οὖν καὶ γενναῖα τὰ μαρτύρια πάντα, τὰ κατὰ τὸ θέλημα τοῦ Θεοῦ γεγονότα. [1] Δεῖ γὰρ εὐλαβεστέρες ἡμᾶς ὑπάρχοντας, τῷ Θεῷ τὴν κατὰ πάντων ἐξεσίαν [2] ἀνατιθέναι. [3] Τὸ γὰρ γενναῖον αὐτῶν καὶ ὑπομονητικὸν καὶ φιλοδέσποτον, τίς οὐκ ἂν θαυμάσειεν· οἳ μάστιξι μὲν καταξανθέντες, ὥστε μέχρι τῶν ἔσω φλεβῶν καὶ ἀρτηριῶν τὴν τῆς σαρκὸς οἰκονομίαν θεωρεῖσθαι, ὑπέμειναν, ὡς καὶ τοὺς περιεστῶτας ἐλεεῖν καὶ ὀδύρεσθαι· τοὺς δὲ καὶ εἰς τοσοῦτον γενναιότητος ἐλθεῖν, ὥστε μήτε γρύξαι μήτε στενάξαι τινὰ αὐτῶν, ἐπιδεικνυμένες ἅπασιν ἡμῖν, ὅτι ἐν ἐκείνῃ τῇ ὥρᾳ βασανιζόμενοι, τῆς σαρκὸς ἀπεδήμεν οἱ μάρτυρες τοῦ Χριστοῦ, μᾶλλον δὲ, ὅτι παρεστὼς ὁ κύριος ὡμίλει αὐτοῖς. Καὶ προσέχοντες τῇ τοῦ Χριστοῦ χάριτι τῶν κοσμικῶν κατεφρόνεν βασάνων, διὰ μιᾶς ὥρας τὴν αἰώνιον κόλασιν ἐξαγοραζόμενοι. Καὶ τὸ πῦρ ἦν αὐτοῖς ψυχρὸν τὸ τῶν ἀπηνῶν βασανιστῶν. Πρὸ ὀφθαλμῶν γὰρ εἶχον φυγεῖν τὸ αἰώνιον καὶ μηδέποτε σβεννύμενον πῦρ, καὶ τοῖς τῆς καρδίας ὀφθαλμοῖς ἀνέβλεπον τὰ τηρούμενα τοῖς ὑπομείνασιν ἀγαθά, [4] „ἃ οὔτε οὖς ἤκεσεν, οὔτε ὀφθαλμὸς ἴδεν, οὔτε ἐπὶ καρδίαν ἀνθρώπε ἀνέβη,“ ἐκείνοις δὲ ὑπεδείκνυτο ὑπὸ τοῦ κυρίε, οἵπερ μηκέτι ἄνθρωποι, ἀλλ᾽ ἤδη ἄγγελοι ἦσαν. Ὁμοίως δὲ καὶ εἰς τὰ θηρία κριθέντες [5] ὑπέμειναν δεινὰς κολάσεις, κήρυκας μὲν ὑποστρωννύμενοι, καὶ ἄλλαις ποικίλαις βασάνοις κολαφιζόμενοι, ἵνα, εἰ δυνηθείη, ὁ τύραννος διὰ τῆς ἐπιμόνε κολάσεως εἰς ἄρνησιν αὐτοὺς τρέψῃ.

III. *Germanici constantia. Polycarpi mors postulatur.*

Πολλὰ γὰρ ἐμηχανᾶτο κατ᾽ αὐτῶν ὁ διάβολος. Ἀλλὰ χάρις τῷ Θεῷ· κατὰ πάντων γὰρ οὐκ ἴσχυσεν. Ὁ γὰρ γενναιότατος [1] Γερμανικὸς ἐπερρώννυεν αὐτῶν τὴν δειλίαν διὰ τῆς ἐν αὐτῷ ὑπομονῆς· ὃς καὶ ἐπισήμως ἐθηριομάχησεν. Βελόμενε γὰρ τοῦ [2] ἀνθυπάτε πείθειν αὐτὸν, καὶ [3] λέγοντος, τὴν ἡλικίαν αὐτοῦ

---

1 Ita Jacobsonus e Cod. Vindob. Male Editi: καὶ γὰρ, sensu plane nullo. Coterlerius e conjectura χρὴ ad oram libri posuerat. Sensus est: *quum Dei voluntate omnia regantur, etiam Polycarpus et socii juxta divinam voluntatem martyrio sunt coronati.* ‖ 2 Ita Jacobsonus, qui multis locis textum e Codice Vindobonensi emendavit. ‖ 3 Probatur nunc, quod initio capitis dictum est, martyria illa fuisse beata et generosa. ‖ 4 1 Cor. 2, 9. ‖ 5 Ita Jacobsonus e Codd. Vindob. et Paris. In Editis pro ὑπέμειναν legitur χρόνον. 1 Ejus memoriam Jan. 19. Latinorum celebrant martyrologia. USSER. 2 Nomen proconsulis, Lucii Statii Quadrati, habes infra c. 21. ‖ 3 Ita dedit Jacobsonus e Cod. Paris. Editi:

κατοικτεῖραι, ἑαυτῷ ἐπεσπάσατο τὸ θηρίον προσβιασάμενος, τάχιον τοῦ ἀδίκε καὶ ἀνόμε βίε αὐτῶν ἀπαλλαγῆναι βελόμενος. Ἐκ τούτε οὖν πᾶν τὸ πλῆθος, [4] θαυμάσαν τὴν γενναιότητα τοῦ θεοφιλοῦς καὶ θεοσεβοῦς γένες τῶν Χριστιανῶν, ἐπεβόησεν· „αἶρε τοὺς ἀθέους· ζητείσθω Πολύκαρπος."

IV. *Quintus apostata.*

Εἷς δὲ, ὀνόματι Κόϊντος, Φρὺξ, προσφάτως ἐληλυθὼς ἀπὸ τῆς Φρυγίας, ἰδὼν τὰ θηρία ἐδειλίασεν. Οὗτος δὲ ἦν ὁ παραβιασάμενος ἑαυτόν τε καὶ τινας [1] προσελθεῖν ἑκόντας. Τοῦτον ὁ ἀνθύπατος, πολλὰ ἐκλιπαρήσας, ἔπεισεν ὀμόσαι καὶ ἐπιθῦσαι. Διὰ τοῦτο οὖν, ἀδελφοὶ, οὐκ ἐπαινοῦμεν τοὺς [2] προσδιδόντας ἑαυτούς· ἐπειδὴ οὐχ οὕτως [3] διδάσκει τὸ εὐαγγέλιον.

V. *Polycarpi secessus et visio.*

Ὁ δὲ θαυμασιώτατος Πολύκαρπος, τὸ μὲν πρῶτον ἀκούσας οὐκ ἐταράχθη, ἀλλ᾽ ἐβούλετο κατὰ πόλιν μένειν· οἱ δὲ πλείες ἔπειθον αὐτὸν ὑπεξελθεῖν. Καὶ ὑπεξῆλθεν εἰς ἀγρίδιον, οὐ μακρὰν ἀπέχον ἀπὸ τῆς πόλεως· καὶ [1] διέτριβε μετ᾽ ὀλίγων, νύκτα καὶ ἡμέραν οὐδὲν ἕτερον ποιῶν, ἢ προσευχόμενος περὶ πάντων, καὶ τῶν κατὰ τὴν οἰκεμένην ἐκκλησιῶν· ὅπερ ἦν σύνηθες αὐτῷ. Καὶ προσευχόμενος ἐν ὀπτασίᾳ γέγονε πρὸ τριῶν ἡμερῶν τοῦ συλληφθῆναι αὐτόν· καὶ εἶδεν προσκεφάλαιον αὐτοῦ ὑπὸ πυρὸς κατακαιόμενον. Καὶ στραφεὶς εἶπεν πρὸς τοὺς συνόντας αὐτῷ προφητικῶς· „δεῖ με ζῶντα [2] καυθῆναι."

VI. *Ignatius a servulo proditur. Herodes irenarcha.*

Καὶ ἐπιμενόντων τῶν ζητούντων αὐτὸν, μετέβη εἰς ἕτερον ἀγρίδιον· καὶ εὐθέως ἐπέστησαν οἱ ζητοῦντες αὐτόν. Καὶ μὴ εὑρόντες, συνελάβοντο παιδάρια δύο, ὧν τὸ ἕτερον βασανιζόμενον ὡμολόγησεν. [1] Ἦν γὰρ καὶ ἀδύνατον λαθεῖν αὐτὸν, ἐπεὶ καὶ οἱ

λέγειν. || 4 Ita Jac. e Codd. Vindob. et Paris. reposuit pro vulg. θαυμάσας.

1 I. e. sponte se persecutoribus offerrent.||2 Ita Jac. Editi: προσιόντας ἑαυτοῖς.|| 3 Jubet enim potius Evangelium, fugere ad aliam civitatem (Matth. 10, 23.); ita tamen, ut, si fugere non liceat, mors constanter feratur. CLER.

1 Ita Jac. e Cod. Paris. Editi: ἔτριβε.|| 2 Ita Jac. e Codd. Vindob. Paris. et Barocc. Editi: κατακαυθῆναι.

1 *Ἦν γὰρ — ὑπῆρχον* ex interpolatoris manu esse censet Dalrymplaeus. JAC. || 2 Irenarchae munus erat, seditiosos homines et pacis publicae turbatores comprehendere. VALES.

προδιδόντες αὐτὸν οἰκεῖοι ὑπῆρχον. Καὶ ὁ ² εἰρήναρχος, ὁ καὶ ³ κληρονόμος, τὸ αὐτὸ ⁴ ὄνομα, Ἡρώδης ἐπιλεγόμενος, ἔσπευδεν εἰς τὸ στάδιον αὐτὸν εἰσαγαγεῖν· ἵνα ἐκεῖνος μὲν τὸν ἴδιον κλῆρον ἀπαρτίσῃ, Χριστοῦ κοινωνὸς γενόμενος· οἱ δὲ προδόντες αὐτὸν τὴν ⁵ αὐτοῦ τοῦ Ἰούδα ὑπόσχοιεν τιμωρίαν.

VII. *Ignatius a persecutoribus invenitur.*

Ἔχοντες οὖν τὸ παιδάριον, τῇ παρασκευῇ, δείπνϑ ὥρᾳ, ἐξῆλθον διωγμῖται καὶ ἱππεῖς, μετὰ τῶν συνήθων αὐτοῖς ὅπλων, ¹ „ὡς ἐπὶ λῃστὴν τρέχοντες." Καὶ ὀψὲ τῆς ὥρας ² συνεπελθόντες, ἐκεῖνον μὲν εὗρον ἐν τινὶ δωματίῳ κατακείμενον, ³ ἐν ὑπερῴῳ· κἀκεῖθεν ἠδύνατο εἰς ἕτερον χωρίον ἀπελθεῖν, ἀλλ' οὐκ ἐβελήθη, εἰπών· ⁴ „τὸ θέλημα τοῦ ⁵ Θεοῦ γενέσθω." Ἀκούσας ⁶ δὲ αὐτοὺς παρόντας, καὶ καταβὰς, διελέχθη αὐτοῖς· θαυμαζόντων τῶν παρόντων τὴν ἡλικίαν αὐτοῦ καὶ τὸ εὐσταθὲς, ⁷ καὶ ὅτι τοσαύτη σπϑδῇ ἐχρήσαντο τοῦ συλληφθῆναι τοιοῦτον πρεσβύτην ἄνδρα. Εὐθέως οὖν αὐτοῖς ἐκέλευσε παρατεθῆναι φαγεῖν καὶ πιεῖν ἐν ἐκείνῃ τῇ ὥρᾳ, ὅσον ἂν βούλωνται· ἐξῃτήσατο δὲ αὐτοὺς, ἵνα δῶσιν αὐτῷ ὥραν πρὸς τὸ προσεύξασθαι ἀδεῶς. Τῶν δὲ ἐπιτρεψάντων, σταθεὶς προσηύξατο, πλήρης ὢν τῆς χάριτος τοῦ Θεοῦ, οὕτως, ὥστε ἐπὶ δύο ὥρας μὴ δύνασθαι σιωπῆσαι, καὶ ἐκπλήττεσθαι τοὺς ἀκούοντας, πολλούς τε μετανοεῖν ἐπὶ τῷ ἐληλυθέναι ἐπὶ τοιοῦτον θεοπρεπῆ πρεσβύτην.

VIII. *Ignatius in urbem ducitur.*

Ὡς δὲ κατέπαυσε τὴν προσευχὴν, μνημονεύσας ἁπάντων καὶ τῶν ¹ πώποτε συμβεβηκότων αὐτῷ, μικρῶν τε καὶ μεγάλων, ἐνδόξων τε καὶ ἀδόξων, καὶ ἁπάσης τῆς κατὰ τὴν οἰκϑμένην καθολικῆς ἐκκλησίας, τῆς ὥρας ἐλθϑσης τϑ ἐξιέναι, ἐν ὄνῳ καθίσαντες αὐτὸν, ἦγον εἰς τὴν πόλιν, ὄντος ² σαββάτϑ μεγάλϑ. Καὶ

3 Κληρονόμοι sunt *magistratus*, sorte electi. Cot. Mihi idem magistratus tum εἰρήναρχος, tum κληρονόμος vocatus fuisse videtur. || 4 Ὄνομα, ut saepius=*munus, officium, honor.*||
5 F. αὐτήν. Jac.
1 Matth. 26, 55. || 2 Ita Usserius et Smithius ex Eusebii (H. E. IV, 15.) lectione ἐπελθόντες corrigendum esse putant. Editi: συναπελθόντες.||3 Praepositionem ἐν ab aliis omissam reposuit Jacobsonus e Cod. Vindob. ||
4 Cfr. Matth. 6, 10. Act. 21, 14.||
5 Ita Jac. e tribus Codd. Vulg. κυρίϑ.||
6 Ita Jac. e. Vind. et Codd. Paris. Vulg. ἀκϑσας ϑν τϑς παρόντας. ||
7 Ita Jac. e Cod. Paris. Vulg.: εὐσταθές, τινὲς ἔλεγον· ἢ τοσαύτη σπϑδή, ἢ τϑ συλληφθῆναι τοιϑτον πρεσβύτην ἄνδρα ἦν;

1 Ita Jac. e tribus Codd. Vulg. ποτέ.

ὑπήντα αὐτῷ ὁ εἰρήναρχος Ἡρώδης, καὶ ὁ πατὴρ αὐτῦ Νικήτης [3] ἐπὶ τὸ ὄχημα, οἳ καὶ μεταθέντες αὐτὸν ἐπὶ τὴν καρῦχαν, ἔπειθον παρακαθεζόμενοι καὶ λέγοντες· „τί γὰρ κακόν ἐστιν εἰπεῖν, [4] κύριος Καῖσαρ, καὶ ἐπιθῦσαι, καὶ τὰ τέτοις ἀκόλυθα, καὶ διασώζεσθαι;" Ὁ δὲ τὰ μὲν πρῶτα οὐκ ἀπεκρίνατο αὐτοῖς· ἐπιμενόντων δὲ αὐτῶν, ἔφη· „ὃ μέλλω ποιεῖν, ὃ συμβυλεύετέ μοι." Οἱ δὲ ἀποτυχόντες τῦ πεῖσαι αὐτόν, δεινὰ ῥήματα ἔλεγον αὐτῷ, καὶ μετὰ σπυδῆς καθῄρυν αὐτὸν [5] ἀπὸ τῦ ὀχήματος, ὡς καὶ κατιόντα ἀπὸ τῆς καρύχας ἀποσυρῆναι τὸ ἀντικνήμιον. Καὶ μὴ ἐπιστραφεὶς, ὡς ὐδὲν πεπονθὼς, προθύμως μετὰ σπυδῆς ἐπορεύετο, ἀγόμενος εἰς τὸ στάδιον, θορύβυ τηλικύτυ ὄντος ἐν τῷ σταδίῳ, ὡς μηδὲ ἀκυσθῆναί τινα δύνασθαι.

IX. *Polycarpus Christo Domino suo non maledicit.*

Τῷ δὲ Πολυκάρπῳ, εἰσιόντι εἰς τὸ στάδιον, φωνὴ ἐξ ὐρανῦ ἐγένετο· „ἴσχυε καὶ ἀνδρίζυ, Πολύκαρπε." Καὶ τὸν μὲν εἰπόντα ὐδεὶς εἶδεν, τὴν δὲ φωνὴν τῶν ἡμετέρων οἱ παρόντες ἤκυσαν. Καὶ [¹ λοιπὸν] προσαχθέντος αὐτῦ, θόρυβος ἦν μέγας ἀκυσάντων, ὅτι Πολύκαρπος συνείληπται. Λοιπὸν προσαχθέντα αὐτὸν ἀνηρώτα ὁ ἀνθύπατος, εἰ αὐτός εἴη Πολύκαρπος. Τῦ δὲ ὁμολογῦντος, ἔπειθεν ἀρνεῖσθαι, λέγων· „αἰδέσθητί συ τὴν ἡλικίαν," καὶ ἕτερα τέτοις ἀκόλυθα, ὡς ἔθος αὐτοῖς [²] λέγειν· „ὄμοσον τὴν Καίσαρος τύχην, μετανόησον, [³] εἰπέ· αἶρε τὺς ἀθέυς." Ὁ δὲ Πολύκαρπος ἐμβριθεῖ τῷ προσώπῳ εἰς πάντα τὸν ὄχλον τῶν ἐν τῷ σταδίῳ ἀνόμων ἐθνῶν ἐμβλέψας, καὶ ἐπισείσας αὐτοῖς τὴν χεῖρα, στενάξας τε καὶ ἀναβλέψας εἰς τὸν ὐρανὸν, εἶπεν· „αἶρε τὺς [4] ἀθέυς." Ἐγκειμένυ δὲ τῦ ἀνθυπάτυ καὶ λέγοντος· „ὄμοσον, καὶ ἀπολύω σε, λοιδόρησον τὸν Χριστόν·" Πολύκαρπος ἔφη· „ὀγδοήκοντα καὶ ἓξ ἔτη ἔχω δυλεύων αὐτῷ, καὶ ὐδέν με ἠδίκησεν· καὶ πῶς δύναμαι βλασφημῆσαι τὸν βασιλέα μυ, τὸν σώσαντά με;"

X. *Polycarpus se Christianum profitetur et de Christo loqui vult.*

Ἐπιμένοντος δὲ πάλιν αὐτῦ καὶ λέγοντος· „ὄμοσον τὴν Καίσαρος τύχην," ἀπεκρίνατο· „εἰ κενοδοξεῖς, ἵνα ὀμόσω τὴν Καίσαρος

2 I. e. *Vigilia Paschatis.* ‖ 3 Ἐπὶ τὸ ὄχημα glossema esse videtur. JAC. 4 Codices omnes habent κύριος. Editi: κύριε. JAC. ‖ 5 Ἀπὸ τῦ ὀχήματος glossema esse videtur. JAC.
1 Vocem λοιπὸν, quae statim re-

currit, uncinis inclusit Jacobsonus. ‖ 2 Ita Jac. e Cod. Vindob. Editi: λέγων. ‖ 3 I. e. Unacum paganis Christianorum optes interitum. ‖ 4 I. e. *paganos persecutores.*

τύχην, ώς σὺ λέγεις, ¹ προσποιεῖ δὲ ἀγνοεῖν με, τίς εἰμι· μετὰ παρρησίας ἄκυε, Χριστιανός εἰμι. Εἰ δὲ μαθεῖν θέλεις τὸν τῦ Χριστιανισμῦ λόγον, δός ἡμέραν, καὶ ἄκυσον." Ὁ ἀνθύπατος ἔφη· ² „πεῖσον τὸν δῆμον." Ὁ δὲ Πολύκαρπος εἶπεν· „σὲ μὲν καὶ λόγυ ἠξίωσα· δεδιδάγμεθα γὰρ ³ ἀρχαῖς καὶ ἐξυσίαις ὑπὸ τῦ Θεῦ τεταγμέναις τιμὴν κατὰ τὸ προσῆκον, τὴν μὴ βλάπτυσαν ἡμᾶς, ἀπονέμειν· ἐκείνυς δὲ ὐχ ἡγῦμαι ἀξίυς, τῦ ἀπολογεῖσθαι αὐτοῖς."

XI. *Nec bestiarum nec ignis minae Polycarpum perterrent.*

Ὁ δὲ ἀνθύπατος πρὸς αὐτὸν εἶπε· „θηρία ἔχω, τύτοις σε παραβαλῶ, ἐὰν μὴ μετανοήσῃς." Ὁ δὲ εἶπεν· „κάλει, ἀμετάθετος γὰρ ἡμῖν ἡ ἀπὸ τῶν κρειττόνων ἐπὶ τὰ χείρω μετάνοια· καλὸν δὲ μετατίθεσθαί με ἀπὸ τῶν χαλεπῶν ἐπὶ τὰ δίκαια." Ὁ δὲ πάλιν πρὸς αὐτόν· „πυρί σε ποιῶ δαπανηθῆναι, εἰ τῶν θηρίων καταφρονεῖς, ἐὰν μὴ μετανοήσῃς." Ὁ δὲ Πολύκαρπος· „πῦρ ἀπειλεῖς τὸ πρὸς ὥραν καιόμενον, καὶ μετ᾽ ὀλίγον σβεννύμενον· ἀγνοεῖς γὰρ τὸ τῆς μελλύσης κρίσεως καὶ αἰωνίυ κολάσεως τοῖς ἀσεβέσι τηρύμενον πῦρ. Ἀλλὰ τί βραδύνεις; Φέρε, ὃ βύλει."

XII. *Polycarpus ad rogum damnatur.*

Ταῦτα δὲ καὶ ἄλλα πλείονα λέγων, θάρσυς καὶ χαρᾶς ἐνεπίμπλατο, καὶ τὸ πρόσωπον αὐτῦ χάριτος ἐπληρῦτο, ὥστε ὐ μόνον μὴ συμπεσεῖν, ¹ ταραχθέντα ὑπὸ τῶν λεγομένων πρὸς αὐτόν, ἀλλὰ τὐναντίον τὸν ἀνθύπατον ἐκστῆναι, πέμψαι τε τὸν ἑαυτῦ κήρυκα, ἐν μέσῳ τῷ σταδίῳ κηρῦξαι τρίτον· „Πολύκαρπος ὡμολόγησεν ἑαυτὸν Χριστιανὸν εἶναι." Τύτυ λεχθέντος ὑπὸ τῦ κήρυκος, ἅπαν τὸ πλῆθος ἐθνῶν τε καὶ Ἰυδαίων τῶν τὴν Σμύρναν κατοικύντων, ἀκατασχέτῳ θυμῷ καὶ μεγάλῃ φωνῇ ἐπεβόα· „ὐτός ἐστιν ὁ τῆς ² ἀσεβείας διδάσκαλος, ὁ πατὴρ τῶν Χριστιανῶν, ὁ τῶν ἡμετέρων θεῶν καθαιρέτης, ὁ πολλὺς διδάσκων μὴ θύειν, μηδὲ προσκυνεῖν τοῖς θεοῖς." Ταῦτα λέγοντες ἐπεβόων καὶ ἠρώτων τὸν ³ Ἀσιάρχην Φίλιππον, ἵνα ἐπαφῇ τῷ Πολυκάρπῳ

1 Ita Jac. e Codd. Barocc. et Vindob. Editi: προςποιεῖς, male. ‖ 2 I. e. *audire te volo, si a populo prolationem supplicii poteris impetrare.* Neandro proconsul Ignatium servare voluisse videtur. Vide ejus K.G. I. p. 107 — 110. ‖ 3 Cfr. Rom. 13, 1. 7. Tit. 3, 1.

1 Ita Jac. e Codd. Vindob. et Paris. Editi: ταραχθέντα. ‖ 2 Pro ἀσεβείας restituendum esse Ἀσίας, Eusebii, Rufini et Veteris Interpretis consentiens hic evincit auctoritas. USSER. et alii. ‖ 3 *Asiarchae* erant, qui ludos sacros in honorem Deorum pro salute provinciae suae

λέοντα. Ὁ δὲ Φίλιππος ἔφη, μὴ εἶναι ἐξὸν αὐτῷ, ἐπειδὴ [4] πεπληρώκει τὰ κυνηγέσια. Τότε ἔδοξεν αὐτοῖς ὁμοθυμαδὸν ἐπιβοῆσαι, ὥστε τὸν Πολύκαρπον [5] ζῶντα κατακαυθῆναι. Ἔδει γὰρ τὸ τῆς φανερωθείσης ἐπὶ τῦ προσκεφαλαίϐ ὀπτασίας πληρωθῆναι, ὅτε ἰδὼν αὐτὸ καιόμενον προσευχόμενος, εἶπεν ἐπιστραφεὶς τοῖς σὺν αὐτῷ πιστοῖς προφητικῶς· „δεῖ με ζῶντα κατακαυθῆναι."

XIII. Rogus exstruitur.

Ταῦτα ὖν μετὰ τοσϐτϐ τάχϐς ἐγίνετο, θᾶττον τϐ λεχθῆναι, τῶν ὄχλων παραχρῆμα συναγόντων ἔκ τε τῶν ἐργαστηρίων καὶ βαλανείων ξύλα καὶ φρύγανα· μάλιστα Ἰϐδαίων προθύμως, ὡς ἔθος αὐτοῖς, εἰς ταῦτα ὑπϐργϐντων. Ὅτε δὲ ἡ πυρκαϊὰ ἡτοιμάσθη, ἀποθέμενος ἑαυτῷ πάντα τὰ ἱμάτια, καὶ λύσας τὴν ζώνην αὐτϐ, ἐπειρᾶτο καὶ ὑπολύειν ἑαυτόν· μὴ πρότερον τϐτο ποιῶν, διὰ τὸ ἀεὶ ἕκαστον τῶν πιστῶν σπϐδάζειν, ὅστις τάχιον τϐ χρωτὸς αὐτϐ ἅψηται· [1] παντὶ γὰρ καλῷ, ἀγαθῆς ἕνεκεν πολιτείας, καὶ πρὸ τῆς μαρτυρίας ἐκεκόσμητο. Εὐθέως ὖν αὐτῷ περιετίθετο τὰ πρὸς τὴν πυρὰν ἡρμοσμένα [2] ὄργανα. Μελλόντων δὲ αὐτῶν καὶ [3] προσηλϐν, εἶπεν· „ἄφετέ με ὕτως· ὁ γὰρ δύς μοι ὑπομεῖναι τὸ πῦρ, δώσει καὶ χωρὶς τῆς ὑμετέρας ἐκ τῶν ἥλων ἀσφαλείας, ἀσάλευτον ἐπιμεῖναι τῇ πυρᾷ.

XIV. Polycarpi precatio.

Οἱ δὲ ϐ καθήλωσαν μὲν, ἔδησαν δὲ αὐτόν. Ὁ δὲ ὀπίσω τὰς χεῖρας ποιήσας καὶ προσδεθεὶς, ὥσπερ [1] κριὸς ἐπίσημος ἐκ μεγάλϐ

statis temporibus procurabant. Quod vero spectacula, quae ab illis dabantur, sacra erant, inde *sacerdotes* sunt appellati. MADER. Valde onerosum erat hoc sacerdotium, atque idcirco nonnisi opulentiores ad id gerendum eligebantur. Hinc est, quod Strabo observat, Asiarchas fere ex Trallianis desumtos fuisse, propterea, quod ejus urbis cives totius Asiae opulentissimi essent. VALES. Idem iste Philippus infra c. 21 ἀρχιερεὺς Τραλλιανὸς appellatur. JAC. || 4 Ita Codices, teste Jacobsono, omisso augmento plusquamperfecti, quod saepius fieri testatur *Winer, Gramm.* §. 12. N. 8.

p. 69. ed. IV. || 5 E Codd. Vind. et Paris. Jacobsonus reposuit ζῶντα.

1 Praepositio ἐν, quae legitur in Editis, abest a Msto, et plane mihi redundare videtur. JAC. || 2 E. g. *palus, catenae, funes* etc. || 3 Non videntur haec ita intelligenda, quasi Polycarpi manus clavis transfixuri essent, et palo adfixuri; non fuisset enim haec exigua pars supplicii [quam carnifices non remisissent]. Crediderim ergo, catenas, quibus revinctae erant ad tergum manus, palo clavis adfixas fuisse, ne moverentur. CLER.

1 Similia in Martyrio Ignat. c. 2.

ποιμνίε εἰς προσφοράν, ² ὁλοκάρπωμα δεκτὸν τῷ Θεῷ ἠτοιμασμένον, ἀναβλέψας εἰς τὸν ἐρανόν, εἶπε· "κύριε ὁ Θεὸς, ὁ παντοκράτωρ, ὁ τῦ ἀγαπητῦ καὶ εὐλογητῦ παιδός σε Ἰησῦ Χριςτῦ πατὴρ, δι' ἕ τὴν περὶ σῦ ἐπίγνωσιν εἰλήφαμεν, ὁ Θεὸς ἀγγέλων καὶ δυνάμεων, καὶ πάσης τῆς κτίσεως, καὶ παντὸς τῦ γένες τῶν δικαίων, οἳ ζῶσιν ἐνώπιόν σε· εὐλογῶ σε, ὅτι ἠξίωσάς με τῆς ἡμέρας καὶ ὥρας ταύτης, τῦ λαβεῖν με μέρος ἐν ἀριθμῷ τῶν μαρτύρων σε, ἐν τῷ ³ ποτηρίῳ τῦ Χριστῦ σε, εἰς ἀνάστασιν ζωῆς αἰωνίε, ψυχῆς τε καὶ σώματος, ἐν ἀφθαρσίᾳ Πνεύματος ἁγίε· ἐν οἷς προσδεχθείην ἐνώπιόν σε σήμερον ἐν θυσίᾳ πίονι καὶ προσδεκτῇ, καθὼς προητοίμασας καὶ ⁴ προεφανέρωσας καὶ ἐπλήρωσας, ὁ ἀψευδὴς καὶ ἀληθινὸς Θεός. Διὰ τῦτο καὶ περὶ πάντων αἰνῶ σε, εὐλογῶ σε, δοξάζω σε, σὺν τῷ αἰωνίῳ καὶ ἐπερανίῳ Ἰησῦ Χριστῷ, ἀγαπητῷ σε παιδί· μεθ' ἕ σοι καὶ Πνεύματι ἁγίῳ ἡ δόξα, καὶ νῦν καὶ εἰς τὲς μέλλοντας αἰῶνας. Ἀμήν."

XV. *Polycarpus igne non laeditur.*

Ἀναπέμψαντος δὲ αὐτῦ τὸ Ἀμὴν, καὶ πληρώσαντος τὴν εὐχὴν, οἱ τῦ πυρὸς ἄνθρωποι ἐξῆψαν τὸ πῦρ. Μεγάλης δὲ ἐκλαμψάσης φλογὸς, θαῦμα μέγα εἴδομεν, οἷς ἰδεῖν ἐδόθη· οἳ καὶ ἐτηρήθημεν, εἰς τὸ ἀναγγεῖλαι τοῖς λοιποῖς τὰ γενόμενα. Τὸ γὰρ πῦρ καμάρας εἶδος ποιῆσαν, ὥσπερ ὀθόνη πλοίε ὑπὸ πνεύματος πληρεμένη, κύκλῳ περιετείχισε τὸ σῶμα τῦ μάρτυρος· καὶ ἦν μέσον ἐχ' ὡς σὰρξ καιομένη, ἀλλ' ὡς ἄρτος ὀπτώμενος, ἢ ὡς χρυσὸς καὶ ἄργυρος ἐν καμίνῳ πυρέμενος. Καὶ γὰρ *) εὐωδίας τοσαύτης ἀντελαβόμεθα, ὡς λιβανωτῦ πνέοντος, ἢ ἄλλε τινὸς τῶν τιμίων ἀρωμάτων.

XVI. *Polycarpus pugione transfigitur.*

Πέρας ἒν ἰδόντες οἱ ἄνομοι, ὃ δυνάμενον αὐτῦ τὸ σῶμα ὑπὸ τῦ πυρὸς δαπανηθῆναι, ἐκέλευσαν προσελθόντα αὐτῷ ¹ κομ-

2 A graecis interpretibus Hebraeorum עלה non per ὁλοκαύτωμα solum redditur, sed interdum etiam per ὁλοκάρπωμα, ut Lev. 1, 14. 16, 24. USSER. ‖ 3 Matth. 20, 22. 26, 39. Marc. 10, 38. ‖ 4 Patefecerat enim ei Deus ignem martyrii. Cfr. supra c. 5.
*) Inter ligna, e balneis et officinis comportata, fortasse nonnulla fuisse odorata et aromatica suspicatur Jacobsonus.

1 *Confectores* = qui bestias in amphitheatro *conficiebant;* si quando enim bestiae efferatae stragem populo minarentur, ii immittebantur, qui eas *conficerent* ac occiderent.

φέκτορα παραβῦσαι ξιφίδιον. Καὶ τῦτο ποιήσαντος, ἐξῆλθε
² περιστερὰ καὶ πλῆθος αἵματος, ὥστε κατασβέσαι τὸ πῦρ, καὶ
θαυμάσαι πάντα τὸν ὄχλον, εἰ τοσαύτη τις διαφορὰ μεταξὺ τῶν
ἀπίστων καὶ τῶν ἐκλεκτῶν· ὧν εἷς καὶ ὅτος ³ γεγόνει ὁ θαυμασιώτατος μάρτυς Πολύκαρπος, ἐν τοῖς καθ᾽ ἡμᾶς χρόνοις διδάσκαλος ἀποστολικὸς καὶ προφητικὸς γενόμενος, ἐπίσκοπός τε τῆς ἐν
Σμύρνῃ καθολικῆς ἐκκλησίας. Πᾶν γὰρ ῥῆμα, ὃ ἐξαφῆκεν ἐκ
τῦ στόματος αὐτῦ, καὶ ἐτελειώθη καὶ τελειωθήσεται.

XVII. Polycarpi corpus Christianis non traditur.

Ὁ δὲ ἀντίζηλος καὶ βάσκανος καὶ πονηρὸς, ὁ ¹ ἀντικείμενος
τῷ γένει τῶν δικαίων, ἰδὼν τό τε μέγεθος αὐτῦ τῆς μαρτυρίας,
καὶ τὴν ἀπ᾽ ἀρχῆς ἀνεπίληπτον πολιτείαν, ἐστεφανωμένον τε τῷ
τῆς ἀφθαρσίας στεφάνῳ, καὶ βραβεῖον ἀναντίρρητον ἀπενηνεγ-
μένον, ἐπετήδευσεν, ὡς μηδὲ τὸ λείψανον αὐτῦ ὑφ᾽ ἡμῶν ² λη-
φθῆναι, καίπερ πολλῶν ἐπιθυμῦντων τῦτο ποιῆσαι, καὶ κοινωνῆ-
σαι τῷ ἁγίῳ αὐτοῦ σαρκίῳ. Ὑπέβαλε γοῦν Νικήτην τὸν τοῦ
Ἡρώδε πατέρα, ἀδελφὸν δὲ ³ Ἄλκης, ἐντυχεῖν τῷ ἄρχοντι, ὥστε
μὴ δοῦναι αὐτοῦ τὸ σῶμα ταφῇ· „μὴ, φησὶν, ἀφέντες τὸν
ἐσταυρωμένον, τοῦτον ἄρξωνται σέβεσθαι." Καὶ ταῦτα εἶπον,
ὑποβαλλόντων καὶ ἐνισχυόντων τῶν Ἰυδαίων, οἳ καὶ ἐτήρησαν, μελλόντων ἡμῶν ἐκ τῦ πυρὸς λαμβάνειν· ἀγνοῦντες, ὅτι οὔτε τὸν
Χριστόν ποτε καταλιπεῖν δυνησόμεθα, τὸν ὑπὲρ τῆς τοῦ παντὸς
κόσμυ τῶν σωζομένων σωτηρίας παθόντα [⁴ ἄμωμον ὑπὲρ ἁμαρ-

---

2 De hac columba ne verbum quidem legitur apud Eusebium, Rufinum et Nicephorum; quo fit, ut falsa a multis lectio Codicum sit putata. Moynius pro περιστερὰ conjecit ἐπ᾽ ἀριστερᾷ = *a sinistra*. Ipsi accesserunt complures viri docti. Ruchatus scribendum censuit περὶ στερνὰ, Editor Bibliothecae Bremensis Cl. III. p. 429. conjicit περὶ στέρνου vel περὶ στέρνων. Heumannus in *Exam. fabulae de columba, e Polycarpi rogo evolante*, statuit, monachos hoc prodigio Acta nostra auxisse. Mihi quidem longe verisimilius videtur, lectorem quempiam in animo habuisse, ad oram codicis notare locum epistolae, ubi animam suam efflavit B. Polycarpus; ideoque, mori ecclesiae veteris obsecutum, vocem περιστερὰ margini adscripsisse, qua scilicet significaret, animam B. Martyris illo temporis momento e corpore liberatam, sub columbae specie ad coelum evolasse. Columbarum enim imagines etiam Christianorum sepulchris frequenter exsculptae sunt. Jac. || 3 Ita Jac. e Codd. Plusquamperf. sine augmento ut supra c. 12. Vulg. γέγονεν.

1 Cfr. I Clem. c. 51. || 2 Ita Jac. e Cod. Paris. Vulg. ληφθείη. || 3 *Alce* notum est mulieris inter Smyrnaeos nomen. Cfr. Ignat. ad Smyrn. c. 13. ad Polyc. c. 8. || 4 Parenthesis ista neque in Eusebio habetur, neque

τωλῶν], οὔτε ἕτερόν τινα σέβεσθαι. Τοῦτον μὲν γὰρ, υἱὸν ὄντα τοῦ Θεοῦ, προσκυνοῦμεν· τοὺς δὲ μάρτυρας, ὡς μαθητὰς καὶ μιμητὰς τοῦ κυρίε, ἀγαπῶμεν ἀξίως, ἕνεκα εὐνοίας ἀνυπερβλήτε τῆς εἰς τὸν ἴδιον βασιλέα καὶ διδάσκαλον· ὧν γένοιτο καὶ ἡμᾶς
5 συγκοινωνούς τε καὶ συμμαθητὰς γενέσθαι.

XVIII. Polycarpi corpus comburitur. Reliquiae.

Ἰδὼν οὖν ὁ [ἑκατόνταρχος] κεντυρίων τὴν τῶν Ἰεδαίων γενομένην φιλονεικίαν, θεὶς αὐτὸν ἐν μέσῳ τοῦ πυρὸς ἔκαυσεν. Οὕτω τε ἡμεῖς ὕστερον ἀνελόμενοι τὰ τιμιώτερα λίθων πολυτελῶν καὶ δοκιμώτερα ὑπὲρ χρυσίον ὀστᾶ αὐτοῦ, ἀπεθέμεθα ὅπε καὶ ἀκόλεθον ἦν. Ἔνθα ὡς δυνατὸν ἡμῖν συναγομένοις ἐν ἀγαλλιάσει καὶ χαρᾷ, παρέξει ὁ κύριος ἐπιτελεῖν τὴν τοῦ μαρτυρίε αὐτοῦ ἡμέραν γενέθλιον, εἴς τε τὴν τῶν ἠθληκότων μνήμην, καὶ τῶν μελλόντων ἄσκησίν τε καὶ ἑτοιμασίαν.

XIX. Laus Polycarpi martyris.

Τοιαῦτα τὰ κατὰ τὸν μακάριον Πολύκαρπον, ὃς σὺν τοῖς ἀπὸ Φιλαδελφίας δωδέκατος ἐν Σμύρνῃ μαρτυρήσας, μόνος ὑπὸ πάντων μνημονεύεται, ὥστε καὶ ὑπὸ τῶν ἐθνῶν ἐν παντὶ τόπῳ λαλεῖσθαι· ἃ μόνον διδάσκαλος γενόμενος ἐπίσημος, ἀλλὰ καὶ μάρτυς ἔξοχος, οὗ τὸ μαρτύριον πάντες ἐπιθυμοῦσιν μιμεῖσθαι, κατὰ τὸ εὐαγγέλιον Χριστε γενόμενον. Διὰ τῆς ὑπομονῆς γὰρ καταγωνισάμενος τὸν ἄδικον ἄρχοντα, καὶ οὕτως τὸν τῆς ἀφθαρσίας στέφανον ἀπολαβὼν, σὺν τοῖς ἀποστόλοις καὶ πᾶσι δικαίοις ἀγαλλιώμενος, δοξάζει τὸν Θεὸν καὶ πατέρα, καὶ εὐλογεῖ τὸν κύριον ἡμῶν Ἰησοῦν Χριστὸν τὸν σωτῆρα τῶν ψυχῶν ἡμῶν, καὶ κυβερνήτην τῶν σωμάτων ἡμῶν, καὶ ποιμένα τῆς κατὰ τὴν οἰκεμένην καθολικῆς ἐκκλησίας.

in Rufino, neque in Vetere nostro Interprete. USSER. Interpolata fuisse videtur a librario quopiam, qui in animo habebat I Petr. 3, 18. JAC. ‖ 5 Ita Jac. e Cod. Paris. Vulg. κοινωνούς.
1 Cod. Vindob. vocem ἑκατόνταρχος non agnoscit. JAC. ‖ 2 Articulum e Cod. Vindob. restituit Jacobsonus.
1 Eusebius habet δώδεκα. Apud

Eusebium Stroth. et Heinichen exhibent δώδεκα τοῖς ἐν Σμύρνῃ μαρτυρήσασι. JAC. ‖ 2 Eusebius addit μᾶλλον. ‖ 3 Ἰησοῦν — ψυχῶν ἡμῶν e Cod. Paris. restituit Jacobsonus. ‖ 4 Cod. Vindob. addit: καὶ τὸ πανάγιον καὶ ζωοποιὸν Πνεῦμα. JAC. In Vet. Int. legitur: et Spiritum sanctum, per quem cuncta cognoscimus.

XX. *Mittite hanc epistolam fratribus.*

Ὑμεῖς μὲν οὖν ἠξιώσατε διὰ πλειόνων δηλωθῆναι ὑμῖν τὰ γενόμενα· ἡμεῖς δὲ κατὰ τὸ παρὸν ἐπὶ κεφαλαίῳ μεμηνύκαμεν διὰ τȣ ἀδελφȣ ἡμῶν Μάρκȣ. Μαθόντες οὖν ταῦτα, καὶ τοῖς ἐπέκεινα ἀδελφοῖς τὴν ἐπιστολὴν [1] διαπέμψασθε, ἵνα καὶ ἐκεῖνοι δοξάζωσιν τὸν κύριον, [2] τὸν ἐκλογὰς ποιȣντα ἀπὸ τῶν ἰδίων δȣλων. [3] Τῷ δυναμένῳ πάντας ἡμᾶς εἰσαγαγεῖν ἐν τῇ αὐτȣ χάριτι καὶ δωρεᾷ εἰς τὴν αἰώνιον αὐτȣ βασιλείαν, διὰ τȣ παιδὸς αὐτȣ τȣ μονογενȣς Ἰησȣ Χριστȣ· ᾧ ἡ δόξα, τιμὴ, κράτος, μεγαλοσύνη, εἰς αἰῶνας. Ἀμήν. Προσαγορεύετε πάντας τȣς ἁγίȣς. Ὑμᾶς οἱ σὺν ἡμῖν προσαγορεύȣσιν, καὶ Εὐάρεστος, ὁ γράψας, πανοικεί.

XXI. *Martyrii tempus.*

Μαρτυρεῖ δὲ ὁ μακάριος Πολύκαρπος μηνὸς [1] Ξανθικȣ δευτέρᾳ ἱσταμένȣ, πρὸ ἑπτὰ καλανδῶν [2] Μαΐων, σαββάτῳ [3] μεγάλῳ, ὥρᾳ [4] ὀγδόῃ. Συνελήφθη [5] δὲ ὑπὸ Ἡρώδȣ, ἐπὶ [6] ἀρχιερέως Φιλίππȣ Τραλλιανȣ, ἀνθυπατεύοντος Στρατίȣ Κοδράτȣ, βασιλεύοντος δὲ εἰς τȣς αἰῶνας Ἰησȣ Χριστȣ· ᾧ ἡ δόξα, τιμὴ, μεγαλοσύνη, θρόνος αἰώνιος, ἀπὸ γενεᾶς εἰς γενεάν. Ἀμήν.

XXII. *Salutatio. Epistolae transscriptores.*

Ἐῤῥῶσθαι ὑμᾶς εὐχόμεθα, ἀδελφοὶ, στοιχȣντας τῷ κατὰ τὸ εὐαγγέλιον λόγῳ Ἰησȣ Χριστȣ· μεθ᾽ ȣ δόξα τῷ Θεῷ καὶ πατρὶ

1 Usserius et Smithius mallent διαπέμψατε. JAC. ‖ 2 I. e. qui nonnullos e numero fidelium ad martyrium vocavit. ‖ 3 Τῷ — ῷ. Simili constructione utitur D. Paulus Rom. 16, 25 — 27. JAC.
1 Smyrnaei a 25 die Martii Xanthicum suum inchoarunt. USSER. ‖ 2 Longe meliori codice usus est Constantinopolitanus Chorographus, Siculorum Fastorum auctor, qui legit Ἀπριλλίων. Verum enim Polycarpi natalem in 26 Martii esse statuendum, et Asiani anni ratio et magni Sabbati character evincit, licet apud Latinos 26 Jan., apud Graecos 23 Febr. celebretur. Ex quibus etiam characteribus manifeste deprehenditur, anno vulgaris aerae christianae 169, et imperii M. Aurelii nono passionem ejus contigi●● USSER., cui adstipulatur PAGIUS ad ann. 167. n. 3 et 4. ‖ 3 I. e. Sabbatum, quod Paschalem solennitatem antecedit = Sabbatum sanctum. PAGI. ‖ 4 I. e. ante meridiem; non enim de Romana, sed de Asiatica horas computandi ratione hic est sermo, eadem scilicet, qua nos hodie utimur. JAC. ‖ 5 Particulam δὲ addit Jac. e Cod. Paris. ‖ 6 Qui prius (c. 12.) ἀσιάρχης, nunc ἀρχιερεὺς appellatur. USSER.

καὶ ἁγίῳ Πνεύματι, ἐπὶ σωτηρίᾳ τῇ τῶν ἁγίων ἐκλεκτῶν· καθὼς ἐμαρτύρησεν ὁ μακάριος Πολύκαρπος, ὃ γένοιτο ἐν τῇ βασιλείᾳ Ἰησῦ Χριστῦ πρὸς τὰ ἴχνη εὑρεθῆναι ἡμᾶς.

Ταῦτα μετεγράψατο μὲν [1] Γάϊος, ἐκ τῶν Εἰρηναίε, μαθητῦ τῦ Πολυκάρπε, ὃς καὶ συνεπολιτεύσατο τῷ Εἰρηναίῳ. Ἐγὼ δὲ Σωκράτης ἐν Κορίνθῳ ἐκ τῶν Γαΐε ἀντιγράφων ἔγραψα. Ἡ χάρις μετὰ πάντων.

Ἐγὼ δὲ πάλιν Πιόνιος ἐκ τῦ προγεγραμμένε ἔγραψα, ἀναζητήσας αὐτὰ, κατὰ ἀποκάλυψιν φανερώσαντός μοι [2] τῦ μακαρίε Πολυκάρπε· καθὼς δηλώσω ἐν τῷ καθεξῆς· συναγαγὼν αὐτὰ ἤδη σχεδὸν ἐκ τῦ χρόνε κεκμηκότα, ἵνα κἀμὲ συναγάγῃ ὁ κύριος Ἰησῦς Χριστὸς μετὰ τῶν ἐκλεκτῶν αὐτῦ, [3] εἰς τὴν ἐράνιον βασιλείαν αὐτῦ, ᾧ ἡ δόξα, σὺν Πατρὶ καὶ ἁγίῳ Πνεύματι, εἰς τὰς αἰῶνας τῶν αἰώνων. Ἀμήν.

1 Fortasse Cajus, presbyter ille Jacobsonus. ‖ 3 Verba εἰς τὴν — Romanus. ‖ 2 Haec verba τῦ μακαρίε αὐτῦ praetermiserat Usserius. JAC. e Codd. Paris. et Barocc. restituit

ANONYMI VIRI APOSTOLICI
EPISTOLA AD DIOGNETVM.

I. Diogneti quaestiones.

Ἐπειδὴ ὁρῶ, κράτιστε Διόγνητε, ὑπερεσπεδακότα σε τὴν θεοσέβειαν τῶν Χριστιανῶν μαθεῖν, καὶ πάνυ σαφῶς καὶ ἐπιμελῶς πυνθανόμενον περὶ αὐτῶν, τίνι τε Θεῷ πεποιθότες, καὶ πῶς θρησκεύοντες, αὐτόν τε κόσμον ὑπερορῶσι πάντες, καὶ θανάτε καταφρονῶσι, καὶ ὅτε τὲς νομιζομένες ὑπὸ τῶν Ἑλλήνων θεὸς λογίζονται, ὅτε τὴν Ἰεδαίων δεισιδαιμονίαν φυλάσσεσι, καὶ τίνα τὴν φιλοστοργίαν ἔχεσι πρὸς ἀλλήλες, καὶ τί δή ποτε [1] καινὸν τῦτο γένος ἢ ἐπιτήδευμα εἰσῆλθεν εἰς τὸν βίον νῦν, καὶ ἐ πρότερον· ἀποδέχομαί γε τῆς προθυμίας σε ταύτης [2], καὶ παρὰ τῦ Θεῦ, τῦ καὶ λέγειν καὶ τὸ ἀκέειν ἡμῖν χορηγῦντος, αἰτῦμαι δοθῆναι, ἐμοὶ μὲν, εἰπεῖν ὅτως, ὡς μάλιστα ἂν [3] ἀκῦσαί σε βελτίω γενέσθαι· σοὶ [4] δὲ, ὅτως ἀκῦσαι, ὡς μὴ λυπηθῆναι τὸν εἰπόντα.

II. Vanitas idolorum.

Ἄγε δὴ, καθάρας σεαυτὸν ἀπὸ πάντων τῶν προκατεχόντων σε τὴν διάνοιαν λογισμῶν, καὶ τὴν ἀπατῶσάν σε συνήθειαν ἀποσκευασάμενος, καὶ γενόμενος, ὥσπερ ἐξ ἀρχῆς, καινὸς ἄνθρωπος, ὡς ἂν καὶ λόγε καινῦ, καθάπερ καὶ αὐτὸς ὡμολόγησας, ἀκροατὴς ἐσόμενος· ἰδὲ μὴ μόνον τοῖς ὀφθαλμοῖς, ἀλλὰ καὶ τῇ φρονήσει, τίνος ὑποστάσεως, ἢ τίνος εἴδες τυγχάνεσιν, ὃς ἐρεῖτε καὶ νομίζετε θεύς. Οὐχ ὁ μέν τις λίθος ἐστὶν ὅμοιος τῷ πατεμένῳ; Ὁ δ' ἐστὶ χαλκός, ἐ κρείσσων τῶν εἰς τὴν χρῆσιν ἡμῖν κεχαλκευμένων σκευῶν· ὁ δὲ ξύλον, ἤδη καὶ σεσηπός· ὁ δὲ ἄργυρος, χρῄζων ἀνθρώπε τῦ [1] φυλάξοντος, ἵνα μὴ κλαπῇ· ὁ δὲ σίδηρος,

---

1 Hinc viri docti collegerunt, epistolam nostram jam *primis* temporibus esse scriptam. Sed cfr. *Theol. Quartalschrift*, Tubing.1825. p. 448., ubi epistolam nostram Trajani temporibus exaratam esse monet *Moehlerus*. ‖ 2 Sc. ἕνεκα. BOEHL. ‖

3 Legit Stephanus ἀκύσαντα, non tamen repugnat illud ἀκῦσαι, et miror, Stephano displicuisse. MARAN. ‖
4 Ita lego cum Steph. et Sylburgio. Ms. τε.

1 Ita Steph. Ms. φυλάξαντος.

ὑπὸ ἰοῦ διεφθαρμένος· ὁ δὲ ὄστρακον, ἐδὲν τῦ κατεσκευασμένυ πρὸς τὴν ἀτιμοτάτην ὑπηρεσίαν εὐπρεπέστερον. Οὐ φθαρτῆς ὕλης ταῦτα πάντα; Οὐχ ὑπὸ σιδήρυ καὶ πυρὸς κεχαλκευμένα; Οὐχ ὁ μὲν αὐτῶν λιθοξόος, ὁ δὲ χαλκεὺς, ὁ δὲ ἀργυροκόπος, ὁ δὲ κεραμεὺς ἔπλασεν; Οὐ πρὶν ἢ ταῖς τέχναις τύτων εἰς τὴν μορφὴν τύτων ἐκτυπωθῆναι, ἦν ² ἕκαστον αὐτῶν ἑκάστῳ, ἔτι καὶ νῦν, μεταμεμορφωμένον; Οὐ τὰ νῦν ἐκ τῆς αὐτῆς ὕλης ὄντα σκεύη γένοιτ᾿ ἄν, εἰ τύχοι τῶν αὐτῶν τεχνιτῶν, ὅμοια ³ τοιύτοις; Οὐ ταῦτα πάλιν, τὰ νῦν ὑφ᾿ ὑμῶν προσκυνύμενα, δύναιτ᾿ ἄν ὑπὸ ἀνθρώπων σκεύη ὅμοια γενέσθαι τοῖς λοιποῖς; Οὐ κωφὰ πάντα; Οὐ τυφλά; Οὐκ ἄψυχα; Οὐκ ἀναίσθητα; Οὐκ ἀκίνητα; Οὐ πάντα σηπόμενα; Οὐ πάντα φθειρόμενα; Ταῦτα θεὺς καλεῖτε, τύτοις δυλεύετε, τύτοις προσκυνεῖτε, τέλεόν τε ⁴ [αὐτοῖς] ἐξομοιῦσθε. Διὰ τῦτο μισεῖτε Χριστιανὺς, ὅτι τύτυς ὐχ ἡγῦνται θεύς. Ὑμεῖς γὰρ, οἱ νῦν νομίζοντες καὶ οἰόμενοι, ὃ πολὺ πλέον αὐτῶν καταφρονεῖτε; Οὐ πολὺ μᾶλλον αὐτὺς χλευάζετε καὶ ὑβρίζετε, τὺς μὲν λιθίνυς καὶ ὀστρακίνυς σέβοντες ἀφυλάκτυς, τὺς δὲ ἀργυρέυς καὶ χρυσῦς ἐγκλείοντες ταῖς νυξὶ, καὶ ταῖς ἡμέραις φύλακας παρακαθίσαντες, ἵνα μὴ κλαπῶσιν; Αἷς δὲ δοκεῖτε τιμαῖς προσφέρειν, εἰ μὲν αἰσθάνονται, κολάζετε μᾶλλον αὐτύς· εἰ δὲ ἀναισθητῦσιν, ⁵ ἐλέγχοντες, αἵματι καὶ κνίσαις αὐτὺς θρησκεύετε. Ταῦθ᾿ ὑμῶν ⁶ τις ὑπομεινάτω! Ταῦτα ἀνασχέσθω τις ἑαυτῷ γενέσθαι! Ἀλλὰ ἄνθρωπος μὲν ὐδὲ εἷς ταύτης τῆς κολάσεως ἑκὼν ἀνέξεται, αἴσθησιν γὰρ ἔχει καὶ λογισμόν· ὁ δὲ λίθος ἀνέχεται, ἀναισθητεῖ γάρ. Οὐκῦν τὴν αἴσθησιν ⁷ [ὐκ ἔχειν αὐτὺς] ἐλέγχετε. Περὶ μὲν ὖν τῦ μὴ δεδυλῶσθαι Χριστιανὺς τοιύτοις θεοῖς, πολλὰ μὲν καὶ ἄλλα εἰπεῖν ἔχοιμι· εἰ δέ τινι μὴ δοκοίη καὶ ταῦτα ἱκανὰ, περισσὸν ἡγῦμαι καὶ τὸ πλείω λέγειν.

III. *Judaei superstitiosi sunt, Deum aliqua re indigere putantes.*

Ἑξῆς δὲ, περὶ τῦ μὴ κατὰ τὰ αὐτὰ Ἰυδαίοις θεοσεβεῖν αὐτὺς, οἶμαί σε μάλιστα ποθεῖν ἀκῦσαι. Ἰυδαῖοι τοίνυν, εἰ μὲν Deo ... aequatis, aut verbis τύτοις τὸ θεῖον: omninoque divinum numen his simile redditis, i. e. his rebus repraesentari putatis, sicut est Act. 17, 29. || 5 Accuratius scripsisset: ἐλέγχετε — θρησκεύοντες. BOEHL. || 6 Editi male habent τίς interrog. cum Imperativo. || 7 Ita lacunam Msti expleverunt STEPH. et BOEHL.

2 Ita Maran. Ms. ἕκαστος. || 3 Stephanus legendum monet τύτοις; quod quidem minime necessarium existimaverim. MARAN. || 4 In apographo Beureri haec lacuna expleta est pronomine αὐτοῖς: *et omnino similes istis reddimini*. Böhlius ἐξομοιῦσθαι activa significatione accipit, et lacunam aut verbis τῷ τῶν ὅλων Θεῷ explet: *omninoque illa*

ἀπέχονται ταύτης τῆς προειρημένης λατρείας, καὶ [1] εἰς Θεὸν ἕνα τῶν πάντων σέβειν καὶ δεσπότην ἀξιῦσι φρονεῖν, [2] εἰ δὲ τοῖς προειρημένοις ὁμοιοτρόπως τὴν θρησκείαν προσάγυσιν αὐτῷ ταύτην, διαμαρτάνυσιν [3]. Ἃ γὰρ τοῖς ἀναισθήτοις καὶ κωφοῖς προσφέροντες οἱ Ἕλληνες ἀφροσύνης δεῖγμα παρέχυσι, ταῦθ᾽ ὗτοι καθάπερ προσδεομένῳ τῷ Θεῷ λογιζόμενοι παρέχειν, μωρίαν εἰκὸς μᾶλλον ἡγοῖντ᾽ ἂν, ἃ θεοσέβειαν. Ὁ γὰρ ποιήσας τὸν ὀρανὸν καὶ τὴν γῆν καὶ πάντα τὰ ἐν αὐτοῖς, καὶ πᾶσιν ἡμῖν χορηγῶν, ὧν προςδεόμεθα, ὐδενὸς ἂν αὐτὸς προσδέοιτο τύτων, ὧν τοῖς οἰομένοις διδόναι παρέχει αὐτός. Οἱ δέ γε θυσίας αὐτῷ δι᾽ αἵματος καὶ κνίσης καὶ ὁλοκαυτωμάτων ἐπιτελεῖν οἰόμενοι, καὶ ταύταις ταῖς τιμαῖς αὐτὸν γεραίρειν, ὐδέν μοι δοκῦσι διαφέρειν τῶν εἰς τὰ κωφὰ τὴν αὐτὴν [4] ἐνδεικνυμένων φιλοτιμίαν, τὰ μὴ δυνάμενα τῆς τιμῆς μεταλαμβάνειν, τῷ γε δοκεῖν τινα παρέχειν τῷ μηδενὸς προσδεομένῳ.

IV. Cetera Judaeorum instituta non aptiora sunt ad Deum colendum.

Ἀλλὰ μὴν τόγε περὶ τὰς βρώσεις αὐτῶν ψοφοδεὲς, καὶ τὴν περὶ τὰ σάββατα δεισιδαιμονίαν, καὶ τὴν τῆς περιτομῆς ἀλαζονείαν, καὶ τὴν τῆς νηστείας καὶ νυμηνίας εἰρωνείαν, καταγέλαστα καὶ [1] ὐδὲν ἄξια λόγυ, [2 ὃ] νομίζω σε χρῄζειν παρ᾽ ἐμῦ μαθεῖν. Τό τε γὰρ τῶν ὑπὸ τῦ Θεῦ κτισθέντων εἰς χρῆσιν ἀνθρώπων, ἃ μὲν ὡς καλῶς κτισθέντα παραδέχεσθαι, ἃ δ᾽ ὡς ἄχρηστα καὶ περισσὰ παραιτεῖσθαι, πῶς [3] θέμις ἐστί; Τὸ δὲ καταψεύδεσθαι Θεῦ, ὡς κωλύοντος ἐν τῇ τῶν σαββάτων ἡμέρᾳ καλόν τι ποιεῖν, πῶς ὐκ ἀσεβές; Τὸ δὲ καὶ τὴν [4] μείωσιν τῆς σαρκὸς μαρτύριον ἐκλογῆς ἀλαζονεύεσθαι, ὡς διὰ τῦτο ἐξαιρέτως ἠγαπημένυς ὑπὸ Θεῦ, πῶς ὐ χλεύης ἄξιον; Τὸ δὲ παρεδρεύοντας αὐτὺς ἄστροις

---

1 Εἰς propter φρονεῖν = πιστεύειν. Fortasse melius leg. εἰ. ‖ 2 Εἰ = ἐπεί. BOEHL. ‖ 3 Inde ex eo, quod auctor tempore praesenti utitur, nonnulli conjecere, ipsum templo Judaeorum adhuc superstite scripsisse. Sed ad *legem* mosaicam respiciens, etiam deletis Hierosolymis ita loqui poterat. Cfr. *Quartalschrift*, l. c. p. 419. ‖ 4 Sic legendum esse monent Steph., Beur. et Sylburgius. Ms. ἰῶν ... τὰ κωφὰ τὴν αὐτὴν ἐνδεικνυμένοις φιλοτι-

μίαν, τῶν μὴ δυναμένων ... τὸ δέ.

1 Stephanus legi vult ὐδὲ vel ὐδενός; quod vix necessarium est, cum ὐδὲν pro κατ᾽ ὐδὲν dictum esse videatur, = *nullo modo*, *minime*. BOEHL. ‖ 2 Οὐ deest in Ms. ‖ 3 Ms. ὁ θέμις. Recte censet Stephanus, vel οὐ ante θέμις delendum esse, vel legendum ὐκ ἀθέμιτον. Posteriorem emendationem praetulit Boehlius, quia infra legitur ὐκ ἀσεβές. ‖ 4 I. e. *circumcisio*.

καὶ σελήνῃ [5] παρατήρησιν τῶν μηνῶν καὶ τῶν ἡμερῶν ποιεῖσθαι, καὶ τὰς οἰκονομίας Θεῦ καὶ τὰς τῶν καιρῶν ἀλλαγὰς [6] κατα-[ῥρυθμίζειν] πρὸς τὰς αὐτῶν ὁρμὰς, ἃς μὲν εἰς ἑορτὰς, ἃς δὲ εἰς πένθη· τίς ἂν θεοσεβείας καὶ ἐκ ἀφροσύνης πολὺ πλέον ἡγήσεται τὸ δεῖγμα; Τῆς μὲν ὂν [7] κοινῆς εἰκαιότητος καὶ ἀπάτης, καὶ τῆς Ἰϐδαίων πολυπραγμοσύνης καὶ ἀλαζονείας ὅτι ὀρθῶς ἀπέχονται Χριστιανοὶ, ἀρκόντως σε νομίζω μεμαθηκέναι· τὸ δὲ τῆς ἰδίας αὐτῶν θεοσεβείας μυστήριον μὴ προσδοκήσῃς δύνασθαι παρὰ ἀνθρώπϐ μαθεῖν.

V. Christianorum mores.

[1] Χριστιανοὶ γὰρ ὅτε γῇ, ὅτε φωνῇ, ὅτε ἔθεσι διακεκριμένοι τῶν λοιπῶν εἰσιν ἀνθρώπων. Οὔτε γὰρ πϐ πόλεις ἰδίας κατοικϐσιν, ὅτε διαλέκτῳ τινὶ παρηλλαγμένῃ χρῶνται, ὅτε βίον παράσημον ἀσκϐσιν. Οὐ μὴν ἐπινοίᾳ τινὶ καὶ φροντίδι πολυπραγμόνων ἀνθρώπων [2] μάθημα τϐτ' αὐτοῖς ἐστιν [3] εὑρημένον, ἐδὲ δόγματος ἀνθρωπίνϐ προεστᾶσιν, ὥσπερ ἔνιοι. Κατοικϐντες δὲ πόλεις ἑλληνίδας τε καὶ βαρβάρϐς, ὡς ἕκαστος ἐκληρώθη, καὶ [4] τοῖς ἐγχωρίοις ἔθεσιν ἀκολϐθοῦντες ἔν τε ἐσθῆτι καὶ διαίτῃ καὶ τῷ λοιπῷ βίῳ, θαυμαστὴν καὶ ὁμολογϐμένως παράδοξον ἐνδείκνυνται τὴν κατάστασιν τῆς ἑαυτῶν πολιτείας. Πατρίδας οἰκοῦσιν ἰδίας, ἀλλ' ὡς πάροικοι. Μετέχϐσι πάντων ὡς πολῖται· καὶ πάνθ' ὑπομένϐσιν ὡς ξένοι. Πᾶσα ξένη πατρίς ἐστιν αὐτῶν, καὶ πᾶσα πατρὶς ξένη. Γαμοῦσιν ὡς πάντες, τεκνογονοῦσιν· ἀλλ' οὐ ῥίπτϐσι τὰ γεννώμενα. Τράπεζαν κοινὴν παρατίθενται, ἀλλ' [5] [οὐ κοίτην] κοινήν. Ἐν σαρκὶ τυγχάνϐσιν, ἀλλ' οὐ κατὰ σάρκα ζῶσιν. Ἐπὶ γῆς διατρίβϐσιν, ἀλλ' ἐν οὐρανῷ πολιτεύονται. Πείθονται τοῖς ὡρισμένοις νόμοις, καὶ τοῖς ἰδίοις βίοις νικῶσι τοὺς νόμϐς. Ἀγαπῶσι πάντας, καὶ ὑπὸ πάντων διώκονται. Ἀγνοϐνται, καὶ κατακρίνονται· θανατοῦνται, καὶ ζωοποιοῦνται· [6] πτωχεύϐσι, καὶ πλϐτίζϐσι πολλούς· πάντων ὑστεροῦνται, καὶ ἐν πᾶσι περισσεύϐσιν· ἀτιμοῦνται, καὶ ἐν ταῖς ἀτιμίαις δοξάζονται· βλασφημοῦνται, καὶ δικαιοῦνται· [7] λοιδοροῦνται, καὶ εὐλογοῦσιν· ὑβρί-

5 Gal. 4, 10. ‖ 6 Lacunam Msti ita explevit Stephanus. Καταδιαιρεῖν BEUR. κατασκοπεῖν BOEHL. ‖ 7 I. e. quae paganis et Judaeis communis est vanitas.
1 Cfr. *Neander*, K.G. I. p. 61. ‖
2 Ms. μαθήματι. ‖ 3 Ms. εἰρημένον. ‖
4 In Ms. abundat ἐν. ‖ 5 Ita lacunam Msti explevit Prudentius Maran. Cfr. Tertull. Apolog. c. 39: *Omnia indiscreta sunt apud nos praeter uxores.* ‖ 6 II Cor. 6, 10. ‖
7 I Cor. 4, 12.

ζονται, καὶ τιμῶσιν· ἀγαθοποιοῦντες, ὡς κακοὶ κολάζονται·
κολαζόμενοι χαίρϙσιν, ὡς ζϙοποιούμενοι· ὑπὸ Ἰϙδαίων ὡς ἀλλό-
φυλοι πολεμοῦνται, καὶ ὑπὸ Ἑλλήνων διώκονται· καὶ τὴν αἰτίαν
τῆς ἔχθρας εἰπεῖν οἱ μισοῦντες οὐκ ἔχϙσιν.

VI. *Quod est anima in corpore, id in mundo Christiani.*

Ἁπλῶς δ᾽ εἰπεῖν, ὅπερ ἐστὶν ἐν σώματι ψυχή, τϙτ᾽ εἰσὶν ἐν
κόσμῳ Χριστιανοί. Ἔσπαρται κατὰ πάντων τῶν τϙ σώματος
μελῶν ἡ ψυχή, καὶ Χριστιανοὶ κατὰ τὰς τϙ κόσμϙ πόλεις. Οἰκεῖ
μὲν ἐν τῷ σώματι ψυχή, ϙκ ἔστι δὲ ἐκ τϙ σώματος· καὶ [1] Χριστιανοὶ ἐν κόσμῳ οἰκϙσιν, ϙκ εἰσὶ δὲ ἐκ τϙ κόσμϙ. Ἀόρατος ἡ
ψυχὴ ἐν ὁρατῷ φρϙρεῖται τῷ σώματι· καὶ Χριστιανοὶ γινώσκονται
[2] μὲν ὄντες ἐν τῷ κόσμῳ, ἀόρατος δὲ αὐτῶν ἡ θεοσέβεια μένει.
Μισεῖ τὴν ψυχὴν ἡ σὰρξ καὶ πολεμεῖ, μηδὲν ἀδικϙμένη, διότι
ταῖς ἡδοναῖς κωλύεται χρῆσθαι· μισεῖ καὶ Χριστιανϙς ὁ κόσμος,
μηδὲν ἀδικϙμενος, ὅτι ταῖς ἡδοναῖς ἀντιτάσσονται. Ἡ ψυχὴ
τὴν μισϙσαν ἀγαπᾷ σάρκα καὶ τὰ μέλη· καὶ Χριστιανοὶ τϙς
μισϙντας ἀγαπῶσιν. Ἐγκέκλεισται μὲν ἡ ψυχὴ τῷ σώματι, συνέχει
δὲ αὐτὴ τὸ σῶμα· καὶ Χριστιανοὶ κατέχονται μὲν ὡς ἐν φρϙρᾷ
τῷ κόσμῳ, [3] αὐτοὶ δὲ συνέχϙσι τὸν κόσμον. Ἀθάνατος ἡ ψυχὴ
ἐν θνητῷ σκηνώματι κατοικεῖ· καὶ Χριστιανοὶ παροικϙσιν ἐν
φθαρτοῖς, τὴν ἐν ϙρανοῖς ἀφθαρσίαν προσδεχόμενοι. Κακϙργϙμένη
σιτίοις καὶ ποτοῖς ἡ ψυχὴ βελτιϙται· καὶ Χριστιανοὶ κολαζόμενοι
καθ᾽ ἡμέραν πλεονάζϙσι μᾶλλον. Εἰς τοσαύτην αὐτϙς τάξιν
ἔθετο ὁ Θεός, ἣν οὐ θεμιτὸν αὐτοῖς παραιτήσασθαι.

VII. *Religio christiana a Deo instituta, qui non creaturam,*
sed proprium filium misit. Parusia Christi.

[1] Οὐ γὰρ ἐπίγειον, ὡς ἔφην, εὕρημα τϙτ᾽ αὐτοῖς παρεδόθη,
ϙδὲ θνητὴν ἐπίνοιαν φυλάσσειν ϙτως ἀξιϙσιν ἐπιμελῶς, ϙδὲ ἀν-
θρωπίνων οἰκονομίαν μυστηρίων πεπίστευνται· ἀλλ᾽ αὐτὸς ὁ
παντοκράτωρ καὶ παντοκτίστης καὶ ἀόρατος Θεός, αὐτὸς ἀπ᾽
ϙρανῶν τὴν ἀλήθειαν καὶ τὸν Λόγον τὸν ἅγιον καὶ ἀπερινόητον
ἀνθρώποις [2] ἐνίδρυται, καὶ ἐγκατεστήριξε ταῖς καρδίαις αὐτῶν·
ϙ, καθάπερ ἄν τις εἰκάσειεν, ἀνθρώποις ὑπηρέτην τινὰ πέμψας,
ἢ ἄγγελον, ἢ ἄρχοντα, ἤ τινα τῶν διεπόντων τὰ ἐπίγεια, ἤ τινα

---

1 Joh. 17, 11. 14. 16. ‖ 2 Ita IV, et initio c. V.: οὐ ... φροντίδι ...
Steph. Ms. μένοντες. ‖ 3 Cfr. *Justini* ἀνθρώπων μάθημα τϙτ᾽ αὐτοῖς ἐστιν,
Apol. II. n. 7. p. 93. ed. B. B. εὑρημένον. ‖ 2 Beur. apogr. ἐνίδρυσε.

1 Conjunge haec cum fine capitis

τῶν πεπιστευμένων τὰς ἐν ὐρανοῖς διοικήσεις, ἀλλ' αὐτὸν τὸν
τεχνίτην καὶ δημιεργὸν τῶν ὅλων, ᾧ τὰς ὐρανὰς ἔκτισεν, ᾧ τὴν
θάλασσαν ἰδίοις ὅροις ἐνέκλεισεν· ὃ τὰ ³ μυστήρια πιστῶς πάντα
φυλάσσει τὰ ⁴ στοιχεῖα· παρ' ὃ τὰ μέτρα τῶν τῆς ἡμέρας δρόμων
εἴληφε ⁵ [ὁ ἥλιος] φυλάσσειν· ᾧ πειθαρχεῖ σελήνη νυκτὶ φαίνειν
κελεύοντι· ᾧ πειθαρχεῖ τὰ ἄστρα, τῷ τῆς σελήνης ἀκολυθῦντα
δρόμῳ· ᾧ πάντα διατέτακται καὶ διώρισται καὶ ὑποτέτακται,
ὐρανοὶ καὶ τὰ ἐν ὐρανοῖς, γῆ καὶ τὰ ἐν τῇ γῇ, θάλασσα καὶ τὰ
ἐν τῇ θαλάσσῃ, πῦρ, ἀὴρ, ἄβυσσος, τὰ ἐν ὕψεσι, τὰ ἐν βάθεσι,
τὰ ἐν τῷ μεταξύ. Τῦτον πρὸς αὐτὸς ἀπέστειλεν. Ἆρά γε, ὡς
ἀνθρώπων ἄν τις λογίσαιτο, ἐπὶ τυραννίδι καὶ φόβῳ καὶ κατα-
πλήξει; Οὐ μενῦν· ἀλλ' ἐν ἐπιεικείᾳ, πραΰτητι. Ὡς βασιλεὺς
πέμπων υἱὸν βασιλέα ἔπεμψεν· ὡς Θεὸν ἔπεμψεν, ὡς πρὸς ἀνθρώπυς ἔπεμψεν, ὡς σώζων ἔπεμψεν, ὡς πείθων, ὃ βιαζόμενος·
βία γὰρ ὃ πρόσεστι τῷ Θεῷ. ⁶ Ἔπεμψεν ὡς καλῶν, ὃ διώκων·
ἔπεμψεν ὡς ἀγαπῶν, ὃ κρίνων. Πέμψει γὰρ αὐτὸν κρίνοντα·
καὶ τίς αὐτῦ τὴν παρυσίαν ὑποστήσεται; ⁷ [Οὐχ ὁρᾷς] παρα-
βαλλομένυς θηρίοις, ἵνα ἀρνήσωνται τὸν κύριον, καὶ μὴ νικω-
μένυς; Οὐχ ὁρᾷς, ὅσῳ πλείονες κολάζοντες, τοσύτῳ ⁸ πλεονά-
ζοντας ἄλλυς; Ταῦτα ἀνθρώπυ ὃ δοκεῖ τὰ ἔργα· ταῦτα δύναμίς
ἐστι Θεῦ· ταῦτα τῆς παρυσίας αὐτῦ δείγματα.

VIII. *Quam miser hominum status ante Verbi adventum fuerit.*

Τίς γὰρ ὅλως ἀνθρώπων ἠπίστατο, τί ποτ' ἐστὶ Θεός, πρὶν
αὐτὸν ἐλθεῖν; Ἢ τὰς κενὰς καὶ ληρώδεις ἐκείνων λόγυς ἀποδέχῃ
τῶν ¹ ἀξιοπίστων φιλοσόφων; Ὧν οἱ μὲν πῦρ ἔφασαν εἶναι τὸν
Θεόν, ὃ μέλλυσι χωρήσειν αὐτοὶ, τῦτο καλῦσι Θεόν· οἱ δὲ ὕδωρ·
οἱ δὲ ἄλλο τι τῶν στοιχείων τῶν ἐκτισμένων ὑπὸ Θεῦ. Καίτοι
γε εἴ τις τύτων τῶν λόγων ἀπόδεκτός ἐστι, δύναιτ' ἂν καὶ τῶν
λοιπῶν κτισμάτων ἓν ἕκαστον ὁμοίως ἀποφαίνεσθαι Θεόν. Ἀλλὰ

3 I. e. leges, quibus Creator rerum naturam moderatur, quaeque hominum intellectum latent. BOEHL. ‖
4 Στοιχεῖα = *astra*, praesertim duodecim signa Zodiaci, ut saepius apud Patres, tum latinos, tum graecos. Cfr. Marani adnot. ad Libr. Theoph. ad Autol. I, 4. Nota f. et Galland. Bibl. T. II. p. 160. Not. b. ‖ 5 Addendum esse ἥλιος, jam vidit Stephanus. ‖ 6 Ἔπεμψεν — διώκων deest in edit. B. B. et Gall., incuria, ut videtur, librarii. ‖ 7 Ita lacunam Msti explevit Stephanus. ‖ 8 Haec non ante Trajani tempora scripta esse possunt. *Quartalschrift*, l. c. p. 447.

1 Ἀξιόπιστος = *qui fide dignus est*, et *qui fide dignus tantum putatur*. Cfr. Ign. ad Philad. c. 2. Not. 3.

ταῦτα μὲν τερατεία καὶ πλάνη τῶν γοήτων ἐστίν· ἀνθρώπων δὲ ὅδεὶς ὅτε εἶδεν, ὅτε ἐγνώρισεν· αὐτὸς δὲ ἑαυτὸν ἐπέδειξεν. Ἐπέδειξε δὲ διὰ πίστεως, ᾗ μόνῃ Θεὸν ἰδεῖν συγκεχώρηται. ² Ὁ γὰρ δεσπότης καὶ δημιεργὸς τῶν ὅλων Θεὸς, ὁ ποιήσας τὰ πάντα καὶ κατα τάξιν διακρίνας, ὃ μόνον φιλάνθρωπος ἐγένετο, ἀλλὰ καὶ μακρόθυμος. Ἀλλ' ὅτος ἦν μὲν ἀεὶ τοιὅτος, καὶ ἔστι, καὶ ἔσται, χρηστὸς καὶ ἀγαθὸς καὶ ἀόργητος καὶ ἀληθής· καὶ μόνος ἀγαθός ἐστιν· ἐννοήσας δὲ μεγάλην καὶ ἄφραστον ἔννοιαν, ἣν ἐκοινώσατο μόνῳ τῷ παιδί. Ἐν ὅσῳ μὲν ὃν κατεῖχεν ἐν μυστηρίῳ καὶ διετήρει τὴν σοφὴν αὐτῦ βελὴν, ἀμελεῖν ἡμῶν καὶ ἀφροντιστεῖν ἐδόκει· ἐπεὶ δὲ ἀπεκάλυψε διὰ τῦ ἀγαπητῦ παιδός, καὶ ἐφανέρωσε τὰ ἐξ ἀρχῆς ἡτοιμασμένα, πάνθ' ἅμα παρέσχεν ἡμῖν, καὶ μετασχεῖν εὐεργεσιῶν αὐτῦ, καὶ ἰδεῖν ³ [καὶ ψηλαφ]ῆσαι [αὐτόν. Ταὖτα] τίς ἂν πώποτε προσεδόκησεν ἡμῶν; Πάντ' ὃν ᾔδει παρ' ἑαυτῷ σὺν τῷ παιδὶ οἰκονομικῶς.

IX. *Cur filius sero missus.*

¹ Μέχρι μὲν ὃν τῦ πρόσθεν χρόνε εἴασεν ἡμᾶς, ὡς ἐβελόμεθα, ἀτάκτοις φοραῖς φέρεσθαι, ἡδοναῖς καὶ ἐπιθυμίαις ἀγομένες· ὃ πάντως ἐφηδόμενος τοῖς ἁμαρτήμασιν ἡμῶν, ἀλλ' ἀνεχόμενος· ὃδὲ τῷ τότε τῆς ἀδικίας καιρῷ συνευδοκῶν, ἀλλὰ τὸν ² νῦν τῆς δικαιοσύνης δημιεργῶν· ἵνα ἐν τῷ τότε χρόνῳ ἐλεγχθέντες ἐκ τῶν ἰδίων ἔργων ἀνάξιοι ζωῆς, νῦν ὑπὸ τῆς τῦ Θεῦ χρηστότητος ἀξιωθῶμεν· καὶ τὸ καθ' ἑαυτὸς φανερώσαντες ἀδύνατον εἰσελθεῖν εἰς τὴν βασιλείαν τῦ Θεῦ, τῇ δυνάμει τῦ Θεῦ δυνατοὶ γενηθῶμεν. Ἐπεὶ δὲ πεπλήρωτο μὲν ἡ ἡμετέρα ἀδικία, καὶ τελείως πεφανέρωτο, ὅτι ὁ μισθὸς ³ [αὐτῆς] κόλασις καὶ θάνατος προσεδοκᾶτο, ἦλθε δὲ ὁ καιρὸς, ὃν Θεὸς προέθετο λοιπὸν φανερῶσαι τὴν ἑαυτῦ χρηστότητα καὶ δύναμιν, ⁴ ὡς [ὑπὸ τῆς] ὑπερ-

---

2 His verbis transit ad quaestionem eam tractandam, cur Deus ultimo demum tempore gratiam et benignitatem suam hominibus patefecerit. BOEHL. Cfr. *Neander*, K.G. I. p. 715. et *Quartalschrift*, l. c. p. 460. ‖ 3 Ita lacunam explevit Boehlius, ad Luc. 24, 39. Act. 17, 27. respiciens. Sylburgio placuit: καὶ κατανοῆσαι τὴν αὐτῦ μεγαλειότητα. Ἅ τίς κ.τ.λ.
1 Cfr. *Neander*, K.G. I. p. 715.

et *Quartalschrift*, l. c. p. 460. ‖ 2 I. e. conscientiam sanctitatis, quam Deus postulat, in hominum animis excitans. BOEHL. Forte pro νῦν legendum νῦν = *sed praesens tempus justitiae creans*. ‖ 3 Ita Beurerus lacunam explevit. ‖ 4 Ita l. Stephanus. Ms. ὡς . . ὑπερβαλλύσης φιλανθρωπίας μία ἀγάπη . . Prudentius Maranus conjecit: ὦ ὑπερβαλλύσης φιλανθρωπίας, οἵα ἀγάπη!

βαλλύσης φιλανθρωπίας καὶ ἀγάπης ἐκ ἐμίσησεν ἡμᾶς, ὐδὲ ἀπώσατο, ὐδὲ ἐμνησικάκησεν, ἀλλὰ ἐμακροθύμησεν, ἠνέσχετο, [5] αὐτὸς τὰς ἡμετέρας ἁμαρτίας ἀνεδέξατο· αὐτὸς τὸν ἴδιον υἱὸν ἀπέδοτο λύτρον ὑπὲρ ἡμῶν, τὸν ἅγιον ὑπὲρ ἀνόμων, τὸν ἄκακον ὑπὲρ τῶν κακῶν, τὸν δίκαιον ὑπὲρ τῶν ἀδίκων, τὸν ἄφθαρτον ὑπὲρ τῶν φθαρτῶν, τὸν ἀθάνατον ὑπὲρ τῶν θνητῶν. Τί γὰρ ἄλλο τὰς ἁμαρτίας ἡμῶν ἠδυνήθη καλύψαι ἢ ἐκείνε δικαιοσύνη; Ἐν τίνι δικαιωθῆναι δυνατὸν τὸς ἀνόμες ἡμᾶς καὶ ἀσεβεῖς, ἢ ἐν μόνῳ τῷ υἱῷ τῦ Θεῦ; Ὦ τῆς γλυκείας ἀνταλλαγῆς, ὦ τῆς ἀνεξιχνιάστε δημιεργίας, ὦ τῶν ἀπροσδοκήτων εὐεργεσιῶν· ἵνα ἀνομία μὲν πολλῶν ἐν δικαίῳ ἑνὶ κρυβῇ, δικαιοσύνη δὲ ἑνὸς πολλὰς ἀνόμες δικαιώσῃ. Ἐλέγξας ἒν ἐν μὲν τῷ πρόσθεν χρόνῳ τὸ ἀδύνατον τῆς ἡμετέρας φύσεως εἰς τὸ τυχεῖν ζωῆς, νῦν δὲ τὸν σωτῆρα δείξας, δυνατὸν σώζειν καὶ τὰ ἀδύνατα, ἐξ ἀμφοτέρων ἐβελήθη πιστεύειν ἡμᾶς τῇ χρηστότητι αὐτῦ, αὐτὸν ἡγεῖσθαι τροφέα, πατέρα, διδάσκαλον, σύμβελον, ἰατρόν, νῦν, φῶς, τιμήν, δόξαν, ἰσχύν, ζωήν· [6] περὶ ἐνδύσεως καὶ τροφῆς μὴ μεριμνᾶν.

X. *Quanta bona Diogneto affluant, si fidem suscipiat.*

Ταύτην καὶ σὺ τὴν πίστιν ἐὰν [1] ποθῇς καὶ λάβῃς, πρῶτον μὲν ἐπίγνωσιν [2] π[ροσλήψῃ τῦ Θεῦ χρηστότητος]. Ὁ γὰρ Θεὸς τὸς ἀνθρώπες ἠγάπησε, δι᾽ ὃς ἐποίησε τὸν κόσμον, οἷς ὑπέταξε πάντα τὰ ἐν [3] [αὐτῷ], οἷς λόγιον ἔδωκεν, οἷς νῦν, οἷς μόνοις [4] πρὸς αὐτὸν ὁρᾶν ἐπέτρεψεν, ὃς ἐκ τῆς ἰδίας εἰκόνος ἔπλασε, πρὸς ὃς ἀπέστειλε τὸν υἱὸν αὐτῦ τὸν μονογενῆ, οἷς τὴν ἐν ὁρανῷ βασιλείαν ἐπηγγείλατο, καὶ δώσει τοῖς ἀγαπήσασιν αὐτόν. Ἐπιγνὸς δέ, τίνος οἴει πληρωθήσεσθαι χαρᾶς; Ἢ πῶς ἀγαπήσεις τὸν ὕτως προαγαπήσαντά σε; Ἀγαπήσας δέ, μιμητὴς ἔσῃ αὐτῦ τῆς χρηστότητος. Καὶ μὴ θαυμάσῃς, εἰ δύναται μιμητὴς ἄνθρωπος γενέσθαι Θεῦ. Δύναται, θέλοντος αὐτῦ. Οὐ γὰρ τὸ καταδυναστεύειν τῶν πλησίον, ὐδὲ τὸ πλέον ἔχειν βέλεσθαι τῶν ἀσθενεστέρων, οὐδὲ τὸ πλετεῖν καὶ βιάζεσθαι τοὺς ὑποδεεστέρες,

---

5 In Ms. additur λέγων, quod adjectum videtur ab aliquo existimante, verba Isaiae 53, 4 aut 11 citari. MARAN. ‖ 6 Cfr. Matth. 6, 25. 28.
  1 Dubitat Stephanus, utrum ποθῇς an ποθήσῃς in Msto legatur. MARAN.
  2 Ita lacunam explevit Boehlius. Sylburgio placuit: ἐπίγνωσιν πατρός

σοι παρέξει. Cfr. *Quartalschrift*, l. c. p. 455. ‖ 3 Ita Boehlius; ἐν τῇ γῇ Sylburgius. ‖ 4 Post vocem μόνοις erat in Msto litera, quam Stephanus initium esse putat vocis ἄνω aut ἀτενές. Habebat ἄνω apographon Beureri. MARAN.

εὐδαιμονεῖν ἐστιν· οὐδὲ ἐν τούτοις δύναταί τις μιμήσασθαι Θεόν. Ἀλλὰ ταῦτα ἐκτὸς τῆς ἐκείνε μεγαλειότητος. Ἀλλ' ὅστις τὸ τοῦ πλησίον ἀναδέχεται βάρος, ὃς, ἐν ᾧ κρείσσων ἐστὶν, ἕτερον τὸν ἐλαττούμενον εὐεργετεῖν ἐθέλει, ὅσα παρὰ τοῦ Θεοῦ λαβὼν ἔχει, [5] ταῦτα τοῖς ἐπιδεομένοις χορηγῶν, Θεὸς γίνεται τῶν λαμβανόντων· οὗτος μιμητής ἐστι Θεοῦ. [6] Τότε θεάσῃ τυγχάνων ἐπὶ γῆς, ὅτι Θεὸς ἐν [7] οὐρανοῖς πολιτεύεται· τότε μυστήρια Θεοῦ λαλεῖν ἄρξῃ· τότε τοὺς κολαζομένες ἐπὶ τὸ μὴ θέλειν ἀρνήσασθαι Θεὸν καὶ ἀγαπήσεις καὶ θαυμάσεις· τότε τῆς ἀπάτης τοῦ κόσμε καὶ τῆς πλάνης καταγνώσῃ, ὅταν τὸ ἀληθῶς ἐν οὐρανῷ ζῆν ἐπιγνώσῃ, ὅταν τοῦ δοκοῦντος ἐνθάδε θανάτε καταφρονήσῃς, ὅταν τὸν ὄντως θάνατον φοβηθῇς, ὃς φυλάσσεται τοῖς κατακριθησομένοις εἰς πῦρ τὸ αἰώνιον, ὃ τοὺς παραδοθέντας αὐτῷ μέχρι τέλες κολάσει. Τότε τοὺς ὑπομένοντας ὑπὲρ δικαιοσύνης θαυμάσεις τὸ πῦρ τὸ [8] [ἐπίγειον, καὶ] μακαρίσεις, ὅταν ἐκεῖνο τὸ πῦρ ἐπιγνῷς.

XI. *Quae mihi, Apostolorum discipulo, tradita sunt, aliis subministro. Haec scitu digna sunt; nam fideles mysteria Patris cognoverunt, et quem ad finem Christus venerit, sciunt.*

Οὐ ξένα ὁμιλῶ, οὐδὲ παραλόγως ζητῶ· ἀλλὰ ἀποστόλων γενόμενος μαθητής, γίνομαι διδάσκαλος ἐθνῶν. Τὰ παραδοθέντα ἀξίοις ὑπηρετῶ γινομένοις ἀληθείας μαθηταῖς. Τίς γὰρ ὀρθῶς διδαχθείς, καὶ Λόγῳ [1] προσφιλεῖ γεννηθείς, οὐκ ἐπιζητεῖ σαφῶς μαθεῖν τὰ διὰ Λόγε δειχθέντα φανερῶς μαθηταῖς, οἷς ἐφανέρωσεν ὁ Λόγος φανείς, παρρησίᾳ λαλῶν, ὑπὸ ἀπίστων μὴ νοούμενος, μαθηταῖς δὲ διηγούμενος; Οἱ πιστοὶ λογισθέντες ὑπ' αὐτῦ ἔγνωσαν πατρὸς μυστήρια· οὗ χάριν ἀπέστειλε Λόγον, ἵνα κόσμῳ φανῇ· ὃς, ὑπὸ λαῦ ἀτιμασθείς, διὰ ἀποστόλων κηρυχθείς, ὑπὸ ἐθνῶν ἐπιστεύθη. Οὗτος ὁ ἀπ' ἀρχῆς, ὁ καινὸς φανείς, καὶ [2] [ἐν σαρκὶ] εὑρεθείς, καὶ πάντοτε νέος ἐν ἁγίων καρδίαις γεννώμενος. Οὗτος ὁ ἀεὶ, σήμερον υἱὸς λογισθείς· [3] δι' οὗ πλετί-

---

5 Ταῦτα — χορηγῶν deest apud B. B. et Gall., incuria librarii. || 6 Prius, i. e. prima parte hujus capitis, Noster dixerat, vitam virtutibus plenam ex vera fide profluere; nunc contra docet, veram cognitionem e vita proba oriri; et utrumque jure dici potest. Cfr. *Quartalschrift*, l. c. p. 456. || 7 L. ἀνθρώποις.

STEPH. || 8 Ita lacunam explevit Boehlius. Sylburgius conjecit: τὸ ἐπίγειον, καὶ τότε αὐτὸς κ. τ. λ.

1 Maranus conjicit: προσφιλὴς γενηθείς, *et Verbo amicus factus*. || 2 Ita lacunam explevit Boehlius; ἐν χρόνῳ MARAN. || 3 Vide *Quartalschrift*, l. c. p. 457.

ζεται ή έκκλησία, καὶ χάρις ἁπλεμένη ἐν ἁγίοις πληθύνεται, παρέχεσα νῦν, φανεροῦσα μυστήρια, διαγγέλλεσα καιρὲς, χαίρεσα ἐπὶ πιστοῖς, ἐπιζητοῦσι δωρεμένη, οἷς ὅρια πίστεως οὐ θραύεται, οὐδὲ [4] ὅρια πατέρων παρορίζεται. Εἶτα φόβος νόμε ᾄδεται, καὶ προφητῶν [5] χάρις γινώσκεται, καὶ εὐαγγελίων πίστις ἵδρυται, καὶ ἀποστόλων παράδοσις φυλάσσεται, καὶ ἐκκλησίας χάρις σκιρτᾷ. Ἣν χάριν οὐ λυπῶν ἐπιγνώσῃ, ἃ Λόγος ὁμιλεῖ, δι' ὧν βούλεται, ὅτε θέλει. Ὅσα γὰρ θελήματι τοῦ κελεύοντος λόγε ἐκινήθημεν ἐξειπεῖν, μετὰ πόνε, ἐξ ἀγάπης τῶν ἀποκαλυφθέντων ἡμῖν, γινόμεθα ὑμῖν κοινωνοί.

XII. Vehementer interest hominum, veram cognitionem percipere, quae cum vera vita conjuncta esse debet.

Οἷς ἐντυχόντες καὶ ἀκούσαντες μετὰ σπεδῆς, εἴσεσθε, ὅσα παρέχει ὁ Θεὸς τοῖς ἀγαπῶσιν ὀρθῶς, [1] οἱ γενόμενοι παράδεισος τρυφῆς, πάγκαρπον ξύλον εὐθαλοῦν ἀνατείλαντες ἐν ἑαυτοῖς, ποικίλοις καρποῖς κεκοσμημένοι. Ἐν γὰρ [2] τούτῳ τῷ χωρίῳ ξύλον γνώσεως καὶ ξύλον ζωῆς πεφύτευται· ἀλλ' οὐ τὸ τῆς γνώσεως ἀναιρεῖ, ἀλλ' ἡ παρακοὴ ἀναιρεῖ. Οὐδὲ γὰρ ἄσημα τὰ γεγραμμένα, ὡς Θεὸς ἀπ' ἀρχῆς ξύλον ζωῆς ἐν μέσῳ παραδείσε ἐφύτευσε, [3] διὰ γνώσεως ζωὴν ἐπιδεικνύς· ᾗ μὴ καθαρῶς χρησάμενοι οἱ ἀπ' ἀρχῆς, πλάνῃ τοῦ ὄφεως γεγύμνωνται. Οὐδὲ γὰρ ζωὴ ἄνευ γνώσεως, οὐδὲ γνῶσις ἀσφαλὴς ἄνευ ζωῆς ἀληθοῦς. Διὸ πλησίον ἑκάτερον πεφύτευται. [4] Ἣν δύναμιν ἐνιδὼν ὁ ἀπόστολος, τήν τε ἄνευ ἀληθείας προστάγματος εἰς ζωὴν ἀσκεμένην γνῶσιν μεμφόμενος, λέγει· „ἡ γνῶσις φυσιοῖ, ἡ δὲ ἀγάπη οἰκοδομεῖ." Ὁ γὰρ νομίζων εἰδέναι τι ἄνευ γνώσεως ἀληθοῦς καὶ μαρτυρεμένης ὑπὸ τῆς ζωῆς, οὐκ ἔγνω, [6] ὑπὸ τοῦ ὄφεως πλανᾶται, μὴ ἀγαπήσας τὸ ζῆν. Ὁ δὲ μετὰ φόβε ἐπιγνοὺς καὶ ζωὴν ἐπιζητῶν, ἐπ' ἐλπίδι φυτεύει, καρπὸν προσδοκῶν. [7] Ἤτω σοὶ καρδία

4 I. e. decreta, facta unanimi consilio patrum ecclesiae. Boehl. Ex his et sequentibus elucet, epistolam exaratam esse, quum jam nonnulli haeretici existerent, qui libros Veteris Testamenti, partim quoque Novi recusabant. Cfr. *Quartalschrift*, l. c. p. 458 sq. || 5 I. e. gratia, qua Prophetae illuminati sunt.
1 Οἱ melius abesset. Maran. ||
2 Sc. in paradiso. Boehl. ||

3 I. e. per veram cognitionem Deus protoplastis veram quoque vitae rationem revelavit; sed illi vera cognitione sincere non sunt usi. || 4 I. e. quum perspexisset Apostolus, quam vim habeat illa utriusque ligni, cognitionis et vitae, conjunctio. Maran. || 5 I Cor. 8, 4. || 6 Beurerus addit: καί. || 7 Vide *Quartalschrift*, l. c. p. 457.

γνῶσις· ζωὴ δὲ λόγος ἀληθής, χωρούμενος. Οὗ ξύλον φέρων, καὶ καρπὸν [8] [φανε]ρῶν, τρυγήσεις ἀεὶ τὰ παρὰ Θεῷ ποθούμενα· ὧν ὄφις οὐχ ἅπτεται, οὐδὲ πλάνη συγχρωτίζεται· [9] οὐδὲ Εὖα φθείρεται, ἀλλὰ παρθένος πιστεύεται· καὶ σωτήριον δείκνυται, καὶ ἀπόστολοι συνετίζονται, καὶ τὸ κυρίε πάσχα προέρχεται, καὶ [10] χοροὶ συνάγονται, καὶ μετὰ κόσμε [11] ἁρμόζονται, καὶ διδάσκων ἁγίες ὁ Λόγος εὐφραίνεται, δι' οὗ πατὴρ δοξάζεται· ᾧ ἡ δόξα εἰς τοὺς αἰῶνας. Ἀμήν.

8 Ita Boehlius; ἐκπληρῶν Sylburgius.‖ delictis peccatisque manebis. ‖ 10 Ita
9 Quodsi arborem verae cognitionis Sylb. et Maran. Ms. κηροί. ‖ 11 Ita
et vitae in te plantaveris, absque Maran. Ms. ἁρμόζεται.

HERMAE PASTOR.

LIBER PRIMUS,

QUI INSCRIBITUR:

VISIONES.

VISIO I.

Contra turpes et elatas cogitationes, et negligentem Hermae filiorum castigationem.

I. Qui enutriverat me, vendidit quamdam puellam [1] Romae. Post multos autem annos hanc visam ego recognovi, et coepi eam diligere ut [2] sororem. Exacto autem tempore aliquo, lavari eam in flumine Tiberi vidi, et porrexi ei manum, et eduxi eam e flumine. Visaque ea cogitabam in corde meo, dicens: „felix essem, si talem uxorem, et specie et moribus, sortitus essem." Hoc solum, nec ultra quidquam cogitavi. Post tempus autem aliquod, cum iis cogitationibus proficiscens, honorificabam creaturam Dei, cogitans, quam magnifica et pulchra sit. Et dum ambulassem, obdormivi. Et spiritus me rapuit, et tulit me [3] per quemdam locum ad dexteram, per quem non poterat homo iter facere. Erat autem locus ille in rupibus, et abruptus, et invius [4] ab aquis. Quumque transissem locum illum, veni ad planitiem, et genibus positis coepi orare Dominum, et confiteri peccata mea. Et orante me apertum est coelum, et video mulierem, quam concupiveram, salutantem me de coelo et dicentem: „Herma, ave." Et ego prospiciens illam, dico ei: „domina, quid tu heic facis?" At illa respondit mihi: „recepta sum huc, ut peccata tua arguam apud

---

1 Hermam *Romae* vixisse, non solum hoc loco indicatur, sed et infra: *in flumine Tiberi*, et Vis. IV, 1: *via Campana*, et Vis. II, 1: *Cumis*. ‖ 2 Prisci fideles uxores suas *sorores* nominabant, ut Fellus ad h. l. annotavit. Sed hic de *sorore* proprio sensu cogitandum est. ‖ 3 Sc. in visione. ‖ 4 I. e. *propter aquas*.

Dominum." „Domina," inquam, „num tu me argues?" „Non," inquit. „Sed audi verba, quae tibi dictura sum. Deus, qui in coelis habitat, et [5] condidit ex nihilo ea, quae sunt, et multiplicavit propter sanctam ecclesiam suam, irascitur tibi, quoniam peccasti in me." Respondens dico ei: „domina, si in te ego peccavi, ubi, aut quo in loco, aut quando tibi turpe verbum aliquod locutus sum? Nonne semper te quasi dominam arbitratus sum? Nonne semper te reveritus sum velut sororem? Quid in me comminisceris haec tam nefanda?" Tunc illa arridens mihi ait: „in corde tuo ascendit concupiscentia nequitiae. An non videtur tibi, viro justo rem iniquam esse, si ascenderit in corde mala concupiscentia? Peccatum est ei, et quidem grande. Justus enim vir justa cogitat. Cogitante ergo illo, quae justa sunt, et recte eo incedente, in coelis propitium habebit Dominum in omni negotio suo. Qui autem nefanda cogitant in cordibus suis, mortem et captivitatem assumunt; maxime ii, qui seculum hoc diligunt, et gloriantur in divitiis suis, et qui non exspectant futura bona; vacuantur animae eorum. Haec autem faciunt [6] dubii, qui non habent spem in Domino, et contemnunt et negligunt vitam suam. Sed tu ora ad Dominum, et sanabit peccata tua, totiusque domus tuae, et omnium sanctorum."

II. Postquam autem locuta est verba haec, clausi sunt coeli. Et ego totus eram in moerore et metu, et dicebam intra me: „si hoc mihi peccatum adscribitur, quo modo potero salvus esse, aut quo modo exorabo Dominum pro peccatis meis abundantissimis? Quibus verbis rogabo Dominum, ut mihi propitius sit?" Haec me recogitante et discernente in corde meo, video [1] contra me cathedram de lanis candidis, sicut nix, factam magnam. Et venit mulier [2] anus in veste splendida, habens librum in manu; et sedit sola, et salutavit me: „Herma, ave." Et ego moestus et plorans dixi: „domina, ave." Et illa dixit mihi: „quid moestus es, Herma, qui eras patiens et modestus et semper hilaris?" Respondens dico ei: „domina, contumelia mihi objecta est a muliere optima, dicente, quod peccavi in eam." At illa dixit mihi: „absit a servo Dei res ista. Sed forte in corde tuo ascendit illius

---

5 Creatio ex nihilo infra quoque docetur L. II. Mand. I. Hunc locum laudat Orig. Tom. I. Comment. in Joann. I, 1. T. II. p. 17. ed. Huet.
6 Δίψυχοι. Cfr. infra Vis. III, 4.

1 I. e. ex adverso positam sellam. FABRICIUS. || 2 I. e. *ecclesia*. Ad hunc locum respicit Hieron. in Osee ad c. VII, 9.

HERMAE PASTOR. LIBER I. VISIO I. 149

³ concupiscentia. Est quidem in servis Dei talis cogitatio peccatum inferens. Non enim debet haec cogitatio abhorrenda esse in servo Dei, neque ⁴ spiritus probatus concupiscere malum opus; et praecipue ⁵ Hermas, qui est continens ab omni concupiscentia scelesta, et est omni simplicitate plenus et innocentia magna."

III. „Verumtamen non causa tui irascitur Dominus, sed propter ¹ domum tuam, quae nefas admisit in Dominum et in parentes suos. Et tu quum sis amator filiorum, non commonuisti domum tuam, sed dimisisti illos conversari violenter. Propter hoc enim irascitur tibi Dominus; sed sanabit omnia, quae ante gesta sunt mala in domo tua. Propter illorum enim peccata et iniquitates consumtus es a ² secularibus negotiis. Jam enim misericordia Dei miserta est tui, et domus tuae, et conservavit te in gloria. Tu tantum noli ³ vagari, sed animaequus esto, et conforta domum tuam. Tamquam aerarius ⁴ producens opus suum exponit ei, cui vult, sic et tu verbum quotidianum justum docens abscindes grande peccatum. Ne desinas ergo commonere natos tuos; scit enim Dominus, quod poenitentiam agent ex toto corde suo, et ⁵ scribet te in libro vitae." Quumque finisset verba haec, ait mihi: „vis audire me legentem?" Dico ei: „domina, volo." „Esto ergo auditor." Et revoluto libro legebat gloriose, magnifice et mirifice, quae non poteram in memoria retinere. Erant enim verba ⁶ terrifica, quae non poterat homo sustinere. Novissima tamen verba memoriae mandavi; erant enim pauca et

3 *Concupiscentiae* voce utitur ex notione in scholis recepta. Oxon. ‖
4 *Spiritu* Ms. Carm. ‖ 5 Hanc laudem sui ipsius contradicere scriptoris modestiae, fortasse et authentiae libri, monet *Jachmannus* (Der Hirte des Hermas, Königsberg 1835) p. 25. ‖
1 Filii Hermae (Vis. II, 2.) nequitiae accusantur, quippe qui in Deum et in parentes peccaverint. Verum et uxor Hermae vituperatur.
2 Hinc et ex verbis: *negotiationibus implicitus es* (Vis. II, 3.) conjecit *Cotta* (K.G. I. p. 648), Hermam exercuisse mercaturam, divitiasque suas filiorum nequitia perdidisse.

Similiter *Fleury* (H.E.T. I.1.2. §.44.) suspicatur, Hermam fuisse *laicum*, a filiis ad inopiam redactum (*consumtus a secularibus negotiis*). Contra *Dodwellus* et *Tillemontius* Hermam *clericum* fuisse opinantur. Cfr. *Jachmann*. l. c. p. 26 et 27. ‖
3 *Prens courage*. Fleury l. c. ‖
4 Cfr. Matth. 13, 52. 25, 27. Luc. 19, 13. ‖ 5 An *scribentur in?* Gall. Cfr. Phil. 4, 3. Apoc. 20, 15. ‖
6 Similem annuntiationem terrificam invenies in libro apocrypho IV Esdrae 6, 17. Cfr. *Jachm*. p. 65., qui scriptorem nostrum Esdrae librum imitari voluisse contendit.

utilia nobis: „ecce Deus virtutum, qui invisibili virtute et magno sensu suo condidit mundum, et honorifico consilio circumdedit decorem creaturae suae, et fortissimo suo verbo confixit coelum, et fundavit terram [7] super aquas, et virtute sua potenti condidit sanctam ecclesiam suam, quam benedixit; ecce, transferet coelos ac montes, colles ac maria, et omnia [8] plana fient [9] electis ejus, ut reddat illis repromissionem, quam repromisit, cum multo honore et gaudio, si servaverint legitima Dei, quae acceperunt in [10] magna fide."

IV. Quumque consummasset legendo, exsurrexit de cathedra; et venerunt quatuor juvenes, et tulerunt cathedram ad orientem. Et vocavit me ad se, et tetigit pectus meum aitque mihi: „placuit tibi lectio mea?" Dico ei: „domina, haec mihi novissima placent; priora autem saeva et dura sunt." At illa ait mihi: „haec novissima justis, priora autem refugis et ethnicis." Et quum loqueretur mecum, duo quidam viri apparuerunt, et sustulerunt illam humeris, et abierunt, ubi et cathedra erat, ad orientem. Hilaris autem discessit. Et cum abiret, ait mihi: „confortare, Herma!"

VISIO II.

Rursum de negligenti uxoris loquacis et filiorum libidinosorum castigatione, et ejus moribus.

I. Quum vero proficiscerer [1] cum his, circa illud tempus quo et anno priore, ambulans commemoratus sum anni prioris visionem. Rursumque me [2] abstulit spiritus, et duxit me in eumdem locum, quo anno primo. [3] Quumque venissem ad illum locum, positis genibus coepi orare Dominum, et honorificare nomen ejus, quod dignum me arbitratus sit, et manifestaverit mihi peccata pristina. Et quum surrexissem ab oratione, video contra me anum [4] illam, quam et anno superiore videram, ambulantem et

---

7 Cfr. II Petr. 3, 5. || 8 Ita Codd. Editi: *plena.* GALL. Cfr. *Jachm.* p. 86. || 9 Ut hic *electionem* justorum, ita *libertatem* hominis docet Hermas Lib. III. Sim. 8, 6. 11. Cfr. *Jachm.* p. 78. || 10 I. e. *firme credentes.*

1 Simili modo Vis. I, 1. scribitur: *cum iis cogitationibus proficiscens.* Cotelerius conjicit: *Cumis*; infra enim Vis. IV, 1. legitur: *proficiscebar in illa via Campana.* || 2 Cfr. Vis. I, 1. || 3 *Quumque venissem — Dominum* restituit Gallandius ex Ms. CARM. || 4 I. e. *ecclesiam.* Cfr. Vis. I, 2. Haec et sequentia laudat Clem. Alex. Strom. VI, 15. p. 806.; ubi notat Potterus, hoc modo cum marmora et nummos, tum etiam libros vetustissimos scrip-

legentem libellum aliquem. Et ait mihi: „potes haec electis Dei renuntiare?" Dico ei: „domina, tanta in memoria retinere non possum; da autem mihi libellum, et describam." „Accipe," inquit, „et restitutuas mihi illum." Ut autem accepi, in quemdam locum agri secedens, descripsi omnia ad litteram; non inveniebam enim syllabas. Quumque consummassem scripturam libelli, subito de manu mea raptus est libellus; a quo autem, non vidi.

II. Post quindecim autem dies, quum jejunassem, multumque rogassem Dominum, revelata est mihi scientia [1] scripturae. Erat autem scriptura haec: „semen tuum, Herma, deliquit in Dominum, et prodiderunt parentes suos in nequitia magna. Et [2] audierunt proditores parentum, et prodentes [3] profecerunt. Sed etiam nunc adjecerunt peccatis suis libidines et commaculationes nequitiae, et sic impleverunt iniquitates suas. Sed improrera verba haec filiis tuis omnibus et conjugi tuae, quae futura est [4] soror tua. Et ipsa enim compescat linguam suam, in qua malignatur; et auditis verbis his continebit se, et consequetur misericordiam. [5] Erudietur enim, postquam improperaveris illi haec verba, quae mandavit ille dominator, ut tibi revelentur. Tunc remittentur illis peccata, quae jampridem peccaverunt, et omnibus sanctis, qui peccaverunt usque in hodiernum diem, si ex toto corde suo egerint poenitentiam, et abstulerint a cordibus suis dubitationes. Juravit enim dominator ille per gloriam suam super electos suos, [6] praefinita ista die, etiam nunc si peccaverit aliquis, non habiturum illum salutem. Poenitentiae enim justorum habent fines. Impleti sunt dies poenitentiae omnibus sanctis; gentibus autem poenitentia usque in novissimo die. Dices ergo eis, qui praesunt ecclesiae, ut dirigant vias suas in justitia, ut recipiant in pleno repromissionem cum multa gloria. Permanete ergo, qui operamini justitiam, et sic facite, ut sit [7] transitus vester cum sanctis an-tos conspici, perpetua scilicet litterarum serie, nulla vocum distinctione facta.

1 Sc. illius libelli, mihi dati. ‖
2 I. e. *nominabantur.* ‖ 3 I. e. *auxerunt nequitiam suam.* ‖ 4 Sc. per continentiam. Cfr. Tert. Lib. I. ad uxor. c. 6: *quot item* (sunt), *qui consensu pari inter se matri-monii debitum tollunt?* Cfr. cap. seq. et Lib. III. Sim. IX, 11. ‖
5 I. e. *se corriget.* ‖ 6 Die judicii nemo fidelium salutem consequetur, qui nunc adhuc peccat. ‖ 7 I. e. *ut mortui cum angelis congregemini,* seu *ut angeli vos portent in sinum Abrahami.* Luc. 16, 22.

gelis. Felices vos, quicumque sustinetis pressuram supervenientem magnam, et quicumque non negaverit vitam suam. Juravit enim Dominus per Filium suum: [8] qui denegaverit Filium et [9] se, [10] spondentes se vitam illius, et ipsi denegaturi sunt illum in advenientibus diebus. Ii autem, qui numquam denegaverint, ob [11] nimiam misericordiam propitius factus est illis."

III. „Tu autem, Herma, noli meminisse injuriarum filiorum tuorum, sed nec [1] sororem tuam negligas; sed cura, ut emendentur a pristinis peccatis. Erudientur enim doctrina ista, si tu jam non fueris memor injuriae illorum. Memoria enim injuriarum mortem operatur, oblivio vero earum vitam aeternam. Tu autem, Herma, magnas [2] tribulationes seculares sustinuisti propter praevaricationes domus tuae, quoniam illas, ut ad te nihil pertinentes, neglexisti, et in negotiationibus tuis malignis implicitus es. Sed illud te salvum faciet, quod non discesseris a Deo vivo. [3] Et simplicitas tua et singularis continentia salvum facient te, si permanseris. Et omnes salvos facient, quicumque hujuscemodi operantur, et ingrediuntur in innocentia et simplicitate. Hi, qui hujusmodi sunt, invalescent adversus omnes nequitias, et permanebunt in vitam aeternam. Felices omnes, qui operantur justitiam; non absumentur [4] usque in vitam aeternam. Dices autem: [5] ecce magna tribulatio venit. Si tibi videtur, iterum [6] nega. Prope est Dominus convertentibus, sicut scriptum est in [7] Heldam et Modal, qui vaticinati sunt in solitudine populo."

---

8 Cfr. Matth. 10, 33. ‖ 9 I. e. Patrem. ‖ 10 Pater et Filius promittunt et annunciant, ipsos esse vitam hominum. Alii legunt: *despondentes vitam suam* = qui anxii de vita sua fidem abnegant. Cfr. Lib. III. Sim. IX, 28. ‖ 11 *Nimia* idem valet, quod *summa*. Oxon.

1 I. e. *uxorem*, cfr. cap. antecedens Not. 4. ‖ 2 Cfr. supra Vis. I, 3. Not. 2. ‖ 3 Ex immodesta hac laude nonnulli viri docti authentiam libri negarunt. Cfr. Vis. I, 2. et *Jachm.* l. c. p. 25. Hermas vero et ea profert, quae ipsi non possunt laudi esse. Vis. III, 1. 2. ‖ 4 I. e. non peribunt, et permanebunt in vitam aeternam. ‖ 5 Fortasse aliquis respondebit: quomodo firmus esse potero in fide, cum magna persecutio instet? ‖ 6 I. e. iterum abnega Dominum, fretus sponsionibus de misericordia divina, quas temere adhibet liber apocryphus, sub Eldadi et Medadi nomine conscriptus. Oxon. ‖ 7 Istorum prophetarum nomina Num. 11, 26. 27. in Hebraeo et in Vulgata sunt Eldad et Medad. Sub illorum nomine apocryphus liber circumferebatur, nunc deperditus. *Semlerus* temere suspicatur, Judaeum aliquem Alexandrinum librum istum con-

IV. Revelatum autem est mihi, fratres, dormienti a juvene specioso et dicente mihi: „anum illam, a qua accepisti libellum, quam putas esse?" Et ego dixi: [1] „Sibyllam." „Eiras, inquit, non est." „Quae est ergo, domine?" Et dixit mihi: „ecclesia Dei est." Et dixi ad illum: „quare ergo anus est?" „Quoniam, inquit, [2] omnium prima creata est, ideo anus; et propter illam mundus factus est." Post haec autem visionem vidi in domo mea, et venit illa anus, et interrogavit me, si jam [3] libellum dedissem senioribus. Et respondi: „adhuc non." At illa dixit: „bene fecisti; habeo enim quaedam verba edicere tibi. Quum autem consummavero omnia verba, aperte scientur ab electis."

[4] Γράψεις δύο βιβλία, καὶ δώσεις ἓν Κλήμεντι [5], καὶ ἓν [6] Γραπτῇ. Καὶ Γραπτὴ μὲν νουθετήσει τὰς χήρας καὶ τὰς ὀρφανούς [7]. Κλήμης δὲ πέμψει εἰς τὰς ἔξω πόλεις. Σὺ δὲ ἀναγγελεῖς [8] τοῖς πρεσβυτέροις τῆς ἐκκλησίας.

[4] „Scribes ergo duos libellos, et mittes unum Clementi [5], et unum [6] Graptae. Mittet autem Clemens in exteras civitates; illi enim permissum est. Grapte autem commonebit viduas et orphanos [7]. Tu autem leges in hac civitate cum [8] senioribus, qui praesunt ecclesiae."

fecisse, ideo et Hermam, hoc libro usum, Alexandrinis esse adscribendum (Hist. doctr. chr. in Baumgarten, theol. Streit. T. II. p. 7. Not. 8.). Sed cfr. Jachm. l. c. p. 66.
1 Non inde sequitur, Hermam libros nostros Sibyllinos legisse. Cotelerius putat, in Graeco exstitisse προφῆτιν, quam latinus interpres verterit Sibyllam; sicut infra Lib. II. Mand. VI. ἀγγέλυς Genios reddidit. Sed si supra Vis. II, 1. Cumis legendum est, obvia satis est causa, quare Hermas anum Sibyllam esse conjecerit. GALL. OXON. || 2 Ut Clemens Alexandrinus ecclesiam coelestem et terrestrem discernit, ita et Hermas; cui ecclesia coelestis quasi Aeon quidam est, prima Dei creatura, cujus gratia mundus crea-

tus est. Cfr. Rothe, Anfänge etc. p. 612. Not. 42., ubi Jachmanni sententia (p. 86.) emendatur. ||
3 Cfr. supra c. 2: Dices ergo eis, qui praesunt ecclesiae. || 4 Graeca haec exstant in Orig. Philoc. c. 1. ex lib. IV. c. 2. de Princ. || 5 Sine dubio Romano, patri apostolico. Simile mandatum S. Joannes accepit in Apocalypsi 1, 11. Cfr. Jachm. p. 61. || 6 Grapte diaconissa fuisse videtur. Cfr. Mosheim, Comment. de rebus Christ. p. 167. Nomen Grapte reperies quoque in Josephi bell. jud. V, 9. || 7 Propter imbecillitatem ecclesiam intrare, et ibi lectionem libri audire non valentes. || 8 Inde non consequitur, Hermam presbyterum fuisse. Jachm. l. c. p. 26.

VISIO III.

De triumphantis ecclesiae structura et variis hominum reproborum ordinibus.

I. Visio, quam vidi, fratres, visio talis erat. Quum jejunassem frequenter, et precatus essem Dominum, ut mihi ostenderet revelationem, quam pollicitus est ostendere per anum illam; eadem nocte apparuit mihi anus illa, et dixit mihi: „quoniam sic langues et sollicitus es ad sciendum omnia, veni in [1] agrum, ubi vis, et circa horam sextam manifestabo me tibi, et ostendam tibi, quae oporteat te videre." Rogavi illam, dicens: „domina, in quem locum agri?" „Ubi," inquit, „vis, elige locum bonum, secretum." Antequam autem loqui coepissem, et dicere ei locum, ait mihi: „veniam, ubi vis." Fui ergo, fratres, in agro, et observavi horas, et veni in locum, ubi constitueram ei venire. Et video subsellium positum; erat cervical lineum, et super linteum expansum carbasinum. Videns haec posita, et neminem esse in loco, stupere coepi, et capilli mei exsurrexerunt, et quasi horror me comprehendit, quum essem solus. Ad me autem reversus, et memoratus gloriam Dei, et accepta audacia, [2] positis genibus confitebar Deo iterum peccata, quae prius. Ecce venit illuc cum juvenibus sex, quos et ante videram, et stetit post me orantem, et audiebat me orantem, et confitentem Domino peccata mea. Et tangens me dixit: „desine jam pro peccatis tuis tantum orare. Ora et pro justitia, ut accipias partem ex ea in domo tua." Et erexit me de loco, et apprehendit manum meam, et adduxit me ad subsellium, et ait illis juvenibus: „ite et aedificate." Postquam autem discesserunt juvenes, et nos soli fuimus, ait mihi: „sede heic." Dico ei: „domina, sine seniores ante sedere." „Quod tibi dico," inquit, „sede." Quumque vellem sedere ad dexteram partem, non est passa, sed annuebat mihi manu, ut ad sinistram partem sederem. Cogitante autem me, et moesto existente, quod non sivit me ad dextram partem sedere, ait mihi: „quid moestus es, Herma? Locus, qui est ad dextram, illorum est, qui jam meruerunt Deum, et [3] passi sunt causa nominis ejus. Tibi autem

---

1 Esdras quoque (IV. Esdr. 9, 26.) in campum aliquem, Ardath nomine, ire jubetur. *Jachm.* 1. c. p. 65. ||
2 Ita peccatores et poenitentiam agentes orare consueverant, ceteri stantes. || 3 Laureolam martyrum gloria peculiari praefulgere, studiose docent omnes scriptores veteres. Oxon.

superest multum, ut cum illis sedeas. Sicut manes, in simplicitate tua permane, et sedebis cum illis, et quicumque fuerint operati illorum opera, et sustinuerint, quae illi sustinuerunt."

II. Dico ei: „domina, vellem scire, quae sustinuerunt." „Audi," inquit: „feras bestias, flagella, carceres, cruces, causa nominis ejus. Propter hoc illorum sunt dextrae partes sanctitatis, et quisquis patietur propter nomen Dei; reliquorum autem sinistrae partes sunt. Sed utrisque eis, et qui ad dextram, et qui ad sinistram sedent, sunt dona et promissiones; tantum quod ad dextram sedentes habent gloriam quamdam. Tu autem cupidus es sedere ad dextram cum eis; sed exiguitates tuae multae sunt. Emundaberis autem ab exiguitatibus tuis. [1] Sed et omnes, qui dubii non fuerint, emundabuntur ab omnibus peccatis in hunc diem." Et cum haec dixisset, volebat abire. Et procidens illi ad pedes, rogavi illam per Dominum, ut mihi demonstraret, quod repromiserat visum. At illa rursus apprehendit manum meam, et erexit me, et fecit sedere super subsellium ad sinistram, et elevata virga quadam splendida, dixit mihi: „vides rem magnam?" Dico ei: „domina, nihil video." „Ecce, non vides contra te [2] turrim magnam, quae aedificatur super aquas, lapidibus quadris splendidis?" In quadrato enim aedificabatur turris ab illis sex juvenibus, qui venerant cum illa. Alia autem multa millia virorum adportabant lapides. Quidam autem de profundo trahebant lapides; alii de terra transferebant, et porrigebant illis sex juvenibus. Porro illi accipiebant, et aedificabant. Eos autem, qui de profundo extrahebantur lapides, omnes sic [3] ponebant in structuram; politi enim erant, et convenientes commissurae cum illis lapidibus, sicque conjungebantur alius ad alium, ita ut commissurae eorum non paterent. [4] Et in hunc modum apparebat structura turris tamquam ex uno lapide aedificata. Caeteros autem lapides, qui adferebantur de terra, quosdam quidem rejiciebant, quosdam vero adaptabant

---

1 Paene eadem legimus Vis. II, 2. ‖
2 Turris haec ecclesia est in terris apparens. Sed visibilis haec ecclesia eadem est, quae et coelestis; haec enim cap. seq. ita loquitur: *turris quidem, quam vides aedificari, ego sum ecclesia, quae tibi apparui, et modo et prius.* Cfr. Vis. II, 4. Not. 2. ‖ 3 Ita Cod.

Bodl. *imponebant* Carm. et Lamb. Editi: *ponebantur.* ‖ 4 Hunc locum respicit Orig. Philocal. c. 8. (Comment. in Osee). T. II. p. 459. ed. B. B. Explicationem hujus visionis reperies infra c. 5 et sqq. Similia leguntur lib. III. Sim. IX. c. 6. 7. 31.

in structuram. Alios excidebant et projiciebant longe a turri. ⁵ Alii autem lapides multi circa turrim positi erant, et non utebantur illis ad structuram. Erant enim quidam ex illis scabrosi, alii autem scissuras habebant, alii vero candidi et rotundi, non convenientes in structuram turris. Videbam autem alios lapides projici longe a turri, et incidentes in viam, et non manentes in via, sed volvi de via in locum desertum; alios autem in ignem incidentes et ardentes; alios cadentes secus aquam, nec posse volvi in aquam, volentibus quidem eis intrare in aquam.

III. Et quum haec mihi demonstrasset, volebat recedere. Dico ei: „domina, quid mihi prodest haec vidisse, et non scire, quae sint hae res?" Respondens dixit mihi: „versutus es homo, volens scire ea, quae circa turrim sunt." „Ita," inquam, „domina, ut fratribus annuntiem, et hilariores fiant, et haec audientes honorificent Dominum cum multa gloria." Et illa ait: „audient quidem multi; et quum audierint, quidam ex eis gaudebunt, quidam autem flebunt. Sed et isti audientes, si poenitentiam egerint, et ipsi gaudebunt. Audi nunc de similitudine turris omnia haec, et hactenus mihi de revelatione molestior esse noli. Revelationes enim istae finem habent, impletae sunt enim. Sed tu non desinis in petendo revelationes; ¹ improbus enim es. Turris quidem, quam vides aedificari, ego sum ecclesia, quae tibi apparui, et modo et prius. Quodcumque igitur volueris, interroga de turri, et revelabo tibi, ut gaudeas cum sanctis." Dico ei: „domina, quoniam me semel dignum arbitrata es, ut omnia mihi reveles, revela." Ait mihi:
ὃ ἐὰν ἐνδέχεταί σοι ἀποκαλυφθῆ- ² „quodcumque oportuerit tibi
ναι, ἀποκαλυφθήσεται, revelari, revelabitur,
tantum ut cor tuum apud Dominum sit, et ne dubites, quodcumque videris." Interrogavi illam: „quare turris aedificata est super aquas, domina?" Respondit: „dixeram tibi et prius, versutum te esse, circa structuras diligenter inquirentem; igitur invenies veritatem. Quare ergo super aquas aedificatur turris, audi: quoniam vita vestra per aquam salva facta est, et fiet. Fundata est enim ³ verbo omnipotentis et honorifici nominis; continetur autem ab invisibili virtute Dei."

---

5 H. l. l. Didymus in Catena ad *importunus.* Oxon. 2 H. l. l. Jobi 8, 17. 18. p. 202. ed. Lond. 1637. Clem. Alex. Strom. II, 1. p. 430.
1 I. e. *vehemens, cupidus.* Editi: 3 Sc. vita vestra per baptismum;

IV. Respondens dico ei: „magnifice habent se res hae. Illi autem juvenes sex, qui aedificant, qui sunt, domina?" „Hi sunt angeli Dei, qui primo constituti sunt, quibus tradidit Dominus universam creaturam suam, struendi, aedificandi et dominandi creaturae illius. ¹ Per hos enim consummabitur structura turris." „Caeteri autem, qui adportant lapides, qui sunt?" „Et ipsi sancti angeli Domini; sed illi sunt his ² excellentiores. Quum ergo consummata fuerit structura turris, omnes simul epulabuntur juxta turrim, et honorificabunt Dominum, quoniam consummata erit structura turris." Interrogavi eam, dicens: „vellem scire exitum lapidum, et vim eorum, qualis sit." Respondens autem dixit mihi: „numquid tu prae omnibus melior es, ut tibi id reveletur? Alii enim priores te sunt et meliores te, quibus oportebat revelari visiones has; sed ut honorificetur nomen Dei, tibi revelatum est, et revelabitur

³ διὰ τὰς διψύχας, τὰς διαλογι- ³ propter dubios, qui cogitant
ζομένας ἐν ταῖς καρδίαις αὐτῶν, in cordibus suis, utrumne sint
εἰ ἄρα ἐστὶ ταῦτα, ἢ οὐκ ἔστιν. haec, an non sint.

Dic illis, quod haec omnia sunt vera, et nihil extra veritatem est, sed omnia firma, certeque fundata sunt."

V. „Audi nunc et de lapidibus, qui sunt in structura. Lapides quidem illi quadrati et albi, convenientes in commissuris suis, ii sunt apostoli ¹ et episcopi et doctores et ministri, qui ingressi sunt in clementia Dei, et episcopatum gesserunt, et docuerunt, et ministraverunt sancte et modeste electis Dei, ² qui dormierunt, quique adhuc sunt, et semper cum ³ illis convenerunt, et in se pacem habuerunt, et se invicem audierunt. Propter hoc et in structuram turris conveniunt commissurae eorum. Qui vero de profundo trahuntur, et imponuntur in ⁴ structuram, et con-

quae, quum ita sit fundata sicque contineatur, ideo turri est similis. Alii verba *fundata est* etc. ad turrim referunt.

1 Ab angelis, quibus Deus curam populorum tribuit, ecclesia aedificatur, quippe qui populos suos ad fidem adducant. ‖ 2 Differentia dignitatis inter angelos a libris quoque sacris agnoscitur. Cfr. I Thess. 4, 16. Ephes. 1, 21. 3, 10. I Petr. 3,

22. ‖ 3 Haec exstant apud Clem. Alex. Strom. I, 29. p. 426.

1 Hic habes distinctos hierarchiae ordines. *Doctores* sunt presbyteri docentes, διδάσκαλοι; *Ministri* = διάκονοι. Cfr. *Rothe*, Anf. p. 408. *Ittig*, Hist. eccl. primi seculi p. 176.‖ 2 I. e. apostoli et episcopi etc. ‖ 3 I. e. electis Dei, seu cum ovibus suis. ‖ 4 Ita Cod. Bodl. Alii: *structura*.

veniunt commissurae eorum cum caeteris lapidibus, qui jam aedificati sunt; ii sunt, qui jam dormierunt, et passi sunt causa nominis Domini." „Caeteri autem lapides, qui adportabantur a terra, volo scire qui sint, domina." Ait: „eos quidem, qui [5] in terram vadunt, et non sunt [6] politi, illos Deus probavit, quoniam ingressi sunt in [7] aequitatem Domini, et direxerunt vias in mandatis ejus. Qui autem adferuntur, et ponuntur in structura turris, ii sunt novelli in fide, et fideles. Commonentur autem ab angelis ad benefaciendum, propterea quod non est inventa nequitia in illis." „Quos autem rejiciebant et ponebant juxta turrim, qui sunt illi?" Ait mihi: „ii sunt, qui peccaverunt, et voluerunt poenitentiam agere; propter hoc non sunt longe projecti a turri, quoniam utiles erunt in structura, si poenitentiam egerint. Qui ergo poenitentiam acturi sunt, si egerint poenitentiam, fortes erunt in fide, si nunc poenitentiam egerint, dum aedificatur turris. [8] Nam si consummata fuerit structura, jam quis non habet locum, ubi ponatur, sed erit reprobus; solummodo autem [9] hoc habebit, qui jam ad turrim positus est."

VI. „Qui autem recidebantur, et longe projiciebantur a turre, vis scire, qui sunt?" „Volo," inquam, „domina." „Ii sunt filii iniquitatis, et qui crediderunt in simulatione, et omnis nequitia non discessit ab eis. Propter hoc non habent salutem, quoniam non sunt utiles in structura, propter nequitias suas. [1] Quapropter excisi sunt et longe projecti propter iram Domini, quia exacerbaverunt eum. Caeteros autem lapides, quos vidisti complures positos, non euntes in structuram; ii quidem, qui scabrosi erant, hi sunt, qui cognoverunt veritatem, et nec [2] permanserunt in ea, nec conjuncti sunt sanctis; propter hoc inutiles sunt. Qui autem scissuras habebant, hi sunt, qui alius adversus alium in cordibus discordiam habent, et non habent pacem inter se; in praesentia quidem pacem habentes, quum autem unus ab alio discesserit, ne-

---

5 I. e. qui, quasi fundamentum, in terra collocantur. ‖ 6 I. e. qui nec, apostoli, episcopi, etc., nec martyres sunt; hi enim, prae ceteris egregii, politi sunt. ‖ 7 *Aequitas* = δικαίωμα, *praeceptum;* cfr. Ep. Barn. c. 2. Not. 2. ‖ 8 Hermas docet, extra ecclesiam non esse salutem. Cfr. Ep. I Clem. c. 57. et *Rothe*, Anf. p. 579 sq. ‖ 9 Is tantum locum habebit in ecclesia, qui, dum turris aedificatur, poenitentiam agit.

1 Qui fidem tantum simulant, excludentur ab ecclesia, quae est sancta. Cfr. *Rothe*, Anf. p. 600. ‖ 2 Hermas de haereticis loquitur. Cfr. supra c. 5. Not. 8.

quitia eorum in cordibus permanet. Hae sunt ergo scissurae, quas habent lapides. Qui vero curti sunt, ii sunt, qui crediderunt quidem, plurimam partem habentes iniquitatis; propter hoc curti et non integri sunt." „Candidi autem et rotundi, et non convenientes in structuram turris, qui sunt, domina?" Respondens mihi dixit: „usquequo stultus es et insensatus, et omnia interrogas, et nihil intelligis? Hi sunt habentes quidem fidem, habentes autem et divitias hujus seculi. Quum ergo venerit tribulatio, propter divitias suas et negotiationes abnegant Dominum." Respondens dico ei: „domina, quando ergo utiles erunt Domino?" „Quum circumcisae," inquit, „fuerint divitiae eorum, quae eos delectant, tunc erunt utiles Domino ad aedificium. Sicut enim lapis rotundus, nisi decisus fuerit et abjecerit ab se aliquid, non potest quadratus fieri; ³ sic et qui divites sunt in hoc seculo, nisi circumcisae fuerint divitiae eorum, non possunt Domino utiles esse. ⁴ A te primum scito. Quando dives fuisti, inutilis eras; nunc vero utilis es et aptus vitae tuae; nam et tu ipse ex eis lapidibus fuisti."

VII. „Caeteros autem lapides, quos vidisti longe projectos a turri, et currentes in via, et volvi de via in loca deserta, ii sunt, qui crediderunt quidem, dubitatione autem sua ᴵ reliquerunt viam suam veram, putantes, se meliorem viam posse invenire. Errant autem, et miseri sunt, ingredientes in desertas vias. Qui autem cadebant in ignem, et ardebant, ii sunt, qui in perpetuum abscesserunt a Deo vivo, nec amplius illis ascendit in corda, poenitentiam agere, propter desideria libidinum suarum et scelerum, quae operantur." „Caeteri vero, qui cadebant juxta aquas, et non poterant volvi in aquas, qui sunt?" „Ii sunt, qui verbum audierunt, volentes baptizari in nomine Domini; quibus quum venit in memoriam sanctitas veritatis, retrahunt se, ambulantque rursus post desideria sua scelesta." Consummavit igitur enarrationem turris. Ego vero, quum adhuc essem ² improbus, interrogavi illam: „an iis omnibus lapidibus, qui projecti sunt, nec conveniebant in structuram turris, an est poenitentia, et habebunt locum in turre hac?', ³ „Habent," inquit, „poenitentiam, sed in hac turre non possunt

3 Cfr. Matth. 19, 21—24. || 4 Hermas, antea dives, ob filios prodigos ad inopiam erat redactus. Cfr. Vis. I, 3. Not. 2.
1 Cfr. II Petr. 2, 15. || 2 I. e. vehemens, cupidus, ut supra Vis.

III, 3. || 3 Dubium est, utrum haec de poenitentia in terris, an de poenitentia post mortem in purgatorio sint intelligenda. Priorem opinionem defendunt *Bullus* (Def. fid. Nic. p. 32.), *Nourrius* (Apparat.

⁴ convenire; alio autem loco ponentur multo ⁵ inferiore; et hoc, quum cruciati fuerint, et impleverint dies peccatorum suorum. Et propter hoc transferentur, quoniam perceperunt verbum justum. Et tunc illis continget transferri de poenis, si ascenderint in corda ipsorum opera, quae operati sunt scelesta. Quodsi non ascenderint in corda ipsorum, non erunt salvi propter duritiam cordis sui."

VIII. Quum ergo destiti interrogare illam de omnibus istis, ait mihi: „vis aliud videre?" Quumque cupidus essem ad videndum, hilaris factus sum vultu. Respiciens me subrisit, et ait mihi: „vides septem mulieres circa turrim?" „Video," inquam, „domina." „Turris haec," inquit, „ab iis supportatur secundum praeceptum Domini. Audi nunc effectus earum. ¹ Prima quidem earum, quae continet ² manu, *fides* vocatur; ³ per hanc salvi fient electi Dei. Alia vero, quae succincta est, et viriliter agit, *abstinentia* vocatur; haec filia est fidei. Quisquis ergo secutus fuerit illam, felix fiet in vita sua, quoniam ab omnibus operibus malis abstinebit, credens, quod, si se continuerit ab omni concupiscentia, haeres erit vitae aeternae." „Caeterae autem," inquam, „domina, quinque quae sunt?" „Filiae," inquit, „in-

p. 115.), *Cotelerius* (a. h. l.) et *Jachmannus* (l. c. p. 85.) Posteriori interpretationi favent *Rothe*, Anf. d. K. p. 624. et Editores Bibl. max. P. P. Lugd. T. II, qui ad p. 27. annotant: *perperam existimare videtur, in purgatorio locum esse merito et demerito; quod est haeresis manifesta* (Cfr. Bellarm. de purgat. L. II. c. 2.). ‖ 4 I. e. a) aut: *non possunt, poenitentia in terris peracta, iterum recipi in visibilem hanc ecclesiam*, b) aut: *non possunt poenitentia in purgatorio peracta coetui fidelium sanctorum adjungi* (*Rothe* l. c.), c) aut: *non possunt, poenitentia in terris peracta, ejusdem in coelis beatitudinis fieri participes, qua ii gaudent, qui nunquam in magna peccata sunt delapsi* (Nat. Alexander, H. E. T. IV. p. 122. ed. Bing.). Primam hujus loci interpretationem (lit. a.) rejiciendam esse, ex libro II. Mand. IV, 1. conjicio, ubi docetur, servis Dei unam esse poenitentiam, qua peracta eos iterum esse recipiendos. ‖ 5 I. e. Beatitudinem quandam consequentur post mortem, sed inferiorem et adumbratam. Cfr. *Rothe*, l. c. *Nat. Alexander*, l. c.

1 Clem. Alex. Strom. II, 12. p. 458. hunc locum de septem virtutibus citat, non quidem iisdem apicibus, sed eodem sensu.‖ 2 Sc. *ecclesiam.* Ita jam Clemens Alex. haec interpretatus est; aliter Editor Oxoniensis, qui annotat, manum contractam seu clausam symbolum esse fidei, divina promissa apprehendentis. ‖ 3 Cfr. Matth. 9, 22. Marc. 5, 34. 10, 52. Luc. 7, 50. 8, 48. 17, 19. Act. 26, 18. Rom. 3, 22. 28. 5, 1.

vicem sunt. Vocatur autem quaedam *simplicitas*, alia *innocentia*, alia *modestia*, alia *disciplina*, alia autem *charitas*. Quum ergo servaveris opera matris earum, omnia poteris custodire." „Volebam scire, domina, quam quaeque earum habeat virtutem." „Audi," inquit: „virtutes aequales habent, connexae autem ad invicem sunt virtutes earum, et sequuntur se invicem sicut natae sunt. ⁴ Ex fide nascitur abstinentia, de abstinentia simplicitas, de simplicitate innocentia, de innocentia modestia, de modestia disciplina et charitas. Harum ergo opera sancta et pudica et recta sunt. Quicumque ergo servierit his, et invaluerit tenere opera earum, in turri habebit habitaculum cum Sanctis Dei." Interrogavi illam de temporibus, si jam consummatio est? Illa autem exclamavit voce magna, dicens: „insensate homo! ⁵ nonne vides turrim semper aedificari? Quando ergo consummata fuerit turris et aedificata, habet finem; sed et cito consummabitur. Noli me amplius interrogare quidquam. Sufficiat tibi et omnibus Sanctis commemoratio ista, et renovatio spirituum vestrorum. Sed non tibi haec soli revelata sunt, sed ut omnibus demonstres ea. Post triduum enim intelligere te oportet, Herma, verba haec, quae tibi incipio ⁶ dicere, ut loquaris ea in auribus Sanctorum, ut audientes ea, quum fecerint, emundentur a nequitiis suis, sed et tu cum illis."

IX. ¹ „Audite me ergo, filii: ego vos enutrivi in multa simplicitate et innocentia et modestia, propter misericordiam Dei, quae super vos stillavit in justitia, ut sanctificemini et justificemini ab omni nequitia et omni pravitate; vos autem non vultis requiescere a nequitiis vestris. Nunc ergo audite me, et pacem habete alius cum alio, et ² visitate vos alterutrum, et suscipite vos invicem, et nolite soli ³ creaturas Dei percipere; abundantius etiam impertite egentibus. Quidam enim compluribus cibis infirmitatem carnis suae contrahunt, et violant carnem suam. Aliorum autem,

---

4 Sensum hujus loci putat Cl. Potterus expressisse Clementem Alex. l. c. hisce verbis: Καὶ πάλιν· Προηγεῖται (*praecedit*) μὲν πίστις· φόβος δὲ οἰκοδομεῖ, τελειοῖ δὲ ἡ ἀγάπη. GALL. ‖ 5 Dicere illa (Ecclesia) voluit: quomodo putare potuisti, jam esse consummationem, quum turrim adhuc aedificari et nondum perfectam esse ipse perspexeris? ‖ 6 Sc. capite sequenti.

1 Haec omnia, quae hoc capite continentur, Ecclesia ad Hermam loquitur, eo fine, ut ipse aliis ea annuntiet. ‖ Similia leguntur in Ep. Barn. c. 19: ἐκζητήσεις καθ' ἑκάστην ἡμέραν τὰ πρόσωπα τῶν ἁγίων. ‖ 3 I. e. *dona*. Cfr. Job. 31, 17.

qui non habent escas, marcescit caro ipsorum, propter id, quod non habent sufficientem cibum; et consumitur corpus eorum. Haec igitur intemperantia nociva est vobis, habentibus et non communicantibus iis, qui egent. Attendite judicium superveniens. Qui eminentiores estis, inquirite esurientes, dum adhuc turris non est consummata. Postquam enim consummata fuerit turris, voletis benefacere, et [4] non habebitis locum. Videte ergo vos, qui gloriamini in divitiis vestris, ne forte [5] ingemiscant ii, qui egent, et gemitus eorum ascendat ad Dominum, et excludamini cum bonis vestris extra januam turris. Nunc itaque vobis dico, qui praeestis ecclesiae, et [6] amatis primos consessus: nolite similes fieri maleficis. Et malefici quidem venena sua in pixidibus bajulant; vos autem venenum vestrum et pharmacum in corde continetis, et non vultis purgare corda vestra, et permiscere sensum vestrum puro cordi, ut habeatis misericordiam a rege magno. Videte ergo, filii, ne forte hae dissensiones vestrae fraudent vitam vestram. Quomodo vos erudire vultis electos Dei, quum ipsi non habeatis disciplinam? Commonete ergo vos invicem, pacatique estote inter vos, ut et ego coram patre vestro adstans, rationem reddam pro vobis Domino."

X. Quumque desiisset mecum loqui, venerunt illi sex juvenes, qui aedificabant, et tulerunt illam ad turrim, et alii quatuor sustulerunt subsellium, et abierunt ipsi iterum in turrim. Horum faciem non vidi, quoniam aversi erant. Euntem illam rogabam, ut mihi revelaret de tribus figuris, in quibus mihi apparuit. Respondens autem mihi dixit: „de his alium te oportet interrogare, ut tibi reveletur." Apparuit autem mihi, fratres, [1] prima visione, anno superiore, valde anus, et in cathedra sedens. [2] Alia autem visione faciem quidem juvenilem habebat, carnem autem et capillos aniles, et stans mihi loquebatur; hilarior autem erat, quam primum. [3] Tertia autem visione tota junior erat et aspectu decora, tantum quod capillos aniles habebat; hilaris autem facie erat, et super subsellium sedens. De his ipsis moestus eram valde, donec cognoscerem visionem hanc. Video anum illam in visu noctis dicentem mihi: [4] „omnis rogatio humilitate eget; jejuna

---

[4] Consummatio turris simul est et consummatio seculorum. Vide cap. antecedens Not. 5. || 5 Cfr. Jac. 5, 4. || 6 Cfr. Matth. 23, 6. Marc. 12, 39. Luc. 11, 43. 20, 46. 1 Vis. I, 2 sq. || 2 Vis. II, 1 sq. || 3 Vis. III, 1 sq. || 4 Antiochus hom. 106: χωρὶς δὲ ταπεινοφροσύνης ἐκ

ergo, et percipies a Domino, quod postulas." Jejunavi ergo diem unam. Eadem nocte apparuit mihi juvenis, et ait: „quid tu frequenter petis revelationes in oratione? Vide, ne multa postulans noceas carni tuae. Sufficiant tibi revelationes hae. Numquid poteris fortiores revelationes videre, quam quas vidisti?" Respondens ei dico: „domine, hoc solum peto pro tribus figuris illius anus, ut integra fiat revelatio." Respondit mihi: „vos non insensati estis; sed dubitationes vestrae vos insensatos faciunt, eo quod non habeatis cor vestrum ad Dominum." Respondi illi et dixi: „sed a te ea diligentius cognoscemus."

XI. „Audi," inquit, „de figuris, quas inquiris; in prima quidem visione quare anus tibi apparuit super cathedram sedens? *) Quoniam spiritus vester antiquior etiam marcidus est, et non habens vim a vestris infirmitatibus et dubitatione cordis. Sicut enim seniores, qui non habent spem renovandi, et nihil aliud expectant nisi dormitionem suam; sic et vos infirmati a secularibus negotiis tradidistis vos in socordiam, et non projecistis a vobis sollicitudinem in Domino, et contusus est sensus vester, et inveterastis in tristitiis vestris." „Quare ergo super cathedram sedebat, volebam cognoscere, domine?" Respondit: „quoniam omnis infirmus super cathedram sedet propter infirmitatem suam, ut contineatur infirmitas ejus. Ecce habes figuram primae visionis."

XII. „Secunda autem visione vidisti illam stantem, et juvenilem faciem habentem, et hilariorem quam pristinam; carnem autem et capillos aniles. Audi, inquit, et hanc parabolam. Quum senior jam fuerit aliquis, desperat de se ipso propter infirmitatem suam et paupertatem, et nihil aliud exspectat, nisi diem extremum vitae suae. Deinde subito illi relicta est hereditas, et audiens exsurgit, hilarisque factus induit virtutem; et jam non discumbit, sed stat, et liberatus est a prioribus moeroribus, et jam non sedet, sed viriliter agit. Ita et vos, audita revelatione, quam Deus vobis revelavit. Quia misertus est Dominus vestri, et renovavit spiritum vestrum, et deposuistis infirmitates vestras; accessit vobis fortitudo, et invaluistis in fide, et visa Deus fortitudine vestra gavisus est.

ἔστιν εὐπρόσδεκτον γενέσθαι προσευ- plicationem legimus Vis. II, 4.:
χήν. quoniam omnium prima creata est,
*) Aliam senectutis Ecclesiae ex- ideo anus.

Propter hoc demonstravit vobis structuram turris; et alia ostendet, si ex toto corde pacem habueritis inter vos."

XIII. „Tertia autem visione vidisti illam adolescentiorem, honestam et hilarem, et serenum vultum ejus. Sicut enim, si alicui moesto supervenerit nuntius bonus aliquis, statim oblitus est moeroris, nihilque aliud exspectat, nisi annuntiationem, quam audivit, et confortatur de cetero, et renovatur spiritus ejus propter gaudium, quod accepit; sic et vos renovationem accepistis spirituum vestrorum, videntes haec bona. Et quia super subsellium vidisti sedentem, fortis positio est, quoniam quatuor pedes habet subsellium, et fortiter stat. Nam et mundus per quatuor elementa continetur. Qui ergo poenitentiam egerint *) integre, juniores erunt; et qui ex toto corde poenitentiam egerint, erunt fundati. Habes in pleno revelationem; nihil amplius postules de revelandis. Si quid autem oportuerit, revelabitur tibi."

VISIO IV.

De tentatione et tribulatione hominibus superventura.

I. Visionem vidi, fratres, post dies viginti pristinae visionis, figuram ¹ tribulationis superventurae. Proficiscebar in illa via ² Campana; a via autem publica in ³ villam sunt fere stadia decem. Raro autem iter fit per locum illum. Et solus ambulans rogabam Dominum, ut revelationes ejus, quas mihi ostendit per sanctam ecclesiam suam, confirmaret, et daret poenitentiam omnibus servis suis, qui ⁴ scandalizati sunt; ut honorificetur nomen ejus magnum et honorificum; ⁵ et, quia me dignum existimavit, ut ostenderet mihi mirabilia sua, et eum honorificarem, et gratias agerem. Tamquam vox mihi respondit: „ne dubites, Herma!" Intra me ergo coepi cogitare et dicere: „ego quid habeo dubitare, sic fundatus a Domino, et qui vidi honorificas res?" Progressus sum paululum, fratres, et ecce video pulverem usque ad coelum. Coepi dicere intra me: „numquid jumenta veniunt, et pulverem

---

*) Lamb. deest *integre*. Et recte, ut videtur; nam paullo post, ad distinctionem: *ex toto corde*. GALL.
1 Tribulationem intelligit sub Domitiano. OXON. ‖ 2 I. e. *Appia*, quae Cumas (Vis. II, 1.) ducit. ‖ 3 Cfr. Vis. III, 1.: *in agrum*. ‖ 4 Σκανδαλίζομαι = *peccare, delinquere*, in

errores incidere. SCHLEUSNER. ‖ 5 Construe: *orabam, ut* [et in posterum] *mihi mirabilia sua ostenderet, quia* [adhuc] *me dignum existimavit.* Gallandio magis placet lectio Felli: *Et quum honorificarem et gratias agerem, tamquam vox* etc.

excitant?" Distabat autem a me tamquam stadium. Et ecce, video magis magisque pulverem exsurgentem, adeo ut suspicarer, esse aliquid divinitus. Pusillum autem resplenduit sol, et ecce video bestiam magnam veluti [6] cetum, et ex ore ejus locustae igneae procedebant. Erat autem statura bestiae illius pedes fere centum, caput autem habebat tamquam vas urnale. Coepi flere et invocare Dominum, ut me liberaret ab illa. Deinde recordatus sum verbi, quod audieram: „ne dubites, Herma." Indutus ergo, fratres, fidem Dei, et memoratus, quis docuit me magnalia, audenter in bestiam me tradidi. Sic autem veniebat bestia illa, ita ut posset in ictu civitatem delere. Veni prope illam, et tam grandis bestia extendit se in terram, et nihil nisi linguam proferebat, et in totum non movit se, donec pertransissem illam totam. Habebat autem bestia illa super caput colores quatuor: nigrum, deinde rubeum et sanguinolentum, inde aureum, deinde album.

II. Postquam autem pertransivi illam, progressus sum fere pedes triginta; et ecce occurrit mihi [1] virgo quaedam exornata, tamquam de thalamo prodiens, tota in albis, et calceamentis albis circumdata, et usque ad faciem mitram habens; pro tegumento autem habebat capillos nitidos. Cognovi ergo a pristinis visionibus, quoniam ecclesia est; et hilarior factus sum. Salutavit autem me dicens: „ave tu, homo." Et illam resalutavi dicens: „domina, ave." Respondens autem dixit mihi: „nihil tibi occurrit, homo?" Dico ei: „domina, occurrit mihi talis bestia, quae possit populum consumere; sed virtute Dei et singulari ejus misericordia evasi illam." „Bene effugisti," inquit, „quoniam solitudinem et [2] sollicitudinem tuam ad Dominum projecisti, et cor tuum aperuisti ad eum, credens, [3] quod per nullum alium poteris salvus esse, nisi per magnum et honorificum nomen ejus. Propter hoc misit Dominus angelum suum, qui est super bestias, cui nomen est [4] Hegrin, et obturavit os ejus, ne te dilaniaret. Mag-

6 Cfr. Apoc. 11, 7. 12, 3. 13, 1. sq. 17, 8. sq. et Jachm. p. 58. 59.
1 Cfr. Apoc. 21, 2. et *Jachm.* l. c. p. 61. ‖ 2 Cfr. I Petr. 5, 7. ‖ 3 Cfr. Act. 4, 12. ‖ 4 Hieronymus in Comment. ad proph. Habac. 1, 14. Hermae librum stultitiae condemnandum esse censet, cum angelum quemdam, nomine *Tyri*, reptilibus praeesse scribat. Sed angelus ille non *Tyrus*, sed *Hegrin* ab Herma appellatur, et procul dubio *Tyri* vox apud Hieronymum librariorum vitio ortum debet. Cotelerius duas conjecturas ad nomen *Hegrin* explicandum nobis reliquit. 1) For-

nam tribulationem effugisti propter fidem tuam, et qui talem bestiam non dubitasti. Vade ergo, et enarra electis Dei magnalia ipsius, et dices illis, quod bestia haec figura est pressurae superventurae. Si ergo praeparaveritis vos,
⁵ ἐκφεύξεσθε τὴν ἐνέργειαν τῦ ⁵ poteritis effugere illam, si cor
ἀγρίθ, ἐὰν ἡ καρδία ὑμῶν γένη- vestrum fuerit purum ac sine ma-
ται καθαρὰ καὶ ἄμωμος. cula,
et reliquos dies vitae vestrae servieritis Deo sine querela. ⁶ Immittite sollicitudines vestras super Dominum, et ipse diriget eas. Credite Deo, qui estis dubii, quoniam omnia potest, et avertere iram suam a vobis, et mittere vobis praesidia. Vae dubiis iis, qui audierint verba haec, et contemserint; ⁷ melius erat illis non nasci."

III. Interrogavi eam de illis quatuor coloribus, quos habebat bestia in capite. At illa respondit mihi dicens: „iterum tu curiosus es, de rebus hujusmodi interrogans." Et dixi: „domina, demonstra mihi, quid sint illa." „Audi," inquit: „illud nigrum mundus est, in quo commoramini; igneum autem et sanguinolentum, quoniam oportet seculum hoc per sanguinem et ignem deperire; aurea autem pars vos estis, qui ¹ effugistis seculum hoc. ² Sicut enim per ignem aurum probatur et utile fit; sic et vos probamini, qui habitatis in ³ illis. Qui igitur permanserint et perseveraverint et probati fuerint ab ⁴ eis, purgabuntur. Et sicut aurum emundatur, et remittit sordem suam; sic et vos abjicietis omnem tristitiam et augustiam, et emundabimini in structuram turris. Alba autem pars superventuri est seculi, in quo habitabunt electi Dei, quoniam immaculati et puri erunt electi Dei in vitam aeternam. Tu ergo

tasse scriptum fuisse εγρηγ i. e. compendiosa scriptura pro ἐγρήγορος, vigil, quo nomine apud Danielem 4, 10 et 20. angelus significatur; pro εγρηγ autem scriptum seu lectum fuisse εγρήν. 2) Fortasse autem Hermam hoc fere modo scripsisse: ἔπεμψε κύριος ἄγγελον αὐτῦ, ὅς ἐστιν ἐπὶ θηρίον, ᾧ ὄνομα ἄγριον, misit Deus angelum suum super bestiam, cui (bestiae) nomen est τὸ ἄγριον, i. e. ferum. Huic interpretationi favet Clem. Alex. (cfr. notam seq.), eique

adstipulatur Nourrius; priori autem patrocinatur Lücke (Einleit. in d. Offenbarung Johannis) p. 145. Not. 2. Cfr. quoque Ittig, 1. c. p. 168. Cfr. Apoc. 9, 11.: ἄγγελος Ἀββαδών. ||
5 Clem. Alex. Strom. IV, 9. p. 596. ||
6 Ps. 54, 23. Matth. 6, 25. Luc. 12, 22. Phil. 4, 6. || 7 Matth. 26, 24. Marc. 14, 21.

1 Cfr. II Petr. 2, 20. || 2 Cfr. I Petr. 1, 7. || 3 I. e. hujus mundi hominibus. || 4 Sc. hominibus hujus seculi.

ne desinas loqui haec auribus sanctorum. Habetis et figuram tribulationis superventurae magnae. Nam si vos volueritis, [5] nihil erit. In mente habete ista, quae praescripta sunt." Haec quum dixisset, discessit. Non vidi autem, quem in locum abierit. [6] Strepitus autem factus est, et aversus sum retrorsum metuens; et putabam bestiam illam advenire.

LIBER SECUNDUS,

QUI INSCRIBITUR:

MANDATA.

Prooemium.

[1] Quum orassem domi, et consedissem supra lectum, intravit vir quidam reverenda facie, habitu pastorali, pallio albo amictus, [2] peram in humeris, et virgam in manu gestans, et salutavit me. Et ego resalutavi eum. Protinusque consedit juxta me, et ait mihi: „missus sum ab eo venerabili nuntio, ut habitem tecum reliquos dies vitae tuae." Et ego putabam, ipsum ad tentandum me venisse. Et dico ei: „tu enim quis es? Ego enim novi, [3] cui traditus sum." Ait mihi: „non cognoscis me?" „Non," inquam. „Ego," inquit, „sum *pastor* ille, cui traditus es." Adhuc loquente eo figura ejus mutata est. Quumque cognovissem, esse eum, cui traditus fueram, confusus sum, protinusque metus me subiit, et totus moerore confectus sum, quia sic ei responderam insipienter. Ait mihi: „noli confundi, sed virtutem concipe animo in mandatis meis, quae daturus sum tibi. Missus sum enim, inquit, ut, quae vidisti superius, omnia tibi rursus ostendam; praecipue quae ex eis utilia sunt vobis. Primum omnium mandata mea et species similitudinum scribe; reliqua autem, sicut ostendero

---

5 I. e. non vobis nocebit, sicut Hermae bestia illa non nocuit. ‖ 6 De simili strepitu cfr. IV Esr. 10, 26. *Jachm.* 1. c. p. 65.
1 Notat hunc locum *Tertullianus*, de Orat. c. 12., conjiciens, hinc nonnullos morem derivasse sedendi, dum orarent. *Jachmannus* annotat (p. 65), etiam Esrae *recumbenti* visionem contigisse. IV Esr. 3, 1. Cfr. supra Vis. I, 3. Not. 6. ‖ 2 Cfr. Matth. 10, 10. ‖ 3 Angelum suum custodem Hermas jam Vis. II, 4. viderat; sed habitu pastorali indutum eum non statim recognovit. ‖

tibi, sic ea scribes. Ideo autem praecipio tibi, primum mandata mea et similitudines scribere, ut subinde legendo facilius ea custodire possis." ⁴ Scripsi igitur mandata et similitudines, ita ut praecepit mihi. Quae audita si custodieritis, atque in his ambulaveritis, et exercueritis ea mente pura, recipietis a Domino, quae pollicitus est vobis. Sin autem iis auditis non egeritis poenitentiam, sed adhuc adjeceritis ad delicta vestra, a Domino adversa recipietis. Haec omnia praecepit mihi scribere *pastor* ille, ⁵ nuntius poenitentiae.

MANDATUM I.
De fide in unum Deum.

¹ Πρῶτον πάντων πίστευσον, ὅτι εἷς ἐστιν ὁ Θεός, ὁ τὰ πάντα κτίσας καὶ καταρτίσας, καὶ ποιήσας ἐκ τῦ μὴ ὄντος εἰς τὸ εἶναι τὰ πάντα. ² Εἷς Θεὸς μόνος ὁ πάντα χωρῶν, μόνος δὲ ἀχώρητος ὤν.

¹ „Primum omnium crede, quod unus est Deus, qui omnia creavit et consummavit, et ex nihilo omnia fecit. ² Ipse capax universorum solus immensus est,

qui nec verbo definiri, nec mente concipi potest. Crede igitur in eum, et time eum, et timens habe abstinentiam. Haec custodi, et abjice abs te omnem concupiscentiam et nequitiam, et indue virtutem justitiae, et vives Deo, si custodieris mandatum hoc."

MANDATUM II.
De fugienda obtrectatione, et eleemosyna facienda in simplicitate.

¹ Ἁπλότητα ἔχε, καὶ ἄκακος γενῦ, καὶ ἔσο ὡς τὰ νήπια τὰ

Dixit mihi: ¹ „simplicitatem habe, et innocens esto; et eris

---

4 Liber Hermae quodammodo Ethica christiana nominari potest. Cfr. *Jachm.* l. c. p. 44. ‖ 5 Ἄγγελος τῆς μετανοίας etiam apud Clem. Alex. (quis dives c. 42. ad fin. p. 961.) nobis occurrit.

1 Graeca nostra desumta sunt ex *Athanasii* lib. de Decret. Nic. Syn. n. 4. T. I. p. 211. ed. B. B. Nonnulla his similia scripserat Hermas L. I. Vis. I, 1.: *condidit ex nihilo ea, quae sunt.* Sapientissimo Mandato hoc usi sunt olim S. S. Patres; usi et haeretici Ariani, Hermam

docere affirmantes, Filium quoque *ex nihilo* a Patre *creatum* esse. Haereticos hos castigat *Jachm.* l. c. p. 69. 70. Cfr. *Ittig*, hist. eccl. primi sec. p. 157. et *Semleri* hist. doctr. christ. in *Baumgarten*, theol. Streitigkeiten, T. II. p. 13. Not. 15. ‖ 2 Hoc, et multa alia Pastoris fragmenta exhibet Auctor *Doctrinae ad Antiochum Ducem*, a Cl. Montfauc. editae T. III. Opp. S. Athanasii. p. 252. n. 1.

1 Doctr. ad Antioch. n. 2. p. 253. Eadem paucis mutatis habet *An-*

μὴ γινώσκοντα πονηρίαν, τὴν ἀπολῦσαν τὴν σωτηρίαν τῶν ἀνθρώπων. Πρῶτον μὲν μηδενὸς καταλαλει, μηδὲ ἡδέως ἄκυε τῦ καταλαλῦντος· εἰ δὲ μὴ καὶ σὺ ἀκύων, ἔνοχος ἔσῃ τῆς ἁμαρτίας τῦ καταλαλῦντος.... Πονηρὸν γάρ πνεῦμά ἐστιν ἡ καταλαλιά, καὶ ἀκατάστατον δαιμόνιον, μηδέποτε εἰρηνεῦον, ἀλλὰ πάντοτε ἐν διχοστασίαις κατοικῦν. Ἄπεχε ὖν ἀπ᾽ αὐτῦ, καὶ εἰρήνην ἕξεις μετὰ πάντων. Ἔνδυσαι δὲ τὴν ἁπλότητα καὶ τὴν σεμνότητα, ἐν οἷς ὐδέν ἐστι προσκόμμα πονηρόν, ἀλλὰ πάντα ὁμαλὰ καὶ ἱλαρά·

sicut infans, qui nescit malitiam, quae perdidit vitam hominum. Primum de nullo male loquaris, neque libenter audias male loquentem. Sin vero et tu audieris, particeps eris peccati male loquentis; et credens, tu quoque peccatum habebis, quia credidisti male loquenti de fratre tuo. Perniciosa est detractio, inconstans [2] daemonium est; numquam in pace consistit, sed semper in discordia manet. Contine te ab illa, et semper pacem habe cum fratre tuo. Indue constantiam sanctam, in qua nulla sunt peccata, sed omnia laeta sunt;

et benefac de laboribus tuis. [3] Omnibus inopibus da simpliciter, nihil dubitans, cui des. Sed omnibus da; omnibus enim Deus dari vult de suis bonis. Qui ergo accipiunt, reddent rationem Deo, quare acceperunt, et ad quid. Qui autem accipiunt ficta necessitate, reddent rationem; qui autem dat, innocens erit. Sicut enim accepit a Domino, ministerium consummavit, nihil dubitando, cui daret et cui non daret; et fecit hoc ministerium simpliciter et gloriose ad Deum. Custodi ergo mandatum hoc, sicut tibi locutus sum, ut poenitentia tua simplex inveniatur, et possit domui tuae bene fieri; et cor mundum habe."

MANDATUM III.

De fugiendo mendacio, et Hermae poenitentia ob simulationem.

[1] Ἀλήθειαν ἀγάπα, καὶ πᾶσα ἀλήθεια ἐκ τῦ στόματός σε ἐκπορευέσθω, ἵνα τὸ πνεῦμα τῦ Θεῦ κατοικῇ σοι... Οἱ γὰρ ψευδόμενοι ἀθετῦσι τὸν Θεόν.... Ἔλαβον γὰρ πνεῦμα ἀληθείας, καὶ ἐγένοντο οἰκητήρια τῦ ἀληθινῦ πνεύματος.

I. Iterum mihi dixit: [1] „veritatem dilige, et omnis sermo verus ex ore tuo procedat; ut spiritus, quem Dominus constituit in carne tua, verax inveniatur apud cunctos homines, et Dominus magnificetur, qui dedit spiritum in te; quia Deus verax est

tiochus, homil. 29. ‖ 2 Vitia a Patribus saepe vocantur daemonia. ‖

3 Similia habet *Antioch.* hom. 98.
1 Doctr. ad Antioch. n. 3.

in omni verbo, et non est mendacium in ipso. Qui ergo mentiuntur, abnegant Dominum, non reddentes Deo depositum, quod acceperunt. Acceperunt enim spiritum sine mendacio. Hunc si mendacem reddunt, coinquinant mandatum Domini, et fraudatores fiunt." His auditis ego vehementer flevi. Qui quum flentem me videret, dixit mihi: „quid ploras?" Et dixi: „quoniam, domine, nescio, an possim salvus esse." „Quare?" inquit. Et dixi: „quia numquam, domine, verum locutus sum verbum in vita mea, sed semper in ² simulatione vixi, et mendacium pro veritate affirmavi omnibus; et non mihi quisquam contradixit, sed fides habita est verbo meo. Quo modo ergo potero vivere, quum sic egerim?" Et dixit mihi: „tu quidem bene et vere sentis; oportebat enim te, sicut Dei servum, in veritate ambulare, et malam conscientiam cum spiritu veritatis non conjungere, nec ³ tristitiam Spiritui Dei sancto et vero facere." Et dixi illi: „numquam, domine, haec verba tam diligenter audivi." Et dixit mihi: „nunc audis; cura deinceps, ut et illa, quae prius locutus es falsa pro negotiis tuis, his verbis et illa fidem recipiant. Possunt enim et illa fidem recipere, si vera locutus fueris deinceps;
⁴ ἐὰν ἂν τὴν ἀλήθειαν φυλάξῃς, ⁴ et si veritatem servaveris, poδυνήσῃ σεαυτῷ ζωὴν περιποιή- teris vitam consequi.
σασθαι.
Et quicumque audierit hoc mandatum, et fecerit, et recesserit a mendacio, vivet Deo."

MANDATUM IV.
De dimittenda adultera.

¹ Φύλασσε τὴν ἁγνείαν, καὶ μὴ ² ἀναμενέτω ἐπὶ τὴν καρδίαν σε περὶ γυναικὸς ἀλλοτρίας, ἢ περὶ πορνείας τινὸς, ἢ περὶ τοιούτων ὀνομάτων· τοῦτο γὰρ ποιῶν ἁμαρτίαν μεγάλην ἐργάζῃ ... Βλέπε οὖν· ἀπέχε ἀπὸ τῆς ἐνθυμήσεως ταύτης.

I. „Mando," ait, „tibi, ¹ ut castitatem custodias, ² et non ascendat tibi cogitatio cordis de alieno matrimonio, aut de fornicatione; haec enim parit peccatum magnum. Tu autem semper memor esto Domini, omnibus horis, et numquam peccabis. Si

---

2 Vide infra: *locutus es falsa pro negotiis tuis.* Cfr. Vis. I, 3. Not. 2.: *Hermam fuisse mercatorem.* ∥ 3 Ephes. 4, 30. ∥ 4 Doctr. ad An-

tioch. l. c.

1 Doctr. ad Antioch. n. 4. ∥ 2 Forte leg. ἀναβαινέτω, ut Graeca versioni antiquae cohaereant.

enim haec cogitatio in cor tuum ascenderit tam mala, magnum peccatum facis; et qui haec faciunt, viam mortis sequuntur. Vide ergo tu; abstine te ab hac cogitatione. Ubi enim castitas manet in corde hominis justi, numquam ibi ascendere debet cogitatio mala." Et dixi illi: „domine, permitte me pauca verba tecum loqui." „Dic," inquit. Et dixi illi: „domine, si quis habuerit uxorem fidelem in Domino, et hanc invenerit in adulterio, numquid peccat vir, si convivat cum illa?" Et dixit mihi: „quamdiu nescit peccatum ejus, sine crimine est vir vivens cum illa. ³ Si autem scierit vir, uxorem suam deliquisse, et non egerit poenitentiam mulier, et permanet in fornicatione sua, et convivit cum illa vir; reus erit peccati ejus, et particeps moechationis ejus." Et dixi illi: „quid ergo, si permanserit in vitio suo mulier?" Et dixit: „dimittat illam vir, et vir per se maneat. ⁴ Quodsi dimiserit mulierem suam, et aliam duxerit, et ipse moechatur." Et dixi illi: „quid si mulier dimissa poenitentiam egerit, et voluerit ad virum suum reverti, nonne recipietur a viro suo?" Et dixit mihi: „imo, si non receperit eam vir suus, peccat, et magnum peccatum sibi admittit; sed debet recipere peccatricem, quae poenitentiam egit; sed non saepe. ⁵ Servis enim Dei poenitentia una est. Propter poenitentiam ergo non debet, dimissa conjuge sua, vir aliam ducere. Hic actus similis est et in viro et in muliere. Non solum moechatio est illis, qui carnem suam coinquinant; sed et is, qui simulacrum facit, moechatur. ⁶ Quodsi in his factis perseverat, et poenitentiam non agit, recede ab illa, et noli convivere cum illa; alioquin et tu particeps eris peccati ejus. Propter hoc praeceptum est vobis, ut coelibes maneatis, tum vir tum mulier; potest enim in hujusmodi ⁷ poeni-

3 Citatur noster locus a Petro Lombardo (Sent. l. IV. dist. 35. n. 5.) et a Gratiano (Caus. 34.), mutatusque in Canonem cernitur apud Gregorium IX (Decret. l. V. Tit. 16. c. 3.). Similia decreta invenies apud Patres et Concilia antiqua. Cfr. Cotelerii notas ad h. l. ‖ 4 Matth. 5, 32. 19, 9. Marc. 10, 11. I Cor. 7, 11. Cfr. *Ittig*, l. c. p. 175. et *Jachm.* l. c. p. 84. et *Cotelerii* notas. ‖ 5 De hac Hermae doctrina vide *Ittig.* l. c. p. 172. *Münscher*, (Lehrb. d. D.G. von Coelln, ed. III.) T. I. p. 451. *Jachm.* l. c. p. 81. et *Cotel.* a. h. l. 6 De divortio in casu idololatriae cfr. *Augusti*, Handbuch d. chr. Archaeol. T. III. p. 151. Hic agitur de conjuge christiana, in idolatriam *relapsa*; non de conjuge infideli, ut I Cor. 7, 15. ‖ 7 I. e. potest enim moechus seu moecha poenitentiam agere, qua peracta

tentia esse. Sed et ego non do [8] occassionem, ut haec ita agantur; sed ne amplius, qui peccaverit, peccet. De prioribus autem peccatis ejus Deus, qui potestatem habet sanitatem dandi, dabit remedium, quia ipse est, qui habet potestatem omnium."

II. Iterum interrogavi, et dixi: „quoniam Dominus existimavit me dignum esse, ut mecum habites semper; pauca verba mihi edissere, quia non intelligo quidquam, et cor meum obturatum est a pristina conversatione; et sensum mihi aperi, quia vehementer obtusus sum, et in totum nihil intelligo." Et respondens dixit mihi: „ego [1] praepositus sum poenitentiae, et omnibus poenitentiam agentibus sensum do. [2] An non tibi videtur, poenitentiam agere magnam sapientiam esse; quoniam qui poenitentiam agit, sensum magnum adipiscitur? Sentit enim se peccasse et fecisse nequiter in conspectu Domini, et recordatur intellectu, quod deliquit, et poenitentiam agit, et amplius non operatur nequiter, sed operatur bene, et humiliat animam suam, et torquet eam, quia peccavit. Vides ergo, quod poenitentia sensus est magnus." Et dixi illi: „propter hoc, domine, diligenter inquiro omnia, quoniam peccator sum; ut sciam, quae operer, et vivam; quia multa sunt peccata mea." Et dixit mihi: „vives, si haec mandata mea custodieris; et quicumque audierit et fecerit mandata haec, vivet Deo."

III. Et dixi illi: „etiam nunc, domine, audivi a quibusdam doctoribus, quod [1] alia poenitentia non est, nisi illa, cum in aquam descendimus et accipimus remissionem peccatorum nostrorum, ulterius non peccare, sed in castitate permanere." Et ait mihi: „recte audisti. Nunc autem, quia diligenter omnia [2] inquiris, et hoc tibi demonstro, non dans occasionem [3] illis, qui credituri sunt, aut qui [4] modo crediderunt Domino. [5] Qui enim

iterum recipiatur ab altera parte; ideo posterior non alio matrimonii vinculo ligari debet. || 8 I. e. Recipiendam esse adulteram docens, absit, ut adulterii occasionem praebeam.

1 Cfr. supra *Prooem.* hujus libri. ||
2 Haec ad sensum profert Clem. Alex. Strom. II, 12. p. 458.
1 Ab Herma distinguitur inter *remissionem* peccatorum et *poeni-*

tentiam. Prior per *Baptismum* tribuitur, posterior *semel* iis conceditur, qui post baptismum in peccata sunt delapsi. Hanc distinctionem jam Clemens Alex. agnovit, qui locum nostrum laudat l. c, p.459.||
2 Ita Lamb. Alii: *quaeris.* || 3 Sc. *saepius peccandi,* ut supra c. 1. Not. 8. || 4 *Modo* addit Lamb. ||
5 I. e. baptizati vel baptizandi non habent *poenitentiam,* sed *remissio-*

jam crediderunt, aut qui credituri sunt, poenitentiam peccatorum non habent, sed remissionem. Illis [6] enim, qui vocati sunt ante hos dies, posuit Dominus poenitentiam; quoniam cogitationes omnium praecordiorum novit Deus, et scit infirmitatem hominum, et multiplicem nequitiam diaboli, qua molitur aliquid sinistri servis Dei, et maligne insidiatur illis. Misericors ergo Dominus misertus est figmenti sui, et posuit poenitentiam istam, et potestatem poenitentiae hujus mihi dedit. Et ideo dico tibi, quod post vocationem illam magnam et sanctam, si quis tentatus fuerit a diabolo et peccaverit, unam poenitentiam habet. Si autem subinde peccet, et poenitentiam agit, [7] non proderit homini talia agenti; difficile enim vivet Deo." Et ego dixi: „domine, revixi, ubi tam diligenter audivi haec mandata. Scio enim, si postea nihil adjecero peccatis meis, salvus ero." Et dixit: „salvus eris, inquam, et omnes, quicumque fecerint haec mandata, salvi erunt."

IV. Et iterum dixi illi: „domine, quoniam patienter me audis, etiam hoc mihi demonstra." „Dic," inquit. Et dixi: „si vir vel mulier alicujus decesserit, et nupserit aliquis illorum, numquid peccat?" *) „Qui nubit, non peccat," inquit; „sed si per se manserit, magnum sibi conquirit honorem apud Dominum. Serva ergo castitatem et pudicitiam, et vives Deo. Haec, quae tecum loquor et mando tibi, custodi deinceps, ex quo tibi traditus sum, et in domo tua habito; et prioribus peccatis tuis erit remissio, si haec mandata mea custodieris. Sed et omnibus erit remissio, qui mandata mea custodierint."

MANDATUM V.
De tristitia cordis et patientia.

[1] Φύλασσε τὴν ἄνειαν καὶ μακροθυμίαν καὶ γίνου συνετός, καὶ πάντων τῶν πονηρῶν ἔργων κατακυριεύσεις, καὶ ἐργάσῃ πᾶσαν

I. [1] „Aequanimis," inquit, „esto et patiens; et omnium operum nequissimorum dominaberis, et operaberis omnem ju-

nem peccatorum, quia absque laboribus ac poenis satisfactionis consequuntur veniam. Cot. || 6 Exspectes: *autem*. Particulam male vertit vetus Interpres. Sensus est: iis autem, qui *post* baptismum in peccata sunt delapsi, misericors Deus poenitentiam concessit. || 7 I. c.

non in *ecclesiam* est recipiendus, et *vix* salutem consequetur.
*) Cfr. *Ittig*, l. c. p. 174, et *Cotel*. a. h. l. De nuptiis secundis cfr. *Binterim*, Denkw. T. VI. P. I. p. 354. 371.
1 Doctr. ad Antioch. n. 5.

δικαιοσύνην. Ἐὰν γὰρ μακρόθυμος ἔσῃ, τὸ πνεῦμα τὸ ἅγιον, τὸ κατοικοῦν ἐν σοὶ, καθαρὸν ἔσται, μὴ σκοτούμενον ὑπὸ πονηροῦ πνεύματος, μὴ μιούμενον [f. μειάμενον] ὑπὸ τῆς ὀξυχολίας. . . .

stitiam. Quodsi patiens fueris, Spiritus sanctus, qui habitat in te, mundus erit, et non obscurabitur ab aliquo nequissimo spiritu; sed gaudens dilatabitur, et epulabitur in vase, in quo inhabitat, et apparebit Domino hilaris in pace magna. Quodsi iracundia aliqua supervenerit, continuo Spiritus sanctus, qui in te est, angustiabitur, et quaeret discedere. Suffocatur enim a spiritu nequissimo, et non habet locum apparendi, sicut vult; tribulatur

Ἀμφότερα οὖν τὰ πνεύματα ἀσύμφορόν ἐστιν ἐν ταὐτῷ κατοικεῖν. Ἐὰν γὰρ λαβὼν ἀψινθίε μικρὸν, εἰς κεράμιον μέλιτος ἐπιχέῃς, οὐχὶ ὅλον τὸ μέλι ἀφανίζεται; καὶ τοσοῦτον μέλι ὑπὸ τοῦ ἐλαχίστε ἀψινθίε ἀπόλλυται . . .

enim ab iracundia. Utrique ergo spiritus quum pariter inhabitant, perniciosum est homini. Si quis enim assumat absinthii pusillum, et mittat in amphoram mellis; nonne totum mel exterminabitur? Et tantum mellis a modico absinthio disperit, et perdit dulcedinem mellis; et jam non habet gratiam apud dominum suum, quoniam totum mel amarum factum est et usum perdidit. Sed

Ἐὰν δὲ εἰς τὸ μέλι οὐ βληθῇ τὸ ἀψίνθιον, γλυκὺ εὑρίσκεται τὸ μέλι, καὶ εὔχρηστον πάντως γίνεται τῷ δεσπότῃ. Βλέπε οὖν, ὅτι ἡ μακροθυμία γλυκυτάτη ἐστὶν ὑπὲρ τὸ μέλι, καὶ εὔχρηστός ἐστι τῷ κυρίῳ, καὶ ἐν αὐτῇ κατοικεῖ· ἡ δὲ ὀξυχολία τὴν μακροθυμίαν μιαίνει.

si in mel non mittatur absinthium, dulce erit, et in usu domino suo. Vide enim, [2] quam sit aequanimitas dulcior melle, et utilis erit domino, qui in ipsa commoratur; nam iracundia inutilis est. Si ergo mixta fuerit iracundia aequanimitati, contribulatur animus,

et non est utilis Deo oratio illius." Et dixi illi: „vellem scire, domine, nequitiam iracundiae, ut custodiam me ab illa." Et

[2] Hunc locum describit et illustrat Clem. Alex., suppresso Hermae nomine, in Eclog. ex Script. Proph. c. 45. p. 1000. GALL.

dixit mihi: „scies, et si non custodieris te ab illa, perdes spem tuam cum tota domo tua. Sed recede ab illa. Ego enim tecum sum nuntius aequitatis, et omnes, qui ab eo recedunt, quicumque poenitentiam egerint ex totis praecordiis suis, vivent Deo; sed et cum illis ero, et conservabo omnes; justificati enim sunt omnes, qui poenitentiam egerint, a sanctissimo nuntio."

¹ Ἄκυε δὲ καὶ τὴν ἐνέργειαν τῆς ὀξυχολίας, πῶς πονηρά ἐστιν, καὶ πλανᾷ τὺς δύλυς τοῦ Θεῦ, καὶ καταστρέφει τῇ ἑαυτῆς ἐνεργείᾳ· ἐκ ἀποπλανᾷ δὲ τὺς ὄντας πλήρεις ἐν τῇ πίστει, ὐδὲ ἐνεργῆσαι δύναται εἰς αὐτὺς, ὅτι ἡ δύναμις τῦ κυρίυ μετ᾽ αὐτῶν ἐστιν· ἀλλὰ ἀποπλανᾷ τὺς διψύχυς ². Ὅταν γὰρ ἴδῃ τὺς τοιύτυς ἀνθρώπυς εὐσταθῦντας, παρεμβάλλει ἑαυτὴν εἰς τὴν καρδίαν τῦ ἀνθρώπυ· ³ καὶ ὕτως πικραίνεται ἄνθρωπος ἕνεκεν βιωτικῶν πραγμάτων, ἢ φίλυ τινός, ἢ περὶ δόσεως καὶ λήψεως, ἢ περὶ τοιύτων μιαρῶν πραγμάτων. Ταῦτα πάντα μωρά ἐστιν καὶ κενὰ καὶ ἀσύμφορα τοῖς δύλοις τῦ Θεῦ. Ἡ δὲ μακροθυμία μεγάλη ἐστὶ καὶ ὀχυρά, ἔχυσα τὴν δύναμιν ἰσχυρὰν καὶ καθημένην ἐν ⁴ πλατυσμῷ μεγάλῳ· ἱλαρά, ἀγαλλιωμένη, καὶ ἀμέριμνος οὖσα, δοξάζει τὸν κύριον ἐν παντὶ καιρῷ, μηδὲν ἔχυσα ἐν ἑαυτῇ πικρόν, παραμένυσα διὰ παντὸς [ἐν] πραότητι καὶ ἡσυχίᾳ. Αὕτη οὖν ἡ μακροθυμία κατοικεῖ μετὰ

II. ¹ „Audi nunc," inquit, „nequitiam iracundiae, quam prava quamque noxia est, et quo pacto servos Dei evertit. Qui enim pleni sunt fide, non potest nocere illis, quoniam virtus Dei est cum illis; evertit enim dubios et ² vacuos. Quoties autem viderit tales ³ et de nihilo aut vir aut mulier homines, injicit se in corda eorum, amaritudinem percipit propter res, quae sunt in usu, aut pro convictu, aut pro aliquo verbo, si quod forte incidit, supervacuo, aut pro amico aliquo, aut debito, aut pro his similibus rebus supervacuis. Haec enim stulta sunt et supervacua et vana servis Dei. Aequanimitas autem valida est et fortis, et habet virtutem magnam, et sedet in ⁴ amplitudine magna, hilaris, in pace gaudens, et honorificans Dominum in omni tempore mansuete. Haec enim aequanimitas habitat cum bene-

---

1 Doctr. ad Antioch. n. 5. p. 253 sq. || 2 Sc. *fide*. || 3 I. e. propter res minimi vel nullius momenti homines exacerbantur, e. g. propter res, quae ad quotidianum vitae usum, aut victum etc. pertinent. || 4 *Amplitudo*, πλατυσμός apud Patres *laetos animi affectus* denotat. Cfr. I Clem. ad Cor. c. 3. Not. 1.

τῶν πίστιν ἐχόντων ὁλόκληρος· ἡ δὲ ὀξυχολία πρῶτον μὲν μωρία ἐστὶν καὶ ἐλαφρία φρενῶν, εἶτα ἐκ τῆς ἀφροσύνης γίνεται πικρία, [ἐκ δὲ τῆς πικρίας] θυμὸς, ἐκ δὲ τοῦ θυμοῦ ὀργὴ, ἐκ δὲ τῆς ὀργῆς μῆνις. Εἶτα ἡ μῆνις ἐκ τοσούτων κακῶν συνισταμένη, γίνεται ἁμαρτία μεγάλη καὶ ἀνίατος. Ὅταν γὰρ πάντα τὰ ἀνθρώπινα ταῦτα ἐν ἑνὶ [5] ἀγγείῳ κατοικεῖ, ὅπε καὶ τὸ πνεῦμα τὸ ἅγιον, οὐ χωρεῖ ἐκεῖνο τὸ ἄγγος, ἀλλ᾽ ὑπερπλεονάζει τὸ τρυφερὸν πνεῦμα, μὴ ἔχον συνήθειαν μετὰ πονηροῦ πνεύματος καὶ σκληρότητος κατοικεῖν· ὑποχωρεῖ οὖν ἀπὸ τοῦ ἀνθρώπε τούτε, καὶ ζητεῖ κατοικεῖν μετὰ [6] πραότητος καὶ ἡσυχίας. Εἶτα ὅταν ἀποστῇ ἀπὸ τοῦ ἀνθρώπε, οὗ κατοικεῖ, γίνεται ὁ ἄνθρωπος ἐκεῖνος κενὸς ἀπὸ τοῦ πνεύματος τοῦ ἁγίε, καὶ λοιπὸν [7] πεπληρωμένος τῶν πνευμάτων τῶν πονηρῶν, καὶ ὅλος ἀποτυφλοῦται ἀπὸ τῆς διανοίας τῆς ἀγαθῆς· οὕτως ἐν συμβαίνει πᾶσι τοῖς ὀξυχόλοις. Ἀπέχε οὖν ἀπὸ τῆς ὀξυχολίας τοῦ πονηροῦ δαίμονος· ἔνδυσαι δὲ τὴν μακροθυμίαν, καὶ ἀντίστηθι τῇ ὀξυχολίᾳ, καὶ ἔσῃ ἐπαινούμενος μετὰ σεμνότητος τοῖς ἠγαπημένοις ὑπὸ κυρίε. Βλέπε οὖν, μὴ παραλογήσῃ τὴν ἐντολὴν ταύτην· ἐὰν γὰρ ταύτην φυλάξῃς,

fidentibus; nam iracundia stulta est et levis et fatua. De stultitia vero nascitur amaritudo, et ex amaritudine iracundia, ex iracundia vero furor.

Hic ex tot malis creatus furor operatur peccatum magnum et insanabile. Quum enim haec omnia in uno [5] vase sunt, ubi et Spiritus sanctus moratur, non capit haec vas, sed supereffluit; quoniam tener spiritus non potest cum malo spiritu immorari, recedit et habitat cum [6] mansueto.

Deinde, quum recesserit ab homine, in quo habitabat, fit homo vacuus a Spiritu sancto, [7] et postea repletur spiritibus malignis, et obcaecatur a cogitatione mala. Sic omnibus iracundis contingit.

Recede ergo tu ab iracundia, et indue anim aequitatem, et resiste iracundiae; et invenieris cum pudicitia et castitate a Deo.

Vide ergo, ne forte negligas hoc mandatum; si enim huic mandato obedientiam praestiteris,

---

5 I. e. *anima hominis.* Cfr. Mand. XI: *Vacuis enim vasis quod committitur, non effluit* etc. ‖ 6 I. e. *in animam*

iracundiae expertem se recipit. ‖ 7 Cfr. Luc. 11, 26.

δυνήσῃ καὶ τὰς λοιπὰς τηρῆσαι· ἴσχυε οὖν ἐν αὐταῖς καὶ ἐνδυναμοῦ, καὶ νικήσεις, καὶ ζήσεις. ⁸ et quicumque servaverint haec

caetera mandata mea, quae tibi mandaturus sum, poteris servare. Confirma ergo nunc te in mandatis istis, ut vivas Deo; mandata, vivent Deo."

MANDATUM VI.

De agnoscendis uniuscujusque hominis duobus Geniis, et utriusque inspirationibus.

¹ Ἐνετειλάμην σοι ἐν τῇ πρώτῃ ἐντολῇ, ἵνα φυλάξῃς τὴν πίστιν καὶ τὸν φόβον, καὶ ² ἐγκρατεύσῃ. Ἀπεκρίθην· ναὶ, κύριε, οὕτως ἐστίν. Λέγει· ἀλλὰ νῦν θέλω σοι δηλῶσαι καὶ τὰς δυνάμεις αὐτῶν, ἵνα νοήσῃς τὴν δύναμιν, ἣν ἔχουσι καὶ ἐνέργειαν, διπλαὶ γάρ εἰσιν· ³ κεῖνται γὰρ ἐπὶ δικαίῳ καὶ ἀδίκῳ. Σὺ ἓν πίστευε τῷ δικαίῳ, τῷ δὲ ἀδίκῳ μηδὲν πιστεύσῃς. Τὸ γὰρ δίκαιον ὀρθὴν ⁴ ὁδὸν ἔχει, τὸ δὲ ἄδικον στρεβλήν.

I. ¹ „Praeceperam," inquit, „tibi in primo mandato, ut custodires fidem et timorem et ² poenitentiam." „Etiam," inquam, „domine." Et dixit: „sed nunc tibi volo monstrare virtutes horum mandatorum, ut scias effectus illorum, quo modo ipsa ³ posita sunt ad justum pariter et injustum. Tu itaque crede justo, injusto autem nihil crede. Justitia enim rectam ⁴ viam habet, at injustitia pravam.

Sed tu rectam viam custodi, pravam autem relinque. Prava autem via non habet exitum bonum, sed offendicula multa; aspera est et spinosa, et ducit ad interitum, et noxia est hominibus ambulantibus in illa. Qui autem viam rectam petunt, aequaliter ambulant sine offensione, quia non est aspera neque spinosa. Vides igitur, quod melius est per hanc viam incedere. Ibis enim," inquit, „et quicumque ex toto corde crediderint in Domino, ibunt per illam."

¹ Δύο εἰσὶν ἄγγελοι μετὰ τῦ ἀνθρώπυ, εἷς τῆς δικαιοσύνης, καὶ εἷς τῆς πονηρίας· καὶ ὁ μὲν

II. „Audi nunc," inquit, „primum de fide. ¹ Duo sunt Genii cum homine: unus aequitatis, et

---

8 Cfr. Matth. 19, 17. I Joh. 3, 24.
1 Ex Doctr. ad Antioch. n. 6. p. 254. ‖ 2 Lege cum Graeco: *abstinentiam*, vel *continentiam*. FABRIC. 3 I. e. *attinent*. ‖ 4 De duabus viis cfr. Ep. *Barn*. c. 18 – 20.
1 Ex Doctr. ad Antioch. l. c. Laudant hunc Hermae locum *Origenes*, hom. 35 in Luc. et de Princ.

III, 2.; *Cassianus*, Collat. 8, 17. et 13, 12. GALL. Hanc Pastoris doctrinam de duobus angelis, quam inter errores rejicit *Bellarminus* de script. eccl., receperunt Origenes, Cassianus et Gregorius Nyssenus. Cfr. *Ittig*, l. c. p. 165 — 168., *Jachm.* l. c. p. 73. 74. et *Münscher*, Handb. d. D. G. T. II. p. 20. ed. III.

τῆς δικαιοσύνης ἄγγελος τρυ-
φερός ἐστι καὶ αἰσχυντηρὸς καὶ
πρᾶος καὶ ἰσχυρός. Ὅταν ἓν
² ἕτος ἐπὶ τὴν καρδίαν σε ἀναβῇ,
εὐθέως λαλεῖ μετὰ σε περὶ δικαιοσύνης, περὶ ἁγνείας, περὶ
σεμνότητος, καὶ περὶ αὐταρκείας,
καὶ περὶ παντὸς ἔργε δικαίε, καὶ
περὶ πάσης ἀρετῆς ἐνδόξε. Ταῦτα πάντα ὅταν εἰς τὴν καρδίαν
σε ἀναβῇ, γίνωσκε, ὅτι ὁ ἄγγελος
τῆς δικαιοσύνης μετὰ σε ἐστιν·
³ τέτῳ ἓν πίστευε καὶ τοῖς ἔργοις
αὐτε, καὶ ἐγκρατὴς αὐτε γενε.
Ὅρα ἓν καὶ τε ἀγγέλε τῆς πονηρίας τὰ ἔργα· πρῶτον πάντων ὀξύχολός ἐστι καὶ πικρὸς
καὶ ἄφρων, καὶ τὰ ἔργα αὐτε
πονηρὰ καταστρέφοντα τες δέλες τε Θεε. Ὅταν αὐτὸς ἐπὶ
τὴν καρδίαν σε ἀναβῇ, γνῶθι
αὐτὸν ἐπὶ τῶν ἔργων αὐτοῦ. —
Πῶς κύριε νοήσω αὐτόν; —
Λέγει· ἄκεε λεπτομερῶς καὶ
[προσεχῆς] γίνε· ὅταν ὀξυχολία
σοί τις προσέλθῃ ἢ πικρία, γίνωσκε, ὅτι αὐτός ἐστιν ἐν σοί·
εἶτα λοιπὸν ἐπιθυμίαι πράξεων
πολλῶν, καὶ πολυτέλεια ἐδεσμάτων καὶ κραιπαλῶν πολλῶν, καὶ
ποικίλων τροφῶν, καὶ οὐ δεόντων,
καὶ ἐπιθυμίαι ⁴ γυναικῶν, καὶ
πλεονεξίαι, ὑπερηφανία τε καὶ
ἀλαζονεία, καὶ ὅσα τούτοις παρα-

unus iniquitatis." Et ego dixi
illi: „quo modo, domine, scire
potero, quod duo sunt Genii cum
homine?" „Audi," inquit, „et
intellige. Aequitatis Genius lenis
est et verecundus, mansuetus et
quietus. Quum ² ergo in cor
tuum ascenderit, continuo loquitur tecum de justitia, de pudicitia,
de castitate, de benignitate, de
venia, de charitate et de pietate.
Haec omnia quum ascenderint in
cor tuum, scito, quod Genius
aequitatis tecum est; ³ huic ergo
Genio crede et operibus ejus.
Accipe nunc et Genii iniquitatis
opera. Primum amarus, iracundus et stolidus est; et opera illius
perniciosa sunt, et evertunt servos Dei. Quum ergo in cor tuum
ascenderint haec, intelliges ab
operibus ejus, hunc esse Genium
iniquitatis." Et dixi ei: „quomodo, domine, intelligam?"
„Audi," inquit, „et intellige.
Quum iracundia tibi accesserit,
aut amaritudo, intellige, eum in
te esse; deinde cupiditas multorum operum et optimorum ciborum et ebrietatum, et appetentia
⁴ multarum rerum alienarum, et
superbia et multiloquia et ambitio,
et quaecumque iis similia sunt.

2 Ita Gall. Editi: ὅτως. ‖ 3 Cassianus hinc conjicit, in *solo* hominis
arbitrio esse positum, cuinam Genio
velit obedire. Cfr. *Ittig.*, 1, c.
p. 171. et *Jachm.* p. 78. Ittigius

Pastorem Pelagianismi suspectum
habet. Non jure, ut Nourrius docuit, Appar. p. 114. Cfr. supra Vis.
I, 3. Not. 9. ‖ 4 Graeca legendum
suadent: *mulierum et rerum.* Cot.

πλήσια. Ταῦτα οὖν ὅταν ἐπὶ τὴν καρδίαν σοῦ ἀναβῇ, γίνωσκε, ὅτι ἄγγελος τῆς πονηρίας ἐστὶν ἐν σοί. Σὺ οὖν ἐπιγνοὺς τὰ ἔργα αὐτοῦ, ἀπόστα ἀπ' αὐτοῦ, καὶ μηδὲν αὐτῷ πίστευε. Ἔχεις οὖν ἀμφοτέρων τῶν ἀγγέλων τὰς ἐνεργείας.

Haec ergo quum in cor tuum ascenderint, intellige, Genium iniquitatis tecum esse. Tu ergo quum cognoveris opera illius, recede ab illis omnibus, et nihil illi crede; quia mala sunt opera illius, et non conveniunt servo Dei. Habes ergo utrorumque Geniorum opera. Intellige nunc, et crede Genio aequitatis, quia doctrina illius bona est. Licet enim sit felicissimus homo, et cogitatio alterius Genii ascendat in cor illius; oportet illum virum aut mulierem peccare. Si autem etiam nequissimus vir fuerit aut mulier, et ascenderint in cor illius opera Genii aequitatis; necesse est, illum aut illam aliquid boni facere. Vides ergo, quod bonum est, Genium aequitatis sequi. Si ergo illum secutus fueris, et credideris operibus illius, vives Deo; et qui crediderint operibus illius, vivent Deo."

MANDATUM VII.

De Deo timendo et Daemone non metuendo.

¹ Φοβοῦ τὸν κύριον καὶ φίλασσε τὰς ἐντολὰς αὐτοῦ· καὶ ἔσῃ δυνατὸς ἐν πράξει, καὶ ἡ πρᾶξίς σου ἀσύγκριτος ἔσται. Φοβούμενος τὸν κύριον, πάντα καλὰ ἐργάσῃ· ὗτός ἐστιν ὁ φόβος, ὃν δεῖ σε φοβηθῆναι· τὸν διάβολον μὴ φοβηθῇς, ὅτι δύναμις ἐν αὐτῷ οὐκ ἔστιν, οὐδὲ φόβος· ἐν ᾧ δὲ ἡ δύναμις ᾖ ἔνδοξος, καὶ φόβος ἐν αὐτῷ. Πᾶς γὰρ ὁ δύναμιν ἔχων, καὶ φόβον ἔχει· ὁ δὲ

¹ „Time," inquit, „Dominum, et mandata ejus custodi. Servans enim praecepta Dei, eris potens in omni actu, et omne negotium erit incomparabile. Timens enim Dominum, omnia bona operaberis. Hic est timor, quo timere oportet, ut salvus esse possis. Diabolum autem ne timeas; timens enim Dominum, dominaberis illius; quia virtus in illo nulla est. In quo autem virtus non est, is ne timendus quidem est. In quo vero virtus gloriosa est, is etiam timendus est. Omnis enim virtutem habens etiam ti-

---

1 Ecclesiastes 12, 13. Graeca sunt ex Doctr. ad Antioch. n. 7. p. 255. Exhibet ea et Antiochus hom. 127.

Huc autem respexit Clem. Alex. Strom. II, 12. p. 458.

μὴ ἔχων δύναμιν, ὑπὸ πάντων καταφρονεῖται.

² Ὁ δοῦλος οὖν τοῦ κυρίε ἰσχυρός ἐστι καὶ [ἔνδοξος]. Φοβήθητι οὖν τὸν κύριον καὶ ζήσῃ αὐτῷ, φυλάσσων τὰς ἐντολὰς αὐτοῦ, εἰς τοὺς αἰῶνας.

mendus est; nam qui virtutem non habet, ab omnibus contemnitur. Time plane facta diaboli, quoniam maligna sunt; metuens enim Dominum, timebis, et opera diaboli non facies, sed abstinebis te ab eis. Duplex enim timor est. Si enim malum operari volueris, timens Dominum, ne id quidem facias. Si autem bonum operari volueris;
² timor utique Domini validus et ingens et gloriosus est. Time igitur Deum, et vives. Et quicumque eum metuerint, custodientes mandata ejus, eorum vita est apud Dominum; non custodientium autem, nec vita in illis est."

MANDATUM VIII.

Declinandum est a malo, et facienda bona.

„Dixi tibi," inquit, „quod creaturae Domini duplices sunt, et
¹ Ἡ ἐγκράτεια διπλῆ ἐστι. ¹ abstinentia duplex est. A quibusdam ergo abstinere oportet, a quibusdam vero non."
Ἐπί τινων γὰρ δεῖ σε ἐγκρατεύεσθαι, ἐπί τινων δὲ οὐ δεῖ.

„Manifesta," inquam, „mihi, domine, a quibus abstinere oportet, et a quibus non." „Audi," inquit:
² Τὸ πονηρὸν ἐγκρατεύεσθαι καὶ μὴ ποιεῖν αὐτό· τὸ δὲ ἀγαθὸν μὴ ἐγκρατεύε, ἀλλὰ ποίει αὐτό.
² „a malo abstine, et noli illud facere; a bono autem abstinere noli, sed fac illud."
Si enim abstinueris a bono, et non id feceris, peccabis. Abstine igitur ab omni malo, et ³ scies omnem justitiam." „Quales," inquam, „malignitates sunt hae, a quibus abstinere oportet?"
„Audi," inquit:
⁴ Ἐγκρατεύε ἀπὸ πάσης πονηρίας, ἀπὸ μεθύσματος, ἀνομίας, ἀπὸ τροφῆς πονηρᾶς, ἀπὸ ἐδεσμάτων πολλῶν καὶ πολυτελῶν, πλούτε, καυχήσεως, ὑψηλοφροσύνης καὶ ὑπερηφανίας, καὶ
⁴ „ab adulteriis, ebrietatibus et comessationibus malignis, ab esca nimia, a lautitia et inhonestate, a superbia, ab abnegatione, a mendacio, a detractione, a nequitia ficta, a recordatione injuriae

---

2 Doctr. ad Antioch. 1. c.
1 Ibidem n. 8. Eadem habet Antiochus, homil. 79. || 2 Ibid. ||
3 Forte: *facies.* Antiochus: ἐργαζόμενος. GALL. || 4 Doctr. ad Antioch. l. c.

ψεύδες, καὶ καταλαλιᾶς, καὶ ὑποκρίσεως, καὶ μνησικακίας, καὶ πάσης βλασφημίας. Ταῦτα τὰ ἔργα πονηρά ἐστι τῇ ζωῇ τῶν ἀνθρώπων. Τούτων οὖν τῶν ἔργων δεῖ ἐγκρατεύεσθαι τὸν δοῦλον τοῦ Θεοῦ. Ὁ γὰρ μὴ ἐγκρατευόμενος τούτων, οὐ δύναται ζῆσαι τῷ Θεῷ. Ἄκβε δὲ καὶ τὰ ἀκόλβθα τούτων. — Καὶ πολλά εἰσιν, ἀφ᾽ ὧν δεῖ τὸν δοῦλον τοῦ Θεοῦ ἐγκρατεύεσθαι· κλοπὴ, ψεῦδος, ἀποστέρησις, ψευδομαρτυρία, πλεονεξία, ἀλαζονεία, καὶ ὅσα τούτοις ὅμοια. Εἰ οὖν δοκεῖ σοι πονηρὰ εἶναι ταῦτα; — Καὶ λίαν πονηρὰ τοῖς δούλοις τοῦ Θεοῦ. — Ἐγκράτευσαι οὖν ἀπὸ πάντων, ἵνα ζήσῃς τῷ Θεῷ, καὶ ἐγγραφήσῃ μετὰ τῶν ἐγκρατευομένων. Ἃ μὲν οὖν δεῖ ἐγκρατεύεσθαι, ταῦτά ἐστιν. Ἃ δὲ δεῖ σε μὴ ἐγκρατεύεσθαι, ἀλλὰ ποιεῖν, ἄκβε· πάντων πρῶτον πίστις, φόβος κυρίε, ὁμόνοια, ἀγάπη, ῥήματα δικαιοσύνης, ἀλήθεια, ὑπομονή· τούτων ἀγαθώτερον οὐδέν ἐστιν ἐν τῇ ζωῇ τῶν ἀνθρώπων· ταῦτα ἐάν τις φυλάσσει, καὶ μὴ ἐγκρατεύεται ἀπ᾽ αὐτῶν, μακάριός ἐστιν ἐν τῇ ζωῇ αὐτοῦ. Εἶτα τούτων τὰ ἀκόλβθα ἄκβε· [5] χήρας ὑπηρετεῖν, καὶ ὀρφανοὺς ὑστερβμένβς ἐπισκέπτεσθαι, ἐξ ἀνάγκης λυτρώσασθαι τοὺς δούλβς τοῦ Θεοῦ, φιλόξενον εἶναι, ἐν γὰρ τῇ φιλο-

et a fama pessima. Haec enim sunt opera iniquitatum, a quibus abstinere oportet servum Dei. Qui enim ab iis abstinere non potest, vivere Deo non potest. Audi nunc, inquit, et sequentia eorum. Et quidem multa sunt adhuc, a quibus abstinere debet servus Dei: a furto, ab abnegatione, a falso testimonio, a cupiditate, a superbia, et quaecumque iis similia sunt. Videntur ergo tibi haec mala esse, an non? Equidem valde mala sunt servis Dei. Ab his ergo omnibus debet abstinere servus Dei. Abstine ergo ab omnibus his, ut vivas Deo, et scribaris cum abstinentibus. A quibus ergo debeas abstinere, illa sunt. A quibus autem non debeas abstinere, audi. Ab omnibus bonis operibus noli abstinere, sed fac illa. Audi, inquit, virtutem bonorum operum, quae debeas operari, ut salvus esse possis. Primum omnium est fides, timor Domini, charitas, concordia, aequitas, veritas, patientia, castitas. Iis nihil est melius in vita hominum, qui haec custodierint et fecerint in vita sua. Deinde horum sequentia audi. [5] Viduis administrare, orphanos et pauperes non despicere, et servos Dei ex necessitate redimere, hospitalem esse; hospitalitate enim invenitur aliquando

---

[5] Vide discrimen inter *mandata* et *consilia ecclesiastica*. Cfr. Jachm.

l. c. p. 82.

ξενίᾳ εὑρίσκεται ἀγαθοποίησις· ἡσύχιον εἶναι, ⁶ ἐνδεέστερον γενέσθαι, πάντα ἄνθρωπον πρεσβύτην σέβεσθαι, ἀσκεῖν δικαιοσύνην, ἀδελφότητα συντηρεῖν, ὕβριν ὑποφέρειν, μακρόθυμον εἶναι, ἀμνησίκακον, κάμνοντας τῇ ψυχῇ παρακαλεῖν, ἐσκανδαλισμένες ἀπὸ τῆς πίστεως μὴ ἀποβαλέσθαι, ἀλλ᾽ ἐπιστρέφειν καὶ ἐνθύμες ποιεῖν, ἁμαρτάνοντας νεθετεῖν, χρεώστας μὴ θλίβειν, ἐνδεεῖς μὴ λυπεῖν, καὶ ὅσα τούτοις ὅμοιά ἐστιν. Δοκεῖ σοι ταῦτα ἀγαθὰ εἶναι; — Τί γὰρ δύναται τούτων ἀγαθώτερον εἶναι; — Γύμναζε σεαυτὸν ἐν τούτοις, καὶ μὴ ἐγκρατεύε πάντων, ⁷ καὶ ζήσῃ τῷ Θεῷ.

fructus bonus; non contradicere, quietum esse, ⁶ humillimum fieri omnium hominum, majores natu colere, studere justitiae, fraternitatem conservare, contumelias sufferre, aequanimem esse, lapsos a fide non projicere, sed aequanimes facere, peccantes admonere, debitores non premere, et si qua iis similia. Videntur tibi haec esse bona, an non?" „Quid enim melius est," inquam, „verbis istis?" „Vive ergo," inquit, „in his mandatis, et noli ab eis recedere. Si enim custodieris haec omnia mandata, vives Deo; ⁷ et omnes, qui custodierint haec mandata, vivent Deo."

MANDATUM IX.
Postulandum a Deo assidue et sine haesitatione.

¹ ³Ἆρον ἀπὸ ² σοῦ τὴν διψυχίαν, καὶ ³ μηδενὸς ὅλως διψυχήσῃς, αἰτήσασθαι παρὰ τοῦ Θεοῦ, λέγων ἐν σεαυτῷ, ὅτι πῶς ⁴ δυνήσομαι αἰτήσασθαι παρὰ τε κυρίε [καὶ] λαβεῖν, ἡμαρτηκὼς τοσαῦτα εἰς αὐτόν; Μὴ διαλογίζε ταῦτα, ἀλλ᾽ ἐξ ὅλης καρδίας σε ἐπίστρεψον πρὸς κύριον, καὶ αἰτε παρ᾽ αὐτε ἀδιστάκτως, καὶ γνώσῃ τὴν ⁵ πολυεύσπλαγ-

Iterum dixit mihi: ¹ „tolle a ² te dubitationem, et ³ nihil omnino dubites. Petens aliquid a Domino, ne dicas intra te: quo modo vero ⁴ possum aliquid petere a Domino, et obtinere, quum sim peccator tantorum malorum in Dominum? Noli hoc cogitare, sed ex totis praecordiis convertere ad Dominum. Pete sine dubitatione, et scies ⁵ misericordiam

---

6 Vetus Interpres forte legit: ἐνδεέστερον γενέσθαι πάντων ἀνθρώπων. Sic et Antiochus. Aliter Pseudo-Athanasius. GALL. ‖ 7 Cfr. supra Mand. V. in fine.
1 Ex Doctr. ad Antioch. n. 9. p. 256. Eadem exscripsit Antiochus hom. 85.

Hujus mandati fragmentum edidit Grabius in *Spicileg. Patrum* T. I. p. 303. ‖ 2 Grab. σεαυτε, absque ἀπό. ‖ 3 Grab. μηδέν. ‖ 4 Grab. δύναμαι αἰτήσασθαί τι. ‖ 5 Grab. πολυσπλαγχνίαν.

γνίαν αυτού, ότι ου μή σε εγκαταλείπη, αλλά το αίτημα της ψυχής σε πληροφορήσει. Ουκ έστι γαρ ο Θεός ως οι άνθρωποι [6] μνησικακούντες, αλλ' αυτός αμνησίκακός έστι και σπλαγνίζεται επί την ποίησιν αυτού [7]. Σύ ούν καθάρισον την καρδίαν σε από πάντων των ματαίων τούτων, και των προειρημένων σοι ρημάτων, και αιτού παρά του κυρίε, [8] και λήψη, και από πάντων των αιτημάτων σε αστέρητος έση, εάν αδιστάκτως αιτήσεις. Εάν δε διστάσης εν τη καρδία σε, ουδέν ου μη λήψη των αιτημάτων σε. Οι γαρ διστάζοντες εις τον Θεόν, ούτοι εισιν ως δίψυχοι, και ουδέν όλως λαμβάνεσι των αιτημάτων αυτών. Οι δε ολοτελείς όντες εν τη πίστει πάντα αιτούνται, πεποιθότες επί τον Θεόν, και λαμβάνεσιν, ότι αδιστάκτως αιτούνται, μηδέν διψυχούντες. Πας γαρ δίψυχος ανήρ, εάν μη μετανοήσει, δυσκόλως σωθήσεται. Καθάρισον ούν την καρδίαν σε από της διψυχίας· ένδυσαι δε την πίστιν, ότι ισχυρά εστι, και πίστευε τω Θεώ, ότι πάντα τα αιτήματά σε, ά αιτή, λήψη. Και εάν αιτησάμενός ποτε παρά του κυρίε αίτημά τι, και [μη απολήψη], μη διψυχήσεις, ότι τάχιον ουκ έλαβες το αίτημα

Domini, quod non te derelinquet, sed petitionem animae tuae adimplebit. Non est enim Deus sicut homines [6] memores injuriarum; sed est immemor injuriarum, et misereretur figmenti sui [7].

Ergo purifica cor tuum ab omnibus vitiis hujus seculi, et observa praedicta verba tibi a Deo data, et [8] accipies omnia bona, quae petis, et ex omnibus petitionibus tuis nihil deerit tibi, si sine dubitatione petieris a Domino.

Qui ergo tales non sunt, omnino nihil impetrant eorum, quae petunt. Nam qui pleni sunt fide, omnia petunt fidentes, et accipiunt a Domino, quia sine dubitatione petunt. Omnis enim dubitans homo, si non poenitentiam egerit, difficile Deo vivet.

Purifica ergo cor tuum a dubitatione, et indue fidem, et crede Deo; et omnia, quae petieris, accipies. Sed si petas aliquando petitionem, et non accipias, noli dubitare, quia non cito acceperis

---

6 Grab. οι μνησικακεντες αλλήλες. ||
7 Hucusque fragm. Grabii. || 8 Cfr. Matth. 7, 11. 21, 22. Hermam ab

oratione nimia fiducia opes terrestres exspectare putat *Jachm.* l. c. p. 84. ||

τῆς ψυχῆς σε· πάντως γὰρ διὰ πειρασμόν τινα ἢ παράπτωμά τι, ὅ σὺ ἀγνοεῖς, οὐκ ἔλαβες. Σὺ οὖν μὴ διαλίπῃς εὐχόμενος τὸ αἴτημα τῆς ψυχῆς σε, ἕως οὗ ἀπολήψῃ αὐτό. Ἐὰν δὲ ἐκκακήσῃς καὶ διψυχήσῃς αἰτούμενος, ἑαυτὸν αἰτιῶ, καὶ μὴ τὸν διδόντα σοι.... Βλέπε οὖν τὴν διψυχίαν ταύτην· πονηρὰ γάρ ἐστι καὶ ἀσύνετος, καὶ πολλοὺς ἐκριζεῖ ἀπὸ τῆς πίστεως, καί γε λίαν πιστοὺς καὶ ἰσχυρούς...

Καταφρόνησον οὖν αὐτῆς ἐν παντὶ πράγματι, ἐνδυσάμενος τὴν πίστιν τὴν ἰσχυρὰν καὶ δυνατήν· ἡ γὰρ πίστις πάντα ἐπαγγέλλεται, πάντα τελειοῖ· ἡ δὲ διψυχία, μὴ καταπιστεύσασα ἑαυτήν, πάντων ἀποτυγχάνει ἔργων αὐτῆς, ὧν πράσσει....

Σὺ οὖν δούλευε τῇ εὐχῇ σε, τῇ δυνάμει τῆς πίστεως, καὶ ζήσῃ τῷ Θεῷ, καὶ πάντες οἱ 10 καταφρονήσαντες.

petitionem animae tuae. Forsitan enim propter tentationem, aut pro peccato tuo, quod tu ignoras, tardius accipies petitionem tuam. Sed tu noli desinere petendo petitionem animae tuae, et accipies. Si autem cessaveris petendo, de te queraris, non de Deo, quod non dederit tibi. Vide ergo dubitationem hanc, quam perniciosa sit et saeva, et multos radicitus evellat a fide, etiam valde fideles et firmos. Etenim 9 haec dubitatio filia est diaboli, et valde nequiter agit cum servis Dei. Contemne ergo dubitationem; et dominaberis illius in omni re. Indue firmam fidem et potentem. Fides enim omnia repromittit, et omnia consummat; dubitatio autem non credit, se aliquid impetraturam omnibus operibus suis, quae agit. Vides ergo, inquit, quod fides desursum est a Deo, et habet virtutem magnam. Dubitatio autem terrenus spiritus est, et a diabolo, virtutem non habens.

Tu igitur serva virtutem fidei, a dubitatione autem recede, quae non habet virtutem; et vives Deo, et omnes vivent Deo, quicumque haec egerint."

MANDATUM X.

De animi tristitia, et non contristando Spiritum Dei, qui in nobis est.

1 Ἆρον ἀπὸ σοῦ τὴν λύπην· καὶ γὰρ αὕτη ἀδελφή ἐστι τῆς διψυχίας καὶ τῆς ὀξυχολίας. Πῶς,

I. 1 "Longe fac a te omnem tristitiam; etenim haec soror est dubitationis et iracundiae." "Quo

9 Laudat h. l. *Athanas.* de Decr. Nic. Syn. n. 4. T. I. p. 211. ‖ 10 Sc. τῆς διψυχίας.

1 Ex Doctr. ad Antioch. n. 11. p. 257.

κύριε, ἀδελφή ἐστιν αὐτῆς; "Ἄλλο modo," inquam, „domine, soror γάρ μοι δοκεῖ ὀξυχολία, καὶ ἄλλο est harum? Aliud mihi videtur διψυχία, καὶ ἄλλο λύπη. Λέγει·— tristitia, aliud iracundia, aliud διὰ τί οὐ νοεῖς τὰ λεγόμενά σοι; dubitatio." Et ait: „sine sensu Οὐ νοεῖς, ὅτι ἡ λύπη πάντων non intelligis. Tristitia enim omτῶν παθῶν πονηροτέρα ἐστὶν καὶ nium spirituum nequissimus est, δεινοτάτη τοῖς δούλοις τοῦ Θεοῦ, et pessimus servis Dei; et [2] omκαὶ [2] παρὰ πάντα τὰ πνεύματα nium spiritus exterminat, καταφθείρει τὸν ἄνθρωπον; ...
et cruciat Spiritum sanctum; et iterum salvum facit." „Ego," inquam, „domine, insipiens sum, et non intelligo [3] quaestiones istas; quo modo possit cruciare, et iterum [4] salvum facere, non intelligo." „Audi," inquit, „et intellige. Hi, qui numquam exquisierunt veritatem, neque inquisierunt de majestate, sed tantum crediderunt, sunt involuti in [5] negotiis hominum ethnicorum. Et alius [6] mendax Prophetes est, qui perdit sensus servorum Dei, dubiorum autem, non illorum, qui fidunt in Domino plene. Illi ergo dubii quasi ad divinum Spiritum veniunt, et interrogant illum, quid illis futurum sit. Et ille mendax Prophetes, nullam habens in se virtutem Spiritus divini, loquitur illis secundum interrogationem illorum, et implet animas illorum promissis, sicut illi volunt. Ille autem Prophetes inanis est, et inania respondet inanibus. Quidquid enim interrogatur a vanis hominibus, vana respondet illis. [7] Quaedam autem verba vera loquitur. Diabolus enim implet eum spiritu suo, ut dejiciat aliquem ex justis."

II. „Quicumque ergo fortes sunt in fide Domini, et induti sunt veritatem, talibus spiritibus non junguntur, sed discedunt ab illis. Quotquot autem dubii sunt, et subinde poenitentiam agunt, consulunt [1] tanquam ethnici, et permagnum sibi peccatum congerunt, idolis servientes. Quicumque ergo tales sunt, interrogant pro negotio quolibet, simulacra colunt, et stulti sunt, et inanes a

---

2 Graeca sic vertas: *quae plus quam omnes aliae* (nequitiae) *spiritus hominum corrumpit.* || 3 I. e. *sermones.* || 4 Quia tristitia ad poenitentiam ducit, ut c. 3., praesertim in Graeco demonstratur: αὕτη ἐν ᾗ λύπη δοκεῖ σωτηρίαν ἔχειν, ὅτι τὸ πονηρὸν πράξας μετενόησεν. Cfr. II Cor. 7, 10. || 5 Terrestria curant

sicut ethnici. || 6 De duplici Prophetia cfr. infra Mand. XI. et Homil. Clement. II, 15. et III, 22 sq. || 7 Laudatur hic locus a Clem. Alex. Strom. I, 17. p. 369. Eandem doctrinam reperies *Recogn.* IV, 21. 22. VIII, 60. *Pseudo - Ambros.* ad I Thess. 5, 21. Cот.

1 Sc. *hosce prophetas.*

veritate. Omnis enim spiritus a Deo datus non [2] interrogatur; sed habens virtutem divinitatis, a se omnia loquitur, quia desursum est a virtute divini spiritus. Qui autem interrogatus, loquitur secundum desiderium, et [3] aliis multis rebus hujus seculi. Hujusmodi non intelligunt [4] quaestiones divinitatis; obscurantur enim iis negotiis, et corrumpuntur, et confringuntur. Sicut vites bonae, quae negliguntur, ab herbis et spinis premuntur et necantur; sic et homines, qui talibus crediderunt, ii negotiis et actionibus multis inciderunt, et evacuantur a sensu suo, et nihil omnino intelligunt, de divitiis cogitantes. Sed si quando audierint de Domino, sensus eorum [5] in negotiis ipsorum est.

[6] Οἱ δὲ φόβον ἔχοντες Θεοῦ, καὶ ἐρευνῶντες περὶ Θεοῦ ἔργων καὶ ἀληθείας, καὶ τὴν καρδίαν ἔχοντες πρὸς κύριον, πάντα τὰ λεγόμενα αὐτοῖς τάχιον νοοῦσι καὶ συνιᾶσιν, ὅτι — τὸν φόβον τῦ Θεῦ ἔχουσιν ἐν ἑαυτοῖς. Ὅπα γὰρ ὁ κύριος κατοικεῖ, ἐκεῖ καὶ σύνεσις πολλή. Κολλήθητι ἂν τῷ κυρίῳ καὶ πάντων νοήσεις.

[6] Qui autem timorem Domini habent, et scrutantur de Deo veritatem, cogitationem omnem habent ad Dominum. Omnia, quae dicuntur eis, percipiunt, et statim intelligunt, quia habent timorem Domini in se. Ubi enim Spiritus Domini inhabitat, ibi et sensus multus adjungitur. Adjunge ergo te Domino; et omnia intelliges ac senties."

I Ἄκυε ἂν, πῶς ἡ λύπη ἐκτρίβει τὸ πνεῦμα, καὶ πάλιν σώζει. Ὅταν ὁ δίψυχος ἐπιβάληται πρᾶξαί τι, καὶ ἀποτύχη διὰ τὴν διψυχίαν αὐτοῦ, ἡ λύπη ἐκπορεύεται εἰς τὸν ἄνθρωπον, καὶ λυπεῖ τὸ [2] πνεῦμα τὸ ἅγιον, καὶ στενοχωρεῖ αὐτό. Εἶτα πάλιν ὀξυχολία ὅταν κολληθῇ τῷ ἀνθρώπῳ περὶ πράγματός τινος, καὶ λίαν πικρανθῇ, καὶ ποιήσῃ τι κακόν, πάλιν ἡ λύπη εἰσπο-

III. [1] „Audi nunc, insipiens, quemadmodum tristitia cruciat Spiritum sanctum, et quo modo salvum facit. Quum dubius inciderit in negotium aliquod, et non provenit illi propter dubitationem; tristitia haec intrat in hominem, et tristem facit [2] Spiritum sanctum, et vexat eum. Deinde iterum iracundia quum accesserit homini pro negotio aliquo, vehementer irascitur; et

---

2 I. e. *ipse loquitur*, non a quopiam prius interrogandus est. ‖ 3 Fortasse: *de aliis*. Fell. ‖ 4 Cfr. supra c. 1. Not. 3. ‖ 5 Ergo non audiunt, quae quis forte de Deo loquitur. ‖ 6 Ex Doctr. ad Antioch. l. c.

1 Ibidem. ‖ 2 Hermas non de tertia persona S. S. Trinitatis loquitur, sed de spiritu divino, fidelibus infuso.

ρεύεται εἰς τὴν καρδίαν τȣ ἀνθρώπȣ τȣ ὀξυχολήσαντος, καὶ λυπεῖται ἐπὶ τῇ πράξει αὐτȣ, ᾗ ἔπραξεν, καὶ μετανοεῖ, ὅτι πονηρὸν εἰργάσατο. Αὕτη ȣν ἡ λύπη δοκεῖ σωτηρίαν ἔχειν, ὅτι τὸ πονηρὸν πράξας μετενόησεν. [Ἀμφότεραι δὲ τῶν] πράξεων λυπȣσι τὸν ἄνθρωπον· [ἡ μὲν λύπη, ὅτι] ἀπέτυχε τῆς πράξεως, ἡ δὲ ὀξυχολία, ὅτι ἔπραξε τὸ πονηρόν. Ἀμφότερα ȣν λυπηρά ἐστι τῷ πνεύματι τῷ ἁγίῳ.

3 Ἆρον ȣν ἀπὸ σȣ τὴν λύπην, καὶ μὴ θλίβε τὸ πνεῦμα τὸ ἅγιον, τὸ ἐν σοὶ κατοικȣν, μήποτε [4] ἐντεύξηται τῷ Θεῷ, καὶ ἀποστῇ ἀπὸ σȣ. Τὸ γὰρ πνεῦμα τȣ Θεȣ, τὸ δοθὲν εἰς τὴν σάρκα ταύτην, λύπην σαρκικὴν ȣχ ὑποφέρει, ȣδὲ στενοχωρίαν. — Ἔνδυσαι ȣν τὴν ἱλαρότητα, τὴν πάντοτε ἔχȣσαν χάριν παρὰ τῷ Θεῷ, καὶ εὐπρόσδεκτον ȣσαν αὐτῷ, καὶ ἐντρύφησον ἐν αὐτῇ. Πᾶς γὰρ ἱλαρὸς ἀνὴρ ἀγαθὰ ἐργάζεται, καὶ ἀγαθὰ φρονεῖ, καὶ καταφρονεῖ τῆς ματαίας [5] λύπης. Ὁ δὲ λυπηρὸς ἀνὴρ πάντοτε ὀργίζεται καὶ ἀνομίαν ἐργάζεται, μὴ ἐντυγχάνων, μηδὲ [7] ἐξομολογȣμενος τῷ Θεῷ. Πάντοτε γὰρ λυπηρȣ ἀνδρὸς ἡ ἔντευξις ȣκ ἔχει δύναμιν τȣ [8] ἀναβῆναι ἐπὶ τὸ θυσιαστήριον τȣ Θεȣ.

3 Haec item habet Antioch. homil. 25. ‖ 4 Ἐντυγχάνειν, compellare, colloqui, orare, non more indigi et auxilium quaerentis. COT. ‖ 5 Forte: tristitiam. Ita Graeca;

haec ira intrat in praecordia irascentis, et vexatur in negotio suo, quod agit, et postea poenitet, quod male fecerit. Utraeque ergo res laedunt Spiritum sanctum; dubitatio et tristitia: dubitatio, quia non successit actus ejus; et tristitia, quia fecit iracundiam Spiritui.

[3] Aufer ergo tristitiam a te, et noli offendere Spiritum sanctum, qui in te habitat; ne [4] roget Dominum, et discedat a te. Spiritus enim Dei, qui datus est in carnem, tristitiam non sustinet. Indue te ergo hilaritate, quae semper habet gratiam apud Dominum; et laetaberis in ea. Omnis enim hilaris vir bene operatur, et bona sapit, et contemnit [5] injustitiam. Vir autem tristis male facit, quia tristem facit Spiritum sanctum, qui datus est homini [6] hilari. Et iterum male facit, quod tristis orat Dominum, et non ante facit [7] exomologesin, et non impetrat a Deo, quod petit. Semper enim oratio tristis hominis non habet virtutem, ut [8] accedat ad altare Dei." Et dixi illi: „domine, quod sane contextus postulare videtur. GALL. ‖ 6 F. *hilaris*. FABR. ‖ 7 I. e. confessio *laudis* divinae, non peccatorum. COT. ‖ 8 Forte: *ascendat*. GALL.

... ὅτι ἡ λύπη ἐγκάθηται εἰς τὴν καρδίαν αὐτῶ. Μεμιγμένη ἂν ἡ λύπη ἡ κοσμικὴ μετὰ τῆς ἐντεύξεως, ἐκ ἀφίησι τὴν ἔντευξιν ἀναβῆναι καθαρὰν εἰς τὸ θυσιαστήριον. Ὥσπερ γὰρ ὄξος οἴνῳ μεμιγμένον τὴν αὐτὴν ἡδονὴν ἐκ ἔχουσιν [1. ἔχει]· ὅτως καὶ λύπη μεμιγμένη μετὰ τῶ ἁγίω πνεύματος, τὴν αὐτὴν ἔντευξιν [ἐκ ἔχει]. Καθάρισον ἓν ἑαυτὸν ἀπὸ τῆς λύπης πονηρᾶς ταύτης, καὶ ζήσῃ τῷ Θεῷ.

quare non habet virtutem oratio tristis hominis, ut ascendat ad altare Domini?" "Quoniam," inquit, "tristitia sedet in corde ejus. Quum ergo mixta fuerit oratio viri cum tristitia, non patietur orationem mundam ascendere ad altare Dei. Sicut enim vinum aceto mixtum, eamdem suavitatem non habet; sic et tristitia Spiritui sancto mixta eamdem orationem mundam non habet. Munda ergo te a tristitia mala, et vives Deo;

et omnes vivent Deo, qui projecerint a se tristitiam, et induerint hilaritatem."

MANDATUM XI.

Spiritus et Prophetas probari ex operibus, et de duplici spiritu.

Ostendit mihi sedentes in subselliis homines, et unum sedentem in cathedra. Et dixit mihi: "vides illos, qui in scamnis sedent?" "Video," inquam, "domine." "Illi," inquit, "sunt fideles; et ille, qui in cathedra sedet, spiritus terrestris est. Nam in ecclesiam vivorum non accedit, sed refugit; applicat autem se dubiis et vacuis, et in angulis et abditis locis divinat illis, et delectat illos, loquendo secundum omnia desideria cordis eorum. Vacuis enim vasis quod committitur, non effluit; sed conveniunt alius ad alium. Quum autem venerit in turbam virorum justorum, habentium spiritum divinitatis, et oratio illorum fit ad Dominum, exinanitur homo ille, quoniam spiritus ille terrestris fugit ab illo, et obmutescit, nec quidquam potest loqui. Sicut in apotheca, si [1] obturaveris vinum vel oleum, et inter illa vasa posueris amphoram vacuam, [2] et rursum obturamentum deponere volueris, amphoram illam, quam posuisti, vacuam invenies; sic et Prophetae vacui, quum venerint inter spiritus justorum, quales veniunt, tales inveniuntur. [3] [Spiritus omnium hominum terrestris est et levis,

1 I. e. in vasis reclusum posueris.||
2 I. e. si amphoram vacuam postea aperies, eam adhuc vacuam reperies.||
3 Haec uncis inclusa in Mstis (uno excepto) et Editis infra leguntur Mand.

XII. c. 1. et 2., post verba: *morti tradit servos Dei.* Hic ea esse inserenda jam Wakius vidit, e Graeco Pseudo-Athanasii et ex Cod. Lamb. id colligens. Adstipulatur ei Galet virtutem non habet in totum, et multa loquitur." Et dixi: „quo modo igitur scire potest aliquis ⁴ eos?" „Audi," inquit, „de utrisque vasis; et sicut dico tibi, sic probabis Prophetam Dei, et falsum Prophetam. Primum itaque proba hominem, qui habet Spiritum Dei; quia Spiritus, qui desursum est, quietus est et humilis, et recedit ab omni nequitia et desiderio vano hujus seculi, et omni homine se facit humiliorem, et nemini respondet interrogatus, nec singulis respondet; neque quum vult, homini loquitur Spiritus Dei, sed tunc loquitur, quum vult Deus. Quum ergo venerit homo, qui habet Spiritum Dei, in ecclesiam justorum, habentium fidem Dei, et oratio fit ad Dominum; tunc nuntius sanctus divinitatis implet hominem illum Spiritu sancto, et loquitur in turba, sicut Deus vult. Sic ergo dignoscitur spiritus divinitatis, ⁵ in quocumque spiritus divinitatis loquitur. ⁶ Audi nunc et de spiritu terrestri, vacuo et fatuo, virtutem non habente. ⁷ Primum autem hunc homo putatur spiritum habere; ⁸ exaltat enim se, et vult primam cathedram habere, et improbus est et verbosus, et in deliciis conversatur, et in voluptatibus multis, et mercedem accipit divinationis suae. Quodsi non acceperit, non divinat. Itane Spiritus Dei potest mercedes accipere et divinare? Non convenit haec facere Dei Prophetam]. Habes utrorumque Prophetarum vitam. Proba ergo de vita et operibus hominem, qui dicit, se Spiritum sanctum habere. Tu autem crede spiritui venienti a Deo, habenti virtutem. Spiritui autem terrestri vacuo, qui a diabolo est, in quo fides non est neque virtus, credere noli. Audi ergo similitudinem, quam tibi dicturus sum. Accipe lapidem, et mitte in coelum; aut iterum accipe siphonem aquae, et ejacula in coelum; et vide, si possis pertundere coelum." „Quo modo," inquam, „domine, haec fieri possent? Utraque enim, quae dixisti, fieri non possunt."

„Sicut ergo," inquit, „haec fieri non possunt; sic spiritus terrestris sine virtute est, et sine effectu. ⁹ Accipe nunc virtutem, desursum venientem, in hac similitudine. Grando minimum gra-

landius, monens, utriusque sane loci contextum (Mand. XI. et XII.) id non postulare tantum, sed et flagitare. — Mss. Angl. exhibent: *Primum omnium.* || 4 Sc. Prophetas. || 5 Bodl. et Lamb. *quia, quicumque spiritu divinitatis loquitur, loquitur, sicut Dominus vult.* || 6 Hic in Editis incipit c. 2. Mand. XII. || 7 Bodl. sic habet: *Primum enim homo, qui putetur spiritum habere, exaltat se.* || 8 Eadem vitia in mendaciis Montanistarum Prophetis redarguuntur apud Eusebium, H. E. V, 16. et 18. Сот. || 9 I. q. *aspice, perspice.*

num est; et quum cadit super caput hominis, quomodo dolores praestat? Aut iterum, vide stillicidium, quod a tegula cadit in terram, et cavat lapidem. Sic igitur minima, quae desursum cadunt super terram, magnam habent virtutem. Adjunge te ergo huic habenti virtutem, et ab illo vacuo recede."

MANDATUM XII.

De duplici cupiditate; Dei mandata non esse impossibilia, et diabolum non metuendum credentibus.

¹ ῏Αρον ἀπὸ σῦ πᾶσαν ἐπιθυμίαν πονηρὰν, ἔνδυσαι τὴν ἐπιθυμίαν τὴν ἀγαθὴν καὶ σεμνήν. Ἐνδεδυμένος γὰρ τὴν ² ἐπιθυμίαν ταύτην, μισήσεις τὴν πονηρὰν ἐπιθυμίαν. Ἀγρία γὰρ ἐπιθυμία εἰς τάδε ἀνεμπεσεῖ, εἰς λύπην [— ἐὰν μὴ ᾖ] συνετὸς, δαπανᾶται ὑπ' αὐτῆς δεινῶς.

Δαπανᾷ δὲ τύτης, μὴ ἔχοντας ³ ἔνδυμα ἐπιθυμίας ἀγαθῆς, ἀλλ' ἐμπεφυρμένες τῷ αἰῶνι τέτῳ· τύτες ὂν παραδίδωσιν εἰς θάνατον. — Ποῖα, κύριέ, εἰσι τῆς ἐπιθυμίας τῆς πονηρᾶς, τὰ παραδιδόντα τὲς ἀνθρώπες εἰς θάνατον; Γνώρισόν μοι, ἵνα φύγω ἀπ' αὐτῶν. Ἄκεσον.

I. Iterum dixit mihi: ¹ „tolle a te omnem cupiditatem malam, et indue cupiditatem bonam et sanctam. Indutus enim cupiditatem bonam, oderis malam, et refrenabis eam, sicut volueris. Horrenda est enim cupiditas mala, et difficile mitigatur. Horribilis est valde et fera, et feritate sua consumit homines; maxime si inciderit in eam servus Dei, et nisi sapiens fuerit, consumetur ab illa pessime. Consumit autem tales, qui non habent ³ vestem cupiditatis bonae, et implicat illos negotiis hujus seculi, et tradit illos morti." „Quae sunt," inquam, „domine, opera cupiditatis malae, quae tradunt homines morti? Demonstra mihi, ut recedam ab illis." „Audi,"

inquit, „in quibus operibus cupiditas mala morti tradit servos Dei."

¹ Πρῶτον πάντων ἐπιθυμία γυναικὸς, καὶ πολυτέλεια πλέτε, ἥ ἐστι φιλαργυρία, καὶ ἐδεσμάτων πολλῶν καὶ ματαίων, καὶ

II. ¹ Sed cupiditas mala est, concupiscere uxorem alienam, vel mulierem concupiscere virum alienum, et lautitias concupiscere

---

1 Ex Doctr. ad Antioch. n. 10. p. 256. || 2 *Cupiditate bona, odies* Lamb. || 3 Matth. 22, 11.

1 Ex Doctr. ad Antioch. l. c. Cfr. supra Mand. XI. Not. 3. Male

in Codicibus: *Sed* legitur, pro: *Primum omnium,* quod in Mss. Angl. adhuc reservatur, sed loco mutato, in superiori Mandato, Not. 3. ||

μεθύσματος πολλῆ, διαφόρων γεύσεων, καὶ ἑτέρων τρυφῶν πολλῶν, καὶ μωρῶν, καὶ δόξης ἀνθρωπίνης καὶ ματαίας. Πᾶσα τρυφὴ μωρά ἐστι καὶ κενὴ τοῖς δύλοις τῦ Θεῦ. Haec ergo cupiditas mala est perniciosa, quae mortificat servos Dei. Haec enim cupiditas a diabolo est. Quicumque ergo recesserint a cupiditate mala, vivent Deo. Nam quicumque subjecti fuerint cupiditati malae, in perpetuum morientur; mortifera enim est haec cupiditas mala. Tu ergo indue cupiditatem justitiae, et armatus timore Domini, resiste cupiditati malae. Timor enim habitat in cupiditate bona. Et cupiditas mala, quum viderit te armatum timore Domini resistente sibi, fugiet a te longe, et non comparebit ante te, timens arma tua, et obtinebis victoriam, et coronaberis ob illam, et pervenies ad cupiditatem bonam, et trades victoriam Deo, quam acceperis, et servies ei operando, sicut ipse volueris.

² Ἐὰν δὲ δυλεύσῃς τῇ ἐπιθυμίᾳ τῇ ἀγαθῇ, καὶ ὑποταγῇς αὐτῇ, δύνασαι κατακυριεῦσαι τῆς ἐπιθυμίας τῆς πονηρᾶς, καὶ ὑποτάξαι αὐτὴν, καθὼς βύλει.

² Si autem servieris cupiditati bonae, et subditus ei fueris; poteris dominari super cupiditatem malam, et erit subdita tibi, sicut volueris."

¹ Ἤθελον γνῶναι, ποίοις τρόποις δεῖ με δυλεῦσαι τῇ ἐπιθυμίᾳ τῇ ἀγαθῇ. Ἄκυε· ἔργασαι δικαιοσύνην καὶ ἀρετὴν ἀληθείας, καὶ φόβον κυρίυ, καὶ πίστιν, καὶ ἀγάπην. — Ταῦτα ἐργαζόμενος εὐάρεστος ἔσῃ δῦλος Θεῦ. —

III. ¹ "Vellem scire, domine, quo modo servire debeam cupiditati bonae." "Audi," inquit; "habe timorem Dei, et fidem in Deo, et veritatem ama, et justitiam dilige, et fac bonum. Haec operando probatus eris servus Domini, et servies Deo; et omnes, quicumque servierint cupiditati bonae, vivent Deo." ² Consummatis his mandatis duodecim dixit mihi: "habes haec mandata, ambula in his; et audientes homines hortare, ut poenitentiam

² Καὶ συντελέσας τὰς δώδεκα ταύτας ἐντολὰς λέγει· —πορεύυ ἐν ταῖς ἐντολαῖς ταύταις, καὶ παρακάλει καὶ τὺς ἀκύοντας πορεύεσθαι ἐν αὐταῖς, ἵνα ἡ μετάνοια αὐτῶν

Doctr. ad Antioch. n. 13. p. 259.

2 Ibid.
1 Doctr. ad Antioch. l. c. ‖ 2 Ex

καθαρὰ γένηται τὰς λοιπὰς ἡ- ἄγαντ, et poenitentia eorum munda
μέρας τῆς ζωῆς αὐτῶν. fiat reliquis diebus vitae eorum.
Et ministerium hoc, quod tibi do, explica diligenter; et multum
consequeris fructum, et invenies gratiam apud omnes, qui poenitentiam
agent et credent verbis tuis. Ego enim tecum sum, et
cogam illos credere." Et dixi illi:

[3] Κύριε, αἱ ἐντολαὶ αὗται με- [3] „domine, haec mandata magna
γάλαι καὶ καλαὶ καὶ δύναταί et praeclara sunt, et exhilarare
εἰσιν, δυνάμεναι εὐφρᾶναι τὴν cor hominis possunt, qui potuerit
καρδίαν τῦ δυναμένυ τηρῆσαι custodire mandata haec. [4] Sed
αὐτάς. [4] Οὐκ οἶδα, κύριε, εἰ nescio, domine, an possint mandata
δύνανται αἱ ἐντολαὶ αὗται ὑπὸ haec ab homine custodiri."
πολλῶν φυλαχθῆναι, διότι σκλη- Ait mihi: „haec mandata facile
ραί εἰσιν. Ἐμβλέψας δὲ αὐτὸν custodies, et non erunt dura; sed
ὁ δῦλος τῦ Θεῦ μετὰ πολλῆς si tamen in cor tuum posueris,
αὐστηρίας εἶπεν· ἄνανδρε, ἀκη- non posse ab homine custodiri,
διαστὰ, ῥάθυμε καὶ ὀλιγόψυχε, non custodies ea.
ἐκ οἶδας, ὅτι, ἐὰν ἐν σοὶ ἑαυτῷ
προθῇ, ὅτι δύνανται φυλαχθῆναι, εὐκόλως αὐτὰς φυλάξεις, καὶ
ἐκ ἔσονται σκληραί; Εἰ δὲ ἀναβῇ
ἐπὶ τὴν καρδίαν σϑ, ὁ δύνασθαι
αὐτὰς ὑπὸ ἀνθρώπων φυλαχθῆναι, ὁ φυλάξεις αὐτάς.

Nunc autem dico tibi: si non custodieris haec mandata, et omiseris,
non eris salvus, neque filii tui, neque domus tua; quia ipse
judicaveris, quod non possint haec mandata ab homine custodiri."

IV. Haec mihi vehementer iracunde locutus est, ita ut conterreret
me valde. Vultum enim suum mutaverat, ita ut non
posset homo sustinere iram ejus. Et quum vidisset me conturbatum
totum et confusum, coepit loqui moderatius et hilarius, dicens:
„stulte et insensate, inconstans et

[1] Οὐ νοεῖς τὴν δόξαν τῦ Θεῦ, [1] ignorans majestatem Dei, quam
πῶς μεγάλη ἐστὶ καὶ ἰσχυρὰ καὶ magnus quamque mirabilis sit,
θαυμαστή· ὅτι ἔκτισεν τὸν κόσ- qui orbem creavit propter homi-

---

3 Ibid. n. 21. p. 263. ‖ 4 Simili dicat, a nemine posse servari suspi-
errore Trypho Judaeus, disceptans catur. Cот.
cum Justino Martyre, praecepta
Evangelica, quae admiratur et prae- 1 Doctr. ad Antioch. l. c.

μον διὰ τὸν ἄνθρωπον, καὶ τὴν ἐξεσίαν ἅπασαν ἔδωκεν αὐτῷ κυριεύειν πάντων τῶν ἐπὶ τῆς γῆς; Εἰ ἓν πάντων τέτων ὁ ἄνθρωπος κύριός ἐστι, καὶ πάντων δύναται κατακυριεῦσαι, πῶς ὁ δυνήσεται καὶ τέτων τῶν ἐντολῶν κατακυριεῦσαι; — Ὥστε πασῶν τῶν ἐντολῶν τέτων κατακυριεῦσαι ὁ ἄνθρωπος, ὁ ἔχων τὸν κύριον ἐν τῇ καρδίᾳ αὐτῦ. Οἱ δὲ ἐπὶ τὰ [2] χείλη ἔχοντες τὸν κύριον, τὴν δὲ [3] καρδίαν πεπωρωμένην, καὶ μακρὰν ὄντες ἀπὸ τῦ κυρίῦ διὰ τὴν ἑαυτῶν ῥαθυμίαν, ἐκείνοις αἱ ἐντολαὶ αὗται σκληραί εἰσιν καὶ δυσκατόρθωτοι. Θέσθε ὖν ὑμεῖς, οἱ ὀλιγόψυχοι καὶ ἐλαφροὶ τῇ πίστει, τὸν κύριον ἀδιαλείπτως εἰς τὰς καρδίας ὑμῶν, καὶ γνώσεσθε, ὅτι ὐδέν ἐστιν εὐκολώτερον τῶν ἐντολῶν τέτων, ὖτε γλυκύτερον, ὖτε ἡμερώτερον.— [4] Βλέπε στερεῶς, καὶ ἐξ ὅλης τῆς καρδίας ἐπίστρεψε πρὸς κύριον, καὶ μὴ φοβηθῇς τὸν διάβολον· δύναμις γὰρ ἐν αὐτῷ ὀκ ἔστιν κατὰ τῶν δέλων τῦ Θεῦ. Ὁ Θεὸς γάρ ἐστιν ὁ παρέχων τὴν νίκην. Ὁ διάβολος μόνον φόβον ἔχει· ὁ δὲ φόβος αὐτῦ τόνος ὀκ ἔχει. Μὴ φοβηθῇς ὖν αὐτὸν, καὶ φεύξεται ἀπὸ σῦ.

nem, et omnem creaturam subjecit homini, et omnem potestatem dedit illi, ut dominetur horum mandatorum. Dominari, inquit, potest omnium horum mandatorum, qui habet Dominum in corde suo.

Qui autem habent Dominum in [2] labiis suis, et [3] cor illorum obtusum est, et longe sunt a Domino, illis mandata haec dura sunt, et difficilia. Ponite ergo vobis, qui vacui et leves estis in fide, Dominum Deum vestrum in corde habere; et intelligetis, quod nihil facilius est his mandatis, neque dulcius, neque mansuetius, neque sanctius; [4] et convertite vos ad Dominum Deum, et relinquite diabolum et voluptates ejus, qui malae sunt et amarae et immundae, et nolite timere diabolum, quia in vobis potestatem non habet. Ego enim vobiscum sum nuntius poenitentiae, qui dominor illius. Diabolus autem timorem facit, sed timor illius vanus est. Nolite ergo timere eum, et fugiet a vobis."

V. Et dixi illi: „domine, audi me pauca verba dicentem tibi." „Dic," inquit. „Homo," inquam, „cupit quidem mandata Dei custodire, et nemo est, qui non petat a Domino, ut possit

---

[2] Isai. 29, 13. Matth. 15, 8. ‖ [4] Doctr. ad Antioch. n. 12. p. 258.
[3] Joh. 12, 40. II Cor. 3, 14. ‖

mandata ejus servare; sed diabolus durus est, et potentia sua dominatur in Dei servos." Et dixit:

¹ Οὐ δύναται γὰρ καταδυναστεύειν τῶν δούλων τῦ Θεῦ, τῶν
ἐξ ὅλης καρδίας ἐλπιζόντων ἐπ'
αὐτόν. Δύναται ὃν ὁ διάβολος
παλαῖσαι, καταπαλαῖσαι δὲ ὁ
δύναται. ² Ἐὰν ὃν ἀντιστῇς
αὐτὸν, νικηθεὶς φεύξεται ἀπὸ
σῦ κατῃσχυμμένος.

¹ „non potest dominari in Dei
servos, qui ex totis praecordiis
in Dominum credunt. Potest autem diabolus luctari, sed vincere non potest. ² Si enim resistitis illi, fugiet a vobis confusus.

Nam quicumque fide pleni non sunt, timent diabolum, quasi potestatem habentem. Diabolus enim tentat servos Dei, et si invenerit vacuos, exterminat. ³ Sicut enim homo, quum implevit amphoras bono vino, et inter illas amphoras paucas semiplenas posuit, et venit, ut tentet et gustet amphoras, non tentat plenas; scit enim, quod bonae sunt; semiplenas autem gustat, ne sint acidae factae, cito enim semiplenae amphorae acescunt, et perdunt saporem vini; sic et diabolus venit ad homines servos Dei, ut tentet illos. Quicumque autem pleni sunt fide, resistunt ei fortiter; et ille recedit ab eis, quia non habet locum intrandi. Tunc vadit ad illos, qui non sunt in fide pleni, et quoniam habet locum, inde intrat in illos, et quaecumque vult, facit illis, et fiunt famuli ejus."

VI. „Sed vobis dico ego nuntius poenitentiae: ne timeatis diabolum. Missus enim sum, ut vobiscum sim, quicumque ex totis praecordiis egeritis poenitentiam; ut confirmem vos in fide. ¹ Credite ergo, qui propter delicta vestra obliti estis Deum, ² et qui salutem vestram objicientes peccatis vestris, gravatis vitam vestram: quodsi conversi fueritis ad Dominum ex totis praecordiis vestris, et servieritis ei secundum voluntatem ipsius, dabit remedium animabus vestris, posthabitis peccatis vestris prioribus; et habebitis potestatem dominandi omnibus operibus diaboli.

³ Μὴ δὲ τὴν ἀπειλὴν αὐτῦ δειλιάσῃς· ἄτονος γὰρ ὡς νεκρῦ νεῦρα. — ⁴ Μᾶλλον φοβήθητι

³ Minas autem illius in totum timere nolite; sine virtute enim sunt, sicut hominis mortui nervi. Audite ergo me, et ⁴ timete

1 Doctr. ad Antioch. n. 12. p. 258. ||
2 Jac. 4, 7. || 3 H. l. l. Origenes, Comment. in Matth. 24, 42.

1 Ista exscripsit Antiochus homil. 77. || 2 Wakius ita hunc locum re-

stituit: *Obliti estis Deum et salutem vestram; et qui adjicientes peccatis vestris, gravatis vitam vestram.* ||
3 Ex Doctr. ad Antioch. n. 12. p. 258. ||
4 Matth. 10, 28. Luc. 12, 5.

τὸν κύριον τὸν δυνάμενον σῶσαι Dominum omnipotentem, qui καὶ ἀπολέσαι. potest vos salvos facere et perdere; et custodite mandata ejus, ut vivatis Deo." Et dixi illi: „domine, modo confirmatus sum in omnibus mandatis Domini, quamdiu mecum es; scio, quod confringes omnem virtutem diaboli. Sed et nos exsuperabimus illum, si possumus mandata haec, quae praecepisti, Domino confirmante custodire." „Custodies," inquit, „si cor tuum purificaveris ad Dominum. Sed et omnes custodient, qui purificaverint corda sua a vanis cupiditatibus hujus seculi, et vivent Deo."

LIBER TERTIUS,

QUI INSCRIBITUR:

SIMILITUDINES.

SIMILITUDO I.

Nos, quia in hoc mundo permanentem civitatem non habemus, debere inquirere futuram.

Et dixit mihi: „scitis vos, Domini servos in [1] peregrinatione morari? Civitas enim vestra longe est ab hac civitate. Si ergo scitis civitatem vestram, in qua habitaturi estis; quid heic emitis agros, et apparatus lautitias et aedificia, et habitationes supervacuas? Haec enim qui comparat in hac civitate, non cogitat in suam civitatem redire. O stulte, o dubie et miser homo, qui non intelligis, haec omnia aliena esse, et [2] sub alterius potestate! Dicit enim tibi dominus civitatis hujus: aut legibus utere meis, aut recede de civitate mea. Tu ergo quid facies, qui habes legem in civitate tua? Numquid propter agros tuos, aut propter aliquos apparatus tuos, poteris negare legem tuam? Quodsi negaveris, et volueris redire in civitatem tuam, non recipieris, sed excluderis inde. Vide ergo, [3] ut, sicut peregre consistens, nihil amplius compares tibi, quam sit necessarium et sufficiens tibi; et paratus esto, ne, quum volverit dominus civitatis hujus expellere te, con-

---

1 Hebr. 13, 14. Haec laudat testate Diaboli esse, cfr. Semler. Antiochus homil. 15. ‖ 2 De Hermae (in Baumgarten, theol. Streit. T. II.) doctrina, bona terrestria sub po- p. 14. ‖ 3 Ita Editi. Codd. tu. ‖

tradicas legi ejus; et eas in civitatem tuam, ut utaris lege tua, sine injuria hilaris. Vos igitur videte, qui servitis Deo, et habetis eum in cordibus vestris: operamini opera Dei, memores mandatorum et promissorum ejus, quae promisit; et credite ei, quod faciet vobis, si mandata ejus custodieritis. ╽Pro agris ergo, quos emere volueritis, redimite animas de necessitatibus, prout quisque potest; ⁴ et viduas absolvite, orphanis judicate, et opes ac divitias vestras in hujusmodi operibus consumite. In hoc enim vos Dominus locupletavit, ut hujusmodi ministeria expleatis. Multo melius est haec facere, quam agros aut domos emere; quoniam haec omnia peribunt in seculo; at quae pro nomine Dei feceris, invenies in civitate tua, et habebis gaudium sine tristitia et timore. Divitias ergo gentium nolite cupere, perniciosae sunt enim servis Dei; de propriis autem, quas habetis, ea agite, quibus possitis consequi gaudium. ⁵ Et nolite adulterare, nec alterius uxorem tangere, neque concupiscere; concupisce ⁶ tuum opus, et salvus eris."

SIMILITUDO II.

Ut vitis ulmo fulcitur, sic dives oratione pauperis juvatur.

Quum ambularem in agrum, et considerarem ulmum et vitem, et cogitarem intra me de fructibus earum, apparuit mihi angelus, et dixit mihi: „quid diu intra te cogitas?" Et dixi illi: „de hac vite et ulmo disputo, domine, quoniam fructus illarum decori sunt." Et dixit mihi: „hae duae arbores in exemplum positae sunt servis Dei." Et dixi illi: „vellem scire, domine, harum arborum exemplum, quod dicis." „Audi," inquit: „vides hanc vitem et hanc ulmum?" „Video," inquam, „domine." ¹ „Haec vitis," inquit, „fructifera est, ulmus autem lignum sine fructu est; sed vitis haec, nisi ² applicita fuerit ulmo, et super illam requieverit, non potest multum fructum facere. Jacens enim in terra malos fructus dat, quia non pendet super ulmum; sed si suspensa fuerit vitis super ulmum, et pro se et pro ulmo fructum dat. Vide ergo, quod ulmus fructum dat non minorem, quam vitis, sed potius majorem." „Quo modo," inquam, „domine, majorem, quam vitis?" „Sus-

---

4 Isai. 1, 17. Cfr. supra Mand. VIII. ‖ 5 Matth. 5, 27. 28. ‖ 6 I. e. *quod tuum est.*
1 Laudat h. l. Orig. homil. X. in

Josuam. T. III. p. 423. ed. B. B. ¶ 2 Ex his quoque verbis elucet, librum nostrum in Italia scriptum esse.

pensa," inquit, „ad ulmum fructum multum et bonum dat; jacens autem in terra exiguum et pessimum fructum dat. Haec igitur similitudo posita est servis Dei, pauperi et diviti." Respondi, inquiens: „domine, demonstra mihi." „Audi," inquit: „dives habet opes, a Domino vero pauper est; distrahitur enim circa divitias suas, et valde exiguam habet orationem ad Dominum; et quam habet, inertem habet, et non habentem virtutem. [3] Quum igitur dives praestat pauperi, quae illi opus sunt; pauper orat ad Dominum pro divite, et Deus praestat diviti omnia bona, quia pauper dives est in oratione, et virtutem magnam habet apud Dominum oratio ejus. Tunc ergo dives praestat omnia pauperi, quia sentit illum exaudiri a Domino, et libentius ac sine dubitatione praestat ei omnia, et curat, ne quid ei desit. Pauper Deo gratias agit pro divite, quia opus faciunt a Domino. Apud homines ergo ulmus non putatur dare fructum, et nesciunt, neque intelligunt, quod, si societas advenerit viti, et vitis duplum dat fructum, et pro se et pro ulmo. Sic et pauperes pro locupletibus orantes ad Dominum exaudiuntur, et augentur opes eorum, quoniam praestant pauperibus ex opibus suis. Sunt igitur ambo consortes bonorum operum suorum. Quicumque igitur haec fecerit, non deseretur a Domino, ac erit scriptus in libro vitae. Felices igitur, qui possident, et sentiunt se locupletari; qui hoc enim senserit, poterit aliquid administrare."

SIMILITUDO III.

Ut hyeme virides arbores ab aridis, sic in hoc seculo justi ab injustis internosci non possunt.

Ostendit mihi arbores multas abjectis foliis, quae mihi velut aridae videbantur; omnes enim similes erant. Et dixit mihi: „vides arbores has?" „Video," inquam, „domine, similes aridis." Respondens dixit mihi: „hae arbores in similitudinem sunt hominum, qui in seculo morantur." Respondi, inquiens: „domine, cur velut aridis similes sunt?" „Quoniam," inquit, „nec justi, nec injusti cognoscuntur, sed similes sunt in hoc seculo. Hoc enim seculum justis hyems est, qui non agnoscuntur, cum peccatoribus habitantes. Sicut in hyeme omnes arbores abjectis foliis aridis similes sunt, nec potest cognosci, quae sunt aridae, aut quae

---

[3] De satisfactione per eleemosynam cfr. *Münscher*, Lehrb. d. D.G. T. I. p. 447.

virides; sic et in hoc seculo nec justi nec injusti cognoscuntur, sed similes sunt omnes."

SIMILITUDO IV.

Ut aestate vividae arbores ab aridis fructu et virentibus foliis internoscuntur, sic in futuro seculo justi ab injustis beatitudine different.

Ostendit mihi iterum arbores multas, quarum aliae frondes emittebant, aliae aridae erant. Et dixit mihi: „videsne has arbores?" Respondi: „video, domine, alias aridas, et alias frondentes." „Hae arbores," inquit, „quae virides sunt, justi sunt, qui habitaturi sunt in futuro seculo. Illud enim futurum seculum aestas est justis; peccatoribus autem hyems. Quum ergo illuxerit misericordia Domini, tunc declarabuntur, qui serviunt Deo, et omnibus perspicui erunt. Sicut enim in aestate fructus arboris cujuscumque declaratur et patet; sic et justorum factum declarabitur et patebit, et omnes hilares et gaudentes in illo seculo restituentur. Nam caeterae gentes, peccatores scilicet, sicut arbores, quas vidisti aridas, tales invenientur aridi, et sine fructu in illo seculo, et sicut arida ligna comburentur [1]; et palam fiet, quoniam male fecerunt in omni tempore vitae suae; [2] et comburentur ideo, quia peccaverunt, et peccatorum suorum non egerunt poenitentiam. Sed et caeterae gentes comburentur, quia [3] non agnoverunt Deum creatorem suum. Tu ergo fac fructum bonum, ut in aestate cognoscatur fructus tuus, et abstine te a multis negotiis, et nihil delinques. Quicumque enim multa negotia agunt, multa delinquunt; quia constricti sunt circa negotia sua, et non serviunt Deo. Nam quo modo potest homo, qui non servit Deo, aliquid petere et accipere a Deo? Qui enim serviunt Deo, petunt et accipiunt sua desideria. Quodsi unum negotium tractat aliquis, poterit servire Deo; quoniam non alienatur animus ejus a Domino, sed pura mente servit Deo. Hoc ergo si feceris, poteris in venturo seculo habere fructum; sed et omnes, qui fecerint haec, fructum ferent."

SIMILITUDO V.

De vero jejunio et ejus mercede; tum et de corporis munditia.

I. Quum jejunarem et sederem in monte quodam, et gratias agerem Deo pro omnibus, quae fecerat mecum, video pastorem

---

[1] In inferno. *Jachm.* l. c. p. 88. ‖ Rom. 1, 20. et *Jachm.* l. c. p. 79.
[2] Matth. 3, 10. 7, 19. ‖ [3] Cfr.

illum sedentem juxta me ac dicentem mihi: „quid tam mane huc venisti?" Respondi: „quoniam, domine, ¹ stationem habeo." „Quid est," inquit, „statio?" Et dixi: „jejunium?" Et dixit: „quid est illud jejunium?" „Sicut solebam," inquam, „sic jejuno." „Nescitis," inquit, „Deo jejunare; ² neque est jejunium hoc, quod jejunatis Deo, nihil proficientes." „Quare," inquam, „domine, ita dicis?" „Dico certe," inquit, „non esse jejunium hoc, quod putatis vos jejunare; sed ego te docebo, quod sit jejunium plenum acceptumque Deo. Audi," inquit: „Dominus non desiderat tale jejunium supervacuum; sic enim jejunando nihil praestas aequitati. Jejuna certe verum jejunium tale. ³ Nihil in vita tua nequiter facias; sed mente pura servi Deo, custodiens mandata ejus, et in praecepta ejus ingrediaris, neque admiseris desiderium nocens in animo tuo. Crede autem Domino, si haec feceris, timoremque ejus habueris, atque abstinueris ab omni negotio malo, Deo te victurum. Haec si feceris, jejunium magnum consummabis acceptumque Domino."

II. „Audi similitudinem, quam dicturus sum tibi, ad jejunium pertinentem. Quidam, quum haberet fundum servosque multos, in quadam parte fundi sui posuit *) vineam successoribus; deinde peregre profectus elegit servum, quem habebat fidelissimum ac sibi probatum; eique assignavit vineam, praecipiens, ut vitibus jungeret palos; quod si fecisset, et mandatum suum consummasset, libertatem eidem se daturum promisit. Nec praeterea quidquam aliud praecepit illi, quod in ea faceret; atque ita peregre profectus est. Postquam autem servus ille curam apprehendit, fecit, quaecumque praeceperat dominus. Quumque depalasset vineam illam, et animadvertisset eam herbis repletam; coepit secum ita cogitare, dicens: peregi, quod mihi praeceperat dominus; fodiam nunc vineam hanc, et erit formosior, quum fuerit fossa, et extractis herbis majorem dabit fructum, et non suffocabitur ab herbis. Adgressus deinde fodit, et omnes herbas, quae in ea erant, extraxit;

---

1 Inter Latinos vivens Hermas στάσεως (*stationis*) vocabulum more illorum usurpavit. Non enim memini me legere jejunium in Graecia sic vocatum fuisse. Interdum *stationem* a *jejunio* distingui, ut speciem scilicet a genere, atque accipi pro jejunio quartae feriae et sextae, colligitur ex multis locis Tertulliani. Cot. Cfr. *Augusti*, Handb. d. chr. Archaeologie, T. III. p. 320. ‖ 2 De jejuniis falsis cfr. Barn. Ep. c. 3. ‖ 3 De spirituali jejunio Pastoris cfr. infr. c. 3.

*) Parabolas de vinea reperies in Novo Test. Matth. 20. et Luc. 20.

atque ita evasit vinea speciosissima ac laeta, non suffocata ab herbis. Post aliquantum vero temporis venit dominus ejus, et ingressus est vineam. Quam quum depalatam vidisset decenter, ac circumfossam, et extractas herbas ab ea, et laetas esse vites, ex facto hoc servi sui gaudium coepit. Adhibito itaque filio, quem charum et haeredem habebat, et amicis, quos in consilio advocabat, indicat ea, quae servo suo facienda mandasset, quae praeterea ille fecisset. At illi protinus gratulati sunt servo illi, quod tam plenum testimonium domini sui assecutus fuisset. Ait deinde illis: ego quidem huic servo libertatem promisi, si custodisset mandatum meum, quod dederam ; et custodivit illud, et praeterea opus bonum adjecit in vineam, quod mihi quam plurimum placuit. Pro hoc igitur opere, quod fecit, volo eum filio meo facere cohaeredem; quoniam, quum sensisset, quid esset bonum, non omisit, sed fecit illud. Hoc consilium domini et filius et amici ejus comprobaverunt, ut fieret scilicet hic servus cohaeres filio. Post dies deinde non multos, convocatis amicis, paterfamilias misit de coena sua servo illi cibos complures. Quos quum accepisset ille, sustulit ex eis, quod sufficiebat sibi; reliquum autem conservis suis distribuit. Quibus acceptis illi laetati sunt, et coeperunt illi optare, ut majorem gratiam apud dominum inveniret ob ea, quae fecerat ipsis. Haec omnia quum audisset dominus ejus, percepit iterum maximum gaudium; et convocatis rursum amicis et filio, exponit factum servi sui de cibis suis, quos ei miserat. Illi itaque tanto magis assenserunt patrifamilias, ipsum servum cohaeredem filio debere fieri."

III. Dico ei: „domine, has similitudines non novi, neque intelligere possum, nisi eas tu mihi exponas." „Omnia," inquit, „exponam tibi, quaecumque locutus fuero tecum, aut ostendero tibi. Mandata Domini custodi, et eris probatus, et scriberis in numero eorum, qui custodiunt mandata ejus. Si autem praeter ea, quae mandavit Dominus, [1] aliquid boni adjeceris, majorem dignitatem tibi conquires, et honoratior apud Dominum eris, quam eras futurus. Igitur si custodieris mandata Domini, et adjeceris etiam ad ea stationes has, gaudebis; maxime, si secundum mandatum meum servaveris ea." Dico ei: „quidquid mihi praeceperis, do-

---

[1] Hermam opera supererogatoria p. 475; *ejusdem* Handb. d. D.G. docere annotant *Ittig*, l. c. p. 173; T. II. p. 256. et *Jachm.* l. c. p. 82. *Münscher,* Lehrb. d. D.G. T. I.

mine, servabo; scio enim te mecum futurum." „Ero," inquit, „tecum, qui tale propositum habes. Sed et cum omnibus ero, quicumque idem propositum habuerint. Jejunium hoc, inquit, custoditis mandatis Domini, valde bonum est. Sic igitur servabis illud.

² Πρῶτον πάντων φύλαξαι νηστεύειν ἀπὸ παντὸς ῥήματος πονηροῦ καὶ ἀκοῆς πονηρᾶς· καὶ καθάρισόν σε τὴν καρδίαν ἀπὸ παντὸς μολυσμοῦ, καὶ μνησικακίας, καὶ αἰσχροκερδίας.

Καὶ ἐν ἡμέρᾳ, ᾗ νηστεύεις, ἀρκέσθητι ³ ἄρτῳ καὶ λαχάνοις καὶ ὕδατι, εὐχαριστῶν τῷ Θεῷ· ⁴ συμψηφίσας δὲ τὴν ποσότητα τῆς δαπάνης τοῦ ἀρίστε, οὗ ἔμελλες ἐσθίειν κατ' ἐκείνην τὴν ἡμέραν, δὸς χήρᾳ ἢ ὀρφάνῳ ἢ στερεμένῳ, πρὸς ὃν δὴ σαφῶς ἐμπλήσας τὴν ἑαυτοῦ ψυχὴν, εὔξεται ὑπέρ σε πρὸς κύριον. Ἐὰν οὖν τελέσῃς τὴν νηστείαν, ὡς ἐνετειλάμην σοι, ἔσται ἡ θυσία σε δεκτὴ ἐνώπιον κυρίε, καὶ ἐγγεγραμμένη ἐν τοῖς οὐρανοῖς, ἐν ἡμέρᾳ τῆς ἀνταποδόσεως τῶν ἡτοιμασμένων ἀγαθῶν τοῖς δικαίοις.

² Primum omnium cave ab omni probro et turpi verbo, et ab omni noxia cupiditate, et purifica sensum tuum ab omni vanitate seculi hujus. Si haec custodieris, erit hoc jejunium justum. Sic ergo facies. Peractis, quae supra scripta sunt, illo die, quo jejunabis, nihil ³ omnino gustabis, nisi panem et aquam; ⁴ et computata quantitate cibi, quem ceteris diebus comesturus eras, sumptum diei illius, quem facturus eras, repones, et dabis viduae, pupillo aut inopi; et sic consummabis humilitatem animae tuae, ut qui ex eo acceperit, satiet animam suam, et pro te adeat Dominum Deum oratio ejus. Si igitur sic consummaveris jejunium tuum, quemadmodum praecipio tibi, erit hostia tua accepta Domino, et scribetur hoc jejunium tuum.

Haec statio sic acta est bona, hilaris et accepta Domino. Haec tu si servaveris cum liberis tuis et tota domo tua, custoditis his, felix eris. Et quicumque haec audita custodierint, felices erunt; et quidquid petierint a Domino, obtinebunt."

IV. Et precatus sum eum, ut mihi explanaret hanc similitudinem de fundo et domino, ac vinea et servo, qui depalaverat vineam, et herbis, quae extractae de vinea erant, et de filio, et

2 Ex Doctr. ad Antioch. n. 16. p. 261. Doctrinam Hermae de spirituali jejunio laudibus extollit *Neander*, K.G. T. I. p. 413. || 3 Pastor maxime austerum genus *Xerophagiae* praecipit. Cot. || 4 Hunc locum respicit *Antiochus*, homil. 7. Nihil frequentius inculcant sancti patres, quam praeclaram hanc jejunii cum eleemosyna consociationem. Cot.

de amicis, quos in consilio adhibuerat. Intellexi enim, esse illud similitudinem. Ait mihi: [1] „valde audax es ad interrogandum. Nihil enim debes interrogare; nam si oportuerit demonstrari, demonstrabitur tibi." Dico ei: „domine, quaecumque ostenderis mihi, nec declaraveris, frustra videro illa, si non intellexero, quidnam sint; et similitudines, si quas proposueris et non exposueris, frustra audiero eas." Respondit mihi rursus dicens: „quicumque Dei servus est, Dominumque habet in praecordiis suis, petit ab eo intellectum, et obtinet; et omnem similitudinem explicat, et intelligit verba Domini, quae inquisitione egent. Quicumque vero inertes sunt et pigri ad orandum, illi dubitant petere a Domino; quum sit Dominus tam profundae bonitatis, ut petentibus a se cuncta sine intermissione tribuat. Tu ergo, qui confirmatus es ab [2] illo venerabili nuntio, et accepisti orationem tam potentem, quum piger non sis, cur jam a Domino intellectum non petis, et accipis?" Dico ei: „quum te praesentem habeam, necesse est, ut a te petam, et interrogem; tu enim omnia mihi ostendis et loqueris, quum ades. Nam si sine te ea viderem vel audirem, tunc Dominum rogarem, ut ostenderet mihi."

V. Et respondit: [1] „dixeram tibi paulo ante, callidum te esse et audacem, qui solutiones similitudinum interrogas. Sed quia ita es [2] pertinax, solvam tibi hanc, quam desideras, similitudinem, ut omnibus notam facias eam. Audi nunc, inquit, et percipe animo. Orbem terrarum fundus ille significat, qui in similitudinem est positus. Dominus autem fundi demonstratur esse is, qui creavit cuncta, et consummavit, et virtutem illis dedit. Filius autem [3] Spiritus sanctus est. Servus vero ille Filius Dei est. Vinea autem populus est, quem servat ipse. Pali vero nuntii sunt, qui

1 Supra quoque ob interrogationes suas vituperatus est Hermas Vis. III, 3. Not. 1. ‖ 2 Intellige *juvenem illum speciosum*, de quo sermo fit Vis. II, 4. et Vis. III, 10 sqq., et a quo missum se esse profitetur angelus in habitu Pastoris, in *Prooem.* ad lib. II.

1 Vide cap. anteced. Not. 1. ‖ 2 De pertinacia in petendo cfr. Luc. 11, 8. ‖ 3 Sub vocabulo: *Spiritus sanctus* hic intelligi *divinam*

Christi naturam, τὸ θεῖον ἐν Χριστῷ, docent Ittig l. c. p. 159. (praeeuntibus Grotio, Bullo et Benedictinis), *Münscher*, Handb. d. D.G. T. I. p. 390. et *Baumgarten - Crusius*, Lehrb. d. D.G. T. II. p. 1052. Contra *Jachmannus* l. c. p. 70 et 71. tertiam trinitatis personam verbis illis significari contendit. Sed ex cap. seq. clare elucet, *divinam* Christi naturam hic a Nostro intelligi.

a Domino praepositi sunt ad continendum populum ejus. Herbae autem, quae evulsae sunt de vinea, admissa sunt servorum Dei. Cibi vero, quos de coena misit illi, mandata sunt, quae per Filium dedit populo suo. Amici autem illi, quos in consilio advocavit, angeli sunt sancti, quos primo creavit. Absentia vero illius patrisfamilias tempus est, quod in adventum ejus restat." Dico ei: „domine, magnifice et mire omnia haec se habent, atque honeste; numquid ergo, domine, inquam, haec poteram intelligere? Ne quidem quispiam praeterea homo, tametsi valde prudens sit, poterit intelligere ea. Sed nunc mihi demonstra, domine, quod quaero." „Quaere, quod vis," inquit. „Quare," inquam, „Filius Dei in similitudine hac servili loco ponitur?"

VI. „Audi," inquit, „in servili conditione non ponitur Filius Dei, sed in magna potestate et imperio." Ei dixi: „quo modo, inquam, domine? Non intelligo." „Quoniam," inquit, „eis, quos Filio suo tradidit, Filius ejus nuntios praeposuit ad conservandos singulos; ipse autem plurimum laboravit, plurimumque perpessus est, ut aboleret delicta eorum. Nulla enim vinea potest fodi sine labore ac dolore. Deletis igitur peccatis populi sui, ipse eisdem monstravit itinera vitae, data eis lege, quam a Patre acceperat. Vides igitur, esse dominum populi, accepta a Patre suo omni potestate. Quare autem Dominus in consilio adhibuerit Filium de haereditate, et bonos angelos? Quia nuntius [1] vadit ille Spiritus sanctus, qui [2] infusus est omnium primo in corpore, in quo habitaret Deus. Collocavit enim eum [3] intellec-

---

1 Filium in consilium advocavit Pater; nam filius, i. e. Spiritus ille sanctus, advenire (*vadere*) debebat, ut *nuntiaret*, seu (c. 7.) testimonium referret, quomodo corpus Domini, spiritui huic junctum, ipsi paruisset. — Recepi in textum conjecturam Anonymi in *Halle'sche allgem. Literatur - Zeitung*. 1840. Nr. 118. Editi exhibent: *Quia nuntius audit illum Spiritum sanctum, qui infusus est omnium primus in corpore*. Grabius conjecit: *Quare autem Dominus in consilio adhibuerit Filium de haereditate, honestosque nuntios, audi. Spiritum sanctum, qui creatus est omnium primus, in corpore, in quo habitaret Deus, collocavit; in delecto corpore, quod ei videbatur.* Semlerus conjecit: *Quare — filium de haereditate, bonos angelos, nunc audi. Illum spiritum sanctum, qui creatus est omnium primus, in corpore, in quo habitaret, Deus collocavit, in delecto corpore, quod ei videbatur.* ‖ 2 *Creatus* Mss. Angl. et Carm. ‖ 3 Ἡ σοφία = *Deus*.

tus in corpore, ut ei videbatur. Hoc ergo corpus, in quod inductus est Spiritus sanctus, serviyit illi Spiritui, recte in modestia ambulans et caste, neque omnino maculavit Spiritum illum. Quum igitur corpus illud paruisset omni tempore Spiritui sancto, recteque et caste laborasset cum eo, nec succubuisset in omni tempore; fatigatum corpus illud serviliter conversatum est, sed fortiter cum Spiritu sancto comprobatum Deo receptum est. Placuit igitur Deo hujusmodi potens cursus; quia maculatus non esset in terra, possidens in se Spiritum sanctum. In consilio advocavit ergo Filium et nuntios bonos, ut et huic, scilicet corpori, quod servivit Spiritui sancto sine querela, locus aliquis consistendi daretur, ne videretur mercedem servitutis suae perdidisse. Accipiet enim mercedem omne corpus purum ac sine macula repertum, in quo habitandi gratia constitutus fuerit [4] Spiritus sanctus. Habes et hujus similitudinis expositionem."

VII. „Percepi," inquam, „domine, tuam voluntatem, audita hac expositione." „Audi ulterius," inquit: „corpus hoc tuum custodi mundum atque purum, ut spiritus ille, qui inhabitabit in eo, testimonium referat illi, et tecum fuisse judicetur. Atque etiam vide, ne quando persuadeatur tibi, interire corpus hoc, et abutaris eo in libidine aliqua. Si enim corpus tuum maculaveris, maculabis etiam eodem tempore et Spiritum sanctum; et si maculaveris Spiritum sanctum, non vives." Et dixi: „quid, si per ignorantiam aliquam id admissum est, antequam audirentur verba haec? Quo pacto assequitur salutem is, qui maculavit corpus suum?" „Prioribus," inquit, „rebus, qui per ignorantiam admiserunt, remedium tribuere solus Deus potest; ejus enim est omnis potestas. Sed nunc custodi te; et quum sit Dominus omnipotens et misericors, prioribus admissis remedium dabit, si in futurum non maculaveris corpus tuum et spiritum. Consortes sunt enim ambo, et alteruter sine altero non coinquinatur. Utrumque ergo serva mundum, et vives Deo."

SIMILITUDO VI.

De duplici genere hominum voluptatariorum, et eorum morte, defectione et poenarum duratione.

I. Quum sederem domi, et glorificarem Dominum pro omnibus, quae videram, et de mandatis cogitarem, ea valde bona esse

---

[4] Non solum in corpore Christi, ritus divinus habitat. sed et in corporibus hominum Spi-

et magna et honesta ac laeta, et quae possint salutem hominum afferre; intra me ipsum haec dicebam: „felix ero, si in his mandatis ambulavero; et quicumque in his ambulaverit, vivet Deo." Dum haec loquerer mecum, video eum, quem et prius, sedentem juxta me, et haec mihi dicentem: „quid dubitas de mandatis meis, quae tibi praecepi? Bona sunt, nihil omnino dubitaveris; sed indue fidem Domini, et ambulabis in eis. Ego enim in illis dabo tibi vires. Haec mandata utilia sunt his, qui delictorum suorum ante admissorum acturi sunt poenitentiam, si in futurum in iis ambulaverint. Quicumque igitur agitis poenitentiam, abjicite a vobis nequitiam hujus seculi. Induite vero omnem virtutem et aequitatem, et poteritis custodire haec mandata; neque deinceps peccetis. Si enim deinceps non peccaveritis, plurimum ex prioribus recidetis. In mandatis meis ambulate, et vivetis Deo. Haec a me dicta sunt vobis." Postquam haec mecum locutus est, ait mihi: „eamus in agrum, et [1] pastores pecorum tibi ostendam." „Eamus," inquam, „domine."

[2] *Ἦλθον εἰς πεδίον, καὶ [δείκνυσί μοι] παῖδα νεανίσκον ἐνδεδυμένον* [3] *σύνθεσιν ἐνδυμάτων κροκαίων, βόσκοντα πρόβατα πολλὰ λίαν· καὶ τὰ πρόβατα ταῦτα ἦν ὡσεὶ τρυφῶντα καὶ λίαν σπαταλῶντα, καὶ ἱλαρά, σκιρτῶντα ᾧδε κἀκεῖ. Καὶ αὐτὸς ὁ ποιμὴν πάνυ ἱλαρὸς ἐπὶ τῷ ποιμνίῳ αὐτῷ ἦν, καὶ περιέτρεχε τὰ πρόβατα.* [4] *Καὶ ἄλλα πρόβατα σπαταλῶντα καὶ τρυφῶντα ἐν τόπῳ ἑνί, οὐ μέντοι σκιρτῶντα.*

[2] Et venimus in quemdam campum; et illic ostendit mihi juvenem pastorem, vestitum [3] synthesim vestimentorum colore coccineo. Pascebat autem pecora copiosa, et pecora illa velut in voluptatibus erant, et plurimis deliciis, et hilaritate exsultabant; et exsultantia discurrebant huc atque illuc. Et ipse pastor vehementem ex grege suo percipiebat voluptatem; et vultus pastoris illius valde hilaris erat, inter pecora discurrentis [4].

---

1 Quia hisce in Visionibus multi *Pastores* apparent, eapropter Hermae opus Origenes appellat librum de *Pastoribus*. COT. At Benedictinus editor, lectione hac rejecta, locum Origenis T. I. p. 140. col. 2. D. ex Mss. sic restituit: *sed et Pastoris liber*. GALL. || 2 Ex Doctr. ad Antioch. n. 18. 19. p. 261. 262. ||

3 Recte Pastori Angelo illecebrarum, dulcedinis ac voluptatis datur Synthesis coccinea, quam nemo nescit vestem fuisse preciosam, elegantem, coenatoriam, indicem laetitiae, atque a mollioribus solitum indui. COT. || 4 Ista Pseudo-Athanasii (doctr. ad Antioch.): *Aliasque vidi oves, luxuriantes et*

ᵃ *Καὶ λέγει μοι· βλέπεις τὸν ποιμένα τοῦτον; Βλέπω, φημὶ, κύριε. Οὗτός, φησιν, ἄγγελος τρυφῆς καὶ ἀπάτης ἐστίν· οὗτος ἐκτρίβει τὰς ψυχὰς τῶν δούλων τοῦ Θεοῦ, καὶ καταστρέφει ἀπὸ τῆς ἀληθείας, ἀπατῶν αὐτὰς ταῖς ἐπιθυμίαις ταῖς πονηραῖς, ἐν αἷς ἀπόλλυνται ἐπιλανθανόμενοι τῶν ἐντολῶν τοῦ ζῶντος τοῦ Θεοῦ, καὶ πορευόμενοι [ἐν] ταῖς ματαίαις τρυφαῖς καὶ ἀπάταις τοῦ βίε τούτε. Διὸ καὶ ἀπόλλυνται ὑπὸ τοῦ ἀγγέλε τούτε εἰς* ² *θάνατον καὶ* ³ *καταφθοράν. Λέγω αὐτῷ· οὐ γινώσκω, κύριε, τί ἐστιν εἰς θάνατον καὶ καταφθοράν. Καὶ λέγει μοι· ἄκεε, φησιν. Ἃ εἶδες πρόβατα ἱλαρὰ καὶ σκιρτῶντα, οὗτοί εἰσιν οἱ ἀπεσπασμένοι ἀπὸ τοῦ Θεοῦ εἰς τέλος, καὶ παραδεδωκότες ἑαυτοὺς ταῖς ἐπιθυμίαις τοῦ αἰῶνος τούτε. Ἐν τούτοις μετάνοια ζωῆς οὐκ ἔστιν, ὅτι καὶ τὸ ὄνομα τοῦ Θεοῦ δι' αὐτοὺς βλασφημεῖται· τῶν τοιούτων ἡ ζωὴ θάνατός ἐστιν. Ἃ δὲ εἶδες μὴ σκιρτῶντα, ἀλλὰ καὶ ἐν τόπῳ βοσκόμενα, οὗτοί εἰσιν οἱ παραδεδωκότες μὲν τῇ τρυφῇ καὶ*

deliciantes uno in loco, nec tamen exsultantes, veteri Interpreti restituenda, e cujus versione librarii incuria videntur excidisse. Apud ipsum namque paullo post haec leguntur: *Quae vero vidisti pecora non exsultantia* etc., quae sane omissa praecedentia arguunt. GALL.
1 Doctr. ad Antioch. l. c. ‖ 2 Sc.

II. **ᵃ** Ait mihi angelus: „vides autem hunc pastorem?" „Video," inquam, „domine." Et dixit mihi: „hic nuntius dulcedinis ac voluptatis est. Hic ergo corrumpit mentes servorum Dei, et avertit eos a veritate, oblectans cupiditatibus; et pereunt. Obliviscuntur enim mandata Dei vivi, et in luxuriis conversantur et deliciis vanis, et corrumpuntur ab hoc nuntio malo, aliqui usque ad ² mortem, aliqui vero usque ad ³ defectionem." Dico ei: „domine, non intelligo, quid sit *ad mortem,* et quid *ad defectionem."* „Audi," inquit: „quaecumque pecora vidisti valde laeta et exsultantia, ii sunt, qui in perpetuum a Deo discesserunt, et tradiderunt se desideriis hujus seculi. Iis ergo non est per poenitentiam regressus ad vitam; quoniam quidem ·adjecerunt ad reliqua delicta sua, et nomen Domini nefandis insectati sunt verbis. Hujusmodi homines morti sunt destinati. Quae vero vidisti pecora non exsultantia, sed uno loco vescentia, ii sunt, qui tradiderunt se quidem deliciis ac

ad mortem ii, qui non tantum in *voluptates,* sed et in *abnegationem fidei* sunt delapsi. ‖ 3 I. e. qui defecerunt, non a *fide,* sed a *virtutibus* christianis. Καταφθορά enim, quod adhuc in Graeco legitur, est *perversio vitae,* male a veteri interprete versum.

ἀπάτῃ ἑαυτούς, εἰς δὲ τὸν κύριον μὴ βλασφημήσαντες. Οὗτοι οὖν κατεφθαρμένοι εἰσὶν ἀπὸ τῆς ἀληθείας· ἐν τούτοις ἐλπίς ἐστι μετανοίας, ἐν ᾗ δύνανται ζῆσαι. Ἡ καταφθορὰ οὖν ἐλπίδα ἔχει ἀναστάσεως ἕως τινός· ὁ δὲ θάνατος ἀπώλειαν ἔχει αἰώνιον. Πάλιν προέβημεν μικρὸν, καὶ δείκνυσί μοι ἕτερον ποιμένα μέγαν, ὡς ἄγριον τῇ ἰδέᾳ, περικείμενον δέρμα αἴγιον λευκὸν, καὶ πήραν τινὰ εἶχεν ἐπὶ τὸν ὦμον, καὶ ῥάβδον σκληρὰν λίαν, καὶ ὄζας ἔχυσαν, καὶ τὸ βλέμμα εἶχεν πικρὸν, ὥστε φοβηθῆναί με αὐτόν. Οὗτος οὖν ὁ ποιμὴν παρελάμβανε τὰ πρόβατα ἀπὸ τοῦ ποιμένος τοῦ πρώτυ τοῦ νεανίσκυ, ἐκεῖνα τὰ σπαταλῶντα καὶ τρυφῶντα, μὴ σκιρτῶντα δὲ, καὶ ἔβαλλεν αὐτὰ εἰς τινὰ τόπον κρημνώδη καὶ ἀκανθώδη καὶ τριβολώδη· ὥστε ἀπὸ τῶν ἀκανθῶν καὶ τριβόλων μὴ δύνασθαι ἐκπλέξαι τὰ πρόβατα, ἀλλ᾽ ἐμπλέκεσθαι ταῖς ἀκάνθαις καὶ τριβόλοις, καὶ λίαν ἐταλαιπώρυν δερόμενα ὑπ᾽ αὐτοῦ· καὶ ὧδε κἀκεῖ περιέλαυνεν αὐτά· καὶ ὅλως ἀνάπαυσιν αὐτοῖς οὐκ ἐδίδυ, οὐδὲ ἵσταντο.

*Βλέπων οὖν αὐτὰ ἐγὼ οὕτως μαστιζόμενα καὶ ταλαιπωροῦντα, ἐλυπούμην ἐπ᾽ αὐτοῖς, ὅτι οὕτως ἐβασανίζοντο, καὶ ἀνοχὴν ὅλως οὐκ εἶχον. Καὶ λέγω τῷ ἀγγέλῳ τῷ μετ᾽ ἐμοῦ λαλοῦντι· κύριε,

voluptatibus, nihil vero nefandum in Dominum locuti sunt. Hi igitur non defecerunt a veritate, ideoque repositam adhuc habent spem vitae in poenitentia. Defectio enim habet spem aliquam redintegrationis; mors vero perpetuo tenetur interitu." Rursum progressi sumus paululum, et ostendit mihi pastorem magnum, et velut agrestem figuram habentem, amictum pelle alba caprina, peram gestantem in humero, et manu virgam nodosam et valde duram, et flagellum in manu, aspectum autem trucem, et saevum habebat, ut posset terrere aliquos; talis erat aspectus ejus. Hic ergo accipiebat ab illo juvene pastore ea pecora, quae delicias quidem agebant, sed non exsultabant; et compellebat ea in praecipitem locum quemdam ac spinosum tribulisque confertum, usque adeo, ut de spinis et tribulis se non possent explicare; sed implicita ibi pascebantur spinis et tribulis, et graves cruciatus experiebantur ex verberibus ejus; agebat enim ea, et nec consistendi eis locum aut tempus permittebat.

III. ¹ Quum viderem ergo sic ea flagellari et miserias experiri, dolebam pro eis, quia valde cruciabantur, nec ulla requies eis dabatur. Dico ad pastorem illum, qui erat mecum: „quis est, do-

---

1 Doctr. ad Antioch. I. c.

τίς ἐστιν οὗτος ὁ ποιμήν, ὁ
ἄσπλαχνος καὶ πικρός; Καὶ λέγει
μοι· οὗτός ἐστιν ὁ ἄγγελος τῆς
τιμωρίας· ² ἐκ δὲ τῶν ἀγγέλων
δικαίων ἐστὶ, τεταγμένος δὲ ἐπὶ
τῆς τιμωρίας. Παραλαμβάνει ἓν
τοὺς ἀποπλανηθέντας ἀπὸ τοῦ
Θεοῦ, καὶ πορευθέντας ἐν ταῖς
ἐπιθυμίαις αὐτῶν· καὶ τιμωρεῖ-
ται αὐτοὺς, καθὼς ἄξιοί εἰσιν,
δειναῖς καὶ ποικίλαις τιμωρίαις.
Λέγω αὐτῷ· ἤθελον γνῶναι,
κύριε, τὰς ποικίλας ταύτας τιμωρίας, ποταπαί εἰσιν. Ἄκεέ,
φησὶν· αἱ ποικίλαι τιμωρίαι καὶ
βάσανοι, βιωτικαί εἰσι βάσανοι.
Ἐπὰν γὰρ ἀποστῶσι τοῦ Θεοῦ,
νομίζοντες ἐν ἀναπαύσει εἶναι
καὶ πλούτῳ, τότε τιμωροῦνται
οἱ μὲν ζημιούμενοι, οἱ δὲ ὑστε-
ρούμενοι, οἱ δὲ ² ἀσθενείαις
ποικίλαις περιπίπτοντες, ἄλλοι
ἐν ἀκαταστασίαις, ἕτεροι ὑβρι-
ζόμενοι ὑπὸ τῶν ἐλαττόνων, καὶ
ἑτέραις ποικίλαις πράξεσι. Πολλοὶ γὰρ ἀκαταστάντες ἐν ταῖς
βουλαῖς αὐτῶν ἐπιβάλλονται εἰς
πολλὰ πράγματα, καὶ οὐδὲν
αὐτοῖς ὅλως ὑποβαίνει, καὶ δυσ-
χεραίνουσιν· καὶ οὐ γινώσκουσιν,
ὅτι διὰ τὰ πονηρὰ, ἃ ἔπραξαν,
οὐκ εὐοδοῦνται· καὶ λοιπὸν αἱ-
[τιῶνται] τὸν κύριον, καὶ οὐκ
ἀνέχονται τὰς λοιπὰς ἡμέρας
αὐτῶν ἐπιστρέψαντες δολεῦσαι
τῷ Θεῷ ἐν καθαρᾷ καρδίᾳ.

2 Vetus interpres vertere debebat:
unus ex justis. Cfr. graeca. Ad
hunc locum respicit Orig. hom. I.

mine, hic pastor tam im-
placabilis et tam amarus, qui
nullo modo miseratione movetur
adversus haec pecora?" „Hic,"
inquit, „pastor, ² pro justis quidem nuntius est, sed praepositus
poenae. Huic ergo traduntur,
qui a Deo aberraverunt, et servierunt desideriis ac voluptatibus
seculi hujus. Punit ergo eos,
sicut meruit unusquisque eorum,
saevis variisque poenis." „Vellem," inquam, „nosse, domine,
varias has poenas, cujusmodi
sunt." „Audi," inquit: „variae
poenae atque tormenta haec sunt,
quae homines quotidie in vita sua
patiuntur. Alii enim detrimenta
patiuntur, alii inopiam, alii diversas ³ acrimonias; quidam in-
constantiam, alii injurias ab in-
dignis patientes, multaque alia
exercitia et incommoda. Plurimi
enim inconstanti consilio multa
conantur, nec quidquam conducit
eis; et dicunt in actibus suis,
successum se non habere. Suc-
currunt iis ea, quae nequiter
fecerunt, et Dominum causantur.
Quum igitur perpessi fuerint omnem vexationem et omne incom-
modum, tunc traduntur mihi ad
bonam admonitionem, et firman-
tur in fide Domini, et per reliquos dies vitae serviunt Domino
mente pura. Et quum coeperint

in Ps. 37. T. II. p. 681. ed. B. B.
3 Editio Oxon. habet *aegritudines.*
Sic sane Graeca: ἀσθενείας. GALL.

Ἂν δὲ μετανοήσωσι καὶ ἀνανήψωσι, τότε συνιῶσι, ὅτι διὰ τὰ ἔργα αὐτῶν τὰ πονηρὰ οὐκ εὐοδοῦντο· καὶ οὕτως δοξάζουσι τὸν κύριον, ὅτι δίκαιος κριτής ἐστιν, καὶ δικαίως ἔπαθον, καὶ ἐπαιδεύθησαν κατὰ τὰς πράξεις αὐτῶν.

delictorum agere poenitentiam, tunc ascendunt in praecordia eorum opera sua, in quibus se nequiter exercuerunt; et tunc dant Deo honorem, dicentes, justum judicem eum esse, meritoque se omnia esse perpessos secundum facta sua.

In reliquum vero serviunt Deo mente pura, et successum habent in negotiis suis omnibus, accipientes a Domino, quaecumque poscunt. Et tunc gratias agunt Domino, quod sint mihi traditi; nec jam quidquam crudelitatis patiuntur."

IV. Dico illi: „etiamnunc, domine, demonstra mihi." „Quid, inquiris," inquit? Dixi ei: „an per idem tempus cruciantur, qui discedunt a timore Dei, quantum usi fuerint falsa dulcedine ac voluptatibus?" Ait mihi: „per idem tempus etiam cruciantur." Et dixi ei: „exiguum igitur cruciantur; oportebat autem eos, qui sic percipiunt voluptates, ut Dominum obliviscantur, septies tantum pati poenarum." Ait mihi: „fatuus es, nec intelligis hujus poenae virtutem." Et dixi: „si enim intelligerem, domine, non interrogarem, ut demonstrares mihi."

¹ Ἄκουε οὖν ἀμφοτέρων τὴν δύναμιν, τῆς τρυφῆς καὶ τοῦ βασάνου. Τῆς τρυφῆς καὶ τῆς ἀπάτης ὁ χρόνος ὥρα ἐστὶ μία· τῆς δὲ βασάνου ὧραι τριάκοντα ἡμερῶν δύναμιν ἔχουσαι. ² Ἐὰν οὖν μίαν ἡμέραν τις τρυφήσῃ καὶ ἀπατηθῇ, μίαν δὲ ἡμέραν βασανισθῇ, ἐνιαυτοῦ ὁλοκλήρου ἰσχὺν ἔχει ἡ ἡμέρα ἐκείνη τῆς βασάνου. Ὅσας οὖν ἡμέρας τρυφήσῃ τις, τοσούτους ἐνιαυτοὺς βασανισθήσεται. Βλέπεις οὖν, ὅτι τῆς τρυφῆς καὶ ἀπάτης ὁ χρόνος οὐδέν ἐστιν, τῆς δὲ τιμωρίας καὶ βασάνου πολύς.

¹ „Audi," inquit, „quanta sit vis utriusque, dulcedinis ac poenae. Dulcedinis una hora suo spatio terminatur; poenae vero una hora triginta dierum vim possidet. ² Quicumque igitur uno die perceperit fallacem dulcedinem ac voluptatem, unoque die cruciatus sit, anni spatium dies ille cruciatus ejus valebit. Ita, quot dies perceperit quisque voluptatem, totidem annis cruciatur. Vides igitur, inquit, exiguum esse tempus mundanae dulcedinis ac voluptatis, poenae vero tormentorumque amplius."

1 Doctr. ad Antioch. l. c. ‖ 2 L. p. 294. ed. B. B.
h. l. Orig. hom. 8. in Num. T. II.

V. Dixi ei: „domine, quoniam non intelligo omnia tempora haec dulcedinis, voluptatis ac poenae, lucidius mihi de his expone." Respondit mihi dicens: „insipientia tua tibi perseveranter inhaeret. Nonne vis potius mentem tuam purificare, et Deo servire? Vide, ne forte tempore exacto tu insipiens reperiaris. Audi nunc, quemadmodum vis, quo facilius intelligas.

¹ Ὁ τρυφῶν καὶ ἀπατώμενος, καὶ πράσσων, ἃ βούλεται, πολλὴν ἀφροσύνην ἐνδέδυται· ἀντὶ γὰρ τῆς τρυφῆς καὶ ἀπάτης ἑκάστης ἡμέρας ἀποτίσει βάσανον μεγάλην, ἐνιαυτὸν τῇ ἡμέρᾳ.

¹ Qui uno die commiserit se voluptatibus et fecerit, quidquid appetit animus ejus, plurima repletur stultitia, nec intelligit, quid admittat; ac die postero obliviscitur, quid fecerit pridie; dulcedo enim et voluptas mundana nullam memoriam habent propter stultitiam, quae insita est illis. Quum vero uno die accesserit homini cruciatus ac poena, toto anno torquetur; magnam enim memoriam possidet poena. Toto igitur anno dolens meminit, et tunc recordatur dulcedinis illius vanae ac voluptatis, et sentit, propterea se poenas pati. Quicumque igitur se dulcedini et voluptati tali tradiderint, sic puniuntur; quoniam vitam habentes ipsi se reddunt obnoxios morti."

² Καὶ λέγω τῷ ἀγγέλῳ· ποῖαι τρυφαί εἰσι βλαβεραί; Λέγε μοι. Πᾶσα πρᾶξις σαρκικὴ τρυφή ἐστιν. Νῦν ἡδέως ποιεῖ αὐτήν. [Ὁ γὰρ] ὀξύχολος τῷ ἑαυτοῦ πάθει τὸ ἱκανὸν ποιῶν τρυφᾷ· ὁμοίως καὶ ὁ μοιχός, καὶ ὁ μέθυσος, καὶ ὁ κατάλαλος, καὶ ὁ ψεύστης, καὶ ὁ πλεονέκτης, καὶ ὁ ἀποστερητής, καὶ ὅσα τοιαῦτα· τρυφῶσι γὰρ ἐν τῇ αὐτῶν πράξει. Αὗται δὲ αἱ πράξεις βλαβεραί εἰσι τοῖς δούλοις τοῦ Θεοῦ. Εἰσὶ δὲ καὶ τρυφαὶ σώζεσαι τοὺς ἀνθρώπους. Πολλοὶ

² Dixi ei: „quae sunt, domine, voluptates noxiae?" „Omni," inquit, „homini voluptas est, quodcumque libenter facit. Etenim iracundus, satisfaciens moribus suis, percipit voluptatem suam; et adulter et ebriosus et detractor et mendax et cupidus et fraudator et quicumque iis simile aliquid admittit, morbo suo parens, percipit ex ea re voluptatem. Hae omnes dulcedines ac voluptates noxiae sunt servis Dei. Propter has itaque cruciantur, et patiuntur poenas. Sunt etiam voluptates, salutem hominibus afferentes. Multi enim, opera bonitatis fa-

---

1 Doctr. ad Antioch. l. c.; sed graeca latinis non plane respondent. 2 Ibid.

γὰρ ἀγαθὰ ἐργαζόμενοι τρυφῶ- cientes, percipiunt voluptatem,
σιν· αὕτη οὖν ἡ τρυφὴ τοῖς dulcedine sua tracti. Haec ergo
δούλοις τοῦ Θεοῦ περιποιεῖται voluptas utilis est servis Dei, et
ζωήν, αἱ δὲ προειρημέναι τρυφαὶ vitam parat hujusmodi hominibus.
βάσανον. Illae vero noxiae, quae supra
dictae sunt, tormenta et poenas
pariunt.
Quicumque vero permanserint in illis, nec admissorum suorum
egerint poenitentiam, mortem sibi acquirent."

SIMILITUDO VII.

Poenitentibus faciendos esse poenitentiae dignos fructus.

Post dies paucos video illum in eo campo, in quo [1] pastores illos ante videram, et ait mihi: „quid inquiris?" „Veni," inquam, „rogare te, domine, ut pastorem illum praepositum poenae jubeas de mea domo exire, quia vehementer me adfligit." Et respondens, „necesse est," inquit, „patiaris incommoda et vexationes; sic enim praecepit de te ille nuntius bonus, quia tentare te vult." „Quod," inquam, „domine, tam grave peccatum admisi, ut huic nuntio traderer?" „Adverte," inquit. „Complura quidem habes peccata, sed non tam multa, ut huic nuntio debeas tradi; sed multa delicta et scelera [2] domus tua commisit, ideoque factis eorum ille bonus nuntius exacerbatus jussit te aliquantum temporis vexationem experiri, ut et illi admissorum suorum agant poenitentiam, et abluant se ab omni cupiditate hujus seculi. Quum itaque egerint poenitentiam et purificati fuerint, tunc discedet a te nuntius ille, qui praepositus est poenae." Dico ei: „domine, si ita illi se gesserunt, ut exasperarint nuntium bonum, ego quid feci?" Respondens, „aliter," inquit, „non possunt illi vexationem pati, nisi tu, qui caput es totius domus, labores. Quidquid enim tu passus fueris, necesse est, ut et illi sentiant; quamdiu vero tu bene stabilitus fueris, illi nullam vexationem possunt experiri."
Et dixi: „sed ecce jam nunc, domine, agunt poenitentiam totis praecordiis suis." „Et ego scio," inquit, „totis praecordiis eos agere poenitentiam. Numquid ergo, ait, protinus putas aboleri delicta eorum, qui agunt poenitentiam? Non proinde continuo; sed oportet eum, qui agit poenitentiam, [3] affligere animam suam,

---

1 Vide Simil. VI. c. 1. ‖ 2 Vide 3 Locum nostrum laudat *Münscher*,
supra Lib. I. Vis. I, 3. et Vis. II, 2. ‖ Lebrb. d. D.G. T. I. p. 442. et

et humilem animo se praestare in omni negotio, et vexationes multas variasque perferre; quumque perpessus fuerit omnia, quae illi instituta fuerint, tunc forsitan, qui eum creavit et qui formavit universa, commovebitur erga eum clementia sua, et aliquod remedium dabit; idque ita, si viderit ejus, qui poenitentiam agit, cor purum esse ab omni opere nequissimo. Tibi autem et domui tuae vexari nunc expedit, et multam vexationem pati necesse est, sicut praecepit nuntius Domini, qui te mihi tradidit. Quin potius gratias agas Domino, quod praescius futuri dignum te habuit, cui praediceret tribulationem instare valentibus eam sustinere." Dico ei: „et tu, domine, mecum esto, et facile omnem vexationem sustinebo." „Ego," inquit, „ero tecum, sed et rogabo nuntium illum, qui praepositus est poenae, ut levius te affligat; sed et [4] exiguo tempore patieris adversa, iterumque tuo loco restitueris; tantummodo in humilitate animi persevera. Pare Domino mente pura, domusque tua ac nati; et in mandatis ejus ambula, quae praecepit tibi; et poenitentia tua poterit esse firma atque pura. Et si haec custodieris cum domo tua, incommoda a te recedent; sed et ab omnibus, quicumque in his mandatis ambulaverint, omnis vexatio recedet."

SIMILITUDO VIII.

Electorum et poenitentium peccatorum multa sunt genera; omnes autem pro poenitentiae et bonorum operum suorum modo habebunt mercedem.

I. Ostendit mihi [1] salicem tegentem campos ac montes, sub cujus umbram venerunt omnes, qui vocati erant in nomine Domini. Et juxta salicem illam stabat [2] nuntius Domini valde praeclarus et sublimis; et secabat cum falce magna ab illa [3] salice ramos, et populo illi, qui erat sub umbra salicis illius, exiguas et quasi cubitales virgas [4] porrigebat. Postquam autem accepissent universi, deposuit falcem, et arbor illa integra permansit, sicut

---

Handb. d. D.G. T. II. p. 250. Cfr. quoque *Semlerum*, in *Baumgarten* theol. Streit. l. c. p. 14. Not. 16 et 19. || 4 Hinc colligit *Morinus*, primis seculis non diuturnam fuisse poenitentiam. Cfr. *Ittig*, l. c p. 173.

1 Salix haec magna = lex Evangelii, orbi annuntiata. || 2 Sc. archangelus Michael, cui Christiani traditi sunt. Cfr. infra c. 3. || 3 In Libro IV Esdr. 2, 45. similiter *palmae* populo porriguntur. Cfr. *Jachmann*, l. c. p. 65. et supra Lib. I. Vis. I, 3. Not. 6. || 4 I. e. unicuique Evangelium praedicatum est.

antea videram eam; quam ego rem mirabar, atque intra me disputabam. Ait ad me pastor ille: „desine mirari, quod arbor illa tot ramis praecisis permanserit integra; sed expecta. Nunc demonstrabitur tibi, quid significet angelus ille, qui populo porrexit virgas." Et rursus eas ab his reposcebat; et quo quisque eas perceperat ordine, eodem etiam vocabatur ad illum, virgasque reddebat; quas quum acceperat ille, considerabat. A [5] quibusdam enim accipiebat aridas et putridas, velut a tinea tactas; et jubebat eos, qui hujusmodi virgas tradiderant, secerni et seorsum statui. [6] Alii porrigebant aridas quidem, sed non tactas a tinea; et hos seorsum statui jubebat. Alii porrigebant [7] semiaridas virgas; et hi quoque seorsum statuebantur. Quidam autem dabant virgas suas [8] semiaridas et scissuras habentes; et hi seorsum statuebantur. [9] Alii virgas suas adferebant, [10] quarum dimidia pars arida erat, dimidia vero viridis; et hi seorsum statuebantur. Alii [11] virgas suas afferebant, quarum duae partes virides erant, tertia vero arida; et hi seorsum statuebantur. Alii [12] virgas suas afferebant, quarum duae partes erant aridae, tertia vero viridis; et hi seorsum statuebantur. Quidam [13] porrigebant virgas suas paululum aridas, exiguissimum enim aridum erat in virgis eorum, id est, ipsarum cacumen, scissuras vero habebant; et hi seorsum statuebantur. Aliorum autem [14] in virgis exiguum erat viride, reliquum vero aridum; et hi seorsum statuebantur. Alii veniebant [15] afferentes virgas suas sicut acceperant virides, maximaque pars populi hujusmodi virgas porrigebat, et magnum ex his nuntius ille gaudium cepit; et hi seorsum statue-

---

5 Hi sunt ecclesiae *proditores*, qui reliquis delictis suis abnegationem fidei adjecerunt. Cfr. c. 6. ‖ 6 Hi sunt *pseudodoctores*. Cfr. infra c. 6. ‖ 7 Hi sunt *dubii*. Cfr. infra c. 7. ‖ 8 Hi sunt *dubii et maledici*. Cfr. infra c. 7. ‖ 9 Conjicit Wakius, ante ista verba: *Alii virgas suas* etc. excidisse librario sequentia: *Alii virgas adferebant, virides quidem, sed scissuras habentes*. Haec enim memorat Hermas in hac ipsa Similit. cap. 5 et 7. GALL. ‖ 10 Hi sunt *negotiationibus involuti, neque appliciti sanctis*. Cfr. infra c. 8. ‖ 11 Hi sunt ii, *qui compluribus modis depravati negaverunt Dominum*, i. e. *vitiis* suis, non abjuratione fidei, negaverunt Dominum. Cfr. infra c. 8. ‖ 12 Hi sunt *divites et superbi, qui cum paganis convixerunt*. Cfr. infra c. 9. ‖ 13 Hi sunt ii, *qui parumper tantum deliquerunt propter inanes voluptates et minutas cogitationes*. Cfr. infra c. 10. ‖ 14 Hi sunt *fideles, in sceleribus conversati*. Cfr. infra c. 10. ‖ 15 Hi sunt *modesti atque justi, qui valde pura mente vixerunt*. Cfr. c. 3.

bantur. Alii [16] adferebant virgas suas virides, et pampinos habentes; et hi seorsum statuebantur. Et hos quoque nuntius ille magna cum hilaritate excipiebat. Alii afferebant virgas suas virides, ex quibus excreverant pampini earum, qui pampini quosdam fructus adferebant. Qui hujusmodi virgas porrigebant, valde hilares erant vultu; sed et nuntius ipse quidem ex eis magnam laetitiam percipiebat; nec minus pastor ille cum eo ex eadem causa hilaritatem capiebat.

II. Tunc nuntius Domini coronas jussit adferri. Allatae sunt autem coronae velut ex palmis factae, et coronavit eos viros nuntius, in quorum virgis pampinos invenerat et fructum; et jussit eos ire in [1] turrim. Sed et illos viros misit in turrim, in quorum virgis sine fructu invenerat pampinos, dato eis sigillo. Nam vestem eamdem habebant, id est, candidam sicut nivem; cum qua jubebat ipsos ire in turrim. Nec minus et eos, qui reddiderant virgas suas sicuti acceperant virides, data eis veste candida; et sic eos dimisit ire in turrim. His consummatis ait ad pastorem illum: „ego vado; [2] tu vero dimitte hos intra muros, in eo loco, quo quisque meruit habitare, consideratis prius virgis eorum diligenter; tamen, ne quis te fallat, considera. Sed et si quis te praeterierit, inquit, ego eos super aram probabo." His ad pastorem dictis recessit. Postquam ille discesserat, ait mihi pastor: „accipiamus ab omnibus virgas, et plantemus illas, si possint revirescere." Dico ei: „domine, istae, quae sunt aridae virgae, quo modo possunt revirescere?" Ait mihi: „arbor ista salix est, et semper amat [3] vitam. Si plantatae ergo fuerint hae virgae, exiguumque humoris acceperint, plurimae ex eis revirescent. Tentabo enim, et suffundam eis aquam; et si qua earum potuerit vivere, gratulabor ei; quodsi non, certe non videbor ego negligens fuisse." Jussit deinde me vocare eos. Et sicut steterunt quisque eorum, venerunt ordine suo, virgasque suas tradiderunt; quas acceptas ille singulas plantavit ordinibus suis. Et postquam plantasset omnes, aquam multam supereffudit illis, ita ut tegeren-

---

16 Hi sunt *confessores*, qui vexationes ob fidem perpessi sunt. Cfr. c. 3.

1 Omnes in turrim mittuntur, qui satisfecerunt legi et servaverunt eam. Cfr. c. 3. ‖ 2 Pastori, qui est nuntius poenitentiae, ii traduntur, quibus poenitentia est agenda. Cfr. c. 3. ‖ 3 I. e. *Lignorum salicum natura ea est, ut arefacta licet, si modo aquis adluantur, virescant.* S. HILAR. ad Ps. 136.

tur ab aqua, neque ab ea exstarent. Deinde, quum irrigasset illas, ait mihi: „eamus, et post paucos dies revertamur, et visitemus eas. Qui creavit enim hanc arborem, vivere vult omnes eos, qui ex ea acceperunt virgas. Ego autem spero, quum sint aqua superinfusae hae virgae, plurimas victuras humore capto."

III. Dico ei: „arbor haec, domine, demonstra mihi, quid sit; valde enim moveor, quod tot ramis recisis integra videatur esse, nec omnino quidquam de ea minus videtur esse; quo maxime stupeo." „Audi," inquit: „arbor haec magna, quae campos tegit ac montes totamque terram, lex est Dei in totum orbem terrarum data. Hac autem lege Filius Dei praedicatus est in omnibus finibus orbis terrae. Populi vero stantes sub umbra ii sunt, qui audierunt praedicationes ejus, et crediderunt. Nuntius autem ille magnificus et bonus [1] Michaël est, qui populi hujus habet potestatem, et gubernat eos. Hic enim in corde eorum, qui crediderunt, inserit legem. Visitat igitur eos, quibus dedit legem, si eam custodierunt. Videt autem uniuscujusque virgam, et ex eis multas labefactas. Illae enim virgae [2] Domini lex sunt. Cognoscit autem deinde omnes eos, qui non servaverunt legem, sciens sedem uniuscujusque eorum." Dico ei: „quare, inquam, domine, alios dimisit in turrim, alios tibi heic reliquit?" „Hi," inquit, „quicumque supergressi sunt legem, quam ab eo acceperunt, in mea relicti sunt potestate, ut admissorum suorum agant poenitentiam; qui autem satisfecerunt legi et servaverunt eam, sub illius potestate sunt." „Qui sunt ergo, domine," inquam, „in turrim euntes coronati?" Ait mihi: „quicumque luctati cum diabolo vicerunt eum, illi sunt coronati. Illi autem sunt, qui, ut servarent legem, perpessi sunt iniqua. Illi vero, qui virides virgas pampinosque sine fructu habentes tradiderunt, propter eamdem quidem legem vexationem sustinuerunt, non obierunt autem mortem; sed nec abnegaverunt sanctam legem. Hi vero, qui virides, sicut acceperant, tradiderunt, modesti sunt atque justi, et qui valde pura mente vixerunt, et custodierunt mandata Dei. Reliqua autem scies, quum consideravero illas virgas, quas plantavi et irrigavi."

IV. Post paucos vero dies reversi sumus; eodemque loco consedit nuntius ille magnificus, ego autem adstiti ei. Tunc ait

---

1 Cfr. *Semler.* in Baumgarten, 2 *Singulae* virgae significant legem theol. Streit. l. c. p. 8. Not. 10. || Evangelii a *singulis* receptam.

mihi: „succinge te *) sabano, et ministra mihi." Succinxi me sabano mundo, quod erat factum ex sacco. Ut autem vidit me cinctum et paratum illi ministrare, ait: „voca viros illos, quorum virgae plantatae sunt, suo quemque ordine, sicut porrexerunt illas." Et duxit me in campum; et vocavi omnes, qui etiam universi constiterunt ordinibus suis. Ait deinde ad illos: „quisque virgam suam extrahat, et ad me afferat." Et primo tradiderunt, qui aridas et putridas habuerunt. Et quorum putridae et aridae repertae sunt virgae, jussit eos stare seorsum. Deinde porrexerunt, qui aridas quidem, sed non putridas habuerunt. Aliqui eorum tradiderunt virgas virides, quidam vero aridas et putridas, velut a tinea tactas. Eos, qui virides tradiderunt, jussit seorsum stare; illos vero, qui aridas et putridas tradiderunt, cum primis stare jussit. Porrexerunt deinde illi, qui semiaridas habuerant, et scissuras habentes; multi ex illis virides porrexerunt, nec scissuras habentes; quidam vero virides, pampinos habentes et in pampinis fructum; sicut illi, qui in turrim iverunt, coronati. Alii porrexerunt aridas, et non putridas. Quidam vero, sicut fuerant, semiaridas et scissuras habentes. Jussit unumquemque eorum seorsum stare, alios suo quemque ordine, alios seorsum.

V. Deinde porrexerunt, qui [1] habuerant virides quidem virgas, sed scissuras habentes. Hi omnes [2] virides tradiderunt, suoque ordine steterunt. Gaudium autem ex his percepit hic pastor, quod omnes politae essent, et deposuissent scissuras suas. Deinde porrexerunt, qui dimidiam viridem, et dimidiam aridam habuerant; quorumdam vero inventae sunt totae virides, aliorum semiaridae, aliorum virides et pampinos habentes. Hi omnes dimissi sunt, unusquisque in suum ordinem. Tradiderunt deinde, qui habuerant duas partes virgarum suarum virides, tertiamque aridam; multi ex eis virides porrexerunt, multi semiaridas, caeteri vero aridas et non putridas. Hi omnes dimissi sunt in suum quisque ordinem. Deinde porrigebant, qui habuerant in virgis suis duas partes aridas, tertiamque viridem; multi quoque ex eis porrexerunt semiaridas, quidam vero aridas et putridas, alii autem semiaridas et scissuras habentes, pauci vero virides. Hi igitur omnes constiterunt in suo quisque ordine. Deinde porrexerunt, qui tertium habuerant viride, reliquum vero aridum. Horum virgae majori ex parte

---

*) Usitatam Graecis vocem σάβανον, quae linteum sive linteamen denotat, vetus Interpres heic in sua versione retinuit. GALL.

1 Sc. *prius*. ‖ 2 Sc. *nunc* virides virgas *sine* scissuris tradebant.

inventae sunt virides, ramusculos habentes, et in eis ramusculis
fructum; et reliquae virides totae. Ex his virgis gaudium vehementer percepit pastor ille, quia sic invenerat eas. Abierunt et
illi in ordines suos.

VI. Postquam autem omnium virgas considerasset, ait mihi:
[1] „dixeram tibi, arborem hanc diligere vitam. Vides, quod multi
egerunt poenitentiam, et assecuti sunt salutem." „Video," inquam, „domine." „Ut scias," inquit, „bonitatem et clementiam
Domini magnam et honorandam esse, qui dedit spiritum iis, qui
digni erant agere poenitentiam." Et dixi: „quare ergo, domine,
non omnes egerunt poenitentiam?" Ait mihi: [2] „quorum viderat
Dominus puras mentes futuras, et servituros ei ex totis praecordiis,
illis tribuit poenitentiam. At quorum aspexit dolum et nequitias,
et animadvertit, ad se fallaciter reversuros, negavit iis ad poenitentiam regressum, ne rursus legem ejus nefandis maledicerent
verbis." Dico ei: „nunc mihi, domine, demonstra, qualis sit
locus cujusque eorum, qui virgas reddiderunt, et sedes eorum; ut
auditis his et creditis, ii, qui non custodierunt integrum, sed dissipaverunt sigillum, quod acceperunt, agnitis suis factis poenitentiam
agant, et accepto a te sigillo Domino dent honorem, quod sit
super eos motus clementia sua, et miserit te, ut spiritus eorum
renoves." „Audi," inquit: [3] „quorum virgae aridae et putridae
repertae sunt, et velut a tinea tactae; hi sunt transfugae et ecclesiae
proditores, qui inter reliqua sua delicta nefandis verbis Dominum
insectati, [4] *nomen ejus negaverunt, quod super eos erat invocatum.*
Hi igitur omnes mortui sunt Deo, atque etiam neminem eorum
vides egisse poenitentiam, tametsi audierint mandata mea, quae
tu eis protulisti; ab hujusmodi ergo hominibus abest vita. Hi
quoque, qui aridas et non putridas tradiderunt, non procul ab
illis fuerunt; ficti enim erant, et doctrinas pravas intulerunt, et
perverterunt servos Dei, praecipue eos, qui peccassent, non sinentes eos [5] ad poenitentiam redire, sed doctrinis fatuis detinentes.
Hi ergo habent ad spem regressum; atque etiam multos vides

1 Cfr. supra c. 2. Not. 3. ‖ 2 Cfr.
Simil. IX, 33.: *quumque vidisset
Dominus bonam atque puram poenitentiam eorum, et posse eos in
ea permanere, jussit priora peccata
eorum deleri.* Hermas docet, arbitrium hominis esse liberum, Deum-
que eos praedestinare, quos gratiae
suae capaces praesciverit. Cfr. *Ittig*,
l. c. p. 171. *Münscher*, Lehrb. d.
D.G. I. p. 358 et 368. *Jachm.* l. c.
p. 76. ‖ 3 Cfr. supra c. 1. Not. 5. ‖
4 Jac. 2, 7. ‖ 5 Ut Montanistae.

agere poenitentiam, ex quo eis mandata mea protulisti; et adhuc agent poenitentiam. Quicumque vero non egerint poenitentiam, ii et ⁶ patientiam perdiderunt, et vitam suam amittent. At his, qui egerint, murus imprimis coepit esse sedes eorum; quidam vero etiam in turrim ascenderunt. Vides igitur, inquit, in poenitentia peccantium inesse vitam, non agentium vero poenitentiam mortem paratam."

VII. „De his vero, qui semiaridas virgas porrexerunt, et scissuras habuerunt, audi. Quorum tantummodo semiaridae erant virgae, hi dubii sunt; nec enim vivi sunt, nec mortui. At hi, qui semiaridas et scissuras habentes tradiderant, et dubii sunt et maledici, de absentibus detrahentes, et numquam inter se pacem habentes, et inter se invidentes. Et iis quidem proposita est poenitentia; vides enim ex his aliquos poenitere. Quicumque vero eorum cito egerunt poenitentiam, hi in turri habent sedem; at ii, qui tarde egerunt, in muris habitant. Qui vero non egerunt poenitentiam, sed in suis permanserunt factis, morte morientur. *) At vero hi, qui virides quidem virgas, sed scissuras habentes tradiderunt, fideles semper fuerunt et boni, sed habentes inter se quamdam invidiam et zelum de principatu et dignitate. Verum omnes hujusmodi insipientes sunt et fatui, qui habent inter se aemulationem de principatu. Attamen hi, quum sint alioqui boni, si auditis mandatis istis emendaverint se, et cito per suasionem meam egerint poenitentiam, in turri denique incipient habitare, sicut et hi, qui egerunt digne poenitentiam. Quodsi quis eorum rursus ad dissensionem redierit, repelletur a turri, et vitam suam perdet. Vita enim eorum, qui custodiunt mandata Domini, in mandatis consistit, non in principatu, aut aliqua dignitate. Per patientiam enim et humilitatem animae vitam homines consequentur; per seditiones vero et contemtum legis mortem sibi acquirent."

VIII. „Qui vero in virgis suis dimidium aridum habebant, et dimidium viride, hi sunt negotiationibus involuti, neque appliciti sanctis; ideoque etiam dimidium eorum vivit, dimidium vero mortuum est. Multi igitur ex illis, auditis mandatis, egerunt poenitentiam, et in turri habitare coeperunt; quidam vero eorum in totum destiterunt. His igitur non est locus poenitentiae; **) a negotiatione enim sua nefanda in Dominum locuti sunt, et eum abnegaverunt. Propter hanc igitur nequitiam amiserunt vitam.

---

6 Al. *poenitentiam.* **) I. e. *ob negotiationem suam.*
*) Cfr. supra c. 1. Not. 9.

Multi vero ex his dubiam mentem induerunt. Adhuc et iis est regressus; qui, si cito poenitentiam egerint, in turri sedem habebunt; si vero tardius egerint, in muris habitabunt; si autem non egerint, mortem sibi acquirent. At hi, qui duas partes virgarum suarum virides habuerunt, et tertiam aridam, compluribus modis depravati negaverunt Dominum. Ex his igitur multi egerunt poenitentiam, atque ita in turri habitare coeperunt; et multi a Deo in perpetuum recesserunt. Illi igitur in totum amiserunt vitam. Quidam vero, dubia mente concepta, dissensiones concitaverunt; iis adhuc regressus est, si cito egerint poenitentiam, nec voluptatibus suis remorati fuerint; si autem permanserint in factis suis, mortem sibi acquirent."

IX. „Qui vero porrexerunt virgas suas, quarum duae partes aridae fuerant, et tertia viridis, fideles quidem fuerunt, sed locupletati et exsaturati bonis, apud exteras gentes celebriores esse cupierunt, et in superbiam magnam inciderunt, et sublimia coeperunt spirare, et veritatem deserere; neque appliciti sunt justis, sed cum exteris gentibus convixerunt; et haec illis vita dulcior visa est; a Deo tamen non recesserunt, et in fide perseveraverunt, sed opera fidei non exercuerunt. Multi igitur ex illis egerunt poenitentiam, et sedes eorum in turri esse coeperunt. Alii vero viventes cum exteris gentibus, et elati vanitatibus suis, in perpetuum a Deo defecerunt, nationum facinoribus et operibus servientes. Hujusmodi ergo homines adnumerati sunt exteris nationibus. Alii ex his dubiam mentem habere coeperunt, non sperantes, se propter facta sua assequi posse salutem; alii dubii facti, dissensiones excitaverunt. His igitur et illis, qui propter facta sua dubii esse coeperunt, adhuc est regressus; sed haec poenitentia cita esse debet, ut sit in turri sedes eorum. His vero, qui non agunt poenitentiam, sed permanent in voluptatibus suis, mors prope est."

X. „At hi, qui virgas virides porrexerunt, exceptis cacuminibus earum, quae sola arida erant, et scissuras habebant, semper boni atque fideles et probi erga Deum fuerunt, sed parumper deliquerunt propter inanes voluptates et minutas cogitationes, quas intra se habuerunt. Auditis ergo verbis meis plurimi egerunt poenitentiam celeriter, et in turri habitare coeperunt. Quidam autem ex his evaserunt dubii; quidam adjecerunt ad dubiam mentem etiam dissensiones movere. In his igitur etiamnunc spes est regressus, quia boni semper fuerunt; difficile autem movebuntur.

Qui vero virgas suas aridas porrexerunt, exceptis cacuminibus earum, quae sola erant viridia, crediderunt quidem Deo, in sceleribus vero conversati sunt, numquam tamen a Deo recesserunt, sed semper nomen Domini libenter tulerunt, et libenter in hospitiis suis Dei servos susceperunt. Audito igitur hoc, regressi, sine mora egerunt poenitentiam, et omnem virtutis aequitatem exercuerunt. Aliqui vero eorum mortem obierunt, et alii libenter adversa passi sunt, memores factorum suorum."

XI. Postquam finisset omnium virgarum explanationes, ait mihi: „vade, et dic omnibus, ut agant poenitentiam, et vivent Deo; quia motus Dominus magna clementia sua misit me, ut poenitentiam nuntiarem omnibus, his etiam, qui non merentur propter facta sua assequi salutem. Sed patiens est Dominus, et invitationem per Filium suum factam vult conservare." Dico ei: „spero, domine, fore, ut auditis his universi agant poenitentiam. Credo enim, unumquemque, agnitis suis factis et accepto Dei timore, ad poenitentiam regressurum." Ait mihi: *) „quicumque toto corde egerint poenitentiam, et purificaverint se ab omni nequitia, quae supra dicta est, et non adjecerint adhuc ad delicta sua quidquam, accipient a Domino remedium priorum peccatorum suorum, si nihil dubitaverint de mandatis his; et vivent Deo. Qui vero adjecerint, inquit, ad delicta sua, et conversati fuerint in cupiditatibus seculi hujus, damnabunt se ipsos ad mortem. Tu vero ambula in mandatis istis, et vives Deo; et quicumque ambulaverint in his, et recte ea exercuerint, vivent Deo." Postquam vero haec omnia mihi ostendit, ait mihi: „reliqua post dies paucos tibi ostendam."

SIMILITUDO IX.

Aedificandae militantis et triumphantis ecclesiae mysteria maxima.

I. Postquam scripsi mandata et similitudines pastoris illius, nuntii poenitentiae, venit [1] ad me, et dixit mihi: „volo ostendere tibi, quaecumque [2] spiritus tibi ostendit, qui in effigie ecclesiae

---

*) Hoc quoque loco libertas humani arbitrii a Patre nostro docetur. Cfr. supra c. 6. Not. 2. et *Jachm.* l. c. p. 77.

1 Sc. *nuntius poenitentiae.* ‖
2 Spiritus Dei, i. e. Filius Dei, in Visionibus per figuram Ecclesiae mysteria sua Hermae apparuisse contenditur. Cfr. Vis. IV, 1: ubi *Dominus* revelationes per *ecclesiam* ostendisse dicitur. Nunc Pastor eadem per figuram *turris aedificandae* (cfr. infra c. 3 sqq.) Hermae ostendit.

locutus est tecum. Ille enim spiritus Filius Dei est. Et quia infirmior eras corpore, non ante per [3] nuntium declaratum est tibi, quam firmatus es a spiritu, auctusque viribus, ut etiam nuntium possis videre. [4] Tunc enim bene quidem ac magnifice aedificatio turris ab ecclesia tibi ostensa est; sed ut a virgine monstrata cuncta vidisti. Nunc autem per nuntium illustraris, per eumdem quidem spiritum. Sed oportet te omnia diligenter videre; idcirco enim in domum tuam missus sum habitare ab illo nuntio [5] venerando, ut, quum omnia potenter videris, nihil ut prius expavescas." Et duxit me in ascensum montis [6] Arcadiae; et consedimus in cacumine ejus. Et ostendit mihi campum magnum, et circa eum [7] duodecim montes, alia atque alia figura. [8] Quorum primus niger erat sicut fuligo; [9] secundus glabrus sine herbis; [10] tertius spinis et tribulis plenus; [11] quartus habebat semiaridas herbas, quarum superior pars erat viridis, proxima autem a radicibus arida; quaedam etiam herbae, quum sol incanduisset, aridae fiebant. [12] Quintus mons asperrimus erat, sed herbas virides habebat. [13] Sextus mons scissuris erat plenus, quibusdam minoribus, quibusdam vero majoribus; sed in illis scissuris erant herbae non valde quidem [14] laetae, sed velut marcidae esse videbantur. [15] Septimus vero mons delectabiles habebat herbas, et totus fertilis erat; et omne genus pecudum et volucrum coeli pabulum carpebant ex illo; et quantum vescebantur ex illo, tanto laetiores herbae crescebant. [16] Octavus mons fontibus erat repletus, et ex illis fontibus adaquabatur omne genus creaturae Dei. [17] Nonus mons nullam omnino aquam habebat, et totus destitutus erat; sed et mortiferos serpentes alebat, et hominibus perniciosos. [18] Decimus mons proceras arbores continebat, totusque erat umbrosus; et sub umbra

---

3 I. c. *per eumdem Spiritum* = *Filium Dei.* Cfr. paulo infra: *nunc autem per nuntium illustraris, per eumdem quidem Spiritum.* ‖ 4 Antea Filius Dei in figura *turris* (Vis. III, 2 sqq.) et *virginis* (Vis. IV, 2 sq.) tecum locutus est, nunc eum ipsum videbis tecum loquentem. ‖ 5 I. c. *Filio Dei.* ‖ 6 Similiter Esdras (IV Esr. 2, 33.) praeceptum accepit a Domino in *monte Horeb.* Cfr. *Jachm.* l. c. p. 65. et supra Vis. I, 3. Not. 6. ‖ 7 De his montibus = *gentibus*, quibus Evangelium praedicatum est, cfr. infra c. 17 sqq. ‖ 8 Mons hic fusius describitur infra c. 19. ‖ 9 Ibidem. ‖ 10 Vide infra c. 20. ‖ 11 Vide infra c. 21. ‖ 12 Vide infra c. 22. ‖ 13 Vide infra c. 23. ‖ 14 Ita Mss. Lamb. Vict. et Carm. Al. *latae.* Gall. ‖ 15 Vide infra c. 24. ‖ 16 Vide infra c. 25. ‖ 17 Vide infra c. 26. ‖ 18 Vide infra c. 27. ‖

pecudes jacebant requiescentes ac ruminantes. [19] Undecimus mons densissimis arboribus repletus erat; et arbores illae aliis atque aliis oneratae videbantur fructibus, ut, quisquis videret, cuperet edere de fructibus earum. [20] Duodecimus mons candidus erat totus, et aspectum habebat delectabilissimum, et ipse sibi summum praestabat decorem.

II. In medio vero campo candidam et ingentem [1] petram mihi ostendit, quae de ipso campo surrexerat; et petra illa altior montibus illis erat, et quadrata erat, ita ut posset totum orbem sustinere. [2] Vetus autem mihi videbatur esse, sed habebat [3] novam portam, quae nuper videbatur exsculpta. Et porta illa [4] clariorem splendorem quam sol habebat; ita ut mirarer vehementer lumen ejus. Circa vero portam illam stabant [5] virgines duodecim; ex quibus quatuor, quae obtinebant angulos portae, digniores mihi videbantur esse, sed et caeterae dignae erant; stabant autem in quatuor partibus portae. Erat autem et id ad [6] gratiam illarum virginum, quod illae binae et binae vestitae erant linteis tunicis, et decenter succinctae, exertis brachiis dextris, tamquam fascem aliquem levaturae. Sic erant paratae; vehementer enim hilares erant, atque promptae. Haec quum vidissem, mecum ipse mirabar, quod tam magnas et praeclaras res viderem. Et rursus mirabar propter virgines illas, quod tam decorae et delicatae essent, et ita constanter ac fortiter starent, tamquam totum coelum portaturae. Et quum haec intra me cogitarem, ait ad me pastor ille: „quid intra te disputas atque torqueris, et ipse tibi solicitudinem adjicis? Quaecumque non potes intelligere, noli attendere, tamquam si sapiens sis; sed roga Dominum, ut accepto sensu intelligas ea. Quaecumque post te sunt, non potes videre; quae vero sunt ante te, vides. In his igitur, quae non potes videre, noli torqueri; et eorum intelligentiam cape, quae tu vides. Desine esse curiosus. Ego autem demonstrabo tibi cuncta, quaecumque debeo ostendere; nunc autem reliqua considera."

19 Vide infra c. 28. || 20 Vide infra c. 29.

1 Petra haec Christus est. Vide infra c. 12. || 2 Petra *vetus* dicitur, quia Filius Dei omni creatura antiquior est. Vide infra c. 12. || 3 Porta haec nova Christus est, in novissimis diebus apparens. Vide infra c. 12. || 4 Hic divinitas Christi doceri videtur. || 5 Virgines hae dona sunt Spiritus sancti, seu virtutes christianae. Vide infra c. 13 et 15, et Vis. III, 8. Laudant hunc locum *Origenes*, hom. 13 in Ezech., et Auctor *operis imperfecti* in Matth. 19, 28. || 6 I. e. *ad decorem*.

III. Et quum haec dixisset mihi, suspexi; et ecce, vidi venisse [1] sex viros excelsos ac venerandos, et omnes similes vultu; et vocasse [2] quamdam multitudinem virorum; et hi, qui venerant vocati ab illis, et ipsi quoque excelsi et fortes erant. Jusserunt autem illi sex eos [3] turrim quamdam [4] super eam portam aedificare. Magnus vero tunc fremitus coepit esse decurrentium circa portam huc atque illuc, eorum virorum, qui ad aedificandam turrim convenerant. Virgines vero illae, quae stabant circa portam, jubebant eis aedificationem turris accelerare. Ipsae autem exporrexerunt manus suas, tamquam aliquid accepturae ab illis. Tunc illi sex jusserunt, ut ex quodam profundo lapides attollerent, et in aedificationem turris praepararent. Et elevati sunt [5] decem lapides candidi, quadrati, [6] [nec] circumcisi. Postquam vero sex illi advocaverunt has virgines, jusserunt eas universos lapides, quicumque in turris aedificationem mittendi essent, portare; et translatos per portam tradere eis, qui aedificaturi erant turrim illam. Continuo hae virgines eosdem lapides, qui prius elevati erant de profundo, inter se elevare coeperunt pariter omnes.

IV. [1] Qui autem steterunt circa portam, sic etiam portabant [2], ut, qui videbantur esse fortiores, ad angulos ponerentur; caeteri vero lapides ad latera subjiciebantur. Atque ita universos lapides pertulerunt [3], eosque per portam translatos aedificantibus, sicut [4] jussae erant, tradiderunt. Illi vero excipientes exstruxerunt illos. Haec autem aedificatio super illam petram magnam et portam fiebat, atque ab iis tota turris sustentabatur. Horum autem decem lapidum structura totam portam illam replevit, quae in fundamento turris illius esse coepit. Post illos vero decem lapides

---

1 Hi sex viri excelsi = nuntii sunt Filii Dei, ipsum circumstantes. Vide infra c. 12. De *sex* juvenibus cfr. Vis. III, 2 et 4. ‖ 2 Illi sex viri advocarunt multitudinem. ‖ 3 Turris haec Ecclesia est. Vide infra c. 13. ‖ 4 Turris super petram et portam aedificatur, quia Christus fundamentum est Ecclesiae et omnium fidelium. Cfr. infra c. 14. ‖ 5 Hi decem lapides = *viri justi*, primo seculo *mundi* (non ecclesiae) viventes. E *profundo* illi attolluntur, quia hi jam ante adventum Domini sunt mortui. Vide infra c. 15 et 16. ‖ 6 Addendum esse *nec* ex cap. 5 et 16. conjecit Cotelerius.

1 Et viri et virgines circa portam steterunt. Cfr. supra c. 3. ‖ 2 Sc. *lapides*. ‖ 3 Sc. virgines, jussae (c. 3.) ex profundo lapides attollere. ‖ 4 Mss. Angl. *jusserant*, sc. illi sex viri excelsi. (cap. 3.).

alii [5] viginti quinque elevati sunt de profundo; et hi structi sunt in aedificationem turris ejusdem, per illas virgines levati, sicut priores. Post hos [6] alii triginta quinque elevati sunt; et hi similiter in eodem opere aptati sunt. Post hos [7] quadraginta lapides ascenderunt, et hi omnes adjecti sunt in structuram turris illius. Quatuor ergo ordines coeperunt esse in fundamento turris illius; desierunt enim lapides extrahi de profundo; paulisper et hi, qui aedificabant, quieverunt. Iterum illi sex viri multitudini illi imperaverunt, ut de illis duodecim [8] montibus adportarent lapides ad aedificationem turris ejusdem. Illi autem excidebant de universis montibus variorum colorum lapides, et deferentes eos porrigebant virginibus; quos illae accipientes transferebant, et in aedificationem turris porrigebant. In qua quum structi essent illi, candidi variique fiebant; et similiter omnes priores mutabant colores. Quidam vero ab ipsis viris porrigebantur; qui quum in eam aedificationem venissent, quales ponebantur, tales et permanebant. Hi nec candidi fiebant, nec varii; quoniam non erant a virginibus per portam translati. Hi ergo lapides deformes erant in aedificatione. Quos quum animadvertissent illi sex viri, jusserunt tolli, et suo loco reponi, unde delati fuerant. Et dicunt ad illos, qui lapides illos adferebant: „omnino vos nobis ad aedificationem hanc lapides porrigere nolite, sed juxta turrim ponite eos, ut hae virgines translatos porrigant; nisi enim ab his virginibus translati fuerint per hanc portam, colores suos mutare non possunt; nolite igitur frustra laborare."

V. [1] Effecta est autem structura illo die, sed turris consummata non est; futurum enim erat, ut aedificaretur, propterea etiamnunc et quaedam dilatio facta est. Et jusserunt illi sex eos, qui aedificabant, abire, et veluti aliquamdiu quiescere; illis vero virginibus praeceperunt, ne a turri discederent. Propterea autem videbantur mihi relictae, ut custodirent turrim illam. Postquam

---

5 Hi sunt = *secundum seculum virorum justorum ante* Christum. Vide infra c. 15. ǁ 6 Hi sunt *Prophetae Dei ac ministri* Veteris Testamenti. Vide infra c. 15. ǁ 7 Hi sunt Apostoli et doctores praedicationis Filii Dei. Vide infra c. 15. et Vis. III, 5. Not. 1. ǁ 8 Cfr. supra c. 1. Not. 7. Postquam ii lapides, qui justos demortuos *ante* adventum Christi significant, in structuram turris positi erant, Dominus etiam lapides e montibus, i. e. fideles e populis christianis, apportari jussit.

1 I. e. nunc *incepta* et ad terminum quemdam perducta, sed non *consummata* illo die aedificatio turris erat.

autem recesserunt, dico ad pastorem illum: „quare, domine, non est peracta aedificatio turris?" „Non enim," inquit, „ante consummari potest, quam veniat dominus ejus, et structuram hanc probet, ut, si quos lapides non bonos in ea invenerit, mutentur; ad voluntatem enim ejus aedificatur haec turris." „Vellem," inquam, „domine, scire, quid significet aedificatio turris hujus, et de hac petra et de hac porta cognoscere, et de montibus et de virginibus et de lapidibus, qui extracti sunt de profundo, nec circumcisi sunt, sed sicut ascenderunt, sic missi sunt in structuram; et quare primum lapides decem in fundamento structi sunt, deinde viginti quinque, deinde triginta quinque, deinde quadraginta; item de illis lapidibus, qui positi sunt in structuram, iterumque sublati, et in locum suum relati. De omnibus his, domine, desiderium animae meae comple, et omnia mihi demonstra." Et dixit mihi: „si arduus non fueris, omnia cognosces, et videbis reliqua, quae futura sunt huic turri, et omnes similitudines diligenter cognosces." Et venimus post dies paucos in eumdem locum, ubi sederamus, et dixit mihi: „perveniamus ad turrim; dominus enim ejus venturus est, ut consideret eam." Venimus igitur illuc, et neminem alium, quam virgines illas invenimus. Et interrogavit eas, an affuisset ibi dominus turris illius? Et responderunt, continuo eum adfuturum, ut consideret structuram illam.

VI. Post pusillum vero video multitudinem virorum magnam venientem, et in medio eorum ita [1] excelsum virum, ut magnitudine sua ipsam turrim superaret; et circa eum sex illos, quos in aedificatione imperare videram, et eos omnes, qui aedificaverunt turrim illam, et praeterea alios quamplures dignitate splendidos viros. Virgines vero illae, quae custodiebant turrim illam, adcurrerunt, et osculatae sunt eum, et prope eum coeperunt ambulare. Ille autem tam diligenter considerabat structuram illam, ut singulos lapides contrectaret; quin etiam singulos virga, quam in manu tenebat, feriebat. Ex quibus quidam, quum essent percussi, [2] nigri fiebant velut fuligo; quidam autem tamquam scabri; quidam quasi scissuras habentes; quidam curti; quidam nec nigri, nec albi; quidam asperi, nec cum caeteris lapidibus convenientes; quidam plurimas maculas habentes. Hae sunt varietates lapidum illorum, qui in structura illa non idonei reperti sunt. [3] Jussit eos dominus omnes de turri deponi, et juxta

---

1 Is est Filius Dei. Vide supra proditores, qui fidem abnegaverunt. c. 3. Not. 1. et infra c. 12. ‖ 2 I. e. Vide infra c. 19. ‖ 3 Cfr. infra

eam relinqui, et alios lapides afferri, et loco eorum reponi. Et interrogaverunt eum, qui aedificabant, ex quo monte vellet afferri, et reponi in locum ejectorum? De montibus quidem vetuit afferri, sed ex ⁴ campo quodam, qui prope erat, jussit afferri. Foderunt enim campum illum, et invenerunt lapides splendidos, quadratos, quosdam vero etiam ⁵ rotundos. Quicumque autem erant in illo campo, omnes allati sunt, et per portam transportati a virginibus illis; et qui ex eis quadrati erant, ⁶ deformati sunt, et positi in loco ejectorum. At vero qui rotundi, non sunt adjecti in structuram; quoniam duri erant, et longum esse videbatur, circumcidere eos; sed positi sunt circa turrim, tamquam futurum esset, ut circumciderentur, et in structuram mitterentur; valde enim splendidi erant.

VII. Haec quum vidisset vir ille dignitate praecipuus, et dominus totius turris, vocavit hunc pastorem, et tradidit ei lapides, qui reprobati erant, et positi circa turrim; et ait ad illum: „communda diligenter lapides hos, et apta in structuram turris, ut cum caeteris possint convenire; eos autem, qui non conveniunt, longe a turri projicies." Haec quum praecepisset ei, cum omnibus, cum quibus venerat ad turrim, abiit. Virgines autem illae steterunt circa turrim, custodientes eam. Et dixi ad pastorem illum: „quonam modo possunt lapides hi in structuram hujus turris, quum reprobati sint, redire?" Et dixit mihi: „ego de lapidibus istis majorem partem circumcidam, et adjiciam in structuram, et convenient cum caeteris." Et dixi: „quomodo, domine, possunt circumcisi eumdem locum implere?" „Quicumque," inquit, „minores inventi fuerint, in mediam structuram ibunt; majores vero deforis ponentur, et continebunt eos." Haec quum dixisset mihi, „eamus," inquit, „et post triduum revertamur; et emundatos hos lapides in structuram adjiciam. Ea enim, quae sunt circa turrim, communidari debent omnia; ne forte subito paterfamilias superveniat, et immunda ea, quae circa turrim sunt, inveniat, et ita aspernetur; et hi lapides non mittantur in structuram turris hujus, et ego negligens paterfamilias videar esse." Post triduum autem quum venissemus ad eamdem turrim, ait mihi: „consideremus hos lapides omnes, et videamus, qui ex eis possunt in structuram ire." Dico ei: „consideremus, domine."

c. 13. Reprobati hi lapides = fideles vitiis dediti. Cfr. Vis. III, 5. 6. ‖ Not. 1 et 2. ‖ 5 Vide infra c. 30. Not. 3. ‖ 6 I. q. *in formam redacti*;
4 Vide infra c. 29. Not. 2. et c. 30. cfr. c. 8. Not. 1.

VIII. Primum omnium coepimus considerare eos, qui nigri fuerant. Quales enim a structura depositi fuerant, tales sunt reperti. Jussit eos a turri moveri, et seorsum reponi. Deinde consideravit eos, qui scabrosi fuerant; et multos ex eis circumcidi jussit, et per virgines eos in structuram turris aptari; illae autem sublatos eos aptaverunt in media structura. Reliquos autem jussit cum illis nigris reponi; nam et hi evaserunt nigri. Deinde considerabat eos, qui scissuras habebant; et ex illis multos circumcidi jussit, et per illas virgines adjici in structuram. Hi deforis positi sunt, quoniam integri inventi sunt; reliqui autem propter multitudinem scissurarum non potuerunt [1] deformari; propterea projecti sunt ab aedificatione turris. Deinde considerabat eos, qui curti facti erant; multi ex illis scissuras habebant, et nigri evaserant; alii vero scissuras magnas habebant, quos jussit apponi cum illis, qui rejecti erant; reliquos autem commundatos et [2] deformatos adjici jussit in structuram, quos sublatos virgines illae in media structura aptaverunt; infirmiores enim erant. Deinde considerabat eos, qui dimidii quidem albi, dimidii autem nigri fuerant reperti; et multi ex illis nigri inventi sunt. Jussit et hos transferri ad illos, qui rejecti erant. Reliqui vero toti candidi inventi sunt; et hi sublati sunt a virginibus et aptati in eadem turri. Exteriores autem positi sunt, qui integri inventi sunt, ita ut possent continere eos, qui in medio constructi erant; nihil enim eis recisum est. Deinde considerabat eos, qui duri et asperi fuerunt. Pauci ex his adjecti sunt, quoniam non poterant circumcidi, valde enim duri reperti sunt; reliqui autem formati sunt, et in media structura a virginibus aptati; infirmiores enim erant. Deinde considerabat illos, qui maculas habebant; et ex eis pauci reperti sunt nigri, et hi ad caeteros adjecti sunt. Qui vero superfuerant, candidi et integri inventi sunt; et hi a virginibus in structuram aptati sunt, et deforis positi, propter fortitudinem suam.

IX. Venit deinde, ut consideraret eos lapides, qui candidi et rotundi erant; et ait mihi: „quid faciemus de his lapidibus?" Et ego dixi: „domine, nescio." „Nihil ergo," inquit, „excogitas de his?" „Ego," inquam, „artem hanc, domine, non novi, nec

---

1 Ita legendum esse monet Clericus, non *afformari*, quae est inepta et inusitata vox. *Deformare* autem = *mutare formam in quamvis aliam*. Cfr. supra c. 6. Not. 6. || 2 Cfr. Not. 1.

lapidarius sum, nec possum intelligere quidquam." Et dixit: „non vides, eos valde rotundos esse? Quodsi voluero eos quadratos redigere, plurimum mihi ex his recidendum est; sed necesse est aliquos ex his in structuram turris transire." Et dixi: „si necesse est, quid igitur te implicas, et non eligis, si quos habes eligere, et aptas in structuram illam?" Et elegit, quos vidit maximos et splendidissimos, et [1] deformavit eos; quos sublatos virgines illae in exterioribus partibus structurae posuerunt. Reliqui vero, qui superfuerunt, repositi sunt in eumdem campum, unde sumpti erant; abjecti vero non sunt, „quoniam," inquit, „adhuc exiguum deest huic turri, quod aedificandum erit, et forsitan vult dominus hos lapides aptari in ea structura, quia valde candidi sunt." Vocatae sunt deinde [2] mulieres speciosissimae duodecim, nigra veste vestitae, incinctae, et exertis humeris, capillisque solutis. Videbantur autem mihi hae mulieres agrestes esse. Et jussit eas pastor ille tollere lapides illos, qui de structura ejecti erant, et eos referri in montes, unde ablati fuerant. Et illae gaudentes sustulerunt omnes, et reportaverunt eos, unde extracti fuerant. Postquam autem nullus lapis circa turrim jaceret, ait mihi: „circumeamus hanc turrim, et videamus, numquid aliquid desit illi." Coepimus ergo circumire eam. Et ut vidit eam decenter aedificatam, coepit valde hilaris esse; ita enim decenter aedificata fuerat, ut, qui vidisset, concupisceret structuram ejus; [3] quoniam quasi de uno lapide videbatur esse, nec usquam commissura apparebat, sed ex petra una videbatur exsculpta.

X. Ego autem hujusmodi turrim attente considerans valde laetabar. Et ait mihi: „affer calcem et testas minutas, ut formas eorum lapidum, qui sublati sunt de structura et iterum repositi, expleam; ea enim, quae circa turrim sunt, omnia aequari debent." Et feci, sicut jussit mihi, et attuli ad eum. Et ait mihi: „praesto adsis mihi; et cito hoc opus perficietur." Complevit ergo formas illorum lapidum, et jussit locum mundari circa turrim. Tunc virgines illae apprehenderunt scopas, et mundaverunt totum, et sustulerunt excrementa, et sparserunt aquam; quo completo factus est locus delectabilis, et turris decora. Ait deinde mihi: „omnia

---

1 Ita recte Lamb. Alii *afformavit.* Cfr. supra c. 6. et 8. || 2 Cfr. infra c. 13. Not. 8. c. 15. et c. 18. Mulieres hae sunt daemones, spi- ritus maligni = vitia. || 3 Laudat h. l. *Origenes,* Comment. in Osee. T. II. p. 439. ed. B. B.

commundata sunt; si venerit dominus hanc turrim consummare, nihil inveniet, quod de nobis queratur." Haec quum dixisset, volebat abire. At ego apprehendi peram ejus, et coepi rogare eum per Dominum, ut mihi omnia, quae ostenderat, explicaret. Ait mihi: „habeo modicam occupationem, at omnia tibi explicabo; exspecta autem me heic, dum venio." Dico ei: „domine, quid heic solus faciam?" Respondit: „non es solus, omnes enim virgines tecum sunt." Et dixi: „trade me, domine, ergo eis." At ille vocavit illas, et dixit eis: „commendo vobis hunc, donec venio." Remansi igitur cum virginibus illis. Illae autem hilares erant, et affabiles mihi, praecipue tamen quatuor, quae caeteras praecedebant dignitate.

XI. Dicunt mihi deinde virgines illae: „hodie pastor ille huc venturus non est." Et ego dixi: „quid ergo ego faciam?" Et dicunt mihi: „usque in vesperam exspecta, si forsan venerit et loquetur tecum; sin minus, nobiscum, dum veniat, manebis." Dixi eis: „exspectabo eum usque ad vesperam; quodsi non venerit, domum ibo, et revertar mane." Responderunt mihi: „nobis assignatus es; non potes recedere a nobis." Et dixi: „ubi manebo?" Dicunt mihi: „nobiscum [1] dormies ut frater, non ut maritus; frater enim noster es, et de caetero tecum habitare paratae sumus; valde enim charum te habemus." Ego autem erubescebam cum eis manere. Ea vero, quae ex illis [2] prima esse videbatur, amplexata me est, et osculari me coepit. Caeterae vero, quum vidissent me amplexari ab illa, et ipsae coeperunt me ut fratrem osculari, et ducere circa turrim, et ludere mecum. Quaedam autem ex illis psalmos canebant, quaedam choros ducebant. Ego autem circa turrim in silentio laetus cum eis ambulabam, et videbar mihi junior factus esse. Postquam vero vespera esse coepit, domum repente abire volebam; illae autem retinuerunt me, et non permiserunt abire. Mansi ergo illa nocte cum eis juxta eamdem turrim. Straverunt autem tunicas suas linteas in terram, et me in medio collocaverunt, nec quidquam aliud faciebant, [3] nisi quod orabant. Sed et ego cum illis sine intermissione orabam, neque minus, quam illae. Quae quum me sic orantem vidissent,

1 Hinc colligi potest, morem cum *subintroductis* vivendi, jam invaluisse; seu: librum nostrum non jam temporibus *apostolicis*, sed *secundo* demum seculo exaratum esse.]]

2 Haec est *fides.* Vide infra c. 15.]]
3 Nonnullos priscos fideles *totas* noctes in oratione et cantu psalmorum transegisse notum est.

ingens gaudium perceperunt; et cum eis illic fui usque ad diem posterum. Et quum adorassemus Dominum, tunc venit pastor ille, et ait ad illas: „nullam ei fecistis injuriam?" Et dixerunt ei: „ipsum interroga." Dico ei: „domine, magna voluptas me cepit, quod mansi cum eis." Et dixit mihi: „quid coenasti?" Et dixi: „coenavi, domine, tota nocte verba Domini." „Bene," inquit, „te acceperunt?" Et dixi: „bene, domine." „Numquid vis nunc audire?" Et dixi: „volo, domine; et primum, sicut te interrogavero, rogo, ut sic mihi demonstres." „Quemadmodum vis," inquit, „sic tibi rem explanabo, nec quidquam te celabo."

XII. „Primum omnium, domine," inquam, „hoc mihi demonstra: petra haec et porta quid sunt?" „Audi," inquit: [1] „petra haec et porta Filius Dei est." „Quonam pacto," inquam, „domine, petra vetus est, porta autem nova?" „Audi," inquit, „insipiens, et intellige. Filius quidem Dei [2] omni creatura antiquior est, ita ut in consilio Patri suo adfuerit ad condendam creaturam. Porta autem propterea nova est, quia in consummatione in novissimis diebus [3] apparebit, ut, qui assecuturi sunt salutem, per eam intrent in regnum Dei. Vidisti," inquit, „lapides illos, qui per portam translati sunt, in structuram turris collocatos; eos vero, qui non erant translati per portam, abjectos in locum suum?" Et dixi: „vidi, domine." „Sic," inquit, „nemo intrabit in regnum Dei, nisi qui acceperit nomen Filii Dei. Si enim in civitatem aliquam volueris intrare, et civitas illa cincta sit muro, et unam habuerit tantummodo portam, numquid poteris aliunde intrare civitatem illam, nisi per portam, quam habet?" „Et quonam modo," inquam, „domine, aliter fieri potest?" „Sicut ergo," inquit, „in illam urbem non potest intrari, quam per portam ejus; ita nec in regnum Dei potest aliter intrari, nisi per nomen Filii ejus, qui est ei charissimus." Et dixit mihi: „vidisti turbam eorum, qui aedificabant turrim illam?" „Vidi," inquam, „domine." Et dixit: „illi omnes nuntii sunt dignitate venerandi.

---

1 Sic in sacris litteris Dominus *Petra* et *Janua* dicitur. I Cor. 10, 4. Joh. 10, 7. 9. GALL. *Baumgarten-Crusius* (Lehrb. d. D.G. T. II. p. 1052. Not. **) male contendit, *filium Dei* hic significare (omnem) hominem a Deo excitatum et virtutibus ornatum. Minime. Hermas de *Christo* loquitur. ‖ 2 Hermam hic ad modum S. Joannis (1, 1 — 3, 10.) de Filio Dei disserere, monet *Jachm.* l. c. p. 70. ‖ 3 Mss. Angl. et Carm. *apparuit*. Vulgata lectio confirmari potest ex Hebr. 10, 28., quo forte respexit Hermas. Altera vero Mss. ex Hebr. 1, 1. 2. GALL.

His igitur veluti muro cinctus est Dominus." ⁴ Porta vero Filius Dei est, qui ⁵ solus est accessus ad Deum. Aliter ergo nemo intrabit ad Deum, nisi per Filium ejus. Vidisti," inquit, „illos sex viros, et in medio eorum praecelsum virum illum ac magnum, qui circa turrim ambulavit, et lapides de structura reprobavit?" „Vidi, inquam, „domine." „Ille," inquit, „praecelsus, Filius Dei est; et illi sex nuntii sunt dignitate conspicui, dextra laevaque eum circumstantes. Ex his," inquit, „excellentibus nuntiis nemo sine eo intrabit ad Deum." Et dixit: „quicumque ergo nomen ejus non acceperit, non intrabit in regnum Dei."

XIII. ¹ Et dixi: „quid est deinde haec turris?" „Haec," inquit, „ecclesia est." „Et virgines hae, quae sunt, domine?" Et dixit mihi: „hae," inquit, ² „spiritus sancti sunt; non aliter enim homo potest in regnum Dei intrare, nisi hae induerint eum ³ veste sua. Etenim nihil proderit tibi accipere nomen Filii Dei, nisi etiam et vestem earum acceperis ab eis. Hae namque virgines potestates sunt Filii Dei. Ita frustra nomen ejus portabit quis, nisi etiam potestates ejus portaverit." Et dixit mihi: „vidisti lapides illos, qui abjecti sunt? Illi enim nomen quidem portarunt, vestem autem illarum non induerunt." Et dixi: „quae est vestis earum, domine?" „Ipsa," inquit, „nomina vestis earum, est. Quicumque ergo," inquit, ⁴ „nomen Filii Dei portat, harum quoque nomina portare debet; nam et Filius nomina portat earum. Quoscumque," inquit, „lapides vidisti in structura remansisse per manus harum traditos, earum potestate vestiti sunt. ⁵ Ideoque totam turrim concordem vides cum petra, et velut ex uno lapide factam. Sic quoque ii, qui crediderunt Deo per Filium ejus, in-

4 Hinc nonnulli deducere conati sunt, Hermam doctrinae de ὁμοουσίᾳ contradicere. Cfr. *Jachm.* l. c. p. 71. Simili figura de *porta* seu *ostio* Dominus ipse usus est. Joh. 10, 9. ||
5 Cfr. Joh. 14, 6.
1 Simili modo similitudines in IV Esr. 2, 44 — 48 explicantur. Cfr. *Jachm.* l. c. p. 64 et Vis. I, 3. Not. 6. || 2 I. e. dona Spiritus sancti, seu virtutes christianae. Male de hoc loco disputavit *Jachmannus* p. 72., orthodoxiam Hermae in dubium vocans. De virginibus cfr. Vis. III, 8. et infra c. 15. ubi nomina earum reperies. || 3 Cfr. de veste nuptiali Matth. 22, 11. Apostolus Paulus jubet *Christum induere*, Rom. 13, 14. || 4 Cfr. Apoc. 3, 12. 14, 1. Num Hermas apocalypsin S. Joannis imitari voluerit, dubium est. Cfr. *Jachm.* l. c. p. 62. || 5 Hermam de *unitate ecclesiae* loqui monet *Rothe*, Anfänge d. christl. Kirche p. 596.

duti sunt ⁶ spiritum hunc. Ecce unus erit spiritus, et unum corpus, et unus color vestium eorum; sed et illi assequentur ista, qui portaverint nomina virginum harum." Et dixi: „quare ergo, domine, ⁷ abjecti sunt lapides, qui reprobati fuerunt, quum ipsi per portam translati fuerint, et traditi per manus virginum harum in structuram turris hujus?" „Quoniam," inquit, „cura tibi est, omnia diligenter inquirere, audi de iis lapidibus, qui abjecti sunt. Hi omnes nomen Filii Dei acceperunt, sed et potestatem virginum harum. His ergo spiritibus acceptis consummati fuerunt, et in numerum servorum Dei redacti, et unum corpus eorum esse coepit atque una vestis; eamdem enim sentiebant aequitatem, quam pariter exercebant. At vero postquam viderunt ⁸ mulieres illas, quas advertisti nigra veste vestitas, exertis humeris et solutis crinibus, concupiverunt solicitare illas ob pulchritudinem earum, et induti sunt potestate earum; virginum vero projecerunt amictum. Hi igitur abjecti sunt a domo Dei, et traditi mulieribus illis. At hi, qui non sunt corrupti pulchritudine earum, in domo Dei remanserunt. Habes," inquit, „horum lapidum, qui abjecti sunt, explicationem."

XIV. Et dixi: ᵉ „si qui ergo, domine, hominum, qui hujusmodi sunt, egerint poenitentiam, et abjecerint cupiditatem mulierum illarum, et conversi redierint ad virgines, et earum potestatem induerint, nonne intrabunt in domum Dei?" „Intrabunt," inquit, „si abjecerint omnia opera mulierum illarum, et harum virginum resumpserint potestatem, et in operibus earum ambulaverint. Et ideo intermissio facta est struendi, ut, si hi egerint poenitentiam, adjiciantur in structuram turris; si autem non egerint poenitentiam, alii struantur loco eorum, et illi tunc abjiciantur in toto." Ad haec omnia gratias egi Domino, quod in omnes, in quibus invocatum est nomen ejus, motus clementia miserit praesidem nuntium poenitentiae ad nos, qui deliquimus ei; et quod renovaverit spiritus nostros jam certe deficientes, neque habentes spem salutis, nunc vero recreatos ad redintegrationem vitae. Et dixi: „nunc, domine, demonstra mihi, ² quare non in terra aedificatur haec turris, sed supra petram et portam?" „Quoniam,"

---

6 I. e. Spiritum divinum, qui est fons virtutum christianarum. || 7 Cfr. supra c. 6. Not. 3. et Vis. III, 5. || 8 De his mulieribus vide supra III, 7. || c. 9. Not. 2. et infra c. 15. Not. 2., ubi earum nomina invenies. 1 Similia leguntur Libr. I. Vis. 2 Cfr. supra c. 3. Not. 4.

inquit, „insipiens et sine intellectu es, ideo interrogas." Et dixi: „necesse habeo, domine, omnia te interrogare, quoniam nihil omnino intelligo; responsa enim omnia magna et praeclara sunt, et quae homines vix intelligere possunt." „Audi," inquit: [3] „nomen Filii Dei magnum et immensum est, [4] et totus ab eo sustentatur orbis." „Si ergo," inquam, „omnis Dei creatura per Filium ejus sustentatur, cur non et eos sustinet, qui invitati sunt ab eo, et nomen ejus ferunt, et in praeceptis ejus ambulant?" „Nonne etiam vides," inquit, „quod sustinet eos, qui ex totis praecordiis portant nomen ejus? Ipse igitur fundamentum est eorum, et libenter portat eos, qui non negant nomen ejus, sed libenter sustinent [5] illud."

XV. Et dixi: „demonstra mihi, domine, nomina virginum harum et mulierum illarum, quae nigra veste sunt indutae." „Audi," inquit: [1] „nomina virginum, quae potentiores sunt, quae obtinuerunt angulos portae, haec sunt: prima vocatur *fides*, secunda *abstinentia*, tertia *potestas*, quarta *patientia*. Caeterae autem, quae infra has consistunt, his nominibus vocantur: *simplicitas, innocentia, castitas, hilaritas, veritas, intelligentia, concordia, charitas*. Quicumque itaque portant haec nomina et nomen Filii Dei, in regnum Dei poterunt intrare. [2] Audi nunc mulierum nomina, quae nigra veste vestitae sunt. Ex his quatuor potentiores sunt: quarum prima *perfidia*, secunda *intemperantia*, tertia *incredulitas*, quarta *voluptas* nominatur. Sequentes vero harum sic nominantur: *tristitia, malitia, libido, iracundia, mendacium, stultitia, inflatio, odium*. Hos spiritus qui portat Dei servus, regnum Dei videbit quidem, sed non intrabit in illud."
„Lapides vero illi, domine, qui de profundo in structura aptati sunt, qui sunt?" [3] „Decem," inquit, „qui in fundamentis collocati sunt, primum seculum est; [4] sequentes viginti quinque, [5] se-

---

3 Hic locus testimonium orthodoxiae Hermae nominari potest. Male *Baumgarten-Crusius* hunc quoque locum explicat. Cfr. supra c. 12. Not. 1. ‖ 4 Cfr. Hebr. 1, 3. ‖ 5 Ita Lamb. Ceteri: *illum*.
1 Cfr. nomina virginum similium Vis. III, 8. Laudant h. l. *Origenes*, hom. 13. in Ezech. et Auctor *operis imperf.* in Matth. 19, 28. ‖ 2 Cfr.
supra c. 13. Not. 8. ‖ 3 Vide supra c. 3. Not. 5. ‖ 4 Vide supra c. 4. Not. 5. ‖ 5 Hinc concludit Jachmannus p. 32., Hermam seculo secundo vixisse. Male. Non enim de seculo secundo *ecclesiae*, sed de seculo secundo virorum justorum *Veteris Testamenti* auctor noster loquitur, quod facile ex cap. 16. perspicitur.

cundum seculum est justorum virorum. Illi autem **6** triginta quinque, Prophetae Domini ac ministri sunt. **7** Quadraginta vero Apostoli et doctores sunt praedicationis Filii Dei." Et dixi: „cur ergo, domine, virgines illae etiam hos lapides in structuram turris porrexerunt, translatos per portam?" Et dixit: „hi enim primi spiritus illos portaverunt, et omnino alius ab alio non recesserunt, nec spiritus ab hominibus, nec homines a spiritibus; sed juncti fuerunt hi spiritus eis usque ad diem quietis; qui nisi hos spiritus secum habuissent, non fuissent utiles structurae turris hujus."

XVI. Et dixi: „etiamnunc, domine, demonstra mihi." „Quid quaeris?" inquit. „Quare," inquam, „de profundo **1** hi lapides ascenderunt, et positi sunt in structuram turris hujus, **2** quum jampridem portaverint spiritus justos?" „Necesse est," inquit, „ut per aquam habeant ascendere, ut requiescant. Non poterant enim in regnum Dei aliter intrare, quam ut deponerent mortalitatem prioris vitae. Illi igitur defuncti **3** sigillo Filii Dei signati sunt, **4** et intraverunt in regnum Dei. **5** Antequam enim accipiat homo nomen Filii Dei, morti destinatus est; at ubi accipit illud sigillum, liberatur a morte, et traditur vitae. Illud autem sigillum aqua est, in quam descendunt homines morti obligati, ascendunt vero vitae assignati; et illis igitur praedicatum est illud sigillum, et usi sunt eo, ut intrarent in regnum Dei." Et dixi: „quare ergo, domine, et illi quadraginta lapides ascenderunt cum illis de profundo, jam habentes illud sigillum?" Et dixit: **6** „quo-

---

6 Vide supra c. 4. Not. 6. ‖ 7 Ibid. Not. 7.

1 Ex profundo allati sunt lapides 10 et 25 et 35 et 40, i. e. viri justi primi et secundi seculi, Prophetae V. T., et Apostoli N. T. Cfr. supra c. 3 et 4. Cur et Apostoli N. T. ex profundo adducti fuerint, mox perspicies. ‖ 2 Sensus est: *cur viri probi Veteris Testamenti novae ecclesiae adaptantur, quum ipsi jam dudum ante adventum Christi in justitia sint mortui?* Respondetur: *baptismo illi indigebant.* ‖ 3 I. e. *baptizari debebant.* ‖ 4 I. q. *ut intrare possent.* ‖ 5 Hermas necessitatem baptismi testificatur. Cfr.

Münscher, Lehrb. d. D.G. T. I. p. 464. et *Permaneder*, Bibl. Patristica T. I. p. 209. ‖ 6 Hermas docet, Apostolos ad inferos descendisse, ut viros justos Veteris Testamenti baptizarent. Cfr. *Semler.* in Baumgarten. theol. Streit. T. II. p. 14. Not. 17. *Ittig*, l. c. p. 176. *Tillemont*, Memoires etc. T. II. p. 243 b. Not. IV. *Jachm.* l. c. p. 87. Hermas male intelligens verba Apostoli I Petr. 3, 19. haec scripsisse videtur. Monendum quoque, auctorem nostrum, de *morte* Apostolorum verba facientem, non ante seculum secundum librum suum exarasse.

niam hi Apostoli et doctores, qui praedicaverunt nomen Filii Dei, quum habentes fidem ejus et potestatem defuncti essent, praedicaverunt illis, qui ante obierunt,

7 καὶ αὐτοὶ ἔδωκαν αὐτοῖς τὴν σφραγίδα τῦ κηρύγματος. Κατέβησαν οὖν μετ' αὐτῶν εἰς τὸ ὕδωρ, καὶ πάλιν ἀνέβησαν. Ἀλλ' οὗτοι ζῶντες κατέβησαν, καὶ πάλιν ζῶντες ἀνέβησαν· ἐκεῖνοι δὲ, οἱ προκεκοιμημένοι, νεκροὶ κατέβησαν, ζῶντες δὲ ἀνέβησαν. Διὰ τούτων οὖν ἐζωοποιήθησαν, καὶ ἐπέγνωσαν τὸ ὄνομα τοῦ υἱοῦ Θεοῦ· διὰ τοῦτο καὶ συνανέβησαν μετ' αὐτῶν, καὶ συνηρμόσαν εἰς τὴν οἰκοδομὴν τοῦ πύργυ, καὶ ἀλατόμητοι συνῳκοδομήθησαν· ἐν δικαιοσύνῃ ἐκοιμήθησαν καὶ ἐν μεγάλῃ ἁγνείᾳ· μόνον δὲ τὴν σφραγίδα ταύτην οὐκ ἔσχον.

7 et ipsi dederunt eis illud signum. Descenderunt igitur in aquam cum illis, et iterum ascenderunt. Sed hi vivi ascenderunt; at illi, qui fuerunt ante defuncti, mortui quidem descenderunt, sed vivi ascenderunt. Per hos igitur vitam receperunt, et cognoverunt Filium Dei; ideoque ascenderunt cum eis, et convenerunt in structuram turris; nec circumcisi, sed integri aedificati sunt, quoniam aequitate pleni cum summa castitate defuncti sunt; sed tantummodo hoc sigillum defuerat eis. Habes horum explanationem."

XVII. Et dixi: „nunc iterum, domine, et de montibus illis mihi demonstra, quare varii, et alia atque alia sunt figura." „Audi," inquit: „hi duodecim montes, quos vides, duodecim sunt gentes, quae [1] totum obtinent orbem. Praedicatus est ergo in eis Filius Dei per eos, quos ipse ad illos misit." „Quare autem," inquam, „varii sunt, et alia atque alia figura?" „Audi: hae duodecim gentes, quae totum obtinent orbem, duodecim nationes sunt; et sicut eos montes vidisti varios, ita et hae gentes. Sensus quoque et actus uniuscujusque montis te docebo." „Prius," inquam, „domine, hoc mihi demonstra: quum sint tam varii hi montes, quonam pacto in structuram hujus turris convenerint, [2] unoque redigantur colore, et non minus splendidi sint, quam qui ascenderunt ex profundo?" „Quoniam," inquit, „universae nationes, quae sub coelo sunt, audierunt et crediderunt, et uno nomine Filii Dei vocati sunt. Accepto igitur ejus sigillo, eamdem omnes prudentiam eumdemque sensum acceperunt; et una fides

---

7 *Clem. Alex.* Strom. II, 9. p. 452.   praedicat.   Cfr. *Rothe*, Anfänge
Cfr. Strom. VI, 6. p. 764.   p. 577. || 2 Cfr. supra c. 4.
1 Hermas ecclesiam *universalem*

atque charitas eorum fuit, et spiritus virginum harum cum ejus nomine ferebant. Ideoque structura turris hujus concolor videbatur, et fulgebat usque ad solis claritatem. At vero, postquam ita senserunt, unum corpus eorum coepit esse omnium. Quidam tamen ex eis maculaverunt se, et projecti sunt de genere justorum, et iterum redierunt ad statum pristinum, atque etiam deteriores quam prius evaserunt."

XVIII. „Quo modo," inquam, „domine, deteriores, qui cognoverunt Dominum?" Et dixit: „is quidem, qui non novit Dominum, si nequiter vivit, manet in eo nequitiae suae poena. At qui novit Dominum, omnino abstinere se debet ab omni nequitia, et magis magisque servire bonitati. Nonne ergo ille, qui bonitatem sequi debebat, si nequitiae praeferat partes, plus peccare videtur, quam is, qui deliquit ignorans Dei virtutem? Ideoque hi quidem morti destinati sunt; at vero hi, qui cognoverunt Dominum, atque ejus mirabilia opera viderunt, si nequiter vivunt, duplo amplius punientur, et ipsi morientur in aevum. Sicut ergo vidisti, postquam [1] ejecti sunt lapides de turri, qui reprobati erant, traditi sunt [2] spiritibus perniciosis atque saevis; et ita purificatam turrim vidisti, ut crederetur ex uno lapide esse tota; ita et ecclesia Dei, quum purificata fuerit, ejectis ex ea malis atque fictis, scelestis et dubiis, et quicumque nequiter in ea se gesserunt, ac variis nequitiae peccatorum generibus, erit [3] unum corpus ejus, unus intellectus, unus sensus, una fides eademque charitas; et tunc Filius Dei laetabitur inter illos, et recipiet voluntate pura populum suum." Et dixi: „domine, magnifice et honorifice se habent cuncta. Nunc mihi demonstra effectum et vim uniuscujusque montis, ut omnis anima in Domino fidens auditis his honoret magnum ac mirabile et sanctum nomen ejus." „Audi," inquit, „varietatem horum montium, id est, duodecim gentium."

XIX. „De primo monte nigro: [1] qui crediderunt, transfugae sunt, ac nefanda in Dominum loquentes, et proditores servorum Dei. Illis proposita mors est, poenitentia non est; ideoque nigri sunt, quia genus eorum scelestum est. De secundo vero monte

---

1 Cfr. supra c. 6. ‖ 2 Cfr. supra c. 9. Not. 2, et c. 15. ‖ 3 Hermas de unitate ecclesiae, post purificationem ejus, loquitur. Cfr. *Rothe,* Anf. p. 596.

1 I. e. °mons hic eos significat, qui crediderunt, sed postea fidem abnegaverunt. De his proditoribus similia leguntur Simil. VIII, 6: *quorum virgae aridae et putridae repertae sunt* etc.

glabroso: [2] ficti sunt, qui crediderunt, et doctores sunt nequitiae; et hi proximi sunt superioribus, non habentes inter se fructum aequitatis. Sicut enim mons eorum sterilis est ac sine fructu, ita et hujusmodi homines habent quidem nomen, fide vero inanes sunt, neque est in eis ullus fructus veritatis. His tamen data est poenitentia, si cito eam sequuntur; sin autem tardant, erunt et ipsi mortis priorum consortes." „Quare," inquam, „domine, iis quidem aditus est ad poenitentiam, prioribus vero non est? Paene enim eorum eadem sunt admissa." „Ideo," inquit, „est his per poenitentiam regressus ad vitam, quia nihil in Dominum suum locuti sunt nefandum, neque proditores servorum Dei fuerunt; sed per quamdam habendi cupiditatem fefellerunt homines, ducentes eos secundum cupiditates peccantium; ideo dabunt quamdam ejus rei poenam; sed tamen iis proposita est poenitentia, quia nihil in Dominum suum dixerunt nefandum."

XX. „De tertio vero monte, qui spinas et tribulos habebat: tales sunt, qui crediderunt, divites quidam, quidam autem plurimis obstricti negotiis: tribuli enim divitiae sunt, [1] spinae vero, qui multis obligati sunt negotiis. [2] Hi ergo, qui plurimis obligati sunt negotiis variisque rebus, non adjungunt se servis Dei, sed aberrant, ab his negotiis revocati, a quibus suffocantur. Etiam et hi, qui divites sunt, ipsi difficiles se ad conversationem servorum Dei praebent, metuentes, ne quid poscatur ab illis; [3] hi ergo difficile in regnum Dei intrabunt. Sicut enim excalceatis pedibus difficile in tribulis ambulatur, sic et hujusmodi homines difficile est in regnum Dei intrare. Sed et eis omnibus datur ad poenitentiam regressus, si tamen cito redierint ad illam; ut, quia prioribus diebus cessaverunt ab opere, repetito tempore aliquid boni facere possint. Acta igitur poenitentia, si fecerint opera bonitatis, vivent; sin autem in admissis suis permanserint, tradentur mulieribus illis, quae eis auferent vitam."

XXI. „De quarto vero monte, habente plurimam herbam, cujus superior pars viridis erat, ipsae vero radices aridae, quaedam etiam a solis ardore tactae arescebant: hujusmodi sunt quidam *) dubii, qui crediderunt, et quidam alii in labiis Dominum, non in corde ferentes. Ideoque aridae sunt, et nullum fundamentum

---

2 Hi sunt *pseudodoctores.* Similia describuntur. Vis. III, 6. et Simil. reperies Simil. VIII, 6: *qui aridas* VIII, 8. 9. ‖ 3 Cfr. Matth. 19, 23. 24. ‖ *et non putridas tradiderunt* etc.   *) Iidem describuntur Simil.
1 Cfr. Matth. 13, 22. ‖ 2 Iidem VIII, 7.

habentes herbae eorum; verbis enim tantummodo vivunt, opera vero eorum mortua sunt. Hi ergo nec mortui sunt nec vivi, et dubii similiter sunt. Ipsi enim dubii nec virides sunt, neque aridi; id est, nec vivi, nec mortui. Sicut enim herbae eorum sole viso aruerunt; ita et dubii, simul ut audierunt persecutionem, incommoda metuentes, redierunt ad simulacra, et rursus servierunt eis, et erubuerunt Domini sui ferre nomen. Hujusmodi ergo homines nec vivi, nec mortui sunt; sed et hi possunt vivere, si cito egerint poenitentiam; sin minus, jam traditi sunt mulieribus illis, quae auferent vitam eorum."

XXII. „De quinto vero monte aspero et virides herbas habente: hujusmodi sunt, qui crediderunt, fideles quidem, sed difficile credentes, et audaces, ac sibi placentes; volentes videri cuncta scire, nihilque omnino scientes. Propter hanc igitur audaciam sensus discessit ab illis, et intravit in eos temeraria arrogantia. Sublimes autem se gerunt, et veluti prudentes; et quum sint stulti, cupiunt doctores videri. Propter hanc stultitiam, dum se magnificant, multi eorum exinaniti sunt. Magnum enim *) daemonium est audacia et confidentia inanis. Ex his igitur multi abjecti sunt. Alii autem agnito errore suo poenitentiam egerunt, et subdiderunt se habentibus sensum. Sed et caeteris horum similibus proposita est poenitentia; neque enim mali fuerunt, sed insipientes potius et stulti. Hi ergo, si egerint poenitentiam, vivent Deo; sin minus, habitabunt cum mulieribus illis, quae nequitias suas exercebunt in eis."

XXIII. „De sexto vero monte, habente scissuras majores et minores: hujusmodi sunt, qui crediderunt. ¹ Et hi, in quibus scissurae minores erant, hi sunt, qui inter se habent lites, et propter querelas suas in fide languent; sed multi ex iis egerunt poenitentiam, idemque caeteri facient auditis mandatis meis; exiguae enim sunt lites eorum, ac facile ad poenitentiam recurrent. At hi, qui majores habent, sicut lapides pertinaces erunt, simultatum et offensarum sunt memores, iracundiam inter se exercentes. Hi ergo abjecti sunt a turri, et a structura ejus reprobati; hujusmodi ergo homines difficile vivent. Deus et Dominus noster, qui dominatur omnium rerum, et creaturae suae universae habet potestatem, offensas meminisse non vult, sed ab his, qui peccata sua confitentur, facile placatur. Homo vero, quum sit languidus,

---

*) Vitia a Patribus saepe vocantur   1 Cfr. de iisdem Simil. VIII, 7.
daemonia. Cfr. Mand. II. Not. 2. et Vis. III, 6.

mortalis, infirmus et repletus peccatis, homini [2] perseveranter irascitur, tamquam [3] conservare eum possit aut perdere. Ego autem vos moneo, nuntius et praepositus poenitentiae, ut, quicumque propositum tale habetis, deponatis illud, et ad poenitentiam recurratis; et Dominus medebitur prioribus delictis vestris, si ab hoc daemonio vos purificaveritis; sin minus, ad mortem trademini illi."

XXIV. „De monte vero septimo, in quo [1] virides et hilares erant herbae, et totus mons fertilis erat, omneque genus pecudum carpebant pabulum ex herbis montis ejusdem, et quanto magis herbae illae carpebantur, tanto laetiores revirebant: hujusmodi sunt, qui crediderunt, simplices et boni semper, et nullas habentes inter se dissensiones; sed laetantes semper de servis Dei, induti spiritum virginum harum, et semper in omnes homines ad faciendam misericordiam prompti, et de laboribus suis cunctis hominibus facile tribuentes sine improperio et deliberatione. Visa igitur Dominus simplicitate et omni infantia eorum, auxit eos in laboribus manuum suarum, et dedit eis in omni opere gratiam. Ego autem hortor vos, praepositus poenitentiae nuntius, in eodem proposito permanere, quicumque estis hujusmodi, ne eradicetur semen vestrum in aevum. Dominus enim vos probavit, et conscripsit in nostrum numerum, et omne semen vestrum cum Filio Dei [2] habitabit; de spiritu enim ejus estis omnes."

XXV. „De octavo vero monte, in quo plurimi erant fontes, in quibus adaquabatur omne genus creaturae Dei: tales sunt, qui crediderunt Apostolis, quos misit Dominus in totum orbem praedicare; et quidam doctores, qui caste et sincere praedicaverunt ac docuerunt, nec quidquam omnino subscripserunt malae cupiditati, sed assidue in aequitate et veritate ambulaverunt. Hi ergo inter angelos conversationem habent."

XXVI. „De nono autem monte deserto ac serpentes habente: hujusmodi sunt, qui crediderunt, sed et maculas habebant. Hi sunt ministri, male ministerium agentes, diripientes viduarum bona et pupillorum, sibi, non aliis ex his, quae acceperunt, ministrantes. Hi, si permanserint in eadem cupiditate, morti se tradiderunt,

---

2 Eccli. 28, 3. ‖ 3 Jac. 4, 12.

1 Cfr. Simil. VIII, 3: *Hi vero, qui virides, sicut acceperant, tradiderunt, modesti sunt atque justi* etc. ‖ 2 Ita Bodl.; quam lectionem secutus est Fellus in edit. Oxon. Vulg. *ditavit.*

nec ulla erit in eis spes vitae; quodsi conversi fuerint, et caste consummaverint ministerium suum, poterunt vivere. Qui vero scabrosi reperti sunt, ii sunt, [1] qui nomen Domini abnegaverunt, nec ad Dominum rursus redierunt, sed agrestes evaserunt atque deserti, non applicantes se ad Dei servos, sed separati ab eis, pro parva sollicitudine vitam suam amiserunt. Sicut enim vitis aliqua derelicta in sepe, cui nulla cultura contingit, disperit ac suffocatur ab herbis, et agrestis tempore efficitur, (desinit enim utilis esse domino suo) sic et hujusmodi homines de seipsis desperantes, exacerbati, Domino suo inutiles esse coeperunt. [2] His ergo demum datur poenitentia, si non ex praecordiis inventi fuerint denegasse; quodsi quis ex praecordiis inventus fuerit denegasse, an vitam assequi possit, ignoro. Ideoque dico, ut in his diebus, si quis negavit, ad poenitentiam revertatur; nam fieri non potest, ut [3] nunc Dominum suum quis abnegans postea assequi possit salutem; sed illis reputatur proposita poenitentia, qui [4] olim abnegaverunt. Accelerare enim, qui acturus est poenitentiam, debet, antequam peragatur aedificatio turris hujus; sin minus, a mulieribus illis trahetur ad mortem. Qui vero [5] curti, dolosi sunt, et alius in alium comminiscentes, hi sunt serpentes in eo monte mixti. Sicut enim mortiferum est hominibus serpentum venenum, ita et verba talium inficiunt homines, atque perdunt. Curti sunt igitur a fide sua, propter hoc genus vitae suae, in quo morantur. Aliqui vero eorum accepta poenitentia assecuti sunt salutem; sed et caeteri hujusmodi homines aeque assequentur, si egerint poenitentiam; sin minus, morientur cum mulieribus illis, quarum vim possident ac potestatem."

XXVII. „De decimo vero monte, in quo arbores erant tegentes pecora: tales sunt, qui crediderunt, *) quidam episcopi, id est, praesides ecclesiarum. Alii vero, hi lapides, qui non ficto, sed alacri animo semper in domos suas servos Dei receperunt; et deinde, qui praesides sunt ministeriorum, qui et inopes et viduas protexerunt, et castam perpetuo conversationem habuerunt. Ergo

---

1 Cfr. Simil. VIII, 6: *hi sunt transfugae, qui ... nomen ejus negaverunt*, et supra c. 19. Not. 1. ‖ 2 Qui tormentis tantum coactus, non ex corde, fidem abnegavit, ad poenitentiam admittatur. ‖ 3 I. e. in fine, postquam ecclesiae aedificatio consummata est. ‖ 4 I. e. ante consummationem structurae turris. ‖ 5 Cfr. Vis. III, 6: *Qui vero curti sunt* etc.

*) Cfr. Vis. III, 5.

hi homines a Domino proteguntur. Haec quicumque egerint, honorati sunt apud Dominum, et inter nuntios locus eorum est, si perseveraverint usque in consummationem parere Domino."

XXVIII. „De undecimo monte, in quo erant arbores aliis atque aliis *) fructibus oneratae: hi sunt, qui crediderunt, et propter nomen Domini mortem obierunt, et animo prompto passi sunt, et ex toto corde suo animas suas tradiderunt." Et dixi: „quare ergo, domine, omnes hae arbores habent quidem fructus, sed earum quaedam pulcriores?" „Audi," inquit: „quicumque propter nomen Domini passi sunt, honorati apud Dominum habentur; et omnium eorum deleta sunt delicta, quia propter nomen Filii Dei mortem obierunt. Quare autem fructus earum dispares sint, et excellant quidam inter illos, audi: quicumque enim, perducti ad potestates, interrogati non negaverunt Dominum, sed prompto animo passi sunt, honoratiores sunt apud Deum; qui excellunt igitur fructus, eorum sunt. Qui vero timidi et dubii fuerunt, et deliberaverunt in corde suo, utrumne faterentur an negarent, et passi sunt; horum fructus exiguiores sunt, quoniam haec cogitatio ascendit in corda eorum; mala enim ac nequam est hujusmodi cogitatio, perinde ac si quis servus neget Dominum. Cavete igitur vos, qui hujusmodi cogitationes habetis, ne permaneat haec mens in vobis, et Deo moriamini. Vos igitur, quicumque propter hoc nomen mortem obitis, Dominum honorare debetis; quod dignos vos habet Dominus, ut nomen ejus feratis, et omnia peccata vestra redimantur. Nonne ergo vos potius felices existimatis? Putate potius, si quis ex vobis patitur, magnum opus perficere. Vitam enim vobis donat Dominus, nec intelligitis. Delicta enim vestra vos gravabant; et nisi passi essetis hujus nominis causa, propter peccata certe vestra mortui eratis Deo. Haec igitur vobis dico, quicumque deliberatis de confessione aut de abnegatione. Confiteamini igitur vos habere Dominum Deum, ne forte negantes tradamini in vincula. Si omnes enim gentes servos suos puniunt, quicumque dominum suum negaverunt, quid putatis vos Dominum vobis facturum, qui universorum habet potestatem? Removete igitur de praecordiis vestris has disputationes, ut in perpetuum vivatis Deo."

---

*) Cfr. Sim. VIII, 1.: *Alii afferebant virgas suas virides, ex quibus excreverant pampini earum,* *qui pampini quosdam fructus adferebant.* Ibid. c. 3.: *quicumque luctati cum diabolo vicerunt eum.*

XXIX. „De duodecimo vero monte candido: tales sunt, qui crediderunt sicut infantes sinceri, quibus nulla malitia ascendit in sensum, nec sciverunt, quid sit malitia, sed semper in sinceritate manserunt. Hujusmodi ergo homines sine ulla dubitatione inhabitabunt regnum Dei, quoniam in nullo negotio mandata Dei maculaverunt, sed cum sinceritate permanserunt omnes dies vitae suae, eodem sensus tenore. Quicumque ergo permanserint," inquit, „sicut infantes, non habentes malitiam, [1] honoratiores erunt omnibus illis, quos jam dixi. Omnes enim infantes honorati sunt apud Dominum, et primi habentur. Felices ergo vos, quicumque removeritis malitiam a vobis, et indueritis innocentiam; quia primi videbitis Deum." Postquam finivit omnium montium explanationem, dico ei: „domine, nunc expone mihi de lapidibus his, [2] qui allati ex campo in locum reprobatorum, ad structuram turris missi sunt; item de lapidibus illis rotundis, qui in structuram turris adjecti sunt, et de his, qui adhuc rotundi remanserunt."

XXX. „Audi nunc," inquit, „de lapidibus. Qui allati de campo in structuram turris positi sunt eorum loco, qui reprobati erant, radices sunt illius [1] candidi montis. Quum igitur hi, qui de illo monte crediderunt, facti sunt innocentes, jussit dominus ejus turris eos, qui de radicibus montis essent, in structuram collocari. Intellexit enim, si ad aedificationem iissent, splendidos illos permansuros, nec ullum de his amplius denigrandum. Quodsi ita de caeteris montibus adjecisset, non necesse habuisset rursus visitare eam turrim atque purgare. Hi autem omnes candidi, juvenes sunt, qui crediderunt, et qui credituri sunt; [2] ex eodem enim genere sunt. Felix hoc genus, quia innocuum est. Audi nunc et de illis rotundis lapidibus et splendidis. Hi omnes de hoc candido monte sunt. Quare autem [3] rotundi sunt reperti, causa est, quia divitiae suae illos pusillum a veritate obscuraverunt atque obfuscaverunt; sed a Deo numquam recesserunt, nec ullum verbum malum processit de ore eorum, sed omnis aequitas, virtus et veritas. Horum ergo mentem quum

---

1 Similitudine octava Hermas *martyribus* primas partes tribuit. ||
2 Vide supra c. 6. Not. 4.

1 Sc. montis duodecimi. Ad radices hujus montis siti erant lapides illi, de campo allati. Significantur lapidibus illis *juvenes innocentes*. ||

2 Sc. ex eodem genere cum infantibus capitis antecedentis, i. e. ex genere innocentiae. || 3 Vide supra c. 6. Not. 5. De lapidibus *rotundis*, cfr. Vis. III, 6. Cfr. quoque de hujusmodi hominibus Simil. VIII, 10.

vidisset Dominus, et posse eos veritati favere, jussit bonos quoque permanere, et opes eorum circumcidi; non enim voluit in totum illas tolli, ut possent boni aliquid facere de eo, quod eis relictum est, et vivent Deo, quoniam et ipsi de genere bono sunt. Ideo ergo pusillum circumcisi sunt, et positi in structuram turris hujus."

XXXI. „Caeteri vero, qui adhuc rotundi permanserunt, neque ¹ apti reperti sunt in eam structuram, quia nondum acceperunt sigillum, repositi sunt in loco suo; valde enim rotundi reperti sunt. Oportet autem ² circumcidi hoc seculum ab illis, et vanitates opum suarum; et tunc convenient in regno Dei. Necesse est enim eos intrare in regnum Dei; hoc enim genus innocuum benedixit Dominus. Ex hoc ergo genere non intercidet quisquam; etenim licet quis eorum, tentatus a nequissimo diabolo, aliquid deliquerit, cito recurret ad Dominum Deum suum. ³ Felices vos judico, ego nuntius poenitentiae, quicumque innocentes estis sicut ⁴ infantes; quoniam pars vestra bona est et honorata apud Dominum. Dico autem omnibus vobis, quicumque sigillum hoc accepistis: simplicitatem habete, neque offensarum memores estote, neque in malitia permanete, neque in memoria offensarum amaritudines in uniuscujusque spiritu fiant; sed his malis scissuris remedia procurate, atque tollite illas a vobis, ⁵ ut dominus pecorum gaudeat de vobis; gaudebit autem, si omnia invenerit sana. Si autem pecus aliquod ex talibus invenerit dissipatum, vae erit pastoribus. Quodsi ipsi pastores dissipati fuerint, quid respondebunt etiam ei pro pecoribus? ⁶ Numquid dicent, a pecore se vexatos? Non credetur illis. Incredibilis enim res est, pastorem pati posse a pecore; et magis punitur propter mendacium suum. Et ego sum pastor, et validissime oportet me de vobis rationem reddere."

XXXII. „Consulite ergo vobis, dum adhuc turris aedificatur. Dominus habitat in viris amantibus pacem; etenim vera pax chara

---

1 Cfr. supra c. 9. || 2 I. e. ipsos a mundo, seu mundum ab ipsis disjungi oportet. Vis. III, 6.: *nisi circumcisae fuerint divitiae eorum* etc. || 3 Hunc locum exscripsit *Antiochus*, homil. 94. || 4 De laude innocentiae cfr. caput antecedens, et Matth. 18, 3. 4. || 5 *Antioch.* homil. 122. || 6 H. l. l. Auctor homiliae *de aleatoribus*, ad calcem Opp. Cypriani.

est, a contentiosis vero et perditis malitia longe abest. *) Reddite igitur ei spiritum integrum, sicut accepistis. Si enim dederis fulloni vestimentum integrum, idque integrum vis denuo recipere, fullo autem scissum tibi illud reddat, recipies illud? Nonne statim excandesces, et eum convitio prosequeris, dicens: vestimentum meum integrum tibi dedi, quare scidisti illud, et inutile fecisti? Nunc propter scissuram, quam in eo fecisti, usui esse non potest. Nonne haec omnia verba dices fulloni, et de scissura, quam in vestimento tuo fecerit? Si igitur tu doles de vestimento tuo, et quereris, quod non illud integrum recipias; quid putas Dominum tibi facturum, qui spiritum integrum tibi dedit, et tu eum totum inutilem reddidisti, ita ut nullo usui esse possit domino suo? Inutilis enim coepit esse usus ejus, quum sit corruptus a te. Nonne igitur Dominus de spiritu suo, propter hoc factum tuum, idem faciet?" „Plane," inquam, „omnibus iis, quoscumque invenerit in memoria offensarum permanere, idem faciet." „Clementiam," inquit, „ejus nolite calcare; sed potius honorificate eum, quod tam patiens est ad delicta vestra, et non est sicut vos. Agite poenitentiam; utile enim id est vobis."

XXXIII. „Haec omnia, quae supra scripta sunt, ego pastor nuntius poenitentiae ostendi, et locutus sum servis Dei. Si ergo credideritis, et audieritis verba mea, et ambulaveritis in ipsis, et correxeritis itinera vestra; vivere poteritis. Sin autem permanseritis in malitia et memoria offensarum; nullus ex hujusmodi peccatoribus vivet Deo. Haec omnia a me dicenda, dicta sunt vobis." Ait mihi ille pastor: „omnia a me interrogasti?" Et dixi: „ita, domine." „Quare ergo non interrogasti me," inquit, „de forma lapidum in structura [1] repositorum, ut tibi explicarem formas?" Et dixi: „oblitus sum, domine." „Audi nunc ergo," inquit, „et de illis. Hi sunt, qui nunc mandata haec audierunt, et ex totis praecordiis egerunt poenitentiam, [2] quumque vidisset Dominus bonam atque puram poenitentiam eorum, et posse eos in ea permanere, jussit priora peccata eorum deleri. Hae enim formae peccata eorum erant, et exaequata sunt, ne apparerent."

*) *Antiochus*, homil. 94.
1 Cfr. supra c. 7 sqq. || 2 Cfr. supra c. 10.

SIMILITUDO X.

De poenitentia et eleemosyna.

I. Postquam perscripseram librum hunc, venit [1] nuntius ille, qui me tradiderat illi pastori, in domum, in qua eram, et consedit supra lectum; et astitit in dextera ejus ille pastor. Deinde vocavit me, et haec mihi dixit: „tradidi te," inquit, „et domum tuam huic pastori, ut ab eo protegi possis." „Ita," inquam, „domine." „Si vis ergo protegi," inquit, „ab omni vexatione et ab omni saevitia, successum autem habere in omni opere bono, atque verbo, et omnem virtutem aequitatis; in mandatis iis ingredere, quae dedit tibi, et poteris dominari omni nequitiae. Custodienti enim tibi mandata illa, subjecta erit omnis cupiditas et dulcedo hujus seculi; successus vero in omni bono negotio te sequetur. Maturitatem [2] hujus et modestiam suscipe in te, et dic omnibus, in magno honore esse eum et dignitate apud Deum, et magnae potestatis eum praesidem esse, et potentem in officio suo. Huic soli per totum orbem poenitentiae potestas tributa est. Potensne tibi videtur esse? Sed vos maturitatem hujus et modestiam, quam in vos habet, despicitis."

II. Dico ei: „interroga ipsum, domine, ex quo in domo mea est, anne aliquid extra ordinem fecerim, aut in aliquo eum offenderim." „Et ego," inquit, „scio, nihil extra ordinem fecisse te, neque esse facturum; et ideo haec loquor tecum, ut perseveres; bene enim hic de te apud me existimavit. Tu autem caeteris haec verba dices, ut et illi, qui egerunt, aut acturi sunt poenitentiam, eadem quae tu sentiant, et hic apud me de iis interpretetur, et ego apud Dominum." „Et ego," inquam, „domine, omni homini indico magnalia Dei; spero autem, eos omnes, qui amant ea, et ante peccaverunt, his auditis, acturos esse poenitentiam, vitam recuperantes." „Permane ergo," inquit, „in hoc ministerio, et consumma illud. Quicumque autem mandata hujus exequuntur, habebunt vitam, et heic et apud Dominum magnum honorem. Quicumque vero hujus mandata non servant, fugiunt a vita sua, et adversantur illi; et qui mandata ejus non sequuntur, morti se tradunt, et unusquisque eorum reus erit sanguinis sui. Tibi autem dico, ut serves mandata haec, et remedium peccatorum tuorum omnium habebis."

---

1 Cfr. Prooem. ad Libr. II. ‖ 2 Sc. *pastoris tui.*

III. „Misi autem tibi has [1] virgines, ut habitent tecum; vidi enim, eas valde affabiles tibi esse. Habebis igitur tu eas adjutrices, quo magis possis hujus mandata servare; non potest enim fieri, ut sine his virginibus haec mandata serventur. Vides autem eas libenter esse tecum; sed et ego praecipiam eis, ut omnino a domo tua non discedant. Tu tantum communda [2] domum tuam; in munda enim domo libenter habitabunt, mundae sunt enim, atque castae et industriae, et omnes habentes gratiam apud Dominum. Igitur si habueris domum tuam puram, tecum permanebunt. Si autem pusillum aliquid inquinationis acciderit, protinus a domo tua recedent; hae enim virgines nullam omnino diligunt inquinationem." Dico ei: „spero me, domine, placiturum eis, ita ut in domo mea libenter inhabitent semper. Et sicut is, cui me tradidisti, nihil de me queritur; ita neque illae querentur." Ait ad pastorem illum: „video servum Dei velle [3] videre et custodire haec mandata, et virgines has munda habitatione collocaturum." Haec quum dixisset, iterum pastori illi me tradidit, et vocavit virgines, et dixit eis: „quoniam video vos libenter in domo hujus habitare, commendo eum vobis et domum ejus, ut a domo ejus non recedatis omnino." Illae vero libenter haec verba audierunt.

IV. Ait deinde mihi: „viriliter in ministerio hoc conversare, omni homini indica magnalia Dei, et habebis gratiam in hoc ministerio. Quicumque ergo in his mandatis ambulaverit, vivet, et felix erit in vita sua; quicumque vero neglexerit, non vivet, et erit infelix in vita sua. Dic omnibus, ut non cessent, quicumque recte facere possunt; bona opera exercere, utile est illis. Dico autem, [1] omnem hominem de incommodis eripi oportere. Is enim, qui eget, et in quotidiana vita patitur incommoda, in magno tormento est ac necessitate. Quisquis igitur hujuscemodi animam eripit de necessitate, magnum gaudium sibi acquirit. Nam is, qui hujusmodi vexatur incommodo, pari tormento cruciatur, atque se torquet is, qui in vinculis est. Multi enim propter hujusmodi calamitates, quum eas sustinere non possunt, mortem sibi consciscunt. Qui novit igitur calamitatem hujusmodi hominis, et non eripit eum, magnum peccatum admittit, et fit reus sanguinis ejus.

1 Cfr. supra Simil. IX, 15. || dum: *vivere*. GALL.
2 Cfr. supra Vis. I, 3. II, 2. || 1 Commendat eleemosynam etc.
3 Fellus aliique conjiciunt legen-

Facite igitur opera bona, quicumque accepistis a Domino, ne, dum moramini facere, ² consummetur structura turris; propter vos enim intermissum est opus aedificationis ejus. Nisi igitur festinaveritis facere recte, consummabitur turris, et excludemini." Postquam vero locutus est mecum, surrexit de lecto, et apprehenso pastore et virginibus abiit. Dixit autem mihi, remissurum se pastorem illum, et virgines illas in domum meam.

2 Cfr. Simil. IX, 5.

INDEX
RERUM ET PERSONARUM.

A.

Aaron et Mariam extra castra stabulati sunt p. 31. Virga Aaronis 55.
Abortus damnatur 25. 26.
Abraham circumcidit 318 viros 13. Jam per Abrahamum populus Christianorum commemoratus est 20. Abrahami fides 34. Abraham benedictus fuit, quia justitiam et veritatem per fidem operatus est 47.
Abstinentia duplex, a bono et a malo 180. Abstinentia, filia fidei 160.
Accipitris esus vetitus Judaeis, et cur 14.
Adam ex substantia terrae est formatus 8. 9.
Aegyptii, Arabes et Syri ac sacerdotes idolorum circumcisionem admittunt 13.
Aequanimitatis et patientiae virtus commendatur 173 sqq.
Alce ab Ignatio salutatur 107. 111. Alce, soror Nicetae, amita Herodis 132.
Altare est unum, ut unus Christus et unus Episcopus 98. Qui intra altare est, mundus est 89.
Angeli adstantes Dei voluntati famulantur 49. Angeli hominum custodes et seductores 177 sqq. Duo sunt Genii cum homine, *ibid*. Angeli populorum sunt patroni et gubernatores, populum Israel autem Deus ipse gubernatur 46. Angeli superiores et inferiores 157. Angelus poenitentiae 168. Angelus Michael, patronus Christianorum 215. Angelus Hegrin, qui est super bestias 165.
Anima. Quod est anima in corpore, id in mundo Christiani 140.
Animalia prohibita Judaeis 14. Animalia quaedam, a Deo creata, in usum non admittere non licet 138.
Apollonius presbyter Magnesiorum 81.
Apostoli homines erant omni peccato iniquiores 7. Apostoli XII. in tribuum testimonium 12. Apostoli resurrectionem Christi crediderunt 103. Apostoli successionem episcoporum ordinaverunt 55.
Apostolus absolute vocatur Paulus 145.
Arabes circumcisi 13.
Ascensio Christi, corpore ejus e terris ablato 94. Christum die

INDEX RERUM ET PERSONARUM. 249

Dominica ascendisse, Barnabas docere videtur 22.
Asyncritus. Num Asyncritus a S. Ignatio laudetur 107.
Athletae magni est, caedi et vincere 108.
Attalus a S. Ignatio salutatur 110.
Audacia et confidentia inanis magnum est daemonium 238.
Audire. Ne audias male loquentem 169.
Avaritia principium est omnium malorum 118.

B.

Baptismus sigillum appellatur 69. 217. 234. 235. Baptismi necessitas ad salutem 234 sq. Baptismus affert peccatorum remissionem 15 sqq. 172; est flumen, unde pullulant arbores speciosae, i. e. Christiani 17. Vita nostra per aquam salva est facta 156. Patriarchae defuncti baptizantur 234 sq.
Bassus, presbyter ecclesiae Magnesiorum 81.
Beati a Deo effecti sunt, qui tormentis pro ipso fuere affecti 56. 155. 241. Beatorum sedes jam ante judicium extremum a probis tenentur 59. Beati ante Christum in Scheol habitant 234.
Beatitudo aeterna, quae sit, et quomodo ad eam perveniatur 49. Beatitudo, quae contingit electis Dei 59. 60.
Benedictionem divinam qua ratione consecuti sint sancti 47.
Beneficia Dei, ne nobis in condemnationem cedant, quomodo cavendum 42.
Benevolentia erga egenos 161 sq.
Bilinguis nemo sit 25.

Bonorum praesentium usus quantum habeat tormenti, plerique ignorant 70 sq.
Burrhus, Diaconus Ephesiorum 73. 102. 106.

C.

Cajus, S. Irenaei discipulus 135.
Captivitas. Multi e Christianis in vincula se conjecerunt, ut alios redimerent 62.
Caritas v. Charitas.
Caro nostra velut templum Dei custodienda 69 sq. 100. 204.
Castitas ubi manet in corpore hominis justi, nunquam ibi ascendere debet cogitatio impura 170. Juvenes ante omnia solliciti sint de castitate 119. Si quis potest in castitate manere, in humilitate maneat; si glorietur, periit 109. 52. Carnem castam servemus 69 sq. 204. Vide v. *Corpus.*
Catholica ecclesia est, ubi Christus est 105. Catholica = universalis ecclesia 124. 127. 133. Catholica ecclesia Smyrnae 132.
Cephas Apostolus 57.
Certandum nobis est 33.
Charitatis laus 59. Charitatis perfectio nequit explicari 59. Idoneus non est, qui in ea inveniatur, nisi quem Deus illa donaverit *ibid.* Charitatis sectatores contumelias in se incidere malunt, quam in proximos 60. Qui charitatem habet, longe abest a peccato 118. Vide v. *Fides.*
Chiliasmus Barnabae 22.
Christus. I. Christus Deus. Ita nos sentire oportet de Christo, tanquam de Deo 65. Jesus Christus, Deus noster 72. 92. 93. Jesus Christus Deus 89. 90. 102.

106. Christus est sententia (γνώμη) et cognitio (γνῶσις) Patris 74. 79.; est Verbum Dei aeternum 84; est sceptrum majestatis Dei 38. Christus unicus est Dei filius 92. Per eum Pater se manifestavit 84. In ipso et in ipsum sunt omnia 18. Christus est orbis terrarum dominus 6. Ei omnia sunt subdita 117. Filius Dei omni creatura antiquior est 230. Ante secula apud Patrem erat 83. Ad eum Pater locutus est ante creationem 6. 9. Ipse jam Mosi legem tradidit, ipse per prophetas loquitur 10. 11. Christo praestantius nihil 83. Christus sine Patre, ipsi unitus, nihil fecit *ibid.* Christus ab uno Patre prodit, et ad unum reversus est, et cum uno perseverat *ibid.* Patres apostolici subordinatianismo non favent 85. Christus Patri subjectus est quoad carnem *ibid.*

II. Christus creator et opifex omnium 141; orbis terrarum Dominus 6. Sol opus manuum ejus 7.

III. Christus Deus et homo. Christus, secundum carnem ex genere David, filius est hominis et filius Dei 80. Deus humanitus manifestatus est, in novitatem vitae aeternae *ibid.* Christus ex Maria vere natus est, edit et bibit, vere passus et crucifixus, vere mortuus est, et vere resurrexit 90. 102. Christus carnalis est et spiritualis, factus et non factus, in homine existens Deus, et ex Maria et ex Deo, primum passibilis et tunc impassibilis 75. 79. Christus est intemporalis, invisibilis, propter nos visibilis, impalpibilis, impatibilis, propter nos patibilis 108. Christus revera est ex genere David secundum carnem, filius Dei secundum voluntatem et potentiam Dei, natus vere ex virgine 102. Christus perfectus homo factus est 103. Christus est σαρκοφόρος 104. Dei filius in carne apparuit 19. Nisi venisset in carne, nemo eum aspicere potuisset 7. Clemens Romanus de *passione Dei* loquitur 29. Christi sanguis, sanguis Dei 72. Christi passio, passio Dei 95. Christus, quum primum esset spiritus, caro factus est 70. Quoad humanam naturam Christus Patri subjectus est 85.

IV. Christi nativitas. Filius Dei ideo in carne venit, ut summam peccatis imponeret 7, et nos e tenebris redimeret 20. 21. Christus vero natus est ex Virgine et baptizatus a Joanne 102. 90. Stella in nativitate Christi fulgebat 80. Principem hujus mundi latuit Mariae virginitas et partus ipsius 79. Christus cur sero missus 142 sq. Christus in humilitate venit, facie despecta 38.; factus est omnium minister 119.

V. Christi praedicatio. Christus nobis evangelizavit jussu Dei 54. Christus verax est os, in quo Pater vere locutus est 96. Christus venit, non vocare justos, sed peccatores 7.

VI. Christi passio et mors expiatoria. Christus non potuit pati, nisi propter nos 10. Plaga sua nos vividos reddit *ibid.* Cruci affixus aceto ac felle potabatur *ibid.* Christus vas spiritus sui, i. e. corpus suum obtulit hostiam pro peccatis nostris *ibid.* Christus passus est pro omnibus, qui salvi fiunt 132; passus est propter nostras iniquitates, et peccata nostra portat 38. 39. Charitate ductus Christus sanguinem suum pro nobis tradidit et carnem suam pro carne nostra et animam pro animabus nostris 59. Christi sanguis, propter nostram salutem effusus, toti mundo poenitentiae gratiam contulit 33. Christus passus est, ut nos remissione peccatorum sanctificemur 6. Christus plurimum laboravit, plurimumque perpessus est, ut aboleret delicta singulorum 203. Christus passus est, ut promissum parentibus redderet 6. Sustinuit, ut vacuam faceret mortem, et de mortuis resurrectionem ostenderet 6. Christus se ipsum pro nobis obtulit Deo oblationem et hostiam 73. Funiculus coccineus, e domo Rahab demissus, est signum redemtionis nostrae per sanguinem Christi 36. Per mysterium mortis Christi fidem accepimus 84. Pro fide divina Christus crucifixus est 79. Christi passio est resurrectio nostra 104. Et Angeli, si non credant in sanguinem Christi, judicabuntur 104. Christus vere in carne passus est, non τὸ δοκεῖν 102. 90. Christus vere crucifixus et mortuus est, videntibus coelestibus, terrestribus et subterraneis 90. Christi passio, passio Dei 95. Christus sub Pontio Pilato et Herode vere clavis confixus est pro nobis in carne 85. 90. 102.

VII. Christus salvator. Christus nos renovavit per remissionem peccatorum, ut aliam formam haberemus, animam nempe puerorum instar 9. Christus fecit *praeceptum*, i. e. Patris jussionem implevit de humani generis reparatione 7. Christus salvos nos fecit, quum vidisset in nobis interitum 66; lucem nobis largitus est, et innumera beneficia 65. Christus est pontifex oblationum nostrarum, infirmitatis nostrae patronus et auxiliator 50. Christus est sempiternus pontifex 123. Sine Christo nulla salus 230 sq. Christus porta est ad Patrem 230 sq. Ipse perfecta fides, i. e. perfecte fidelis est 106. Christus est spes nostra 5. 81. 85.; est spes et pignus justitiae nostrae 120. Justificari non possumus, nisi in Christo 143. Per Christum salvamur 142 sq. Christus vera et sempiterna est vita nostra 74. 81. 103. Omnis beatitudo nobis per Christum tribuitur 50; ipse servavit nos pereuntes 66; Christus solus doctor est noster et doctor prophetarum 84. 78. De morte Christi expiatoria cfr. supra Nr. VI.

VIII. Christi resurrectio. Christus primitiae resurrectionis 44. Christus per resurrectionem elevat vexillum pro fidelibus suis 102. Christus vere se ipsum resuscitavit 103; a Patre resuscitatus est 104. 105. 90. 117. 123. Christus et post resurrectionem in carne fuit 103. Apostoli crediderunt, Christum resurrexisse, convicti carne ipsius et spiritu *ibid*. Christus post resurrectionem cum Apostolis comedit et bibit, ut carnalis, quamvis spiritualiter unitus Patri *ibid*. Christi resurrectio corporalis simul et spiritualis 107. Christus die dominica resurrexit 22. 84.

IX. Christi ascensio in coelum 22. 94.

X. Christus judex vivorum ac mortuorum 6. 65. 117.

XI. Christus a fidelibus colitur 133.

Christiani sunt filii dilectionis et laetitiae 10; filii dilectionis et pacis 27; filii lucis et veritatis 98.

Christianorum est Testamentum vetus, et cur? 4. 19 sq.

Christianorum mores 139 sqq.; Christianorum officia describuntur 42 sq. 118 sqq. 109 sq. Christiani id sunt in mundo, quod anima in corpore 140. Ipsi mundum conservant ibid. Christiani in carne sunt, sed non secundum carnem vivunt 139; uxores ducunt et liberos procreant, sed non abjiciunt foetus ibid.; maledictis incessuntur et benedicunt ibid.; obsequuntur legibus, et vitae suae genere leges superant ibid.; mensam communem habent ibid.; indigenarum instituta sequuntur in vestitu, victu etc. ibid. Christiani templum sunt, consummatum Deo 5. 9. Sui potestatem non habet Christianus, sed Deo vacat 110. Christiani quanta debeant Christo 65 sq. Ipsi abjiciant malum fermentum, et transmutentur in novum, quod est Christus 84; saliantur in Christo, ut non corrumpantur ibid. Maxime curandum, ut non solum dicamur Christiani, sed et inveniamur 82. 93. Absurdum est, Christianos Jesum Christum profari, et judaizare 84. 85. Qui profitentur se Christianos, ex iis, quae faciunt, cernentur 78. Christiani omnia, quae ad sanctitatem pertinent, faciant 46.

Christianismus non in Judaismum credidit, sed Judaismus in Christianismum 85. Qui alio nomine praeter Christianismi vocatur, non est Dei 84. Non silentii tantum, sed magnitudinis opus est Christianismus 93.

Circumcisio facta in CCCXVIII viris ex familia Abrahae, figura est crucis et Christi 13. Circumcisionem admittunt Aegyptii, Arabes etc. ibid. Circumcisio cordis et auris 12 sq.

Claudius Ephebus, Roma ad Corinthios a Clemente missus 64.

Clemens Rom. memoratur ab Herma 153.

Coelibatus dimissa conjuge adultera postulatur 171. Coelibatus virginum 229. Cfr. vv. *Continentia* et *Corpus*.

Coeli gubernatione Dei commoti, ei subjiciuntur in pace 41. Coelos Deus potentia sua firmavit, prudentia ornavit 48. Deus fortissimo verbo suo coelum confixit 150.

Communio bonorum 25. 139.

Concordiam et pacem amat Deus 41 sq. In concordi charitate canitur Christus 74.

Concupiscentia mala grande peccatum est 148. 170. 190. Non debet haec cogitatio abhorrenda esse in servis Dei 149. Cfr. v. *Cupiditas*.

Confessio. Confiteri de peccatis praestat, quam indurare cor 60. Deus nihil a nobis desiderat, quam ut ei confiteamur 60. 26.

Continentia salvos nos facit 152. Continentia maritis commendatur, et uxores suas quasi sorores habeant 151. Qui carne castus est, ne insolescat, sciens, continentiam a Deo datam esse 52. 109. Vide vv. *Castitas*, *Coelibatus*, *Corpus* et *Innocentia*.

Cordis genu flectamus 63.

Corinthiorum elogium 28 sqq. Seditio Corinthi orta 30. 57 sq. Corinthiorum antiqua et firmissima

INDEX RERUM ET PERSONARUM. 253

ecclesia 58. Corinthii probatos suos antistites injuste dejecerunt 56.

Coronari si non possumus omnes, salte prope coronam simus 69.

Corpus non interit 204. Corpus mundum custodiendum est *ibid.* Ne abutaris corpore in libidine aliqua *ibid.* Accipiet mercedem omne corpus purum *ibid.* Corpus vas appellatur 10. 17. 27.

Corvi esus vetitus Judaeis 14.

Creatio ex nihilo 148. 168. Pater per Christum omnia creavit 140. 141. Deus orbem creavit hominum causa 143. 192. 193. Omnium prima creata est ecclesia, et propter illam mundus factus est 153. Propter ecclesiam Deus creaturas multiplicavit 148. Christus solem creavit 7. Creator operibus suis se ipsum exornat 48. Creatarum rerum pax et constans obedientia erga Deum 41 sqq. Cfr. v. *Deus.*

Credere cogimur a Deo 192.

Crescens laudatur a Polycarpo 124.

Crocus laudatur ab Ignatio 73. 96.

Crux figura literae T adumbratur 13. Crux per Mosen, expansis manibus orantem, significata 17. Crux spes nostra 16. Incredulis quidem crucis lignum in scandalum, fidelibus vero est salus et vita aeterna 79. Qui non confessus fuerit martyrium crucis, ex diabolo est 120.

Cultu publico labefactantur vires Satanae 78. Cultus publicus commendatur 49. 74. 83. 108. Nemo se separet 5.

Cupiditas mala horrenda est et difficile mitigatur 190; consumit homines *ibid.* Cupiditas carnis, divitiarum, deliciarum, ciborum 190 sq. Principium omnium malorum est habendi cupiditas 118. Cupiditas a diabolo est 191. Qui cupiditati resistit, armatus timore Dei, obtinebit victoriam *ibid.* Cupiditas bona 190 sq.

D.

Daemon timentibus Dominum non est metuendus 179. 194. Vita a Patribus saepe vocantur *daemonia* 228. 238., sicut virtutes christianae *spiritus* appellantur 222. 231.

Damas, episcopus Magnesiorum 81.

Danaides et Dircae 32.

Daphnus salutatur a S. Ignatio 107.

Davidis humilitas 40.

Defunctorum beatitudo 56. 234 sq.

Deliciae multae sunt fatuae 191.

Detractio est inconstans daemonium 169.

Deus unus est, qui se ipsum manifestavit per J. Ch. filium suum 84. Deus unus est, qui omnia creavit et perfecit, et ex nihilo fecit omnia 148. 168. Verbo majestatis suae constituit omnia, et verbo suo potest illa evertere 45. Cfr. v. *Creatio.* Deus hominum causa orbem creavit 143. 192. 193; iis omnia subjecit, quae in mundo sunt 143; propter ecclesiam multiplicavit creaturas 148. Deus invisibili virtute et magno sensu suo condidit mundum, et honorifico consilio circumdedit decorem creaturae suae, et fortissimo suo verbo confixit coelum, et fundavit terram super aquas 150. Deus sanctam ecclesiam condidit *ibid.* Ipse capax universorum, solus immensus, qui nec verbo definiri, nec mente concipi potest 168. Deo nihil impossibile praeterquam mentiri 45. Deus fidelis est in promissionibus et justus in judiciis *ibid.* Verax est in omni verbo 169 sq. Dei judiciis nemo se subducere potest 46. Nihil Deum latet 45. 46. 79. 118. 120. Dei dona, quam beata et mirabilia 49. Deus dominus gloriae et omnis gratiae 27. Deus per fidem omnes justificat 47 sq.; omnes dilectos omnipotenti sua voluntate roboravit, ut poenitentiae fierent participes 34. Cupientibus bene agere Deus ad largiendum paratus est 106. Dei mandata non sunt impossibilia 192; ut observentur, angeli vires praestant 205. Quicumque in mandatis Dei ambulaverit, felix erit et vivet Deo 200. 205. Omnibus poenitentibus remittit Deus, si se convertant ad unionem cum Deo et ad communionem cum Episcopo 100. Deus, qui potestatem habet sanandi, dabit remedium de prioribus peccatis 172. Dei longanimitas timendat, ne in judicium nobis cedat 77. Aut futuram timeamus iram, aut praesentem gratiam diligamus *ibid.* Deus multa tolerat, quae non probat 142.

Diabolus nos tentat, sed nos vincere non potest 194. Diabolus non est metuendus 179. Diabolus schisma suggessisse innuitur 60.

Diaconi et Episcopi ab Apostolis sunt ordinati 54. 55. Diaconi honorandi sunt 87. Diaconi ecclesiae Dei ministri sunt *ibid.*; caveant sibi a criminibus *ibid.* Diaconos revereamur ut Dei mandatum 105. Diaconi sunt imago Jesu Christi 87. Diaconi inculpati esse debent 119. Cfr. v. *Episcopus.*

Dies et nox ordinatum a Deo cursum perficiunt 41. Dies unus apud Dominum aequiparatur mille annis 21. Dies octava seu dominica apud Christianos solemnis 22. 84.

Dii gentium vani 136 sq.

Circae 32.

Discordia 158.

Dissensionis ac seditionis auctores sequi periculosum est 37. Cfr. v. *Schisma.*

Dives oratione pauperis adjuvatur 196. 197.

Divitiae. Qui divites sunt in hoc seculo, nisi circumcisae fuerint divitiae eorum, non possunt Domino utiles esse 159. Divitiae gentium perniciosae sunt servis Dei 196. Divites valde exiguam habent orationem ad Dominum 197. Divitiarum pericula 242. 243.

Divortium 171.

Docetarum error castigatur 79. 90. 103 sqq.

Doctorum perversorum duplex condemnatio 71.

Doctrina christiana nullum dogma humanum admittit 139.

Dominica dies 22. 84.

Doxologiarum formulae 27. 42. 52. 55. 57. 60. 64. 65.

Dubii animo vituperantur 25. 35. 43. 71. 148. 151. 157.

E.

Ecclesia. I. Extra ecclesiam nulla salus 57 sq. 158. Nisi quis intra altare sit, privatur pane Dei 74. Qui extra altare est, non est mundus 89. Haeretici sunt herbae noxiae, non sunt plantatio Patris 98. Si quis schisma facientem sectatur, regni divini hae-

reditatem non consequitur 98.
Qui ambulat in aliena doctrina,
is non assentitur passioni ibid.
Haeretici in ignem ibunt 79. Nemo regnum Dei intrare potest,
nisi per portam Christi 228. Ii,
qui ab ecclesia separati sed poe-
nitentes sunt mortui, beatitudinem inferiorem consequentur 160.

II. Ecclesia universalis.
Omnes ubique terrarum sanctae
et catholicae ecclesiae paroeciae
124. Ecclesia catholica 105. 127.
132. 133. Ecclesiam universalem
praedicat Hermas 235.

III. Ecclesiae unitas. Episcopi, per tractus terrae constituti, in sententia Jesu Christi sunt
74. Ecclesia erit turris ita purificata, ut credatur ex uno lapide esse tota; et ecclesia erit
unum corpus etc. 236. Ecclesia =
turris velut ex uno lapide facta
231. Una fides et charitas est omnium 235. 236. Unitas commendatur 83.

IV. Ecclesiae sanctitas.
Ecclesia catholica vocatur sancta
124. Is tantum locum habebit in
ecclesia, qui, dum turris ecclesiae aedificatur, poenitentiam
agit 158. Qui fidem tantum simulant, excludentur ab ecclesia ibid.
Omnes, qui nequiter vivunt, non
sunt membra ecclesiae 236.

V. Ecclesia οὐράνιος 153. 155.

VI. Ecclesia omnium prima
creata est, et propter illam mundus
factus est 153. Ecclesia semper
(adhuc) aedificatur 161. Ecclesiam
Deus condidit et benedixit 150.
Propter ecclesiam Deus creaturas
multiplicavit 148. Fundata est
Ecclesia verbo omnipotentis et
honorifici nominis, continetur autem ab invisibili virtute Dei 156.
Ecclesia turri assimilatur super
aquas constructae 155 sqq. 223 sqq.
Per Angelos consummatur structura hujus turris 157. Ecclesia foeminae assimilatur 148. 150. 153.
154. 162 sq. Virtutes, quibus Ec
clesia fulcitur 160. 233. Aedifi
candae militantis et triumphantis
Ecclesiae mysteria maxima 220.
Ecclesia, prius sterilis, vocatione
gentium mire foecunda 66. Ibi
catholica Ecclesia est, ubi fuerit
Christus 105. Ecclesia firmatur in
stabilitate a J. Christo per sanctum suum Spiritum 97. Sine
Episcopo, Presbyteris et Diaconis Ecclesia non vocatur 87. In
Ecclesia quisque proximo suo subj-
iciatur, secundum donum gratiae, quam a Deo obtinuit 51.

Electorum Dei numerum salvari
fideles rogant 29. Electorum mo-
deratio, humilitas etc. 47. Electio
justorum 150.

Eleemosyna commendatur 161.
167. 181. 197. 246. Eleemosyna
conjungenda est cum jejunio 199.
201.

Enochi obedientia 34.

Ephebus Claudius a Clemente ad
Corinthios missus 64.

Ephesiorum ecclesia celeberrima 76. 77. Ignatius meminit
epistolae a S. Paulo ad Ephesios
scriptae 78.

Episcopi et Diaconi ab Apostolis
ordinati sunt 54. 55. Episcopi eli-
guntur, consentiente universa ecclesia 56. De episcopatus nomine
contentionem oborituram esse A-
postoli praecognoverunt 55. Suc-
cessio episcoporum ab Apostolis

ordinatur 55. 56. Episcopi probi injuste dejiciuntur 56. Episcopus est imago ecclesiae suae, exemplar charitatis ejus, in quo omnis multitudo conspicitur 73. *bis.* 81. 83. 87. *bis.* Episcopi, per tractus terrae constituti, in sententia Christi sunt 74; juxta sententiam Christi designantur 97; charitate Patris et Christi obtinent ministerium *ibid.* Presbyterium Episcopo ita coaptatum esse debet, ut chordae citharae 74. Fideles episcopo conjuncti sint, ut ecclesia Christo *ibid* Episcopi et ecclesiae preces unitae sunt validae *ibid.* Episcopum tacentem omnes revereantur 75. Episcopum respicere debemus ut ipsum Dominum 75. 87. Episcopo subjecti simus, ut Dei praecepto 91; ut Jesu Christo 87. Subjecti estote Episcopo et vobis mutuo 85. Episcopo obtemperate, ut Christus Patri, et Presbyterio ut Apostolis; Diaconos autem revercamini ut Dei mandatum 105. Cuncti revereantur Episcopum ut Jesum Christum, Presbyteros ut senatum Dei et concilium Apostolorum, Diaconos ut mandatum Christi 87. Qui honorat Episcopum, a Deo honoratus est 105. Obediatis Episcopo et presbyterio mente indivulsa, frangentes panem unum 80. Non licet familiarius uti juventute episcopi 82. Episcopus praesidet loco Dei, Presbyteri loco senatus apostolici, et Diaconi concreditum habent ministerium Jesu Christi 83. Sine Episcopo et Presbyteris nihil peragendum est, quod ad ecclesiam spectat 83. 87. 105. Valida eucharistia habeatur illa, quae sub Episcopo peragitur 105. Non licet sine Episcopo neque baptizare, neque agapen celebrare 105. Ubi comparuerit Episcopus, ibi et multitudo sit *ibid.* Qui clam Episcopo aliquid agit, diabolo servit *ibid.* Ab Haereticis vos custodire poteritis, si uniti fueritis Episcopo 89. Qui sine Episcopo et presbyterio et Diaconis quidpiam agit, is non est mundus in conscientia *ibid.* Episcopo attendite, ut et Deus vobis attendat 109. Quotquot Dei et Christi sunt, hi sunt cum Episcopo 98. Sit unum altare et unus Episcopus *ibid.* Officia Episcopi 107 sqq.; omnes adhortetur, ut salventur 107; unitatis curam habeat *ibid.*; omnes perferat 108; precibus vacet perpetuis *ibid.*; malos mansuetudine sibi subjiciat *ibid.*; sit sobrius ut Dei athleta *ibid.*; viduas non negligat *ibid.*; servos et ancillas ne contemnat *ibid.* Omnium Episcopus est Deus 82.

Epitropi uxor salutatur a S. Ignatio 110.

Esther perfecta in fide 62.

Evangelii principium 57. In Evangelio Christi passio nobis ostensa est et resurrectio 105. Ad Evangelium confugiendum, tanquam ad carnem Jesu 99. Evangelium annuntiarunt Prophetae *ibid.* et 101. Eximium quiddam habet Evangelium, nimirum adventum Salvatoris, passionem ipsius et resurrectionem 101. Evangelium est perfectio incorruptionis *ibid.* Male nonnulli dicunt, Evangelio non credo, nisi invenero in documentis 100.

Evangelii secundum Aegyptios locus 71.

Evarestus scripsit acta martyrii S. Polycarpi 134.

INDEX RERUM ET PERSONARUM.

Eucharistia est caro Christi, quae pro peccatis nostris passa est, quam Pater sua benignitate suscitavit 104 sq. Frangimus panem unum, qui pharmacum immortalitatis est, antidotum, ne moriamur, sed vivamus semper in Jesu Christo 80. Eucharistia est panis Dei 74; panis Dei, panis coelestis, panis vitae, est caro Christi; et potus Dei sanguis ipsius 96. Una eucharistia utendum; una enim est caro Domini et unus calix et unum altare 98. Valida eucharistia habeatur illa, quae sub Episcopo peragitur, vel sub eo, cui ipse concesserit. Non licet sine Episcopo agapen celebrare 105. Ab Ignatio *fides* quoque caro Domini vocatur, et *charitas* sanguis Christi 89.

Euplus a S. Ignatio laudatur 73.

Eutecnus a S. Ignatio laudatur 107.

F.

Femina. Cfr. v. *Uxor.*

Fides. Per fidem justificavit Deus omnes, qui ab initio vixerunt 48. Uni fidei Deum videre concessum est 142. Pro Dei fide Jesus Christus crucifixus est 79. Qui fidem Dei (veritatem christianam) prava doctrina corrumpit, in ignem ibit 79. Fides et charitas totum est, quibus nihil praestantius 104. 81. Et si angeli non credant in sanguinem Christi, et ipsi judicabuntur 104. Fides et charitas initium vitae et finis sunt; initium fides, finis charitas 78. Haec duo in unum coeuntia a Deo sunt; omnia vero alia ad probitatem consectanea sunt *ibid.* Fidei adjutores timor et sustinentia 2. Fides ea, quae incredulitatis sunt, exercere non potest; nec incredulitas, quae fidei 76. Nullus fidem repromittens peccat, neque charitatem possidens odit 78. Fides est caro Domini, et charitas sanguis Christi 89. Fides est mater omnium nostrum, subsequente spe, praecedente charitate 118. Fides (non opera) salvifica 47 sq. 160. Sed fidei opera bona conjuncta esse debent 48. 60. 181. Ex bonis operibus nostris Deus agnoscit, membra nos esse Filii sui 74. Cfr. v. *Opera.*

Fontes perennes ad usum et sanitatem creati sunt 42.

Fortunatus a Clemente ad Corinthios missus 64.

Fronto laudatur a S. Ignatio 73.

G.

Genii duo sunt in homine, alter aequitatis, alter iniquitatis 177.

Gentes infideles comburentur 198.

Genu cordis flectere 63. Genibus positis orare 154.

Germanicus martyr fortissimus 125.

Grapte vidua 153.

Gratia Dei vocatur a Barnaba *naturalis*, seu potius *insita*, altius radicata et plantata in anima justi 1. Gratia Dei Filium misit in pretium redemtionis nostrae 140. 142 sq. Gratiam poenitentiae sarguis Christi toti mundo obtulit 33. Gratiae divinae ministri per Spiritum sanctum de poenitentia sunt locuti *ibid.* Qui cupiditates superat, Deo victoriam adscribat 191; ne glorietur, sciens, alium esse,

17

qui continentiae donum ipsi tribuat 52. 109. Assistentia divina contra diaboli incursus 194. 217. Deus omnes dilectos roboravit, ut poenitentiae fierent participes 34. Cupientibus bene agere Deus ad largiendum paratus est 166. Ut observentur Dei mandata, Angeli vires praestant 205. Dei longanimitas timenda est, ne in judicium nobis cedat 77.

H.

Haeresis est herba diaboli 77. 89. 98.

Haeretici sunt metuendi 103.; sunt ferae, humana specie indutae *ibid.*; eos non recipere vos oportet, neque obviam eis fieri, solum vero pro eis orare, ut poenitentiam agant, quod admodum difficile est *ibid.* Orandum est pro inimicis crucis 123. Haeretici sunt herbae noxiae, quas Christus non colit, quia non sunt plantatio Patris 77. 89. 98.; patroni mortis sunt magis, quam veritatis 104; a Christo abnegantur *ibid.*; contrarii sunt divinae voluntati *ibid.*; mortiferum pharmacum exhibent 89; ab eucharistia et oratione abstinent, carnem Christi illam esse negantes 104; sunt lapides scabrosi et scissuras habentes 156. 158. 237. Virgis assimilantur aridis 217. Decet abstinere ab ejusmodi hominibus, et nec in privato, nec in communi colloquio de illis verba facere 105. Haeretici in ignem ibunt 79. Cfr. v *Ecclesia.* Benignitas erga schismaticos 37.

Hegrin angelus, qui est super bestias 165.

Heldam et Modal populo Israelitico vaticinati sunt in solitudine 152.

Heliopolis 45.

Hermas fortasse laicus fuit et mercator, a filiis ad inopiam redactus 149; vir erat continens, omni simplicitate plenus et innocentia magna *ibid.*; reprehensus ob uxorem et filios 150 sq. 149. Ejus conjux futura soror 151. Jubetur Hermas duos libros scribere 153. Hermas aliquando dives fuit, sed inutilis 159. Ipsum Pastor alloquitur, nuntius poenitentiae 167 sqq.

Herodes irenarcha 126. 127. 128. 132. 134.

Hierosolymis tantum offerebantur sacrificia 53. Hierosolymitani excidii meminit Barnabas 23.

Hirci duo figura duorum Christi adventuum 11.

Homo animal est excellentissimum, et intellectus dignitate celsissimum 48. 143. Deus sacris et intaminatis manibus suis formavit hominem, imaginis suae characterem *ibid.* Homo quomodo veniat in mundum 52. Homo est terra patiens, i. e. e terra formatus, non quidem agente, sed patiente 8. Homo carnalis spiritualia exercere nequit, neque spiritualis carnalia 76. Propter homines Deus mundum creavit 143; iis omnia subjecit *ibid.*; Hominis praestantia *ibid.*

Hospitalitatis merces 35. 36.

Humilitas commendatur 36. Christus exemplum humilitatis 38. Humilium Christus est, non elatorum *ibid.* Humilitas Abrahae, Jobi, Mosis, Davidis 39 sq. Quanto quisque major, tanto humilior

INDEX RERUM ET PERSONARUM.

esse debet 58. Humilis sibi testimonium non ferat 52. Sit laus nostra in Deo, et non a nobis ipsis; odit enim Deus eos, qui semetipsos laudant 47. Humilitas seu mansuetudo est virtus, qua princeps hujus mundi destruitur 88. Castus sit humilis 52. 109.
Cordis genu flectamus 63.
Hyaenae esus Judaeis vetitus 14.

I.

Jacob ob humilitatem benedictionem consecutus est 47.
Jactantia. Odit Deus eos, qui se ipsos praedicant 47. Cfr. v. *Humilitas*.
Jejunium statio dicta 199. Jejunium verum est, si quid praestas aequitati, nil nequiter facis, et mente pura Deo servis *ibid.* 201. Die jejunii nihil gustabis, nisi panem et aquam, et computata quantitate cibi, quem ceteris diebus comesturus eras, sumtum diei illius dabis viduae, pupillo aut inopi 201. Hoc jejunium est hilare et acceptum Deo *ibid.* Jejunium et oratio conjungantur 162. 163. 120.
Jesu nomen duabus literis graecis I et H exprimitur 13. Jesu typus erat Josue, filius Nave 17 sq. Jesus sub figuris in V. T. annuntiatus est 10 sq. 17 sq.
Ignatius, Apostoli Joannis discipulus 111. Ignatii cura pastoralis et martyrii desiderium *ibid.* Ignatius ferarum dentibus moli cupit, ut purus Christi panis inveniatur 94. Ignatius a Trajano condemnatur 111 sq. Smyrnam navigat 113. Romam ducitur 114. A bestiis devoratur 114. Tempus martyrii 115. Ejus meminit Polycarpus 121. 123.
Ignis aeternus 79. 144.
Infidelium poenae. Ab infidelibus Deus sanguinem Christi requiret 117. Infideles in ignem aeternum ibunt 79. Infideles gentes comburentur 198.
Injuriarum memoria mortem operatur, oblivio vero vitam aeternam 152.
Innocentiae honor major honore martyrii 242.
Inspiratio. Per inspirationem S. Paulus ad Corinthios scripsit 57.
Invidiae pravi effectus 30 sqq.
Invocatio Sanctorum 62. Sancti mortui pro nobis orant 116. Sancti non ita coluntur, ut Christus 132. 133.
Jobi humilitas 39 sq.
Josue 17 sq.
Iracundia pellit Spiritum sanctum, qui est in corde hominis 174.
Irenaeus, Polycarpi discipulus 135.
Isaac libenter factus est sacrificium 47.
Judaei superstitiosi sunt 137 sq. Judaei Polycarpum accusant 129; alacri animo interfectores ejus adjuvant 130. Ipsis admonentibus corpus S. Polycarpi combustum est 132. 133.
Judaismus in Christianismum credit, non Christianismus in Judaismum 85. Si juxta Judaismum vivimus, confitemur, nos gratiam non accepisse 83. 84.
Judaistae 83. 84. 99. 101.
Judicium. Jam ante judicium aeternum probi sedes beatorum habent 59. Beati ante Christum in Scheol habitant 234. Mors et vita incumbunt simul, et unusquisque in proprium

17 *

locum iturus est 82. Dominus non accepta persona judicat mundum, unusquisque secundum ea, quae facit, accipiet 5. In memoriam tuam nocte ac die revocabis judicii diem 25. Dei judiciis nemo se subducere potest 46. Nemo dicat, quod haec caro non judicatur,neque resurgit 70. Qui dicit, neque resurrectionem, neque judicium esse, hic primogenitus est Satanae 120. Cfr. vv. *Ignis* et *Infidelium poenae.*
Judith beata propter amorem patriae 62 sq.
Justi non efficimur per nosmet ipsos et opera nostra, sed per fidem 48. Justi carnalia exercere nequeunt 76. Justi ab injustis in hoc seculo internosci non possunt; in futuro manifesti erunt 197 sq. Justi non a justis, sed ab iniquis vexantur 56. Justi quomodo erga alios se gerere debeant 76 sq. Omnia faciant, quasi Deo in ipsis habitante, ut sint illius templum 79.
Justificatio. Justificamur non per nos ipsos, neque per sapientiam nostram aut intelligentiam aut pietatem aut opera, quae in cordis sanctitate operati sumus, sed per fidem, per quam omnipotens Deus ab initio omnes justificavit 48. Ne derelinquamus vero bona opera et charitatem 48 sq. Iniqui et impii justificari non possunt, nisi in Christo, filio Dei 143. Christus sola porta ad Patrem 230. Iniquitas multorum in uno justo absconditur 143. Justitia unius multos injustos justificat *ibid.* Per charitatem a Deo peccata nostra remittuntur, obteguntur 60. Cfr. v. *Opera.*
Juvenes in omnibus inculpati sint 119. Praesertim castitati studeant *ibid.*

L.

Labor. Ubi plus laboris, multum lucri 108.
Laicus homo praeceptis laicis constringitur 53.
Lapsi in peccatum quomodo sint suscipiendi 62. Cfr. v. *Poenitentia.*
Laus nostra in Deo sit, non ex nobis ipsis 47. Laudandus Deus a fidelibus in concordia congregatis in unum 49.
Leporis esus prohibitus Judaeis 14.
Levitis sua ministeria incumbunt 53.
Lex Dei = Evangelium sub figura *virgae* ostenditur 215. Toti orbi terrarum praedicata est *ibid.* Dei mandata sunt valde bona et magna et honesta et laeta 205; non sunt impossibilia, non dura 192. Ut observentur, angelus Domini vires praestat 205. Quicumque in his legibus ambulaverit, vivet Deo *ibid.* Lex Christi sine jugo necessitatis est 3.
Liberorum educatio negligens et justo mitior est peccatum 149. 152.
Libertas humani arbitrii 217. 220. Omnes, qui volunt, diabolo resistere possunt 194. Deus nobiscum tanquam cum obsequentibus agit, non tanquam violentiam adhibens 141. Credere cogimur a Deo 192.
Lignum cognitionis et lignum vitae 145.
Lingua duplex est laqueus mortis 25. De nemine male loquaris, neque libenter audias male loquentem 169.
Locus neminem efferat 104.

INDEX RERUM ET PERSONARUM.

L o t propter hospitalitatem et pietatem salvus evasit 35. Ejus uxor *ibid.*

M.

Magistratus, imagines Dei 25. Iis fideles obtemperent *ibid.* Orate pro regibus et potestatibus et principibus, et pro persequentibus et odientibus vos 123. 129. Christiani legibus obediunt 139.
Mali, benignitas erga eos 37.
Malitia perdidit vitam hominum 169.
Mandata Dei v. *Lex.*
Manibus extensis orabant Christiani 29.
Mansuetudo et humilitas est virtus, qua princeps hujus mundi desruitur 88.
Marcus 134.
Maria. Ex virgine vere natus est filius Dei 102. Christus ex Maria et ex Deo 75. 79. Principem hujus mundi latuit Mariae virginitas 79.
Mariti diligant conjuges suas 109. Eas doceant ambulare in fide, charitate et castitate, amantes viros suos 118. Continentia maritorum 151. Cfr. v. *Uxor.*
Martyres. Magna martyrum multitudo tempore Clementis Romani 32. Martyrum constantia admirabilis 125. 144. 155. Feris objecti, ut abnegent Dominum, non vincuntur 141. Quo plures necantur, tanto major fit fidelium numerus *ibid.* Martyrio nemo se ipsum sponte offerat 126. Martyrum honor 154. 155. 241. Vincula Sanctorum sunt diademata eorum 117.
Matrimonium ineunt Christiani 139; de sententia episcopi conjugium faciunt, ut nuptiae secundum Dominum sint, non secundum cupiditatem 109. Cfr. v. *Nuptiae.*
Mendacium. Qui mentiuntur, abnegant Dominum 170. Qui recesserit a mendacio, vivet Deo *ibid.*
Michael archangelus, patronus et gubernator fidelium 215.
Misericordia Christi erga nos 65.
Mors et vita incumbunt simul, et unusquisque in proprium locum iturus est 82. Bonum est, a mundo ad Deum occidere, ut in ipso oriamur 93. Mors non timenda 67. Mors Christi expiatoria v. *Christus.*
Mosis humilitas 39 sq.; ingens ejus erga populum amor 61. Moses qua ratione contentionem de sacerdotali dignitate sedarit 54. Moses typus Christi et crucis 17.
Mundi trans Oceanum 42.
Muraenae esus Judaeis vetitus 14.
Mysteria Patris cognoscunt fideles 144. Ea ipsis declaravit Verbum caro factum *ibid.* Tria mysteria clamoris 79.

N.

Natalitia Sanctorum 133.
Nicetas, pater Herodis irenarchae 128. 132.
Noë poenitentiam praedicavit 33; et mundi regenerationem 34.
Nuptiae de sententia episcopi fiant, ut secundum Dominum sint, non secundum cupiditatem 109. Nuptiae non iterandae sunt conjuge superstite 171. Nuptiae secundae sunt licitae 173; sed qui per se manserit, magnum sibi conquirit honorem apud Dominum *ibid.*
Numismata duo, alterum Dei, alterum mundi 82.

O.

Obedientia Enochi 34; Abrahae *ibid.*; rerum creatarum 41.
Oblationes non in omni loco offeruntur, sed Hierosolymis tantum 53. Oblationes an maculae expertes essent, in veteri lege summa diligentia explorabatur *ibid.*
Oceanus dispositionibus Dei gubernatur 41. Mundi trans Oceanum *ibid.*
Onesimus, Ephesiorum episcopus 73, 75.
Opera. Operibus, non verbis nos justificemus 47. Non per nos ipsos justificamur, neque per sapientiam nostram aut intelligentiam aut opera, quae in cordis sanctitate operati sumus, sed per fidem, per quam omnipotens Deus ab initio omnes justificavit 47. Sed non cessabimus a bonis operibus 48. Omnes justi bonis operibus ornati fuerunt *ibid.* Dominus ipse, operibus se ipsum ornans, gavisus est *ibid.* Totis nostris viribus opus justitiae operemur *ibid.* Ne segnes et desides simus ad omne opus bonum 49. Beati sumus, si praecepta Domini in charitatis concordia impleverimus, ut per charitatem peccata nostra nobis remittantur 60. In operibus Dominum confiteamur, non verbis 67. Opera fidelium sunt eorum deposita 109. Opera bona debet homo operari, ut salvus fiat 181. Ex operibus Deus cognoscit, nos membra esse filii sui 74. Qui cupiditates superat, Deo, non sibi ipsi, gloriam tribuat 109. 191. Unusquisque secundum ea, quae facit, accipiet. Si fuerit bonus, bonitas eum antecedit, si nequam, merces nequitiae eum sequitur 5. Si quis cupit pervenire ad praefinitum locum, suis operibus id consequi studeat 24. Opera supererogatoria 200. Consilia ecclesiastica 181. Cfr. vv. *Coelibatus, Jejunium, Innocentia.*
Oratio. Assidue et sine haesitatione orandum est 182. Oremus, ut Deus erga nos propitio animo sit 29. Indesinenter oremus pro aliis hominibus 76. Diu noctuque solliciti simus pro universa fraternitate 29. S. Ignatius pro ecclesiis et fratribus precatus est 115. Viduae sine intermissione interpellent pro omnibus 118. Pauper oret pro divite, et dives praestet pauperi, quae illi opus sunt 197. Si precatio unius atque alterius tantas vires habet, quanto magis illa, quae episcopi est et totius ecclesiae 74. Vires orationis 183. Oratione peccata sanantur 148. Orate pro regibus et potestatibus et principibus 123; pro inimicis *ibid.*; pro omnibus sanctis *ibid.* Tristis hominis oratio virtutem non habet, ut ad altare Dei ascendat 188. Oratio humilitate eget 162. Oratio et jejunium conjungantur 162. 163. 120. Non accedas ad orationem tuam in conscientia mala 26. Genibus positis orare 154.
Ordo in militia et in corpore nostro servatus 51; servandus utique cuique et in ecclesia 51. 53.

P.

Pastor ubi est, eodem et oves sequantur 98. Pastori Hermas traditur 167. Pastor, nuntius poenitentiae 168. Pastor rationem reddere debet de ovibus 243.
Patientia. Qui patitur propter nomen Domini, honoratus apud Deum habetur 241. Propter Deum

INDEX RERUM ET PERSONARUM.

omnia nos sustinere oportet 108.
Magni athletae est, caedi et vincere *ibid.* Patientia maneat, ut tota armatura 109.

Pater Jesu Christi omnium episcopus 82.

Patriae causa multi etiam gentilium morti se tradiderunt 62. Patrias proprias inhabitant Christiani, sed tanquam inquilini 139. Omnis peregrina regio eorum est patria, et omnis patria peregrina *ibid.*

Patriarchae ab Apostolis mortuis baptizati sunt 234.

Paulus Apostolus in vincula septies conjectus 31. Praeco veritatis factus in Oriente et Occidente *ibid.* Ad Occidentis terminos venit *ibid.* Martyrio coronatus est 32. Ad Corinthios epistolam scripsit 57. Pauli et epistolae ejus ad Ephesios meminit Ignatius 78. Paulum apud Philippenses fuisse, narrat Polycarpus 118. Paulus absolute vocatur Apostolus 145.

Pauper. Christiani mendici sunt, et multos ditant; rebus omnibus indigent, et omnia illis redundant 139. Pauper a divite accipiat, et ipse oret pro divite 197.

Pax. Dominus habitat in viris amantibus pacem 243. Vera pax chara est *ibid.* Nihil praestantius pace 78. Alta et abundans pax olim in Corinthiorum ecclesia fuit 29.

Peccatum invitum 29; originale 18. Propter peccata morti tradimur *ibid.* Ob charitatem remittuntur nobis peccata 60; ea obteguntur *ibid.* Peccata Deus sanat, si oras ad Dominum 148. 29. 172. Omnibus poenitentibus remittit Deus, si se convertant ad unionem cum Deo et ad communionem cum Episcopo 100. Peccatorum remissione sanctificamur, quod est sparsione sanguinis Christi 6. 33. Deleta sunt delicta ejus, qui patitur propter nomen Domini 241. Ne amplius, qui peccaverit, peccet 172. Peccatorum remissione Christus nos renovavit, effecitque, ut aliam formam haberemus 9. Poenae peccatorum aeternae 79. 144.

Persecutio. Adversus Christianos tanquam alienigenas Judaei bellum gerunt, et Graeci eos persequuntur 140. Persecutio Trajani 111. Persecutio Marci Aurelii 124 sq. Persecutione finita epistola Clementis scripta est 28. Persecutionem passi sunt Apostoli Petrus et Paulus etc. 31. 32.

Philippus Asiarcha 129.

Philo comes itineris S. Ignatii 101. 106. 107.

Phoenix resurrectionis nostrae imago 44.

Pionius christianus 135.

Piscis non habens squamam immundus Judaeis 14.

Poenitentiae locus est, quamdiu sumus in hoc seculo, minime vero post 69. Ante consummationem turris ecclesiae poenitentia agenda est 240. Poenitentiae justorum habent fines, gentibus autem poenitentia usque in novissimum diem 151. Donec tempus habemus, poenitentiam agamus 70. Qui poenitentiam egerunt, beatitudinem quidem consequentur post mortem, sed inferiorem et adumbratam 160. Servis Dei poenitentia una est 171. 173. Nuntius poenitentiae 168; cui soli per totum orbem poenitentiae potestas tributa est 245. Qui poenitentiam agunt, vitam recuperant *ibid.*; salutem assequuntur 217; peccata illis remittuntur 151.

Poenitentiam Noë praedicavit, et
qui obedierunt, servati sunt 33.
Omnibus poenitentibus remittit
Deus, si se convertant ad unionem
cum Deo et ad communionem cum
episcopo 100. Quotquot poenitentia ducti ad unitatem ecclesiae
redierint, et isti Dei erunt et secundum J. Christum vivant 98.
Poenitentiam agere magna sapientia est 172. Quibusnam det,
quibusnam neget Deus poenitentiae gratiam 217. Poenitentiae
gratiam sanguis Christi toti mundo
obtulit 33. Omnes dilectos suos
volens Deus poenitentiae fieri participes, omnipotenti sua voluntate
firmavit 34. Poenitentia remunera-
tio quaedam est, Deo, medico
nostro, tributa 70. Poenitentibus faciendi sunt digni fructus
poenitentiae 211. Poenitentia laboriosa est; poenitens enim affligere debet animam suam, et
vexationes multas perferre 211 sq.
Electorum et poenitentium multa
sunt genera; omnes autem pro
poenitentiae et bonorum operum
suorum modo mercedem habebunt
212 sqq. Qui tormentis tantum
coactus, non ex corde, fidem abnegavit, ad poenitentiam admittatur 240. Quodsi quis ex praecordiis inventus fuerit denegasse,
n vitam assequi possit, ignoro
ibid. v. Remissio.
Polybius, Trallianorum episcopus,
a S. Ignatio laudatur 86.
Polycarpi elogium 107. Polycarpus epistolas Ignatii ad Philippenses transmittit 123. Ab iis edoceri
petit de ipso Ignatio, deque illius
comitibus, qui Romam eum de-
duxerunt 123. Polycarpus in villam secedit 126; a persecutoribus
invenitur 127; in urbem ducitur

ibid.; a Niceta et Herode e curru
dejicitur 128; octoginta et sex
annos Deo serviit ibid.; ad rogum
damnatur 129. Judaeorum odium
adversus Polycarpum 129. 132.
Polycarpi precatio 130. Polycarpus igne non laeditur 131; pugione
transfigitur ibid. Corpus ejus Christianis non traditur 132; sed com-
buritur 133. Reliquiae ejus ibid.
Tempus martyrii 134.
Polypi esus vetitus Judaeis 14.
Pontifex summus praestantior sa-
cerdotibus 101. 53.
Porcinae carnis esus Judaeis in-
terdictus 14.
Praeceptum absolute dictum i. e.
jussio Patris de incarnatione 7.
Dei praecepta valde sunt bona
204. 205.; non sunt impossibilia,
non dura 192.; ut observentur,
angelus Domini vires praestat 205.
Cfr. v. Lex.
Praedestinatio. Ecclesia Ephe-
sina praedestinata est ante secula,
ut semper esset unita 72. Ab iis,
quos spiritus Domini praevidebat,
corda lapidea ablata sunt, et im-
misit illis Dominus corda carnea
9. Christus vocavit eos, quos
Spiritus praeparavit 25. In Christo
vocati sumus voluntate Dei 47.
Vocati a Deo et per Christum
65. Praeparavit nobis Deus beneficia sua, antequam nasceremur
52. Omnibus generationibus et
omnibus ad ipsum converti volentibus Deus poenitentiae locum
dedit 33. In charitate ii tantum
inveniri possunt, quos Deus dignos esse voluit 59. Iis, qui digni
erant, et quorum viderat puras
mentes futuras, Dominus dedit spiritum poenitentiae; at quorum
aspexit dolum et nequitias etc.,

INDEX RERUM ET PERSONARUM.

negavit iis ad poenitentiam regressum 217. Credere cogimur a Deo 192. Electio justorum 150.
Preces v. Oratio.
Presbyteri praesident loco senatus apostolici 83. Presbyteri honore sunt afficiendi ut Apostoli 87. 105.; ut lex Christi 81. Presbyteris plebs fidelis se subjiciat 63. Cum presbyteris constitutis ecclesia Christi in pace degat 61. Officia presbyterorum 119. Presbyteri sint ad commiserationem proni ibid.; misericordes erga cunctos ibid.; aberrantia reducentes ibid.; visitantes infirmos, non negligentes viduas etc. ibid.; longe recedentes ab omni avaritia ibid.; non severi nimium in judicio ibid. Presbyterii unitatem cum episcopo imitemini 74.
Promissa Dei quantas habeant delicias 70. 71.
Prophetae juxta Christum Jesum vixerunt 84.; ideoque persecutionem passi sunt ibid. Gratia ipsius inspirati sunt ibid. Spiritus sanctus per eos loquitur 43. Prophetae, quum essent spiritu discipuli Christi, ut doctorem eum exspectabant 84. Ipse eos suscitavit ex mortuis ibid. Baptizati sunt ab Apostolis 234. Prophetae diligendi et cur? 99.
Purgatorium 159.

Q.
Quintus apostata 126.

R.
Rahab 35.
Redemtio per sanguinem Christi in signo, quod Rahabae datum est, adumbrata 36. Redemtio per sanguinem Christi 33.
Regnum Dei quando venturum 71.

Reliquiae Sanctorum honorantur a fidelibus, ut thesaurus inaestimabilis 115. 132. 133.
Remissio peccatorum. Omnibus poenitentibus remittit Deus 100. Propter nostram salutem effusus Christi sanguis toti mundo poenitentiae gratiam obtulit 33. Deus sanat peccata nostra 148. Remittuntur poenitentibus peccata 151. Qui dubii non sunt, emundabuntur ab omnibus peccatis 155. De prioribus peccatis Deus, qui potestatem habet sanitatem dandi, dabit remedium 172. Cfr. vv. *Peccatum* et *Poenitentia*.
Resurrectio Christi, v. *Christus*. Et nos resurgemus, si facimus voluntatem Dei 117. Oportet ἀγάπην celebrare, ut resurgamus 105. Resurrectio in vitam aeternam 131. Resurrectionem nostram Christus ostendit 6. Qui in charitate sunt consummati, resurgent 59. Nemo dicat, quod haec caro non judicatur, neque resurgit 70. Phoenix resurrectionis nostrae imago 44. Futuram resurrectionem Deus continue nobis in natura ostendit ibid. Resurgemus igitur, quod et S. Scriptura testatur 45. Christus pollicitus est nobis, quod resuscitabit nos e mortuis 119. Qui dicit, neque resurrectionem, neque judicium esse, hic primogenitus est Satanae 120.
Revelationes nimiae corpori nocent 163.
Rheus, S. Ignatii comes in itinere Romano 101. 106.
Romanae ecclesiae elogium 92.
Rufus a S. Polycarpo laudatur 121.

S.
Sabbati mentio in principio creationis 21. Sabbati abrogatio 22.

84. Impium est, de Deo mentiri, eum die sabbati vetare, boni aliquid peragere 138.
Sacerdos summus, sacerdotes et levitae 53. 101.
Sacrificiorum tempora, horas, locum, ministros Deus definivit 53. Judaeorum sacrificantium stultitia 137 sq. 2 sq.
Salus nulla sine Christo 230. Salus nulla sine virtutibus 231. Salus nulla sine operibus 48 sq. 67.
Sanctis adhaerendum est 57. Illi exempla nobis sint 34 sq. Illos imitemur 39. Eorum invocatio 62. Sanctorum natalitia celebrantur 133.
Satanas vocatur contrarius 2; iniquus 5; nequam 5; princeps temporis iniqui 24. Angeli Satanae ibid. Cfr. v. Daemones.
Satisfactio per Christum 33. 203. Cfr. v. Christus.
Schismatis iniquitas et pernicies 30. Cur inter vos sunt contentiones, irae, dissensiones, schismata et bellum? Nonne unum Deum et unum Christum habemus? Nonne unus est Spiritus gratiae, qui super nos effusus est, et una vocatio in Christo? Cur divellimus et discerpimus membra Christi, et contra proprium corpus seditionem movemus? 57. Si quis schisma facientem sectatur, regni divini haereditatem non consequitur 98. Dissensionis ac seditionis auctores sequi, quam periculosum 37. Ubi est divisio et ira, ibi Deus non habitat 100. Divisiones fugiendae, ut principium malorum 105. Benigni simus erga schismaticos 37. Cfr. v. Haeretici.
Scientiae lignum 145.
Scripturae sunt vera Spiritus sancti oracula 56. In iis nihil injustum neque perversum scriptum est ibid. Scripturas sacras Ignatius interpretatur 111. Novum Testamentum vocatur Scriptura 66.
Seculum praesens et futurum duo inimici 68.
Sepiae usus vetitus Judaeis 14.
Serpens aeneus — typus Christi 18.
Servo et ancillae non imperes in amaritudine 25. Servos et ancillas ne contemnas 108 sq. Servi et ancillae non superbiant 109; ne desiderent, communibus sumtibus e servitute redimi, ne servi inveniantur cupiditatis ibid.
Socrates christianus Corinthi 135.
Sibylla 153.
Sol et Luna et siderum chori, secundum Dei mandatum orbes suos in concordia evolvunt 41. Solis altare in urbe Heliopoleos 45.
Sotio, diaconus ecclesiae Magnesiorum 81.
Spes. Qui speraverit in illum, vivet in aeternum 8.
Spiritus sanctus effusus super homines 29. Spiritus Dei est in nobis, et quum voluerit, Deus auferet eum 43. Ubi spiritus Domini inhabitat, ibi et sensus multus adjungitur 186. Spiritus sanctus, qui habitat in te, mundus erit, et non obscurabitur ab aliquo nequissimo spiritu 174. Ab Herma et a Clemente Romano divina Christi natura vocatur Spiritus sanctus 202. 70. Per Spiritum sanctum Deus in veteri Testamento ad nos est locutus 43. Cum certa Spiritus sancti fiducia egressi sunt Apostoli ad annuntiandum Evangelium 54. Spiritus sanctus nominatur 57. 85. et in doxologiis 135 bis. 133. Not. 4. 116. Mirum, quod Spiritus sancti non fiat

INDEX RERUM ET PERSONARUM.

mentio c. 12. ad Trall. 91. In-
corruptio per Spiritum sanctum 131.
Spiritu sancto impellente Ignatius
Philadelphenses adhortatur 100.
Spiritus non decipitur *ibid.* Nonne
unum Deum et unum Christum
habemus? Nonne unus est Spiritus
gratiae, qui super nos effusus est?
57. Spiritus sancti oracula sunt
sacrae scripturae 56.

Spiritus = virtutes. Cfr. v.
Daemon.

Spiritus ex operibus probandi 188.
Duplex est spiritus *ibid.*

Sponsi et sponsae decet ut de
sententia episcopi conjugium faciant, ut nuptiae secundum Dominum sint, non secundum cupiditatem 109.

Statius Quadratus proconsul tempore mortis S. Polycarpi 134.

Subintroductae 229.

Supererogatoria opera 200.

Syri circumcisionem admittunt 13.

T.

Taviam salutat Ignatius 107.

Tempestates Deo ordinante in
pace aliae aliis succedunt 42.

Templum Hierosolymitanum ever-
sum 23 sq.

Templum consummatum Deo sunt
Christiani 5; templum sanctum 9.
Templi spiritualis aedificatio 23.

Tentationes diaboli 173. Minas
diaboli timere nolite 194. Nequissimus diabolus nos tentat 243.
Assistentia divina contra diaboli
incursus 217. 194.

Terra jussu Dei alimenta profert
41. Terram Deus super immobile
propriae voluntatis fundamentum
firmavit 48.

Testamentum vetus Christianorum est, et cur? 4. 19 sq.

Traditio. Ad traditum nobis ab
initio sermonem revertamur, derelicta plerorumque vanitate fal-
sisque doctrinis 120.

Trinitatis confessio 57. 85. 116.
133. 135 *bis.*

Tristitia spirituum nequissimus,
et pessimus servis Dei, cruciat
Spiritum sanctum 185.

Turri ecclesia assimilatur 155 sqq.
221 sqq.

U.

Unitas ecclesiae Ephesinae 72.
Presbyterii unitatem cum episcopo
imitemini 74. Laus et utilitas
hujus unitatis *ibid.* Tenete concordiam 83. Sitis unum templum Dei *ibid.* Confirmemini in
fide et unione 85. Manete in
unitate et charitate 90 sq. Tenete
unionem cum Episcopo 98. Spiritu sancto impellente Ignatius
Philadelphenses ad unionem adhortatur 100. Studete unitati *ibid.*
Uniti sitis Episcopo 105. Unitatis
curam habeat Polycarpus 107. Nihil
sit in vobis, quod possit vos diri-
mere 83. In unum convenienti-
bus una sit oratio, una precatio,
una mens, una spes, in charitate,
in gaudio sancto *ibid.* Cur inter
vos sunt contentiones, irae, dissensiones, schismata et bellum?
Nonne unum Deum et unum Christum habemus? Nonne unus est
Spiritus gratiae, qui super nos
effusus est, et una vocatio in
Christo? Cur divellimus et discerpimus membra Christi, et contra proprium corpus seditionem
movemus 57. Una certate, una

currite, compatimini, una dormite, una exsurgite 109. Cfr. v. *Schisma.*
Utilitas communis quaerenda 58.
Uxores Corinthiorum in inculpabili, honesta et casta conscientia omnia peregerunt, diligentes maritos suos, prout officium postulat, et in obedientiae canone se continentes res domesticas cum gravitate administrabant 28 sq. Viri uxores suas ad id, quod bonum est, dirigant 42. Uxores mores castitatis amabiles ostendant *ibid.*; puram et sinceram mansuetudinis suae voluntatem demonstrent *ibid.*: linguae suae moderationem manifestam faciant 43.; charitatem suam sine personarum acceptione, omnibus Deum timentibus aequalem exhibeant *ibid.* Uxores Dominum ament et maritis contentae sint carne ac spiritu 109. Doceamus uxores nostras, ambulare in fide ipsis tradita et in charitate et in castitate, amantes viros suos in omni veritate, ac diligentes cunctos aequaliter, in omni continentia 118. Uxor Hermae futura est soror ejus 151; soror vocatur 152. Uxor adultera, quae non egerit poenitentiam, et permanet in suo delicto, dimittenda est 171. Si poenitentiam egerit, recipi debet, sed non saepe *ibid.* Non licet, conjuge adultera dimissa, aliam ducere *ibid.* Similiter agendum cum conjuge in idololatriam relapsa *ibid.* His legibus similiter et viri et foeminae adstringuntur *ibid.*

V.

Valens, presbyter ecclesiae Philippensium in vitia delapsus 121 sq.

Valerius Bito, Roma ad Corinthios a S. Clemente missus 64.
Vas spiritus i. q. corpus 10. 17. 27.
Verbum Dei aeternum, non a silentio progrediens 84. Deus Verbum sanctum et incomprehensibile inter homines locavit, et in cordibus eorum firmam sedem habere voluit 140.
Verbum Jesu qui possidet, vere potest et silentium ipsius audire, ut perfectus sit 78 sq.
Via duplex, lucis et tenebrarum 24 sq. Viae lucis praesident angeli Dei, viae tenebrarum angeli Satanae 24. Justitia rectam viam habet, injustitia pravam etc. 177.
Viduae ne negligantur ab Episcopo 108. Viduae sint circa fidem Domini prudentes, interpellent sine intermissione pro omnibus, longe recedentes ab omni calumnia, detractione, falso testimonio, avaritia et omni malo; cognoscentes, quod altare Dei sint 118. Viduis licet iterum nubere, sed viduitas praeferenda est secundis nuptiis 173. Diaconissae, licet virgines, vocabantur viduae 107.
Vincula sanctorum, diademata eorum 117.
Virga Aaronis 55.
Virgines oportet in immaculata et casta conscientia vivere 119.; in humilitate maneant 109. 52. Virgines Diaconissae vocabantur viduae 107. Virgines = virtutes christianae, dona Spiritus sancti 231. 233. 160 sq.
Virtutes superiores et inferiores 233. Virtutes vocantur virgines et spiritus 231. Cfr. vv. *Daemones* et *Virgines.*

INDEX RERUM ET PERSONARUM.

Vita et mors incumbunt simul 82.
Vera et sempiterna nostra vita Jesus Christus est 81.
Vitio relicto virtutem persequamur 70. Vitium est praecursor scelerum nostrorum *ibid.* Vitia = Daemones 169. Vitia vocantur mulieres nigra veste vestitae 228. 232. 233.
Vocationis nostrae regulae 33. Vocatio in Christo 57. Cfr. v. *Praedestinatio.*
Voluntas, absolute posita pro Dei voluntate 80.

Vulnus. Non omne vulnus eodem emplastro curatur 108. Vulnera Episcopus curet *ibid.*

X.

Xanthicus, mensis Smyrnaeorum 134.

Z.

Zosimus a S. Polycarpo laudatur 121.

www.ingramcontent.com/pod-product-compliance
Lightning Source LLC
Chambersburg PA
CBHW050836230426
43667CB00012B/2025